SCHIBRI
VERLAG

Dieses Buch ist allen Studentinnen und Studenten sowie Professorinnen und Professoren gewidmet, die nach kreativen Wegen des Lernens und Lehrens in den Wissenschaften suchen.

Lehrbuch des wissenschaftlichen Schreibens

Ein Übungsbuch für die Praxis

Prof. Dr. Lutz von Werder

mit 15 Illustrationen
von Frank Steinicke

Schibri-Verlag Berlin • Milow

Die Deutsche Bibliothek - CIP-Einheitsaufnahme

Werder, Lutz von:
Lehrbuch des wissenschaftlichen Schreibens / Lutz von Werder.
- Berlin ; Milow: Schibri-Verl., 1993
ISBN 3-928878-04-2

Bestellungen über
den Buchhandel
oder direkt beim Verlag

Dorfstraße 60
17337 Milow

Umschlaggestaltung: Drews Design, Berlin
Abbildungsnachweis: Frank Steinicke, Berlin
Druck: Mohndruck

ISBN 3-928878-04-2

Inhaltsüberblick

Inhaltsverzeichnis

Einleitung zum Lehrbuch des wissenschaftlichen Schreibens

Das wissenschaftliche Schreiben nimmt im Leben der Studenten und Hochschullehrer einen großen Platz ein. Die Schreibleistung der Studenten im Studium unterscheidet sich nach Fach zwischen 400 bis 800 Seiten Schreibmaschine innerhalb von rund zwölf Semestern.

Ein Magisterstudent im Bereich der Sprachwissenschaften schreibt vier Hauptseminararbeiten, zehn Tests und eine Magisterarbeit mit durchschnittlich 150 Seiten. Er kommt in seinem Studium etwa auf eine Leistung von 400 Seiten Schreibmaschine.

Ein Lehramtsstudent schreibt fünf Hauptseminararbeiten in zwei Lehrfächern, eine Seminararbeit im Fach Didaktik und eine in der Erziehungswissenschaft, drei Schulpraktikumsberichte mit je 80 Seiten und eine Examensarbeit von rund 150 Seiten. Diese Studenten kommen auf eine Schreibleistung von etwa 800 Seiten Maschinenschrift im gesamten Studium.

Müssen Studenten während jedes Semesters, je nach Fach 50 bis 100 Maschinenseiten schreiben, so ist die Schreibbelastung und die Schreibleistung der Professoren nicht geringer. In zwanzig Berufsjahren kommen sie sicherlich auf wenigstens 4.000 Seiten Schreibmaschine und mehr.

Bei diesem Umfang der Schreibleistungen sollte man glauben, daß das wissenschaftliche Schreiben ein wichtiges Lehr- und Forschungsfach an der deutschen Universität ist. Das ist aber nicht der Fall. Es gibt nur eine Handvoll deutscher Schreibforscher. Es gibt kein Forschungsperiodikum für das Schreiben. Es gibt kein Lehrgebiet des wissenschaftlichen Schreibens. Weil es auch keine Scheibberatung an den deutschen Universitäten gibt, brechen 50 % der Studenten ihr Studium als Konsequenz eines fehlenden Schreiberfolges ab (Bald knallt's. In: Spiegel 50/1991, S. 41). Bei schreibintensiven Fächern wie z.B. Philosophie und Jura liegen die Abbrecherquoten noch höher.

In dieser Situation kann eine kreative Abhilfe aus den USA kommen, die seit über 100 Jahren über eine intensive Schreibforschung und Schreibpädagogik für das wissenschaftliche Schreiben an ihren Universitäten verfügen (vgl. D. R. Russell: Writing in the Academic Disciplines. Carbondale 1991, J. J. Murphy: A Short History of Writing Instructions. From Ancient Greece to Twentieth-Century-America, Davis 1990, L.v. Werder: Kreatives Schreiben in den Wissenschaften, Berlin 1992, S. 163-177).

Die Literatur zum wissenschaftlichen Schreiben ist in den USA nicht zu überblicken. Die von der „Conference on College Composition and Communication" herausgegebene „Bibliography of Composition and Rhetoric" verzeichnet jährlich etwa 2.000 neuerscheinende Arbeiten, die zu 50 % sich direkt auf das wissenschaftliche Schreiben beziehen. Diese vielen Veröffentlichungen werden in dieser Standardbibliographie in fünf Abteilungen präsentiert:

1. Bibliographien
2. Theorie und Forschung in allen Disziplinen des Schreibens
3. Die Organisation und Ausbildung von Schreiblehrern
4. Curricula des Schreibens quer durch alle Disziplinen
5. Evaluation des wissenschaftlichen Schreibens

Um bei diesem riesigen Forschungsaufkommen die Quintessenz des wissenschaftlichen Schreibens herauszufinden und in diesem Lehrbuch vorzustellen, ergibt sich folgender Weg: Innerhalb der amerikanischen Schreibszene haben sich einige Hochschulen und einzelne Schreibforscher im wissenschaftlichen Schreiben einen besonderen Namen gemacht. Die besten Schreibhandbücher der großen amerikanischen Universitäten sowie die Werke der bedeutenden Schreibforscher wie Ken MACRORIE, Peter ELBOW, Toby FULWEILER, Art YOUNG, Donald M. MURRAY u.a. sollen in diesem Lehrbuch ausführlich zu Wort kommen.

Dieses Lehrbuch zum wissenschaftlichen Schreiben ist als erstes deutsches Buch dieser Art der amerikanischen Forschung zu tiefem Dank verpflichtet, die 1991 über 328 Schreibstudiengänge an amerikanischen Universitäten und über 129 außeruniversitäre Schreibzentren verfügte (vgl. D.W. FENZA, B. JAROCK: The AWP Official Guide to Writing Programs. Norfolk 1991).

Wie viele amerikanische Lehrbücher des wissenschaftlichen Schreibens basiert auch dieses Lehrbuch auf den Schreibtheorien von L.S. WYGOTSKI und Jean PIAGET. Es läßt sich von der Maxime leiten, daß man Schreiben nur durch schreiben lernen kann; und daß inneres Sprechen und äußeres Schreiben stufenweise in Wechselbeziehung ausgebaut werden müsse, wenn der Alltagsschreiber im wissenschaftlichen Diskurs heimisch werden soll. Das Lehrbuch ist eher ein Praxis-Tatbuch als ein theoretisches Grübelbuch. Dazu gehört auch, daß sich einige praktische Übungen und theoretische Modelle in unterschiedlichen Schreibcurricula wiederholen werden.

Das Lehrbuch gliedert sich in drei Teile. Es stellt im ersten Teil den Gegenstand vor: den Begriff und das Modell des wissenschaftlichen Schreibens, die Schreibgeheimnisse großer Wissenschaftler, Textsorten und Schreibtechniken, wie sie sich an Universitäten und Hochschulen finden lassen. Im zweiten Teil werden zwölf Modelle des wissenschaftlichen Schreibens, aufsteigend von einfachen bis zu sehr komplexen Schreibprozessen, präsentiert.

Dieser Aufstieg der Schreibübungen von einfachen kleinen zu komplexen großen Texten entspricht auch der idealen Entwicklung der wissenschaftlichen Schreibqualifikation der Studenten im Studium. Verschaffen wir uns deshalb in einer Graphik einen Überblick über die ideale Entwicklung der wissenschaftlichen Schreibqualifikation der Studenten:

Entwicklung der wissenschaftlichen Schreibqualifikation der Studenten im Studium

Semesterstufe	Textsorte	Schreibdidaktik
1. Semester	kleine Texte	von innen schreiben
Grundstudium	Journale Biographien	von innen nach außen schreiben
Mittleres Studium	Seminar-arbeiten Referare Klausuren	Alltags-schreiben und wissen-schaftliches Schreiben verbinden
Hauptstudium	große Texte	vom wissen-schaftlichen Schriftdiskurs her schreiben

Im dritten Teil werden die Umrisse einer Individual- und Gruppenpädagogik des wissenschaftlichen Schreibens diskutiert.

Der Student, Assistent oder der Professor soll das Lehrbuch als Einleitung zu einer großen wissenschaftlichen Schreibreise betrachten. Es lohnt sich durchaus, das Lehrbuch von vorne bis hinten zu lesen und dabei bei allen stimulierenden Schreibübungen zum Computer oder zum Schreibgerät zu greifen. Diese Reise läßt sich aber auch in einer Gruppe gleichgesinnter Studenten und Professoren gemeinsam vollziehen. Sie erarbeiten dabei praktisch ein neues Forschungs-, Ausbildungs- und Lehrgebiet.

Je nach spezifischer Studien- und Schreibsituation kann der Student z.B. im Grundstudium mit Teil B des Lehrbuches mit dem ersten und zweiten Kapitel beginnen. Der Student im mittlerem Studium kann sich im Teil B besonders auf das dritte Kapitel konzentrieren. Der Student unter Examensdruck kann besonderen Nutzen aus der Arbeit mit Kapitel 4 und 5 aus Teil B Nutzen ziehen.

Um biologistische Vorurteile nicht zu verstärken, wird im Lehrbuch immer von den Studenten und Professoren gesprochen, obwohl natürlich immer zugleich Studenten und Studentinnen, Assistenten und Assistentinnen sowie Professoren und Professorinnen gemeint sind.

Das Lehrbuch konnte nur entstehen durch die großzügige Förderung der Fachhochschule für Sozialarbeit und Sozialpädagogik in Berlin. An dieser

Fachhochschule konnte jüngst ein hochschuldidaktisches Zentrum eingerichtet werden, das damit zum ersten Forschungs- und Praxiszentrum des wissenschaftlichen Schreibens in Deutschland avanciert.

Besonderer Dank für Hilfe bei der Erstellung der Druckvorlage des Buches gebührt Sarah Schubert und Matthias Schilling, der auch die schwierigsten Probleme des Publizierens dieses Buches glänzend gelöst hat.

Berlin, September 1993 Lutz von Werder

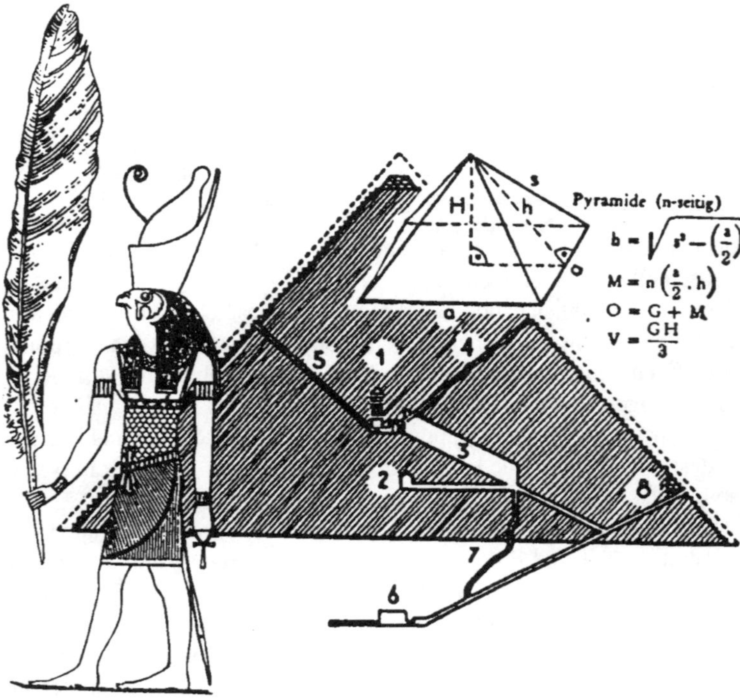

1. Horos Harmachis.

Teil A

Wissenschaftliches Schreiben an Hochschulen und Universitäten

Vom Ende des Schreibens als seinem Anfang

Vilem Flusser:

„Schreiben ... scheint kaum oder überhaupt keine Zukunft zu haben. ... Es sieht ganz so aus, als ob die Schriftcodes, ähnlich den ägyptischen Hieroglyphen oder den indianischen Knoten, abgelegt werden würden. (So) wird das Beharrenwollen auf dem Schreiben fraglich."

Student:

„Wenn ich schreibe, entsteht vor meinem geistigen Auge eine ganze Welt. Ich reise durch alle Zeiten, verwandele mich in viele Personen, werde Teil von Ideen, von denen ich vorher gar nicht wußte, daß ich sie denken könnte. Mit dem Alphabet kann man 28 Milliarden Worte ausdrücken. Warum soll ich diese komfortable Reisetechnik durch das Universum des geschriebenen Diskurses aufgeben? Außerdem: Ich kann mit dem Computer schreiben. Ich kann schreiben und Videoclips machen. Meist schreibe ich erst, und dann mache ich Videoclips. Aber diese Bildermedien scheinen mir ein Rückfall vor die indianischen Knoten und die chinesische Bilderschrift zu sein." (Kommentar eines Studenten zu einer Textstelle aus Vilem Flussers Buch: Die Schrift. Frankfurt 1992, S. 7 ff.)

1. Begriff und Modell des wissenschaftlichen Schreibens

1.1. Das wissenschaftliche Schreiben

Das wissenschaftliche Schreiben ist die höchste Stufe des Schreibprozesses. Diese Stufe baut in einer historischen Perspektive auf der archaischen Lautmalerei, den mündlich tradierten Mythen, den frühen Bilderschriften und den poetischen und religiösen Schriften des Mittelalters auf (vgl. L.v. Werder u.a.: Kreative Literaturgeschichte, Berlin 1992).
Ansätze zum wissenschaftlichen Schreibens gab es zuerst in der Antike, dann wieder kontinuierlich seit der Renaissance. Die Vorstufen des wissenschaftlichen Schreibens lernt der Jugendliche in der Schule, nachdem er in den ersten Klassen der Grundschule sich eine generelle Schreibqualifikation angeeignet hat. Der eigentliche Ort der Ausbildung im wissenschaftlichen Schreiben sind die Hochschulen und Universitäten. Mehr als der wissenschaftliche Dialog steht das wissenschaftliche Schreiben im Zentrum dieser Institutionen. Die wissenschaftliche Schriftsprache verfügt über eine ganze Reihe besonderer Eigenheiten:

Die wissenschaftliche Schriftsprache setzt für ihren Gebrauch einen hohen Grad von Abstraktionsfähigkeit beim Studenten voraus, der in der von der Schule vermittelten, alltäglichen Schriftsprache oft nicht umfassend enthalten ist. Während die alltägliche Schriftsprache anschaulich ist, ist die wissenschaftliche Schriftsprache in weiten Teilen völlig abstrakt. Die wissenschaftliche Schriftsprache abstrahiert von sinnlichen Sprachaspekten. Sie ist eine Sprache ohne Intonation, ohne das Expressive der lautlichen Äußerungen. „*Sie ist eine Sprache im Denken, in der Vorstellung*“ (E. Wild: Inneres Sprechen - Äußere Sprache, Stuttgart 1980, S. 42).

Die wissenschaftliche Schriftsprache benutzt nicht konkrete Wörter, sondern die Vorstellungen von Wörtern. Sie abstrahiert von der Gesprächssituation. Sie ist meist eine Sprache ohne Gesprächspartner, eine Monologsprache. „*Wissenschaftliches Schreiben ist ein Gespräch mit einem weißen Blatt Papier, mit einem eingebildeten oder nur vorgestellten Gesprächspartner*“ (Wild, E. a.a.O., S. 43).

Die Fähigkeit zur wissenschaftlichen Schriftsprache baut aber nicht nur auf der in der Schule vermittelten Fähigkeit zur alltäglichen Schriftsprache und auf der Qualifikation zum abstrakten Diskurs in der Universität auf, sondern auch auf der Fähigkeit des Studenten zur inneren Sprache. Die innere Sprache meint das schweigende mit sich selbst Sprechen. Sie ist die Basis des Gedächtnisses jedes einzelnen. Die innere Sprache wurde von Jean Piaget bei seinen Forschungen über das Führen von Selbstgesprächen bei Kindern entdeckt (J. Piaget: Denken und Sprechen des Kindes, Düsseldorf 1975). Die innere Sprache bleibt das ganze Leben des Menschen über bestehen und wird jeweils durch die Fähigkeit zur kommunikativen Sprache im Alltag und im wissenschaftlichen Diskurs ergänzt.

Sie entsteht durch Individualisierung der äußeren Sprache, die sich das Kind zuerst durch die Eltern, durch die Imitation des elterlichen Sprechens, aneignet. Die innere Sprache hat folgende Kennzeichen: Sie ist für andere schwer verständlich, denn sie ist scheinbar zusammenhanglos, fragmentarisch und arbeitet mit speziellen Verkürzungen. In der inneren Sprache gewinnt das Wort an Bedeutung und wird unter Vernachlässigung von Syntax und Phonetik gebraucht. Die innere Sprache funktioniert eher als Teil einer privaten Bilderschrift und entspringt dem halbbewußten Bewußtseinsstrom. Sie ist ein Abkömmling des Unbewußten, aus dem der „*eigentliche Antrieb zur inneren Sprache kommt*" (E. WILD a.a.O., S. 83).

Die Fähigkeit zur wissenschaftlichen Schriftsprache hängt einmal von der Transformation der inneren in die äußere Sprache zusammen, die in der Schule durch die Alphabetisierung in Schriftform gelehrt wird. Diese Transformation fällt besonders den Studenten schwer, „*deren Abstraktionsfähigkeit, dessen Begrifflichkeit noch nicht voll entwickelt sind*" (E. WILD a.a.O., S. 45). Die Transformation von der inneren zur äußeren Sprache setzt den Wechsel vom Gebrauch der Sprache für sich zum Gebrauch der Sprache für andere voraus. Für den Gebrauch der wissenschaftlichen Schriftsprache ist dieser Transformationsschritt noch größer als beim Übergang von der inneren Sprache zur alltäglichen Schriftsprache, die immer noch der konkreten Schreibsituation und den alltäglichen Adressaten verbunden bleibt.

Die innere Sprache spielt eine entscheidende Rolle beim problemlösenden Denken. „*Monologe mit der intellektuellem Funktion der Klärung und der Steuerung des eigenen Tuns führt auch der gebildete Erwachsene durch inneres Sprechen*" (E. WILD a.a.O., S. 69). Derartige problemlösende Monologe sind auch als Zentrum der Auseinandersetzung der Studenten mit der Wissenschaft und als Basis der Entwicklung ihrer Fähigkeit zum wissenschaftlichen Schreiben anzusehen.

Wissenschaftliches Schreiben verfügt in einer entwickelteren Weise als die alltägliche Schreibfähigkeit über die Kompetenz, von der selbstverständlichen Alltagssprache zum bewußten, wissenschaftlich gesteuerten absichtlichen Handeln überzugehen.

Die Aneignung des wissenschaftlichen Schreibens erfolgt in deutschen Universitäten und Hochschulen bisher weitgehend naturwüchsig. Der Übergang vom wissenschaftlichen Sprechen zum wissenschaftlichen Schreiben und vom wissenschaftlichen Schreiben zum wissenschaftlichen Sprechen wird in der heutigen Universität als automatischer Vorgang gesehen. Diese Fähigkeit wird allenfalls als Nebenprodukt der Teilnahme an universitären Lehrveranstaltungen betrachtet. Die heutige Universität versucht die Studenten meistens extrinsisch durch Leistungsdruck und durch die Einführung von Regelstudienzeiten zum Schreiben zu motivieren. Eine intrinsische Motivierung findet bisher kaum statt. Auch die Vermittlung von Kenntnissen über wissenschaftliche Textsorten und wissenschaftliche Schreibtechniken sucht man in unseren Universitäten häufig vergeblich. Die Bedeutung des wissenschaftlichen Schreibens für das wissenschaftliche Lernen und Forschen, die in den USA seit Jahrzehnten die Hochschuldidaktik stimuliert, ist in der deutschen Universität nicht bekannt. In vielen heute im Studentenmilieu verbreiteten „Anleitungen zum wissenschaftlichen Arbeiten" und zum „Abfassen wissenschaftlicher Prüfungsarbeiten" spielt der Prozeß des wissenschaftlichen Schreibens deshalb auch keine Rolle (vgl. L.v. WERDER: Das kreative Schreiben von Diplom- und Doktorarbeiten, Berlin 1992).

Diese Situation macht auch für deutsche Hochschulen didaktische Überlegungen zur Aneignung des wissenschaftlichen Schreibens höchst notwendig. Diese didaktischen Überlegungen können nach den bisher referierten Einsichten von Jean PIAGET und L.S. WYGOTSKI von folgender Sicht der Barrieren beim Aufbau der Schreibqualifikation beim Studenten ausgehen: Die wichtigsten Hemmungen beim Aufbau der wissenschaftlichen Schreibqualifikation bestehen in einem doppelten Widerstand. Einmal hat jeder Student (und jeder Mensch überhaupt) eine große Hemmung, sein inneres Sprechen für sich in äußere Sprache für andere zu übersetzen. Zum anderen wirft die Übersetzung der inneren Sprache in eine alltägliche Schriftsprache ihre Probleme auf. Wenn man davon ausgeht, daß durch die Absolvierung der schulischen Allgemeinbildung und der Erlangung der Hochschulreife jeder Student über eine alltägliche Schreibqualifikation verfügt, so ist doch deutlich, daß der Übergang von dieser alltäglichen Schreibqualifikation zu einer wissenschaftlichen Schreibqualifikation auf neue Barrieren stößt. Da die wissenschaftliche Schreibqualifikation einerseits einen erheblichen Zuwachs an Abstraktion und andererseits den Gebrauch spezifischer Fachbegriffe und besondere Kenntnisse in den wissenschaftlichen Fachdiskursen voraussetzt, ergibt sich auch hier für den Studenten das Problem, innerhalb der Universität seine alltägliche Schreibqualifikation zu einer wissenschaftlichen Schreibqualifikation und zur Kompetenz des Schreibens in wissenschaftlichen Fachdiskursen zu entwickeln. Dazu kommt eine weitere Schwierigkeit. Nach Forschungen von J. BRITTON (Language and Learning. Harmondsworth 1970) steht mit großer Sicherheit fest, daß die wesentlichsten Lern- und Gedächtnisleistungen von Studenten in Form narrativer Muster im Gedächtnis gespeichert werden. Eine Vertiefung des wissenschaftlichen Gedächtnisses ist damit in besonderer Weise an einen entwickelten Umgang mit narrativen Schreibmustern gebunden. Diese narrativen Schreibmuster werden besonders durch die poetische Schreibqualifikation herausgebildet und durch die Fähigkeit des Schreibens in den verschiedenen literarischen Textsorten. Die Wechselwirkung zwischen der Entwicklung poetischer Schreibqualifikation auf der einen Seite und wissenschaftlicher Schreibqualifikation auf der anderen Seite ist bisher in deutschen Universitäten überhaupt noch nicht erkannt worden. „*Wissenschaft und Poesie werden vielmehr als völlig konträre Wissensbereiche betrachtet... Aus den Formeln des physikalischen Systems läßt sich kein Liebeslied mehr dichten*" (H. SCHLAFFER: Poesie und Wissen. Frankfurt 1990, S. 125). Indem man von den Resultaten beider Wissenschaftsbereiche in ihren offensichtlich unterschiedlichen Textsorten ausgeht, übersieht man, daß sich beide Bereiche im Prozeß der Produktion von Texten sehr annähern können.

Wer wie David LOCKE den Schreibprozeß in beiden Wissensbereichen untersucht, kann deshalb mit vollem Recht zu dem Urteil kommen, daß „*der Wissenschaftler in der gleichen Weise sich expressiv ausdrückt und in ähnlicher Weise von den gleichen Ideen und Gefühlen beherrscht wird wie der Poet*“ (D. LOCKE: Science as Writing. New Haven 1992, S. 86).

Nicht ohne Grund hat der kühle Wissenschaftler Sigmund FREUD für seine aufregende Textproduktion den Goethe-Preis für Literatur bekommen. Wie David LOCKE herausfand: „*Die Welt ist immer eine Geschichte, und Wissenschaft ist nur ein Versuch, diese Geschichte zu erzählen*“ (D. LOCKE, a.a.O., S. 199). Die Geschichte der Welt läßt sich aber auch als Geschichte der Poesie vergegenwärtigen.

Wenn man von der produktiven Verwandtschaft von Wissenschaft und Poesie ausgeht, die am Ursprung der Wissenschaft im Mythos noch vermittelt war (H. SCHLAFFER, a.a.O., S. 16 ff.), dann kann man das kreative Schreiben, entstanden im Bereich der Poesie, auch im Bereich der Wissenschaft als einen zentralen Weg der Textproduktion, des Lernens und des wissenschaftlichen Forschens begreifen. Kreatives Schreiben erweist sich als die Wissenschaft und Poesie übergreifende Theorie und Praxis der Hervorbringung von Texten, die sich letztlich nur in den Textsorten unterscheiden. Zwischen der Textsorte „Lyrik“ und der Textsorte „wissenschaftliches Gesetz“ bleibt ein formaler Unterschied. Der Weg, wie man zu ihnen kommt, ist aber gleich: Es ist derselbe Weg des kreativen Schreibens. Dieser Weg überwindet auch die vielen Barrieren zwischen innerer Sprache und wissenschaftlicher Schriftsprache.

Die Psychologie des Schreibens hat herausgefunden, daß der Schreibprozeß großer Dichter und großer Wissenschaftler von extrem positiven und negativen Gefühlen begleitet wurde. David LOCKE konnte zeigen, daß viele moderne Wissenschaftler keineswegs ohne tiefe Gefühlserfahrung schreiben können (D. LOCKE a.a.O., S. 57-86). A.G. BRAND stellte dar, daß auch die größten modernen Dichter beim Schreiben von extrem positiven und negativen Gefühlen begleitet wurden (A.G. BRAND: The Psychology of Writing. New York 1989, S. 7-18). Diese Befunde werden allerdings durch die heute vorherrschende kognitive Theorie des wissenschaftlichen Schreibens ignoriert. Die kognitive Theorie des wissenschaftlichen Schreibens gliedert den Schreibprozeß in drei Phasen: Textplanung, Schreiben und Überarbeitung. In diesem Modell erhält die kognitiv extensiv zu nutzende Phase der Textplanung und der Überarbeitung von Texten eine besondere Bevorzugung und Gewichtung (vgl. J.R. ANDERSON: Kognitive Psychologie. Heidelberg 1988, S. 368-372, S. MOLITOR: Kognitive Prozesse beim Schreiben. In: Forschungsbericht 31 des Deutschen Instituts für Fernstudien, Universität Tübingen 1985, S. 334-345, H. AEBLI: Zwölf Grundformen des Lehrens. Stuttgart 1983, S. 166-172).

Empirische Untersuchungen haben gegen dieses von der Kognitionspsychologie entworfene Modell des wissenschaftlichen Schreibprozesses Einspruch erhoben. Folgende Kritik wurde an diesem Modell geübt:

Es fixiert das Ideal des wissenschaftlichen Schreibens auf das Paradigma eines emotionslosen, sachlichen Informationstextes.

Es verschleiert die emotionelle Dynamik, die Produktion wissenschaftlicher Texte begleitet.

Es erweckt den Eindruck, wissenschaftliches Schreiben sei so etwas wie die Simulation der Arbeit eines Computers.

Es gibt den Studenten keine Information, wie sie mit ihren Schreibemotionen umgehen können.

Wegen der Verschleierung der wirklichen Probleme beim Lernen des wissenschaftlichen Schreibens kann dieses Modell leicht das Gegenteil von dem bewirken, was es eigentlich möchte: An die Stelle der Bewältigung des Schreibprozesses treten emotionelle Vertiefungen von Schreib- und Identitätskrisen (A.G. BRAND, a.a.O. S. 24-38).

Erst eine Schreibpsychologie, die neben den kognitiven Akpekten auch die emotionellen Aspekte des Schreibens berücksichtigt, wird der Realität auch des wissenschaftlichen Schreibens gerecht (vgl. L. v. WERDER: Lehrbuch des kreativen Schreibens. Berlin 1990, S. 22-31). Die unbewußten Anteile im wissenschaftlichen Schreibprozeß haben wesentlichen Einfluß auf die Überwindung der Barrieren zwischen der inneren und äußeren Sprache und der Umsetzung von äußerer Sprache in wissenschaftliches Schreiben. Erst wenn an deutschen Universitäten eine kognitive und emotionale Theorie des wissenschaftlichen Schreibens sich etabliert, wird das Niveau des wissenschaftlichen Schreibens sich erheblich verbessern können.

1.2. Das wissenschaftliche Schreiben von Frauen

Allerdings ergibt sich hier noch ein weiteres Problem, das deutlich wird, wenn man feststellt, daß z.B. 1989 800 Männer und nur zwölf Frauen eine Habilitationsschrift verfassen konnten.

Die Benachteiligung der Frauen in der Qualifikation für das wissenschaftliche Schreiben ist unübersehbar. Die Gründe liegen weit zurück. Die Frauen wurden einmal bis Ende des 19. Jahrhunderts von der öffentlichen Sprache ausgeschlossen. Selbst das Schreiben von Frauen in der privaten Sphäre stieß im 19. Jahrhundert noch auf großes Mißtrauen. „*Die öffentliche Welt des Schreibens - eingeschlossen das Schreiben an der Universität, in der Literatur, in der öffentlichen Presse und in der Literaturkritik - war lange Zeit eine eindeutige Provinz der Männer, die ihre Diskurse vor den Frauen durch die Ausgrenzung der Frauen aus der Literatur und aus der höheren Bildung schützten*“ (D. SPENDER: The Writing or the Sex? Or why you don't have to read women´s writing to know it's no good. New York 1989). Joana RUSS hat die vielen Techniken herausgearbeitet, mit denen die Frauen vom Schreiben abgehalten wurden und werden. In der männlichen Öffentlichkeit sind bis heute folgende Urteile über das weibliche Schreiben verbreitet:

„Das hat sie auf keinen Fall geschrieben...“
„Das hat sie geschrieben, aber das hätte sie nicht tun sollen.“
„Das hat sie geschrieben, aber schaut euch mal die Themen an: Küche, Familie, Schlafzimmer.“
„Das hat sie geschrieben, aber ein zweites Buch wird sie kaum zustande bringen.“
„Sie hat das geschrieben, aber sie ist kein Künstler oder Wissenschaftler, und das ist weder Kunst noch Wissenschaft.“
„Das hat sie geschrieben, aber dabei wird ihr ein Ehemann geholfen haben.“
„Das hat sie geschrieben, aber sie ist ja auch nicht normal bzw. sie ist ja die große Ausnahme“ (J. RUSS: How to Suppress Women's Writing. Austin 1983).

Wenn Frauen schrieben und schreiben, dann häufig noch am Modell der inneren Sprache und über Privates: „*Das meiste Schreiben von Frauen war nicht für die Öffentlichkeit bestimmt. Briefe, Tagebücher und Journale, die von Frauen geschrieben wurden, eröffneten einen faszinierenden Einblick in weibliches Leben, Gefühle und Meinungen*“ (R. SHERRY: Studying Women's Writing. London 1989, S. 24). Der Ausschluß der Frauen aus der höheren Bildung drückt sich auch darin aus, daß sie in Berlin seit 1896, in Oxford erst seit 1920 und in Cambridge erst seit 1948 studieren durften.

Die Frauen lernten also weder Latein noch Griechisch, das für viele qualifizierte Männer die Basis ihres rhetorischen Schreibtalentes war, kennen. Der junge Akademiker „*war geschult an den rhetorischen Mustern von Cato, Terence, Ovid, Virgil, Horace und Seneca. Er war qualifiziert durch die rhetorischen Werke von Cicero und Quintilian. Frauen dagegen waren in diesen Disziplinen weder geschult noch qualifiziert*“ (C. YANNETT: Gender and the Journal. New York 1992, S. 87). Dieser Ausschluß der Frauen besonders aus dem wissenschaftlichen Schreiben ist durchaus keine Angelegenheit der Vergangenheit. Erst 1980 stellten die Vereinten Nationen fest, daß weltweit der Graben zwischen dem Schreibniveau der Frauen und der Männer immer tiefer wird (L. SPENDER: Intruders on the Rights of Men: Women's Unpublished Heritage. London 1983, S. 16). Sollten Frauen wissenschaftlich publizieren, sind sie der männlichen Kritik und den männlichen Schreibmaßstäben noch lange nicht entkommen. „*Auch nachdem ihre Texte gedruckt worden sind, sehen sich Frauen mit den Maßstäben männlicher Kritik konfrontiert, wenn sie den Sinn ihrer Texte begründen sollen. In jedem Fall und auf jeder Stufe ihrer Schreibkarriere müssen Frauen sich bemühen, sich männlichen Ansprüchen anzupassen, wenn sie männlichen Beifall gewinnen wollen*“ (L. SPENDER, a.a.O., S. 93). Das Niveau wissenschaftlichen Schreibens an deutschen Universitäten hängt damit auch von der Verbesserung der Schreibqualität der Studentinnen und Professorinnen ab. Bei uns gibt es noch keine besondere universitäre Schreibqualifikationen für Frauen wie z.B. in England: „*In Hochschulen und Universitäten kann man heute oft spezielle Schreibseminare für Studenten finden. In vielen universitären Institutionen werden solche Kurse, obwohl sie für alle Studenten offen sind, meistens von Studentinnen besucht und auch häufig von Professorinnen geleitet*" (R. SHERRY, a.a.O., S. 83). Wir werden in diesem Lehrbuch deshalb so oft wie möglich auf spezifische weibliche Schreibprobleme zu sprechen kommen. Gerade von der Verbesserung der Qualität ihres Schreibens hängt die Verbesserung der Qualität der Ausbildung deutscher Hochschulen ab.

Sehen wir uns die Komplexität der Schreibqualifikationen und der spezifischen Barrieren im Aufbau dieser Schreibqualifikation noch einmal in einer Graphik an:

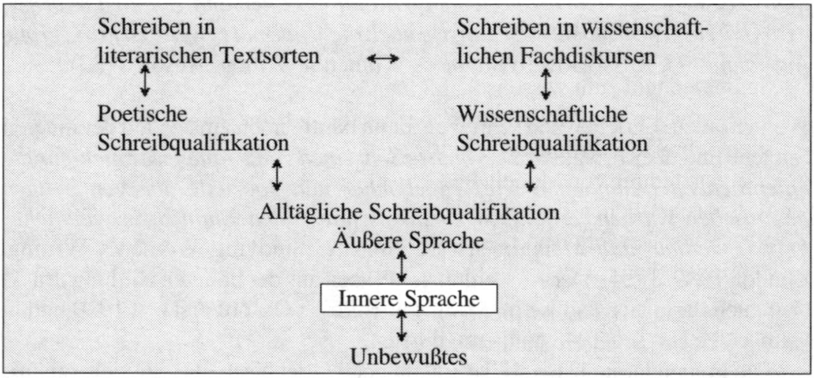

1.3. Die universitäre Schreibdidaktik

Die universitäre Schreibdidaktik erhält damit die Aufgabe, ihre Schreibcurricula so zu entwickeln, daß die Barrieren und Widerstände zwischen innerer und äußerer Sprache (1. Barriere) und zwischen alltäglicher und wissenschaftlicher Schreibqualifikation (2. Barriere) überwunden werden können. Aber auch die Wechselwirkung zwischen poetischer und wissenschaftlicher Schreibqualifikation und die Aufhebung der Benachteiligung von Frauen im wissenschaftlichen Schreiben müßte zum Bestandteil des Lernens des wissenschaftlichen Schreibens an Universitäten gehören.

Die universitäre Schreibdidaktik könnte diese Barrieren überwinden, wenn sie die Wechselwirkung zwischen den Segmenten der Schreibqualifikation immer im Rückbezug auf die innere Sprache verbessern würde. Für die Organisierung und die didaktische Inszenierung dieser Wechselwirkung stehen folgende methodische Modelle bereit:

- Die Rezeption und Produktion und die Produktion und Rezeption wissenschaftlicher Texte sollten verbunden werden.
- Lesen und Schreiben, Schreiben und Lesen wissenschaftlicher Literatur müssen als Wechselwirkung, als Wechselbeziehung, bewußt organisiert werden.
- Alltägliches Schreiben und wissenschaftliches Schreiben müssen aufeinander aufbauen können.

- Vom inneren Sprechen zum äußeren Schreiben und zum wissenschaftlichen Schreiben müssen Lernbrücken angeboten werden. Die Lernbrücken könnten selbstreflexive und poetische Diskurse sein.
- Das innere Sprechen müßte als Spiegel des problemlösenden, inneren Denkens äußerlich sichtbar und handhabbar gemacht werden.

Ein wissenschaftliches Curriculum zur Schreibqualifikation, wie es das vorliegende Lehrbuch des wissenschaftlichen Schreibens bietet, sollte in seinen Hauptpartien (hier Teil B) folgende Modelle anbieten:

1. Die Aufarbeitung des inneren Sprechens
2. Die Präsentation von Modellen, die vom inneren Sprechen zum äußeren Schreiben und zum wissenschaftlichen Schreiben vorstoßen
3. Das Anbieten von Modellen, die alltägliches Schreiben und wissenschaftliches Schreiben verbinden
4. Die Vorstellung von Modellen, die ausgehend von der Wissenschaft und von wissenschaftlichen Texten, die dialektische Verbindung von Produktion und Rezeption, Rezeption und Produktion wissenschaftlichen Lesens und Schreibens anstreben

Die Aneignung wissenschaftlichen Schreibens wird aber nicht nur durch Barrieren erschwert, sondern auch durch die besonderen Eigenheiten des wissenschaftlichen Schreibprozesses. Wissenschaftliches Schreiben ist zwar ein bewußt zu planender Prozeß, er enthält aber in hohem Maße unplanbare Elemente. Wissenschaftliches Schreiben läßt sich als Regelkreis von Hand, Auge und Bewußtsein (mit entsprechenden unbewußten Anteilen) fassen. Sehen wir uns diesen Regelkreis einmal in einer Graphik an:

Regelkreis des wissenschaftlichen Schreibens

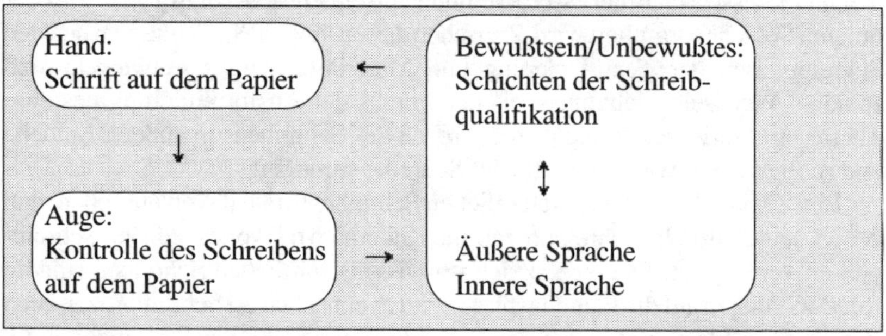

(Vgl. R. C. Gebhardt, D. Rodrigues: Writing. Process and Intentions. Lexington 1989, S. 25)

Wie aus dem Modell des Regelkreises hervorgeht, der die Beziehung von Hand, Auge und Bewußtem/Unbewußtem ständig vernetzt, macht der wissenschaftliche Schreibprozeß eine ständige Kontrolle und Revision des wissenschaftlichen Schreibens, aber auch den Einbruch neuer Schreibimpulse möglich. Deshalb ergibt sich für die groben Phasen des wissenschaftlichen Schreibprozesses nicht nur die lineare Progression, sondern auch die zirkuläre Vor- und Rückwärtsbewegung. Eine universitäre Didaktik des wissenschaftlichen Schreibens tut gut daran, wenn sie den Schreibprozeß zur besseren Durchdringung und Lehrbarkeit in vier Phasen gliedert. Diese Phasen heißen:

- Problem finden
- Material gliedern, Textstruktur planen
- schreiben
- überarbeiten

Innerhalb dieser vier Phasen kommt es zugleich zu einem interessanten Wechselspiel zwischen den verschiedenen Schichten der Schreibqualifikation, also zwischen innerer und äußerer Sprache und dem alltäglichen und wissenschaftlichem Schreiben. Sehen wir uns auch diese Beziehung in einer Graphik an:

Vier-Phasenmodell des wissenschaftlichen Schreibens

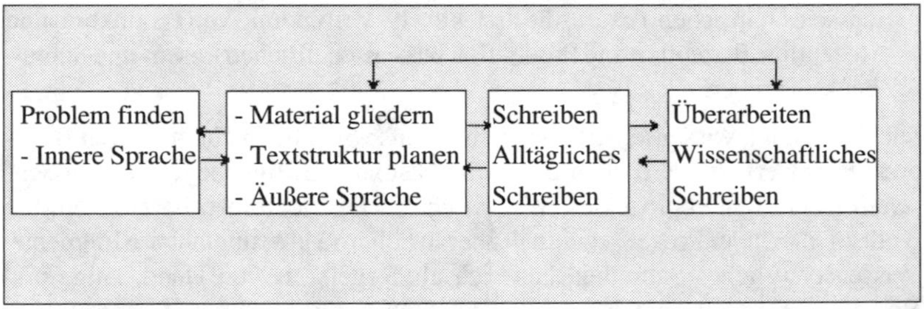

(Vgl. L.O. TROYKA: Handbook for Writers. Englewood Cliffs 1990, S. 14-16).

Die Phasen des wissenschaftlichen Schreibprozesses stellen sich so dar, daß, wenn ein wissenschaftliches Problembewußtsein entsteht, dieses zuerst in der inneren Sprache formuliert wird. Zwischen diesen inneren Sprachkernen und den Schreibphasen der Textgliederung und Materialsammlung entwickeln sich ständige Wechselbeziehungen, bis der Impuls der Ausformulierung des zum Thema strukturierten Problems den Prozeß des Schreibens in äußerer Sprache und schließlich in wissenschaftlicher Schreibe stimuliert.

Eine Didaktik des wissenschaftlichen Schreibens muß davon ausgehen, daß der wissenschaftliche Schreibprozeß auch innerhalb der verschiedenen Schreibphasen vernetzt ist. Es ergeben sich im wissenschaftlichen Schreiben ständig Rückwirkungen auf die Planungsphase, und es entstehen im Schreibprozeß auch ständig neue Ideen, mit denen das Forschungsmaterial tiefer verstanden wird. Auch das Überarbeiten in der letzten Arbeitsphase kann den gesamten Schreibprozeß noch einmal zur Disposition stellen.

Diese Wechselwirkung zwischen den Schreibphasen werden noch komplexer, wenn man das wissenschaftliche Schreiben, wie in vielen Modellen des Lehrbuchs, in acht und mehr Teilaspekte gliedert. Es liegt durchaus nahe, besonders die zweite Phase des Schreibprozesses der Materialgliederung und der

Textplanung entsprechend zu erweitern. Viele wissenschaftliche Schreiblehrbücher gehen davon aus, daß diese zweite Phase sich in vier Unterphasen aufteilen läßt. Diese Unterphasen heißen:

- Themen erforschen
- Material ordnen
- Ideen klären
- Quellen erschließen

Legen wir diese Spezifikationen unserem Schreibmodell zugrunde, so ergibt sich nun folgendes Bild:

Komplexes Modell des wissenschaftlichen Schreibprozesses

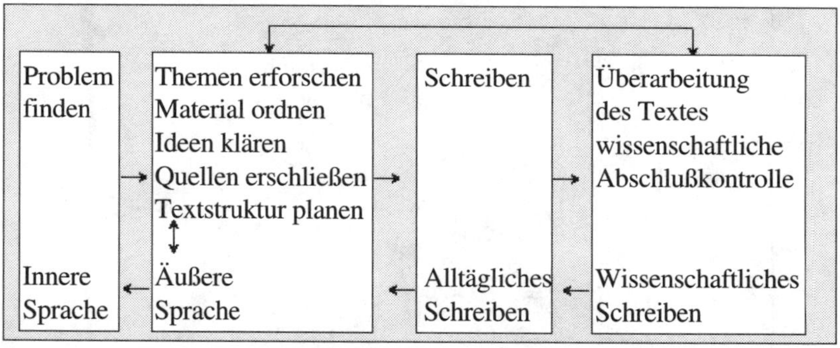

(Vgl. A. Blum u.a.: A. Guide to the Whole Writing Process. Boston 1988)

Es leuchtet jetzt wohl ein, eine solche komplexe Schreibleistung nicht auf direktem Wege mit den Studenten und Studentinnen erreichen zu wollen. Die universitäre Schreibdidaktik wird erst einmal die Beherrschung einfacherer Schreibprozesse, die noch nahe der inneren Sprache oder nahe der alltäglichen Schreibqualifikation liegen und eine besondere Fähigkeit von Studentinnen darstellen, praktizieren. Einfachere Schreibprozesse reduzieren die Schreibvorbereitung (Phase 1) auf bloße Schreibimpulse und gehen dann direkt zum Schreibprozeß über, wobei sie anfangs auf die Phase 3 und 4, Überarbeitung und Kontrolle verzichten. Sehen wir uns auch diese Verhältnisse in einer Graphik an:

Zwei-Phasenmodell einfacher Schreibprozesse

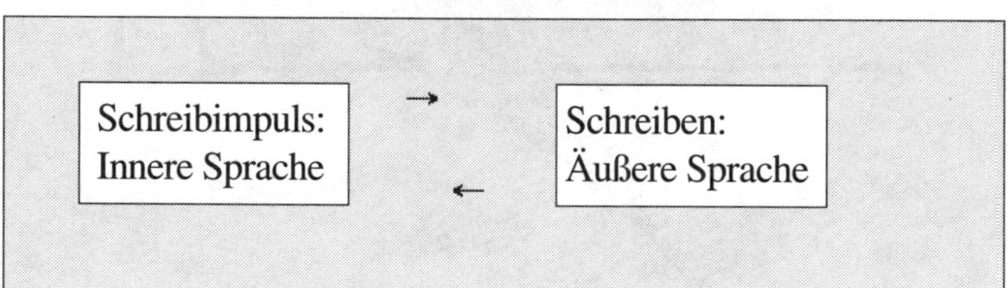

Die Einführungsmodelle in das wissenschaftliche Schreiben, wie sie im Teil B des Lehrbuches in den Kapitel 1 und 2 vorgestellt werden, machen gerade von diesen einfachen Schreibprozessen auch im Interesse der Erweiterung des Einflusses des weiblichen Schreibens in den Wissenschaften häufig Gebrauch. Im Kapitel 3.4.5. werden dann die komplexen Prozesse des wissenschaftlichen Schreibens in unterschiedlichen Fachdiskursen vorgestellt.

So wichtig Modelle des wissenschaftlichen Schreibens sind, die Fülle der Schreibgeheimnisse von Wissenschaftlern offenbaren eher individuelle Fallanalysen, denen wir uns im folgenden zuwenden wollen.

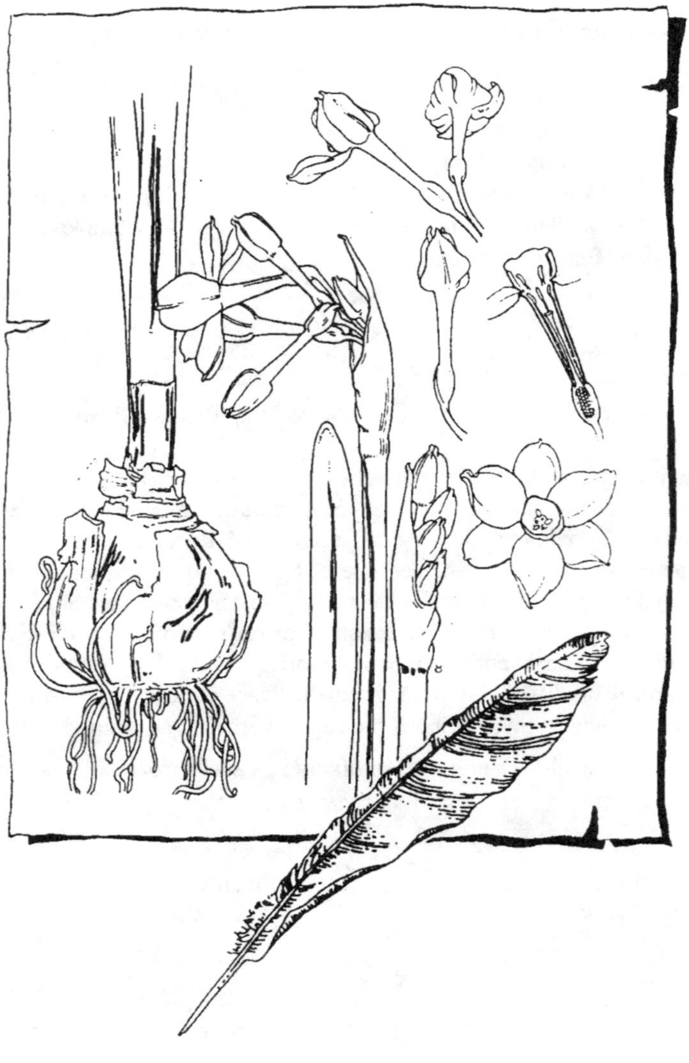

Schreibevaluationen

Gruppe 1: *Der Schreibblock führt zum Stillstand des Schreibens, der Schreibsog beschleunigt den Schreibprozeß rasend und lockt die Angst hervor, nicht aufhören zu können.*

Gruppe 2: *Das Versinken im Schreibprozeß kann als eine Art Abstieg in den Mutterschoß gesehen werden. Dieser Abstieg kann befreiende und positive Erlebnisse zu Tage fördern.*

Gruppe 3: *Der Computer schiebt zwischen Text und Schreibimpuls eine distanzierende Maschine. Die Traumen der Kindheit wecken die Katharsis, allerdings nehmen sie auf dem Monitor des Computers einen gemächlichen Verlauf.*

Gruppe 4: *Tiefe Schreiberfahrungen gehen mit Schweißausbrüchen auf der Stirn, unter den Achseln, auf dem Rücken und an den Händen einher. Es entsteht Druck und Spannung im Bauch. Es zieht an den Nieren. Die Haare stellen sich hoch in dem Augenblick, in dem die kathartische Reaktion abläuft.*

(Bruchstücke aus dem Protokoll der Evaluation von vier Schreibgruppen vom September 1991)

2. Schreibgeheimnisse großer Wissenschaftler

2.1. Einleitung

Aus der großen Zahl von Wissenschaftlern werden hier exemplarisch vier in Hinblick auf ihre Schreibgeheimnisse untersucht. Das sind vier Mosaiksteine aus der bisher ungeschriebenen kreativen Geschichte des wissenschaftlichen Schreibens, die die wichtigsten Techniken des wissenschaftlichen Schreibens im Wandel der Wissenschaftsgeschichte umfassen könnte. Eine derartige Geschichte wäre eine Ergänzung zur „kreativen Literaturgeschichte" (L. v. Werder, C. Mischon, B. Schulte-Steinecke: Kreative Literaturgeschichte. Berlin 1992), die die Entwicklungen der poetischen Schreibtechniken in exemplarischen „Fallanalysen" von den Anfängen der Dichtung bis heute umfaßt.

Bei unseren vier Beispielen kommen Schreibprozesse aus unterschiedlichen Wissenschaften zur Erscheinung. Zugleich werden hier die fachspezifischen Unterschiede zwischen Forschung und Schreibtechniken beleuchtet. Lesen Sie die vier Geschichten, und bearbeiten Sie bei jeder Geschichte folgende Aufgabe:

Schreibgeheimnisse

- Stellen Sie fest, welche Schreibstimuli, Schreibtechniken und Überarbeitungstechniken der Autor benutzt.
- Versuchen Sie, Zusammenhänge zwischen Forschungs- und Schreibtechniken zu entdecken.
- Prüfen Sie die Zusammenhänge zwischen den vom jeweiligen Autor benutzten Schreibtechniken und den spezifischen Schriftdiskursen seines Faches.

Wenn Sie alle vier Skizzen der Schreibgeheimnisse dieser Autoren gelesen haben, können Sie Ihre Kenntnisse mit folgenden Übungen vertiefen:

Vertiefung

Suchen Sie sich andere Wissenschaftler, und rekonstruieren Sie ihre Schreibgeheimnisse. Stützen Sie sich dabei auf folgende Quellen des Wissenschaftlers, in dem üblicherweise Aussagen zum eigenen Schreibprozeß geäußert werden:

- Briefwechsel mit Freunden und Kollegen aus der Zeit der Entstehung des Hauptwerkes
- Tagebücher
- Autobiographie
- Biographien über den Wissenschaftler
- Essays und Abhandlungen des Wissenschaftlers über die Methode seiner Forschung

Und nun noch eine Aufgabe für Fortgeschrittene:

Typik

Stellen Sie aus Ihren Forschungsskizzen die Entwicklung der Technik des wissenschaftlichen Schreibens für wissenschaftliche Schulen, für ganze Disziplinen und für wissenschaftliche Epochen zusammen.

Mit dieser Übung dringen Sie ins Zentrum des wissenschaftlichen Forschungsprozesses ein, der nach der Theorie von T.S. KUHN: Theorie der wissenschaftlichen Revolution. Frankfurt 1989, in der Neuzeit immer auch ein Schreibprozeß ist. Denn der Prozeß der Herausbildung eines neuen wissenschaftlichen Paradigmas umfaßt vier schriftliche Kommunikationsstufen: die Bildung eines Paradigmas, das Netzwerk, das Clustersystem, die Etablierung des Paradigmas als Disziplin. Jede dieser vier Stufen stellt zugleich die spezifische Stufe eines wissenschaftlichen Schreibprozesses dar.

2.2. Albert Einstein, Physiker

Albert Einstein, der revolutionäre Physiker des 20. Jahrhunderts, der wichtige theoretische Grundlagen zur Entwicklung der Atomwirtschaft entwickelt hat, wurde am 14. März 1879 in Ulm geboren. Nach schwieriger Schul- und Studienzeit war er ab 1902 Beamter am „Eidgenössischen Patentamt für geistiges

S. 31 N Wim Cörter

1. Entdecken
2. Schreiten

Kanalbelegung

TELE 5

TF 1

LoveNight TV

n-tv

RTL

RTL II

RTL Shop

Super RTL

Traumpartner TV

Eigentum" in Bern. 1905 promovierte er in Physik, entdeckte die Lichtquanten, die ihm 1921 den Nobelpreis für Physik eintrugen, und veröffentlichte die ersten Arbeiten zur „Speziellen Relativitätstheorie". 1908 habilitierte er in Physik an der Universität Bern. 1909 wird er Professor in Zürich, 1911 in Prag, 1912 erneut in Zürich. Von 1913 bis 1930 war er Professor für Physik in Berlin. Ab 1933 war er Emigrant in den USA, wo er 1955 starb. Seine Veröffentlichungen zur Relativitätstheorie (1913, 1916, 1917, 1953) und zur Gravitationstheorie machten ihn nach dem I. Weltkrieg weltberühmt. Einstein erhielt im Laufe seines Lebens 25 Ehrendoktorwürden. Einsteins Schreiberfahrungen, die ihn zum bekanntesten Autor seiner Zeit machten, wollen wir nun in zwei Abschnitten vorstellen:

1. Entdecken
2. Schreiben

1. Entdecken

Einstein war keineswegs ein physikalischer Laborgelehrter, sondern eher ein Philosoph. Er gehörte zur alten Tradition des Galilei, der Jahre Philosophie studierte und nur Monate Physik betrieben hatte. Einstein war ein leidenschaftlicher Sucher nach dem Geheimnis des Kosmos, der Entstehung von Energie, Raum, Zeit und Bewegung. Er sagte einmal von sich: *„Ich habe keine besondere Begabung, sondern bin nur leidenschaftlich neugierig*" (C. SEELING: Albert Einstein. Zürich 1954, S. 13). Einstein besaß eine geniale Konzentrationsfähigkeit, er konnte überall, unabhängig von seiner äußeren Umgebung, nachdenken. Auch als Familienvater konnte er so Physik und Kindererziehung verbinden: *„Er saß in seinem Arbeitszimmer vor einem Haufen Papier, auf dem mathematische Formeln standen. Mit der rechten Hand schreibend, im linken Arm seinen jüngeren Sohn haltend, gab er dazwischen seinem älteren Sohn Albert Antwort, wenn dieser, mit Bauklötzchen spielend, etwas fragte*" (C. SEELING, a.a.O., S. 81 ff.). Gerade die vielen Belastungen der Ehe trieben Einstein zur Arbeit an den Grundlagen der Physik. Die Heirat mit Mileva Maric 1903 hielt er später für die *„Tragödie seines Lebens*", die erklären würde, *„warum er sich so tief in seine Arbeit vergraben habe*" (R.W. CLARK: Albert Einstein. München 1988, S. 41). Einstein verteidigte seine wissenschaftliche Arbeit gegen alle äußeren Störungen. *„Um zu arbeiten..., darf der Wissenschaftler keine Sorgen haben, muß er jedem störenden Lebenskonflikt aus dem Wege gehen, demütig seinen Angreifern nachgeben, weil er etwas Kostbares, daß er in seiner Seele trägt, zu beschützen hat*" (R.W. CLARK: a.a.O., S. 127). Ein Freund stellte fest: *„Einstein wußte, wie man hartnäckig eine ganze schlaflose Nacht hindurch und an Tagen, die mit Aktivität und verschiedenen Beschäftigungen ausgefüllt sind, über seine Probleme nachdenkt*" (E. WICKERT: Albert Einstein. Reinbek 1991, S. 98). Es war *„...für Einsteins lebhaften und eindringlichen Geist immer ein Genuß gewesen, einem wirren Gedankengang zu folgen, ihn zu entwirren und die Fehler zu finden*" (P. FRANK: Einstein. München 1949, S. 459). Am Leitfaden kognitiver

Widersprüche vorliegender Theorien arbeitete sich Einsteins Vernunft ab. Einsteins Seele besaß darüber hinaus eine instinktive Intuition, die er so beschrieb: *„Man muß einen Instinkt darüber erlangen, was unter Aufbietung der äußersten Anstrengungen gerade noch erreichbar ist“* (C. SEELING, a.a.O., S. 170). Einstein war ständig von den Widersprüchen der vorliegenden physikalischen Theorien ergriffen, so daß er sich getrieben sah, *„jahrelang beharrlich und geduldig ein Problem immer wieder zu überdenken, auch wenn ein Erfolg nicht sichtbar wird“* (E. WICKERT, a.a.O., S. 100). Bei einer solchen inspirierten Denkenergie ist es kein Wunder, daß für Einstein der Traum oder der erste Einfall am Morgen, auf der Schwelle zwischen Tag und Nacht, die zentrale Quelle der Inspiration wurde. Der Grundgedanke der Relativitätstheorie, erzählte er einem Freund, sei ihm *„morgens beim Erwachen in den Sinn gekommen“* (C. SEELING, a.a.O., S. 82). Natürlich benutzte Einstein bestimmte Techniken, um sein Feuer der Intuition am Brennen zu halten. Er las ständig. Schon als Student *„studierte er die Schriften von Ernst Mach, Heinrich Hertz, Gustav-Robert Kirchhoff, Henri Poincaré und James-Clark Maxwell. Der Student übte sich in der geistigen Auseinandersetzung mit bedeutenden physikalischen Theorien“* (E. WICKERT, a.a.O., S. 33). Einstein führte Diskussionen mit Gleichgesinnten. Mit zwei Kommilitonen gründete er die Berner „Akademie Olympia“, die sich das Lesen und Diskutieren wichtiger Texte der Wissenschaft und Literatur zum Programm setzte. *„Man las eine Seite, manchmal nur eine halbe, bisweilen nur einen einzigen Satz und diskutierte hinterher Tage hindurch“* (E. WICKERT, a.a.O., S. 41). *„Die Diskussion war der Magnet, der die Gruppe zusammenhielt“* (R.W. CLARK, a.a.O., S. 39). Seit 1905 war Einstein dann ein anerkanntes Mitglied der europäischen Physikerelite, die auf vielen Kongressen einen ständigen Diskurs über die Natur der physikalischen Welt führte. Einstein war diskutierendes Mitglied dieser Elite, die über folgende bedeutende Persönlichkeiten verfügte: MACH, RUTHERFORD, Madame CURIE, PLANCK, NERNST (R.W. CLARK, a.a.O., S. 79). Einstein entwickelte einen Briefwechsel mit den bedeutenden Physikern seiner Zeit. *„In zahlreichen Briefen wurden wissenschaftliche Vermutungen ventiliert und konnten durch kritische Erwiderungen reifen“* (J. WICKERT, a.a.O., S. 33). Oft machte Einstein nachts *„lange Spaziergänge durch die verlassenen Straßen Berns, um seine Gedanken zu klären“* (R.W. CLARK, a.a.O., S. 40). Seiner ständig in Gang gehaltenen inneren Sprache entspricht es, daß er ständig schrieb. Selbst beim Segeln setzte er sein Notizbuch ein. *„Auf dem Wasser führte er immer ein kleines Notizbuch bei sich“* (R.W. CLARK, a.a.O., S. 23). *„Es fiel ihm schwer, ein Problem loszulassen, das er gerade im Griff hatte. Jahre später erinnerten ihn seine Studenten daran, wie er im Schneesturm unter einer Laterne am Fuß des Zürichberges gestanden, seinen Schirm einem Begleiter in die Hand gedrückt und zehn Minuten lang Formeln notiert hatte, währen die Schneeflocken auf sein Notizbuch niederfielen“* (R.W. CLARK, a.a.O., S. 113). Selbst in Diskussionen, wenn ihm durch Kritik neue Einfälle kamen, machte Einstein sich sofort Notizen, *„um dann klar und überzeugend auf Einwände zu erwidern“* (R.W. CLARK, a.a.O., S. 194). Einsteins Inspiration wurde von nervösen Krisen begleitet: *„In der allerersten*

Zeit, als die spezielle Relativität in mir aufging, wurde ich von allerhand nervösen Konflikten heimgesucht, ich ging wochenlang wie verwirrt umher als junger Mensch“ (R.W. CLARK, a.a.O., S. 64). Im Kontext der Verteidigung seiner Relativitätstheorie erlitt Einstein 1917 einen „*ernsten Zusammenbruch, der teils ein Nervenkollaps war, teils auf sein seit langem bestehendes Magengeschwür zurückging*“ (R.W. CLARK, a.a.O., S. 141). Einstein lebte oft völlig im Banne seiner inneren Arbeit: „*Wie sein Geist keine Grenzen kennt, so folgt sein Körper keinen festen Regeln, er schläft, bis er aufgeweckt wird, er bleibt solange auf, bis man ihn ins Bett schickt, er hungert, bis man ihm zu essen gibt,*“ berichtet sein Leibarzt (J. PLESCH: Janos. The Story of a Doctor. London 1947, S. 206). Einstein gab immer „*bereitwillig zu, daß Erfindungsgabe, Vorstellungskraft und intuitives Vorgehen eine ganz wesentliche Rolle bei seinen Arbeiten spielten*“ (R.W. CLARK, a.a.O., S. 67). Mit seinen Forschungen und seinem Schreiben verfolgte Einstein eine Befreiung vom Nur-Persönlichen, von den Fesseln des Ichs und der bloßen leiblichen Nichtigkeit. Für Einstein war die Wissenschaft in der Lage „*den Menschen aus der Sphäre der leiblichen Existenz empor zu heben und den einzelnen in die Freiheit zu führen*“ (A. EINSTEIN: Aus meinen späteren Jahren. Zürich 1952, S. 14). Einstein spricht oft „*vom Tempel der Wissenschaft, den er aufsuchte, um sich ganz der wissenschaftlichen Arbeit hinzugeben*“ (A. EINSTEIN: Mein Weltbild, Berlin 1968, S. 107). Der Weg der physikalischen Forschung führte ihn zur „*kosmischen Religiosität, die er als kosmisches Bewußtsein bei Franz von Assisi, im Buddhismus, bei den Philosophen Demokrit und Spinoza realisiert sah*“ (A. SCHILPP (Hrsg.): A. Einstein als Philosoph und Naturforscher. Stuttgart 1951, S. 2). Einsteins Glaubensbekenntnis lautete: „*Da gab es draußen diese große Welt, die unabhängig von uns Menschen da ist und vor uns steht wie ein großes ewiges Rätsel, wenigstens teilweise zugänglich unserem Schauen und Denken*“ (A. SCHILPP, a.a.O.).

2. Schreiben

Einsteins Anfänge im wissenschaftlichen Schreiben stießen während seines Studiums keineswegs auf die Zustimmung seiner Professoren, die ihn eigentlich ungeeignet für das Studium der Physik hielten. Der „Vagabund und Eigenbrötler“ (Einstein über Einstein) erlebte es oft, daß seine selbständigen Forschungsüberlegungen nicht gewürdigt wurden „*und im Papierkorb des Hochschullehrers landeten*“ (J. WICKERT, a.a.O., S. 12). Seine Diplomarbeit mußte er neu schreiben, weil er nicht das „*vorgeschriebene Papier benutzt hatte*“ (J. WICKERT, a.a.O., S. 14). Das Mitschreiben von Vorlesungen unterließ er: „*Vorlesungsmanuskripte besaß er nicht*“ (J. WICKERT, a.a.O.). Seiner Doktorarbeit wurde „*ungeschickter Stil und Schreibfehler in den mathematischen Formeln bescheinigt*“ (R.W. CLARK, a.a.O., S. 36). Die erste Form der speziellen Relativitätstheorie besaß „*keine Fußnoten und Belege*“ (R.W. CLARK, a.a.O., S. 55). Einstein hatte offensichtlich Schwierigkeiten seine innere Sprache in den wissenschaftlichen Schreibdiskurs zu übersetzen. Er haßte es, „*wissenschaftliche Schriften in impressiver Menge zu produzieren - eine Verführung zur Oberflächlichkeit, der, wie er sagte, nur starke Charaktere zu widerstehen vermögen*" (A. EINSTEIN: Helle Zeit - Dunkle Zeit, Zürich 1956, S. 12). Die eigenen Anfänge seines wissenschaftlichen Schreibens lagen im Formulieren von Fragen. Seine ursprünglichen Fragen, die er im Alter von 16 Jahren zum ersten Mal formulierte und die ihn in vielen Jahren intensiver Forschung begleiteten, lauteten: „*Was würde geschehen, wenn ich hinter einem Lichtstrahl hereilen und ihn schließlich einholen würde*?" Und: „*Wie würden sich physikalische Vorgänge in einem freifallendem Aufzug verhalten*?" (L. INFELD: Albert Einstein. In: Universitas 23, 5, 1968, S. 461). Für die Beantwortung solcher Fragen benutzte Einstein neben dem kritischen Lesen der Werke der physikalischen Autoritäten auch das Experiment: „*Er arbeitete fast täglich, so berichtete er über seine Studienzeit, im physikalischen Laboratorium, fasziniert durch die direkte Berührung mit der Erfahrung*" (A. SCHILPP, a.a.O., S. 6). Aus spekulativen experimentellen Erfahrungen gewann Einstein begriffliche Gesetze als Struktur seines Schreibens. Das Schreiben produziert den Begriff, der die Erkenntnis fixiert: „*Ich denke mir, sagt Einstein, daß der Übergang vom freien Assoziieren oder „Träumen" zum Denken charakterisiert ist durch die mehr oder minder dominierende Rolle, die der Begriff dabei spielt*" (A. SCHILPP, a.a.O., S. 2 ff). Der Gipfel begrifflicher Sätze kommt für Einstein der Mathematik einer Weltformel nahe (J. WICKERT, a.a.O., S. 41). Um zu diesem Gipfel vorzustoßen, fixierte Einstein seinen ständigen Gedankenstrom auf kleine Zettel. Die Forschungsergebnisse wurden „*auf kleinen Zetteln festgehalten, nicht im Rechenzentrum, nicht im Computer*" (J. WICKERT, a.a.O., S. 105). Einstein schrieb seine Ideen immer wieder um. „*Eine neue Theorie nimmt eben oft nur allmählich eine feste positive Form an*" (C. SEELIG, a.a.O., S. 251). Hatten sich alle Aspekte seiner theoretischen Einsichten in einer Gestalt konzentriert, konnte Einstein sehr schnell schreiben. „*Zwischen der Konzeption der Idee der speziellen Relativitätstheorie und Beendigung der betreffenden Publikation sind fünf oder sechs Wochen vergangen*" (C. SEELIG, a.a.O., S. 82). Es gab Phasen in Einsteins Leben, wo er von Erkenntnissen geradezu überschüttet wurde. Im Jahre 1905 schrieb Einstein alle Ideen nieder, die er in seinen späteren Jahren ausarbeiten sollte. „*Jedes einzelne seiner vier Hauptwerke, die er 1905 veröffentlichte, hätten ihm einen Platz in den Schulbüchern gesichert... Alle Arbeiten sind kurz, und jede enthält die grundsätzlichen Gedanken der neuen Theorie, wenn auch noch nicht in ausgereifter Form*" (R.W. CLARK, a.a.O., S. 45). Der Forschungs- und Schreibprozeß ging mit tiefen emotionellen Belastungen einher. 1915 schreibt er: „*Ich hatte im letzten Monat eine der aufregendsten, anstrengendsten Zeiten meines Lebens*" (A. EINSTEIN, P. SOMMERFELD: Briefwechsel. Basel 1968, S. 32). Aber im Schreibprozeß wurden seine Emotionen in der Logik der Sprache gestaltet und bewältigt. Einstein hatte besonders durch seine Tätigkeit am Patentamt gelernt, seine Gedanken klar und überzeugend zu formulieren. „*Denn im Rahmen seiner Arbeit (am Patentamt) mußte er oft die unklaren Patentbeschreibungen der Erfinder neu formulieren, um ihnen Rechtsschutz verleihen zu können. Dazu mußte er wiederum in der Lage sein, die grundsätzlichen Ideen zu erkennen, auf dem die ganze Patentanmeldung basierte... Durch die Arbeit beim Patentamt entwickelte Einstein in erstaunlicher Weise die Fähigkeit, die wesentlichen Gedanken einer wissenschaftlichen Theorie zu erfassen*" (R. W. CLARK, a.a.O., S. 37). Aber erst durch seine konzentrierten Schreibversuche über Jahrzehnte ließen sich nach schnellen Erfolgen seine späteren Erkenntnisse in verständliche Texte gießen. Kurz vor seinem Tod 1955 gesteht er: „*Die Verallgemeinerung der Gravitationstheorie hat mich seit 1916 unablässig beschäftigt*" (C. SEELIG, a.a.O., S. 83). Fast 40 Jahre dauerte bei diesem Forschungprojekt der Weg von den Notizen auf kleinen Zetteln zu einem geschlossenen Text mit theoretischer Qualität. Dabei konnte Einstein die mathematischen Formulierungen in seine Erkenntnisse nur durch die Mithilfe von Fachmathematikern wie seinem Freund Marcel GROSSMANN u.a. entwickeln. An GROSSMANN schrieb Einstein: „*Großmann, Du mußt mir helfen, sonst werde ich verrückt*" (A. EINSTEIN: Helle Zeit - Dunkle Zeit, S. 84). Physikalische Theorie wurde zuletzt mathematische Formel. „*Wenn nicht alles trügt, habe ich nun die allgemeinen Gleichungen gefunden*" (C. SEELIG, a.a.O., S. 171). Kosmische Spekulation wurde durch mathematisch geschriebene Theorie letztlich Mathematik. 1919 wurde durch eine Expedition der „Royal Society of London" nach Brasilien bei totaler Sonnenfinsternis die Richtigkeit der mathematischen Axiome der Gravitationstheorie bestätigt. Einsteins Traum, den ewigen großen Rätseln des Kosmos wenigstens Teile eines Geheimnisses entrissen zu haben, erfüllte sich.

2.3. Mircea Eliade, Religionswissenschaftler

Mircea Eliade, der große Erzähler und führende Religionswissenschaftler, wurde am 9. März 1907 in Bukarest geboren. Er studierte an der Universität dieser Stadt Philosophie und promovierte 1928 mit einer Arbeit über Yoga. Von 1928 bis 1932 lebte er in Indien und studierte an der Universität von Kalkutta Sanskrit und indische Philosophie. Ab 1945 war er in Paris. Anfang der 50er Jahre wurde er Professor für Religionsgeschichte an der Universität von Chicago. Er starb 1986 in Amerika. Er hat viel veröffentlicht. Er schrieb 20 Werke in rumänischer, 17 in französischer und 10 in englischer Sprache. Er war zugleich Wissenschaftler und Romancier, Kenner des wissenschaftlichen wie erzählenden Schreibens. Zu seinen wichtigsten Werken, die ins Deutsche übersetzt worden sind, gehören:

Eliade, M.: Geschichte der religiösen Ideen. Freiburg 1984 - 1992 Bd. I - III, 2
ders.: Das Heilige und das Profane. Frankfurt 1984
ders.: Kosmos und Geschichte. Frankfurt 1984
ders.: Ewige Bilder und Sinnbilder. Frankfurt 1986
ders.: Die Religion und das Heilige. Frankfurt 1986
ders.: Die Sehnsucht nach dem Ursprung. Frankfurt 1990.

Die wichtigsten Beobachtungen und Erkenntnisse zu seinen Schreiberfahrungen finden sich in drei Werken:

Eliade, M.: Im Mittelpunkt. Bruchstücke eines Tagebuchs. Wien 1977
ders.: Erinnerungen 1907-1937. Frankfurt 1987
ders.: Die Prüfung des Labyrinths. Gespräche mit Claude-Henri Rocquet. Frankfurt 1987.

Eliades Schreibforschungen lassen sich in vier Abschnitten darstellen:

1. Lesen
2. Schreiben
3. Überarbeiten
4. Scheitern

1. Lesen

Eliade war ein großer Leser. Das Lesen verschaffte ihm die tiefgründigen Erfahrungen, die ihn zum Schreiben motivierten. „*Im Herbst 1924 habe ich ‚i Misteri' (die Mysterien) von Raffaele Pettazzoni gelesen. Mehr als jedes andere Buch war es für meine Berufung zum Religionsgeschichtler entscheidend*" (M. Eliade: Im Mittelpunkt a.a.O., S. 257). Lesen hieß für ihn die Öffnung der Tür zum Geheimen. Pettazzonis Buch über die Eleusinischen Mysterien eröffneten ihm einen Blick in die frühe Geschichte der Religionen: „*In der Dachkammer der Strada Melodiei träumte ich in kalt-feuchten Novembernächten mit dem Buch Pettazzonis vor mir, davon, eines Tages in das Geheimnis einzudringen, das der letzte Hierophant mit sich ins Grab genommen hatte*" (M. Eliade: Im Mittelpunkt. S. 257). Lesen hieß für Eliade am große Projekt des Verständnisses der menschlichen Evolution teilnehmen zu können. Die Anregung zum Lesen bekam er von seiner Mutter: „*Erst ziemlich spät entdeckte Mutter das einzige Mittel, mit dem ich von der Straße wegzubringen war: Sie gab mir ein Buch*" (M. Eliade: Erinnerungen 1907-1937, S. 52).

Lesen eröffnete ihm die Reise zu den Ursprüngen der Menschheit, zu den ersten Schritten des aufrechten Ganges „*in illo tempore*". Lesen befriedigte seine Sehnsucht nach der Teilnahme am Ursprung des Menschen. Als Student las Eliade 20 Stunden am Tag, weil es ihm für einige Zeit gelang, mit vier Stunden Schlaf auszukommen. Noch als 40jähriger konnte er „*15 oder 16 Stunden am Tag ohne Unterbrechung lesen*" (M. Eliade, a.a.O., S. 36). „*Ich las alles, was mir in die Hände fiel*" (M. Eliade, a.a.O., S. 38). Das Lesen vermittelte ihm wichtige Schreibimpulse. Als er Martin Heideggers „Sein und Zeit" las, kam er auf die Idee: „*Eine Metaphysik... unter ausschließlicher Verwendung von Dokumenten der primitiven und orientalischen Kulturen zu schreiben*" (M. Eliade, a.a.O., S. 35). Eliade las mit einem kreativen Blick. Aus vielen Texten fand er die wichtigsten Belege für seine Grundideen über das Religiöse heraus, die Trennung von Göttern und Menschen, das Verschwinden der Götter und die Versuche des Menschen in der Ekstase wieder Zugang zum Heiligen zu gewinnen. Der moderne Mensch erlebt diese Ekstase als innere Bewußtseinserweiterung, als Reise in sein eigenes und in das kollektive Unbewußte, das alle Spuren der Evolution in Symbolen gespeichert hat. Um an diese inneren Spuren zu gelangen,

S. 36 GW

1. Lesen
2. Streiche
3. überarbeiten
4. Schreiben

Kanalbelegung

Trace.TV

tv.gusto Premium

Wetter Fernsehen

13th Street

AXN

E! Entertainment

ESPN Classic

NASN

wurde für Eliade die Bibliothek zum wichtigsten Ort der Selbsterfahrung. Es war für ihn üblich *„einen Teil des Sommers in einer der großen europäischen Bibliotheken zu verbringen"* (M. ELIADE, a.a.O., S. 59). Lesen war für Eliade ein gesteuerter Wachtraum. Was er gelesen hatte, erlebte er oft in hallizunatorischer Versenkung: Er wird in einem seiner Wachträume als Leser vieler alter Yoga-Texte selbst zum Yogi: *„Mitunter gehe ich auf dem Wasser wie auf der Erde. Ich vollbringe andere Yoga-Wunder (ich fache mit einer Handbewegung Feuer an, klettere an einem Seil hoch und verschwinde, fliege anschließend). ... Ich erkenne niemanden mehr wieder. Ich lebe im Yoga versunken am Ufer des Sees"* (M. ELIADE, a.a.O., S. 90 f). Eliade liest alles über Schamanismus, und seine Wachträume machen ihn zum Teilnehmer an der schamanistischen Reise in den Tod zum Zwecke der Wiedergeburt. Er sieht sich in einen Sarg gelegt, der über Paris davonfliegt. Der Sarg *„flog jetzt in großer Höhe... Niemand hätte seinen Kurs vorhersagen können... Er wandte sich nach Italien, überquerte die Adria, Jugoslawien, drang in Bulgarien ein und hielt auf dem rechten Donauufer, gegenüber der Stadt Oltenitza"* (M ELIADE, a.a.O., S. 139 f). Während seiner Studien in Indien las er viel über das Verhältnis von Heiligen und Profanen, vom Leben und von Tod. Das Lesen erweckte die tiefsten Symbole seiner Seele. Im Winter 1930 erlebte er den Schlüsseltraum seines Lebens. Er fährt mit einem Boot auf einem Fluß. Ein anderes Boot legt sich neben seins. *„Fast ohne es gewahr zu werden, steige ich aus meinem Boot in dieses mysteriöse Fahrzeug. Und auf einmal verstehe ich"* (M. ELIADE, a.a.O., S. 222). Er versteht nun einen frühen Traum, den er zehn Tage nach dem Tod seines großen Lehrers Nae IONESCO hatte: *„Ich sehe, wie er lächelnd mein Zimmer betritt. Die Hand an der Türklinke, sagt er, du siehst, Mircea, das ist das ganze Geheimnis, man macht eine Tür auf und geht auf die andere Seite"* (M. ELIADE, a.a.O., S, 223). Dieser Traum klärt ein religiöses Zentralsymbol, über das Eliade in vielen alten Dokumenten gelesen hatte, das *„Symbol der Schwelle: Der Übergang von einem Sein zum anderen"* (M. ELIADE, a.a.O., S. 222). Lesen ist für Eliade eine existentielle Zeitreise, die das Verschwinden der Vergangenheit aufhebt. Seine Lesemethode ist zugleich seine Forschungsmethode: *„Phänomene auf Archetypen zurückzuführen"* (M. ELIADE, a.a.O., S. 85). Wie Max WEBER, heißt für Eliade, Geschichte der Religion verstehen, sie in Idealtypen fassen zu können. Deshalb *„muß man alles wissen, wenigstens ein Dutzend Hilfswissenschaften heranziehen (von der Frühgeschichte bis zur Folklore) immer auf der Jagd nach sicheren Quellen sein und ununterbrochen jegliche Art von Fachleuten konsultieren"* (M. ELIADE, a.a.O., S. 173). Das Lesen ist nicht nur eine Reise, ein Abstieg, ein Sterben, sondern auch ein Wiedergeborenwerden. *„Bevor ich nicht den ganzen Stoff (enorme Dokumentation) durchgeackert habe, erfasse ich nicht den wahren Sinn: Ich möchte mein Untertauchen in Dokumenten mit einem Einswerden mit dem Stoff vergleichen - bis zur Grenze der körperlichen Widerstandskraft: Wenn ich spüre, daß ich keine Luft mehr bekomme, daß ich ersticke, steige ich wieder an die Oberfläche. Abstieg ins Zentrum der toten Materie, einem Höllenabstieg vergleichbar. Indirekt ein Todeserlebnis. In Dokumenten er-*

tränkt, verschwindet, stirbt, was immer persönlich, original, lebendig ist. Wenn ich mich wiederfinde, wenn ich ins Leben zurückkehre - sehe ich die Dinge anders, verstehe ich sie" (M. ELIADE, a.a.O., S. 215). Das Lesen ist aber auch ein Dialog mit den großen Grundlagenforschern der Religionsgeschichte. Eliade liest C. G. JUNG, F. NIETZSCHE, S. FREUD, HEGEL, MARX, CIORAN, E. JÜNGER, Teilhard de CHARDIN, BULTMANN, IONESCO, André BRETON, G. F. FRAZER. Er liest besonders die Quellen der verschütteten, abseitigen, esoterischen Religion, die der wissenschaftliche Diskurs, bestimmt durch die Hochreligionen, aus den Religionswissenschaften ausgegrenzt hatte. „*Welch sicherer Instinkt hat mich als Student dazu geführt, mich den exotischen und volkstümlichen geistigen Welten zu und von der westlichen Philosophie abzuwenden. Weg kann man es auch nennen. Es interessierte mich, erfüllte mich mit leidenschaftlicher Anteilnahme*" (M. ELIADE: Im Mittelpunkt, a.a.O., S. 122). Lesen ist der Zugang zum Verbotenen, Unterdrückten, Vergessenen, eine Methode der Aufhebung des Verdrängten, ein Akt der Katharsis und Reinigung. Selten wird dem wissenschaftlichen Leseakt eine solche umfassende und zugleich therapeutische Funktion zugewiesen wie bei Eliade.

2. Schreiben

Eliade kennt aus seinen Schamanismusforschungen die „*ekstatischen Ursprünge der lyrischen und epischen Dichtung*" (M. ELIADE, a.a.O., S. 288). Er wußte, daß der kreative Frühmensch: „*sich zum Vorbild jeder schöpferischen Tätigkeiten die Schöpfung per exellence nahm: die Kosmogonie*" (M. ELIADE, a.a.O., S. 178). Kreativität, das war die Besiegung des Drachens, des Chaos, die Scheidung von Licht und Finsternis. Noch im wissenschaftlichen Schreibprozeß hallt für Eliade etwas von den frühen kreativen Erfahrungen nach, die alle die Struktur der Initiation, der gefährlichen Einweihung in neues, bisher unbekanntes Wissen besitzen. „*Meine Schreibreise über 30 und mehr Jahre*", schreibt Eliade, „*erscheint mir heute wie die Wegstrecke einer langen Initiationsreise... Wie oft hätte ich mich beinahe verloren, mich in diesem Labyrinth verirrt, indem ich Gefahr lief, getötet, sterilisiert, kastriert zu werden....* Die größte Gefahr war dabei für ihn, „*zu vergessen, daß ich ein Ziel hatte, daß ich nach etwas unterwegs war, in ein Zentrum gelangen wollte*" (M. ELIADE, a.a.O., S. 197). Schreiben ist für ihn wie die Reise des Odysseus, heim nach Ithaka. Es reißt einen fort, es führt einen auf Abwege, zieht einen in Gefahren, in Sackgassen und plötzliche Erleuchtungen. Schon als Schüler entdeckte Eliade bei sich die Fähigkeit zur Lenkung seiner Imagination in Versenkung: „*Diese Erfahrung versetzte mich in solche Aufregung, daß ich die Vision unterbrechen mußte, um mich zu beruhigen*" (M. ELIADE: Erinnerungen 1907-1937, S. 42). Eliade wußte bald aus Erfahrung, „*daß ich erst mit dem Schreiben beginnen durfte, wenn dieser Traumzustand eine nahezu unerträgliche Intensität und Glückseligkeit erreicht hatte*" (M. ELIADE, a.a.O., S. 89). In einem solchen Zustand erfand er schon als Student die Geschichte eines Magiers, der Gold herstellen konnte. „*Ich hatte im Traum den Stein der Weisen gefunden... Erst Jahrzehnte später, nach dem ich Jung gelesen hatte, konnte ich den Sinn dieser Traumsymbolik verstehen*" (M. ELIADE, a.a.O., S. 79). Durch das Schreiben erlebte er die „*unbegrenzten Möglichkeiten des Menschen, die Auffassung von der schöpferischen Freiheit und einen beinahe luziferischen Gigantismus*" (M. ELIADE, a.a.O., S. 171). Er erlebte die Hoffnung, „*alle Geheimnisse der Religion, der Geschichte und überhaupt des Schicksals des Menschen auf der Erde mit einem Schlag zu lösen*" (M. ELIADE, a.a.O., S. 116). Aber er fiel auch schreibend imaginierend in tiefe Melancholie. „*Es genügte, mir eine Kleinigkeit aus der Kindheit, ein Weihnachtsbaum, die Kutsche von Cernavoda, ein Kleid meiner Mutter oder Vaters Paradeuniform in Erinnerung zu rufen, und schon war ich den Tränen nahe*" (M. ELIADE, a.a.O., S. 100). Auch die wissenschaftliche Schreibreise ist durch extreme Erfahrungen gekennzeichnet. Man kann als Wissenschaftler diese widersprüchlichen Erfahrungen überleben, wenn man sich bewußt ist, daß „*der Sinn all dieses Schreckens darin besteht, die transzendente Totalität... zu offenbaren, die das Zusammenfallen der Gegensätze im Leben ist*" (M. ELIADE: Die Prüfung des Labyrinths, S. 143) .

Eliade erkennt seine Erfahrungen des Schreibprozesses bei GOETHE und FECHNER wieder. Wissenschaftliches Schreiben bedeutet auch, das Chaos zu erleben, „*die vielfache Zerstreuung, ja, Zerstückelung des eigenen Wesens, wie Goethe in ‚Dichtung und Wahrheit' schreibt*" (M. ELIADE: Im Mittelpunkt, S. 266). Gustav Th. FECHNER, der Leipziger Philosoph, mußte erst eine schöpferische Krankheit durchleben, die deutlich initiatorischen Charakter hatte, wonach er „*viel mutiger schreiben konnte, was er von der Religion, der Unsterblichkeit hielt*" (M. ELIADE, a.a.O., S. 229).

Wissenschaftliches Schreiben ist für Eliade aber nicht nur Gefährdung und Chaos, es ist auch Struktur. Wissenschaftliches Schreiben begleitet das Sammeln und Sichten, Exzerpieren und Bibliographieren der Quellen. Eliade hat ein tägliches Schreibprogramm, das mit seinem Lese- und Forschungsprogramm eng verzahnt ist. So exzessiv er liest, so exzessiv schreibt er auch: „*Seit einer Woche arbeite ich wie verrückt, bis 6.00 Uhr früh. Nolens volens habe ich beim Aufstehen gegen 11.00 Uhr ein Schlafdefizit von 20 Stunden*" (M. ELIADE, a.a.O., S. 50). Für jedes Werk, an dem er arbeitet, legt er „Notizmappen" an (M. ELIADE, a.a.O., S. 150). „*Er bewundert André Gide und seine Passion, immer ein Heft in der Tasche zu haben, gleich wo, was zu schreiben, bis an die Schwelle des Todes*" (M. ELIADE, a.a.O., S. 96). Eliade führt selbst auch ein Tagebuch: „*Ich schreibe, um mich wieder zu finden, um mich an die unnütz verlorenen Augenblicke zu erinnern*" (M. ELIADE, a.a.O., S. 118). Er schreibt aber auch Tagebuch, um über den Fortgang seiner inneren Sprache sich Rechenschaft abzulegen, Bücher zu kommentieren, Gespräche mit Wissenschaftlern auszuwerten, Träume und Tagträume zu analysieren, Naturerfahrungen zu bearbeiten, Kongresse und Tagungen zu besprechen, Schreibstörungen zu untersuchen und Schreibpläne zu fixieren. Seine Exzerpte, Notizen, Ideen sammelt er in Materialmappen, die z.B. über den Schamanismus alles umfassen, „*was ich im Laufe so vieler Jahre auf nahezu tausend Seiten an Anmerkungen zusammengetragen habe*" (M. ELIADE, a.a.O., S. 17). Nach dem Schreiben einzelner Kapitel vernichtet Eliade „*die*

Unterlagen zu jedem Kapitel, um mich nicht in den dutzenden Mappen und Anmerkungen zu verlieren" (M. ELIADE, a.a.O., S. 65).

Er prüft die Qualität der Orte, an denen er schreibt. Folgende ideale Schreiborte schweben Eliade vor: „*eine Insel*", „*eine Hütte auf dem Gipfel eines Berges*", „*ein Haus mit Blick auf den Aetna*" (M. ELIADE, a.a.O., S. 43, 82). Sein Schreibtisch ist mit anregenden Büchern und wichtigen Manuskripten beladen: „*Mein Schreibtisch verschwindet nach und nach unter dem Berg von Mappen und Büchern*" (M. ELIADE, a.a.O., S. 283). „*Wenn ich arbeite, häufen sich Bücher, Zeitschriften, Papiere auf dem Tisch, rund um mich, auf den Stühlen, auf dem Fußboden, liegen dann Wochen um Wochen herum, bedecken sich mit Staub oder bleichen in der Sonne aus*" (M. ELIADE, a.a.O., S. 269). Ein ideales Buch schwebt Eliade vor: „*Nicht mehr als 250 Seiten, ohne Hinweise, nur am Ende eine einfache bibliographische Notiz*" (M. ELIADE, a.a.O., S. 69). Die ideale Schreibzeit ist für ihn die Nacht. Wie der Philosoph Ernst BLOCH hält Mircea Eliade das Schreiben auf dem Lande zur Nachtzeit für die beste stimulierende Schreibsituation. „*Es ist mehr als 3.00 Uhr morgens, und ich arbeite immer noch*" (M. ELIADE, a.a.O., S. 17). Aber oft verbringt er auch ganze Tage mit dem Schreiben. „*Manchmal schreibe ich 12 bis 13 Stunden am Tag. 25 sogar 30 Seiten hintereinander... Wenn ich besessen bin, dann schreibe ich Tag und Nacht*" (M. ELIADE: Die Prüfung des Labyrinths. S. 196 ff).

Mircea Eliade interessiert sich auch für die Schreibtechniken anderer großer Autoren. Er möchte BALZAC's Manuskripte prüfen, „*um zu sehen, wie Balzac an diesem Roman gearbeitet hat*" (M. ELIADE: Im Mittelpunkt. S. 42). Er erfährt, wie Samuel BECKETT schreibt: „*Ohne Unterlaß den ganzen Tag: Dann nimmt er eine Schere, schneidet Sätze oder halbe Sätze auseinander und klebt sie dann in einer neuen künstlichen Ordnung wieder zusammen*" (M. ELIADE, a.a.O., S. 244). Besonders beeindrucken Eliade die exzessiven Schreibtechniken von Allan GINSBERG: „*Mit 17 Jahren, gesteht er uns ein, las er Blake, während er onanierte, und er empfand in einem bestimmten Augenblick die Anwesenheit Blakes im Zimmer, anschließend hat er ihn gesehen*" (M. ELIADE, a.a.O., S. 286). GINSBERG benutzt eine imaginäre schwule Beziehung, um mit der Kraft eines großen Autoren zu verschmelzen. Außerdem benutzt GINSBERG die Atemtechnik des Yoga, „*um schaffen und immer längere Verse vortragen zu können*" (M. ELIADE, a.a.O., S. 286).

Eliade schreibt über seine Buchprojekte erst kurze Skizzen, ehe er sich an längere Ausarbeitungen macht. Er benutzt das Schreiben von Briefen an bekannte Wissenschaftler, um eigene Ideen zu kommentieren und erweitern zu lassen. Er hält Vorträge und Gespräche, um seine innere Sprache zu veräußerlichen. Ein weiterer Schritt im Schreiben bei Eliade ist die Ordnung und die Gliederung der zum Thema gehörenden Ideen. „*Ich versuche, die Notizen zu ordnen und die Texte durchzugehen, die ich für mein Buch über den Tantrismus brauchen werde*" (M. ELIADE, a.a.O., S. 87). Analysieren und Klassifizieren sind für Eliade wichtige Schritte in der Überführung der Forschungsmaterie in den Schreibprozeß. „*Seit einigen Wochen habe ich meine ganze Zeit dazu verwendet, den*

Stoff, den ich in den letzten neun Jahren über den Schamanismus zusammengetragen habe, zu analysieren, zu klassifizieren und zu vervollständigen" (M. ELIADE, a.a.O., S. 59). Eliade weiß um die Spannung zwischen Inspiration und Explikation beim Schreiben. Es geht ihm wie C. G. JUNG, der oft den Eindruck hatte, in einem mit Diamanten übersäten Tal gewesen zu sein und dann nur „*ein oder zwei Diamanten zeigen zu können, wie wohl alle meine Taschen voll davon sind*" (M. ELIADE, a.a.O., S. 124). Oft wird Eliade beim Schreiben von kreativen Abschweifungen unterbrochen. „*Eines Tages bin ich wie behext, ich tue nichts als die Manuskripte zu lesen und über ihnen meinen Träumen nachzuhängen. Ich schreibe Seite um Seite, Bemerkungen, Kommentare, Pläne für Studienuntersuchungen. Dann eines schönen Morgens beruhigt sich das wieder, und ich kehre zur unterbrochenen Arbeit zurück*" (M. ELIADE, a.a.O., S. 128). Auch kann das Schreiben bei Eliade durch eine plötzliche Erleuchtung unterbrochen werden: „*Nichts kann auf das Satori vorbereiten, man kann es nach 50 Jahren Meditation erleben, aber auch in demselben Augenblick, da man mit einem Bleistift spielt*" (M. ELIADE, a.a.O., S. 167). Beim Schreiben leiten ihn schließlich zwei Vorbilder in herausragender Weise: DANTE und GOETHE. Beide sind schreibend den „Müttern" begegnet. „*Es ist Dante, den wir uns zum Vorbild nehmen sollten*" (M. ELIADE, a.a.O., S. 95). „*Wie immer finde ich in Goethes Schicksal mich selbst*" (M. ELIADE, a.a.O., S. 194). „*Das Geheimnis dieses restlosen Hingezogenseins zu Goethe fasziniert mich jedes Mal*" (M. ELIADE, a.a.O., S. 293). Eliade weiß, daß im Schreibprozeß eine autonome Funktion wirkt, die ihn beim Gang durch den Schreibtunnel führt. „*Ich nehme an, daß meine besten Bücher von jemand anderem geschrieben worden sind*" (M. ELIADE, a.a.O., S. 195).

3. Überarbeiten

Eliade hat eine Abneigung gegen das Überarbeiten von Texten. „*Ich warte nie mehrere Monate, bevor ich sie zum Drucken schicke - um sie aus einer Distanz zu betrachten. Erst wenn sie im Buchhandel sind, werde ich mir ihrer Unvollkommenheit bewußt*" (M. ELIADE, a.a.O., S. 119). „*Ermüdend und deprimierend ist die Korrektur der maschinengeschriebenen Texte und ihrer Einrichtung für den Druck (die Zeit, die ich verliere, um einen Titel zu finden, um eine kleine Einleitungsnotiz von fünf oder sechs Seiten zu schreiben, Fußnoten abzuschreiben usw. usf.)*" (M. ELIADE, a.a.O., S. 263). Eliade schreibt noch ohne Computer, der diese Arbeiten doch erheblich erleichtert. Aus Angst, daß die Texte der Kritik nicht standhalten, muß er immer wieder neu Gelesenes in den Text einarbeiten. Eliade kann deshalb kein Manuskript mit dem „Imprimator" versehen, „*bevor ich sicher war, fast alles gelesen zu haben, was zu dieser Frage erschienen war*" (M. ELIADE, a.a.O., S. 59). 1950 wird er von der Qual der Überarbeitung befreit, weil eine Haushaltshilfe alle Manuskripte, an denen er gerade arbeitet, als Abfall einstuft und verbrennt: „*Einige Kilo Briefe, Manuskripte und Notizen, die ich über den Papierkorb gelegt, um für eine Schale Tee Platz zu machen und die ich dort vergessen hatte*" (M. ELIADE, a.a.O., S. 66).

Eliade erlebt beim Überarbeiten wohl die Schuldgefühle, die die Kreativität selbst begleitet, weil sie sich mit dem Unbewußten und den unbewußten kreativen Abgründen verbindet und das Über-Ich und seine Normen verletzen muß. Er identifiziert sich deshalb mit dem Magier Eugenio d'Ors, der zur Besänftigung des Über-Ichs die Gewohnheit hatte *„in der Silvesternacht eine unveröffentlichte Seite zu verbrennen - die Schönste - sagte er.“* Das war seine Art, ein Opfer zu bringen (M. ELIADE, a.a.O., S. 67).

4. Scheitern

Eliade kennt, wie alle Autoren, Schreibstörungen und Schreibverstörungen: *„Wie immer gelähmt im kritischen Augenblick der Dämmerung, zwischen neun und halb zehn Uhr abends. Tiefe Traurigkeit, Einsamkeit und dieser Geschmack der Vergeblichkeit von allem, der mein ganzes Wesen durchdringt“* (M. ELIADE, a.a.O., S. 61). Zeitdruck behindert sein Schreiben: *„Jedes Mal, wenn ich unter Druck schreibe, schreibe ich schlecht“* (M. ELIADE, a.a.O., S. 261). *„Wie gewöhnlich, wenn ich unter Zeitdruck bin, gebe ich eine beträchtliche Anzahl von Ideen und Bemerkungen von mir, ohne sie zu entwickeln“* (M. ELIADE, a.a.O., S. 275). Unter Zeitdruck wird Eliade von Ideen überflutet, die er aber alle nicht ausarbeiten und präzisieren kann. Allerdings fühlt sich Eliade im Laufe seines langen Schriftstellerlebens meist unter Druck: *„Das ist das Schicksal aller meiner Bücher, daß sie in Eile fertiggeschrieben werden“* (M. ELIADE, a.a.O., S. 80). Der Schreibdruck macht sich in psycho-vegetativen Störungen bemerkbar, die sein Schreiben begleiten. *„Seit einigen Tagen neuer Anfall von Vagotonie“* (M. ELIADE, a.a.O., S. 95). Auch befällt ihn Todesangst. Er hört von mysteriösen plötzlichen Todesfällen all derer, die sich mit *„der archaischen Symbolik und Tradition befaßten“* (M. ELIADE, a.a.O., S. 98). Besonders die Schlüsse seiner Bücher haben unter seiner Schreibhektik zu leiden: *„Das ist vielleicht mein Schicksal, die Schlüsse aller meiner Bücher zu verpfuschen“* (M. ELIADE, a.a.O., S. 95). Er vermag auch keine Zusammenfassung seiner Bücher zu schreiben: *„Es ist mir peinlich, in einem Artikel oder einem Vorwort den Inhalt eines Buches zu resümieren“* (M. ELIADE, a.a.O., S. 192). Eliade weiß, daß er kein vollendetes Buch geschrieben hat. *„Was mir zu schaffen machte, war nicht der Tod, sondern die Tatsache, daß ich nichts vollendet habe. Ich habe an die 35 Bücher schreiben müssen... und nur die Bücher, die ich nicht geschrieben oder noch nicht fertiggeschrieben habe, scheinen mir gut“* (M. ELIADE:, a.a.O., S. 190).

Offensichtlich hatte Eliade zu viel Diamanten bei seiner Abreise aus der Unterwelt der Kreativität zurücklassen müssen. *„Alles bleibt offen. Alles müßte von vorn begonnen werden“* (M. ELIADE: Die Prüfung des Labyrinths,S. 212).

2.4. Fritjof Capra, Physiker und Philosoph

Fritjof Capra, geboren 1939 in Wien, studierte und promovierte in Physik. Von 1966 bis 1974 forschte er in wichtigen physikalischen Instituten in Paris und London. 1984 gründete er das Elmwood-Institut für Naturwissenschaften und Ökologie und lehrt Physik an der Universität Berkeley in Kalifornien. Nachdem er 1977 mit seinem Buch „Das Tao der Physik" einen Achtungserfolg erringen konnte, wurde sein 1983 publiziertes Buch „Wendezeit" ein Weltbestseller und zur Grundlage für das neue ganzheitliche Denken. Wie er sich die „Wendezeit" erschrieben hat, schildert er sehr spannend in seiner intellektuellen Autobiographie „Das neue Denken" München 1992 (1. Auflage 1987).

Die Wende in seinem Leben, die ihn vom klassischen, theoretischen Physiker zum Philosophen machte, erlebte er an einem Spätnachmittag im Sommer 1969. Ihm passierte das, was man den Einbruch des kosmischen Bewußtseins in das ich-zentrierte alltägliche Alltagsbewußtsein nennt.
Kosmisches Bewußtsein läßt sich folgendermaßen beschreiben:

- Völlig unvermittelt und wie vom Blitz getroffen hat der Betroffene eine grandiose Bewußtseinserweiterung: Vom ich-zentrierten Alltagsbewußtsein zum ganzheitlich kosmischen Bewußtsein.
- Er fühlt sich von Freude erfüllt, im Besitz tiefer Einsichten und ein wenig unsterblich.
- Die Todesfurcht und das Gefühl von Sünde verschwindet.
- Eine tiefe Kreativität und die Lust am Schreiben erfaßt den Betroffenen, der nun über lange Lebensphasen hin über eine erstaunliche Energie verfügt (R. M. Bucke: Die Erfahrung des kosmischen Bewußtseins, Freiburg 1988, S. 33-37, W. James: Die Vielfalt religiöser Erfahrung, Zürich 1982, K. Wilber: Halbzeit der Evolution, München 1991).

Capra erlebt das kosmische Bewußtsein als Physiker, der die Struktur der Atome erforscht und der mit Albert Einstein weiß, daß Masse gleich Energie ist. Er schreibt:

„Eines Nachmittags, im Spätsommer saß ich am Meer; ich sah, wie die Wellen anrollten und fühlte den Rhythmus meines Atems, als mir plötzlich meine Umgebung als Teil eines gigantischen kosmischen Tanzes bewußt wurde...Ich sah die Atome der Elemente und die meines Körpers als Teil dieses kosmischen Energietanzes: Ich fühlte seinen Rhythmus und hörte „seinen Klang", und in diesem Augenblick wußte ich, daß das der Tanz Schivas war, des Gottes der Tänzer, den die Hindus verehren" (F. Capra: Das neue Denken, S. 33).

Als Capra etwas später eine Photomontage, die er nach seinem Erlebnis angefertigt hatte, betrachtete, erweitert sich seine Erfahrung: Er hatte eine Vision, die einen klaren Schreibauftrag umfaßt:

„Ich wußte mit absoluter Gewißheit, daß die Parallele zwischen Physik und Mystik, die ich gerade zu entdecken begann, eines Tages zum Allgemeingut des Wissens gehören würde, und ich spürte auch, daß es meine Bestimmung war,

diese Parallelen gründlich zu erforschen und die Ergebnisse zu publizieren. Ich entschied mich daher in diesem Augenblick, darüber ein Buch zu schreiben" (F. CAPRA, a.a.O., S. 34).

Dieselbe dramatische Berufung zum wissenschaftlichen Schreiben haben auch Roger BACON, Blaise PASCAL, Benedikt SPINOZA, J. J. ROUSSEO, C. G. JUNG, Ernst BLOCH und viele andere Wissenschaftler erlebt.

Capra begann auf der Basis seines Erlebnisses eine erstaunliche Forschungs- und Schreibkarriere, bei der auf dem Grund seiner inneren Sprache das Bild des „tanzenden Schivas" als archetypisches Leitbild seines Schreibens immer präsent war (F. CAPRA, a.a.O, S. 336). Innerhalb seiner Forschungsarbeit über den Wandel das kartesianischen zum holistischen Paradigma der Gegenwart entdeckte er schrittweise wichtige Elemente des wissenschaftlichen Schreibens überhaupt.

Fragen

Capras Forschung lebt von Fragen und der Beziehung, die Fragen zu anderen Menschen eröffnen. In seiner Autobiographie berichtet er von über 100 wissenschaftlichen Gesprächen, die er mit vielen Wissenschaftlern und Persönlichkeiten der Gegenwart, wie z.B. A. WATTS, W. HEISENBERG, G. CHEW, D. BOHM, G. BATESON, R. D. LAING, S. GROF, C. SIMONTON, E. F. SCHUMACHER, H. H. HENDERSON, V. PATIL, Indira GANDHI und vielen anderen geführt hat. Er ging mit einer vorbereiteten Frageliste in jede dieser Begegnungen hinein: „*Ich wußte, welche Fragen ich ihm stellen wollte, und ich vertraute meiner Fähigkeit, andere Menschen in anregende intellektuelle Gespräche zu verwickeln*" (F. CAPRA, a.a.O., S. 122).

Um diese Frageliste zu erstellen, hatte Capra sich intensiv mit dem jeweiligen Werken der jeweiligen Gesprächspartner auseinandergesetzt, sie exzerpiert, analysiert, zusammengefaßt und kritisch hinterfragt. So bemerkte er häufig: „*Ich schrieb wichtige Passagen des Buches ab*" (F. CAPRA, a.a.O., S. 259).

Kontakte

Capra baute zur Stimulierung seiner Ideen vielfältige weitere Kontakte zu den Wissenschaftlern auf. Er schrieb Briefe und ganze Briefwechsel. Er zog in das Haus von Stanislav GROF während dessen Abwesenheit. Er arbeitete in Forschungsprojekten mit und hielt mit vielen Wissenschaftlern gemeinsame Seminare und Vorlesungen ab. Er arrangierte Streitgespräche, Kongresse, Symposien, um die Lösung von Forschungsproblemen im Dialog voranzutreiben. Die Teilnahme an Forschungsseminaren „*hat mir immer sehr geholfen, meine eigenen Ideen zu formulieren und zu testen*" (F. CAPRA, a.a.O., S. 131).

Auseinandersetzung mit Literatur

Capra läßt sich von seinen Gesprächspartnern wichtige Literatur empfehlen, sucht systematisch in öffentlichen Bibliotheken, benutzt auch die privaten Bibliotheken seiner Informanten. „*Er gab mir einen gründlichen Einblick in seine wertvolle Büchersammlung und gestattete mir großzügig, die mich interessierenden Artikel zu photokopieren*" (F. CAPRA, a.a.O., S. 196). Capra versucht, an unveröffentlichte Manuskripte heranzukommen und exzerpiert auch sie ausgiebig: „*Ich war von der These so beeindruckt, daß ich sie abschrieb, um sie später in meinem Buch „Wendezeit" zu verwenden*" (F. CAPRA, a.a.O., S. 149).

Erfahrungen machen

Capra forscht nicht nur mit dem Kopf, sondern mit dem ganzen Körper. Er setzt sich ganzheitlichen Erfahrungen aus. Er beginnt mit Körperarbeit: „*Indem ich mich auf den Massagetisch von Praktikern der Rolfing-, der Feldenkraismethode, der Tragertechnik und vieler anderer Leute legte, begann ich eine aufregende Reise in die Bereiche der subtilen Beziehungen zwischen Muskelgeweben, Nervenfasern, Atmung und Emotionen*" (F. CAPRA, a.a.O., S. 201). Er erweitert seine Erfahrung durch Grof'sche Hyperventilation, indem er „*in Esalen mehrere Sitzungen mit der Grof-Atmung machte*" (F. CAPRA, a.a.O., S. 203). Die Folge seiner Arbeit mit Hyperventilation war ein „*Verschmelzungserlebnis mit allen Teilnehmern*" (F. CAPRA, a.a.O., S. 204).

Die innere Sprache systematisch entwickeln

Capra trainierte mehr und mehr seine innere Sprache durch imaginative Techniken. Er gewöhnte sich daran, mit wichtigen Gesprächspartnern auch imaginäre Dialoge zu führen: „*Manchmal hatte ich das Gefühl, als sehe mir Bateson über die Schulter, und ich befand mich auf diese Weise in einem intimen Zwiegespräch mit ihm, viel intimer, als bei irgendeinem unserer tatsächlichen Gespräche*" (F. CAPRA. a.a.O., S. 94). Capra entwickelte Denkbilder, die seine Schlüsselgedanken in eindrucksvollen Symbolen fixierten. Denn: „*Ganz auf dem Grunde des Lebendigseins treffen wir auf die Metaphern, wie mich Gregory Bateson gelehrt hat*" (F. CAPRA, a.a.O., S. 83). Da Capra die Methodologie der konventionellen Naturwissenschaft, das Sammeln von Daten und ihre Einbindung in mathematische Modelle für sehr begrenzt hielt, erkannte er den großen Wert der poetischen Bilder für die symbolische Erfassung des Ganzen. So erlebte er im Kreislauf des Wassers, das schon dem Vorsokratiker Thales von MILET als Grundstoff des Alls erschien, ein erregendes Bild von der Ganzheit des Seins. „*Und während ich über das Meer blickte, wurde mein Gewahrsein der Einheit aller Dinge sehr wirklich und überzeugend*" (F. CAPRA, a.a.O., S. 117). Eine wichtige Methode der systematischen Entfaltung der Inspiration wurde für Capra die Meditation, die er bei S. GROF lernte und die er für Inspiration und Entspannung beim Schreiben einsetzte. Capra erkannte auch, daß die Wahl der richtigen Schreiborte beflügelnd auf das wissenschaftliche Schreiben wirken kann. Für Capra wurde das Haus von S. GROF „*auf den Klippen von Big Sur, hoch über dem Pazifischen Ozean zum schönsten Schreibort der Welt*" (F. CAPRA, a.a.O., S. 259).

Emotionen bei der wissenschaftlichen Arbeit

Capras Arbeit an seinem ganzheitlichen Paradigma erforderte die Integration vielfältiger Ideen. Es ist deshalb kein Wunder, daß er oft von Krisen und emotionellem Aufruhr geplagt wurde. Besonders die Auseinandersetzung mit feministischen Positionen setzte ihn seelisch unter Druck: „*Beim Durcharbeiten des umfangreichen Materials von Adrienne Rich, erlebte ich einen radikalen Wahrnehmungswandel, der mich in intellektuelle wie emotionelle Verwirrung stürzte... Ich erinnere mich an jene Monate, als eine Zeit großer Unsicherheit und häufigen Zorns*“ (F. CAPRA, a.a.O., S. 251). In solchen Situationen entdeckte Capra die Kraft der logischen und rationalen Integration, mit der es ihm gelang, „*die rationalen und die intuitiven Formen des Bewußtsein wieder zu integrieren*“ (F. CAPRA, a.a.O., S. 251).

Entwicklung eines Denkmodells

Aus seinen vielfältigen Forschungen zum Paradigma der Gegenwart suchte Capra ein Modell ganzheitlichen Denkens zu synthetisieren. Bei diesem Modell ging es darum, interdisziplinäre Zusammenhänge, Parallelen und Trends in den verschiedene Wissenschaften der Gegenwart zusammenzufassen. „*Nach dem ich viele Monate lang meine umfangreichen Notizen sorgfältig strukturiert hatte, standen jetzt die Umrisse eines radikalen neuen begrifflichen Rahmens fest, und ich hatte gerade begonnen, diese Arbeit in Buchform zu gießen*“ (F. CAPRA, a.a.O., S. 146). Drei Jahre dauerte allerdings die Arbeit an der „*Zusammentragung der Notizen*“ (F. CAPRA, a.a.O., S. 222), die er „*entsprechend der geplanten Struktur seines Buches geordnet hatte*“ (F. CAPRA, a.a.O., S. 293). Die Grundstruktur des Buches „Wendezeit“ ergab sich aber auch aus der sorgfältigen Analyse und Synthese verschiedener Modelle ganzheitlichen Denkens, die er bei anderen Autoren vorfand (F. CAPRA, a.a.O., S. 190). Über jeden dieser Autoren verfaßte er kürzere Papiere, die er in vorläufige Thesenpapieren konzentrierte und bei der Diskussion mit Fachleuten vorlegte. Zur ständigen Stützung der Arbeit an dem Grundmodell seines Buches gründete er auch einen Mitarbeiterkreis hochkarätiger Fachleute, die ihn während der Arbeit an seinem Modell ständig berieten und in mehreren intensiven Konferenzen sein Modell gründlich kritisierten und analysierten (F. CAPRA, a.a.O., S. 293-334).

Fleiß und Disziplin

Die Forschungen zum Buch „Wendezeit“ dauerte von 1972 bis 1978, also sechs Jahre. Das Schreiben der „Wendezeit“ dauerte zweieinhalb Jahre. Sie war geprägt, durch die Entdeckung einer eisernen Disziplin und der Notwendigkeit der Regelmäßigkeit des wissenschaftlichen Schreibens. „*Während der folgenden zweieinhalb Jahre befolgte ich eine eiserne Disziplin. Ich stand früh am Morgen auf und schrieb täglich während einer festgelegten Stundenzahl. Sie begann mit vier Stunden, ich steigerte dieses Pensum aber, je tiefer ich in den Text einstieg, und in der abschließenden redaktionellen Phase verbrachte ich täglich acht bis zehn Stunden mit dem Manuskript*" (F. CAPRA, a.a.O., S. 335).

Belohnung

Nach Erscheinen des Buches „Wendezeit" nutzte Capra die Depression des Endes, die notwendige Depression am Ende einer langen Kreativphase, für eine Reise nach Indien. Capra hatte das Gefühl „*nach Indien zurückzukehren*", denn „*immer wieder stieß ich auf Elemente der indischen Kultur, die ich jahrelang studiert und erlebt hatte*" (F. CAPRA, a.a.O., S. 338). Besonders eindrucksvoll war für ihn die Begegnung mit einer Statue des Gottes Schiva, „*jenes indischen Götterbildes, das mir während der vergangenen 15 Jahre am vertrautesten gewesen war und einen so entscheidenden Einfluß auf meine Arbeit gehabt hatte*" (F. CAPRA, a.a.O., S. 336). Capra gibt damit das Bild Schivas als zentrales Symbol im Zentrum des Erlebnis des kosmischen Bewußtseins zu erkennen. Er weist damit auch auf eine der entscheidenden vorwissenschaftlichen Quellen seines wissenschaftlichen Schreibens hin: Auf das zentrale Symbol im Kern seiner sprirituellen Krise, die ihn zum Schreiben geführt hat (vgl. auch E. BRAGDON: Spirituelle Krisen, Wendepunkte im Leben, Freiburg 1991, S. 294 ff, S. GROF: Die stürmische Suche nach dem Selbst, München 1991, S. 320 ff).

2.5. D. M. Murray: Wissenschaftlicher Schreibforscher

D. M. Murray gehört zu den führenden amerikanischen Schreibforschern. Als Englischprofessor lehrte er bis 1987 an der Universität von New Hampshire. 1963 hatte er an dieser Universität ein Programm zur Ausbildung von Journalisten gestartet, nachdem er selbst lange Jahre als Journalist bei führenden amerikanischen Zeitungen Erfahrungen sammeln konnte: So beim „Boston Globe", beim „Boston Herald" und in New York beim Magazin „Time". Murray lebte in den 50er Jahren als freier Autor in New York. Der Schwerpunkt seiner akademischen Forschung wurde das Schreiben über das Schreiben. In diesem Feld hat er über ein Dutzend Bücher veröffentlicht. Zu den wichtigsten seiner Bücher gehören:

A Writer Teaches Writing (1968),
Writing for Your Readers (1983),
Write to Learn (1984),
Read to Write (1985),
Shoptalk, Learning to Write with Writers (1990).

Der Impuls zur Schreibforschung erfaßte ihn, als er Hochschullehrer wurde. Als er die Universität betrat, wunderte er sich über den Widerspruch, daß alles in der wissenschaftlichen Karriere vom Schreiben abhängt und in der Universität nichts dafür getan wurde, um gut wissenschaftlich schreiben zu lernen. Das Interesse am Schreiben hatte ihn schon als Jugendlicher berührt, als er sich beim Lesen von

Poesie zu fragen begann, wie die Autoren wohl ihre Texte produzieren würden. Er fühlte sich von der Magie der Schreibkreativität ergriffen und überlegte sich, ob er die Geheimnisse des Schreibens aufdecken könnte, um auch ein guter Autor zu werden. Die autodidaktische Einsamkeit des poetischen wie wissenschaftlichen Schreibenlernens schien ihm schon sehr früh kein richtiger Weg zur Schreibqualifikation zu sein. So wurde er nach längerer journalistischer Praxis akademischer Schreibforscher. 1986 hat er in seinem Essay „Über die Geheimnisse des Schriftstellers" folgende wichtige Erkenntnisse seiner Schreibforschung zusammengestellt:

Zum Schreiben gehört einmal die Entwicklung einer professionellen **Schreibhaltung**. Diese Haltung zeichnet sich durch folgende Merkmale aus:

- Der Wissenschaftler sollte nicht das Gefühl haben, zu schreiben, um das beste Buch seines Faches zu produzieren. Er sollte schreiben, um seine innere Sprache zu entwickeln, Fragen zu stellen, Argumente zu sammeln, ein Modell zu entwerfen, ein Problem zu definieren, Beobachtungen festzuhalten, Lösungsvorschläge zu machen, um in Kommunikation mit Kollegen und Studenten zu treten und um sich gut auf den universitären Unterricht vorzubereiten. Wissenschaftliches Schreiben kommt als Prozeß in Gang, der selbst ein Forschungsprozeß ist und nicht durch die großartige Fixierung auf ein ideales völlig überschätztes Produkt.
- Der Wissenschaftler sollte nicht zu schreiben versuchen, wenn er ein komplettes Forschungsresultat vorlegen will. Er sollte immer schreiben, denn Schreiben ist der beste wissenschaftliche Lern- und Forschungsprozeß.
- Auch wenn sich wenige für den Schreibprozeß interessieren und alle auf die fertigen Schreibprodukte starren, sollte sich der Wissenschaftler von den sorgsam gehüteten Schreibgeheimnissen nicht abschrecken lassen. Gerade das, was in der Einsamkeit in den Studierstuben und Laboren passiert, birgt eine Fülle von wichtigen Schreibhilfen.
- Der Wissenschaftler sollte seine Texte mit anderen teilen. Er sollte mit Lektoren, Kollegen und Studenten über seine Texte reden. Er wird bei diesen intensiven Gesprächen immer etwas Wichtiges lernen können.
- Die Veröffentlichung ist niemals das Wichtigste am wissenschaftlichen Schreiben, am wichtigsten ist das schreibende Forschen. Die Erkenntnisse beim Schreiben sind viel wichtiger als die Erkenntnisse, die man macht, wenn ein wissenschaftlicher Artikel nach Jahren veröffentlicht wird und ein paar Leser meinen, er wäre ganz gut.
- Wissenschaftliches Schreiben sollte jeder so organisieren, daß ihm seine Schreibpraxis Spaß macht. Die Ablehnung oder die Zustimmung zu einem Text hängt von so vielen irrationalen Faktoren ab, daß die Lust bei der Textproduktion oft die einzige reale Befriedigung beim wissenschaftlichen Schreiben ist.

Zum wissenschaftlichen Schreiben gehört aber nicht nur die professionelle Haltung, die wir jetzt umschrieben haben, sondern auch die Kenntnis der **akademischen Schreibtricks**. Diese Tricks hat Murray in vielen Büchern erforscht und dargestellt. Zu den wichtigsten Tricks gehören nach Murray folgende:

- Führen Sie als Student und als Wissenschaftler immer ein Journal. Das Führen des Journals erfordert immer nur kurze Augenblicke von Arbeit, die sich sehr gut innerhalb der knappen Freizeit und auch im Rahmen eines überlasteten Arbeitsplanes einbauen lassen. Im Journal benutzen Sie alle Sorten von Schreibtechniken: Listen, Zitate, Diagramme, Sammlung von Fragen, Verweise, Gliederungen, erfundene und wahre Buchtitel, Textanfänge und Textschlüsse, Hypothesen, Beobachtungen, Exzerpte, Dialoge, Verse, Szenen, usw.
- Beschäftigen Sie sich täglich mit dem Schreiben, ohne daß Sie sich zum Schreiben zwingen. Probieren Sie im Geist Sätze, Hypothesen, Fragen aus, und vergessen Sie sie wieder. Ihr Unbewußtes wird Ihnen dann mit einem Impuls helfen, Ihre Einfälle zu fixieren. Meistens sind die Freisemester oder die Semesterferien kaum die richtig inspirierenden Zeiten, um zu schreiben, wenn das eigene Unbewußte oder das Journal nicht schon vorher intensiv mit Schreibvorbereitungen gefüttert worden sind.
- Legen Sie sich in jeder Lebenswoche feste Schreibzeiten fest, und verteidigen Sie diese Zeiten gegen alle Übergriffe. Nehmen Sie sich in diesen Schreibzeiten genügend Freiraum, um Ihr Unbewußtes langsam zur Mitarbeit stimulieren zu können.
- Lesen Sie viel und durchaus interdisziplinär. Die besten Schreibideen kommen aus den interdisziplinären Grenzbereichen, die das Bewußtsein in kognitive Dissonanz versetzen und so die integrativen Schreibimpulse hervorlocken (vgl. L. FESTINGER: Theorie der kognitiven Dissonanz. Bern 1978). Aber auch Musik, Poesie, Bilder, Fragen, Gerüche und Krisen sind als wissenschaftliche Schreibstimuli nicht zu verachten.
- Führen Sie immer eine Liste mit wissenschaftlichen Fragen, damit Sie Wege in den Territorien sehen, in die Sie mit Ihrer Forschung eindringen wollen. Stellen Sie diese Fragen im Unterricht oder bei wissenschaftlichen Konferenzen. Sie werden merken, wie Ihre Frageliste sich nicht nur verdichtet, sondern auch der Umfang von Antworten anwächst.
- Nehmen Sie am wissenschaftlichen Leben teil. Werden Sie durch den Besuch von Tagungen, Kongressen, Meetings, durch Diskussionsbeiträge und Artikel ein echtes Mitglied Ihrer wissenschaftlichen Kommunikations- und Diskursgemeinschaft.
- Trauen Sie Ihrem eigenen Urteil. Stellen Sie der Diskursgemeinschaft Ihre eigenen Ideen vor, locken Sie Bestätigung und Kritik hervor, und Sie werden merken, daß auch nicht ausgereifte Ideen sich unter diesen Umständen zu idealen Forschungsprojekten entwickeln können.

- Schreiben Sie so, daß die Texte Sie selbst überzeugen. Die Standards des wissenschaftlichen Schreibens sind in den Diskursgemeinschaften oft undiskutiert, unreflektiert und deshalb auch durchaus konfus und widersprüchlich. Oft führen die gegebenen Standards auch zu einem ausgesprochen schlechten Stil und zu Texten, die weder den Autor noch den Leser überzeugen.
- Schreiben Sie wissenschaftlich so, daß Sie merken, was Sie schon wissen und was Sie noch erforschen müssen. Texte der inneren Sprache helfen oft, neue wissenschaftliche Probleme zu erkennen, sie machen auch deutlich, wo man mit ihrer Bearbeitung fortfahren kann.
- Gönnen Sie sich oft ein Stück konzentrativer Ruhe, in der Sie etwas tun bzw. nichts tun, was mit Wissenschaft zu schaffen hat. Das Unbewußte läßt sich immer Zeit mit seiner Mitarbeit. Oft entstehen gute Ideen in einem Zeitraum von fünf und mehr Jahren. Während dieser Zeit sollten Sie die Ideen wie Pflanzen betrachten, die nur bei sorgfältiger Pflege wachsen und sich entwickeln.
- Schreiben Sie auch, um Ihre wissenschaftlichen Interessen zu erforschen. Schreiben Sie auch dann, wenn Sie nicht einen festen Schreibplan haben. Schreiben Sie, um Schreibimpulse und Schreibgefühle, die hinter rationalen Schreibprojekten liegen, zu entdecken.
- Seien Sie sparsam mit Zitaten, Fußnoten und wissenschaftlichen Fachbegriffen. Schreiben Sie erst mal Ihre Ideen in alltäglicher Sprache auf, ehe Sie wissenschaftliche Literatur zu Rate ziehen.
- Wenn Sie Schreibblöcke und Schreibkrisen erleben, senken Sie Ihre Schreibansprüche. Wenn der Schreibfluß sich nicht einstellt, hilft keine Gewalt. Da hilft nur Ruhe, Distanz und Wiederherstellung der Lockerheit.
- Übertragen Sie nicht den Augen die Alleinherrschaft beim Schreiben, beteiligen Sie auch Ihre Ohren. Die Ohren können gelesene Texte besser auf Qualität, Ton, Stimme und Stil bewerten als die Augen. Die Ohren sagen dem Schreiber letztendlich, ob der Text eine Botschaft hat oder ob er nur ein akademisches Ritual ist.
- Probieren Sie zur Verbesserung Ihres wissenschaftlichen Stils auch mal literarische Formen aus. Oft sind wissenschaftliche Texte so elend formal und ohne Überzeugung, weil der Wissenschaftler ewig nur trockene Prosa schreibt, die sich von wissenschaftlichen Begriff zu wissenschaftlichem Begriff hangelt. Bilder, Metaphern, Gefühle, die der Poesie zu eigen sind, sind auch in wissenschaftlichen Texten wichtig. Schreiben Sie mal Lyrik, Dialoge und fiktionale Prosa.

Murray gibt mit der Empfehlung der **Wechselwirkung des Schreibens von Poesie und wissenschaftlicher Prosa** eine dritte Quelle der Qualifikation für wissenschaftliches Schreiben an: „*Wenn wir bei Poeten die Schreibhaltungen und Schreibtechniken studieren, die uns selbst angemessen sind, dann werden wir die Erfahrung machen, daß wissenschaftliches Schreiben eine richtige*

Freude sein kann" (D. M. MURRAY: Expecting the Unexpected, Teaching Myself - and Others to Read and Write, Portmouth 1989, S. 224).

Deshalb hat Murray jahrelang die Schreibgeheimnisse der Dichter erforscht, die in Notizbüchern, Briefen und Interviews oft ihre Schreibgeheimnisse ausplaudern (D. M. MURRAY: Shoptalk. Learning to Write with Writers, Portsmouth 1990, S. XV). Die Poeten sprechen von Hilfen gegen Schreibblöcke und Schreibkrisen und raten zur Ruhe und Konzentration. Sie geben Tips, wie man sein Thema findet: z.B. durch selbstanalytisches Schreiben. Sie enthüllen das Geheimnis der Planung beim Schreiben. Schreibplanung entsteht aus der Wechselwirkung von Lesen und Schreiben, nicht aus dem bloßen Nachdenken (D. M. MURRAY, a.a.O., S. 91). Die Poeten zeigen auch, wie man die ersten Zeilen zu Papier bekommt: durch freies, schnelles Schreiben (MURRAY, a.a.O., S. 119-125). Sie geben Hinweise, wie man im Schreibfluß bleibt, damit der Zensor zurücktritt und der Rohentwurf gelingt. Auch kommen von ihnen Tips für die letzte Zeile, die man vielleicht auch am Anfang schreiben kann (D. M. MURRAY, a.a.O., S. 165-186). Schließlich zeigen sie, daß Schreibenkönnen das größte Heilmittel im Leben ist.

Murry enthüllt damit in drei Schwerpunkten die großen Chancen, die im wissenschaftlichen Schreiben liegen. Er stellt als Programm vor, was bei anderen Wissenschaftlern nur nebenbei gesagt wird und motiviert damit zum reflexiven Schreiben auch in den Wissenschaften.

Ideen und Details

„Gutes Schreiben kombiniert Ideen und Details. Ideen geben dem Schreiben Ausdruck und Gewicht. Sie fügen die Dinge zusammen. Details helfen dem Leser, sich Ideen vorzustellen. Sie lassen Erinnerungen aufsteigen und ermöglichen Berührungen mit der Realität."
(Aus einem Brief eines Studenten der Philosophie der Freien Universität Berlin an seinen Professor)

3. Textsorten und Schreibstrategien an Universitäten und Hochschulen

Jeder Student an deutschen Universitäten und Hochschulen muß wissenschaftlich schreiben. Information über wissenschaftliches Schreiben wird den Studenten meist in Büchern, die von der „Technik des wissenschaftlichen Arbeitens" handeln, angeboten. Die Bücher dieser Sparte sind meist sehr ähnlich aufgebaut. Verschaffen wir uns einen Überblick:

Inhaltsverzeichnisse von Büchern zur „Technik des wissenschaftlichen Arbeitens" in vergleichender Gegenüberstellung (1977-1992).

RÖSSNER (1977)
- Einführung
- Bearbeitungsphase
- Das richtige Zitieren
- Beendigungsphase
- Anwendungsbeispiele

RÜCKRIEM u.a (1977)
- Psychologische Aspekte des wissenschaftlichen Arbeitens
- Zur Struktur und Funktion der Formen des wissenschaftlichen Arbeitens
- Techniken des wissenschaftlichen Arbeitens
- Von der Themenwahl bis zur Niederschrift

THEISSEN (1984)
- Planung
- Vorarbeiten
- Materialübersichten und Themenabgrenzung
- Materialauswahl
- Materialauswertung
- Manuskript
- Ergebnisgestaltung und Typoskript
- Veröffentlichung und Druck

POENICKE (1988)
- Das Sammeln und Ordnen von wissenschaftlichem Material
- Entwurf und Gliederung des Manuskripts
- Die Erstellung des Manuskripts
- Die Literturangabe
- Das Literatur- und Quellenverzeichnis
- Vorbereitung zur Veröffentlichung
- Beispiele für Manuskriptseiten

ECO (1991)
- Was ist eine wisenschaftliche Abschlußarbeit?
- Die Wahl des Themas
- Die Materialsuche
- Der Arbeitsplan und die Anlage der Kartei
- Das Schreiben
- Die Schlußredaktion
- Abschließende Bemerkungen

KRÄMER (1992)
- Thema und Arbeitsplanung

- Wo finde ich was?
- Die äußere Form der Arbeit
- Die sprachliche Gestaltung der Arbeit
- Weitere formale Zutaten
- Das Zitieren fremder Literatur
- Endredaktion und Niederschrift

BÄNSCH (1992)
- Grundansprüche an wissenschaftliches Arbeiten
- Der Entstehungsprozeß einer wissenschaftlichen Arbeit
- Kriterien zur Beurteilung wissenschaftlicher Arbeiten

Literatur:

Bänsch, A.: Wissenschaftliches Arbeiten. München 1992
Eco, U.: Wie man eine wissenschaftliche Abschlußarbeit schreibt. Heidelberg 1991
Krämer, W.: Wie schreibe ich eine Seminar-, Examens- und Diplomarbeit. Stuttgart 1992
Poenicke, K.: Wie verfaßt man wissenschaftliche Arbeiten. Mannheim 1988
Rössner, H.J.: Die Seminar- und Diplomarbeit. München 1977
Rückriem, G. u.a.: Die Technik wissenschaftlichen Arbeitens. Paderborn 1977
Theissen, M.R.: Wissenschaftliches Arbeiten. München 1984

Bei dieser Gegenüberstellung fällt auf, daß alle Bücher den wissenschaftlichen Schreibprozeß in zwei Phasen: Vorbereitung und Durchführung, gliedern und den Schwerpunkt ihrer Ausführungen auf die erste Phase auf technische Aspekte des wissenschaftlichen Arbeitens legen: auf Zitieren, Materialauswahl, Literturverzeichnisse, Anlage von Karteien, Kriterien zur Beurteilung usw. Zum eigentlichen Zentrum der wissenschaftlichen Arbeit, dem wissenschaftlichen Schreiben mit seinen Textsorten und Schreibtechniken, äußern sich diese Bücher allesamt nur nebenbei. Dazu einige Kostproben:

RÖSSNER	„*Am Schluß „muß" nur noch Tipparbeit geleistet werden*" (S. 56).
RÜCKRIEM u.a.:	*„Ist das Rohmanuskript überarbeitet und fertiggestellt, wird die Endfassung (Reinschrift) angefertigt" (S. 238).*
THEISSEN:	*„Ein Manuskript entsteht weder in einem Zug noch wird es immer nach einer strengen Zeit - bzw. Reihenfolge ... niedergeschrieben. Nicht gerade die schlechtesten Arbeiten wachsen eher wie ein großes Puzzle..." (S. 121).*
PÖNICKE:	*„Die Reinschrift eines Manuskripts... erfolgt in jedem Fall... maschinenschriftlich" (S. 119).*
ECO:	*„Schreibt alles, was Euch durch den Kopf geht, aber nur im ersten Durchgang" (S. 190).*

KRÄMER: *„Schreiben Sie die Rohfassung nur möglichst in einem Rutsch" (S. 150).*

BÄNSCH: *„Bereits beim Schreiben der Erstfassung sollten alle Ansprüche bewußt sein, die an eine wissenschaftliche Arbeit gestellt werden" (S. 38).*

Über die Theorie, Pädagogik und Psychologie, über Übungen und Curricula des wissenschaftlichen Schreibens, über das Lernen des wissenschaftlichen Schreibens in Gruppen, über Schreibstörungen und Schreibberatungen erfährt der Leser in diesen deutschen Büchern zur „Technik des wissenschaftlichen Arbeitens" nichts. Der kreative Prozeß des wissenschaftlichen Schreibens ist in diesen Büchern kein Thema. Das hat seinen guten Grund:

Die Vielfältigkeit der Schreibpraxen und Schreibtechniken an deutschen Universitäten und Hochschulen sind bisher nicht erforscht und schon gar nicht schreibpädagogischer Teil der wissenschaftlichen Lehre. Wir wollen deshalb im Rückgriff auf die wichtigsten Schreibhandbücher amerikanischer Universitäten einen Überblick über akademische Textsorten und Schreibtechniken ohne Berücksichtigung der Probleme wissenschaftlicher Fachsprachen geben. Hierbei liefern folgende Bücher weitergehende Informationen und Ansätze:

Axelrod, R. B. and C. R. Cooper: The St. Martin´s Guide to Writing. New York 1988
Barth, M. E.: Horbrace-College-Workbook. San Diego 1990
Fraizer, C. L. : The Beacon-Workbook. Boston 1990
Heffermann, J. A. B. and J. E. Lincoln: Writing-College-Handbook. New York 1986
Kennedy, X. J. and D. N. Kennedy: The Bedford Guide for College-Writer. New York 1990
Troyka, L. Q.: Simon and Schuster Handbook for Writers. Englewood Cliffs 1990

Bei unserem Überblick werden wir folgende Textsorten berücksichtigen: Autobiographie, Biographie, Bilder, Reportagen, Stellungnahmen, Vorschläge, Beurteilungen, Ursachenanalysen und Literaturinterpretationen.

Bei den Schreibtechniken sollen die Techniken des Forschens, des Erzählens, Beschreibens, Definierens, Klassifizierens, Vergleichens und des Argumentierens vorgestellt werden.

Bei Haus- und Seminararbeiten, Referaten sowie Diplom- und Doktorarbeiten werden diese Textsorten und Schreibtechniken in angemessener Weise zu berücksichtigen sein.

3.1. Textsorten in Hochschulen und Universitäten

Die Vorstellung jeder Textsorte bietet eine Beschreibung des Texttypes, ein akademisches Beispiel ihrer Anwendung und Hilfen zur Verfassung dieser Textsorte mit den Schwerpunkten auf Schreibstart und Schreibentwicklung. Die Ratschläge für den Schreibprozeß umfassen immer folgende Aspekte:

- Themenfindung
- Leserantizipation
- Untersuchung des eigenen Wissens
- eigene Ideen entwickeln
- Strukturen der Textgliederung

3.1.1. Autobiographie

Das Schreiben über vergangene Ereignisse in Form von Geschichten hilft, Gedanken auszuwählen, zu organisieren, Ereignisse schriftlich zu fixieren und Aktionen im Detail zu beschreiben. Das autobiographische Erzählen ist eine wichtige universitäre Schreibpraxis, die zur Produktion nicht-funktionaler Prosa führt. Diese Praxis findet in der Universität Anwendung bei der Biographik, bei Forschungsberichten, bei Fallanalysen und bei der Textinterpretation.

Ein Beispiel: Ein Naturwissenschaftler erzählt in einem Buch über die Umstände einer Entdeckung, die ihm den Nobelpreis einbrachte. Er teilt mit, daß er drei Wochen lang im Streß war, ob er oder ein rivalisierendes Kollegenteam auf die neue Entdeckung stoßen würden. Er enthüllt in seiner Geschichte damit eine der wichtigsten Triebkräfte seiner Entdeckung.

EineGeschichteerzählen

- Machen Sie eine Liste über Ereignisse, die Sie gerne beschreiben würden.
- Klären Sie das Interesse des Publikums, das Sie mit Ihrer Geschichte erreichen wollen.
- Wählen Sie nun das Thema aus dem Umkreis Ihrer autobiographischen Erfahrungen.
- Rufen Sie die vergangenen Gefühle zurück.
- Erinnern Sie sich genau an alle sinnlichen Details.
- Denken Sie an Personen, die an den Ereignissen beteiligt waren.
- Prüfen Sie nun Ihre Notizen.
- Setzen Sie sich drei Ziele.
- Planen Sie die Struktur der autobiographischen Geschichte: Anfang, Höhepunkt und Schluß.
- Schreiben, überprüfen und überarbeiten Sie Ihre autobiographische Skizze.

3.1.2. Biographie

Geschichten über Personen zu schreiben läßt uns nicht nur unser eigenes Leben reflektieren, sondern auch die allgemeinen menschlichen Lebensbedingungen. Das macht uns fähig, uns selber besser zu verstehen. Wir können uns aber durch diese Schreibmethode auch in andere besser hineinversetzen. Wenn wir an der Universität Geschichten über Menschen schreiben, arbeiten wir eher als Historiker denn als Autobiographen. Wir entwickeln Texte, die Ereignisse und Personen, Schauplätze, Familiengeschichten und zeitgeschichtliche Situationen miteinander verbinden.

Ein Beispiel: Ein Rechtsprofessor wird aufgefordert, einen Beitrag zur Festschrift seines Doktorvaters zu schreiben. Er schildert die Person seines Lehrers in seiner ganzen Ambivalenz, um am Ende zu merken, daß er die wichtigsten Impulse für seine Karriere gerade von diesem Lehrer erhalten hat.

ÜbereinePersonschreiben

- Machen Sie eine Liste von Personen, über die Sie schreiben möchten.
- Rufen Sie alle Erinnerungen an die gewählte Person zurück.
- Erinnern Sie sich an Anekdoten und Gespräche mit dieser Person.
- Beschreiben Sie diese Person.
- Geben Sie ein Urteil über die Person ab.
- Prüfen Sie nun Ihre Notizen.
- Geben Sie sich Ihre Schreibziele.
- Planen Sie die Struktur der Geschichte: Anfang, Höhepunkt und Schluß.
- Schreiben, überprüfen und bearbeiten Sie die Geschichte.

3.1.3. Bild

Bilder sind Quer- und Längsschnitte durch Menschen, Plätze und Einrichtungen unserer Gesellschaft. Wenn man Bilder produziert, praktiziert man die Feldforschungsmethode des Beobachtens. Man macht Interviews und Notizen, wie sie Reporter, Anthropologen und Naturforscher benutzen und lernt, Daten zu analysieren und kreativ so zu ordnen, daß sie für fremde Leser interessant sind. Das Schreiben von Bildern schlägt eine Brücke vom subjektiven Schreiben zum objektiven Schreiben: vom Gefühl zur Argumentation.

Ein Beispiel: Ein Professor der Soziologie wird zu einer Studie über zwei Sanierungsprojekte in einem Ghetto aufgefordert. er nimmt drei Wochen an der Arbeit der Projekte teil und schreibt in seinem Gutachten, daß eigentlich beide Projekte sich ergänzen und vernetzen müßten. Durch diesen Vorschlag wird die Existenz beider Projekte gesichert.

Ein Bild beschreiben

- Machen Sie eine Liste von Bildern: Leuten, Plätzen, Aktivitäten.
- Suchen Sie sich eins aus.
- Klären Sie Ihre Vorkenntnisse.
- Planen Sie die einzelnen Beobachtungs- und Forschungsaktivitäten.
- Stellen Sie die wichtigsten Forschungsfragen zusammen.
- Schreiben Sie einen Bericht über Ihre Forschungspraxis.
- Setzen Sie sich Schreibziele.
- Klären Sie, ob Sie Ihre Erkenntnisse chronologisch, systematisch oder kontradiktorisch aufbereiten.
- Schreiben, überprüfen und bearbeiten Sie Ihren Test.

3.1.4. Reportage

Die meisten Texte, die heute in Büchern, Magazinen, Zeitschriften, technischen Büchern und Forschungsberichten vorgestellt werden, wollen wie Reportagen Informationen verbreiten. Viele universitäre Schreibbemühungen bestehen darin, die Qualität von Reportagen zu erlagen. Referate, Hausarbeiten, Klausuren können durchaus Elemente der Reportage besitzen, wenn sie dem Ziel dienen, Prüfern gegenüber einen bestimmten Stand an Informationen zu dokumentieren. Viele wissenschaftliche Informationen stammen meist aus zweiter Hand und sind nicht wie das Schreiben von Bildern in der Realität selbst gewonnen worden.

Ein Beispiel: Ein Biologieprofessor wird von einer Zeitschrift aufgefordert, einen Artikel zur Kulturgeschichte der Katzen zu schreiben. Das ist für ihn ein neues Gebiet, das ihn aber sehr reizt. Bei seinen Forschungen stößt er auf die religiöse und wirtschaftliche Bedeutung der Katzen im alten Ägypten, Griechenland, China und Rom. Er entdeckt, daß die Wertschätzung der Katzen, von Rom ausgehend sich dann im ganzen Abendland verbreitet hat. Er hat sowohl für sich als auch für seine Leser durch Verarbeitung alter Informationen neue wichtige Informationen gewonnen.

Informationen präsentieren

- Stellen Sie eine Liste von Themen zusammen, über die Sie eine Reportage verfassen wollen.
- Suchen Sie sich eins aus.
- Finden Sie heraus, was Sie über Ihr Thema schon wissen.
- Stellen Sie ein Liste aller Fragen zusammen, die Sie zu Ihrem Thema finden können.
- Entwickeln Sie eine Hauptthese zu Ihrem Thema.
- Suchen Sie sich wichtige Informationen über Ihr Thema in der Bibliothek.
- Reden Sie mit einem Experten über Ihr Thema.
- Schreiben Sie eine gegliederte Thesenreihe über Ihr Thema.
- Setzen Sie sich Schreibziele.

- Entwickeln Sie eine endgültige Gliederung.
- Schreiben, überprüfen und überarbeiten Sie Ihren Text.

3.1.5. Stellungnahme

Viele wissenschaftliche Texte, die an der Universität geschrieben werden, wollen Leser überzeugen, daß die vorgestellte Forschung geistigen Tiefgang hat und die angegebenen Konsequenzen sinnvoll sind. Derartige Stellungnahmen wollen nicht Selbsterforschung präsentieren oder informieren, sie wollen primär überzeugen.

Ein Beispiel: In einem Seminar der politischen Wissenschaften versucht ein Student, eine Hausarbeit über das Streikrecht von Beamten zu schreiben. Er interviewt eine Krankenschwester und einen Polizisten zu diesem Thema und stellt fest, daß beide unterschiedliche Positionen vertreten. Der Student arbeitet dann die einschlägige Literatur auf und kommt zum Schluß, daß das Beamtenstreikrecht eingeführt werden müßte, wenn dadurch kein Menschenleben gefährdet wird.

EineStellungnahmeverfassen

- Stellen Sie eine Liste von Fragen zusammen, über die Sie eine Stellungnahme verfassen wollen.
- Suchen Sie sich eins aus.
- Erkunden Sie mit kreativen Methoden, was Sie über das Thema schon wissen.
- Legen Sie eine Liste mit zwei Spalten an, damit Sie die Argumente von pro und contra zum Thema aufnehmen können.
- Bauen Sie die Pro- und Contraideen durch Interviews und Bibliothekrecherchen aus.
- Klären Sie die Haltung Ihrer Leser- und Hörerschaft zum Thema.
- Sammeln Sie die stärksten Argument für Ihre Position, und schreiben Sie in fünf Minuten, was Ihnen bei jedem Ihrer Argumente einfällt.
- Sammeln Sie die Gegenargumente. Schreiben Sie jeweils fünf Minuten lang auf, was Sie gegen jedes der Gegenargumente vorbringen können.
- Wählen Sie das Argumentationsmusters Ihres Papiers in Thesenform.
- Versuchen Sie die üblichen Fehler eines Positionspapiers zu vermeiden: Pauschalisierung ohne jede Konkretion, Banalisierung des Themas, Unentschiedenheit des „Sowohl-als-auch“, Aggressionsorgie gegen die „Gegner“, Auseinandersetzung mit der Sache, Aufbau und Abschuß eines Strohmannes.
- Setzen Sie sich Ihre Schreibziele.
- Entscheiden Sie sich zwischen folgenden beiden Gliederungen:

Textabschnitte	Partei ergreifen	Abwägen
Einleitung	Thema vorstellen Hauptthese	beide Positionen vorstellen
Hauptteil	Gegenargumente vortragen Gegenargumente widerlegen eigene Position bekräftigen	Pro-Position abwägen Contra-Position abwägen
Schluß	eigene Position erneuern	eine neue Position vorstellen

- Schreiben, überprüfen und überarbeiten Sie Ihren Text.

3.1.6. Vorschlag

In vielen wissenschaftlichen Fächern stellen sich schriftliche Arbeiten der Aufgabe, wissenschaftliche Probleme zu lösen. Naturwissenschaftler suchen nach Energiequellen wie dem Atom, Ingenieure wollen die Tragfähigkeit des Betons verbessern, Juristen entwickeln neue Rechtsideen, Physiker arbeiten an der „Weltformel". Um eine Arbeit zu schreiben, die eine Problemlösung vorschlägt, ist Vorstellungsvermögen und Kreativität erforderlich.

Ein Beispiel: Ein Medizinstudent, der ein Praktikum an einer Klinik macht, erkennt, daß mit dem Einsatz von Computern die Datenverarbeitung der Klinik verbessert werden kann. Er verfaßt einen Vorschlag und weist nach, daß mit Computern die Arbeit effektiviert, verbilligt und humanisiert werden kann.

Wissenschaftliche Vorschläge verfassen

- Wählen und analysieren Sie ein Problem.
- Entwickeln Sie Problemlösungen, indem Sie jeweils fünf Minuten frei über folgende Aspekte des Problems schreiben:
  Ein kleiner Ausschnitt des Problems; Problemlösungen bei ähnlichen Problemen; Problemlösungen, die wenigstens eine Problemursache beseitigen; das Problem in einer anderen Kategorie sehen. Stellen Sie sich eine Person vor, die das Problem lösen könnte, und sehen Sie zu, wie sie das Problem löst (vgl. L. FLOWER: Problemsolving - Strategies for Writing. San Diego 1989, S. 136-142).
- Untersuchen Sie Ihren Alltag, um zu erkennen, mit welchen Problemen Sie konfrontiert sind. Sie können dabei folgende Spaltenmethode verwenden:

Lebensbereich	Problemsituation
Hochschule	Mängel in der Lehre schlechte Bibliothek laute Lesesäle fehlende Laborplätze
Sportmannschaft	Schwächen des Trainings fehlendes Engagement der Spieler
Job	schlechte Bezahlung gefährliche Schadstoffbelastung schwache Gewerkschaft
Partnerschaft	Angst vor Distanz zu kleine Wohnung

- Setzen Sie sich mit Gegnern Ihrer Problemlösung auseinander. Entwickeln Sie Argumente für Ihre Lösung.
- Vergleichen Sie Ihre Lösung mit alternativen Lösungen durch Literaturstudien und Interviews.
- Setzen Sie Schreibziele.
- Entwickeln Sie eine Gliederung. Orientieren Sie sich dabei an folgender **Kurzgliederung:**

  1. Das Problem
  2. Die Lösung
  3. Gründe für die Annahme der Lösung

  oder an folgender **Langgliederung:**

  1. Das Problem
  2. Gründe und Folgen des Problems
  3. Folgen der fehlenden Problemlösung
  4. Beschreibung der Problemlösung
  5. Schlüssel zur Durchsetzung der Lösung
  6. Diskussion der Gründe für die Unterstützung der Lösung
  7. Alternative Lösungen und ihre Grenzen
  8. Bekräftigung der eigenen Lösung

- Schreiben, überprüfen und überarbeiten Sie Ihren Tex

3.1.7. Gutachten

Wissenschaftliche Urteile und Gutachten zu entwickeln ist eine Basis des akademischen Denkenlernens und Schreibens. Als Student und Wissenschaftler ist man oft aufgefordert, Beurteilungen von Bücher, Kunstobjekten, Forschungsergebnissen, Forschungsberichten, Forscherpersönlichkeiten verschiedener Disziplinen zu entwickeln. Von der Qualität der Gutachten hängt oft die Bewertung der eigenen Qualifikation und die Reichweite der eigenen Karriere ab.

Ein Beispiel: Der Inhaber eines Lehrstuhls für Germanistik wird von einem Verlag aufgefordert, die Qualität eines seiner Absolventen zu begutachten. Er würdigt die charakterlichen Stärken des ehemaligen Studenten, seine Forschungsleistungen, seine Schreibfähigkeit, seine Sensibilität für die Literatur. Er schließt sein Gutachten mit der Bewertung, daß die Kenntnisse des Absolventen durchaus geeignet sind für eine gute Mitarbeit im Verlagswesen.

Gutachtenverfassen

- Stellen Sie eine Liste von Themen zusammen, die Sie beurteilen wollen: Poetische Texte, eine Person, eine Ware, eine Theorie, eine Zeitschrift, ein Restaurant oder Ihre Hochschule.
- Suchen Sie sich eins aus.
- Überprüfen Sie Ihr Wissen über den gewählten Gegenstand durch eine Spontanbeschreibung und Bewertung.
- Machen Sie eine Liste von Bewertungskriterien, die Sie Ihrem Urteil zugrunde legen wollen. Orientieren Sie sich dabei an folgender Graphik:

Film	**Ware**	**Text**
- Geschichte - Thema - Struktur - Photographie - Spiel - Regie	- Konstruktion - Technik - Funktion - Nutzen - Preis	- Stil, Sprache - Inhalt, Aufbau - Erfahrung - Gestalt von Personen - Bedeutung für Schreiber und Leser

Spezifizieren Sie Ihre Beurteilungskriterien für ein gewähltes Thema, indem Sie wie in den folgenden drei Spalten, Ihre Kriterien, Ihre Beurteilungsgründe und Belege Ihres Gutachtenobjektes auflisten:

Kriterien	**Beurteilungsgründe**	**Belege**

- Analysieren Sie Ihre Beurteilungsgründe, und stellen Sie dann eine Hierarchie der Beurteilungsgründe auf, indem Sie über jeden der Gründe fünf Minuten frei assoziieren und die Qualität Ihrer Begründung bewerten.
- Setzen Sie sich Schreibziele, und achten Sie dabei darauf, daß Sie Ihre Bewertung nicht durch zu große Subjektivität, banale Kriterien, platte Verallgemeinerungen, gewagte Vergleiche oder Scheinargumentationen entwerten.
- Orientieren Sie Ihren Schreibprozeß eventuell an folgender Standardgliederung für Gutachten:

Einleitung	1. Vorstellung des Gegenstandes 2. Entwicklung der Beurteilungskriterien 3. Urteil
Hauptteil	4. Begründung 1 und Beleg 5. Begründung 2 und Beleg 6. Auseinandersetzung mit alternativen Bewertungen
Schluß	7. Abschlußbegründung

- Schreiben, überprüfen und überarbeiten Sie Ihren Text.

3.1.8. Analysen

Wissenschaftliches Schreiben hat auch mit analytischen Texten zu tun, die die Ursachen neuer Phänomene und Trends vorstellen wollen. So ließe sich ein analytischer Test über Rassendiskriminierung, studentische Studienabbrecher, die wachsende Macht der japanischen Banken verfassen oder über die Quotenregelung in höheren Berufen, die neue Rechte oder die Verbreitung von Ein-Personenhaushalten. Die Fähigkeit der Anwendbarkeit des wissenschaftlichen Wissens auf Alltagsprobleme ist mit analytischen Texten sehr gut unter Beweis zu stellen.

Ein Beispiel: Für eine wissenschaftliche Zeitschrift schreibt ein Pädagoge einen Artikel, indem er über die Gründe für die wachsende Zahl der Studienabbrecher spekuliert. Er wägt dabei interne und externe Gründe ab und räumt den internen Studienproblemen (Studienordnung, Schreibqualifikation, Textsortenwissen usw.) einen größeren Stellenwert ein als externen Problemen (Situation am Arbeitsmarkt, gesellschaftliche Abwertung der Wissenschaft).

Analyse

- Stellen Sie eine Liste von auf- oder absteigenden Trends zusammen. Orientieren Sie sich dabei an folgender Graphik:

Arbeitswelt	Wirtschaftskriminalität, Frauendiskriminierung, Arbeitslosigkeit, Zwangsmobilität
Hochschule	schlechtes Mensa-Essen, Expansion der Forschung, Massenstudium, Verfall der Lehrqualität
persönliches Leben	Furcht vor dem Erfolg, Idealismus, Arbeitswut, Rollenklischees
Kommune	fehlende Führung, Verfall der Bauten, Wachsen der Kriminalität
Staat	schlechte Politiker, niedrige Wahlbeteiligung, Staatsverschuldung
Kunst	multikulturelle Künste, Postmoderne
Sport	Doping, Hochleistungssport, Breitensport

- Listen Sie alle Trends in der heutigen Gesellschaft in folgenden Bereichen auf: Erziehung, Freizeitverhalten, Religion, politisches Verhalten, Arbeitswelt, Weltpolitik, Philosophie usw. Wählen Sie ein Trendthema, indem Sie sich ein Thema aus beiden Listen sich heraussuchen.
- Stellen Sie alle Gründe für die Entwicklung des ausgewählten Trends zusammen: unmittelbare Gründe, Hintergründe, ständige Gründe, unsichtbare Gründe.
- Analysieren Sie die Gründe: Notwendigkeit, Reichweite, statistische Grundlagen, Stellung der Autoritäten zum Trend. Sie können die Gründe und deren Verursachung zur leichteren Orientierung auch in dem folgenden Dreispalter vorstellen:

Phänomene	**Erscheinung**	**Verursachung**

- Ziehen Sie Literatur aus Bibliotheken und aus der Presse zu Ihrem Trendthema heran.
- Setzen Sie sich Schreibziele, und achten Sie darauf, daß Ihre Analyse nicht durch Vereinfachung, Verwechslung von Ursachen und Wirkung, zu große Subjektivität und unklare Bewertung verfälscht wird.
- Orientieren Sie sich an folgender Standardgliederung für Trendanalysen:

Einleitung	1. Beschreiben des Trends
Hauptteil	2. Gründe für den Trend
	3. Zurückweisen von Gegengründen
	4. Analyse und Widerlegung alternativer Trendanalysen
Schluß	5. Resultate der Analyse

- Schreiben, überprüfen und überarbeiten Sie Ihren Text.

3.1.9. Interpretation

Die Interpretation von Literatur ist eine Domäne der Literaturwissenschaft. Die Literaturwissenschaftler interpretieren Kurzgeschichten, Novellen, Gedichte, Filme und Theaterstücke. Aber auch in den sozialen Naturwissenschaften hat die Textinterpretationihren Stellenwert. Dabei geht es einmal um die Erkenntnis und dessen, wie der Text auf einen selber wirkt, zum anderen darum, die subjektive Wirkung objektiv darzustellen. Jeder Interpret muß versuchen, Mitglied der allgemeinen Interpretationsgemeinschaft zu werden. Interpretationen von Texten bewegen sich daher immer in einem Zirkel. Die Fixierung der Interpretation auf die eigenen Vorurteile gegenüber dem Text muß durch vertieftes Eindringen in den Text überwunden werden.

Ein Beispiel: Für ein Seminar in Wissenschaftsgeschichte wählt sich ein Student das Thema: „Das Bild des verrückten Wissenschaftlers". Für seine Interpretation wählt er die Texte „Frankenstein" und „Dr. Jekyll und Mr. Hyde" aus. In seiner Interpretation dieser Texte stellt er dann fest, daß der verrückte Wissenschaftler als sozial isoliert und von kompensierenden Größenphantasien besessen dargestellt wird. Als Beleg für seine Interpretation stellt er die Entwicklung beider Figuren in den ausgewählten Texten dar.

Textinterpretation

- Wählen Sie zuerst einen Text aus, den Sie interpretieren wollen.
- Orientieren Sie sich bei der Textinterpretation an folgendem Vorgehensvorschlag:
  1. **Lesen:** den ausgewählten Text mehrmals lesen.
  2. **Interpretationseinstiege:** Wählen Sie unter verschiedenen Interpretationseinstiegen aus: Ausgang vom Überraschenden, von besonderen Worten und Bildern, von vorherrschenden Charakteren, von Perspektiven, Widersprüchen, literarischen Motiven, vom spezifischen Milieu, von der Erzählstruktur, vom sozialen, historischen oder ökonomischen Kontext.
  3. **Exzerpieren:** Exzerpieren, kommentieren Sie alle interessanten Sätze des Textes. Diese Tätigkeit wird völlig neue Einsichten in die Textstruktur eröffnen.

4. **Bestandsaufnahme:** Fertigen Sie dann eine Bestandsaufnahme Ihrer Notizen an, indem Sie Ihre Notizen klassifizieren, typisieren oder vernetzen. Stellen Sie in einem Kurztext Ihre Funde vor.
5. **Kurztext:** Analysieren Sie Ihre Bestandsaufnahme auf eine Gliederungsstruktur hin, und schreiben Sie einen Kurztext über Ihre Funde.
6. **Interpretationshypothese:** Stellen Sie in zwei bis drei Sätzen Ihre Interpretationshypothese über den Text auf. Vertiefen Sie diese Hypothese durch weitere Textlektüre und durch Diskussion Ihrer Hypothese mit anderen Studenten. Vergleichen Sie dann diese Resultate mit anderen Interpretationen, die schon in der wissenschaftlichen Diskussion veröffentlicht worden sind.

- Setzen Sie sich Schreibziele, und entwerfen Sie eine Gliederung, die folgende Struktur haben kann:

1. Einleitung	- Vorstellung des Textes - Darlegung meiner Interpretationstechnik - meine Forschungshypothesen
2. Hauptteil	- meine Interpretationsaspekte - Stil - besondere Worte - Bilder - Methaphern mit Symbolen - Handlungstypik - Charaktere - Motive - Milieu - Erzählstruktur
3. Schluß	- Zusammenfassung

(Vergl. L. Q. TROYKA: Simon & Schuster. Handbook for Writers. Englewood Cliffs 1990, S. 719).

- Schreiben, überprüfen und überarbeiten Sie Ihre Interpretation

Bei allen vorgestellten Textsorten läßt sich abschließend ein Modell des wissenschaftlichen Schreibprozesses erkennen, das an amerikanischen Hochschulen weit verbreitet ist und das auch deutschen Studenten Hilfen bei der Bewältigung ihrer Schreibaufgaben geben könnte. Dieses Modell des wissenschaftlichen Schreibprozesses gliedert sich in vier grobe Abschnitte, zu denen sich jeweils insgesamt neun Unterabschnitte finden lassen.

Vierstufiges Modell des wissenschaftlichen Schreibprozesses

Stufen	**Arbeitsschritte**
1. Einstieg	1. Themen finden
2. Plan und Material ordnen	2. Themen erforschen 3. Leserinteressen klären 4. Material erschließen
3. Schreiben	5. Textsortenwissen berücksichtigen 6. Standardgliederung beachten 7. Text schreiben: Subjektive Rede in objektiven Text verwandeln.
4. Überarbeiten	8. Text überarbeiten 9. Textkontrolle

3.2. Schreibtechniken in Hochschulen und Universitäten

Eine große Hilfe bei der Bewältigung des wissenschaftlichen Schreibprozesses bieten die folgenden Schreibtechniken, die wir in einem Mindmapping der wissenschaftlichen Schreibtechniken vorstellen wollen:

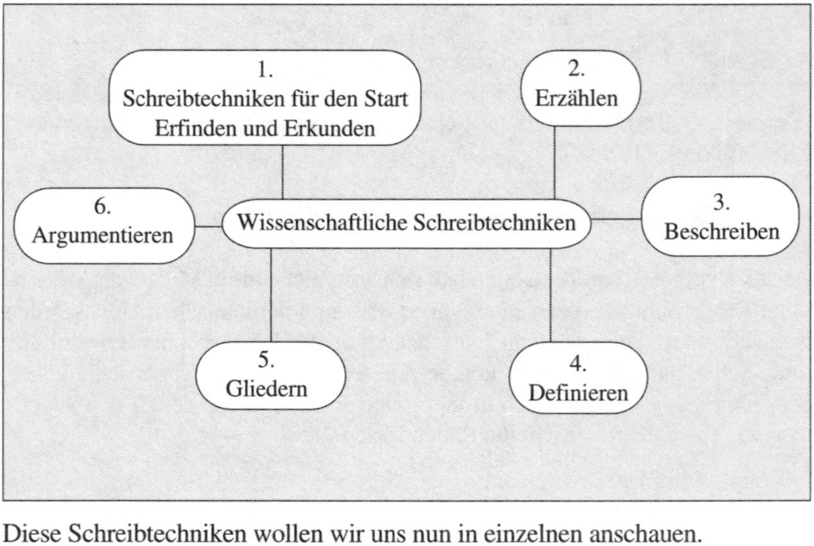

Diese Schreibtechniken wollen wir uns nun in einzelnen anschauen.

3.2.1. Erfinden und Erkunden

Die Schreibtechniken, die in der Universität am Anfang jeder Schreibarbeit stehen, sollen der Erkundung des Themas, der Erfindung von wichtigen Aspekten des Themas und der Erforschung der subjektiven Kenntnisse zum Thema im Modus der inneren Sprache dienen. Diese Schreibtechniken werden von Wissenschaftlern und Künstlern gleichermaßen benutzt. Sie sind von Schriftstellern, Psychologen und Linguisten entdeckt worden. Wir teilen diese Startschreibtechniken in fünf Gruppen ein:

1. Assoziieren
2. Brainstorming
3. Visualisierungstechniken
4. Schreibtechniken
5. Lesetechniken

3.2.1.1. Assoziieren

Der erste Schritt in die Welt der Gedanken wird durch das Assoziieren eröffnet. Sir Francis GALTON (Inquiries into Human Facultiy and its Development. London 1883) hat als erster exakt das Phänomen der spontanen Einfälle von sinnhaften Wort- und Bildverbindungen im Bewußtsein untersucht. Er entwickelte auch einen Assoziationstest: "*Auf Zettel schrieb er 75 ausgewählte Wörter, die er nach geraumer Zeit einzeln las, und den Inhalt der ersten beiden Assoziationen sowie die Zeit, die er dazu benötigte, notierte. Galton teilte erste statistische Werte mit: 1,3 Sekunden als durchschnittliche Zeit pro Assoziation, mehrfache Wiederkehr derselben Assoziation bei späterer Wiederholung des Versuchs, zahlreiche Assoziationen aus der eigenen Biographie, knapp die Hälfte aller Assoziationen aus der Alltagssprache: Namen, Phrasen, Fragen*" (G. STRUBE: Assoziation. Der Prozeß des Erinnerns und die Struktur des Gedächtnisses. Berlin 1984, S. 20). GALTONS Anregung schuf die Wortassoziationsteste, die in der klinischen Psychologie (KRAEPELIN, C.G. JUNG, WERTHEIMER, S. FREUD) und in der Erforschung des menschlichen Gedächtnisses eine lange Weiterentwicklung durchmachten (vgl. H. HILTMANN: Wortassoziation und verbale Ergänzungsverfahren. In: R. HEISS (Hrsg.): Psychologische Diagnostik. Göttingen 1964, S. 533-555). Neueste Forschungen der Assoziationsnetze der Erinnerung haben Erkenntnisse bestätigt, die schon ARISTOTELES (Parva naturalia. Oxford 1955) beschrieben hat. Die wichtigsten Assoziationsgesetze heißen:

1) Gedächtnisinhalte werden als in der Vergangenheit erlebte Wahrnehmungen verstanden und treten wieder ins Gedächtnis, wenn ein aktueller Reiz sie weckt. Je lebhafter die ursprünglichen Empfindungen waren, um so enger und stärker scheinen die Glieder einer Assoziationskette miteinander verknüpft zu sein. Die Glieder einer Kette werden um so leichter erinnert, je häufiger das geschieht.

2) Auf der Abfolge der Gedächtnisinhalte beruht deren Wiederfinden und damit das Erinnern. Je länger wir bei einem Gegenstand verweilen, desto sicherer kann er damit in der Zukunft erinnert werden.
3) Bei allen Assoziationsleistungen bedarf es eines geeigneten Ausgangspunktes. Alle Assoziationen sind mit spezifischen Erfahrungsbildern assoziiert, die beim Reiz der Assoziation sich wieder im Bewußtsein einstellen.
4) Die Geschwindigkeit, mit der Assoziationen produziert werden, ist am Anfang relativ hoch und nimmt im weiteren Verlauf zusehens ab. Beim längeren Assoziieren werden Pausen sichtbar, und individuelle Unterschiede des Assoziierens setzen sich durch.
5) Die Assoziationstendenzen werden durch die jeweilige Stimmung der assoziierenden Person modifiziert. Rausch und Krankheit verändern die Assoziationsfähigkeit.
6) Frühe Lebens- und Denkgewohnheiten haben immer einen prägenden Einfluß auf die Spannweite des Assoziationsprozesses (WARREN, H.L.: History of the Association Psychology. New York 1921, S. 73).

Die Assoziationstechnik kann also die im Gedächtnis gespeicherten Kenntnisse abrufen. Sie ermöglicht es den Studenten, bei jedem wissenschaftlichen Thema erste Kenntnisse zu erschließen, die Sinn-Netzwerke eines Themas zu erforschen und die Bilder und Ideen in Schrift umzusetzen, die mit dem Thema schon in seinem Gedächtnis verbunden sind. Die Assoziationstechnik ist deshalb auch die einfachste Schreibtechnik. Sie verlangt noch keine Sätze und geschlossenen Argumentationen, sondern sondiert erst mal in Worten die Inhalte, die das Gedächtnis zum Thema schon gespeichert hat. Die Übung der Assoziationsfähigkeit steht damit am Anfang jeder Einübung in die Technik des wissenschaftlichen Schreibens (vgl. W. ZIELKE: Handbuch der Lern-, Denk- und Arbeitstechniken. Bindlach 1991, S. 55-57).

Assoziationsketten

Innerhalb von drei Minuten sollten Sie sich Ihr Thema als Stichwort vorgeben, und zu diesem Stichwort sollten Sie dann möglichst viele Assoziationen bilden, indem das folgende Wort in der Kette immer einen sinnhaften Bezug zum vorhergehenden Wort haben sollte.

Startwort 1 als Kernwort zu Ihrem Thema →

Wort 2 → Wort 3 → Wort 4 → Wort 5 → Wort 6 → Wort 7 usw.

Assoziationsdelta

Wieder in drei Minuten sollten Sie zu Ihrem Startwort Assoziationen finden, die untereinander keine Verbindung zu haben brauchen.

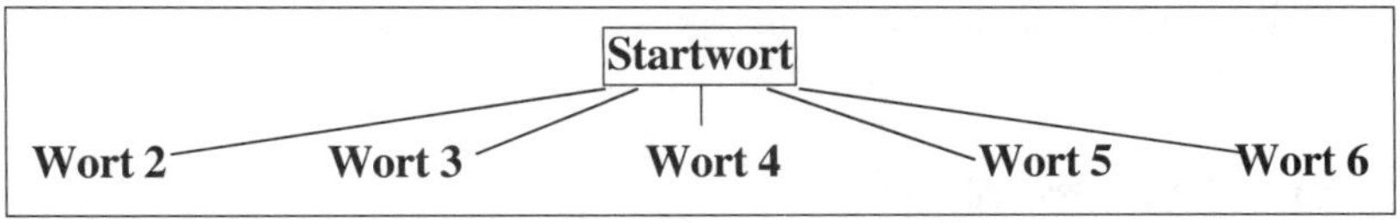

Assoziationskreis

In fünf Minuten bilden Sie eine Assoziationskette zu Ihrem Startwort, die sich am Ende sinnvoll mit dem Ausgangswort verbindet.

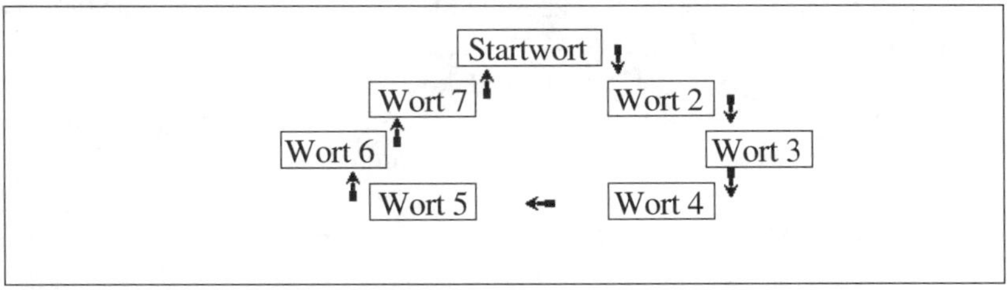

Assoziationsfächer

Um die verschiedenen Ebenen des Startwortes erforschen zu können, sollten Sie einen Assoziationsfächer entwickeln. Das Startwort wird dafür in Unterbegriffe aufgeliedert, zu denen dann ihrerseits weitere Worte assoziiert werden.

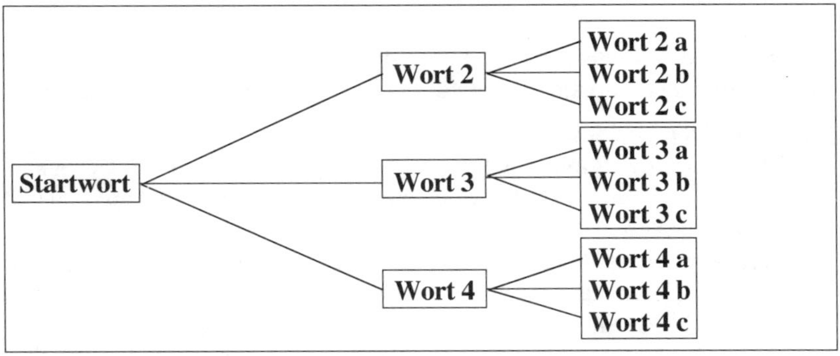

Assoziationsgleise

Vom Startwort ausgehend werden zuerst drei oder mehr Worte assoziiert, die dann zum Beginn von längeren parallel laufenden Wortketten werden können.

Solche Assoziationsübungen sind leicht und spielerisch zu entwickeln. Sie gewinnen mit diesen Übungen erste Kenntnisse über Ihr Thema: Zusammenhänge, Strukturen, und Ordnungsmuster. Es werden aber auch bei diesen Übungen kognitive und emotionelle Dissonanzen deutlich, die das Thema bei Ihnen auslöst.

3.2.1.2. Brainstorming

Das **Gruppen-Brainstorming** wurde in den 40iger Jahren von A. OSBORN (Applied Imagination - Principles and Procedures of Creative Thinking. New York 1953) vorgestellt. Es basiert auf den Erkenntnissen der Assoziationspsychologie, die W. WUNDT, S. FREUD und C. G. JUNG entwickelt haben. Das Brainstorming ist die bekannteste Methode, durch freie Assoziationen Ideen zu produzieren. Sie hat sich auch bei der Produktion und Auswertung von Ideen im wissenschaftlichen Schreiben bewährt. Als Gruppen-Brainstorming kann sie den Fokus eines wissenschaftlichen Themas klären helfen.

Gruppen-Brainstorming entwickelt sich nach vier Prinzipien:

- Es wird ein Thema genannt, und freie Einfälle werden zum Thema an der Tafel oder an einer Flipchart gesammelt.
- Jede Kritik an den geäußerten Ideen und jede Diskussion ist untersagt.
- Die Ideen werden durch weitere Einfälle vertieft.
- Es sind möglichst viele Ideen in kürzester Zeit zu produzieren (H. SCHLICKSUPP: Ideenfindung. Würzburg 1992, S. 104-107).

J. WONDER und P. DONOVAN haben 1985 (Whole-Brain-Thinking. New York 1985) das **individuelle Brainstorming** entdeckt. Es umfaßt meist fünf Schritte:

- **Schriftliche Formulierung** des Themas
- **Brainstorming-Phase:** Alle Ideen, Bilder, Empfindungen und Gedanken, die zum Thema auftauchen, werden ohne Kritik nach dem Prinzip Quantität vor Qualität aufgelistet.
- **Ideenbewertung:** Bewertung der gefundenen Ideen nach Praktikabilität und nach ihrer Gefühlsqualität
- **Ideenauswahl:** Auswahl der Ideen nach Gefühl oder nach rationalen Kriterien
- **Schriftliche Ausarbeitung** der besten Ideen zu einem Thema in einen Text

Aufgabe

Bearbeiten Sie Ihr Thema mit Gruppen- und Individual-Brainstorming.

Diese Grundmethoden des Brainstorming sind nun vielfältig erweitert worden. Auch Sie können sie beim Start der Arbeit an einem wissenschaftlichen Thema mit gutem Erfolg anwenden.

Das Brain-Floating basiert auf einer sehr schlichten Theorie der beiden Gehirnhälften. Das Brain-Floating zielt darauf ab, die Kraft der rechten Gehirnhälfte mit den meist in der linken Gehirnhälfte bearbeiteten wissenschaftlichen Problemen zu synchronisieren. Es arbeitet in drei Schritten:

Umpolung

- Stellen Sie sich mit allen fünf Sinnen auf Ihr Thema ein. Fühlen, schmecken, hören, riechen und sehen Sie es. Fertigen Sie von Ihren Sinneseindrücken zum Thema einen kurzen Text an.
- Zeichnen und schreiben Sie dann zehn Minuten lang mit der rechten Hand und mit der anderen, linken Hand alles, was Ihnen gerade einfällt.
- Vergleichen Sie dann die Ergebnisse von Arbeitsphase 1 und 2. Stellen Sie logische und inhaltliche Ergänzungen fest, und schreiben Sie nun einen zusammenfassenden Text.

Simultanaktion

- Notieren Sie zuerst in Kurzform Ihre Problem- und Aufgabenstellung.
- Schreiben Sie dann mit beiden Händen spontan auf das Papier, was Ihnen zum Thema einfällt.
- Werten Sie dann Ihre Doppelschrift und eventuelle Zeichen und Zeichnungen in einem kleinen Text aus.

Doppelkopf

Zwei Studenten sollten sich zur Bearbeitung eines wissenschaftlichen Themas zusammenfinden. Der einer spielt die logisch analytische, der andere die emotionelle Rolle.

- Zuerst wird das Thema besprochen, und die Rollen werden verteilt.
- Dann äußern sich beide Spieler in den konträren Diskursen, die ihnen ihre Rollen vorschreiben.
- Es werden nun die Rollen und die Medien getauscht:
  Der eine zeichnet rational zum Thema, der andere schreibt emotional.
- Am Schluß werden die Ergebnisse ausgewertet.

(H. Braem, Brain-Floating. München 1989, S. 230 ff.).

Das **Brain-Writing** kombiniert den individuellen Ideenfluß und die kooperative Arbeit an den Ideen in der Gruppe. Der Prozeß des Brain-Writing gliedert sich in vier Phasen:

- Das zu bearbeitende wissenschaftliche Thema wird von der Gruppe formuliert.
- Jeder Gruppenteilnehmer schreibt drei Einfälle zum Thema auf sein Papier.
- Jeder Teilnehmer gibt sein Papier weiter, damit reihum jeder Gruppenteilnehmer auf jedem erhaltenen Papier drei weitere Ideen zu den schon vorgefundenen ergänzen kann.

- Das Wandern der Papiere in der Gruppe ist erst abgeschossen, bis jeder Teilnehmer auf jedem kreisenden Papier drei Ideen beigesteuert hat.
- Sind z.B. drei Ideen auf sechs Papieren von sechs Gruppenteilnehmern schriftlich fixiert worden, so sind abschließend 108 Ideen zum Thema auszuwerten und in einem Ergebnistext zu formulieren.

(B. ROHRBACH: Technik der Lösung von Innovationsproblemen. Wiesbaden 1972).

Das Brain-Writing-Verfahren läßt sich auch als Brain-Writing-Pool vereinfachen. Es werden der Gruppe leere Papierbögen zur Verfügung gestellt, auf die jeder nach Lust und Liebe seine Einfälle zum Thema eintragen kann, bis das Thema erschöpft ist (H. SCHLICKSUPP: a.a.O., S. 119 ff.).

Wenn es um ungewöhnliche Lösungen für wissenschaftliche Themen geht, läßt sich auch das **imaginäre Brain-Storming** anwenden. Es besteht darin, daß eine Gruppe oder ein einzelner keine Einfälle zum gegebenen Thema, sondern zu einem ganz anderen „verfremdeten" Thema sammelt und dann klärt, ob sie zur Lösung des realen Themas Anregungen geben können. Es ist eine Methode, die von Science-Fiction-Autoren benutzt wird, die in verfremdeten Galaxien für irdische Probleme völlig andere Lösungen entdecken wollen (A. F. KELLER: Methode zum Finden neuer Ideen. In: Marketing-Journal. 2, 1971, S. 154 ff.).

Aufgabe

Probieren Sie nun alle Brain-Power-Techniken einmal aus, um Ihr Thema allein oder in einer Gruppe umfassend zu erkunden.

Eine lange Geschichte hat die Methode des **automatischen Schreibens** (vgl. H. F. ELLENBERGER: Die Entdeckung des Unbewußten. Bern 1973, Bd. 1, S. 487 ff., Bd. 2, S. 122 ff.).

Diese Methode kann als ungewöhnliche Erforschungsmethode eines wissenschaftlichen Themas gelten. Das automatische Schreiben ist dabei viel „automatischer", d.h. viel ich-ferner als das später noch vorzustellende Freewriting. Das automatische Schreiben geht so:

„*Schließen Sie die Augen, lassen Sie Ihre schreibungewohnte Hand über ein Thema Ihrer Wahl schreiben. Es dauert vielleicht einige Minuten, dann beginnt Ihre Hand völlig selbständig erst Kreise und geometrische Figuren, schließlich auch Worte und Sätze zu schreiben. Jeder fünfte automatische Schreiber produziert dann einen kleinen Text, der durchaus in einer ihm fremden Handschrift geschrieben sein kann*" (LeCron, L. M.: Selbsthypnose, München 1987, S. 36 ff.).

Werten Sie auch den automatischen Text für Ihre Themenerforschung aus.

Die meisten Kreativitätsmethoden hat Edward de BONO in rund 25 Büchern niedergelegt. Das Ziel seiner rund 60 Denktechniken ist es, das alltägliche Denken umzustrukturieren, Klischees und Barrieren zu durchbrechen. Das **laterale Denken**, das de BONO als Alternative zum logischen vertikalen Denken propagiert, „baut auf dem Prinzip auf, daß jede bestimmte Art der Anführung von

Dingen nur eine von vielen möglichen Arten ist" (BONO, E. de: Laterales Denken. Reinbek 1971, S. 65). De BONOS Prinzipien des lateralen Denkens, die auch für das Lösen wissenschaftlicher Probleme möglich sind, heißt:

Kehrt die Vorstellungen von den Dingen um.
Verfremdet die Vorstellungen von den Dingen durch Analogien.
Vertraut auf die Macht des Zufälligen.

Wir wollen nun als ein einfaches Beispiel die **NIE-Technik** (= neue Ideen erfinden) vorstellen. Sie vollzieht sich in fünf Schritten:

- Fixierung des wissenschaftlichen Themas
- Benennung der üblichen Lösungen für das Thema
- Entwerfen von alternativen und antagonistischen noch nie dagewesenen Lösungen
- Suchen nach neuen Ideen anhand der noch nie dagewesenen Lösungen
- Auswahl und Ausformulierung der besten neuen Ideen

(BONO, E. de: a.a.O. 1971).

Als komplexeres Modell der Lösung wissenschaftlicher Probleme bietet de BONO z.B. folgende Methode an:

ZAK-Methode (= Ziel, Ausweitung und Konsequenz)

- Zuerst wird das wissenschaftliche Arbeiten zielfixiert.
- Dann wird das Denken weit über das fixierte Ziel hinausgelenkt und alle möglichen Einfälle jenseits des Zielzentrums gesammelt.
- Am Schluß werden die Ergebnisse unter Bezug auf das festgelegte Ziel fixiert und ausgewertet (BONO, E. de: Chancen. Düsseldorf 1989).

Aufgabe

Schreiben Sie über Ihr wissenschaftliches Thema mal mit den Methoden des lateralen Denkens.

3.2.1.3. Visualisierungstechniken

Mit Hilfe der grafischen Visualisierung von Schreibgedanken in Form von Landkarten wird das Nachdenken über das Thema angeregt (vgl. L. v. WERDER: Kreatives Schreiben in den Wissenschaften, Berlin 1992, S. 28-55). Diese Landkarten umfassen Worte, Strukturen und Verbindungen. Sie geben Hinweise auf Kenntnisse und Lücken in Bezug auf das Thema. Wir stellen nun alle Visualisierungstechniken kurz vor.

Clustering

Entwerfen Sie ein Cluster zu Ihrem Thema. Wählen Sie ein Startwort. Kreisen Sie es ein. Schließen Sie die Augen. Schreiben Sie alle Einfälle in Assoziationsketten um das Startwort.

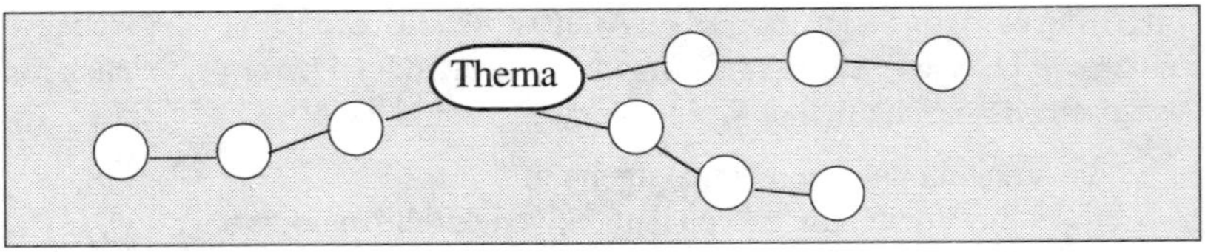

Auflistung

Geben Sie Ihrer Liste einen Titel. Schreiben Sie Ihre Einfälle schnell und ohne Kontrolle auf. Arbeiten Sie dann Ihre Liste durch. Ordnen Sie die Liste nach Wichtigkeiten, streichen Sie Unwichtiges aus. Ergänzen Sie auch neue Einfälle.

Gliederung

Gliedern Sie Ihr Thema mit drei Techniken:
Machen Sie sich erst Notizen, sammeln Sie dann Überschriften, und formen Sie dann Sätze. Geben Sie Ihrer Gliederung eine numerische oder alphabetische Ordnung. Sie können auch eine Feingliederung mit Haupttiteln und Untertiteln entwickeln. Folgendes Gliederungsschema könnte von Wichtigkeit sein:

I Thema
- A Unterthema 1
- B Unterthema 2
  - 1 nächster Unterabschnitt
  - 2 folgender Unterabschnitt
    - a weitere Unterabschnitte
    - b
      - (1)
      - (2)
        - (a)
        - (b)
        - (c)

3.2.1.4. Schreibtechniken

Perspektiven

Diese Methode betrachtet das Thema aus sechs Perspektiven: beschreiben, vergleichen, assoziieren, analysieren, Nutzen ermitteln, Für- und Gegenargumente zu Ihrem Thema finden.

Dialog

Finden Sie zwei Personen, und lassen Sie diese sich über Ihr Thema unterhalten.

Dramatisierung - W-Fragen

Betrachten Sie Ihr Thema als Drama von Personen, und stellen Sie mit den fünf W-Fragen die Elemente Ihres Dramas heraus:

Was = Handlung
Wer = Person
Wo, Wann = Umstände
Warum = Motive
Wie = Methode

Mit diesen fünf Fragen, die jeder Reporter benutzt, können Sie die Interaktions- und Kommunikationsstrukturen von Texten und sozialen Verhältnissen durchschauen und in eine Schreibordnung bringen.

Diktieren

Wenn Sie Ihr Thema gut kennen und unter Zeitdruck geraten, diktieren Sie Ihrem Freund Ihre Gedanken.

Journal

Legen Sie sich ein Notizheft zu, und schreiben Sie folgende Texte in dieses Heft: neue Worte, Erkenntnisse aus Seminaren und Vorlesungen, Antworten Ihrer Professoren, Vorbereitungen für Seminarsitzungen, Beobachtungen und Gespräche. Schreiben Sie jeden Tag fünfzehn Minuten lang, was Ihnen zu Ihrem Thema jeweils gerade einfällt. Dialoge zwischen Wissenschaftlern, Tages- und Wochenpläne, zeitgeschichtliche Trends.

Schleifemachen

Schreiben Sie so schnell Sie können, und kehren Sie immer wieder zu Ihrem Thema zurück. Was Sie geschrieben haben, fassen Sie nach zehn Minuten in einem Satz zusammen. Beginnen Sie dann mit diesem ersten Satz, und schreiben Sie zehn Minuten frei weiter. Fassen Sie dann diese Schleife wieder in einem Satz zusammen. Nach zwei bis drei Schleifen haben Sie vielleicht zwei bis drei gute Thesen zu Ihrem Thema gefunden.

Fragestellen

Stellen Sie fünf Fragen an Ihr Thema:

1. Was ist Ihr Thema?
2. Welche Teile oder Abschnitte hat Ihr Thema?
3. Welche anderen Themen sind Ihrem Thema verwandt?
4. Welchen Veränderungen unterliegt Ihr Thema?
5. Welche Bedeutung hat Ihr Thema für die Gesellschaft?

Interview

Viele Informationen erhalten Sie von Fachleuten innerhalb und außerhalb der Universität. Machen Sie Interviews, und halten Sie sich bei der Durchführung des Interviews zu Ihrem Thema an folgenden Leitfaden:

Interview-Leitfaden	
1. Vor dem Interview	- Bereiten Sie sich durch Quellenstudium vor. - Entwickeln Sie einen Fragenkatalog. - Wählen Sie die dem Interviewpartner entsprechende Kleidung. - Halten Sie die verabredete Zeit genau ein.
2. Während des Interviews	- Schreiben Sie genau und präzise die Interview-Antworten mit. - Lesen Sie die wichtigsten Antworten vor ,und holen Sie sich Zitiererlaubnis ein. - Bleiben Sie entspannt, auch wenn Ihnen die Antworten nicht gefallen. - Stören Sie das Interview nicht durch zu vieles Mitschreiben. - Bleiben Sie dem Interviewpartner zugewandt. - Gehen Sie flexibel mit Ihrer Befragungsstrategie um. - Überlassen Sie dem Interviewten den größten Sprechraum.
3. Nach den Interview	- Beenden Sie das Interview mit Dank, und versprechen Sie, den Interview-Text zu übersenden. - Geben Sie in Ihrem wissenschaftlichen Text die Interview-Zitate korrekt und genau wieder.

(Vgl. R. Veit: Research: The Student's-Guide to Writing Research Papers. New York 1990, S. 84 ff).

3.2.1.5. Lesetechniken

Die meiste Schreibpraxis in der Universität bezieht sich auf die Auseinandersetzung mit anderen geschriebenen Texten. Für die wichtige Arbeit des Lesens gibt es folgende Techniken: richtig lesen, Anmerkungen machen, Inhaltsverzeichnisse anlegen, gliedern, umschreiben, zusammenfassen. Mit Hilfe dieser Techniken machen Sie Ihr Lesen zur Basis für gutes wissenschaftliches Schreiben (vgl. J. A. B. Heffermann, J. E. Lincoln: Writing College-Handbook. New York 1986, S. 196-226 und L. Q. Troyka: Simon & Schuster Handbook for Writing. Englewood Cliffs 1990, S. 108-141).

Richtiglesen

Lesen Sie nicht zuviel. Ehe Sie richtig lesen, überfliegen Sie erst eine Quelle. Verstehen Sie Lesen als die Arbeit eines Detektivs oder Abenteurers, der nach den richtigen Fragen und Antworten seiner Forschung in den Quellen sucht. Lesen Sie mal einen Text, und geben Sie dann genau an, wieviel mit den Augen - und wieviel Arbeit Sie mit der Hand gemacht haben. Vergleichen Sie das Verhältnis (vgl. auch Teil B., Kap. 4.1. dieses Buches).

Anmerkungen

Machen Sie sich Anmerkungen in einem wichtigen Text zu Ihrem Thema, indem Sie folgende Handlungen vollziehen: Unterstreichen Sie Kernsätze und Kernworte des Textes. Kreisen Sie Kernworte ein, und verbinden Sie sie mit Linien untereinander. Schreiben Sie kommentierende Stichworte und Sätze zum gelesenen Text. Ergänzen Sie Argumente, Beispiele und Namen.

Inhaltsverzeichnis

Listen Sie alle wichtigen Gedanken auf, die ein Text zu Ihrem Thema enthält. Sie werden etwas Wichtiges entdecken.

Gliederung

Versuchen Sie in einem wichtigem Text die Gliederung der Gedanken zu rekonstruieren. Nehmen Sie dann diese Gliederung als Modellgliederung für einen eigenen Text.

Umschreiben

Umschreiben umfaßt zitieren, paraphrasieren (in eigenen Worten sagen) und Zusammenfassen. Ziehen Sie einmal aus einem Text Originalzitate. Versuchen Sie dann, Textpassagen mit eigenen Worten zu umschreiben. Achten Sie beim Zitieren und Paraphrasieren auf folgende Regeln:

1. Nicht zuviele Zitate. Nur dann zitieren, wenn das Zitat etwas Neues bietet.
2. Übersetzen Sie immer die wichtigsten Gedanken eines Quellentextes in eigene Worte, es sei denn, es gilt Regel 1.
3. Umschreiben Sie, wenn der Quellentext Fakten anbietet oder wenn Sie die Informationen klarer und kürzer fassen wollen und können.
4. Zitieren Sie, wenn die Quelle es kürzer und besser sagen kann als Ihre eigenen Worte.
5. Zitieren Sie, wenn Sie die Quelle vorstellen und bekannt machen wollen.
6. Zitieren Sie, wenn die Autorität der Quelle Ihrem Text Legitimation verleihen kann.
7. Zitieren Sie ruhig auch Zitate, die im Quellentext zitiert worden sind. Allerdings müssen Sie dann den Fundort des Zitats innerhalb Ihrer Quelle besonders angeben (vgl. R. Veit: Research: The Student's Guide to Writing Research Papers. New York 1990, S. 146-150).

Benutzen Sie diese Regeln bei der jetzt anstehenden Sichtung aller Lesefrüchte eines von Ihnen gelesenen Textes.

3.2.2. Erzählen

Erzählen wird zur wichtigen Schreibtechnik an der Universität, wenn eine Entwicklung dargestellt werden soll oder wenn Beispiele den Text illustrieren. Erzählen erfordert, daß der Schreiber den Aufbau, die Struktur und die Perspektive des Erzählens beherrscht.

Erzählaufbau

- Erinnern Sie sich an ein Jugenderlebnis, und erzählen Sie es dann in zeitlicher Abfolge.
- Durchbrechen Sie dann den Text, und schalten Sie in die chronologische Erzählung eine Rückerinnerung und an anderer Stelle dann eine Zukunftserwartung ein.

Erzählstruktur

- Bauen Sie die Konflikte in Ihrer Jugenderzählung schärfer aus.
- Steigern Sie die Spannung der Erzählung durch Einbau von Dialogen, Brüchen und überraschenden Wendungen.
- Schreiben Sie Ihre Jugenderzählung einmal in der Ich-Form und ein zweites Mal in der Er-Form.

3.2.3. Beschreiben

Für Naturwissenschaftler, Ingenieure und Techniker kommt es darauf an, Beschreibungen zu liefern, die so objektiv sind wie möglich. Geistes- und Sozialwissenschaftler bevorzugen oft Beschreibungen, die die Dinge nicht nur objektiv darstellen, sondern auch subjektive Einfälle und Gefühle beim Leser anregen. Um Beschreibungen produzieren zu können, sollte man auf die optimale Auswertung sinnlicher Wahrnehmung und auf die angemessene sprachliche Umsetzung der sinnlichen Wahrnehmung achten. Besonders bei Feld- und Laborberichten muß der Wissenschaftler seine Sinne als Forschungsinstrument zu nutzen wissen.

Ganz egal, ob die Beschreibung mehr oder weniger objektiv sein soll, die Technik des Beschreibens umfaßt mehrere Methoden: Die Benutzung der Sprache, der Sinne und spezifischer Schreibtechniken.

Methoden der Beschreibung:

Sprache	Sinne	Schreibtechniken
- Namen - Details - Metaphern	- sehen - hören - riechen - fühlen - schmecken	- dominanter Eindruck - Perspektive

Die beschreibende Sprache muß besonders auf Benutzung von Namen, Details und Metaphern achten.

Platzbeschreibung

Suchen Sie einen Platz auf, den Sie zum Gegenstand Ihrer Beobachtungen machen können. Versuchen Sie, drei Minuten lang eine Liste aller Dinge anzulegen, die Sie auf diesem Platz mit einem Namen belegen können. Öffnen Sie dann eine zweite Spalte Ihrer Liste, indem Sie die gefundenen Worte um neue ergänzen. Verfassen Sie dann mit Worten, die dem Platz am nächsten kommen, eine kleine Beschreibung.

Um die vielen Details von zu beschreibenden Gegenständen zu erfassen, muß der Schreiber die Dinge detailliert befragen. Solche Detailfragen heißen:
- Wie groß ist das Ding?
- Wieviele gibt es davon?
- Woraus ist es gemacht?
- Wo hat es seinen Ort?
- Wofür braucht man es?
- Woher kommt es?
- Was ist seine Wirkung?
- Was ist sein Wert?

Wählen Sie mal ein Ding aus, zu dem Sie die eben gegebenen Fragen genau beantworten.

Haushaltsgerät

Suchen Sie sich ein Haushaltsgerät: einen Toaster, eine Kaffeemaschine usw. Betrachten Sie das Gerät zehn Minuten. Beschreiben Sie dann das Gerät für jemanden, der es noch niemals vorher gesehen hat. Die Benutzung von Metaphern in der Beschreibung gibt den Gegenständen Tiefe und Anschaulichkeit. Allerdings besteht hier die Gefahr, in Klischees abzugleiten.

Klischees

Legen Sie eine Liste mit allen Klischees an, die Sie kennen. Ersetzen Sie diese Klischees durch ungewöhnliche Metaphern. Schreiben Sie einmal einen kurzen

Text, indem nur die ausgelutschtesten, und dann einen, in dem nur die ungewöhnlichsten Metaphern vorkommen.

Ohne extensive Nutzung der Sinne gibt es keine Beschreibung. Meistens werden Beschreibungen mit den Augen verfaßt und auch die Sprache hat für die Seherfahrungen die meisten Worte. Die anderen Sinne sind nicht so wortreich ausgestattet, aber gerade die Benutzung der anderen Sinne macht eine Beschreibung interessant.

Sehen

Suchen Sie sich ein Auto, und beschreiben Sie, was Sie von diesem Objekt sehen.

Hören

Zur Beschreibung von Geräuschen hat unsere Sprache die Lautmalerei erfunden. Lautmalerisch werden nicht die Ursachen der Geräusche, sondern die Geräusche selbst benannt: das Quaken der Frösche, das Schreien des Esels usw.

Gehen Sie an einen Ort mit vielen Geräuschen. Beschreiben Sie ihn nur mit Hilfe Ihrer Ohren. Nutzen Sie dabei viele Formen der Lautmalerei.

Riechen

Gerüche sind oft stark oft stark tabuisiert. Aber sie kommen der Realität sehr nahe.

Gehen Sie in ein indisches Restaurant, und beschreiben Sie es nur mit Hilfe Ihrer Nase.

Gefühl

Die deutsche Sprache hat viele Worte, um Gefühle zu beschreiben, die sich auf die Temperatur, die Feuchtigkeit, die Beschaffenheit und das Gewicht der Dinge beziehen.

Beschreiben Sie einmal das Gefühl, unter einer kalten Dusche zu stehen oder mit nackten Füßen durch den heißen Sand zu laufen.

Geschmack

Beim Beschreiben des Schmeckens sollten die vier Geschmacksrichtungen: salzig, süß, bitter und sauer nicht vergessen werden.

Essen Sie einen Apfel und beschreiben Sie, wie er schmeckt.

DominanterEindruck

Jede Beschreibung präsentiert einen dominanten Eindruck und ein vorherrschendes Gefühl. Bei der Erzeugung dieses Eindrucks sollten alle bisher bearbeiteten Beschreibungstechniken eingesetzt werden.

Beschreiben Sie Ihren Schlafraum so, daß ein starker Eindruck entsteht. Analysieren Sie dann, welche Beschreibungstechniken Sie bei dieser Aufgabe benutzt haben.

Perspektive

Es gibt keine Beschreibung, die nicht aus einer spezifischen Perspektive verfaßt worden ist.

Beschreiben Sie erst eine Straße. Beschreiben Sie dann, wie Sie in einem Auto die gleiche Straße entlangfahren. Schreiben Sie schließlich einen Text, in dem Sie in derselben Straße erst fahren, dann gehen und dann stehen.

3.2.4. Definieren

Das Definieren von Dingen und Begriffen ist eine wichtige Schreibtechnik in allen Wissenschaften. Beim Definieren lassen sich folgende Arten unterscheiden:

- Definition im Lexikon
- Satzdefinition
- sprachgeschichtliche Definition
- eigene Definition

Definition im Lexikon

Suchen Sie sich die gleiche Begriffsdefinition in verschiedenen Lexika heraus, und analysieren Sie die Unterschiede der Definition des gleichen Begriffs.

Satzdefinition

Die Benutzung von Definition in einem Satz läßt sich durch folgende Worte bewerkstelligen:

X meint oder bedeutet Y
X ist Y
X wird Y genannt
X gehört zu Y

Definition in Parenthese

Suchen Sie sich ein Fremdwort, und probieren Sie alle vorgestellten Formen der Definition durch.

Sprachgeschichtliche Definition

Die sprachgeschichtliche Definition wichtiger Begriffe, die beim wissenschaftlichen Schreiben verwandt werden, verleiht der Argumentation oft überraschende Einsichten und historische Tiefe. Eine historische Wortdefinition beginnt mit dem Wortursprung und verfolgt das Wort durch die Geschichte verschiedener

Sprachen bis zur Gegenwart. Suchen Sie sich wichtige Begriffe Ihrer Wissenschaft heraus, und geben Sie unter Benutzung von ethymologischen Wörterbüchern einen kurzen Abriß Ihrer Geschichte.

Eigene Definition

Legen Sie eine Liste von Begriffen an, die Sie selbst häufig genug benutzen. Suchen Sie sich dann drei Begriffe heraus, und schreiben Sie mal Ihre eigene Definition dieser Begriffe auf. Vergleichen Sie diese Definition mit einer Lexikon-Definition, und analysieren Sie evtl. Defintionsunterschiede und Definitionseigenheiten.

3.2.5. Gliedern

In vielen Forschungssituationen an der Universität steht der Schreiber vor der Aufgabe, verschiedene Beobachtungen und Informationen zu ordnen. Die wissenschaftliche Methode zur Bewältigung dieser Aufgabe heißt Klassifizieren oder Ordnen. Es können folgende Gliederungstypen unterschieden werden:

1. einfache Ordnung
2. Themenaufgliederung
3. Zeitgliederung
4. Gefühlsgliederung
5. Ursache- und Wirkunggliederung
6. Block- oder alternierende Gliederung
7. deduktive und induktive Gliederung
8. ganzheitliche Gliederung

Einfache Gliederung

Die einfachste Ordnung ergibt sich durch die Aufteilung eines Themas in mehrere Abschnitte, in denen das Thema im Text präsentiert werden soll. Die Entstehung der richtigen Abschnitte eines Themas geschieht durch die Einhaltung folgender Prinzipien: Die Aufteilung muß der Absicht des Schreibers entsprechen. Sie muß für alle Abschnitte nach dem gleichen Prinzip erfolgen. Die Abschnitte dürfen sich untereinander nicht überschneiden. Innerhalb der Aufteilung darf kein wichtiger Abschnitt fehlen.
Versuchen Sie nun Ihr Thema zu gliedern.

Themenaufteilung

Wählen Sie eines der folgenden Themen, und entwerfen Sie eine Gliederung: Verbrechen, Poesie, Träume, Autos, Studenten, Hochschullehrer, Lügen. Benutzen Sie als Gliederungstechnik das Cluster, das Mindmapping, oder stellen Sie das Thema als Baum dar.

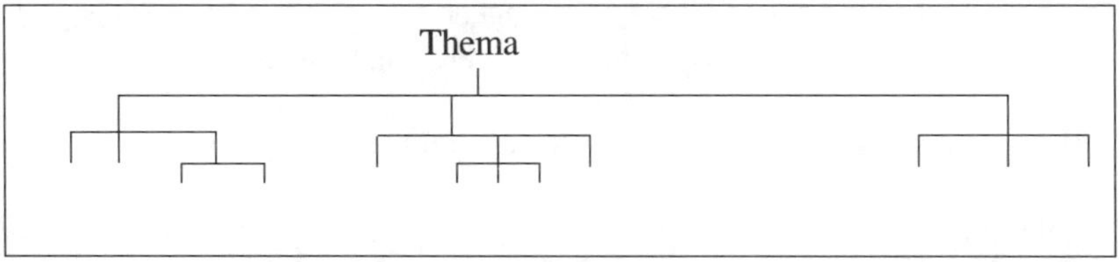

Eine entwickeltere Ordnung ist die Aufteilung des Themas nach dem Gesichtspunkt der Zeit.

Zeitgliederung

Machen Sie sich Notizen zu Ihrem Lebenslauf. Identifizieren Sie dann die wichtigsten Perioden Ihres Lebens. Entwerfen Sie eine Gliederung, die mit der frühesten Periode beginnt und mit der jüngsten Periode endet. Oder beobachten Sie die Aktivitäten einer Familie (laufen, schlafen, essen), entdecken Sie chronologische Abschnitte in diesen Prozessen.

Gefühlsgliederung

Sie können auch ein Thema nach Gefühlen ordnen. Dabei beginnen Sie mit dem für Sie weniger wichtigen und enden mit dem für Sie wichtigsten Abschnitt oder umgekehrt.

Wählen Sie sich ein emotional geladenes Thema, z.B. Liebe, Prüfung, AIDS, Ausländer usw. Gliedern Sie dann dieses Thema nach Ihrem Gefühl.

Ursache/Wirkung und Wirkung/Ursache

In den Wissenschaften haben sich weitere Gliederungsprinzipien entwickelt, die sich stärker an der Logik der Forschung orientieren. Oft beinhaltet die Forschung die Aufdeckung von Ursache/ Wirkung und Wirkungs- und Ursachenzusammenhängen.

Wählen Sie ein Thema Ihrer Wissenschaft. So könnten sich Psychologen das Thema Neurose oder Geographen das Thema Bodenerosion wählen. Gliedern Sie dann zuerst das Thema nach Ursache und Wirkung und dann nach Wirkungen und Ursachen. Entscheiden Sie, welche Gliederung Ihnen besser gefällt.

Wissenschaftler gewinnen oft Erkenntnisse, wenn sie Dinge vergleichen und unterscheiden. Es können gute Erkenntnisse erzielt werden, wenn man drei Motorräder, vier Gedichte von Goethe oder sechs Gedichte über die Natur von verschiedenen Autoren, drei Theorien oder Experimente miteinander vergleicht, um Unterschiede oder Gleichheiten zu entdecken. Für dieses Vorgehen gibt es die Blockgliederung oder die alternierende Gliederung. Stellen Sie alle zu vergleichenden Objekte nacheinander dar und ziehen Sie dann Ihre Schlüsse. Bei der alternierenden Gliederung ordnen Sie die zu vergleichenden Aspekte Punkt, für Punkt und ziehen Sie nach jedem Vergleich Ihre Schlüsse. In der Graphik sehen Block- bzw. Vergleichsgliederung folgendermaßen aus:

Blockgliederung	**Alternierende Gliederung**
Einleitung	Einleitung
Objekt 1 - Aspekt 1 - Aspekt 2 - Aspekt 3	Vergleich 1 Objekt a Objekt b Zusammenfassung
Objekt 2 - Aspekt 1 - Aspekt 2 - Aspekt 3	Vergleich 2 Objekt a Objekt b Zusammenfassung
Schluß	Schluß

Wählen Sie ein Thema aus Ihrem Fach, und entwerfen Sie einmal eine Block- und dann eine alternierende Gliederung (BLUM, u.a: The Whole-Writing-Process. Boston 1988, S. 60 ff).

Deduktive und induktive Gliederung

In den Wissenschaften gibt es schließlich Gliederungsstrategien, die deduktiv oder induktiv vorgehen. Deduktiv ordnet vom Allgemeinen zum Besonderen, und induktiv ordnet vom Besonderen zum Allgemeinen. Eine deduktive Gliederung setzt am Beginn einen übergreifenden Aspekt und läßt dann die spezifischen Aspekte des Themas folgen, während es bei der induktiven Gliederung genau umgekehrt ist.

Um eine **deduktive** Gliederung zu schreiben, gehen Sie von einer Hypothese Ihres Faches aus. Z.B. könnte ein Pädagoge sich die Hypothese vornehmen: „50 % aller Studienabbrecher an den Universitäten scheitern am Schreiben." Sammeln und gliedern Sie nun alle Argumente, die diese These unterstützen können.

Eine **induktive** Gliederung läßt sich gut üben, wenn man sich ein Thema wählt, z.B. Rockmusik, Werkstudenten usw. und dann eine Reihe von Argumenten zum Thema sammelt und gliedert, um dann eine abschließende Hypothese zu bilden (J.W. HEFFERMANN, J.E. LINCOLN: Writing, College-Handbook, New York 1986, S. 118-123).

Ganzheitliche Gliederung

Das neue ganzheitliche Denken gewinnt auch Einfluß auf die Wissenschaft. Wenn Sie also einen ganzheitlichen Text schreiben wollen, dann ist eine ganzheitliche Gliederung angezeigt, in der alle Abschnitte des Themas sich gleichberechtigt auf das Thema beziehen.

Wählen Sie ein ganzheitliches Thema aus der Ökologie, der Psychosomatik der Ökonomie, und ordnen Sie alle Aspekte des Themas gleichrangig nebeneinander.

3.2.6 Argumentieren

Die Feinstruktur des wissenschaftlichen Textes sollte sich durch eine überzeugende Argumentationsstruktur auszeichnen. Für die wissenschaftlichen Schreiber ist als detaillierteste Schreibtechnik die Kunst des richtigen Argumentierens wichtig. Die Kunst umfaßt Kenntnisse der Struktur des Argumentierens, Kenntnisse über die Entwertung von Gegenargumenten und Einsichten in die Fehlargumentation.

Struktur des Argumentierens

Jedes Argumentieren orientiert sich an Zielen und zieht unterstützendes Material zur Absicherung der Ziele heran. Die Argumentationsziele lassen sich folgendermaßen unterscheiden:
- Urteile fällen
- Politik machen
- Werte setzen
- Ursachen erhellen
- Deutung vorstellen

Urteil fällen

Wählen Sie sich z.B. das Thema Abtreibung oder Atomkrieg, und versuchen Sie zu diesem Thema in einem kleinen Text eine überzeugende, klare und beurteilende Argumentation zu entwickeln. Sie werden nach dieser Übung erkennen, daß das Wichtigste an einer guten Argumentation die unterstützenden Elemente sind. Von der Qualität dieser Elemente hängt der Wert Ihrer ganzen Argumentation ab. Zu den unterstützenden Elementen gehören:
- Fakten, die für wahr erachtet werden
- statistische Daten
- Aussagen von Experten und allgemeinen Autoritäten
- Anekdoten
- Fallgeschichten
- Handlungszenarien

Argumentationsqualität prüfen

Wählen Sie sich einen wissenschaftlichen Text Ihres Faches, und überprüfen Sie die Argumentation, die Ziele und die Qualität der Argumentationselemente.

Wer als Wissenschaftler argumentiert, muß sich um die Entkräftung möglicher und realer Gegenargumente bemühen. Die Gegenargumente sind also immer im wissenschaftlichen Schreiben zu antizipieren und zu entschärfen. Das kann durch Anerkennung und Einbeziehung geschehen oder durch Zurückweisung und Widerlegung.

Umgang mit Gegenargumenten

Suchen Sie sich einen wissenschaftlichen Text, prüfen dort den Umgang mit Gegenargumenten, und versuchen Sie dann eine eigene Argumentation, die die Gegenargumente angemessen berücksichtigt bzw. widerlegt.

Oft wird eine Argumentationstruktur durch offensichtliche Fehler zerstört. Diese Fehler sind:

- die eigenen Ziele widerrufen
- Argumente ungeprüft verwenden
- Zitate von Autoritäten überstrapazieren
- vorschnelle Verallgemeinerung
- banalisierende Vereinfachung
- persönliche Beleidigung
- Strohmänner aufbauen und bekämpfen

Argumentationsfehler suchen

Prüfen Sie einen wissenschaftlichen Text auf Fehler in der Argumentation.

3.3. Bibliotheksarbeit: Eine wichtige Forschungsmethode

Neben dem Experiment, der Feldforshung mit Beobachtung, Interview und Fragebogen ist die Bibliotheksarbeit die wichtigste Forschungsmethode, die die Grundlage für das wissenschaftliche Schreiben legt. Da der Student sich nur eine geringe Zahl von Büchern kaufen kann, viele Bücher nur in der Bibliothek und nicht mehr im Handel sind, ist die Bibliotheksarbeit unerläßlich. Allerdings ergaben Umfragen, daß bis zum Examen nur 30 % der Studenten schon einmal die Universitätsbibliothek benutzt hatten. „26 % war der Zeitschriftenkatalog und 33 % die Existenz von Zentralkatalogen unbekannt" (G. Rückriem, J. Stary. N. Franck: Die Technik wissenschaftlichen Arbeitens, Paderborn 1990, S. 88, Fußnote 3). Es scheint also bei den Studenten große Widerstände gegen die Bibliotheksarbeit zu bestehen, die sich allerdings durch das animierende Erlebnis des kreativen Schreibens mildern werden.

Wichtig ist es, sich von Anfang an eine generelle Literatur-Suchstrategie bewußt zu machen. Folgende Strategie wird mit Erfolg praktiziert:

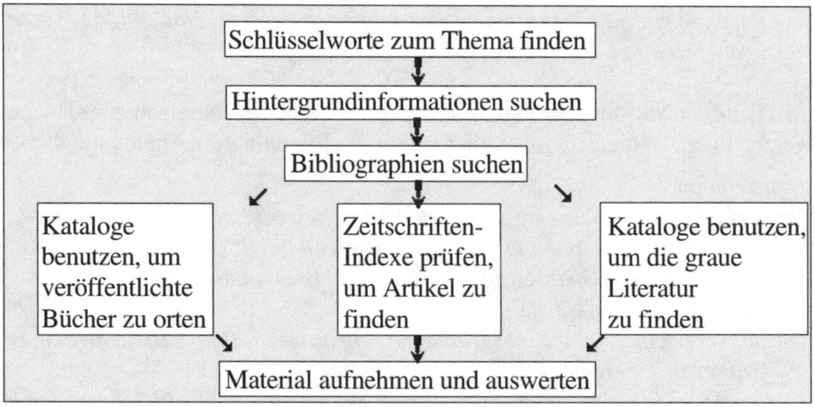

Um ein Thema zu erforschen, muß der Student erst wissen, wie er sein Thema begrifflich eingrenzen kann, und er muß erkennen, welche Schlagworte es umschreiben, damit er Hintergrundinformationen zum Thema in Enzyklopädien, Bibliographien und Katalogen finden kann. Der Student muß also sein Thema trichterförmig verengen, wie es folgendes Beispiel zeigt: „Das Thema Geologie beispielsweise ist zu weit. Vulkanologie, als Zweig der Geologie, ist noch zu umfassen. Die Vulkane Mexikos könnte eine vernünftige, wenn auch etwas oberflächliche Arbeit abgeben. Eine weitere Beschränkung würde zu einer wertvolleren Untersuchung führen: Die Geschichte des Popocatepetl (den einer der Conquistadoren des Cortez' wahrscheinlich 1519 erstieg und der erst im Jahre 1702 einen heftigen Ausbruch hatte). Ein noch engeres Thema, das einen kleineren Zeitraum erfaßt, wäre: Der Ausbruch und das scheinbare Erlöschen des Paricutin vom 20. Februar 1943 bis zum 4. März 1952 (F. W. Cooper, E. J. Robins: Term Paper - Manual and Modell. Stanford 1967, S. 3).

Die Bibliotheksarbeit beginnt immer im bibliographischen Lesesaal einer Universität, die alle Hilfsmittel für die Literatursucher nach gelungener Themeneingrenzung bereit hält.

Erste **Orientierung** zum Thema können Enzyklopädien bieten:

Brockhaus Enzyklopädie in 20 Bänden. Wiesbaden 1986 ff, 18. Auflage
Meyers enzyklopädisches Lexikon in 25 Bänden, Mannheim 1971-1981 9. Auflage
The New Encyclopedia Britannica in 30 Volumes. Chicago 1980 ff

Der Einstieg in das **Bibliographieren** der wichtigsten Literatur zum Thema kann auch mit den allgemeinen Bibliographien der Bibliographien beginnen:

Bestermann. T.: A World Bibliography of Bibliographies and of Bibliographical Catalogus, Calenders, Abstacts, Digests, Indexes and the like. Lausanne 1965-1966, Vol. 1-5
Toomey, A. F.: A World Bibliography of Bibliographies 1964-1974. Totowa: 1977

Totok, W, Weitzel, F.: Handbuch der bibliographischen Nachschlagewerke: Frankfurt 1984. Bd. 1-2, 6. Auflage

Mit Hilfe der **Nationalbibliographien,** die alle in einem Land erschienen Bücher verzeichnen, ist die Erfassung aller nationaler Literatur zum Thema möglich.

Deutschland:

Deutsche Bibliographie (hrsg.) von der deutschen Bibliothek Frankfurt a. M.
Reihe A: Neuerscheinungen des Verlagbuchhandels (wöchentl.)
Reihe B: Neuerscheinungen außerhalb des Buchhandels (14tägig)
Reihe C: Karten (vierteljährl.)

Gesamtverzeichis des deutschsprachigen Schrifttums 1700- 1910 (hrsg.) von W. Gorzny u. J. Schminck. München 1979-1987

Gesamtverzeichnis des deutschsprachigen Schrifttums 1911-1965 (hrsg) von R. Oberschelp. München 1976-1981

Die Nationalbibliographien Europas, Amerikas, Afrikas, Asiens und Australiens werden bei Totok/Weitzel: Handbuch der bibliographischen Nachschlagewerke. Frankfurt 1984, Bd. 1, S. 42-175, verzeichnet.

Einen Überblick über die **Zeitschriften**, in denen Ihr Thema behandelt sein könnte, geben folgende Zeischriftenbibliographien:

Internationale Bibliographie der Fachzeitschriften. Bearb. v. K. O. Sauer, München 1967, Teil 1-5.

Kirchner, J.: Bibliographie der Zeitschriften des deutschen Sprachgebietes bis 1900. Stuttgart 1969-1986, Bd. 1-4

Die Inhalte von Zeitschriftenaufsätze, die auch Ihr Thema darstellen, finden sich in folgenden Bibliographien des **Zeitschrifteninhaltes**:

Internationale Bibliographie der Zeitschriftenliteratur. Gegr. von Felix Dietrich. Osnabrück 1897-1964
Abt. A: Bibliographie der deutschen Zeitschriftenliteratur. Bd. 1-128, 1897-1964
Abt. B: Bibliographie der fremdsprachigen Zeitschriftenliteratur. Bd. 1-64, 1911-1964
Abt. C: Bibliographie der Rezensionen und Referate. Bd. 1-77, 1900-1943

Weiterführung seit 1965:

Internationale Bibliographie der Zeitschriftenliteratur aus allen Gebieten des Wissens (IBZ) (hrgs.) von O. u. W. Zeller: Osnabrück 1965 ff.
Teil A: Periodica
Teil B: Index rerum
Teil C: Index autorum
Teil D: Index systematicus

Die Inhalte von **Zeitungsaufsätzen**, die auch Ihr Thema bearbeitet haben könnten, werden dargestellt in:

Verzeichnis von Aufsätzen aus deutschen Zeitungen, 1908-1944, Bd. 1-31
Zeitungsindex. Verzeichnis wichtiger Aufsätze aus deutschsprachigen Zeitungen. München 1974 ff. Bd. 1 ff. (erscheint 4mal jährlich)

Wichtig ist es auch, zu klären, ob zu Ihrem Thema schon **Dissertationen** erschienen sind. Sie finden entsprechende Dissertationen in:

Deutsche Bibliographie. Reihe H. Hochschulschriftenverzeichnis (hrsg.) von der Deutschen Bibliothek. Frankfurt a.M. 1971 ff.

Die Universitäten Berlin, Bochum, Breslau, Gießen, Halle, München und die Technischen Hochschulen haben zeitweilig eigene Hochschulschriftenverzeichnisse herausgegeben (vgl. TOTOK/WEITZEL a.a.O., S. 241).
Da Ihr Thema auch Gegenstand der Arbeit **außeruniversitärer Institute**, Gesellschaften und Vereine sein könnte, ist es sinnvoll, sich einen Überblick über die Adressen solcher Institutionen zu verschaffen:

Internationale Bibliographie der Fachadressbücher, München 1978, 6. Auflage
Minerva. Internationales Verzeichnis wissenschaftlicher Institutionen. Berlin 1972
Teil 1: Wissenschaftliche Gesellschaften
Teil 2: Forschungsinstitute
Neuhoff, K., Schindler, A., Zwingmann., H.-J.: Stiftungshandbuch, Baden-Baden 1983
The World of Learning: London 1947 ff. Bd. 1 ff. (erscheint jährlich)
Vademecum deutscher Lehr- und Forschungsstätten, Essen 1954 ff.

Vielleicht erfahren Sie mehr über Ihr Thema, wenn Sie mehr über die wichtigsten Autoren wissen, die zu Ihrem Thema gearbeitet haben. **Bio-Bibliographische Hinweise** geben:

Allgemeine deutsche Biographie. Leipzig 1875-1912, Bd. 1-56
Current Biography Yearsbook. New York 1940, Bd. 1 ff.
IBA Internationales biographisches Archiv. Ravensburg 1966 ff.
IBN. Index bio-bibliographicus notorum hominum. Osnabrück 1973 ff.
Neue deutsche Biographie. Berlin 1953, Bd. 1 ff.

Regionale biographische Verzeichnisse gibt es für folgende deutsche Länder:

Baden, Bayern, Berlin, Bremen, Franken, Hamburg, Hessen, Nassau, Niedersachsen, Ostdeutschland, Ost- und Westpreußen, Pfalz, Pommern, Rheinland, Sachsen, Sachsen-Anhalt, Schlesien, Schleswig-Holstein, Schwaben, Westfalen, Württemberg, DDR (vgl. TOTOK/WEITZEL, a.a.O., S. 382-387).

Wichtig für das Bibliographieren von Literatur sind auch die Bibliographien, in denen die **Bibliographien einzelner Fächer** verzeichnet werden. Wir stellen deshalb für die wichtigsten Fächer die bedeutendsten Fachbibliographien vor:

Philosophie

Guerry, H.: A bibliography of Philosophical Bibliographies. Westport 1977

Totok, W.: Handbuch der Geschichte der Geschichte der Philosophie. Frankfurt 1964, Bd. 1 ff.

Es gibt auch Bibliographien über das Werk folgender Philosophen: Aristoteles, Augustinus, Descarts, Dilthey, Fichte, Hegel, Heidegger, Hume, Husserl, Kant, Kierkegaard, Leibniz, Locke, Marx, Nietzsche, Plato, Sartre Schelling, Schoppenhauer, Spinoza, Thomas von Aquin, Wittgenstein (vgl. Totok/Weitzel, a.a.O., S. 42-47).

Religionswissenschaften

Asmussen, J. P., Laesse, J., Colpe, C.: Handbuch der Religionsgeschichte. Göttingen 1971-1975, Bd. 1-3

Barow, I. G.: A Bibliography of Bibliographies in Religion. Ann Arbor 1955

Schwinge, G.: Bibliographische Nachschlagewerke zur Theologie und ihrer Grenzgebiete. München 1975

Pädagogik

Jung, M., Zimmermann, W (Hrsg.): Kommentierte Bibliographie der Pädagogik. Stuttart 1979

Xochellis, P.: Pädagogische Bibliographie . Geretsried 1969

Über folgende Teilgebiete der Pädagogik sind Bibliographien zu finden: Geschichte der Pädagogik, pädagogische Psychologie, Bildungsforschung, Familienerziehung, Sozialpädagogik, Sonderpädagogik, Vorschulerziehung, Schule, Berufserziehung, Erwachsenenbildung, Lehrerbildung, Hochschulwesen. Vgl. Totok/Weitzel, a.a.O., S. 88-95).

Psychologie

Dammbauer, J.: Bibliographie der deutschsprachigen psychologischen Literatur. Frankfurt 1972, Bd. 1 ff.

McInnes, R: Research Guide for Psychology. Westport 1982

Folgende Teilgebiete der Psychologie sind mit Bibliographien erschlossen: Allgemeine Psychologie, Psychodiagnostik, Entwicklungspsychologie, angewandte Psychologie, Psychoanalyse, klassische Psychologie, Parapsychologie (vgl. Totok/Weitzel, a.a.O., S. 106-109).

Sprach- und Literaturwissenschaft

Schmitter, P.: Bibliographie zur Linguistik. Münster 1981

Schneider, G.: Die Schlüsselliteratur. Stuttgart 1951-1953, Bd. 1-3

Germanistik

Paul, H.: Grundriß der germanischen Philologie. Straßburg 1913-972, Bd. 1-20
Blinn, H.: Informationshandbuch Deutsche Literaturwissenschaft. Frankfurt 1982

Personalbibliographien liegen über folgende Dichter vor: BENN, BÖLL, BRECHT, BÜCHNER, DÖBLIN, GEORGE, GOETHE, GRASS, HEBBEL, HEINE, HERDER, HESSE, HOFFMANN, HOFFMANSTHAL, JOHNSON, KAFKA, KLOPSTOCK, LESSING, MANN, H., MANN, TH., RILKE, SCHILLER, SCHMIDT, STIFTER, WIELAND, ZUCKMAYER (vgl. TOTOK/WEITZEL, a.a.O., S. 145-151).

Orientalische Kulturen

Bestermann, T.: A World Bibliography of Oriental Bibliographies. Totowa 1975
Pearson, J. D.: Oriental and Asian Bibliography. London 1966

Künste

Puobs, B.: Bibliographien zur Kunstgeschichte des deutschen Sprachraums. Köln 1976

Geschichtswissenschaft

Berding, H.: Bibliographie zur Geschichtstheorie. Göttingen 1977
Bibliographie zu den Bibliographien zur Geschichte aller wichtigen Länder der Erde (vgl. TOTOK/WEITZEL, a.a.O., S. 305-349).

Kulturanthropologie

Internationale volkskundliche Bibliographie. Bonn 1917, Bd. 1 ff.

Rechtswissenschaft

Bestermann, T.: Law and Internationl Law. A Bibliography of Bibliographies. Totowa 1971

Wirtschafts- und Sozialwissenschaft

Hoselitz, B. F.: A Reader´s Guide to the Social Sciences. New York 1972
Sensing, E.: Wirtschaftswissenschaftliche Bibliographien. Kiel 1983
Sociology. Cambridge 1973

Politikwissenschaft

Ellwein, T., Hirsch, J.: Bücherkunde zur Politik. München 1966

Geographie

Blotevogel, H., Heineberg, H.: Bibliographie zum Geographiestudium. Paderborn 1976-1981

Medizin

Bestermann, T.: Medicine. A Bibliography of Bibliographies. Totowa 1971

Naturwissenschaften

Grogau, D.: Science and Technology. An Introduction to the Literature. London 1982

Bibliographien der Bibliographien von folgenden Teilgebieten der Naturwissenschaften liegen vor:
Mathematik, Astronomie, Physik, Chemie, Biologie, Geowissenschaften (vgl. TOTOK/WEITZEL, a.a.O., S. 527-552).

Technik

Joswig, W.: Wie finde ich technische Informationen. Berlin 1979-1984, T. 1-3

Folgende technische Einzelfächer sind bibliographisch erschlossen:
Werkstoffkunde, Architektur, Umweltschutz, Städtebau, Maschinenbau, Verkehr, Energietechnik, Elektrotechnik und Informatik, Nachrichtentechnik, Elektronik (vgl. Totok/Weitzel, a.a.O., S. 527-579).

Wichtig ist aber auch die Kenntnis der bekanntesten **Fachzeitschriften**, um zu sehen, wie das eigene Thema dort aktuell diskutiert wird, z.B.:
Wirtschaftswoche (wöchentlich)
Zeitschrift für Pädagogik (monatlich)
Zeitschrift für Soziologie (zweimonatlich)
Psyche (monatlich)

Häufig wird heute auch die Literatursuche durch gewerbliche **Informations- und Datendienste** übernommen. Über solche Dienste informiert:
Verzeichnis Deutscher Datenbanken, Datenbanken-Betreiber und Informationsvermittlungsstellen: Bundesrepublik Deutschland (Hrsg.) v. d. Gesellschaft für Mathematik und Datenverarbeitung, München 1988 ff.

Eine wichtige Hilfe bei der Literatursuche und -erschließung bieten die **Kataloge** der Bibliotheken. Jede Bibliothek verfügt über folgende Kataloge:

Alphabetischer Katalog: Er ordnet alle selbständigen Schriften, die in der Bibliothek vorhanden sind nach dem Alphabet der Verfassernamen.

Systematischer Katalog: Er ordnet die Titel der Bücher der Bibliothek systematisch. Über die Systematik dieses Katalogs informieren gebundene Verzeichnisse, die in der Bibliothek ausliegen.

Schlagwortkatalog: Dieser Katalog verzeichnet die selbständige Literatur der Bibliothek nach alphabetisch geordneten Schlagwörtern. Unter einem Schlagwort ist ein Wort zu verstehen, das den Inhalt oder Gegenstand einer Schrift am treffendsten umreißen kann.

Wenn der Student die Literatur gefunden, sie in der Bibliothek bestellt und erhalten hat, muß er sich an das schwierige Geschäft der Auswertung der

Literatur machen. Er wird die Literatur lesen und ihre Bedeutung für sein Thema klären. Zu diesem Zweck muß er sich fragen:
Was verspricht der Sachtitel?
Was weiß ich über den Verlag und die Qualität seiner Bücher?
Was weiß ich über den Autor?
Was verspricht der Klappentext des Buches?
Wieviel leistet das Personen- und Sachregister des Buches für meine Arbeit?
Welche Literatur hat der Autor verarbeitet, und wieweit gibt mir das Literaturverzeichnis des Buches Hinweise auf weitere wichtigen Literatur zu meinem Thema?

Der Student muß zur Beantwortung dieser Fragen kursorisch, selektiv und vergleichend lesen. Er muß die Gliederungen und die Inhaltsverzeichnisse der Bücher analysieren, er muß wichtige Erkenntnisse aus den gelesenen Texten durch Formulierung des Plans des Buches, die Anlage von Exzerpten und kritischen Auswertungen und Thesenpapieren festhalten.

Der Prozeß der Überprüfung der Relevanz eines Buches läßt sich in folgender Graphik verdeutlichen:

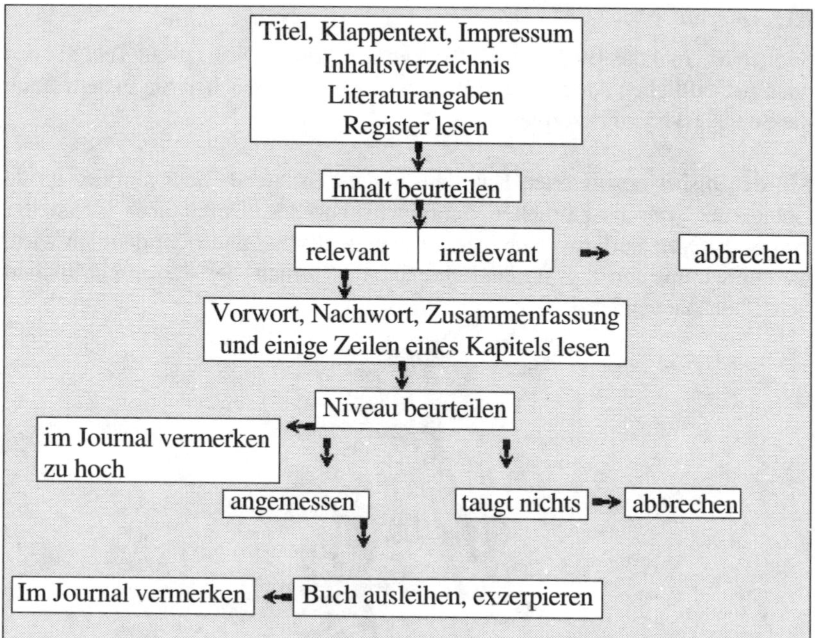

(Vgl. G. Rückriem, J. Stary, N. Franck: Die Technik des wissenschaftlichen Arbeitens, München 1990, S. 136).

Bei der Relevanzprüfung eines Buches oder mehrerer Bücher wird der Student Karteiensysteme oder sein Journal als technisches Hilfsmittel einsetzen. Er wird schließlich auch Schlagwortkarteien, Exzerptkarteien und Mischkarteien anlegen können. Unversehens gerät er bei dieser Arbeit wieder in den Schreibprozeß, der zum Lesen der auszuwertenden Literatur in einem ständigen Wechselbezug steht.

Um einen ersten Besuch der Bibliothek kreativ zu gestalten, sollten Sie sich bei diesem Besuch einige Aufgaben stellen:

Schlagwörter

Unter welchen Schlagwörtern finden Sie Literatur zum Thema:
Kreatives Schreiben
Wissenschaftliches Schreiben
Schreibblöcke

Zeitschriftenaufsatz

Suchen Sie einen Zeitschriftenaufsatz über „Wissenschaftliches Schreiben" in einer Zeitschriftenbibliographie.

Exzerpieren

Suchen Sie mal das Buch von G. RÜCKRIEM, J. STARY, N. FRANCK: Technik des wissenschaftlichen Arbeitens, München 1990, und versuchen Sie in dem Buch die Seiten 10-55 zu exzerpieren.

Mit den bisher absolvierten Kapiteln dieses Lehrbuches liegt nun das große Gebiet des wissenschaftlichen Schreibens vor uns. Damit aber gleich der praktische Nutzen dieses Gebietes für den Hochschulunterricht deutlich wird, werden wir uns nun Tips für die Lehre und das Lernens des wissenschaftlichen Schreibens zuwenden.

Schreibstimuli

„Es gibt viele Möglichkeiten, ins Schreiben zu kommen.
Orte, Bilder, Gerüche, emotioneller Aufruhr, Beobachtungen, Träume und Inspirationen.
Oder ich muß in Büchern lesen, in vielen Büchern. Automatisches Schreiben lockt das Unbewußte hervor.
Musik entspannt und läßt den Gedanken leichter laufen: besonders Meditationsmusik von Deuter oder Mike Rowland.
Das Lesen der Texte, langsam, mittel oder schnell korrigiert.
Wenn der Schreibtisch mit Nachschlagewerken
und Basisliteratur umstellt ist,
hat das Schreiben einen wehrhaften Ort."
(Text eines anonymen Studenten aus dem Workshop „Kreatives Schreiben in den Wissenschaften", Nov. 1990)

4. Der Einstieg in die Lehre und das Lernen des wissenschaftlichen Schreibens

4.1. Wie der Hochschullehrer das wissenschaftliche Schreiben in das Hochschulseminar einführen kann

1. Verwenden Sie das **Schreiben als Methode wissenschaftlichen Forschens und Lernens**, die Studenten und Dozenten in die Auseinandersetzung um Wissenschaft spannend hineinzieht. Benutzen Sie zu diesem Zweck folgende kleine Übungen:
   - Stellen Sie den Studenten ein Modell des wissenschaftlichen Schreibprozesses vor (Inspiration, Inkubation, Explikation, Verifikation), und lassen Sie kurz beschreiben, welche Erfahrungen Sie mit diesen vier Schreibphasen bisher gemacht haben.
   - Berichten Sie von den Schreibtechniken der großen Wissenschaftler, die im Seminar behandelt werden. Lassen Sie die Studenten diese Schreibtechniken ausprobieren. Hier einige Beispiele:
   * Freies, assoziatives Schreiben wie Sigmund FREUD
   * Schreiben nach Beobachtung mit allen fünf Sinnen wie Charles DARWIN
   * Schreiben nach kleinen spontanen Einfällen wie in den Sudelbüchern von Georg Christoph LICHTENBERG
   * Schreiben eines Tagtraumbuches wie Ernst BLOCH
   * Schreiben während des Spazierengehens wie Friedrich NIETZSCHE
   * Schreiben nach Träumen, die wissenschaftliche Probleme zu lösen versuchen, wie Albert EINSTEIN
   * Schreiben nach beteiligter Beobachtung wie Erving GOFFMANN

* Schreiben nach Amplifikation mythischer Motive wie C.G. JUNG
* Schreiben durch Zusammenfassung von wissenschaftlichen Grundmodellen wie Talcott PARSONS
* Schreiben nach Experimenten wie Isaak NEWTON
* Schreiben nach literarischen Schlüsselquellen wie Norbert ELIAS oder Klaus THEWELEIT
* Schreiben nach biographischen Interviews oder Autobiographien wie W.I. THOMAS und F. ZNANIECKI

2. Schreiben ist ein Prozeß. Die Studenten sollten vom 1. Semester an in jedem wissenschaftlichen Seminar schreiben. Gerade das wiederholte Umschreiben des gleichen Textes vertieft den Forschungsprozeß. Setzen Sie zu diesem Zweck folgende Schreibübungen ein:
   - Verteilen Sie Grundthesen zum Seminarthema aus der wissenschaftlichen Literatur, und lassen Sie sie von den Studenten beliebig oft umformulieren.
   - Stellen Sie verschiedene Fassungen des gleichen wissenschaftlichen Textes vor, und lassen Sie die Studenten die Unterschiede zwischen den verschiedenen Fassungen beschreiben.
   - Legen Sie den Studenten autobiographische Aussagen großer Wissenschaftler über den Wert des Umschreibens vor, und lassen Sie die Studenten schriftlich ihre Meinung dazu formulieren.
   - Lassen Sie einen bedeutenden Text eines Wissenschaftlers, der im Seminar behandelt wird, umschreiben, in dem Sie:
   * die Hauptbegriffe des Textes auswechseln,
   * den Text für Nicht-Wissenschaftler umformulieren, popularisieren,
   * die Logik des Textes auf den Kopf stellen durch Vertauschung der logischen Glieder,
   * neue wissenschaftliche Belege in den Text einbauen,
   * den wissenschaftlichen Text als lyrisches Gedicht, als Kurzgeschichte, als Diagramm, als Kritzelzeichnung oder Mind-Map fassen.

3. Benutzen Sie auch in Großseminaren und Vorlesungen **informelle unbewertete Schreibübungen** als Anlässe für wissenschaftliches Lernen:
   - Nehmen Sie sich zehn Minuten am Ende eines Seminars, damit Studenten eine kurze Zusammenfassung der Seminarsitzung schreiben und laut vorlesen können.
   - Unterbrechen Sie eine hitzige Seminardiskussion für fünf Minuten, damit Studenten in einem Satz ihre Position im Seminarstreit festlegen können. Setzen Sie dann die Diskussion fort, indem die Studenten ihre Sätze vorlesen.
   - Erbitten Sie am Anfang einer Seminarsitzung eine kurze Zusammenfassung dessen, was die Studenten bisher aus der Seminarliteratur gelesen haben.

- Fordern Sie die Studenten auf, einen offenen Brief über das zu schreiben, was sie bisher im Seminar gelernt haben.
- Entwerfen Sie eine Liste von Fragen zum Seminarthema, und fordern Sie die Studenten auf, in jeder Seminarsitzung eine Frage kurz schriftlich zu beantworten.
- Listen Sie alle wichtigen wissenschaftlichen Begriffe des Seminars auf, und erbitten Sie hin und wieder kurze schriftliche Definitionen eines ausgewählten Begriffs.
- Sammeln Sie alle Fragen, die von den Studenten zum Seminarthema gestellt werden: Lassen Sie hin und wieder Studenten schriftlich begründen, warum die gestellten Fragen wichtig für das Seminarthema sind.
- Fordern Sie die Studenten gegen Ende des Seminars zu einem kurzen Bericht über ihre Forschungs- und Schreiberfahrungen auf.

4. Geben Sie den Studenten Hilfen bei der Abfassung ihrer Seminararbeiten durch folgende Aufgaben:
   - Lassen Sie die Studenten ein Seminartagebuch oder Journal führen, dessen Auswertung in selbstorganisierten studentischen Journalgruppen wenigstens einmal im Monat stattfindet. Die Auswertungsergebnisse werden dann wiederum ins Seminar eingebracht.
   - Lassen Sie die Studenten Listen von Themen möglicher Seminararbeiten entwerfen. Diskutieren Sie im Seminar, welches Thema der Student aus seiner Liste zu seiner Seminararbeit ausbauen könnte.
   - Legen Sie den Studenten vorbildliche wissenschaftliche Texte zum Seminarthema vor. Analysieren Sie die Struktur dieser Texte, die Forschungsmethoden, die Schreibweise, die Zitierweise, den Wert der verarbeiteten Literatur usw. Lassen Sie sie dann eine eigene Kurzfassung des analysierten Textes verfassen.
   - Legen Sie den Studenten eigene schriftliche Bewertungen zu Hausarbeiten vor, damit sie aus Ihren Kommentaren die von Ihnen benutzten Bewertungskriterien herausarbeiten.
   - Stellen Sie den Studenten verschiedene Typen der idealen Gliederung einer Seminararbeit vor, und berücksichtigen Sie dabei folgende Textsorten:
   * Literaturreferat
   * Beobachtung
   * Definition
   * Widerlegung
   * Fallanalyse
   * Beschreibung
   * Laborbericht
   * wissenschaftliche Erzählung
   * Buchrezension
   * Filmrezension

* Zusammenfassung
* Thesenpapier
* gesammelte und geordnete Einfälle
* Pro- und Contra-Darstellung
- Arbeiten Sie mit den Studenten in der Bibliothek, und lassen Sie sie dort am Katalog arbeiten, bibliographieren, Zeitschriften und Lexika auswerten.
- Geben Sie schriftliche Kommentare zu Rohfassungen von Seminararbeiten, und lassen Sie die Studenten Antworttexte zu Ihren Kommentaren schreiben.

5. Stellen Sie die Hauptfehler, die beim Schreiben wissenschaftlicher Texte entstehen, vor, und verweisen Sie die Studenten auf Hilfsmittel bei der **Textkorrektur** (vgl. Teil B, Kap. 5 dieses Buches).

6. Unterrichten Sie die Studenten über die Möglichkeit des Computereinsatzes bei der Abfassung einer Seminararbeit. Weisen Sie die Studenten darauf hin,
   - wie man bei der Entwicklung eines groben Schreibkonzeptes mit dem Computer kreativ spielen kann;
   - wie man bei der Schaffung von Schreibstimuli EDV-Banken anzapfen kann;
   - wie man bei der Entwicklung eines roten Fadens die eigene Datenbank benutzen kann;
   - wie man beim Schreiben und Überarbeiten der Seminararbeit die Kontroll- und Korrekturmöglichkeiten des Computers berücksichtigen kann.

   Weisen Sie aber auch auf kognitive Probleme bei der Anwendung des Computers hin, z.B. auf Defizite in der Programmkenntnis, auf mangelhafte Datenbankstrukturen, auf fehlende Umbruchhilfen und ungenügende Computerkorrekturleistungen.
   Verschweigen Sie auch nicht die emotionellen Probleme des Computereinsatzes wie z.B. Computersog, fehlende Computerdistanz, Haß auf den Computer, vitaler Computerblock.

7. Lassen Sie die Studenten die Liste der Danksagungen eines wichtigen Autoren Ihres Seminarthemas im Vorwort seines Buches analysieren, einschließlich der Danksagung an seine Frau und Kinder. Entwerfen Sie dann mit den Studenten das Netzwerk der Kooperationsbeziehungen des Autoren.

8. Erproben Sie mit den Studenten auch Formen des **kollektiven Schreibens** von wissenschaftlichen Texten: in der Phase der Inspiration Brainstorming, kollektives Cluster, kollektives Mind-Mapping usw., in der Phase der Explikation Textkollage, jeder einen satz reihum, in der Phase der Verifikation Arbeitsteilung, verschiedene Korrekturlesungen und Umschreibungen usw.

9. Planen und verfassen Sie mit den Studenten am Ende des Seminars ein abschließendes **Gemeinschaftprodukt** als Hilfe für eine Zielgruppe, die mit Ihrem Seminarthema etwas zu tun hat. Erstellen Sie z.B. eine Broschüre, ein Faltblatt, ein Flugblatt, ein Manifest, ein großes Gedicht über das Seminarthema. Übergeben Sie dann (wenn möglich) mit dem Seminar einer Zielgruppe des Seminarthemas Ihr gemeinsames Produkt vor Ort.

4.2. Wie der Student beim Schreiben der Diplom- oder Doktorarbeit überleben kann

Wir wollen im folgenden Vorschläge von Studenten vorstellen, die sie bei ihrem Versuch entwickelt haben, ihr Diplom- oder Dissertationsvorhaben zu überleben (vgl. K. I. Rodestam, R. R. Newton: Surviving Your Dissertation. New Delhi 1992).

Vorübungen zum großen wissenschaftlichen Text:

Lernen Sie wissenschaftliches Schreiben durch Schreiben.
Wenn Sie Schreibschwierigkeiten haben, schreiben Sie erst mal über diese Schwierigkeiten.
Schreiben Sie vom ersten Tag Ihres Studiums an.
Schreiben Sie jeden Tag einen kleinen, nicht immer wissenschaftlichen Text, der Ihnen Spaß macht.
Schreiben Sie in Ihrer Alltagssprache über Ihre wissenschaftlichen Textaufgaben.
Schreiben Sie Kurzgeschichten über Ihre Forschungserfahrung.
Finden Sie wissenschaftliche Tagebücher eines Forschers, der in Ihrem wissenschaftlichen Interesse eine zentrale Rolle spielt.
Lesen Sie zu diesem Zweck mal eine Biographie dieses Forschers.
Bilden Sie bald am Anfang Ihres Studiums mit anderen Studenten eine Schreibgruppe, in der Sie allen möglichen Texte aus Journalen, inneren Dialogen, Träumen, aber auch Ihre Entwürfe von größeren Arbeiten vorlesen und besprechen können.

Die Themensuche

Das Thema einer großen wissenschaftlichen Arbeit muß gut bedacht werden, denn Sie werden mit dem gefundenen Thema für eine Diplom- für eine Doktorarbeit eine Ehe auf Zeit eingehen. Es gibt zwei Typen von wissenschaftlichen Anfängerarbeiten:

Die ganz große Arbeit, die immer Fragment bleibt und die pragmatische Arbeit, die abgeschlossen werden kann. „Je begrenzter das Gebiet, umso besser kann man arbeiten und auf so sichererem Grund steht man" (U. Eco: Wie man eine wissenschaftliche Abschlußarbeit schreibt. Heidelberg 1991, S. 22). Eine

Diplomarbeit ist nicht dazu da, persönliche Probleme zu lösen. Sinnvolle Themen sollten interessant, aber nicht existentiell bedeutend sein. Ein ausgewogenes Interesse am Thema stellt sicher, daß die Arbeit objektiv und sachlich formuliert werden kann. Der Zweck der Arbeit soll der Nachweis sein, daß Sie die wissenschaftliche Forschungs- und Darstellungsmethoden beherrschen und neue wissenschaftliche Erkenntnisse vorstellen können. Besonders dann, wenn ein Thema in der Wissenschaft kontrovers diskutiert wird, bietet sich für die eigene Arbeit der Versuch an, diese Kontroverse aufzulösen.

Sie können bei der Themensuche folgende Methoden anwenden:

Lernen Sie Ihre innere Sprache kennen, die Ihnen am vertrautesten ist. Mit dieser Sprache formulieren Sie Ihre Erkenntnisse, Ihre ersten Hypothesen, Ihre Ideen. Schreiben Sie von ihnen. Schreiben Sie innere wissenschaftliche Dialoge zuerst über Ihre Seminararbeiten, dann über Ihre Forschungsberichte, dann auch über Ihre Diplom- oder Doktorarbeit. Führen Sie diese Dialoge mit dem Forscher in Ihnen. Stellen Sie diesem Forscher alle Ihre wissenschaftlichen Fragen, und lassen Sie sich von diesem Forscher seinerseits alle wichtigen Fragen zu Ihrem Arbeitvorhaben stellen.

Legen Sie großen Nachdruck auf die Erforschung der Fragen, die Sie in Ihrer Doktor- oder Diplomarbeit bearbeiten und damit für 2 bis 3 Jahre ständig im Kopf haben wollen. Benutzen Sie zur Erforschung dieser zentralen Fragen kreative Methoden der Pre-Writing Qualität wie: Clustern, Mind-Map, Freie Assoziation, Free Writing. Beobachten Sie mit diesen Schreib- und Visualisierungstechniken, wie sich die Fragen zu Ihrem Thema über Semester herausgebildet hat. Achten Sie mit diesen Methoden auch über einige Zeit darauf, wie sich Ihr Thema wandelt. Prüfen Sie mit diesen Methoden, was Sie von Ihrem Thema schon wissen und was Sie noch nicht wissen, aber bald lesen sollten.

Der Beginn der Arbeit

Starten Sie mit einem Journal, das alle Erfahrungen im Umgang mit Ihrer Themenwahl aufnimmt. In dem Journal können sich Tagebuchnotizen, Vorlesungsanmerkungen, Lesefrüchte, Gesichte, Briefe, Proteste, Gliederungen, Zitate, Ideen, Projektentwürfe mischen. Werten Sie das Journal aus. Stellen Sie fest, was Sie gelernt haben und was Sie in jedem Zeitabschnitt über Ihre Arbeit gelernt haben und was Sie von Zeit zu Zeit in der nächsten Arbeitsphase noch unbedingt lernen und untersuchen müssen. Planen Sie auch die Benutzung eines Personal-Computers (PC) ein. Denken Sie an Ihr Thema als ein großes Puzzle, bei dem Ihnen ein Stück fehlt, das Sie suchen wollen. Zu Beginn der Arbeit lesen Sie mehrere gut geschriebene Diplom- oder Doktorarbeiten Ihres Prüfers, um sich mit den inhaltlichen und formalen Aspekten der Arbeit und den Vorstellungen Ihres Prüfers davon vertraut zu machen. Sammeln und gliedern Sie Ihre Forschungsfragen, die dann etwas taugen, wenn Sie sich vorstellen, daß sie von mehr als fünf Personen verstanden werden können. Spielen Sie zur Erforschung der Struktur Ihres Themas und Ihrer Aussagen zum Thema mit folgenden zehn Gliederungsstrategien:

Vom Allgemeinen zum Besonderen, vom Besonderen zum Allgemeinen, Gliedern nach dem Gefühl, nach der Zeit, nach Ursachen und Wirkungen, nach Gleichheit und Unterschieden, nach Pro und Contra, nach dem Wechsel von Erkenntnissen, nach Teilen und Ganzem, nach logischen Modellen.

Analyse der Literatur

Sie sollten erst dann mit der Literaturauswertung aufhören, wenn Sie die gelesenen Arbeiten trivial finden und bestimmte Zitate Ihnen sehr bekannt vorkommen, weil sie nun ständig wiederholt werden. Entwickeln Sie ein System der Auswertung der Literatur. Lesen Sie zuerst immer die Originaltexte und erst später Sekundärliteratur. Betrachten Sie Ihr Thema erst immer interdisziplinär ,ehe Sie es fachlich eingrenzen. Zitieren Sie in Ihrem Journal oder in Ihrer Kartei gleich genau, damit bei der letzten Textrevision nicht eine elende Sucherei losgeht. Sammeln Sie die gelesene Literatur gleich unter interessanten Überschriften, die Ihnen langsam die Struktur Ihres Themas erschließen können. Benutzen Sie die Bibliographien der „Päpste" Ihres Faches, um Lücken Ihrer Lesebiographie aufzuspüren, in die Sie hineinlesen können. Schlachten Sie jedes gelesene Buch gnadenlos aus. Benutzen Sie das Paraphrasieren, die Imitation, die Minimisierung, die Umstellung der Ideen, den Austausch von Schlüsselwörtern. Exzerpieren Sie das wichtigste Buch oder Paper des „grauen Marktes" (Markt der hochschulinternenVeröffentlichungen) zu Ihrem Thema. Drücken Sie alle gefundenen Gedanken in eigenen Worten aus. Visualisieren Sie diese Gedanken in Flußdiagrammen. Kritisieren Sie das Gelesene, wenn es Sie lockt, aber achten Sie darauf, daß Sie dabei verständlich bleiben.

Klärug der Forschungsmethoden

Überprüfen Sie jede Forschungsmethode, die Sie in Ihrer Arbeit benutzen wollen, in der Praxis, um sicherzugehen, daß sie die Resultate erzielt, die Sie von ihr erwarten. Es passiert oft, daß gut eingeführte Forschungsmethoden für die eigene Fragestellung nichts bringen. Ist Ihr Forschungsinstrument ein Fragebogen, dann sollte er interessant und spannend zu lesen sein. Das persönlich geführte Interview ist wesentlich erfolgreicher als viele verschickte Fragebögen, die meist eine Rücklaufquote von 5 bis 8 % haben. Nur wenn Sie jeden Interviewten für das Gespräch einen echten Gewinn anbieten, werden Sie interessante Interviewpartner finden. Führen Sie lange Gespräche mit den „Päpsten" Ihres Faches und mit Ihrem Prüfer über Ihr Thema. Schreiben Sie Briefe, gehen Sie auf Tagungen, machen Sie Telefoninterviews, lesen Sie die Autobiographien der wichtigsten Heroen Ihres Faches, um hinter deren Geheimnisse des Zusammenhanges von Forschen und Schreiben zu kommen. Werten Sie Ihre Journale, Ihre Laborberichte, Ihre Feldtagebücher und alle empirischen Quellen aus.

Darstellung von Forschungsergebnissen

Denken Sie schon bei der Entwicklung von Fragebögen daran, wie Sie sie auswerten wollen. Wenn Sie eine Computerauswertung anstreben, erkundigen Sie sich erst über die oft sehr großen Kosten für den Fall, daß Sie die professionelle Hilfe in Anspruch nehmen müssen. Überwachen Sie, was die Computerfachleute aus Ihren Daten machen. Heutzutage sind auch schwierige statistische Datenauswertungen am eigenen PC zu bewältigen. Arbeiten Sie deshalb am eigenen PC, wenn Sie Ihre Forschungskosten niedrig halten wollen.

Diskussion der eigenen Forschungsergebnisse

Wenn die Daten genau analysiert worden sind, ist Ihre Arbeit noch längst nicht fertig. Die Diskussion der eigenen Forschungsergebnisse hat nun zu erfolgen. Gerade dieses Kapitel ist oft das wichtigste der ganzen Arbeit. Man sollte sich deshalb dafür genügend Zeit lassen.

Bedingungen des wissenschaftlichen Schreibens

Die meisten Doktorarbeiten scheitern, weil der Autor glaubt, daß die Arbeit nur perfekt akzeptiert wird. Der Doktorand glaubt, „seine Seele verkaufen zu müssen“, damit er die Arbeit vollenden kann. Gerade die große Freiheit bei der Arbeit an der Doktorarbeit treibt den Doktoranden regelmäßig in Krisen und Schreibwiderstände. Es gibt folgende Vorschläge, um diese Freiheit zu strukturieren:

Schaffen Sie sich einen Arbeitsplatz an, an dem Sie ungestört sind.
Teilen Sie die Arbeit an der Dissertation in kleine Abschnitte, die jeweils zu bewältigen sind.
Schreiben Sie Ihre Ideen zur Arbeit ständig auf, auch wenn Ihnen manchmal diese Ideen nicht gerade ideal erscheinen.
Diskutieren Sie Ideen mit anderen (Freunden und Fachleuten), auch wenn Sie zum introvertierten Spekulieren neigen.
Setzen Sie sich feste Arbeitszeiten, die Sie gegen alle Übergriffe verteidigen.
Gönnen Sie sich öfter eine Pause, entspannen Sie sich, und machen Sie hin und wieder richtige Ferien. Ihr Unbewußtes wird Sie belohnen.

Der Prozeß des wissenschaftlichen Schreibens

Schreiben Sie erste Entwürfe der Doktorarbeit in der Ich-Form, und benutzen Sie dabei eine expressive Sprache, mit der Sie sich als Person in Ihrem Thema wiedererkennen. Denken Sie beim ersten Schreiben niemals an Ihre Leser. Das hat Zeit. Schreiben Sie erstmal schnell Ihren Text, möglichst in kurzen klaren Sätzen, damit Sie Ihr Ziel gut anvisieren können. Schreiben Sie, wann immer Sie wollen, auch mitten in der Nacht. Wenn Sie Ihr Thema erst einkreisen müssen, ehe Sie zum Kern kommen können, akzeptieren Sie Ihr Vorgehen. Scheunen Sie sich nicht, die Texte anderer Wissenschaftler als Modell Ihres Schreibens zu benutzen. „*Erfolgreiche Schreiber haben oft zugegeben, daß Sie die Kunst des Schreibens durch die Imitation, Kopierung und Modellierung der Texte anderer Autoren gelernt haben*“ (J. GOULD: The Writer in All of Us. New York 1989, S. 57). Die Imitation hilft oft bei der Klärung der eigenen Ideen und Argumentationen. Schreiben Sie auf jeden Fall jeden Tag etwas, damit sich am Ende der Woche ein Resultat finden läßt. Schreiben Sie Ihre Diplom- oder Doktorarbeit in „Schichten“. Arbeiten Sie seit der Findung einer Gliederung immer an den Abschnitten der Arbeit, die Ihnen gerade Spaß machen. Schreiben Sie mal das Schlußkapitel Ihrer Arbeit, um zu sehen, worauf die Arbeit im Augenblick hinhauslaufen soll. Diktieren Sie, wenn Sie in Schwung sind, ganze Kapitel auf Band. Setzen Sie Kontrolleser ein, um sich über „rote Fäden“ oder Teiltexte sich Klarheit zu verschaffen. Lassen Sie mal einen roten Faden Ihrer Arbeit im Freundeskreis kursieren. Lassen Sie beim ersten Schreiben Ihrer Doktorarbeit Ihr wissenschaftliches Über-Ich nicht zu überaktiv sein. Benutzen Sie für Rohentwürfe Ihre Alltagssprache. Achten Sie erst später auf Zitate, auf Literaturübersichten, auf Orthographie, Grammatik, rhetorische Finessen und die Einleitung. Hier hat Ihr Über-Ich dann seine Spielwiese.

Die Revision des Textes

Streichen Sie alle überflüssigen Adverbe und Adjektive. Beseitigen Sie alle Wertungen, und lassen Sie nur die echten Argumente stehen. Versuchen Sie evtl. einen abgehackten Telegrammstil durch komplexere Sätze zu verändern. Seien Sie vorsichtig bei der Befolgung von Schreibtips: Denn letztlich sind Sie der Boss. Bilden Sie auch eine Lesegruppe für Diplom- und Doktorarbeiten. Üben Sie so das Revidieren von wissenschaftlichen Texten. Schreiben Sie dort Teile der Arbeit dreimal. Fassen Sie die wichtigsten Ergebnisse Ihrer Arbeit in Graphiken, in Formeln, in mathematischen Gleichungen zusammen. Überlegen Sie, welche technische Nutzanwendung Ihre Arbeit gewinnen könnte. Setzen Sie beim Schreiben und Neuschreiben Methoden wie Clustern und Free Writing ein. Strukturieren Sie Ihre Kapitel neu mit Hilfe von Mind-Maps - werten Sie auch Ihr Traumtagebuch für die Lösung zentraler Fragen und Konflikte beim Schreiben Ihrer Doktorarbeit aus.

4.3. Leitfaden durch das Lehrbuch des wissenschaftlichen Schreibens

Wir kommen nun zur Beantwortung von Fragen beim Schreiben einer wissenschaftlichen Arbeit, die jeder stellt.

Problem	Hilfen	Lehrbuch
Wie finde ich Ideen für mein Thema?	- Thema definieren	A 3
	- Fragen stellen	
	- Schreibstarttechniken benutzen	A 3
	- Wissenschaftliche Quellen in Bibliotheken erschließen	B 4
	- Interviews machen	B 4
	- Beobachten	
	- Diskutieren	
	- Lesen und Notieren	B 4
	- Journalführen und -auswerten	B 2
Wie kann ich mein Thema gliedern?	- Mind-Map, Leitern, Themenbäume einsetzen	A 3
	- Zehn Gliederungstypen ausprobieren	C 4
	- Überschriften finden und ordnen	
	- Graphiken über Schlüsselideen entwickeln	
	- Idealgliederungen der eigenen Wissenschaft benutzen	B 4
	- Modellgliederungen aus der Literatur ableiten	B 3
Wie kann ich meine Arbeit schreiben?	- Schnellschreiben, mehrmals schreiben	A 3
	- Diktieren und neu schreiben	
	- Teileschreiben und Kontrolleser einsetzen	B 5
	- Mit Quellen, Exzerpten und Zitaten kreativ umgehen	B 3
	- Ein richtiges Literaturverzeichnis entwickeln	B 3
Wie kann ich meine fertige Arbeit durch Korrektur verbessern?	- Fünf Aspekte der Korrektur	B 5
	- Vier Ebenen der Korrektur	B 5

4.4. Der Einsatz des Personal-Computers im wissenschaftlichen Schreiben

Im wissenschaftlichen Schreiben vollzieht sich heute eine Revolution. „Kaum eine Wissenschaft bleibt heute vom Computer unberührt“ (W. KRÄMER: Wie schreibe ich eine Seminar-, Examens- und Diplomarbeit. Stuttgart 1992, S. 8).

Der PC ist bei der Durchführung empirischer Forschungen unentbehrlich. Der elektronische Zugriff auf Datenbanken und elektronische Bibliographien verbreitet sich immer mehr. Mehr als 50 % aller Abschlußarbeiten werden heute mittels computerunterstützter Textverarbeitung produziert. „*Für den (computerbegeisterten!) wissenschaftlichen Arbeiter bedeutet dies, daß er - zumindestens theoretisch - von der Materialübersicht und -auswertung über die Manuskripterstellung bis zur Reinschrift alle Arbeiten mit Unterstützung des PC durchführen kann*“ (THEISEN, M. R.: Wissenschaftliches Arbeiten. München 1992, S. 33).

Allerdings wird der Einsatz eines PC´s beim wissenschaftlichen Schreiben in Deutschland für Neueinsteiger durchaus problematisiert. Der Einsatz des PC´s bei wissenschaftlichen Qualifikationsarbeiten erfordert nämlich gründliche Kenntnisse, die folgendermaßen umrissen werden:

- Die eigenen Kenntnisse und Fähigkeiten für die Arbeit mit der notwendigen Hard- und Software sind erheblich.
- Die technische Mindestausstattung, die Kapazität des Arbeitsspeichers und der Festplatte des PC´s ist nicht so einfach den Anforderungen der jeweiligen wissenschaftlichen Arbeit anzupassen.
- Der Preis eines PC´s ist für viele Studenten viel zu hoch.
- Die meisten guten wissenschaftlichen Textverarbeitungsprogramme sind nur in Englisch verfügbar und lassen sich nur mit einiger Mühe auf die Arbeit in einer deutschen wissenschaftlichen Fachsprache übertragen.
- Viele Computerausdrucke erscheinen sofort wie druckreif und schwächen die kritische Überarbeitung des Textes ab.
- Wegen der Gefahr des „Absturzes“ des Textes müssen immer Sicherungsvorkehrungen für die Erhaltung des geschriebenen Materials getroffen werden.
- Allerdings gibt es heute in Deutschland viele Einführungen in die Probleme des wissenschaftlichen Schreibens am Computer, die dem Anfänger beim Einstieg in diese Arbeit helfen können (vgl. BLUM, J.: Desktop Publishing: Schreiben wie gedruckt. München 1990, FRANKE, B.:Desktop Publishing mit Microcomputer. Düsseldorf 1988 usw.).

In der **deutschen** Diskussion um den PC-Einsatz im wissenschaftlichen Schreiben werden folgende Vorschläge gemacht:

- Der Computer kennt und reproduziert nur das, was eingegeben worden ist. Er nimmt den Studenten die Fähigkeit zum wissenschaftlichen Schreiben nicht ab und ersetzt damit auch kein qualifiziertes Schreibtraining, das durch das ganze Studium hindurch entwickelt werden muß. Ein solches Schreibtraining kann, muß aber nicht am PC absolviert werden. Für Computer-Freaks mit einem Zugriff auf Computerzentren mit mehr als 10 PC´s ist allerdings das Lernen des wissenschaftlichen Schreibens am PC in einer mit PC´s ausgestatteten Gruppe ein besonderer Genuß.

- Der Streß einer wissenschaftlichen Abschlußarbeit ist ein schlechter Anlaß, für den Einstieg in die Arbeit am PC. „*Schließlich sollen Sie an Ihr Thema und nicht an den Computer denken. Bis dieser wirklich zu einem selbstverständlichen Handwerkszeug geworden ist, ... haben Sie viele frustrationsgefüllte Stunden vor dem Bildschirm zugebracht, die man auch anders nützen kann*“ (KRÄMER. W.: Wie schreibe ich eine Seminar-, Examens- und Diplomarbeit. Stuttgart 1992, S. 12).
- Anfänger in der elektronischen Datenverarbeitung können sich damit trösten, daß Einstein, Newton oder Wernher von Braun noch mit handgeschriebenen wissenschaftlichen Arbeiten Karriere machten.
- So hilfreich die Arbeit mit dem PC erscheint, so wenig kann sie besonders die wichtige kreative Arbeit an wissenschaftlichen Problemen ersetzen. „*Es besteht kein Zwang, tatsächlich alle Änderungen und Korrekturen am Bildschirm zu ersinnen. Ausführen muß man sie dort wohl, aber der geistige Prozeß - des Vergleichens, Abwägens, Beurteilens - kann nach wie vor auf Papier durchgeführt werden, fern ab vom Rechner in einer ruhigen und entspannten Umgebung*“ (EBEL, H. F., BLIEFERT, C.: Schreiben und Publizieren in den Naturwissenschaften. Weiheim 1991, S. 151).

Die **amerikanische** Diskussion über das wissenschaftliche Schreiben am PC setzt andere Akzente.

- Auf die Frage: „Sollte ich mir einen Computer kaufen?“ antwortete der Autor D. FRYXELL: „*Ja, ja, 1000mal ja.“ Ich verkaufte mein 1. Auto... um meinen 1. Computer zu kaufen..., es war ein großer Sprung vorwärts... Es machte aus mir einen besseren Schreiber... Der Computer befreit den Autoren von Routinearbeiten und steigert seine Kreativität...* “(FRYXELL, D.: How to Write Fast. Cincinatti 1992, S 184). Der PC wird also in den USA als ideales Mittel für kreatives Schreiben und für kooperatives und kollektives Schreiben gefeiert.
- Der PC verkürzt die Umsetzung von innerer Sprache in äußeres Schreiben. Damit wird auch die Gefahr der Schreibblockierung durch Zensur herabgesetzt. Er hilft in den USA damit besonders Studentinnen, die Hürden von der inneren Sprache zum äußeren Schreiben besser überwinden zu können. Er eröffnet ein flüssigeres Schreiben. „*Der PC hilft ihnen, mehr Worte in kürzerer Zeit zu schreiben*“ (ELBOW, P., BELANOFF, P.: Community of Writers. New York 1989, S. 437). Mit Hilfe des PC hält das Free Writing die Arbeit mit Mind-Maps und Clustern (bei einem entsprechendem Graphikprogramm) eine ideale technische Basis. Die Angst vor Rechtschreibungsfehlern sinkt

durch den Einsatz von Rechtschreibkorrekturprogrammen. Der Computer ermuntert den Schreiber zum Experimentieren mit vielen Schreibarten. Er druckt schnell einen Text aus, der dann in Schreibgruppen intensiv studiert werden kann. Der Computer ist die Basis für kooperatives Schreiben und für die Entstehung von kollektiven Texten, die leicht zu produzieren sind, wenn PC´s miteinander vernetzt werden. ein Drittel aller Texte in der amerikanischen Wirtschaft werden auf der Basis vernetzter PC´s und mit der Methode des kooperativen Schreibens schon erstellt. Der PC läßt das Schreiben mehr als Spiel erscheinen, er nimmt der Schrift den Heiligenschein. Der PC ist ein schnellerer und effektiverer Vermittler zwischen Hirn und Text, als es der Kugelschreiber sein kann. Er hilft so zu einer größeren Kontrolle über den Prozeß des wissenschaftlichen Schreibens (vgl. ELBOW, P., BELANOFF, P., a.a.O., S. 437-439).

Trotz dieser Euphorie werden in den **USA** aber auch die Gefahren des wissenschaftlichen Schreibens am PC gesehen: Dem PC-Schreiber kann leicht das Programm abstürzen, und wichtige Texte können verloren gehen. Die Chance der Textkorrektur am PC kann zur zwanghaften ständigen Verbesserung des Textes anleiten und so den Textfluß ständig stoppen. Die Chance der Beschleunigung des Textflusses kann aber auch zum Schreibzwang und zum uferlosen Schreibsturz führen. „*Plötzlich beginnt ihr Kopf zu schwimmen und sie haben das Gefühl, im Treibsand zu versacken*“ (ELBOW, P., BELANOFF, P., a.a.O., S. 441). PC-Texte vermitteln leicht den Schein von Perfektion und stimulieren beim Schreiber einen Sammlertrieb für eigene Texte. Der PC-versessene Schreiber versinkt in Textablagen und Textsortierungen. Er sieht sich auch motiviert, mit seinen scheinbar perfekten Texten andere Leute ständig zu konfrontieren, und er vergißt zu leicht, daß gute Texte auch am PC hart erarbeitet werden müssen. Der PC-Freak geht leicht dazu über, alles am Monitor statt am Textausdruck korrigieren zu wollen. Die Korrektur am Monitor vermittelt aber nicht den Blick auf den ganzen Text. „*Sie überfordert den Kopf, macht langsam, müde und konfus*“ (ELBOW, P., BELANOFF, P., a.a.O., S. 444). Der PC-Benutzer muß also immer dem Zwang der ständigen Monitorkorrektur widerstehen.

In den USA werden die Chancen und Probleme des wissenschaftlichen Svhreibens auf dem PC klarer gesehen als in Deutschland. Das führt dazu, daß einmal die Schüler den Umgang mit dem PC schon ab der 4. Klasse lernen und andererseits der Student während seines ganzen Studiums seine PC-Qualifikationen ausbauen kann. Gerade die Verbreitung des PC´s in Schule und Hochschule könnte deshalb die Verbreitung des kreativen Schreibens in den Wissenschaften, wie es dieses Lehrbuch vorstellt, sehr gut unterstützen.

Nun einige Hinweise zum Kauf von Computer Hard- und Software:

Checkliste für den Kauf eines Personal-Computers und eines Textverarbeitungsprogramms als Hilfe bei der wissenschaftlichen Textbearbeitung:

Hardware:
1. Hauptspeicherkapazität (Festplattenspeicher (Minimum 80MB), Arbeitsspeicher (RAM)(Minimum 4MB))
2. Schnelligkeit der Rechnerarchitektur und Prozessortaktrate (heutiger Standard: 486/33 Mhz)
3. Strahlungsarmer Bildschirm
4. Mausbedienungsmöglichkeit
5. Ergonomie der Tastatur
6. Transportabilität des Computers
7. Preis-Leistungsverhältnis
8. Verbreitung eines Rechnersystems bei Kollegen (Apple-Macintosh/IBM-kompatible Personalcomputer), Komillitonen und Freunden

Textverarbeitungssoftware:
1. Bedienerfreundlichkeit (sehr subjektiv, daher am besten bei Freunden und Bekannten mehrere Programme ausprobieren)
2. Preis/Leistungsverhältnis (Richtwert: 500,- DM)
3. Parallelbearbeitung verschiedener Textstellen
4. Kompatibilität mit anderen Programmen (etwa zum Einbinden von Formeln und Graphiken) und Druckern
5. Anzahl der Schriftarten und -größen (mindestens 16 Schriftarten)
6. Verfügbarkeit von Sonderzeichen (etwa griechischen Buchstaben)
7. Automatische Silbentrennung und automatischer Blocksatz
8. Flexibilität der Formatierung
9. Rechtschreibprüfung
10. Automatisches Register- und Inhaltsverzeichniserstellung
11. Gutes Handbuch oder sonstiger Leitfaden
12. Angemessener Preis

Zur Zeit können Sie zwischen folgenden Standardsoftwareprogrammen (eine kleine Auswahl aus der unüberschauaren Angebotsfülle, jeweils in der neuesten Version) wählen:

PC-Text	umständlich
Star-Writer	preiswert und unverwüstlich
Tex	nur für Profis
Word	der Marktführer
Word perfect	Handlicher Umgang mit Druckern
Word Star	gutes Verhalten bei Benutzerfehlern
WinWord	Graphikfähig, etwas langsam, gute Formatierungsmöglichkeiten

Teil B
Modelle des wissenschaftlichen Schreibens

„Den ersten Schritt, das Schreibens von innen wissenschaftlich zu erforschen, unternahm Sigmund Freud in seiner Selbstanalyse. Er fand auf dem Weg des automatischen Schreibens das Tor zum Unbewußten. Darüber berichtet er in seinem Hauptwerk „Traumdeutung" (1900).
Auf Sigmund Freud folgte C.G. Jung. Die Bilder des kollektiven Unbewußten, die auf dem Weg der aktiven Imagination und der darauffolgenden Verschriftlichung entdeckte, nannte er Archetypen.
Joseph Campell erkannte in den Schreibwegen nach innen die „Nachtmeerfahrt" des Helden wieder, der in vielen Mythen bei allen Völkern besungen wird. Noch im Film „Krieg der Sterne" zeigt Luke Skywalker, was einem in den inneren Räumen blühen kann. Aber jedes Labyrinth hat eine Ariadne."
(Text einer studentischen Schreibgruppe vom Oktober 1991)

Einleitung

Teil B dieses Lehrbuches ist als idealer Studiengang zur Aneignung des wissenschaftlichen Schreibens durch einen Studenten, eine Studentengruppe bzw. auch eine Professorengruppe aufgebaut. Diesem Teil liegen folgende schreibdidaktische Prinzipien zugrunde:

- von innen nach außen schreiben
- Alltagsschreiben und wissenschaftliches Schreiben verbinden
- sich mit wissenschaftlichen Erfahrungen und wissenschaftlichen Texten auseinanderzusetzen und diese Erfahrungen fortschreiben

Der ideale Studiengang hat folgenden Aufbau:

Studienstufen	Textsorten	Schreibmodelle
1. und 2. Semester	kleine Texte aus dem Alltag	- von innen Schreiben
Grund- und mittleres Studium	Journale Seminararbeiten Referate Forschungs berichte Klausuren	- Journalschreiben durch alle Wissen- schaften - vom Konkreten zum Abstrakten - von innen nach außen - Forschungsgeschichten - wissenschaftliche Kenntnisse analysieren und systematisieren
Haupt- studium	große Texte in verschiedenen Wissenschaften: Diplom- und Doktorarbeiten	- lesen und schreiben - forschen und schreiben - fachspezifisches Schreiben durch alle Wissenschaften - schreiben und wieder umschreiben

Obwohl die Teile dieses idealen Studienganges in diesem Teil B aufeinander aufbauen, kann jeder versuchen, dort einzusteigen, wo er sich in diesem Teil angesprochen fühlt. Wenn er nicht zugleich am Anfang Spaß am System hat, wird er sicher später, im Laufe der langen universitären Schreibkarriere, auf die Schreibpraxis in unserem systematischen Curriculum zurückkommen.

1. Der Start: Kleine Texte von Innen schreiben

Alles Schreiben hat nach L. S. WYGOTSKI (Ders.: Denken und Sprechen, Frankfurt 1969) seinen Ursprung in der „inneren“ Sprache. Auch die Keime des wissenschaftlichen Schreibens bilden sich in der inneren Sprache. Jede große wissenschaftliche Leistung beginnt als Selbstgespräch eines Forschers im Kontext seines wissenschaftlichen Netzwerkes. Wir wollen deshalb zuerst die Spuren des eigenen inneren Sprechens schreibend erforschen.

1.1. Free-Writing

Eine sehr wichtige Methode, die innere Sprache zu artikulieren, ist das Free-Writing, das eine gewisse Ähnlichkeit mit dem automatischen Schreiben der Surrealisten und dem freien assoziativen Schreiben der frühen Psychoanalyse hat. Die Grundtechnik des Free-Writing lautet: Ein unbeschriebenes Blatt liegt vor Ihnen. Der Füller ist gezückt. Schreiben Sie nun alles nieder, was Ihnen von Minute zu Minute in den Sinn kommt (E. P. FARROW: Bericht einer Selbstanalyse. Stuttgart 1984, S. 57). Bei Peter ELBOW wird die Methode folgendermaßen beschrieben: „*Die Idee ist einfach die, zehn Minuten zu schreiben, ohne zu stoppen, schnell zu schreiben, ohne zu hetzen und ohne zurückzuschauen, ohne irgendetwas durchzustreichen oder sich zu wundern, wie etwas ausgesprochen wird oder geschrieben ist, und ohne nachzudenken, was man da eigentlich tut*“ (P. ELBOW: Writer without Teachers. New York 1973, S.3, P. ELBOW: Writing with Power, New York 1981, S. 13).

Ken MARCORIE formuliert die Methode folgendermaßen: „*Schreiben Sie zehn Minuten, so schnell Sie können, ohne sich zu wundern oder nachzudenken*“ (K. MARCORIE: Telling Writing. Portsmouth 1985, S. 18).

In den USA hat Ken MARCORIE am 5. Mai 1964 in einer Schreibklasse das erste Free-Writing in Gruppen durchgeführt. 1992 faßte er seine langen Erfahrungen mit dem Free-Writing in folgendem Satz zusammen: „*Free-Writing bedeutet für meine Studenten und michweit mehr, als Wörter schnell und unbewußt aufzuschreiben... Die meisten Free-Writer machen die Erfahrung, daß diese Methode eine Goldmine erschließt. Sehr oft, wenn wir mit dieser Methode graben, werden wir in hohem Maße überrascht, und wir finden einen eigenen Ton. Dann können wir den Text überarbeiten und auch den Unsinn vom Sinn trennen. Free-Writing ist unbestritten ein Schlüssel, die unbewußte Kraft der Sprache in uns zu aktivieren*“ (K. MARCORIE: The Free-Writing Relationsship. In: BELANOFF, P., u.a.: Nothing Begins with N. New investigations of Free-Writing. Carbondale 1991, S. 188).

Peter ELBOW hat MARCORIE's Methode des Free-Writings übernommen. Er hat auch eine Phänomenelogie seiner Free-Writing-Erfahrung entwickelt. Hier seine Ergebnisse:

Free-Writing ist eine wissenschaftliche Forschungsmethode. „*Der unbegrenzte Drang zur Erforschung und Ergründung von Themen ist wahrscheinlich die Hauptfunktion, die Free-Writing bei mir besitzt... Wenn ich einen Gedanken bekomme, gebe ich mir selbst die Erlaubnis, ihn auf dem Papier sich - ganz ohne Kontrolle, wohin er auch immer will - zu entfalten, sogar, wenn es chaotisch wird. Diese Art des Free-Writing ist sehr nützlich für mich, weil so mein Gehirn am besten kreativ wird, wenn es ihm erlaubt wird, unkontrolliert und ohne Plan zu arbeiten. Ich kann nicht viele Ideen oder Konzepte finden, wenn ich mich auf einer festen Schiene oder in einem Korsett bewege. das ungebremste Schreiben aktiviert meine geistigen Kräfte, macht mich betroffen, polt mich um, so daß nun die Ideen zu fließen beginnen*“ (P. ELBOW: Towards a Phenomenology of Free-Writing. In: P BELANOFF u.a., S. 194).

Free-Writing ist im höchsten Maße kommunikativ. Zuerst erscheint Free-Writing eine höchst private Angelegenheit zu sein. Allerdings gibt es immer viele Motive, Free-Writing-Texte vorzulesen, weil „*sie Gemeinschaft stiften und das Lernen enorm anstoßen*“ (P. ELBOW, a.a.O., S. 197).

Free-Writing ist eine Methode, um wissenschaftliche Texte zu kommentieren und zu verarbeiten. Auch wenn der Student oder Wissenschaftler wissenschaftliche Texte kommentieren oder durcharbeiten will, kann er sich der Methode des Free-Writing bedienen. „*Als Schreiblehrer*“,kommentiert ELBOW, „*muß ich so viele Gutachten und Kommentare schreiben, daß ich mir ganz intuitiv die Erlaubnis gebe, schnell zu schreiben. Wenn ich das tue, entdecke ich immer wieder, wie eine Tür sich öffnet: Meine Wahrnehmung wird schärfer, meine Gefühle erwachen, und meine Sprache wird flüssiger, als ob es kaum Schwierigkeiten bei der Umsetzung der Gedanken vom Kopf in eine Schriftsprache gäbe*“ (P. ELBOW, a.a.O., S. 200).

Free-Writing löst Schreibprobleme und Schreibwiderstände auf. *Am häufigsten setze ich Free-Writing ein, wenn ich mich in meinem Schreiben blockiert fühle... Durch das freie Schreiben erkenne ich immer, was vor sich geht, und so gewinne ich wieder Macht über meinen Schreibprozeß*“ (P. ELBOW, a.a.O., S. 203).

Free-Writing bewältigt die Gefühlsseite des wissenschaftlichen Schreibens. Beim Free-Writing wird eine Menge Mist und Chaos produziert. Aber gerade die Darstellung des Ungeordneten gibt vielfältige Anregungen, nach den Ordnungen des wissenschaftlichen Diskurses zu suchen. Gerade beim wissenschaftlichen Schreiben kommt es darauf an, sich mit Gefühlen auseinanderzusetzen: „*Meine eigenen Erfahrungen zeigen mir, daß gerade Gefühle meine kognitiven Fähigkeiten in hohem Maße belasten*“ (P. ELBOW, a.a.O., S. 205).

Weil Free-Writing Analogien und Metaphern produziert, kann es dem rationalen Denken helfen, sich klarer und überzeugender zu artikulieren. In unserer Kultur ist Kontrolle und Macht tief im Schreibprozeß verankert. Vom Free-Writing kann man lernen, was Schreiben sein kann, wenn es überflüssigen

Kontrollen und Machtansprüchen entgeht und auch sich für Gefühle öffnet, die sonst unterdrückt werden.

Free-Writing hat eine doppelte Funktion. Free-Writing kann den Schreiber verwirren, überfordern, wenn er diese Schreibmethode stundenlang und jeden Tag anwendet. Oft gibt es auch keine Schreibeinfälle, die die freien Schreibtexte strukturieren. Aber es gibt kaum eine andere Textsorte, die besser geeignet ist, den Schreibprozeß mit allen seinen Geheimnissen zu reflektieren, bewußt und lernbar zu machen. Insoweit ist Free-Writing auch eine Methode, um im wissenschaftlichen Schreiben einen höheren kognitiven und intellektuellen Standard zu erreichen.

Viele amerikanische Schreibforscher sind sich mit ELBOW darin einig, daß „*Schreiben der Aufstieg vom Chaos zur Ordnung ist*" (P. BELANOFF: Free-Writing: An Aid to Rereading Theories. In: P. BELANOFF a.a.O., S. 22).

Free-Writing läßt sich auch auf besondere wissenschaftliche Themen anwenden. so berichtet Lynn HAMMOND von der Benutzung des Free-Writing bei der literaturwissenschaftlichen Interpretation poetischer Texte. Sie baute dabei das Free-Writing in folgenden Interpretationsprozeß ein:

Fünf Minuten Free-Writing über das Thema des zu interpretierenden Gedichtes. Lesen des zu interpretierenden Gedichtes. Free-Writing über die Leseerfahrung. Verfassung eines Textes über das Gedicht mit folgender Textstruktur: Aufstellen einer These, Belegen der These durch Bilder und Textzeilen des Gedichts, Deutung der gefundenen Bilder.

Dieses fokussierte Free-Writing hat nach L. HAMMOND folgenden Nutzen: Es hilft, daß die Studenten sich mit ihren ästhetischen Wahrnehmungen von Texten konfrontieren. Es unterstützt die Wahrnehmungen in der ganzen Komplexität ihrer ästhetischen Wahrnehmung. Es gibt ihnen eine Struktur, wie sie von ersten Einsichten zu tieferen Erkenntnissen über poetische Texte kommen können (L. HAMMOND: Using Focused Free-Writing to Promote Critical Thinking. In: P. BELANOFF, u.a., a.a.O., S. 89).

Die Anwendung des Free-Writing als Teil eines Journalschreibkurses mit Ingenieurstudenten hatte folgendes Ergebnis: „*Diese Studenten waren richtig überrascht, was sie an der Hochschule eigentlich alles lernen und wie sie auf dieses Lernen reagieren. Das Free-Writing im Journal verhalf ihnen zum Bewußtsein, was und wie sie etwas in der Hochschule gelernt hatten*" (D. GEORGE, A YOUNG: Voices of Participation. In: P. BELANOFF u.a., a.a.O., S. 132).

Bei der Anwendung des Free-Writing in verschiedenen Hochschulseminaren, die Peter ELBOWS Thesen unterstützten, ergaben sich folgende Resultate:

Das Free-Writing half den Studenten herauszufinden, über welche Themen sie wirklich etwas schreiben konnten (A. E. MULLIN: Free-Writing in the Classroom: Good for What? In: BELANOFF a.a.O., S. 146).

Free-Writing unterstützt die Entwicklung der Fähigkeit, gelesene Texte in eigenen Worten wiederzugeben und die eigenen Lesefrüchte aus wissenschaftlichen texten zu ordnen (B. W. Chestshire: Free-Writing: Teacher Perception and Research Data. In: P. Belanoff u.a., a.a.O., S. 154 f).

Free-Writing kann die Gefühle bearbeiten helfen, die beim wissenschaftlichen Schreiben als Verzweiflung über das Scheitern eines Textes und als Angst vor dem Versagen bei der Entwicklung einer Gliederung entstehen (J. W. Pennebaker: Self-Expressive-Writing. Implications for Health, Education and Welfare. In: P. Belanoff u.a., a.a.O., S. 170).

Schreibkarriere

„Als ich an die Universität kam, hatte ich eine gewichtige Hochachtung vor wissenschaftlichen Texten. Alles, was gedruckt war, erschien mir als die Wahrheit. Ich las viel, mein Kopf wurde immer voller. Die Unendlichkeit der wissenschaftlichen Kontroversen verwirrte mich. Dann las ich mich fest. Ich äußerte dogmatische Meinungen, wurde oft angegriffen und wurde immer aggressiver. Ich lag dann tagelang im Bett, wußte nicht, wie ich in das Haus der Wissenschaft gelangen sollte. Das ging Semester so. Äußerlich war ich Durchschnitt, innerlich war ich im Aufruhr. Bis ich merkte, ich hatte falsch begonnen. Das Bewundern der Texte der Profis ist der falsche Weg. Am Anfang steht das eigene Schreiben. Erst das Finden der eigenen Fragen, der eigenen Sprache, schafft einen Wegweiser durch das Labyrinth der babylonischen Bibliotheken aller Diskurse. So habe ich mir das Schreiben beigebracht. Ich habe mich vom Gedicht bis zur wissenschaftlichen Diplomarbeit hochgeschrieben. Nun habe ich einen durchaus flotten Stil, was den einen oder anderen Professor wundert. „Sie kommen wohl vom Journalismus her" wurde ich gefragt. Ich antwortete: „Ich folge nur den Spuren, die ich in mir finde. Das ist alles." Nun habe ich bei Ihnen Examen gemacht. Die Spuren haben zum Ziel geführt.
(Aus dem Brief eines Doktoranden in Psychologie an seinen Doktorvater vom Frühling 1989).

1.2. 40 Tage Schreiben für Erstsemester

Das Programm „40 Tage Schreiben für Erstsemester" vermittelt die Grundtechniken des kreativen Schreibens, erweitert das Repertoire alltäglicher Schreibpotenzen, übt den Umgang mit Schreibblöcken, macht mit einfachen literarischen Textsorten vertraut: Interview, Dialog, Szene, Gedicht, und führt in einfache wissenschaftliche Arbeit ein: Textrevision, 35-Minutenaufsatz, Anfänge und Schlüsse. Dieses Programm kann durchaus in 40 Tagen hintereinander absolviert werden. Wer diese Disziplin nicht aufbringt, kann natürlich die 40 Tage auch strecken, z.B. auf das ganze 1. Semester und darüber hinaus. Jeder kann aber auch unter den Übungen auswählen.

1. Tag: Kontakt mit dem Wächter

Wer von innen schreibt, überschreitet eine innere Barriere, die zwischen innerer und äußerer Sprache besteht. Er begegnet an dieser Barriere einem Wächter, einem Zensor, der ihn daran hindern will, diese Barriere zu überschreiten. Um diesen Widerstand zu überwinden, ist es sinnvoll, zu diesem Wächter als ersten Schritt Kontakt aufzunehmen. Schreiben Sie einen kleinen Brief. Beginnen Sie diesen Brief mit der Anrede: „Lieber Wächter, lieber Zensor!" (B. BALLANGER, B. LANE: Discovering the Writer Within, 40 Days to More Imaginative Writing, Cincinatti 1989, S. 3 ff).

2. Tag: Free-Writing

Schreiben Sie schnell, zensieren Sie nicht. Kümmern Sie sich nicht um Zusammenhänge. Entspannen Sie sich, und haben Sie Spaß (vgl. T. Belanoff, P. Elbow, u.a.: Nothing Begins with N. New Investigations of Free-Writing, Carbondale 1991).
Schreiben Sie jetzt spontan über das, was Ihnen einfällt: Gerüche, Ansichten, Geräusche, Ideen...

3. Tag: Liste wichtiger Orte

Plätze sind wichtige Teile unseres Lebens. Legen Sie eine Liste Ihrer wichtigsten Orte an, und schreiben Sie mit der Methode des Free-Writings drei Minuten über einen aus dieser Liste ausgewählten Ort.

4. Tag: Liste wichtiger Personen

Personen bestimmen unser Leben. Legen Sie eine Liste wichtiger Personen an. Wählen Sie eine Person aus, und schreiben Sie drei Minuten schnell über die gewählte Person.

5. Tag: Brainstorming

Legen Sie Listen über folgende Themen an: Ihre Helden, Ihr Kinderspielzeug, Ihr Lieblingsessen, Musikstücke, einflußreiche Bücher, Lehrer, Liebeserlebnisse. Wählen Sie ein Thema, und schreiben Sie über dieses Thema schnell einen kleinen Text in drei Minuten.

6. Tag: Cluster-Bildung

Nehmen Sie ein weißes Blatt Papier. Zeichnen Sie in die Mitte des Papiers einen Kreis, und schreiben Sie spontan ein Wort in diesen Kreis. Lassen Sie zu diesem Wort die Einfälle sprudeln. Verbinden Sie jeden Einfall mit dem eingekreisten Kernwort. Bilden Sie Assoziationsketten, achten Sie dann auf einen ersten Satz, der sich einstellt, und ergänzen Sie ihn um vier Sätze.

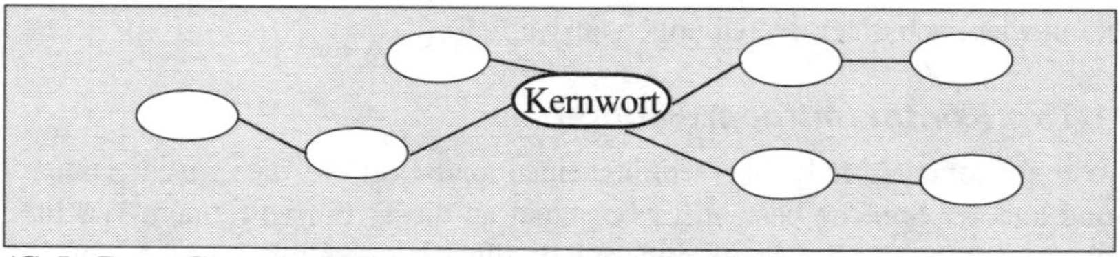

(G. L. Rico: Garantiert Schreiben lernen. Reinbek 1984).

7. Tag: Beobachtung

Schauen Sie aus dem Fenster, wählen Sie ein Objekt (Baum, Vogel, Dach, Regentropfen usw). Schreiben Sie alle Einfälle zum gewählten Objekt auf, und fassen Sie die Einfälle in fünf Zeilen zusammen.

8. Tag: Sichtweise ändern

Wählen Sie ein Objekt, fotografieren Sie es aus verschiedenen Entfernungen und Perspektiven. Beschreiben Sie dann Ihre Gefühle beim Fotografieren. Diese Übung läßt sich auch mit einer imaginierten Kamera durchführen.

9. Tag: Gefühle wahrnehmen

Gehen Sie auf einen Platz. Setzten Sie sich. Betrachten Sie zehn Minuten diesen Platz, und schreiben Sie dann eine Liste aller Einfälle auf, die dieser Platz in Ihnen auslöst. Kreisen Sie dann alle Einfälle auf Ihrer Liste ein, die Ihre ganz persönlichen Gefühle ausdrücken und sich nicht mit objektiven Fakten befassen. Geben Sie dann ein Gefühlsbild des Platzes.

10. Tag: Kindheit/Jugend

Stellen Sie sich eine wichtige Erfahrung vor, die Sie sowohl in der Kindheit als auch in der Jugend gemacht haben. Schreiben Sie erst über die kindliche und dann über die jugendliche Erfahrung. Vergleichen Sie beide Darstellungen. Was hat sich für Sie verändert?

11. Tag: Kritzelzeichnung

Verfertigen Sie eine Kritzelzeichnung über ein wichtiges Kindheitserlebnis. Schreiben Sie dann ein paar Zeilen zu Ihrer Zeichnung.

12. Tag: Vater/Mutter

Denken Sie an Ihre Eltern. Sammeln Sie alle guten Erinnerungen. Schreiben Sie dann einen Vater- oder Muttertext.

13. Tag: Schlimme Dinge

Legen Sie eine Liste schlimmer Dinge an, die Sie erlebt haben und über die Sie eigentlich nicht schreiben wollen. Versuchen Sie dann doch über eines dieser Dinge zu schreiben. Beschreiben Sie dann Ihre Begegnungen mit dem Zensor.

14. Tag: Schreibblockaden

Jeder Schreiber kennt Zweifel, Ekel, Schreibunlust. Lernen Sie den Umgang mit Schreibblockaden. Legen Sie eine Liste der schönsten Schreiberlebnisse Ihres inneren Schreibers an. Entwickeln Sie einen Dialog zwischen Ihrem inneren Zensor und Ihrem inspirierenden inneren Schreiber (vgl. L. v. WERDER: Kreatives Schreiben in den Wissenschaften, Berlin 1992, S. 67-74).

15. Tag: Sensationelles

Stellen Sie sich eine Sensation vor, die möglicherweise auch in der Tageszeitung steht. Finden Sie ein Kernwort für die Sensation. Bilden Sie nun ein Cluster, und schreiben Sie Ihre sensationelle Geschichte. Um die Sensation zu steigern können Sie hier auch mehrere Ereignisse aus der Tagespresse kombinieren.

16. Tag: 20 Fotos

Machen Sie 20 Fotos von einem Baum. Betrachten Sie die Fotos, und schreiben Sie einen dichten Text über den Baum, der alle Aspekte des Baumes auf Ihren Fotos berücksichtigt.

17. Tag: Visualisieren

Stellen Sie sich ein Thema vor. Machen Sie sich von dem Thema eine Kritzelzeichnung. Schreiben Sie dann nach der Kritzelzeichnung einen Text über Ihr Thema.

18. Tag: Textarbeit

Nehmen Sie sich Ihren Text vom 17. Tag vor. Unterstreichen Sie alle Sätze, die Ihnen gefallen. Sehen Sie sich dann die Sätze an, die Ihnen nicht gefallen, und begründen Sie den Unterschied Ihres Urteils.

19. Tag: Umschreiben

Schreiben Sie Ihren Text vom 17. Tag neund Vergleichen Sie dann die erste und die zweite Fassung. Schreiben Sie dann einen kleinen Text, der mit dem folgenden Satz beginnt: „Meine größten Schwierigkeiten beim Umschreiben sind..."

20. Tag: Umgang mit Schreibblöcken

Suchen Sie einen Text der letzten 19 Tage heraus, den Sie besonders langweilig und blöd finden. Machen Sie zum Thema dieses Text ein neues Cluster, und schreiben Sie den Text neund Überlegen Sie dann, ob folgende Hilfen gegen Schreibblockaden Ihnen schon genützt haben:

- Wählen Sie eine neue Schreibperspektive
- Schreiben Sie drei Minuten schnell über die Gründe Ihrer Schreibblockaden
- Schreiben Sie nicht, sondern entspannen Sie sich
- Mildern Sie Ihre Schreiberwartungen vor und Ihre Gefühle nach dem Schreiben
- Schreiben Sie mal als mittelmäßiger Schreiber

21. Tag: Personen

Benutzen Sie die Methode des Free-Writing und schreiben Sie aus der Perspektive folgender Personen:
- als Kind, wie Sie Ihre Eltern beschreiben
- als Monster, das Sie mal erschreckt hat

- als gegengeschlechtliche Person, die 30 Jahre älter ist als Sie
- als Ausländer, der Deutschland beschreibt

22. Tag: Humor

Markieren Sie witzige Szenen, die Sie in Ihrer Tageszeitung finden. Schreiben Sie dann einen etwas größeren witzigen Text, der die gefundenen Szenen berücksichtigt.

23. Tag: Witzige Liste

Legen Sie eine Liste aller Ereignisse an, über die Sie sich totlachen konnten. Denken Sie besonders an witzige Kindheitserlebnisse. Schreiben Sie einen witzigen Text aus der Kinderperspektive.

24. Tag: Interview

Legen Sie sich Fragen zurecht, auf deren Antworten Sie gespannt sind. Suchen Sie sich eine Person, die diese Fragen beantworten könnte. Rufen Sie diese Person an, stellen Sie ihr die Fragen. Schreiben Sie dann einen Dialog der Fragen und Antworten.

25. Tag: Schlechte Dialoge

Schreiben Sie einen schlechten Dialog, der zwischen zwei Klischeefiguren aus einer Fernsehserie stattfinden sollte. Überlegen Sie dann, was das Schlechte an diesem Dialog eigentlich ist.

26. Tag: Charakter

Schreiben Sie mit der Methode des Free-Writing über eine der beiden Klischeefiguren vom 25. Tag. Schreiben Sie, bis Sie ganz neue Seiten an dieser Figur entdecken. Stellen Sie Ihre Entdeckung in einer kleinen Charakterstudie über beide Personen zusammen.

27. Tag: Szene

Stellen Sie sich eine Situation vor, in der die beiden in den vorhergehenden Tagen erarbeiteten Personen ein Geheimnis voreinander verbergen sollen. Lassen Sie die beiden Personen einen Dialog führen. Beginnen Sie mit „A: Ich habe etwas entdeckt. B: Das ist ja interessant..." und schreiben Sie nun weiter.

28. Tag: Quellen

Stellen Sie sich einem Thema, das Ihr inneres Wissen überschreitet, z.B. die Ereignisse des Tages, an dem Sie geboren wurden, die Geschichte Ihres Namens, die Todeserfahrung von Personen, die schon klinisch tot waren usw. Schreiben Sie fünf Minuten in der Methode des Free-Writing, bis sich Ihr Thema etwas konkretisiert hat. Gehen Sie nun in eine Bibliothek. Suchen Sie sich dann Informationen zu Ihrem Thema in der Bibliothek. Sammeln Sie diese Informationen, und fassen Sie Ihr Thema in einem neuen kleinen Text zusammen.

29. Tag: Neue Welten

Erfinden Sie eine neue Welt, die Sie mit einem Satz beschreiben. Machen Sie dann aus diesem einen Satz eine genaue Beschreibung der neuen Welt, indem Sie beliebig viele Sätze ergänzen.

30. Tag: Neue Metaphern

Heute erfinden Sie neue Worte, poetische Worte, Metaphern. Legen Sie sich zwei Spalten an. In die linke Spalte schreiben Sie große Ideen, große Worte wie z.B. Leben, Tod, Liebe, Schönheit, Erfolg. In die rechte Spalte schreiben Sie ganz spezifische konkrete Attribute wie z.B. sauer, schnell, gläsern, hurtig, computermäßig usw. Bilden Sie dann Metaphern, indem Sie die Attribute möglichst witzig den großen Worten zuordnen. Schreiben Sie dann einen Text, indem möglichst viele witzige Metaphern vorkommen.

31. Tag: Träume

Stellen Sie sich eine Person vor, die große Probleme hat. Stellen Sie sich weiter vor, diese Person liegt im Bett und schläft. Beschreiben Sie nun die Träume dieser Person. Beschreiben Sie dann, wie diese Person aufsteht und ihre Probleme löst.

32. Tag: Revision

Nehmen Sie sich Ihren Traumtext vor, und versuchen Sie, 15 Worte in diesem Text durch bessere zu ersetzen.

33. Tag: Lesertext

Geben Sie einen Ihrer Texte einem Freund zu lesen, und schreiben Sie auf, was Sie fühlen, während der Freund Ihren Text liest. Lassen Sie dann den Freund aufschreiben, was er gefühlt hat, während er Ihren Text gelesen hat. Vergleichen Sie beide Texte.

34. Tag: Neue Titel

Schreiben Sie alle Titel, die Sie für Ihre bisherigen Texte gefunden haben, um. Versuchen Sie, die besten Titel zu finden, indem Sie erste und die letzte Zeile Ihrer Texte lesen und dann den besseren Titel erfinden.

35. Tag: 3. Person

Schreiben Sie zehn Minuten autobiographisch. Formulieren Sie dann den Text von der Ich-Sprache in die Er-Sprache um. Was hat sich verändert?

36. Tag: Der 35-Minuten-Aufsatz

Wählen Sie das abgegriffene Thema „Liebe“, und schreiben Sie 35 Minuten einen interessanten Aufsatz über dieses Thema. Verfahren Sie dabei in folgender Weise:
Drei Minuten clustern zu beliebigen Einfällen
Sieben Minuten Free-Writing zum Thema Liebe und Zusammenfassung Ihres Textes in zwei Sätzen
Drei Minuten zweites clustern zu beliebigen Einfällen
Sieben Minuten neues Free-Writing zum Thema Liebe und Zusammenfassung Ihres zweiten Textes in zwei Sätzen
Drei Minuten drittes clustern zu beliebigen Einfällen
Sieben Minuten neues Free-Writing zum Thema Liebe und Zusammenfassung Ihres dritten Textes in zwei Sätzen
Fünf Minuten Verfassung eines Testes, der alle sechs Zusammenfassungstexte umfaßt und erweitert.

37. Tag: Schlechte Gedichte

Schreiben Sie schlechte Gedichte, indem Sie mit einem Satz starten, den Sie zufällig in einer Zeitung gefunden haben. Versuchen Sie dann, das Gedicht zu verbessern. Beschreiben Sie dann in Stichworten, was Sie an Ihrem Gedichttext verändert haben.

38. Tag: Leistungskontrolle

Sie sind kein Maler. Experimentieren Sie aber trotzdem einmal mit Wasserfarben. Malen Sie Farbkompositionen, und schreiben Sie dann zu diesen Bildern einen kleinen Antworttext. Sie werden jetzt merken, daß Sie immer noch nicht gut malen, aber schon sehr viel besser schreiben können.

39. Tag: Schlüsse

Schreiben Sie mal die letzte Zeile einer Geschichte, eines Gedichtes, eines Aufsatzes. Erfinden Sie dann alle möglichen Varianten dieser letzten Sätze. Wählen Sie dann jeweils den besten aus.

40. Tag: Bestandsaufnahme

Überblicken Sie dieses Schreibmodell. Beginnen Sie mit dem Satz: „Wenn ich schreibe...“, und schreiben Sie weiter, solange Sie können. Um den Erfolg der Absolvierung Ihres ersten Schreibkurses zu befestigen und die Entwicklung einer eigenen Schreibidentität zu fördern, ist es sinnvoll, wenn Sie sich abschließend folgende Sätze einprägen:

- Ich kann schreiben, auch wenn ich manchmal nicht in Stimmung bin.

- Mein schlechtes Schreiben stört mich nicht, weil ich weiß, daß schlechtes Schreiben oft den Übergang zu gutem Schreiben ermöglicht.
- Wenn ich schreibe, konzentriere ich mich auf den Sinn meines Schreibens und nicht gleich auf das Publikum.
- Ich schreibe auch über Sachen, die mich stören, weil ich durch mein Schreiben diese Störungen abschwächen kann.
- Mehr und mehr merke ich, daß ich schreibend neue Teile der Welt erforschen und erfahren kann.
- Ich schreibe über Sachen, die andere Wissenschaftler übersehen.
- Ich bin froh, Fortschritte im Schreiben zu machen, weil für meine wissenschaftliche Karriere soviel vom Schreiben abhängt.

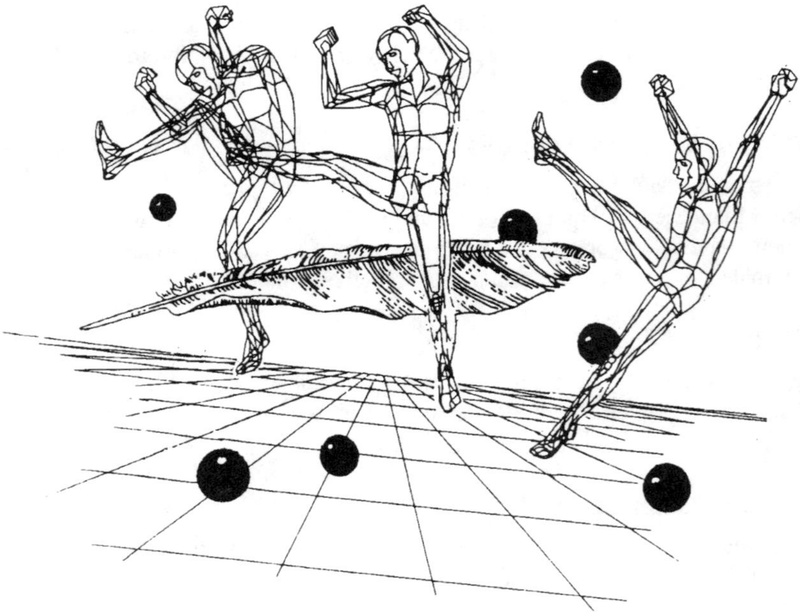

Tiefenphobie

Student: *Ich habe letzte Nacht nach vier Stunden automatischen Schreibens folgenden Satz produziert: „Mein Weihrauch ist von würzigen Hölzern und Harzen, und Blut ist nicht darin: Die Bäume der Ewigkeit sind mein Haar." Der Satz erschien plötzlich auf dem Papier. Er hat mich erschreckt. Was soll ich tun?*
Professor: *Schreibe nicht vier Stunden ohne Unterbrechung. Schreib fünf Minuten automatisch. Freue Dich über das erste Kräuseln der Oberfläche Deines Unbewußten. Den Abstieg zu den „Müttern" solltest Du verschieben.*
Student: *Aber die Tiefe lockt.*
Professor: *Sie ist, wie Rudolf Otto in seinem Buch „Das Heilige" sagt, ängstigend und faszinierend zugleich, also hab acht.*
(Gesprächssequenz in einem Schreibseminar vom Juni 1981).

1.3. Die innere Sprache aufschreiben

Der leichteste Schreibbeginn liegt im Inneren. Beginnen Sie Ihr Schreiben an dem Ort, wo Ihr wirkliches Leben lebt. Beginnen Sie mit sich selbst: Tauchen Sie ein in Ihre Erinnerungen, Gefühle, Körpererfahrungen, Beobachtungen, Phantasien. Es gibt in Ihnen das Murmeln der inneren Sprache, die meist durch den äußeren Lärm übertönt wird. Aber die innere Sprache, die mit dem Unbewußten verbunden ist, ist ein Reservoir von Geschichten, Gedichten, wissenschaftlichen Ideen, empirischen Hypothesen, die alle aufgeschrieben werden wollen. Um die innere Sprache besser zu verstehen, gibt es einen direkten Weg, den Weg der Meditation. (vgl. den uns inspirierenden Beitrag von E. F. Hughes: Writing from the Inner Self, New York 1991). Mit Meditation ist aber nicht die Tiefenmeditation gemeint, die aus der Welt herausführt, sondern die kürzere und leichtere Meditation, die das Hören der inneren Sprache ermöglicht und den Beginn des Schreibprozesses anregt (vgl. auch I. Progoff: The Practice of Process Meditation: The Intensive Journal Way to Spiritual Experience. New York 1989, S. 39 ff.).

Diese leichte Meditation umfaßt folgende Techniken:

Stillwerden

Fixieren Sie den Blick auf einen Punkt, konzentrieren Sie sich dabei auf ferne Geräusche.

Tief durchatmen

Atmen Sie tief durch und achten Sie dabei auf Ihr Atmen.

Visualisieren

Schließen Sie die Augen, werden Sie ruhig. Stellen Sie sich eine Blume vor. Benennen Sie die Art der Blume. Der „Blumentest" zeigt, daß Visualisierung kein empirischen Bilder, sondern Bilder der inneren Sprache produziert.

Körperentspannung

Lernen und praktizieren Sie die Grundübungen des Autogenen Trainings die Schwere- und Wärmeübungen, und warten Sie dann, bis ein Schreibimpuls sich einstellt.

Zeitreise

Schließen Sie die Augen, und lassen Sie Bilder aus Ihrer Lebensgeschichte auftauchen, indem Sie in Ihrem Alter im Geiste zurückgehen. Zählen Sie bis zehn und öffnen Sie dann die Augen.

Diese „Meditationstechniken", die eher Konzentrations- undAbschalttechniken sind, werden in den folgenden Übungen immer wieder auftauchen. Diese Übungen sollen kurze, abwechselnde Erfahrungen auslösen, die der Stimulierung des Schreibflusses dienen. Diese Übungen können öfter wiederholt werden und dabei immer wieder andere Texte zur Folge haben. Der Umfang der inneren Sprache läßt sich nicht erschöpfen. Die Übungen beginnen an der Oberfläche der Innenwelt, dem Körper, und gehen dann über Gefühle, geistige Erfahrungen, Erinnerungen tiefer in das Phantasievermögen hinein.

Die Übungen werden in vier Abschnitten vorgestellt:

1. Klarheit im Körper
2. Aufräumen der Gefühle
3. Erforschung der sinnlichen Wahrnehmungen
4. Auf den Grund der Erfahrungen

Diese Übungen sind keine therapeutischen Übungen. Sie heilen nicht. Sie helfen nur schreiben, wenn Sie die Übungen benutzen, um zugleich in einen Schreibprozeß hineinzukommen.

1.3.1. Klarheit im Körper

Die erste Quelle der inneren Sprache sind Körpererfahrungen. Ihr Körper ist wie eine Landkarte Ihres Lebens. Er verfügt über Spuren Ihrer Lebenserfahrungen und über alle Reaktionen auf wichtige Lebensereignisse, die sich bis in die Zeit vor Ihrer Geburt und vor dem Spracherwerb erstrecken können. Die Aufarbeitung der inneren Sprache beginnt deshalb mit Körpererfahrungen.

Die Nase

Konzentrieren Sie Ihre Gedanken auf Ihre Nase. Betasten Sie sie. Denken Sie an Ereignisse, in denen Ihre Nase eine Rolle gespielt hat. Schreiben Sie die Geschichte Ihrer Nase auf. Wenn Sie wollen, schreiben Sie auch die Geschichte anderer Körperteile: Hände, Ohren, Füße usw.

Selbstportrait

Schauen Sie in den Spiegel, und betrachten Sie Ihr Gesicht. Schließen Sie die Augen, und stellen Sie sich Ihr Gesicht vor. Betasten Sie Ihr Gesicht. Schauen Sie dann noch einmal in den Spiegel. Beschreiben Sie dann Ihr Gesicht in der dritten Person.

Entspannung

Praktizieren Sie die Schwereübung des Autogenen Trainings. Beschreiben Sie die Wärme und Schwere des Körpers.

Narben

Zeichnen Sie Ihren Körper, und bezeichnen Sie alle Stellen, wo Sie Narben haben. Schreiben Sie über jede Narbe einen Satz. Wählen Sie dann die Narbe aus, die am wenigsten traumatisch ist, und erzählen Sie ihre Geschichte.

Kummer

Stellen Sie fest, wo Ihr „schwaches" Organ ist, wo sich Streß körperlich fühlbar macht. Visualisieren Sie dann Ihr harmlosestes Streßorgan oder Körperteil, und achten Sie darauf, welche Erinnerungen sich melden. Entspannen Sie sich, und schicken Sie Wärme an die gestreßte Körperstelle (nach den Regeln des Autogenen Trainings). Beschreiben Sie dann Ihre Körpererfahrungen.

Autor als Kind

Stellen Sie sich vor, Sie sind fünf Jahre alt. Betrachten Sie Ihre Kinderwelt. Schreiben Sie dann, mit dem Gefühl nur ein Meter groß zu sein, einen Text mit dem Thema: „Meine Welt mit fünf Jahren."

1.3.2. Aufräumen der Gefühle

Starke Gefühle bestimmen die innere Sprache. Diese Gefühle stellen oft einen wesentlichen Schreibimpuls dar. Die folgenden Übungen führen Sie zu diesen starken Gefühlen zurück, um sie produktiv bearbeiten zu können. Wenn Sie beim Schreiben weinen müssen, schreiben Sie weiter, bis aus Traurigkeit Gelassenheit wird.

Wut

Machen Sie eine Liste aller großen Ärgernisse Ihres Lebens. Wählen Sie einen Ärger aus. Schließen Sie die Augen, und stellen Sie sich die Situation vor, in der Sie diesen Ärger erlebt haben. Achten Sie bei der Visualisierung der Wut auf Ihre Körpersprache. Schreiben Sie, wie der Ärger kommt und wie er geht.

Zurückweisung

Stellen Sie sich in Ihrer Erfahrung eine Zurückweisung vor. Spüren Sie, wo an Ihrem Körper diese Erfahrung Spuren hinterlassen hat. Überlegen Sie die späteren Folgen dieser Zurückweisung in Ihrem Leben. Schreiben Sie einen Text über Ursachen und Folgen Ihrer Zurückweisung.

Aussprache

Schließen Sie die Augen, und stellen Sie sich eine Situation vor, über die Sie bisher nicht sprechen konnten. Stellen Sie sich diese Situation vor und den Partner, der zu dieser Situation gehört. Führen Sie mit dieser Person einen Dialog der Aussprache. Schreiben Sie diesen Dialog nach der Visualisierung auf.

Selbstverrat

Gehen Sie Ihr Leben durch, und spüren Sie, wo Sie sich von anderen oder von sich selbst verraten fühlten. Wählen Sie ein Ereignis des Selbstverrats aus. Schreiben Sie einen Brief an sich, indem Sie sich Ihren Selbstverrat verzeihen.

Ihr Feind

Stellen Sie sich Ihren Feind vor und die Situation, wo Sie Ihren Feind trafen. Fühlen Sie sich nun in Ihren Feind ein, und schreiben Sie seine Geschichte.

Eifersucht

Stellen Sie sich die Eifersucht zwischen Liebenden vor. Stellen Sie sich dann die Eifersucht vor, die Sie empfinden. Schreiben Sie einen Text über Ihre Eifersucht, der kein einziges Klischee enthält.

Bekenntnis

Schreiben Sie ein Bekenntnis über ein „Verbrechen“, daß Sie niemanden offenbaren können. Stellen Sie sich beim Schreiben des Bekenntnisses die genauen Umstände Ihrer Tat vor. Wenn Sie den Text geschrieben haben, der Sie erleichtert, werfen Sie das Bekenntnis ins Feuer. Es hat seine Schuldigkeit getan.

1.3.3. Die Erforschung der sinnlichen Wahrnehmungen

Die innere Sprache lebt von den Erfahrungen der fünf Sinne nach innen und nach außen. Durch die Absolvierung der folgenden Schreibübungen werden Ihnen die sinnlichen Anteile der inneren Sprache bewußter werden.

Hier und Jetzt

Konzentrieren Sie sich der Reihe nach auf eines der fünf Sinnesorgane: Augen, Ohren, Nase, Mund, Haut. Schreiben Sie auf, was Sie jetzt sehen, hören, riechen, schmecken und fühlen. Über jede Sinnesqualität formulieren Sie in der augenblicklichen Situation drei bis fünf Sätze.

Schnappschüsse

Benutzen Sie Ihre Augen als Kamera. Öffnen Sie Ihre Augen kurz, schließen Sie sie für einen Augenblick, und wiederholen Sie das Öffnen und Schließen der Augen, indem Sie Ihren Kopf drehen. Schreiben Sie auf, was Sie beobachtet haben.

Apfel

Nehmen Sie einen halben Apfel oder eine Möhre, eine Kiwi oder eine Erdbeere in die Hand. Betrachten Sie Ihr Naturobjekt genaund Dann essen Sie Ihr Objekt langsam auf und beschreiben nun seinen Geschmack.

Blume

Wählen Sie eine einzelne Blume. Betrachten Sie sie genau, und lassen Sie dann die Blume ihre Lebensgeschichte erzählen.

Stein

Suchen Sie sich einen Stein. Nehmen Sie ihn in die Hand. Betrachten Sie ihn von allen Seiten. Machen Sie eine Zeichnung dieses Steins. Schreiben Sie dann einen Dialog mit dem Stein.

Küchengerät

Wählen Sie z.B. eine Gabel. Betrachten Sie sie ganz genau von allen Seiten. Schreiben Sie dann die Geschichte dieser Gabel, und verfassen Sie bei dieser Geschichte den ersten Tag der Gabel und ihre Entwicklung bis zum heutigen Tag.

Personen

Setzen Sie sich in ein Café, beobachten Sie Personen. Wählen Sie eine Person aus, die Sie interessiert. Beschreiben Sie erst die gewählte Person und dann Ihre Rolle als Beobachter.

Lebensweisheit

Wählen Sie eine alltägliche Tätigkeit: Duschen, Autofahren, Staubsaugen usw. Vollziehen Sie diese Tätigkeit. Achten Sie genau auf die Gedanken, die Ihnen bei dieser Tätigkeit durch den Kopf gehen. Schreiben Sie dann diese Gedanken auf.

Sternenaugenblicke

In jedem Alltagsleben gibt es kleine Erleuchtungen, Augenblicke, die voller Zufriedenheit sind. Legen Sie sich eine Liste der Augenblicke aus Ihrem Leben an. Wählen Sie einen Augenblick aus, und rufen Sie ihn imaginativ zurück. Beschreiben Sie dann Ihre Erfahrungen und analysieren Sie die Entstehungsumstände Ihres „Sternenaugenblicks".

Essen

Denken Sie an Ihre Eßvorlieben. Stellen Sie sich Ihr letztes Essen vor: der Geschmack auf der Zunge, das Sättigungsgefühl im Magen. Denken Sie dann an Ihr schönstes Essen. Versuchen Sie die angemessensten Worte zur Beschreibung der Genüsse zu finden, die Sie bei diesem Essen erlebt haben.

Masse

Stellen Sie sich vor, Sie befinden sich in der Masse eines Rock-Konzerts, einer politischen Versammlung oder eines Hörsaales. Beschreiben Sie erst die Masse und dann Ihre Gefühle in dieser Masse. Analysieren Sie dann Ihr Verhältnis zur Masse.

Bezugspersonen

Lassen Sie wichtige Personen vor Ihrem „Fernsehbild" erscheinen. Betrachten Sie sie von Kopf bis Fuß. Lassen Sie sie dann in Aktionen übergehen. Lassen Sie sie mit anderen Personen reden und handeln. Beschreiben Sie dann folgende Details dieser Person:

- physische Erscheinung
- Weltanschauung
- Sprechgewohnheiten
- Temperament
- Verhaltensweisen

Die vier Elemente

Sie können sich nun mit den vier Elementen: Wasser, Erde, Luft, Feuer auseinandersetzen, die die vorsokratische Naturphilosophie geprägt hat (vgl. L. de Crescenzo: Geschichte der Vorsokratik, Zürich 1988). Stellen Sie sich Bilder, Beziehungen, Symbole, Erfahrungen allgemein und im Detail mit diesen vier Elementen vor. Schreiben Sie über die Symbolkraft dieser Elemente in der Menschheitsgeschichte, indem Sie sich praktische Umgangsformen mit diesen Elementen vorstellen.

1.3.4. Auf den Grund der Erfahrungen

Um die tieferen Aspekte der inneren Sprache zu erfassen, sollen nun die alltäglichen Sprach- und Denkformen überschritten werden. Neue Aspekte und intensivere Kontakte mit den Objekten der inneren Sprache werden nun auftauchen. Auf den Grund der tiefsten Erfahrungen der Sprache gelangt man nur mit

Hilfe der Imagination. Am Grund der inneren Sprache befindet sich ein universelles System von Bildern, eine Bilderschrift, von der GOETHE sagt: *„Am farbigen Abglanz haben wir das Leben.“* Bleiben Sie sich bei diesen Schreibübungen immer bewußt, daß wir in diesen Übungen nur einen Abglanz haben und nicht die Realität. Ira PROGROFF hat diese transalltäglichen Erfahrungen in folgendem Gedicht formuliert:

Der Strom in der Tiefe

Hier am tiefen Strom
erkennen wir,
daß viele frühere Menschen
in ihren Brunnen hinabgetaucht
und nach innen gegangen sind,
bis sie das Ufer jenseits des Stromes
erreichten.

In alten Zeiten
stieg der Schamane hinab,
und als er zurückkehrte,
stellte er seine Trommel zur Erinnerung auf.
Auf seinen Spuren ging Moses,
Laotse, Zoroaster, Sokrates,
Buddha, Meister Eckhart,
und Walt Whitman.
Und viele andere Unbekannte
sind durch ihren Brunnen hinabgestiegen
zum Strom in der Tiefe.

Jene, die durch ihren Brunnen hinabgestiegen sind,
zum Strom in der Tiefe,
haben vieles gemacht,
nachdem sie ins Leben zurückkehrten.
Einige haben Bücher geschrieben.
Einige haben Figuren geschnitzt.
Einige haben philosophiert.
Einige haben Gesetze erlassen.
Einige haben einfach ihr Leben gelebt:
aber mit voller Kraft

Wir denken an jene, die vor uns hier waren
am Strom in der Tiefe.
Wir sind nicht die ersten,
und wir werden nicht die letzten sein,
die durch den Brunnen steigen,
ins Zentrum des Selbst.
(I. PROGROFF: Life Study, New York 1983, S. 289-291).

Die Schichten der inneren Sprache, die schon vom deutschen Idealismus in seinen Forschungen zur „Neuen Mythologie“ (C. JAMME: Einführung in die Philosophie des Mythos. Darmstadt 1991, S. 26 ff., M. FRANK: Der kommende Gott. Vorlesungen über die Neue Mythologie. Frankfurt 1982, T. 1, S. 143ff., 197 ff) entdeckt wurden, sind dann im 20. Jahrhundert zuerst von der tiefenpsychologischen Topographie des Unbewußten kartographiert worden. Als Grundlage alles Verdrängten hat der Psychologe Stanislav GROF vier Stufen perinataler Erfahrung unterschieden:

1. Die intrauterine Erfahrung vor dem Einsetzen der Geburt als Erfahrung der Ureinheit mit der Mutter

2. Der Beginn des Geburtsprozesses als Erfahrung des Antagonismusses mit der Mutter

3. Die Vorwärtsbewegung durch den Geburtskanal als Trauma der Geburt

4. Geburt als Trennung von der Mutter als Wiedergeburt

(S. GROF: Topographie des Unbewußten. Stuttgart 1991, S. 117-175).

Diesen vier Entwicklungsstufen ordnet er dann Urbilder zu, die die Grundlage alles Bilder-Denkens, aller Symbolisierung und damit auch aller Sprach- und Schreibfähigkeit bilden. Diese Urphantasien wollen wir in einer Graphik darstellen:

Entwicklungsstufen	**Urphantasien/Urmythen**
Fruchtwasserexistenz	All-Einheit mit der Natur Paradies
Geburtsbeginn	Gewalt des Sogs Höllenerfahrungen
im Geburtskanal	Superheld Selbstopferung
die Geburt	Erlebnis der Reise des kindlichen Heros Tod und Wiedergeburt

(vgl. S. GROF: Geburt, Tod und Transzendenz. Reinbek 1992, S. 101-131).

Der große Mythenforscher Joseph CAMPBELL hat eine breite Erforschung der seelischen Urbilder vorgelegt, die seit dem deutschen Idealismus als der Ozean betrachtet werden, aus dem alle Wissenschaften abstammen (vgl. die Mythos-Theorie von SCHELLING und SCHLEGEL, M. FRANK a.a.O., T 1., S. 143ff.) Geordnet nach den psychosexuellen Grunderfahrungen in der Kindheit kommt CAMPBELL zu folgenden Urphantasien des Kindes über seine Beziehung zur Natur, zur Gesellschaft und zur Ganzheit.

Entwicklungsstufen	**Frühes mythologisches Denken**
Geburt	- Erde als nährende Mutter - Geburt als Trennung, Tod und als Rückkehr in die Erde
Stillphase	- Doppelte Mutter: Hexe und Retterin
Reinlichkeitsphase	- Schätze, Geschenke - Gold und Edelsteine
Entdeckung der Geschlechts-unterschiede	- Kastrationsbilder - Bilder der Trennung der Geschlechter
Vater-Mutter-Kind-Konflikt	- Riesentöter-Motiv - Verschmelzung mit der Mutter-Göttin
Jugendkonflikte	- Bilder von der Reise des jugendlichen Heros: - Aufbruch - Initiation und Rückkehr

(Vgl. J. CAMPBELL: Mythologie der Urvölker. Basel 1991, S. 67-110, J. CAMPBELL: Der Heros in 1000 Gestalten. Frankfurt 1973, S. 55-242)

Wer also schreibend auf den Grund der Erfahrung reist und damit in seiner inneren Sprache das Reich der Alltagssprache und des wissenschaftlichen Diskurses verläßt, kann als Inhalt seiner Regressionserfahrung mit tieferen Urbildern als Basis jeder Wissenschaft konfrontiert werden (vgl. L. v. WERDER: Lehrbuch des kreativen Schreibens. Berlin 1990, S. 319-328).

Unsere Graphik kann von diesen Regressionserfahrungen, auch im wissenschaftlichen Schreiben, nur eine schematische Darstellung geben:

Tiefenerfahrung im wissenschaftlichen Schreibprozeß

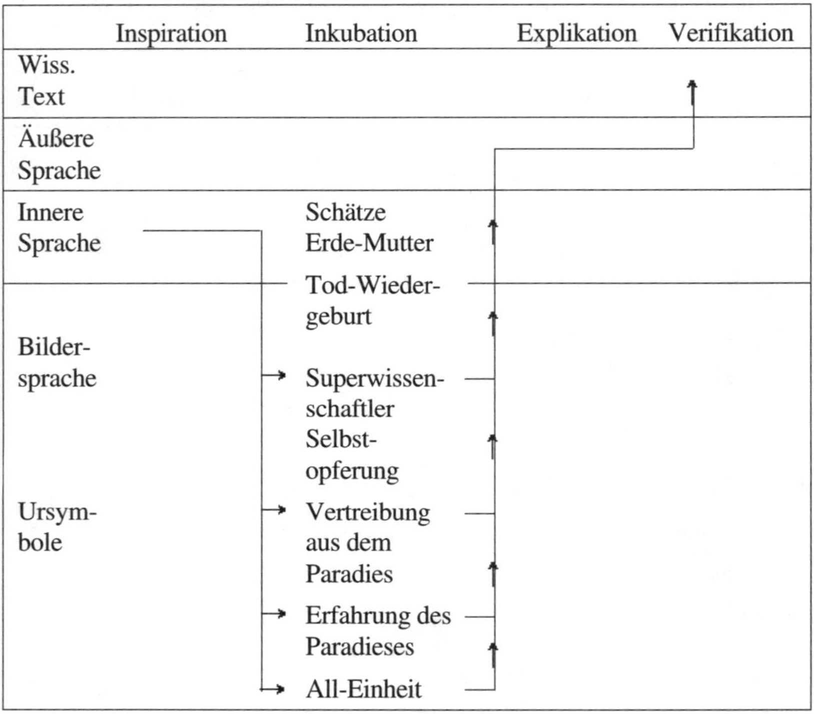

Um diese verstörende Tiefenerfahrungen im wissenschaftlichen Schreiben abzuarbeiten, kann der Student sich der Macht der Verschriftlichung, des rationalen Schreibkalküls, des Spielens mit Sprache und Schrift, der Ästhetik des Ausdrucks und der Deutung und analytischen Distanzierung anvertrauen (vgl. L. v. WERDER, a.a.O., S. 337-366). Der Student hat dabei den Gewinn, etwas von den Kräften erfahren zu haben, deren Beherrschung durch Wissenschaft nur möglich ist, wenn die Wissenschaftsperiode zur Poesie und zum Mythos zurückkehrt (C. JAMME: Einführung in die Philosophie des Mythos. Darmstadt 1991, S. 35). Realitätstüchtige Wissenschaft, wie sie auf dem Weg wissenschaftlichen und kreativen Schreibens entsteht, wird der „Sehnsucht nach einer periodischen Rückkehr zur Zeit der Uranfänge" nicht entgehen können (M. ELIADE: Kosmos und Geschichte. Frankfurt 1984, S. 7, M. ELIADE: Die Sehnsucht nach dem Ursprung. Frankfurt 1981, S. 155-171).

Wendepunkte

Stellen Sie sich Wendepunkte in Ihrem Leben vor, die Ihnen auch eine andere Entwicklung eröffnet hätten. Stellen Sie sich diese andere Entwicklung vor.

Vergleichen Sie dann Ihren Lebensweg und Ihre imaginierte Alternative. Versuchen Sie auch, sich andere Entwicklungsmöglichkeiten in der Geschichte vorzustellen und auszuformulieren.

Zukunftsblicke

Erinnern Sie sich an einen Augenblick, wo Sie die Zukunft vorhersagen konnten. Beschreiben Sie Ihre Gefühle während der Prognose.

Wiederholungen

Konzentrieren Sie sich auf Schlüsselphantasien, die Sie oft haben. Beschreiben Sie Ihre Schlüsselphantasien. Analysieren Sie dann die Ursachen für die häufige Wiederkehr dieser Phantasien.

Sieben-Jahres-Zyklus

Alle sieben Jahre endet eine Lebensperiode und eine neue beginnt, sagt der Volksmund. Betrachten Sie Ihr Leben, ob Sie solche Zyklen (die auch längere oder kürzere Intervalle haben können) entdecken können. Listen Sie alle wichtigen Daten des entdeckten Intervalls auf, und schreiben Sie die kleine Teillebensgeschichte eines gewählten Intervalls. Untersuchen Sie dann, ob in Ihrer gewählten und beschriebenen Lebensphase folgende Sequenzen auftauchen:

- Initiation
- Aufbruch
- Gipfel
- Abstieg
- Übergang

15 Minuten unter dem Mikroskop

William FAULKNER, Virginia WOOLF, James JOYCE haben sich oft bemüht, das Superdetail zu beschreiben. Konzentrieren Sie sich auf die letzten 15 Minuten Ihres Lebens. Rekonstruieren Sie diese 15 Minuten in Ihrer Imagination. Wenn Sie auf eine wichtige Erfahrung, ein wichtiges Gefühl stoßen, schreiben Sie die Geschichte dieses Gefühls auf.

Imitiation oder Modelling

Wählen eine Seite Ihres Lieblingsautors aus. Lesen Sie sich diese Seite mehrmals laut vor. Schreiben Sie die wichtigsten Sätze dieser Seite auf. Schreiben Sie dann mit diesen Sätzen einen neuen Text.

Ein altes Buch

Stellen Sie sich ein Buch vor, daß Sie früher einmal gelesen haben. Rekonstruieren Sie den Inhalt des Buches auf Ihrem inneren „Fernseher“. Schreiben Sie dann den Inhalt des Buches nieder, und überlegen Sie dann, worin das wichtigste Leseerlebnis mit diesem Buch bestand. Welcher Zusammenhang bestand damals zwischen Ihrem Lesen und Leben?

Konzentrationsübung

Stellen Sie sich ein Ding vor, daß sich nicht in dem Raum befindet, in dem Sie sich augenblicklich aufhalten. Betrachten Sie folgende Aspekte dieses Gegenstands:

- Erscheinungsweise
- praktischer Nutzen
- Wert

Beobachten Sie, wie Ihr Bewußtsein sich während der Konzentrationübung entwickelt: Wenn der Gegenstand aus der Konzentration verschwindet, schreiben Sie sich zum Inhalt Ihrer Abweichung ein Stichwort auf. Beschreiben Sie nach der Konzentrationsübung Ihren Gegenstand, und beziehen Sie dabei auch alle abweichenden Einfälle ein.

Erfindung

Denken Sie an eine schwierige Lebenslage und stellen Sie sich eine Erfindung vor, die in dieser Lebenslage hilfreich sein könnte. Imaginieren Sie Ihre Erfindung in allen Details. Stellen Sie sich vor, wie diese Erfindung produziert werden könnte. Stellen Sie sich dann Ihre Erfindung vor, und geben Sie ihr einen Namen, einen Werbeslogan, ein Vertriebssystem und einen bestimmten Nutzeffekt.

Lüge

In jedem Leben werden Lügen erzählt. Erinnern Sie sich an eine Lüge in Ihrem Leben. Listen Sie alle Lügen auf, die Sie bisher erzählt haben. Wählen Sie eine Lüge, und beschreiben Sie die genauen Umstände, bei der Sie diese Lüge erzählten. Überlegen Sie dann, welche Wirkungen die Lüge auf Ihr Leben hatte.

Verbotenes

Das Leben ist immer eine Auseinandersetzung mit dem Verbotenen. Erinnern Sie sich an frühe Kämpfe mit dem Verbotenen. Fixieren Sie einen Augenblick, wo Sie ein Gesetz übertraten. Beschreiben Sie Ihre heutigen Gefühle über den Bruch dieses Gesetzes.

Streich

Erinnern Sie sich an Ihre Kinderstreiche. Beschreiben Sie Ihren lustigsten Streich, den Sie Erwachsenen gespielt haben. Entwickeln Sie aus diesem Streich eine kleine Geschichte.

Gemeinheit

Listen Sie Gemeinheiten auf, die heute in den Tageszeitungen zu finden sind. Wählen Sie eine Gemeinheit aus, die auch Sie begangen haben könnten. Beschreiben Sie diese Gemeinheit so, daß man sie richtig verstehen kann.

Kampf

Denken an die Kämpfe Ihres Lebens. Wählen Sie einen entscheidenden Kampf aus. Beschreiben Sie die Konfrontation in allen Einzelheiten. Machen Sie Ihre Rolle im Kampf deutlich, und erwähnen Sie auch das Resultat des Kampfes. Beschreiben Sie dann den Kampf mit allen Mitteln der Spannungssteigerung.

Alptraum

Wählen Sie einen Ihrer wichtigsten Alpträume. Konfrontieren Sie sich in Ihrem inneren „Fernseher" mit diesem Traum. Betrachten Sie dabei ganz genau die handelnden Personen. Öffnen Sie die Augen, und beschreiben Sie den Alptraum als Märchen („Es war einmal ...") oder in der Sicht beteiligter Personen oder in Schüttelreimen.

Familienlegende

Legen Sie sich eine Sammlung von Familienlegenden in Überschriften an. Schreiben Sie die wichtigsten Legenden auf. Machen Sie sich Notizen über die Bedeutung dieser Legende für die Geschichte Ihrer Familie. Schreiben Sie verschiedene Versionen dieser Legende aus der Sicht unterschiedlicher Familienmitglieder. „*Solche Familiengeschichten haben viele Autoren zu größeren Werken angeregt?*" (E.F. Hughes, a.a.O., S. 143).

Jugend

Machen Sie von sich ein Portrait als Zwölf- bis Dreizehnjähriger. Beschreiben Sie Ihre romantischen Gefühle und ein wichtiges Ereignis aus dieser Zeit in der Perspektive Ihrer selbst als Jugendlicher.

Erste Liebe

Holen Sie sich das Gesicht Ihrer ersten Liebe vor Ihr inneres Auge. Beschreiben Sie die Geschichte dieser Liebe, als ob sie gerade zu Ende gegangen wäre.

Spielzeug

Legen Sie sich eine Liste mit dem Spielzeug Ihrer Kindheit an. Stellen Sie sich vor, daß Sie mit dem Lieblingsspielzeug spielen. Beschreiben Sie dann die Geschichte dieses Spielzeugs, die deutlich macht, was Sie an diesem Spielzeug besonders liebten.

Familienbild

Sammeln Sie Bilder Ihrer Familie. Wählen Sie sich ein Bild aus, und beschreiben Sie die Person auf dem Bild, besonders aber Ihre eigene Rolle auf diesem Bild. Stellen Sie sich dann vor, was vor und nach dem Fotografieren des Bildes geschehen ist. Solche Fotografien waren vielen großen Autoren wie z.B. Thomas MANN, W. KEMPOWSKI usw. eine wichtige Anregung bei der Abfassung von Familiengeschichten.

Erinnerungsarbeit

Stellen Sie sich vor, Sie stehen in einem Fahrstuhl und fahren in Ihre Kindheit zurück. Drücken Sie eine Alterstaste, steigen Sie aus, und notieren Sie Ihre Eindrücke des gewählten Alters. Drücken Sie dann eine Etage, die unter sechs Jahre liegt. Konfrontieren Sie sich mit diesen frühen Erfahrungen. Fahren Sie dann wieder mit dem Fahrstuhl in die Gegenwart, und machen Sie einen Text aus beiden gefundenen Erinnerungen.

Innere Landschaft

Das wichtigste Handwerkszeug des Schreibens ist die Imagination. Das Imaginieren geschieht am leichtesten im entspannten Zustand, nach tiefem Durchatmen, bei geschlossenen Augen. Stellen Sie sich eine Steppenlandschaft vor, die in eine blühende Kulturlandschaft übergeht. Nehmen Sie sich Zeit, jedes Detail der Kulturlandschaft genau zu betrachten. Zeichnen Sie dann ein Bild dieser Kulturlandschaft, und schreiben Sie zu diesem Bild einen Text.

Tier

Imaginieren Sie ein Tier. Betrachten Sie das Tier genau, seine Bewegungen und sein Wesen. Sehen Sie dann mal die Welt mit den Augen des Tieres. Verfassen Sie auch einen inneren Monolog des Tieres über das, was es sieht.

Fotos

Wählen Sie aus einer Illustrierten ein Personenfoto. Betrachten Sie das Bild, und stellen Sie sich vor, wie diese Person lebt, wie sie arbeitet, wie sie liebt, welche Bezugspersonen zu ihr gehören. Stellen Sie sich die Person handelnd vor, und benennen Sie ihre Verhaltens- und Kommunikationsweisen. Schreiben Sie dann die Geschichte dieser Person.

Kamera

Stellen Sie sich folgende Szene vor: ein Zimmer mit einem Eichentisch, eine Frau in Weiß, zwei junge Männer, das Sonnenlicht fällt ins Zimmer. Lassen Sie die Personen agieren. Schreiben Sie dann die Geschichte nieder, die Ihnen diese Personen vorgeführt haben. Verändern Sie die Szene. Wählen Sie zu diesem Zweck aus der folgenden Liste einige Objekte aus:

ein Apfel	ein altes Ehepaar	der Ozean
Regen	ein Wald	ein Auto
ein Kind	ein Radio	zwei Jugendliche
ein Hut	ein Stück Papier	ein Lehrer
drei Erwachsene	ein starker Wind	ein Bild
ein Detektiv	ein Tier	

Schreiben Sie dann die Geschichte, die Ihnen das gewählte neue Setting erzählt hat.

Leere Bühne

Stellen Sie sich eine leere Bühne vor, vor der Sie als Zuschauer sitzen. Statten Sie die Bühne aus, schalten Sie das Licht ein, lassen Sie einige Personen erscheinen, die die dritte Szene eines Stückes beginnt. Hören Sie ihren Gesprächen zu, und beobachten Sie genau ihre Charaktere. Am Ende der Szene löschen Sie das Licht auf der Bühne. Schreiben Sie dann die Szene als Gespräch nieder.

Wechseln des Geschlechts

Imaginieren Sie einen sonnigen Morgen, an dem Sie im Bett aufwachen und feststellen, daß Sie Ihr Geschlecht verwandelt haben. Beschreiben Sie dann die Welt aus der Perspektive Ihrer neuen sexuellen Identität.

Erotik

Imaginieren Sie eine Liebesszene, wie Sie sie aus dem Film kennen. Lassen Sie die Personen agieren. Schreiben Sie die Szene auf. Wenn die Klischeevorstellungen zu deutlich werden, schließen Sie Ihre Augen, und stellen Sie sich die Details noch einmal genauer vor.

Flüstern

Stellen Sie sich vor, Sie sitzen im Restaurant und hören einem Gespräch am Nachbartisch zund Beobachten Sie die sprechenden Personen genau, achten Sie auf ihre Dialoge. Schreiben Sie erst den Dialog auf und dann die Geschichte, in der der gehörte Dialog eine wichtige Rolle spielt.

Charaktere erfinden

Listen Sie einige Charaktere auf, die Sie interessieren. Geben Sie Ihnen einen Namen. Wählen Sie unter folgenden Charakteren aus:

Der Geheimnisvolle / Der Artige / Der Spieler/Die Spielerin / Der Kriminelle / Die alte Dame/Der alte Herr / Die Fremde / Der Star / Der Verführer.

Schreiben Sie dann eine kleine Geschichte, in der der gewählte Charakter eine entscheidende Rolle spielt.

Spontaneität

Halten Sie Ihre Augen halboffen. Achten Sie auf Ihre spontanen Einfälle, die Sie sofort aufschreiben. Hören Sie auf die innere Stimme, solange es geht. Verabschieden Sie sich von dieser Stimme, öffnen Sie die Augen, und lesen Sie, was Sie geschrieben haben. In den Texten der inneren Stimme bilden sich Teile Ihrer vorbewußten Person ab. Hier erscheinen auch die ersten Spuren Ihrer wissenschaftlichen Ideen, die im Uni-Seminar oder in Ihrer Diplomarbeit nach Ihrer Übersetzung in den wissenschaftlichen Diskurs einen zentralen Stellenwert besitzen könnten.

Lesen

Wenn Sie Ihr Schreiben von innen Schritt für Schritt in den wissenschaftlichen Diskurs überführen wollen, dann müssen Sie Ihr Unbewußtes schließlich auch mit wissenschaftlichen Texten füttern. Das Schreiben von innen muß durch das Lesen von außen ergänzt werden. Lesen Sie gute Einführungen in die Theorie großer Wissenschaftler und fassen Sie Ihre Lesefrüchte in jeweils zehn Thesen zusammen.

Folgende preiswerte Taschenbuchreihen bieten Einführungen in das Drenken großer Wissenschaftler:
C.H. Beck´s „Große Denker“: T.W. ADORNO, F. BACON, G. BERKELEY, A. CAMUS, EPIKUR, J.G. FICHTE, M. FOUCAULT, I. KANT, S. FREUD, G. GALILEI, W.v. HUMBOLDT, D. HUME, K. JASPERS, J. LOCKE, K. MARX, I. NEWTON, J. PIAGET, K.R. POPPER.
Reihe Campus „Einführungen“: ARISTOTELES, M. HEIDEGGER, C. LEVI-STRAUSS, J. HABERMAS, U. BENJAMIN, I. KANT, A. SMITH.
Junius Verlag „Zur Einführung“: BERGSON, BLOCH, DERRIDA, ELIAS, FOUCAULT, FREUD, FROMM, HABERMAS, HEIDEGGER, HOBBES, HORKHEIMER, HUSSERL, LEVI-STRAUSS, MARX, MEAD, REICH, SARTRE, SIMMEL, SOHN-RETHEL, WEBER, WITTGENSTEIN.

Lesen Sie dann die Originaltexte der großen Wissenschaftler und Philosophen, besonders abends im Bett, bevor Sie einschlafen. Lesen Sie Sigmund FREUD, den großen Stilisten der Psychoanalyse, Friedrich NIETZSCHE, den Meister der scharfen Sprache, Charles DARWIN als Prosaist der guten Beobachtung, Jürgen HABERMAS, den Meisterdenker der Frankfurter Soziologie, Albert EINSTEIN, das Genie der kosmologischen Theorie. Lesen Sie aber nicht, um bloß einzuschlafen, sondern um Ihrer inneren Stimme über den poetischen Diskurs hinaus neue wissenschaftliche Worte, Sätze und Hypothesen zu vermitteln. Schreiben Sie morgens den ersten Satz auf, der Ihnen vom Gelesenen des letzten Abends einfällt. Es könnte eine Erkenntnis sein. Aus Vermittlung von innerer poetischer Sprache und wissenschaftlichem Diskurs sind, trotz der Wissenschaftstheorie von Sir POPPER, alle großen wissenschaftlichen Texte entstanden.

Vorteile des Journalschreibens

Journalschreiben fördert das Sammeln von Ideen.
Die Studenten erfahren, was sie schon gelernt haben.
Sie entwickeln ihre eigenen Fragen.
Sie drücken ihre Gefühle aus.
Sie setzen sich im Journal mit anderen Autoren und in der Autobiographie mit sich selbst auseinander.
Professoren und Studenten bekommen durch das gegenseitige Vorlesen von Journalen einen persönlichen Draht zueinander.
Das Journalschreiben läßt den Studenten seine eigene Stimme finden.
Er lernt hier Seiten des wissenschaftlichen Schreibens, die kein Referat und keine Seminararbeit ersetzen kann.
(Meinungen von Hochschullehrern aus dem Kurs „Journalschreiben", Mai 1989).

2. Wissenschaftliche Journale und Schreibautobiographien

Die Geschichte der wissenschaftlichen Journale

Die Geschichte der wissenschaftlichen Journale beginnt in Japan.
Bekannt geworden sind die Reise-Journale der Forscher und Entdecker des 15.-17. Jahrhunderts aus Europa.
Puritaner, Quäker, Methodisten und Calvinisten schufen das spirituelle Journal: In ihm kommunizierten sie mit transzendenten Mächten.
Das persönliche Journal kennt die vielen intimen Tagebücher von Pepys, George Sand bis zum elektronischen Tagebuch von Richard Nixon und seinem Watergate-Skandal.
Heute schreibt jeder dritte amerikanische Student ein Journal.
Er besitzt damit ein Logbuch seiner Fahrt durch das Saragossa-Meer Universität.
(Thesen eines anonymen Studenten zum Thema „Geschichte des Journal-Schreibens").

2.1. Journalschreiben in den Wissenschaften

2.1.1. Sinn und Technik des Journalschreibens

Journale, Tage- und Notizbücher sind in der Literatur als Methode der Selbsterforschung weit verbreitet (vgl. G. R. HOCKE: Das europäische Tagebuch, Stuttgart 1963, R. GÖRNER: Das Tagebuch, München 1986).

Aber auch die Wissenschaft kennt spätestens seit der Renaissance Journale und Tagebücher. Sie werden in der Wissenschaft als Methode der Forschung eingesetzt.

Das Journalschreiben wurde in der amerikanischen Schreibpädagogik zu einer der Hauptmethoden, als man erkannte, daß es beim Schreiben und beim Schreibenlernen nicht so sehr auf die Beherrschung des Produktes, sondern auf die Beherrschung des Schreibprozesses ankommt. Die Bücher von D.G. ROHMANN und A.O. WLECKE: Prewriting. East Lansing 1964, K. MACORIE: Telling Writing. Portsmouth 1970, P. ELBOW: Writing without Teacher. New York 1973, D. MURRAY: A Writer Teaches Writing. Boston 1968, J. MOFFETT: Teaching the Universe of Discourse. Boston 1968 stellen das Journalschreiben auch als wichtigste Form des wissenschaftlichen Schreibens vor. Seit die Lernforschung herausgefunden hat, daß Menschen besser lernen, wenn sie Zusammenhänge zwischen ihrem alten und dem neuen Wissen schriftlich festhalten, und daß sie neues Wissen leichter verstehen, wenn sie darüber schreiben, ist das Journalschreiben aus der Reihe der Grundtechniken des wissenschaftlichen Schreibens nicht mehr wegzudenken. Das Journalschreiben kann zwischen dem Führen eines Tagebuchs und eines Notizbuches eingeordnet werden. Während das Tagebuch Eintragungen in der Ich-Sprache und das Notizbuch Bemerkungen in der Es-Sprache aufnimmt, ist das Journal als produktive Mischung von Ich- und Es-Sprache einzuordnen. Es ist privat und öffentlich, subjektiv und akademisch zugleich.

Tagebuch (ich)	→	Journal (ich-es)	←	Notizbuch (es).

Die Journaltechnik hilft Studenten, persönliche Beziehungen zu ihren Studieninhalten zu finden. Sie eröffnet ihnen eine Plattform, wo sie sich ungestört mit ihren Seminaren, Vorlesungen und Buchstudien auseinandersetzen können. Im Journal halten sie Beobachtungen, Anfragen und Antworten fest und entwickeln ihren wissenschaftlichen Ausdruck, bevor sie ihn in Seminararbeiten und Referaten öffentlich vorstellen. Amerikanische Forschungen zum wissenschaftlichen Journalschreiben haben herausgefunden, daß Studenten folgende Schreibaufgaben mit ihren Journalen lösen:

Beobachtungen

Dinge, die die studentische Aufmerksamkeit erregen, werden in Sprache festgehalten.

Fragen

Studenten entwickeln Fragen und benutzen ihr Journal, um Antworten zu versuchen. Sie stellen sich damit den wissenschaftlichen Kontroversen, den Widersprüchen der wissenschaftlichen Schulen und Theorien.

Definitionen

Studenten versuchen sich über das Wesen der wissenschaftlichen Inhalte klar zu werden, über den Inhalt der wichtigsten Begriffe und über die Bedeutung der eigenen Lieblingsgedanken.

Unklarheiten

Journale werden als Ort genutzt, wo der Student sich mit dem auseinandersetzt, was er nicht verstanden hat. Indem er über etwas schreibt, was für ihn keinen Sinn macht, entdeckt er vielleicht diesen Sinn.

Spekulationen

Einen der größten Nutzen bietet das Journal, wenn es den Studenten zu Spekulationen über den Sinn seines Studiums, seines Faches und den Sinn seines Studentenlebens anregt.

Selbsterkenntnis

Durch Notizen über das eigene Leben stimuliert das Journal auch die Selbsterkenntnis. Der Student wird sich so bewußt, woher er kommt, wo er steht und wohin er will.

Zusammenhänge

Journale, die die Informationen aus verschiedenen Vorlesungen und Seminaren, aus der Politik und dem Privaten versammeln, eröffnen überraschende Einsichten in Zusammenhänge: Wie das private Leben durch die Gesellschaft beeinflußt wird, wie ein Fachparadigma im Nebenfach Einfluß gewinnt und die Forschungsfragen aus verschieden Disziplinen auf die gleiche Antwort zusteuern, das kann ein Journal aufdecken. Es regt so zu Synthesen an.

Lesekommentare

Gelesenes wird sehr schnell vergessen. Ohne ständige Notizen über die Erfahrung der eigenen Lesebiographie kann keine wissenschaftliche Thematik erarbeitet werden. Studenten setzen sich in vielfältiger Weise in ihren Journalen mit Büchern auseinander: literarischen und wissenschaftlichen Werken.

Auseinandersetzung mit den Professoren und Kommilitonen

Wissenschaftliches Lernen ist eine permanente Identitätskrise, die sich oft in emotionellen Übertragungen auf Hochschullehrer und Kommilitonen äußert. Das Journal wird als Ort genutzt, um solche Übertragungen zu bearbeiten.

Gespräche

Monologe gehen im Kreis. Erst der Dialog eröffnet neue Aspekte. Journale sind Orte für imaginäre wie reale Dialoge.

Historisches Gedächtnis

Journale legen Spuren des eigenen Denkens und Lebens. Sie eröffnen damit Möglichkeiten, Entwicklungen, Wendepunkte, Umbrüche des eigenen Denkens zu erkennen. Studenten betreiben mit Journalen Spurensuche nach sich selbst in der Massenuniversität.

Die Vielfalt dieser Funktionen machen das Journal zur idealen Einstiegstechnik in das wissenschaftliche Schreiben.

Einige **praktische Vorschläge**, wie der Student mit seinem Journal arbeiten kann, sollen hier folgen:

- Legen Sie sich Ihr Journal als Lose-Blatt-Sammlung in Form eines Ringhefters an. So können Sie die Eintragungen bei Bedarf herausnehmen.
- Teilen Sie Ihre Eintragungen (wenn Sie wollen) in zwei Spalten: 1. Spalte Privates, 2. Spalte Wissenschaftliches.
- Setzen Sie sich in Ihrem Journal mit Ihrem Lesen und Ihrem Schreiben auseinander, mit Filmen und Videos, Ausstellungen und Reisen, die Sie erlebt haben. Notieren Sie Seminarerfahrungen, Gruppendiskussionen, Streit in Seminaren. Vergessen Sie nicht die Liebe und das Mensaessen oder die Politik (Les PARSONS: Response-Journals. Portsmouth 1990).
- Datieren Sie jeden Eintrag. So können Sie Entwicklungen von Gedanken und Gefühlen, aber auch des Resümee von Jahren besser beurteilen.
- Beginnen Sie mit jeder Eintragung auf einer neuen Seite. Sie motivieren sich so mehr zu schreiben, oder Sie halten sich einen Platz für spätere Kommentare frei.
- Schreiben Sie in Alltagssprache, in der Sprache, die Ihnen am leichtesten fällt. Die Schreibwiderstände sind dann sehr niedrig. Sie formulieren zugleich öfter in Alltagssprache um, was Sie in wissenschaftlicher Sprache aufgenommen haben. Dieser Transfer ist gleichzeitig eine der besten Lernmöglichkeiten.
- Schreiben Sie mit Ihrem Lieblingsschreibgerät. Moderne Studenten können sich ihr Journal (bei entsprechenden Mitteln) auch in ihrem PC einrichten.
- Nutzen Sie Ihren täglichen Kreativitätszyklus, um Ihre beste Schreibzeit zu erwischen. Suchen Sie sich die Schreibarten aus, die Sie inspirieren.
- Schreiben Sie so regelmäßig wie möglich. Das muß nicht immer täglich sein.
- Werten Sie Ihre Journale in Abständen aus. Geben Sie jeder Eintragung einen Titel. Legen Sie ein Inhaltsverzeichnis an. Fassen Sie am Ende jedes Semesters Ihr Journal in ein paar Sätzen zusammen. Sie sehen dann besser, woher Sie kommen und können besser planen, wohin Sie im nächsten Semester gehen wollen.

2.1.2. Journalschreiben quer durch alle wissenschaftlichen Disziplinen

Mit der Ausdehnung der Schreibpädagogik in allen Wissenschaften in den 80er Jahren durch die Bewegung „Writing Across the Curriculum" wurde in den USA auch das Journalsschreiben in allen Wissenschaften verbreitet (vgl. B. R Russell: Writing in the Academic Disciplines. A Curricular History. Carbondale 1991, S. 271-310). Es war Toby Fulwiler, der 1982 die Devise ausgab: *„Ich glaube, daß Journale zum Herzstück jedes Schreibprogramms quer durch alle Wissenschaften gehören"* (T. Fulwiler, A. Joung (Hrsg) Language Connections: Writing and Reading Across the Curriculum. Urbana 1982, S. 30). Das von Fulwiler 1987 herausgegebene Buch „The Journal Book" (Portsmouth) und das von A. Joung und T. Fulwiler 1986 edierte Buch „Writing Across the Disciplines, Research into Practice". (Portsmouth) dokumentieren und analysieren die Bedeutung des Journalschreibens in folgenden Disziplinen: Philosophie, Physik, Chemie, Mathematik, Soziologie, Psychologie, Biologie und Technik. Sie zeigen dabei, daß das Journalschreiben nicht nur eine gute Einstiegstechnik des wissenschaftlichen Schreibens ist, sondern auch eine Technik, die alle Phasen des wissenschaftlichen Schreibens anleitet, begleitet, unterstützt und überprüfen kann (C. Gannett: Gender and the Journal, New York 1992, S. 21-32). Die wichtigsten Ergebnisse der Erforschung und der Bedeutung des Journalschreibens in vielen Disziplinen sollen nun vorgestellt werden.

Wichtig ist zuerst einmal, daß Journalschreiben viel zum Abbau der Schreibdiskriminierung der Frauen an der Universität beiträgt. Frauen brechen auch in Deutschland überproportional häufig das Studium ab. Frauen promovieren viel seltener als Männer. 1989 haben in Deutschland 800 Männer habilitiert und nur zwölf Frauen. Die Forschung in den USA zeigt, daß die Wissenschaftssprache öffentlich ist und die Frauensprache privat. Daran kann besonders das Journalschreiben etwas ändern (vgl. C. Gannett a.a.O). Männer und Frauen haben unterschiedliche Zugänge zum Journal. Männer stehen der öffentlichen Sprache und damit den wissenschaftlichen Diskursen näher, die auf Hierarchie und Dominanz angelegt sind. Frauen entwickeln in ihrer privaten Sprache eher die Dimensionen der Kooperation und Anpassung (C. Gannett a.a.O S. 187 ff., 192 ff.). Wenn Journale in allen Fächern geschrieben und gelesen werden, kann die geschlechtspezifische Sprachkonfrontation abgebaut werden. Männer werden durch Journalschreiben zur Entwicklung der privaten, Frauen zur Entwicklung der öffentlichen und damit wissenschaftlichen Sprache motiviert. Wissenschaft und Selbsterfahrung, Ratio- und Alltagssprachen finden im Journalschreiben von Studenten und Studentinnen eine Brücke (C. Gannett a.a.O., S. 204). Das Journalschreiben ist deshalb für Frauen wie für Männer sehr wichtig, wenn auch aus unterschiedlichen Gründen und mit verschiedenen Konsequenzen.

Welche Bedeutung hat nun das Journalschreiben in den wissenschaftlichen Disziplinen selber? Sehen wir uns die Resultate der Forschung im Detail an:

Philosophie

„Das Journalschreiben unterstützt eine Einführung in die Ziele des Philosophierens besser als jede andere Methode" (O. T. Kent: Student Journals and the Goals of Philosophy, in: T. Fulwiler, a.a.O., S. 273). Das philosophische Journal ist allerdings häufig ein Antwortjournal, weil es zumeist die Arbeit an philosophischen Texten begleitet.

Physik

Wenn Studenten ihre physikalischen Operationen in Journalen ausformulieren, verbessern sie ihre Problemlösungsfähigkeit. Für Physikstudenten hat das Journalschreiben folgende Bedeutung: Die besten Problemlöser in Physik sind Studenten, die fähig sind, physikalische Theorien mit ihren Alltagserfahrungen zu verbinden. Journalschreiben hilft den Studenten, die Verbindungen zu diesen Erfahrungen und Theorien zu finden. Studenten sind besser zum Lernen motiviert, wenn sie Antworten auf eigene Fragen finden. Das Journalschreiben motiviert Studenten, solche eigenen Fragen zu entdecken. Studenten müssen viele Möglichkeiten haben, sich in die abstrakte Welt der Physik einzuleben. *„Die Studenten sollten es wie alle großen Physiker tun, die stets Journale als Forschungsmethode benutzt haben"* (J. Grumbacher: How Writing Helps Physic's Students Become Better Problem-Solvers, in: Fulwiler a.a.O., S. 328).

Eine andere Untersuchung zeigt, das *„Journalschreiben leicht in das Physikstudium integriert werden kann, ohne wichtige Lehraufgaben im Studium zu vernachlässigen, und daß Studenten durch Journalschreiben langfristig solidere Kenntnisse entwickeln"* (V. Jensen: Writing in College-Physics, in T. Fulwiler a.a.O., S. 326).

Chemie

Das Journalschreiben in Chemie kann helfen, *„unser Fach besser zu verstehen und unsere Beziehungen zueinander zu verbessern"* (J. Meese: Focused Learning in Chemestry Research: Suzanne's Journal, in: T. Fulwiler, a.a.O., S. 346).

Mathematik

„Das Lehren mit Journalen ist für mich ein fester Bestandteil meines Unterrichts geworden" (B. Schubert: Mathematics´ Journals. in: T. Fulwiler a.a.O., S. 356). Eine andere Untersuchung des Journalschreibens in der Mathematik findet folgende Ergebnisse: Journalschreiben zwingt das abstrakte Denken zur Konkretion. Wenn wir Abstraktionen beschreiben, können wir unsere mathematischen Operationen auch besser verstehen. Das Journalschreiben über mathematische Operationen konzentriert und intensiviert unser Denken. Das Journalschreiben steigert den inneren Monolog über mathematische Operationen, erhöht damit die Aufmerksamkeit und die Lösungsqualität des Denkens. Das Journalschreiben läßt uns hinter die Oberfläche der trivialen mathematischen Routine blicken und

eröffnet komplexe, neue und bisher unbewußte Seiten des Rechnens. Es gibt den Studenten die Möglichkeit, ihre Stärken und Schwächen sowie die Entwicklung ihrer mathematischen Fähigkeiten selbst besser kontrollieren zu können und eröffnet ein individuelleres Lernen von Mathematik, das dem einzelnen und seinen subjektiven Lernumständen besser angepaßt ist (S. B. MILLER: The Mathematics Workbook, in: T. FULWILER, a.a.O., S. 365 ff.). Eine dritte Untersuchung stellt fest: Viele Studenten nutzen ihr Journal, um mehr über mathematische Konzepte von Problemlösungen zu lernen. Viele Studenten betrachten Journale auch als eine sehr positive Erweiterung ihres Mathematikunterrichts (C. L. SELVE, B. T. PETERSEN, C. L. NAHRGANG: Journalwriting the Mathematics, in: A. JOUNG, T. FULWILER: Writing Across the Disciplines, Research into Practice. Portsmouth 1986, S. 203 ff.).

Soziologie

Durch Journalschreiben wird die soziologische Phantasie angeregt, und die Studenten erzielen bessere Leistungen. Das Journalschreiben steigert die Qualität des Hochschullehrers in Soziologie und macht ihn mit den besonderen Formen des soziologischen Denkens der Studenten bekannt. Das Journalschreiben entwickelt die Ausdrucksfähigkeit der Studenten, so daß ihre Diskussionen und ihre soziologischen Texte mehr Qualität gewinnen (H. ALLEN, L. FAUTH: Academic Journals and the Sociological Imagination, in: T. FULWILER, a.a.O., S. 372 ff.).

Politologie

Durch Journalschreiben können die objektiven Fachstrukturen und die subjektiven Vorstellungen der Studenten besser verbunden werden. Das studentische Journalschreiben eröffnet eine ständige Interaktion zwischen dem Hochschullehrer und Studenten. Hier werden die emotionellen Seiten der Politikerforscht und auf diese Weise das politische Engagement der Studenten gefördert (D. BRODSKY, E MEAYHER: Journals and Political Science, in: T. FULWILER, a.a.O., S. 386).

Wirtschaftsgeographie

„Für meine Erfahrung hat die Journalmethode bemerkenswerte Konsequenzen. Die Studenten haben mehr Spaß am Lernen, weil sie sich individueller und konkreter mit den Fachinhalten auseinandersetzen können" (B. H. BALTENSPERGER: Journals in Economic Geography, in: T. FULWILER, a.a.O., S. 390).

Ingenieurwissenschaften

Studenten der Technik werden durch das Journal mehr zum Schreiben motiviert, als andere Studenten, die kein Journal führen. Die Forschungsberichte der Journalstudenten zeigt bessere Qualität als die Berichte von Studenten ohne

Journalpraxis. Studenten, die Journale schreiben, haben einen klareren Blick für Lerndefizite als Studenten ohne Journalpraxis. Studenten mit Journalpraxis können über ihr Examensprojekt mit dem Professor besser kommunizieren als Studenten ohne Journalpraxis. Journalstudenten sind eindeutig dialogfähiger als Studenten ohne Schreibpraxis mit Journalen (C. L. SELFE, F. ARBABI: Writing to Learn. Engineering Students' Journals, in: A. Joung, T. FULWILER: Writing Across the Disciplines: Research into Practice, Portsmouth 1986, S. 190 ff.).

Das Urteil vieler Forschungen ist eindeutig:

- Journalschreiben bewährt sich als Lern- und Forschungsmethode in vielen Wissenschaften.
- Journalschreiben eröffnet ein studentenzentriertes Lernen.
- Journalschreiben macht Spaß, weil es Alltagswissen und Theorie vermittelt und damit Theorie verständlicher macht.
- Journalschreiben ist eine der Grundmethoden des wissenschaftlichen Schreibens.

2.1.3. Vorschläge für das Journalschreiben in Philosophie, Wissenschaft, Poesie und Forschung

Um das Journalschreiben anschaulicher zu machen, sollen im folgenden Übungen in verschiedenen Wissenschaftsdisziplinen gegeben werden. Die ausgesuchten Übungen können im Laufe der Zeit häufiger wiederholt werden. Sie gehören jeweils zu den Basisübungen des Journalschreibens in den entsprechenden Fächern. Sicherlich gibt es neben diesem übungszentrierten Journalschreiben auch das freie Schreiben im Journal, das man jeweils nach Stimmung und eingesetzter Technik variieren kann.

Bausteine für ein philosophisches Journal

Fragen aufschreiben

Das wichtigste an der Philosophie ist, daß sie die Kunst des Fragens lehrt. Lernen Sie, Fragen zu stellen. Schreiben Sie alle Fragen auf, die Sie als Kind hatten. Erinnern Sie sich an die Antworten, und setzen Sie sie zu den Fragen.

Fragenpyramide

Ordnen Sie alle Fragen, die Sie haben, von der einfachsten bis zur kompliziertesten.

Ein Satz

Beschreiben Sie Ihre philosophische Grundhaltung in einem Satz.

Bilder vom Ganzen

Das Fragen der Philosophie zielt auf das Sein, auf das Ganze. Das Ganze läßt sich in Rundbildern, philosophischen Mandalas visualisieren. Philosophische Mandalas bestehen aus einem Kreis, einem Zentrum und oft auch aus einem das Zentrum umgebenden Quadrat.

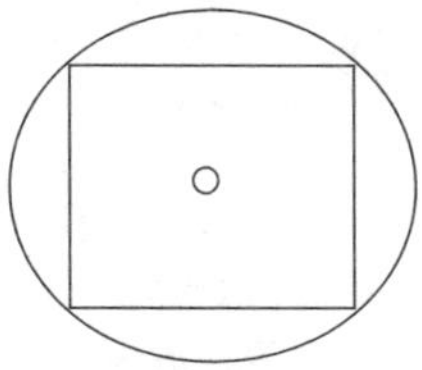

Malen Sie ein Mandala, benennen Sie Kräfte und Strukturen, die in dem Mandala wirken sollen, mit Namen. Die Namen entnehmen Sie aus Begriffen der Philosophiegeschichte. Erfassen Sie dann über Ihr fertiges Mandala einen Text.

Der Aufstieg

Das Sein wird durch Induktion erreicht. Seit PLATONS Höhlengleichnis Plotins, Dionysos Areopagitas und Thomas von AQUINS Lehre von den Seinsstufen läßt sich die Induktion durch ein Aufsteigen auf einer Leiter graphisch darstellen. Zeichnen Sie zuerst eine Leiter mit vielen Stufen. Tragen Sie in jede Stufe ein Wort ein. Beginnen Sie am Fuß der Leiter mit einem konkreten Ding und enden Sie an der Spitze der Leiter mit einem ganz abstrakten Begriff für das Sein selbst.

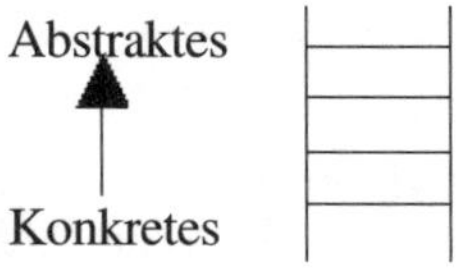

Die Worte der Leiter sind dann die Bausteine eines kleinen Textes.

Der Abstieg

Dem Sein entspringen alle Dinge. Durch Deduktion wird vom vielen Sein auf das eine Seiende geschlossen. Die absteigende Leiter kann diesen Weg verdeutlichen. Zeichnen Sie eine Leiter, und schreiben Sie von der Spitze bis zum Fuß der Leiter auf jede Stufe ein Wort. Die Worte sollen sich von abstraktem Sein bis zu einem ganz konkreten Ding hinabbewegen.

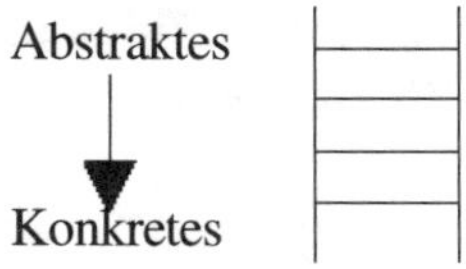

Die Worte dieser Leiter sind ebenfalls die Bausteine eines kleinen Textes.

Die Welt als Labyrinth

Vielen Philosophien erscheint die Welt nicht als Stufenbau des Seins, sondern als Labyrinth. „*Die ganze Welt setzt sich aus Widersprüchen zusammen, und ihre Übereinstimmungen bestehen aus Unstimmigkeiten*“, schrieb der spanische Philosoph Baltasar GRACION 1652. Von den ägyptischen und kretischen Labyrinthen gibt es ihre Spur bis zu Albert CAMUS´ „Mythos des Sysiphos“. Das Labyrinth hat immer einen geheimen Mittelpunkt, zu dem aber schwer hinzufinden ist. Auch die Rückkehr ist problematisch. ARIADNE wußte den Weg. IKARUS nur den Ausweg. Zeichnen Sie ein Labyrinth mit einem geheimen Zentrum und vielen verschlungenen Wegen, die zu diesem Zentrum führen. Dabei sind Sackgassen durchaus üblich. Versuchen Sie dann, den Hin- und Rückweg einzuzeichnen. Schreiben Sie schießlich einen Text über den Hin- und Rückweg zum Zentrum eines Labyrinths.

Dialoge

Von SOKRATES wissen wir nur durch die platonischen Dialoge. Der Dialog über letzte Dinge gehört zum Leben der Philosophie. Erfinden oder wählen Sie öfter einen philosophischen Dialogpartner. Schreiben Sie eine Frage für ihn auf, und stellen Sie sich die Antwort vor, die Ihnen Ihr Partner gibt. Aus einem ersten Dialogsegment können dann viele weitere folgen (C. BALDWIN: Life's Companion Journal Writing as a Spirituall Quest. New York 1991, I. PROGOFF: At a Journal Workshop. New York 1990, S. 158-284, I. PROGOFF: The Practice of Process Meditation. New York 1989).

Chiffren

Die Philosphiegeschichte hat viele Bilder vom Sein hervorgebracht: Kosmos, Tao, Rad des Werdens, Paradies, Licht und Dunkel, Materie und Geist, coincidentia oppositorum, das Schweigen usw. Wählen Sie sich ein Bild vom Sein, und schreiben Sie über das Bild einen Text.

Philosophischer Glaube

Der philosophische Glaube kennt kein Dogma, keinen Stifter, keine Kirche. Es ist das Bekenntnis von denkenden Menschen durch die Zeiten. Er ist ein Wagnis des gefährdeten Zugs zum Sein. Der philosophische Glaube läßt sich eher negativ bestimmen. Machen Sie deshalb eine Liste aller Dinge, woran Sie nicht glauben. Beginnen Sie jede Zeile mit dem Satz: „Ich glaube nicht, daß ...“. Schreiben Sie dann einen Text, bei dem jede Zeile mit dem Satz beginnt: „Ich stimme zu, daß..“ (L. FAGIN: The List Poem. A Guide to Teaching and Writing Catalogue Verse. New York 1991).

Auseinandersetzung mit philosophischen Vorbildern

Legen Sie sich auf einer leeren Seite vier Spalten an.
In die Spalte 1 tragen Sie alle Philosophen ein, die Sie gelesen haben.
Die Spalte 2 erhält Stichworte der Kritik zu diesen Philosophen.
Die Spalte 3 erhält Stichworte der Zustimmung.
Die Spalte 4 umfaßt Ihr Kurzresümee zu jedem Philosophen.
Schreiben Sie danach einen Text über Ihre persönliche Philosophiegeschichte.

Philosophische Hintertreppe

Lesen Sie nicht nur die Texte, sondern auch Biographien der Philosophen. Informieren Sie sich über das Alltagsleben der Philosophen. Stellen Sie fest, was eine philosophische Lebensweise ist. Vielleicht lesen Sie auch das einschlägige Büchlein von Wilhelm WEISCHÄDEL: „Die philosophische Hintertreppe", München 1991.

Kleintexte

Philosophische Gedanken lassen sich oft in Kleintexten fassen. Versuchen Sie mal Ihre philosophische Grundhaltung in einem dreizeiligen japanischen Haiku (erste Zeile 5 Silben, zweite Zeile 7 Silben, dritte Zeile 5 Silben) auszudrücken. Schreiben Sie auch mal ein philosophisches Märchen in drei Teilen: dunkler Anfang, dramatische Suche und glückliches Finden des Lichts.

Philosophische Grundlagen der Wissenschaft

Jede Wissenschaft steht auf philosophischen Grundlagen. Finden Sie heraus, welche Philosophie hinter Ihrem Fachgebiet steht. Umreißen Sie diese Philosophie in einigen Grundsätzen.

Übungen für das wissenschaftliche Journal

Selbstdarstellung als Schreiber

Charakterisieren Sie sich selbst als Schreiber. Wählen Sie zwischen den Kategorien: viel, mittel oder wenig Schreiberfahrungen. Beschreiben Sie dann die Unterschiede zwischen Ihrem Schreiben auf der Oberschule und Ihrem Schreiben an der Hochschule. Benennen Sie dabei auch Differenzen in der Schreibanleitung durch Schullehrer und Hochschulprofessoren (vgl. T. FULWILER: College Writing. Portsmouth 1991, S. 9 ff.).

Liste

Machen Sie eine Liste über alle Formen des Schreibens, die Sie bisher praktiziert haben.

Schreibpraxis

Beschreiben Sie Anlässe, die Erfahrungen und Reaktionen auf Ihr Verfassen eines Gedichtes oder einer Erzählung.

Problem lösen

Beschreiben Sie einige Strategien, die Sie beim Lösen von Problemen benutzt haben (J. B. CARR: Communicating with Myself. A Journal. Dubuque 1991, S. 192 ff). Stellen Sie sich dann ein aktuelles Problem vor, und versuchen Sie über dieses Problem zu schreiben. Benutzen Sie dabei die Methode des „Free-Writings", des „Mind-Mappings" oder die Methode des Anlegens von Listen. Vergleichen Sie dann Ihren naturwüchsig entstandenen Text, mit den Texten, die Sie mit den angegebenen Schreibmethoden verfaßt haben. Stellen Sie Unterschiede fest.

Tagebuch schreiben

Listen Sie mal alle Erfahrungen auf, die Sie mit dem Schreiben eines Tagebuchs gemacht haben. Beschreiben Sie dann Ihre Erfahrungen mit dem Journalschreiben. Benennen Sie die Unterschiede.

Schreibadressaten

Sammeln Sie alle privaten und öffentlichen Adressatengruppen, an die Sie bisher Briefe oder andere Texte gerichtet haben. Erklären Sie dann die Unterschiede im Schreiben an private und an öffentliche Adressaten (J. B. CARR: Communicating with Myself, a.a.O., S. 159 ff.).

Wichtige Ereignisse

Erinnern Sie sich an fünf wichtige Ereignisse im letzten Jahr. Schreiben Sie zu jedem Ereignis ein paar Sätze. Überlegen Sie dann, warum diese Ereignisse Ihnen noch erinnerlich sind. Wählen Sie ein Ereignis aus, und versuchen Sie es mit der Methode des Free-Writings zu erforschen (C. BALDWIN: One to One, Self-Understanding through Journal-Writing. New York 1992, S. 67 ff).

Wissenschaftliche Texte

Legen Sie einen Dreispalter an.
Spalte 1: die Titel aller wissenschaftlichen Texte, die Sie bisher geschrieben haben
Spalte 2: gute Schreiberfahrungen
Spalte 3: schlechte Schreiberfahrungen zu jedem aufgelisteten Text

Wissenschaftliche Texte planen

Legen Sie eine Liste von Themen wissenschaftlicher Aufsätze an, die Sie gerne schreiben würden. Wählen Sie einen Aufsatztitel aus, und entwickeln Sie einen kleinen Schreibplan.

Wissenschaftliche Textsorten

Beschreiben Sie Ihre Schwierigkeiten, die Sie bisher mit folgenden wissenschaftlichen Textsorten im Studium erlebt haben:

1. Briefe
2. Erfahrungsberichte
3. Buchbesprechungen
4. Textinterpretation
5. Literaturberichte
6. Forschungsberichte

Beschreiben Sie dann Ihre Schwierigkeiten während folgender Schreibsituationen:

1. Hausarbeit
2. Referat
3. Klausur
4. Diplomarbeit

Kreatives Schreiben in den Wissenschaften

Listen Sie alle nicht wissenschaftlichen Texte (z.B. Lyrik, Prosa oder Szene) auf, die Sie im Studium geschrieben haben. Überlegen Sie dann, welchen Stellenwert das Schreiben nicht wissenschaftlicher Texte für Ihr wissenschaftliches Schreiben gehabt hat.

Schreibpraxis in den Wissenschaften

Erinnern Sie sich an Ihre letzte Hausarbeit, Referat oder Klausur. Versuchen Sie dann, die Phasen des Schreibprozesses und die einzelnen Aspekte Ihres Schreibprozesses zu rekonstruieren. Stellen Sie Ihre Untersuchungsergebnisse in einer Graphik dar.

Forschungsfragen

Listen Sie mal alle Forschungsfragen auf, die Sie bisher im Studium ernsthaft gestellt haben. Beschreiben Sie dann in einigen Sätzen, wie Sie mit diesen Fragen im Studium weiter umgegangen sind.

Forschungsprozeß

Erinnern Sie sich an die Teilnahme an einem Forschungsprozeß und die Mitarbeit in einem Forschungsprojekt oder an eine Phase der Selbsterforschung. Finden

Sie die Phasen des Forschungsprozesses heraus, und benennen Sie die Schreibaktivitäten in jeder Forschungsphase.

Forschungsjournal

Schreiben Sie während der Teilnahme an einem Forschungsprojekt ein Forschungsjournal, das alle Ideen, Lesefrüchte, Gliederungen, Zusammenfassungen, Zitate, Thesen, Gedanken zu diesem Projekt enthalten sollte. Überprüfen Sie nach dem Abschluß des Projekts, wie sich im Journal der Weg zu einem guten Forschungsergebnis dokumentiert.

Forschungsinterviews

Listen Sie alle Forschungsinterviews auf, die Sie bisher durchgeführt haben. Geben Sie bei jedem Interview das Resultat an. Bei fehlenden Resultaten machen Sie sich über die Gründe für das Scheiten des Interviews Gedanken.

Bibliotheksbesuche

Erinnern Sie sich an alle Besuche wissenschaftlicher Bibliotheken. Beschreiben Sie Ihre Suche von Büchern, die Hilfe von Bibliothekaren, die Benutzung von Katalogen, Bibliographien und Lexika.

Arbeitsplatz

Machen Sie eine Skizze Ihres Schreibplatzes. Benennen Sie alle Bücher, die auf diesem Platz greifbar sind, und begründen Sie ihren Nutzen. Malen und beschreiben Sie dann den Schreibplatz eines Hochschullehrers.

Autoritäten

Stellen Sie eine Liste aller Wissenschaftler zusammen, die Sie besonders schätzen und die Sie Ihrer Arbeit zugrundelegen. Beschreiben Sie dann kurz die Bedeutung dieser Personen für Ihr Leben (PARSONS, L.: Response Journals, Portsmouth, a.a.O., S. 11 ff.).

Schreibstil

Legen Sie sich einen kurzen Text einer wissenschaftlichen Autorität Ihres Faches vor, und versuchen Sie, diesen Text erst im Stil zu imitieren und dann zu parodieren. Überlegen Sie sich, wie weit Sie Ihren Schreibstil schon in Richtung auf einen wissenschaftlichen Diskurs entwickelt haben.

Aspekte des poetischen Journals

Schreibregeln

Bewegen Sie schreibend Ihre Hand. Lassen Sie innerlich los. Üben Sie keine Kontrolle über Ihr Schreiben aus. Schreiben Sie konkrete Dinge, keine Abstrakta. Denken Sie nicht so viel beim Schreiben. Lassen Sie sich nicht durch Grammatik, Orthographie und Zeichensetzung am Schreiben hindern. Vergessen Sie ruhig die ganze Dudenredaktion (vgl. N. GOLDBERG: Writing Down the Bones. New York 1986).

Einstiegssätze

Ergänzen und wiederholen Sie folgende Sätze solange, wie Ihnen etwas Witziges einfällt:
- Ich erinnere mich, daß...
- Ich erinnere mich nicht, daß...
- Ich denke an...
- Ich weiß...
- Ich möchte...
- Ich war...

(L. FAGIN: The List Poem, New York 1991).

Erster Satz der Kurzgeschichte

Beginnen Sie mit einem spontanen Satz. Schreiben Sie dann den folgenden und den nächsten, bis die Geschichte fertig ist.

Schreibvorsätze

Beginnen Sie in Ihrem Journal eine Seite mit dem Satz: „Ich möchte schreiben über ...". Füllen Sie diesen Satz auf, so oft Sie möchten. (H. A. KLAUSER: Writing on Both Sides of the Brain. San Francisco 1987, S. 56 ff).

Personen erfinden

Erfinden Sie eine Person, indem Sie mit ihr einen schriftlichen Dialog führen. Beschreiben Sie am Ende die entstandene Person.

Situationen erfinden

Erinnern Sie sich an einen schönen Sommer. Beschreiben Sie eine Situation dieses Sommers in allen Details.

Erinnerungen wecken

Schreiben Sie den Satz: „Ich erinnere mich...". solange, bis Sie eine Szene finden, die Sie zum Weiterschreiben verlockt.

Kreatives Trauma

Schreiben Sie über das, was Sie beunruhigt. Wenn Tränen kommen, schreiben Sie ruhig weiter, bis alles auf dem Papier steht.

Unbekanntes Gebiet

Es gibt Themen, die in der Literatur oft gemieden werden. Schreiben Sie mal über Schlaf, Schlaflosigkeit, Schlafsucht, Schlafangst oder über den Mund, das Ohr, die Fingerspitzen (N. GOLDBERG: Wild Mind. Living the Writer's Life, New York 1990).

Collage

Nehmen Sie verschiedene Texte aus Ihrer Wissenschaft. Suchen Sie sich aus jedem Text einen Satz, und bauen Sie diese Sätze dann so zusammen, daß sie witzig klingen.

Plätze

Denken Sie an den wichtigsten Platz Ihrer Kindheit. Legen Sie eine Liste aller Dinge an, die an diesem Ort zu finden waren. Schreiben Sie dann einen Text, der alle diese Dinge enthält. Vermeiden Sie jede Sentimentalität.

Lockern

Um Schreibblöcke zu verhindern, beschäftigen Sie sich erst mit Ihrem Lieblingshobby, ehe Sie schreiben. Läufer laufen erst, dann schreiben sie. Schreiber schreiben erst, ehe sie dann laufen.

Versprechen

Wenn Sie abends ins Bett gehen, und wenn Sie morgens aufwachen, schreiben Sie in Ihr Journal den Satz: „Ich bin ein Schreiber, weil ..." Die schönsten Formulierungen, die Ihnen dann gelingen, hängen Sie in der Küche auf. Und gehen Sie auch einer Diskussion mit Freunden über diesen Satz nicht aus dem Wege.

Etwas Besonderes

Legen Sie sich eine Liste von Dingen, Orten und Menschen an, die nur Sie kennen. Beschreiben Sie diese Dinge dann so detailliert, daß jeder sie sehen kann, als ob er sie selbst erlebt hätte.

Was gesagt werden muß

Nehmen Sie Ihr Journal, und schreiben Sie ohne Zeitgrenzen, was Sie schon immer schreiben wollten.

Besuche

Besuchen Sie Schreiber, gehen Sie auf Lesungen, unterhalten Sie sich mit Leuten, die gerne schreiben. Fragen Sie, was sie schreiben, und legen Sie sich so eine Liste von Schreibtechniken, über die Sie gehört haben, an.

Tagträume

Achten Sie auf Ihre Tagträume. Beschreiben Sie genau die Helden und Heldinnen Ihrer Tagträume. Beginnen Sie eine Geschichte, in der sich diese Figuren im Alltag bewähren.

Spontan

Schreiben Sie einfach wie Henry MILLER los, bis sich von selbst eine Geschichte schreibt.

Grenzerfahrungen

Jeder Mensch kommt an seine Grenzen. Schreiben Sie über Ihre Grenzerfahrung. Beginnen Sie mit dem Satz: „Als ich an meine Grenze kam..."

Ganzheitserfahrung

Mehrmals im Leben ist jeder Mensch vollständig glücklich. Schreiben Sie eine dieser Erfahrungen auf.

Wunschliste

Legen Sie sich eine Liste all Ihrer Wünsche an. Schreiben Sie fünf Minuten über den schönsten dieser Wünsche.

Magie

Erfinden Sie eine Figur, die über die Macht der Zauberworte verfügt. Lassen Sie diese Figur in einem Ihrer Texte Worte zaubern.

Mit allen Sinnen

Nehmen Sie ein Ding nacheinander mit allen fünf Sinnen wahr. Fühlen, riechen, hören, schmecken, fühlen Sie es. Jede Sinneswahrnehmung fassen Sie in ein starkes Wort. Aus allen fünf Worten verfassen Sie eine Beschreibung dieses Dinges.

Reisen

Nehmen Sie Ihr Journal mit auf Reisen. Beschreiben Sie Städte, Strände, Menschen, Lieben, auf die Sie gestoßen sind.

Beste Worte

Sammeln Sie Worte, die Ihnen gut gefallen. Sammeln Sie einen Monat lang: beim Gespräch, beim Lesen, beim Nachdenken. Schreiben Sie mit diesen Worten eine Geschichte.

Erfahrungen

Machen Sie Erfahrungen mit dem Regen, der Sonne, dem Abend, der Nacht, und schreiben Sie es gleich auf.

Lokal

Setzen Sie sich in ein Lokal, beobachten Sie die Menschen, und beschreiben Sie dann die Geschichte der Menschen, die Sie interessant finden.

Liebesliste

Legen Sie sich eine Liste aller Dinge an, die Sie lieben. Schreiben Sie dann über jedes dieser Dinge einen Satz.

Ruhe

Setzen Sie sich für eine Stunde ganz ruhig hin. Lassen Sie die Gedanken wandern. Lassen Sie sich durch die wandernden Gedanken nicht beunruhigen. Schreiben Sie dann nach einer Stunde in Ruhe einen kleinen Text über die Ruhe.

Anregungen für ein Forschungsjournal

1. Woche

Machen Sie eine Bestandsaufnahme von allen Schriftstücken, die Sie innerhalb einer Woche verfaßt haben: Schecks, Briefe, Gutachten, Einkaufslisten, Gedichte, Notizen, Referate, Seminararbeiten usw. Am Ende der Woche sortieren Sie die Liste in zwei Spalten:
Spalte 1: Schriftstücke in öffentlicher Sprache
Spalte 2: Schriftstücke in privater Sprache

Probleme

Gehen Sie in eine Bibliothek, und suchen Sie sich Literatur über „Das Lösen von Problemen“. Legen Sie sich in Ihrem Journal eine Bibliographie an, und lesen und exzerpieren Sie ein Buch, das das Lösen von Problemen in Ihrem Fach behandelt (L. FLOWER: Problem Solving - Strategies for Writing. San Diego 1989).

Journal

Leihen Sie sich aus der Bibliothek das veröffentlichte Journal eines der großen männlichen oder weiblichen Autoritäten Ihres Faches aus, (z.B. Leonardo da VINCI, C. WRIGHT MILLS, H. D. THOREAU, B. BRECHT, P. WEISS, Margaret MEAD, usw). Schreiben Sie eine kurze Notiz, welche Bedeutung das gelesene Journal für die wissenschaftliche Forschung des Journalschreibers bzw. der Journalschreiberin hatte (C. Gannett: a.a.O., S. 99-151).

Thema

Wählen Sie ein Thema, über das Sie mehr wissen möchten. Identifizieren Sie eine Person, die Sie über das gewählte Thema informieren könnte. Besuchen Sie dann diese Person, führen Sie ein Interview, und machen Sie dann eine Journaleintragung.

Autobiographie

Schreiben Sie ein Kapitel Ihrer Autobiographie, nachdem Sie Ihre Quellen aus der Jugendzeit gesichtet haben (z.B. Plakate, Prospekte, Schulhefte, Fotos, Erinnerungsstücke, Hobbyreste usw).

Profil

Wählen Sie sich einen bedeutenden Wissenschaftler. Stellen Sie biographische Informationen über diesen Wissenschaftler zusammen, und schreiben Sie dann ein kurzes Charakterprofil.

Aufsätze

Wenn Sie nicht wissen, wie wissenschaftliche Aufsätze aussehen, dann suchen Sie sich in der Bibliothek drei kurze wissenschaftliche Aufsätze Ihres Faches. Lesen Sie sie, und versuchen Sie anhand der Beispiele die Merkmale von wissenschaftlichen Aufsätzen festzustellen.

Pro und Contra

Wählen Sie ein Thema. Gehen Sie in die Bibliothek, suchen Sie sich Literatur zum Thema. Legen Sie eine Pro- und Contra-Liste an über das, was Ihre Ideen zum Thema bestätigt, und über das, was gegen Ihre Ideen geäußert wird. Schreiben Sie im Journal eine Zusammenfassung.

Buchrezension

Suchen und lesen Sie die Rezension eines wissenschaftlichen Buches Ihres Faches. Arbeiten Sie an diesem Beispiel den Aufbau einer Buchrezension heraus.

Unkonventionell

Überprüfen Sie mal, ob die wichtigsten Vertreter Ihres Faches auch nichtwissenschaftliche Texte verfaßt haben: Gedichte, Erzählungen oder Tagebücher. So hat z.B. der Soziologe Norbert ELIAS Gedichte geschrieben oder der Philosoph Wilhelm WEISCHÄDEL eine Geschichte der Philosophie in Versen. So schreibt WEISCHÄDEL folgendes Gedicht über Henri BERGSON:
„Was Bergson lehrt, ist der élan vital
Der schafft und bildet das gesamte All ...“

Über Karl JASPERS:
„Für Jaspers ist der Alltag wirres Treiben
verächtlich. Also darf man drin nicht bleiben.“

So formuliert Norbert ELIAS über seine Theorien:
„Deine Bücher sind
Bücher eben.
Blick durch dünne Tücher
noch nicht
noch nicht leben.“

Lesen Sie entsprechende Funde, und überlegen Sie mal, ob Zusammenhänge zwischen den wissenschaftlichen und den nichtwissenschaftlichen Texten des Autors bestehen (T. FULWILER: College Writing. Portsmouth 1991, a.a.O., S. 112-122).

Schreibprozeß

Erforschen Sie den Schreibprozeß Ihres wichtigsten Wissenschaftlers. Sichten Sie dazu Biographien, veröffentlichte Interviews oder wissenschaftliche Untersuchungen. Schreiben Sie dann ein Profil des Schreibprozesses dieses gewählten Autoren.

Forschungsprozeß

Untersuchen Sie den Forschungsprozeß von großen wissenschaftlichen Forschern: Naturwissenschaftler, Anthropologen, Literaturwissenschaftlern, Religionswissenschaftlern usw. Schreiben Sie einen Bericht.

Berücksichtigen Sie dabei besonders die vorhandenen Autobiographien der Wissenschaftler. Hier eine kleine Auswahl:

Eliade, M.: Erinnerungen 1907-1937. Frankfurt 1987 (Religionswissenschaftler).
Freud, S.: Selbstdarstellung. In ders. G.W. XIV, S. 31 ff. (Tiefenpsychologe).
Jaspers, K.: Mein Weg zur Philosophie. Über meine Philosophie. In: Ders.: Rechenschaft und Ausblick. München 1958, S. 381-430
Jung, C.G.: Erinnerungen, Träume, Gedanken. Olten 1992 (Tiefenpsychologe).
Lazersfeld, P.: Eine Episode in der Geschichte der empirischen Sozialforschung. In: T. Parsons u.a., a.a.O., S. 147-212

Mead, M.: Brombeerblüten im Winter. Ein befreites Leben. Reinbek 1990 (Ethnologin).
Parsons, T.: Die Entstehung der Theorie der sozialen Systeme. Ein Bericht zur Person. In T. Parsons u.a.: Soziologie - autobiographisch. Stuttgart 1975, S. 1-68
Watts, A.: Zeit zu leben. München 1979 (Religionswissenschaftler).

Vgl. auch die autobiographischen Sammlungen großer Wissenschaftler:
Grote, L.R. (Hrsg): Medizin der Gegenwart in Selbstdarstellungen. Berlin 1924-1928, Bd. 1-8
Hermanns, L.M. (Hrsg): Psychoanalyse in Selbstdarstellungen. Tübingen 1992, Bd. 1 ff.
Pongratz, L.J. (Hrsg): Psychologie, Psychiatrie und Psychotherapie in Selbstdarstellungen. Frankfurt 1972-76, Bd. 1-4

Forschungsbericht

Blicken Sie auf ein abgeschlossenes Forschungsprojekt, eine Seminararbeit oder ein Referat zurück, und notieren Sie alle Einfälle zu folgenden Punkten:
a) Initialideen, b) wichtige Quellen, c) Irrwege und Sackgassen, d) neue Quellen, die Sie nach Abschluß des Projektes gefunden haben. Schreiben Sie dann eine Forschungskurzgeschichte.

Telefon

Wählen Sie sich ein Thema aus Ihrem Forschungsjournal, und rufen Sie gleich mal einen Informanten an, um neue Kenntnisse zu sammeln. Beschreiben Sie dann Methoden und Resultate Ihres Telefoninterviews.

Interview

Wählen Sie einen Wissenschaftler Ihrer Hochschule, der bereit ist, über seine Schreibgeheimnisse zu sprechen. Führen Sie das Interview, und werten Sie es dann aus.

Bibliothek

Suchen Sie sich mal zu einem Thema Bücher in Ihrer Bibliothek. Fertigen Sie dann ein Diagramm Ihrer Literatursuche an.

Zeitschriften

Listen Sie die wichtigsten Zeitschriften Ihres Faches auf. Achten Sie dabei auf die richtige Zitierweise: Zeitschrift, Zeitschriftenname, Jahrgänge, Jahre.

Stil

Lesen Sie mal einen Kurztext zweier Autoren Ihres Faches, und vergleichen Sie ihren Stil, ihre Zitierweise, ihre Schlüsselwörter und die Anfänge, Mittelteile und Schlüsse dieser Texte.

Traum als wissenschaftlicher Schreibstimulus

- *„Im Jahr 1889 ging der russische Chemiker Mendelejew eines Abends erschöpft zu Bett, nachdem er lange nach einem Weg gesucht hatte, die chemischen Elemente auf der Grundlage ihres Atomgewichts in ein Periodensystem zu bringen. Später berichtete er: „Im Traum sah ich einen Tisch, auf dem alle Elemente sich ordneten wie es erforderlich war. Beim Erwachen schrieb ich alles sofort nieder. Später erwies sich eine Korrektur nur an einer einzigen Stelle als notwendig."*
- *„Der Physiker Nils Bohr träumte von einem Planetensystem als einem Modell für die Atomstruktur. Dieser Traum führte zum Bohrschen Modell der Atomstrukturen und damit zum Nobelpreis."*
- *„Das Laborverfahren für die Massenherstellung von Insulin entstand in einem Traum von Sir Frederick Grant Banting."*
- *„In der Nacht zum Ostersonntag des Jahres 1920 erwachte der Physiologe und spätere Nobelpreisträger Otto Loewi, schaltete das Licht ein und kritzelte ein paar Worte auf ein winziges Papier. Dann schlief er wieder ein. Um 6 Uhr in der Frühe ging es ihm auf, daß er während der Nacht etwas sehr wichtiges notiert hatte, doch er war nicht imstande sein Gekritzel zu lesen. In der folgenden Nacht um drei Uhr kam die Idee wieder. Es war der Entwurf eines Experimentes, um zu testen, ob die von ihm vor 17 Jahren aufgestellt These einer chemischen Übertragung von Nervenimpulsen richtig war oder nicht. Die Ergebnisse des sofort umgesetzten Experiments wurden die Grundlage der Theorie der chemischen Übertragung der Nervenimpulse."*

Kekulé sah die Formel für den Benzolring im Traum. „Eine der Schlangen hatten ihren eigenen Schwanz zu fassen bekommen.... Wie von einem Blitz getroffen wurde ich munter... Wir sollten lernen zu träumen" (Exzerpte eines Studenten zur einer Geschichte der unbewußten Biographien von Wissenschaftlern).

2.2. Rollenjournale

Eine wichtige Erweiterung des Journal-Schreibens hat der New Yorker Psychologe Ira Progoff entwickelt. Er erforschte und praktizierte seit den 60er Jahren die „intensive" Journalmethode, die er in folgenden wichtigen Büchern vorstellte: At a Journalworkshop. The Basic Text and Guide for Using the Intensive Journal Process, New York 1975, ders.: The Practice of Process Meditation, New York 1980. In diesen beiden Büchern entwirft Progoff ein gelenktes Konzept des Journal-Schreibens. Er geht davon aus, daß das Leben bestimmte Strukturen aufweist, z. B. Tagesläufe, Lebensabschnitte und Lebenslaufstrukturen. Diese Elemente werden bewußt im Planen und Handeln oder unbewußt in Träumen und Tagträumen durchlebt. In diesem Material bilden sich dabei Wenden, Umbrüche,

Lebensmotti und Lebensdeutungen heraus. Um die vielen Fakten des Lebens zu sammeln und zu ordnen, hält PROGROFF es für nötig, alle objektiven Ereignisse des Lebens aufzulisten. Um hinter das Faktensytem zu kommen und die subjektiven Deutungsmuster zu erarbeiten, schlägt PROGOFF Methoden der Imagination und Meditation zu wichtigen Lebensereignissen vor. 1983 hat PROGOFF in seinem Buch: Life-Study, Experiencing Creative Lives by the Intensive Journal Method. New York 1980, das Konzept des Rollenjournals-Schreibens vorgestellt. Das Rollenjournal stellt nicht mehr den Schreiber und sein Leben in den Mittelpunkt, sondern das Leben eines kreativen Wissenschaftlers oder Künstlers. Der Journalschreiber schlüpft in die Rolle der gewählten Person, dessen Leben sich schon vollendet haben sollte und schreibt über diese Person in der ersten Person Einzahl. Um die Vielfalt des Lebens eines kreativen Menschen im Rollenjournal bearbeiten zu können, wird dieses Leben auf die wichtigsten Strukturen reduziert, die dann imaginativ vertieft werden. Ein genaueres Bild vom Rollenjournal-Schreiben umfaßt folgende sechs Stufen:

a) Wahl eines Wissenschaftlers
b) Lesen und Kommentieren von biographischem Material
c) Lebensgeschichte schreiben
d) Marksteine des Lebens
e) das Leben des Wissenschaftlers in acht Aspekten
f) eigener Kommentar

a) Wahl eines Wissenschaftlers

Wählen Sie einen verstorbenen Wissenschaftler Ihres eigenen oder eines fremden Faches.

b) Lesen und kommentieren von biographischen Material

Suchen Sie biographisches Material über den gewählten Wissenschaftler. Wissenschaftler-Biographien sind in verschiedenen preiswerten Taschenbuchreihen zu finden:
RoRoRo-Bildmonographien: C. DARWIN, T.A. EDISON, A. EINSTEIN, G. GALILEI, W. HEISENBERG, A.V. HUMBOLDT, I. KEPLER, N. KOPERNIKUS, A. NOBEL, M. PLANCK, F. FRÖBEL, J. KORCZAK, J.H. PESTALOZZI, A. ADLER, A. FREUD, S. FREUD, C.G. JUNG, PARACELSUS, W. REICH undv.a.
Heyne-Biographien: A. EINSTEIN, G.C. LICHTENBERG, S. FREUD, MARIE CURIE, E. DIESEL, G. GALILEI, R. STEINER USW.
Serie Piper-Biographien: G. GALILEI, MARIE CURIE, LEONARDO, C.G. JUNG, MAX WEBER, C. DARWIN

Biographische Lexika als kleinere Alternative

Suchen Sie in biographischen Lexika Wissenschaftler heraus, von denen Sie im Studium schon gehört haben, und schreiben Sie in Ich-Form eine kleine Lebensgeschichte dieser gewählten Wissenschaftler. Hier eine Auswahl biographischer Lexika aus verschiedenen Wissenschaften:

Allgemeine Deutsche Biographie. Leipzig 1875-1912, Bd. 1-56
Arnim, M.: Internationale Personalbibliographie. Stuttgart 1952-63, Bd. 1-3 (eine Bibliographie der Biographien).
Bernsdorf, W. (Hrsg): Internationales Soziologenlexikon. Stuttgart 1959
Bonin, W.F. (Hrsg): Die großen Psychologen. Düsseldorf 1983
Buchwald, W. u.a.: Tusculum-Lexikon griechischer und lateinischer Autoren des Altertums und des Mittelalters. München 1982
Die Großen 500. Deutschlands führende Unternehmer und ihr Management. Neuwied 1976
Hocevar, R.K., u.a. (Hrsg): Politiker des 20. Jahrhunderts. München 1971, Bd. 1 und 2
Jens, W.: Kindlers neues Literatur-Lexikon, München 1988 ff.,Bd. 1 ff.
Kosch, W.: Biographisches Staatshandbuch. Lexikon der Politik, Presse und Publizistik. Bern 1963, Bd. 1 und 2
Kroh, P.: Lexikon der antiken Autoren. Stuttgart 1972.
Kytzler, B.: Die Klassiker der griechischen Literatur.Düsseldorf 1986
Leitende Männer der Wirtschaft. Leitende Frauen der Wirtschaft. Darmstadt (2 x jährlich).
Lutz, B. (Hrsg): Metzler Autorenlexikon. Deutschsprachige Dichter vom Mittelalter bis zur Gegenwart. Stuttgart 1985
Munzinger Archiv. Teil: Internationales biographisches Archiv. Ravensburg 1952 ff.
Neue Deutsche Biographie. Berlin 1953, Bd. 1 ff.
Rattner, J.: Große Pädagogen. Basel 1968
Schmitz, S. (Hrsg): Große Entdecker und Forschungsreisende. Düsseldorf 1984

Studieren sie Biographien, die Autobiographie, Briefe, Vorträge, Interviews dieses Wissenschaftlers. Machen Sie während des biographischen Studiums sachliche und persönliche Eintragungen in Ihr Journal. Legen Sie eine Liste der wichtigsten Lebensereignisse des Wissenschaftlers an und setzen Sie zu jedem Ereignis Ihren persönlichen Kommentar.

c) Lebensgeschichte schreiben

Nach den biographischen Studien schlüpfen Sie in die Rolle Ihres Helden bzw. Heldin.

Folgende kreative Techniken der Vergegenwärtigung des wissenschaftlichen Helden bzw. der Heldin, zu dessen oder deren Sprachrohr Sie sich dann machen, könnten Sie ausprobieren:

Phantasiereise

Nach der Methode des katathymen Bilderlebens nach Hanskarl Leuner: Lehrbuch des katathymen Bilderlebens, Bern 1988, schließen Sie die Augen, und versetzen Sie sich auf eine Wiese. Bewegen Sie sich auf der Wiese, und stellen Sie sich vor, daß Sie Ihrem wissenschaftlichen Helden/Heldin begegnen. Erleben Sie diese Begegnung, und kehren Sie dann zu Ihrem Ausgangspunkt zurück.

Imaginärer Dialog

Stellen Sie sich nach der Anleitung des katathymen Bilderlebens eine ruhig brennende Kerze vor, in deren Mitte das Gesicht Ihres wissenschaftliche Helden bzw. Ihrer Heldin erscheint. Beginnen Sie einen Dialog mit Ihrem wissenschaftlichen Helden, Ihrer Heldin. Hören Sie ganz genau zu, was er oder sie sagt, Ihnen zeigt oder als Geschenk mitgibt. Schreiben Sie nach der Verabschiedung von Held/Heldin den Dialog und die Erlebnisse auf.

Schreiben Sie schnell eine kurze Lebensgeschichte der gewählten Person. Beginnen Sie diese Lebensgeschichte mit dem Satz: „Ich wurde geboren...“, ergänzen Sie die weiteren Ereignisse, und beenden Sie die Lebensgeschichte mit dem Satz: „Ich starb am...“. Diese Lebensgeschichte wird ca. 20 bis 25 Sätze, und die wichtigsten Lebensereignisse umfassen. Als ein interessantes Beispiel präsentiert Progoff folgende Kurz-Lebensgeschichte des Philosophen Jan Christian Smuts aus einem seiner Rollenjournalseminare:

Ich bin Jan Christian Smuts.
Ich wurde 1870 auf einer Farm in Südafrika geboren.
Ich wuchs als erstes Kind meiner Eltern in einer gefährlichen und einfachen Natur auf.
Kurz bevor ich 20 Jahre alt wurde, hatte ich die Erfahrung kosmischen Bewußtseins.
Ich hatte eine spirituelle Begegnung mit Walt Whitman, während ich in Kapstadt studierte.
Ich ging dann nach Cambridge, um Recht zu studieren und mein Buch über Walt Whitman zu schreiben.
Nach dem Examen kehrte ich nach Südafrika zurück und heiratete.
Ich wurde Innenministers, Südafrikas und begegnete Mahatma Gandhi.
Ich wurde als General im Burenkrieg eingesetzt und lehnte den Frieden mit England ab.
Dann wurde ich Premierminister für Südafrika.
Ich war Verbündeter der Alliierten und wurde nach dem Krieg mit hohen Orden ausgezeichnet.
Ich verlor 1924 die Wahlen und mußte mein Amt aufgeben.
In der erzwungenen Muße kehrte ich zu meiner kosmischen Philosophie zurück und schrieb mein Hauptwerk: „Holism and Evolution.“

Durch den großen Erfolg dieses Buches wurde ich zum Rektor der Cambridge-Universität berufen.
Ich unterstützte die Alliierten im 2. Weltkrieg und beteiligte mich an der Gründung der Vereinten Nationen.
Ich starb 1950.
Die frühe Erfahrung „kosmischen Bewußtseins" führte mich zu vielen Erfolgen und zu meinen philosophischen Bemühungen.
Aber es verstrickte mein Leben auch in viele Widersprüche.
(I. PROGOFF, a.a.O., S. 84 ff.).

Über Abraham LINCOLN überliefert PROGOFF folgende Kurz-Lebensgeschichte die einer seiner Studenten verfaßte:

Ich bin Abraham Lincoln.
Ich wurde 1809 Kentucky als Kind armer Eltern geboren.
Während ich noch ein kleiner Junge war, zogen wir weiter nach Westen, wo ich in der grandiosen Wildnis aufwuchs.
Kurz nach dem ich 10 Jahre alt war, machte ich eine Schiffsreise auf dem Missisippi und erhielt ein erstes Bild von der großen Welt.
Ich bekam Geschmack an der Kommunalpolik und beteiligte mich auch an der Politik meines Heimatstaates.
Ich studierte und erhielt eine Lizenz als niedergelassener Rechtsanwalt, damit erschloß ich mir eine Einkommensquelle für mein ganzes Leben.
Nach unsicheren Beziehungen entschloß ich mich, Mary zu heiraten.
Meine Kinder wurden über die Jahre geboren, aber einige starben auch.
Ich war kurze Zeit Kongreßabgeordneter und zog mich dann in mein Privatleben zurück, als es darum ging, meine Finanzen zu konsolidieren und wieder Poesie zu schreiben.
Der Streit über öffentliche Gesetze brachte mich in die Politik zurück. Die sogenannte Douglas-Debatte zeigte mir, daß ich als öffentlicher Agitator einen Höhepunkt des Einflusses erreicht hatte.
Das war etwas, was ich sehr gut tun konnte, besonders, wenn es um Dinge ging, die mich sehr stark berührten.
Ich erkannte bald, daß ich die Chance hatte, die Präsidentschaft zu gewinnen, und ich entschloß mich, das zu tun.
Ich wurde Präsident der Vereinigten Staaten, und ich zahlte den Preis dafür.
(I. PROGOFF, a.a.O., S. 83 ff.).

d) Marksteine des Lebens

Identifizieren Sie die wichtigsten Wendesätze aus der Lebensgeschichte Ihres Helden, Ihrer Heldin. Beginnen Sie mit dem jeweils wichtigsten Satz, und ergänzen Sie ihn um 10 bis 20 Sätze. Die Lebensgeschichte wird damit um zwei bis drei Seiten erweitert.

Zwei Schlüsselperioden

Identifizieren Sie nun zwei Schlüsselperioden im Leben des gewählten Wissenschaftlers, in denen er z.B. seine Berufung zur Wissenschaft, seinen ersten großen Forschungserfolg, seinen Durchbruch oder wichtige Niederlagen im wissenschaftlichen Leben erfuhr. Geben Sie den beiden Perioden, die zeitlich auseinanderliegen sollten, einen Namen. Schließen Sie die Augen, stellen Sie sich erst die eine und dann die andere Periode im Geist vor, und schreiben Sie dann schnell einen kurzen Text zu den beiden Perioden.

Über Abraham LINCOLN wurden bei I. PROGROFF von einem Studenten folgende Perioden aus dem Leben ausgewählt:

1. wie er ein Familienvater wurde und
2. Präsident im Bürgerkrieg.

Über die erste Schlüsselperiode: „Wie ich ein Familienvater wurde", schrieb der Student folgenden Text:

„Ich sehe einen schmalen jungen Mann, der mit einem schwarzen Geschäftsanzug bekleidet ist, in einem hölzernen Stuhl unter einem Baum sitzen. Der Stuhl ist am Baumstamm angelehnt. Es gibt ein Haus im Hintergrund, das wie ein öffentliches Gebäude aussieht. Der Hut ist ihm ins Gesicht gefallen. Seine Augen sind geschlossen. Er spricht zu sich selbst:

„Kein guter Start. Kein sozialer Hintergrund. Kein Beruf. Aber ich habe es mit Menschen zu tun. Mit Menschen wie Du und ich. Politik machen wäre ein guter Grund wegzugehen. Ich bin hier, ich stehe hier schon an den Stufen des Capitols. Aber was möchte ich? Ich möchte ein Haus haben, das zeigt, daß dort jemand mit gutem Grund wohnt. Ich möchte eine Frau haben, um für sie zu sorgen und unserem gemeinsamen Leben Qualität zu geben. Ich möchte Kinder haben. Ein Haus, eine Frau und Kinder werden dann zeigen, daß Abraham LINCOLN gelebt hat und daß er hier gelebt hat."

Zwei Schlüsselsituationen

Innerhalb der Schlüsselperioden wird es Situationen gegeben haben, die über das weitere Leben des Wissenschaftlers entschieden haben werden. Stellen Sie sich zwei solcher Schlüsselsituationen vor. Werden Sie ganz ruhig, schließen Sie die Augen, lassen Sie die inneren Bilder aufsteigen, und schreiben Sie dann in der Ich-Form über die entscheidenden Situationen im Leben des gewählten Wissenschaftlers in den von Ihnen gewählten Schlüsselperioden. Über die eine Schlüsselsituation im Leben Abraham LINCOLNS, als er sich entschloß, Familienvater zu werden, schrieb ein Student bei I. PROGROFF folgenden Text:

„Als Anne Rutledge starb, fühlte ich, daß ich niemals eine befriedigende Beziehung mit einer weiteren Frau haben würde. Ich war fähig, mit ihr über mein Schreiben zu sprechen, aber das ist nun vorbei. Ich fühle, daß ein Teil meiner selbst gestorben

ist. Als ich wiedergewählt wurde in eine führende Position des Staatsapparates, stärkte sich mein Selbstbewußsein. Ich dachte, daß ich wieder etwas bin und auch für jemanden anderen etwas bedeuten kann, und daß ich ein interessantes Leben habe.

Seit ich weiß, daß öffentliche Ämter nicht das ganze Leben sind, unternahm ich den Schritt, Rechtsanwalt zu werden.

Ich versuchte, eine Frau zu finden, aber dabei gab es Probleme. Schließlich heiratete ich Mary Todd, obwohl dadurch mein Leben nicht leichter wurde.

Es war bald gar nicht mehr so angenehm für mich, mit ihr zusammen zu Hause zu sein, und das wird mich auch dazu bewegt haben, viel zu reisen und an verschiedenen Gerichtshöfen im Lande zu praktizieren. Mein Familienleben war überhaupt nicht glücklich, aber meine Praxis als Rechtsanwalt dehnte sich erheblich aus. Meine Söhne wurden einer nach den anderen geboren, und ich erfreute mich an ihrem Aufwachsen" (I. PROGOFF, a.a.O., S. 133 ff.).

e) Das Leben des Wissenschaftlers in acht Aspekten

Die Lebensstruktur des Wissenschaftlers liegt nun in einer ganz Ihrer Subjektivität entsprechenden Weise vor Ihnen. Zwischen der 1. und der 2. Schlüsselszene hat sich sein Leben entschieden. Sie haben ein vertieftes Bild von Ihrem Helden. Arbeiten Sie nun dieses Bild genauer heraus. Schreiben Sie zu acht Punkten Ihrer gewählten Person folgende kurze Texte:

Den Text zur Identität des Wissenschaftlers beginnen Sie mit dem Satz: „Meine wissenschaftlichen Kollegen..."

Den Text zur wissenschaftlichen Forschung leiten Sie mit den Worten ein: „Meine Erkenntnisse..."

Über das Körperverhältnis des Wissenschaftlers schreiben Sie, indem Sie mit den Worten beginnen: „Mein Körper..."

Die gesellschaftlichen Beziehungen des Wissenschaftlers wird in Ihrem Rollenjournal mit den Worten vorgestellt: „Meine Haltung zur Gesellschaft..."

Dem Unbewußten des Wissenschaftlers versuchen Sie sich dann mit den Worten zu nähern: „Meine Tagträume..." „Meine Nachtträume ..."

Die wichtigsten inspirierenden Personen im Leben des Wissenschaftlers sprechen Sie dann mit den Anfangsworten an: „Meine Muse..."

Die wichtigsten wissenschaftlichsten Entscheidungen werden mit den Worten: „Meine wissenschaftliche Entscheidung..." begonnen.

Der Sinn des Lebens des Wissenschaftlers beginnen Sie mit den Worten: „Mein Lebenssinn ..."

f) Eigener Kommentar

Schreiben Sie nach Ihrer Erforschung des Lebens eines Wissenschaftlers eine kurze Skizze Ihres Verhältnisses zu Ihrem biographischen Helden. Kommentieren Sie dabei auch die Schlüsselperioden und Schlüsselszenen des fremden Lebens im Verhältnis zu Ihrem eigenen.

Für I. PROGROFF läßt sich die Arbeit an einem Rollenjournal auch sehr gut in studentischen Schreibgruppen an der Universität durchführen (I. PROGROFF: Live-Study, a.a.O., S. 241 ff., I. PROGOFF: At a Journal-Workshop, a.a.O., S. 46 ff., 299 ff.).

Wenn Sie ein intensiveres Rollenjournal eines Wissenschaftlers schreiben wollen, legen Sie sich ein Ringbuch mit einer Lose-Blatt-Sammlung an. Markieren Sie in diesem Ringbuch folgende Abschnitte, in die Sie die Früchte des biographischen Studiums Ihres Wissenschaftlers sammeln. Später verwenden Sie diese Journaleintragungen für eine längere rollenbiographische Studie.

Abschnitte eines umfassenden Rollenjournals

1. Objektive Lebensperioden
2. Tageslauf
3. Kommentare zu den Personen seines Lebens
4. Kommentare zu seinen Werken
5. Kommentare zu seiner Stellung in der Gesellschaft
6. Kommentare zu wichtigen Lebensereignissen
7. Kommentare des Verhältnisses zu seinem Körper
8. Träume
9. Traumserien
10. Tagträume, Trance-Erfahrungen
11. Phantasiereisen
12. Gespräche mit seinem inneren Selbst, dem alten Weisen
13. Perioden des inneren Selbstwertgefühls
14. Wichtige Lebenserinnerungen
15. Erfahrungen mit Wendepunkten im Leben
16. Entscheidungssituationen im Leben
17. Meditationspraxen
18. Nah-Todeserfahrungen
19. Ganzheitserfahrungen
20. Gipfel- und Abgrunderfahrungen
21. Text seines Testaments

(vgl. I. PROGOFF, a.a.O., S. 259-284).

Schreibbiographie

Der erste Text, an den ich mich erinnere, ihn geschrieben zu haben, war eine kleine Geschichte: „Der Tod des Einhorns". Während der späteren Schulzeit entstanden die Theaterstücke „In der Hölle" und „Die Wüste". Ein Roman über einen Außenseiter blieb Fragment. Der Roman handelte von einer Zeitreise ins Altertum. Zwei Jahre schrieb ich dann automatische Texte. Bis mir das Bewußtsein in Sterne zersprang. Dann machte ich nur noch Philosophie. Eine Widerlegung Ernst Blochs war darunter, die durchfiel. Einen Schreibsprung brachten ökologische Texte, die viel Aggression sublimierten. Jetzt schreibe ich seit acht Jahren an einer Doktorarbeit. Thema: „Ernst Blochs Kritik an Martin Heidegger." Ich kann nicht fertig werden. Die Sache wächst mir über den Kopf. Allerdings liegen schon 800 Seiten Manuskript vor. Mein Doktorvater ist oft krank oder verreist. Ich glaube, er hat mich langsam aufgegeben. (Kurzschreib-Autobiographie aus dem Workshop „Der eigenen Schrift auf der Spur" vom Januar 1991).

2.3. Schreibautobiographie

2.3.1. Der doppelte Anfang des Schreibens

Die eigenen Schreiberfahrungen sind die Grundlage für den Umgang mit den Problemen des wissenschaftlichen Schreibens. Bevor wir wissenschaftlich schreiben, haben wir schreiben und sprechen gelernt und in der Schule vielfältige Erfahrungen mit dem Schreiben gemacht. Wir hatten wahrscheinlich auch viele Schreiberlebnisse an der Uni beim Arbeiten an Referaten, Seminararbeiten, Diplomarbeiten, Aufsätzen, Doktorarbeiten oder evt. Habilschriften. (R. J. GRAHAM: Reading and Writing the Self. Autobiography in Education and the Curriculum. New York 1991, S. 68-96). Viele Schreibstörungen, Schreibblöcke, Schreibkrisen sind in der Schreibbiographie angelegt durch spezifische Abwehrmechanismen gegen Ohnmachts- und Entwertungserfahrungen beim Schreiben. Das Schreiben bestimmte große Teile unseres Erfolges und unserer Niederlagen in der Schule. Schreibend sind wir Mitglieder der erwachsenen Öffentlichkeit geworden. Die Schreiberfahrungen haben uns tätowiert. Unsere Initiation ins Erwachsenenleben war immer eine Schreibinitiation, in der wir als schreibunkundiges Kind gestorben und als schreiberfahrener Erwachsener wiedergeboren wurden. Gegen den Druck, die Niederlagen, die Abwertungen im öffentlichen Schreiben haben wir Schreibsubversionen entwickelt. Der häufige Wunsch, Schriftsteller zu werden, der Schüler umtreibt, ist eine Reaktion, ein Abwehrmechanismus gegen die tätowierende Pein der Benotung, Bewertung der Deutschaufsätze und der schriftlichen Arbeiten in der Schule (S. BERNFELD: Vom dichterischen Schaffen der Jugend. Wien 1924) Viele Jugendliche entdecken für sich das automatische Schreiben, die Freie Assoziation und stoßen schreibend auf die Grenzen des artikulierbaren Ichs, auf die unbewußten Ströme der Gefühle und Symbole im Vorbewußten und Unbewußten. Sie verschließen sich vor dieser inneren kreativen Potenz, spielen mit ihr oder geraten auch in den Sog der inneren Stimmen (vgl. P. BELANOFF, P ELBOW, S. I. FONTAINE: Nothing begins with N. New Investigations of Free Writing. Carbondale 1991, S. 161 ff., 170 ff.).

Wie die Auseinandersetzung mit der inneren Kreativität am Rande des Unbewußten auch ausgeht, auf jeden Fall können bei der Erfahrung der Grenze des Schreibens weitere Schreibblockaden bzw. Schreibverhaltensweisen geprägt werden. Der Zugang zum inneren Schreibfluß, der auch das wissenschaftliche Schreiben prägt, kann in der Begegnung und der Auseinandersetzung mit der Schreib-Trance Schaden nehmen. Auf den Schicksalen des subversiven Schreibens wie des Schreibens von Deutschaufsätzen bauen die Qualifikationen zum wissenschaftlichen Schreiben auf. Das subversive Schreiben erprobt die innere Schreibwelt. Gliederungen, formale Anforderungen, Argumentationsmuster und Ausdrucksformen, das alles wird durch die äußere Welt des Schreibaufsatzes geprägt. Diese beiden Seiten der Schreibbiographie reformieren die Arbeit am wissenschaftlichen Aufsatz auf Universitätsniveaund

Wer wissenschaftliches Schreiben lernen will, muß seine schulischen und familiären Schreiblernfundamente kennen. Die Schreibautobiographie macht dieses Kennenlernen möglich. Sie ist ein Weg in den wissenschaftlichen Schreibdiskurs.

2.3.2. Vorbereitung

Jede Schreibbiographie schöpft aus drei Quellen:
- der zeitgeschichtliche Kontext, in dem Sie Ihr Schreiben gelernt haben
- der biographische Kontext Ihres Lebens, die Daten und Fakten der Aneignung der Schreibqualifikation
- die innere Geschichte der Gefühle: Phantasien und Gefühle, die Ihre Schreibkarriere begleiteten

Um erste Zusammenhänge zwischen diesen drei Ebenen herstellen zu können, legen Sie einen Dreispalter an:

Zeitgeschichte	Schreibbiographie	Schreibgefühle

In diese 3 Spalten tragen Sie chronologisch alle Daten, Fakten und Gefühle ein, die Ihnen zu Ihrer Schreibbiographie einfallen. Suchen Sie dann nach ersten Zusammenhängen zwischen den Fakten der drei Spalten, und schreiben Sie über Ihre entdeckten Zusammenhänge einen kleinen Text (vgl. M. J. MOFFAT: The Times of Our Lives. A Guide to Writing Autobiography and Memoir. Santa Barbara 1989, S. 18-24).

2.3.3. Aufarbeitung von Details Ihrer Schreibbiographie

Für die Lösung der folgenden Übungen benutzen Sie wahlweise folgende kreative Schreibmethoden:

Meditation

Schließen Sie die Augen, und stellen Sie die Schreiberfahrungen auf Ihrem inneren „Fernseher" ein. Lassen Sie alle fünf Sinne die Erfahrungen prüfen: Wie hat das Ereignis ausgesehen, geschmeckt, sich angefühlt, gerochen und sich angehört (J. GOULD: The Writer in All of Us. New York 1989, S. 26 ff, B. SELLING: Writing from Within. Claremont 1990, S. 14-16).

Cluster, Mind-Map

Bei Übungen, die Widerstand hervorrufen, aber wichtig erscheinen, können Sie mit Cluster oder Mind-Map gute Schreibfortschritte erzielen (J. GOULD a.a.O, S. 43-47).

Schnellschreiben

Unterlaufen Sie generelle Schreibblöcke, indem Sie erst mal schnell schreiben, um dann mit dem gewonnenen Material in aller Ruhe weiter arbeiten zu können (J. GOULD a.a.O., S. 47-50). Halten Sie sich beim Schreiben an folgende Grundregeln des autobiographischen Schreibens:

1. Kümmern Sie sich nicht um den Stil, schreiben Sie.
2. Schreiben Sie in Ihrer Alltagssprache.
3. Lesen Sie die Autobiographie großer Wissenschaftler, und achten Sie auf deren Schreiberfahrungen.

(L. DANIEL: How to Write your Own Lifestory. Chicago 1991, S. 11-14).

Eine Schreibautobiographie kann folgende Erfahrungen umfassen, die wir in unseren folgenden Übungen Schritt für Schritt aufarbeiten wollen:

- Früheste Schreiberfahrungen
- Früheste Schreiborte
- Erste Leseerfahrung
- Das Schreiben der Eltern
- Schreibsprichwörter in der Familie
- Familienmythen über schreibende Familienmitglieder
- Schreibpraxis der Geschwister
- Vorstufen des Schreibens
- Schreibhilfen
- Erste Bewertung
- Schreiben in der ersten Klasse
- Schulische Schreibbewertung
- Schreibkarriere in der Schule

- Aufsätze
- Private Schreibversuche
- Philosophische Texte
- Erste Liebesbriefe
- Erstes wissenschaftliches Schreiben
- Schreibprojekte
- Identifikation mit Schreibern
- Schreiben am Tageslauf
- Schreiben an der Universität
- Wissenschaftliche Schreiberfahrung
- Universitäre Schreiblehrer
- Schreibende Kommilitonen
- Examenserfahrungen
- Rückblick

(Vgl. F. R. THOMAS: How to Write the Story of your Life. Cincinatti 1989, S. 120 ff.).

Zu den Übungen:

Früheste Schreiberfahrungen

Rufen Sie sich Ihre frühesten Schreiberfahrungen in Ihre Erinnerung zurück. Was passierte? Wo war es? Welche sinnlichen Erfahrungen begleiteten das Schreiben? Welchen Einfluß hatten diese Erfahrungen auf die weitere Schreibkarriere? Was war das vorherrschende Gefühl, das diese Schreiberfahrungen begleitete?

Früheste Schreiborte

Gehen Sie in der Erinnerung durch die Orte Ihrer Kindheit, und beschreiben Sie dann die Plätze, an denen Sie geschrieben haben. Bewerten Sie auch die Gefühle, die mit diesen Schreiborten verbunden sind.

Erste Leseerfahrung

Erinnern Sie sich an die ersten Bücher, die Sie gelesen haben. Schildern Sie die Themen und die wichtigsten Helden dieser Bücher.

Das Schreiben der Eltern

Stellen Sie sich vor, wo haben Sie die Eltern schreiben gesehen. Was haben sie geschrieben? Welche Haltung hatten sie zum Schreiben? Welchen Wert maßen Sie dem Schreiben der Eltern bei?

Schreibsprichwörter in der Familie

Listen Sie mal alle Sprichwörter Ihrer Familie auf, die auf das Schreiben bezug genommen haben.

Familienmythen über schreibende Familienmitglieder

Erinnern Sie sich an Geschichten über Onkel, Tanten, Neffen und Nichten, die im Schreiben engagiert waren. Wie wurden Sie beurteilt? Wie war Ihre Haltung zu ihnen?

Schreibpraxis der Geschwister (wenn vorhanden!)

Beschreiben Sie Ihre Beobachtungen über das Schreiben Ihrer Geschwister. Welchen Einfluß hatte das Schreiben der Geschwister auf Ihr Schreiben?

Schreibvorstufen

Versuchen Sie mal einfache Kritzelzeichnungen, die Sie gemacht haben könnten, bevor Sie schreiben lernten. Welche Gefühle lösen diese Kritzelzeichnungen in Ihnen aus?

Schreibhilfen

Stellen Sie sich die Hilfen vor, die Ihnen Ihre Eltern beim Schreiben geleistet haben. Beschreiben Sie die Hilfen von Vater und Mutter getrennt.

Erste Bewertungen

Meditieren Sie über die Bewertungsmaßsstäbe Ihrer Familie. Schreiben Sie ein paar Sätze, mit denen Ihre Mutter Ihr Schreiben bewertet haben könnte.

Schreiben in der ersten Klasse

Assoziieren Sie mal zehn Worte über Ihr Schreibenlernen in der Schule, und schreiben Sie mit Hilfe dieser zehn Worte einen kleinen Text.

Schulische Schreibbewertung

Wenn möglich, untersuchen Sie mal in Schreibheften aus Ihrer ersten Klasse die Kommentare Ihres Lehrers/Lehrerin zu Ihrem Schreiben. Schreiben Sie einen Antworttext zu den Bemerkungen Ihrer Lehrer über Ihre Handschrift, Rechtschreibung, Ausdruck und Inhalt.

Schulische Schreibkarriere

Machen Sie sich mal ein Bild von Ihrer schulischen Schreibkarriere. Entwerfen Sie zu diesem Zweck eine Graphik. Zeichnen Sie auf einem unteren Strahl die Schulklassen von 1 bis 13, und entwerfen Sie auf dem linken Strahl eine Skala von minus 5 bis plus 5. Zeichnen Sie dann die Kurve Ihrer Schreibgefühle durch die Schulzeit ein.

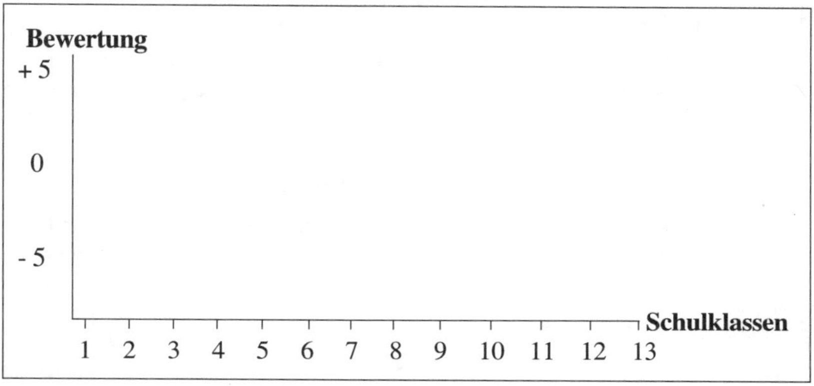

Schreiben Sie dann einen Kommentar zu Ihrer Schulschreibkarriere, und erklären Sie auch Wende und Brüche in dieser Karriere.

Aufsätze

Erinnern Sie sich an einen typischen Schulaufsatz. Beschreiben Sie Thema, Ihre Schreibtechnik, die Gliederung des Aufsatzes und Ihre Gefühle während des Schreibens.

Private Schreibversuche

Stellen Sie eine Liste aller literarischen Texte zusammen, die Sie während der Schulzeit für sich privat geschrieben haben. Schreiben Sie dann hinter jeden Texttitel die Gefühle, die Sie mit diesem Text ausdrücken wollten.

Philosophische Texte

Erinnern Sie sich an Texte über existentielle Probleme, die Sie verfaßt haben. Fassen Sie die Themen dieser Texte zu einer kleinen Skizze Ihrer jugendlichen Weltanschauung zusammen. Überlegen Sie, welche Rolle das Schreiben in dieser Weltanschauung spielte (E. NICHOLS, A. LOWENKOPF: Lifelines. White Hall 1989, S. 36-39).

Erste Liebesbriefe

Erinnern Sie sich an Ihre erste Liebe und an den ersten Liebesbrief. Schreiben Sie diesen Liebesbrief jetzt zum zweiten Mal.

Erstes wissenschaftliches Schreiben

Stellen Sie sich Ihre Texte in Physik, Biologie, Chemie und Mathematik in der Schule noch einmal vor. Welche Schreibschwierigkeiten fallen Ihnen zu diesen Schulfächern ein?

Schreibprojekte

In Sekundarstufe 2 haben Sie größere Hausarbeiten verfaßt. Stellen Sie die Phasen des Schreibprozesses dar, die Sie bei der Verfassung dieser Arbeiten durchlaufen haben.

Identifikation mit Schriftstellern und Wissenschaftlern

Listen Sie mal alle Helden Ihres Lebens auf. Suchen Sie dann aus dieser Liste die Schriftsteller und Wissenschaftler heraus. Schreiben Sie mal auf, was Sie über das Schreiben dieser Idole wissen.

Schreiben im Tageslauf

Entwerfen Sie ein Zweispalter Ihres jetzigen Tageslaufs. In die linke Spalte kommen alle chronologischen Fakten und in die rechte Spalte alle Gefühle und inneren Erlebnisse, die von diesen Fakten begleitet wurden. Untersuchen Sie dann, welchen Ort und welche Gefühle das Schreiben in Ihrem Tageslauf besitzt.

Schreiben an der Universität

Machen Sie sich nun eine Graphik Ihrer universitären Schreibkarriere. Zeichnen Sie auf dem unterem Graphikstrahl die Semester, die Sie studiert haben und links auf dem linken Strahl eine Skala von minus 5 bis plus 5. Zeichnen Sie dann eine Kurve Ihrer Schreibgefühle durch die Semester ein. Schreiben Sie einen Kommentar zu Ihrer Schreibkarriere, und vergleichen Sie dann Ihre schulische und Ihre universitäre Schreibkarriere. Wenn Sie das Kurvenprofil betrachten, was wiederholt sich und was ist anders? Was muß sich in Zukunft ändern?

Wissenschaftliche Schreiberfahrungen

Schreiben Sie einen automatischen Text über Ihr Schreiben an der Uni. Werten Sie dann diesen Text aus. Prüfen Sie Ihr Verhältnis von Schreiben und Lesen, Ihre Schreibprozeßstruktur und Ihr Verhältnis zur Überarbeitung, wie es sich in Ihrem kleinen Text gezeigt hat.

Universitäre Schreiblehrer

Stellen Sie sich Ihre wichtigsten Hochschullehrer beim Schreiben vor. Welche Erfahrungen machen Sie beim Schreiben, und was erfahren Sie als Student davon? Denken Sie dann daran, welche Kommentare Ihre Hochschullehrer zu Ihrem Schreiben gegeben haben. Schreiben Sie über diese Kommentare jetzt mal ein Urteil in fünf Sätzen.

Schreibende Kommilitonen

Stellen Sie sich Ihre wichtigsten Kommilitonen beim Schreiben vor. Was für Erfahrungen machen Sie, und wie reden Sie mit den Kommilitonen über das

Schreiben? Schreiben Sie nun einen fiktionalen Dialog mit einem Ihrer Kommilitonen über das Schreiben.

Verbesserungsvorschläge

Entwerfen Sie ein Flugblatt, mit dem Sie zum Verbessern der Lehre des wissenschaftlichen Schreibens an der Hochschule aufrufen.

Examenserfahrungen

Beschreiben Sie den Prozeß der Abfassung Ihrer Abschlußarbeit. Berücksichtigen Sie dabei folgende Arbeitsschritte:
- Themensuche
- Beginn der Arbeit
- Literaturanalyse
- Forschungsmethoden
- Darstellung und Diskussion der Forschungsergebnisse
- Schreiben
- Überarbeiten
- Bewertung durch den Prüfer

Rückblick

Schauen Sie auf Ihre Schreibkarriere zurück, und geben Sie dieser Geschichte eine Überschrift.

2.3.4. Abfassung einer Schreibautobiographie

Bei der Abfassung einer Schreibautobiographie können Sie unter folgenden Textsorten wählen:
- die ganze Schreibkarriere vom Anfang bis zur Gegenwart
- eine Schreibperiode
- die Reihe der Schreiborte
- die Situation der Berufung zum Schreiben oder des grandiosen Scheiterns am Schreiben
- die Perioden der Schreibkrisen
- die Geschichte Ihrer sozialen Beziehungen vermittelt durch Ihr Schreiben
- Ihre wichtigsten Erlebnisse mit dem literarischen oder mit dem wissenschaftlichen Schreiben

Entscheiden Sie sich nun für eine Textsorte. Sammeln Sie das für diese Textsorte nötige Material aus den Texten Ihrer bisherigen Schreibübungen. Beschreiben Sie dann plastisch, sinnlich und dramatisch Ihre Schreiberfahrungen in guten Szenen, mit klaren Dialogen. Überarbeiten und verbessern Sie Ihren Text. Lesen Sie Ihren Text auf jeden Fall mal in einer Schreibgruppe vor (vgl. T. SCHWARZ: The Complete Guide to Writing Biographies. Cincinatti 1990 S. 119-149).

Schreibreise

„Noch in Venedig hatte Goethe der Anblick eines geborstenen Schafschädels am Strand zu weitgehenden Spekulationen angeregt, in Breslau schrieb er seinen fragmentierten Versuch über die „Gestalt der Tiere" dann endgüßltig nieder." (J. Klauß: Goethe unterwegs. Weimar 1989, S. 60)

2.4. Reisen, um wissenschaftlich zu schreiben

Am Leben des Dichters und Naturforschers Johann Wolfgang von GOETHE kann der Student lernen, was Reisen für die Entwicklung der eigenen Schreibqualifikation bedeutet. *„Auf etwa vierzig großen Reisen bewältigte GOETHE die für damalige Verhältnisse imponierende Wegstrecke von etwa 31.000 Kilometern*" (J. KLAUSS: Goethe unterwegs. Weimar 1989, S. 9) Goethe machte Bildungs-, Entdeckungs- und Forschungsreisen. Er fand auf diesen Reisen Kontakt zu den großen Wissenschaftlers seiner Zeit. So besuchte er 1775 Lavater in Zürich: *„Hier stand wieder die Arbeit an der Physiognomik im Mittelpunkt*" (J. KLAUSS, a.a.O., S. 19) Auf der Harzreise, 1777, gewann Goethe erste Einsicht in das Wesen des Lichts. Beim Abstieg vom Brocken *„beobachtete Goethe phantastische Lichterscheinungen, die er später in seiner ‚Farbenlehre' beschrieb*" (J. KLAUSS, a.a.O., S. 27) Auf der Schweizer Reise, 1779/80, studierte Goethe *„die sozialen Bedingungen des Landes, dessen Landwirtschaft, die Wohnhäuser und Straßen*" (J. KLAUSS, a.a.O., S. 34) Die Harzreisen, auch die von 1783/84, haben Goethes naturwissenschaftliche Studien *„stark angeregt*" (J. KLAUSS, a.a.O., S. 40) Goethe begann nun seine mineralogischen Sammlungen anzulegen. Die erste Italienreise 1786/88 hatte auch therapeutische Funktion: *„Die Reise selbst ... wurde zum Jungbrunnen und zum Lebenselixier*" (J. KLAUSS, a.a.O., S. 56) In der Nachfolge von Goethe könnte man durchaus Reisen als Therapie für Wissenschaftler verordnen, die an Schreibblöcken leiden.

Allerdings drang Goethe auf diese Weise in Neapel auch bis zur Idee der Urpflanze vor. Er schreibt dann in seiner „Italienischen Reise": *„... spazierte ich vom Meer hin und war still und vergnüglich. Da kam mir eine gute Erleichtung über botanische Gegenstände. Herdern bitte ich zu sagen, daß ich mit der Urpflanze bald zustande bin, nur fürchte ich, daß niemand die übrige Pflanzenwelt darin wird erkennen wollen*" (Goethe, zit.n. M.L. KAHLER, G. MAUL: Alle Gestalten sind ähnlich. Goethes Metamorphose der Pflanzen. Weimar 1991, S. 11).

Im Botanischen Garten von Palermo erlebte er am 17. April 1787 den Fortgang seiner Arbeit an der Idee der Urpflanze. *„Im Angesicht so vielerlei neuen und erweiterten Gebildes fiel mir die alte Grille wieder ein, ob ich nicht hinter dieser Schar die Urpflanze entdecken könnte. Eine solche muß es denn doch geben. Woran würde ich sonst erkennen, daß dies oder jenes Gebilde eine Pflanze sei, wenn sie nicht alle nach einem Muster gebildet wären*" (Goethe zit.n. M.L. KAHLER, G. MAUL, a.a.O., S. 11) Nach der Italienreise versuchte Goethe die

Metamorphose der Pflanze in einem groß angelegten Fragment zu erklären. Er richtete in Jena einen Botanischen Garten ein. Aus der Entdeckung des Zwischenkieferknochens anhand eines Schafschädels am Strand vom Venedig entstand das Fragment „*Versuch über die Gestalt der Tiere.*"

Viele seiner Kurreisen nach Marienbad nutzte Goethe, um seine geologischen Sammlungen zu erweitern und seine mineralogischen Studien zu vertiefen. Auch Studien zur Botanik standen bei Kuraufenthalten in Karlsbad im Mittelpunkt seines Interesses.

Vorschlag: Eine Reise nach Weimar könnte zu einer Reise werden, die anhand der vielen Sammlungen Goethes im Museum am Frauenplan den Ansporn zur Abfassung von Texten über den Naturwissenschaftler Goethe geben könnte.

Ebenso einflußreich für sein wissenschaftliches Schreiben war für Charles DARWIN die Reise auf dem Forschungsschiff „Beagle" von 1831-1836. Diese Forschungsreise mit ihren vielen Beobachtungen schuf bei DARWIN den Impuls, das revolutionäre Buch „Über die Entstehung der Arten durch natürliche Zuchtwahl" zu schreiben. Darwin teilt mit: „*Es waren vor allem die Darwin-Finken des Galapagos-Archipels, die mich hauptsächlich auf das Studium des Ursprungs der Arten brachte*" (S. SCHMITZ: Charles Darwin. Düsseldorf 1983, S. 155) Nach eigenen Angaben begann Darwin im Juli 1837 in seinem Reisejournal „*einschlägige Fakten und Einsichten zu diesem Problemkreis zu sammeln. Schon im ersten Notebook finden sich Zeichnungen von Evolutionsschemata in Form eines reich verzweigten Stammbaums und eines Korallenstocks*" (S. SCHMITZ, a.a.O., S. 155).

Vorschlag: Sicher wäre eine Wiederholung der Reise der „Beagle" eine gute Quelle für Ihr wissenschaftliches Schreiben. Aber eine Auseinandersetzung mit Darwins Thesen ist auch bei einem Besuch in seinem Wohnsitz „Down House" im Dörfchen Down südöstlich von London möglich. Das Arbeitszimmer Darwins, seine Gemüsegärten und Felder für biologische Zuchtexperimente sowie seine Gewächshäuser werden bei Ihnen sicherlich vielfältige Schreibimpulse auslösen.

C.G. JUNG hat die Erkenntnisse seiner Archetypenlehre nicht nur als persönliche „Nachtmeerfahrt" in Zürich erlebt. Er hat auf großen Auslandsreisen nach Afrika, Amerika und Indien ethnologische und religionswissenschaftliche Studien zur Absicherung seiner tiefenpsychologischen Erkenntnisse unternommen. Im Jahr 1920 führt Jung eine Afrikareise durch, „*um nichteuropäische, nichtzivilisierte Menschen an Ort und Stelle aus eigener Anschauung kennenzulernen und die Ursprünglichkeit ihrer Psyche studieren zu können*" (G. WEHR: C.G. Jung. München 1985, S. 198). Vieles deutet darauf hin, daß „*Jungs Reisen eine Art Fortsetzung seiner ... Auseinandersetzung mit dem Unbewußten auf anderer Ebene darstellt*" (G. WEHR, a.a.O., S. 201). 1924 ist Jung in Amerika. Dort besucht er die Wohnstätten der Pueblo Indianer in New Mexiko. Er lernt die mandala-artigen Sandmalereien der Pueblo kennen, über deren therapeutische Wirkung er später sein Buch „Mandalas" schreibt. 1925 ist er wieder in Afrika. Auf dieser Reise nach Kenya und Uganda „*wurde mir die kosmische Bedeutung des Bewußtseins überwältigend klar*" (C.G. JUNG: Erinnerungen, Träume, Gedanken. Zürich 1963, S. 259). Er begegnet dem Archetyp des Schattens in der Realität: „*Es war mir, als kehrte ich eben in das Land meiner Jugend zurück und als kennte ich jennen dunklen Mann, der seit 5000 Jahren auf mich wartete*“ (C.G. JUNG, a.a.O., S. 258).

1938 ist Jung in Indien, und er entdeckt dort in einem großen Traum die Gralsburg des König Artus. „*Der Traum wischte mit starker Hand alle noch so intensiven indischen Tageseindrücke weg und versetzte mich in das allzulange vernachlässigte Anliegen des Abendlandes, das ich erstmals in der Quest des Heiligen Grals wie auch in der Suche nach dem Stein der Weisen ausgedrückt hatte*“ (C.G. JUNG, a.a.O., S. 286). Die Indienreise wird so bei C.G. Jung zum Impuls, das große Werk über den tiefenpsychologischen Gehalt der Alchemie zu schreiben.

Vorschlag: In Bollingen hat sich C.G. Jung seinen Wohnturm gebaut, in dem er viele seiner Werke schrieb. „*Von Anfang an wurde der Turm für mich zu einem Ort der Reifung - ein Mutterschoß*“ (C.G. JUNG, a.a.O., S. 229). Eine Reise nach Bollingen könnte wissenschaftliche Texte über den Ursprung der Wissenschaften aus dem Mythos anregen.

Die Liste der großen Reisen von Wissenschaftlers und ihr Gewinn für Ihr wissenschaftliches Schreiben ließe sich endlos fortsetzen. Das kann hier nicht geschehen. Wichtig ist es, Ihren Impuls für die eigene Schreibentwicklung zu nutzen. Es liegt deshalb nahe, sich mit der Abfassung von Exkursionsberichten vertraut zu machen (vgl. L.v.WERDER: Kreatives Schreiben in den Wissenschaften. 1992, S. 124ff) Aber auch die Besuche von Museen aller Wissenschaften und Techniken bieten vielfältige Anregungen zum Schreiben wissenschaftlicher Texte. Hier zwei Vorschläge aus Berlin:

Das Berliner Museum für Verkehr und Technik ermöglicht durch seine vielfältigen Exponate aus der Technikgeschichte eine unübersehbare Zahl von wissenschaftlichen Texten, die bei einem Besuch und einer Betrachtung der Exponate durchaus angeregt werden könnten. Zum Beispiel könnten folgende Texte entstehen:

- Beschreibung von technischen Maschinen und Apparaten
- Betriebsgeschichten verschiedener technischer Bereiche
- analytische Texte über Experimente und Versuche
- Portraits großer Erfinder
- Interpretation wissenschaftlicher Phänomene
- Stellungnahme zu den Gefahren und Chancen, z.B. der Flugtechnik

Das Berliner Völkerkunde-Museum mit seinen großen Sammlungen ist eine Quelle für kulturgeschichtliches und ethnologisches Schreiben, z.B.:

- Analysen zum Schamanismus
- Untersuchungen über die Entwicklungen des Töpferhandwerks in Südamerika
- Ökologische Analysen der Entstehung der Prärieindianer in Nordamerika usw.

Praxiserkenntnisse

„Vor allem aus den therapeutischen Dialogen mit seinen Analysanden gewann S. Freud schließlich den Stoff für sein schriftstellerisches Werk“ (I. Gubrich-Simitis: Zurück zu Freuds Texten. Frankfurt 1993, S. 105).

2.5. Praktikumsbericht: Wissenschaftliches Schreiben im sozialen Feld

Ziel

Der Praktikumsbericht soll zeigen, wieweit der Student in der Lage ist, Wissenschaft und Alltagspraxis zu verbinden. Dabei heißt die Verbindung von Wissenschaft und Praxis:

- die Komplexität der Alltagswahrnehmung auf wissenschaftliche Deutungsmuster reduzieren zu können,
- wissenschaftlich abgesicherte Handlungsperspektiven entwickeln zu können,
- dem Klienten wissenschaftliche Kenntnisse, die zur Verbesserung seiner Lage nützlich sind, in volkstümlicher Weise (alltagssprachlicher Weise) zur Verfügung stellen zu können,
- den Klienten sozialanwaltlich gegen ungerechtfertigte Stigmatisierung durch beratende Wissenschaften (Psychiatrie, Strafverfolgung, Medizin, Genetik, Ökologie etc) in Schutz nehmen zu können,
- die Hilfe zur Selbsthilfe des Klienten wissenschaftlich abgesichert begleiten zu können.

Methode

Damit die Fähigkeit der Verbindung von Wissenschaft und Alltagspraxis bei den Studenten entwickelt wird, ist die Führung eines Journals während des Studiums und während der Projektpraxis unbedingt nötig. Ein Journal ist eine Mischung von Tagebuch, Notizbuch und Exzerptheft. Es enthält im Studium wenigstens folgende zwei Abteilungen:

Studium

Ereignisse, wissenschaftliche Notizen (Lese- und Vorlesungsfrüchte, Exzerpte, Thesen und Hypotheken, Deutungen, Sprachbeobachtungen etc), Gefühle (in Lyrik und Prosa, Szene und experimentellen Texten).

Praxis

Innerhalb der Praxisphase sind folgende Abteilungen des Journals erforderlich: Praxisvollzüge, wissenschaftliche Reflexion der Praxis, Gefühle des Praktikanten gegenüber den Personen der Praxis und gegenüber sich selbst.

Auswertung im Studium

Das Journal sollte während des Studiums jeden Monat ausgewertet werden. Die Anlage eines Kataloges der Themen des Journals pro Monat, Gliederung der Themen, Sammlung der wichtigsten Erkenntnisse sind geeignete Methoden der Journalauswertung.

Auswertung während der Praxis

Eine Auswertung des Journals während der Praxisphase ist wöchentlich angezeigt. Die Praxisauswertung sollte folgende Aspekte berücksichtigen:

- Darstellung der Praxisstelle
- Inhalte des Praktikums
- Praxiserfahrungen
- Fallgeschichten
- wissenschaftliche Reflexion der Praxis
- Ideen für eine Diplomarbeit, angeregt durch die Praxis

Vorschlag einer Gliederung des Praxisberichtes:

A. Einleitung:

- Suche der Praxisstelle
- Erwartungen und Ideen fürs Praktikum
- Impulse des Projektseminars für die Praxis

B. Hauptteil:

1. Darstellung der Praxisstelle
- institutionell
- personell
- Zielgruppen
- Einzugsgebiet
- Praxisformen: Gruppenarbeit, Gemeinwesenarbeit
- Supervision

2. Inhalte des Praktikums
- Teilnahme an sozialer Arbeit
- kooperative Aufgaben von Anleiter und Praktikant
- selbständig übernommene Aufgaben durch den Praktikanten

3. Praxiserfahrungen des/der Studierenden
- Verhältnis zu Klienten
- Möglichkeiten und Grenzen der Sozialhilfe (materiell, rechtlich, psychosozial).
- Ansatzpunkte einer Hilfe zur Selbsthilfe
- Möglichkeiten der Unterstützung von Selbsthilfegruppen
- Aspekte sozialer Animation

4. Fallgeschichten von Klienten
- Einzelfallgeschichten (Anamnese, Diagnose, Hilfe).
- Entwicklung einer Gruppenarbeit (Kennenlernen, Krise, Produktivität, Trennung, Produkt und Prozeß).

5. Wissenschaftliche Aspekte
- Sozialisationsaspekte der Klienten (Kindheit, Familie, Rollenkonflikte, Charakterstrukturen, Karrieren).
- Methoden der sozialen Arbeit
- Sozialstrukturanalyse der Klienten (Schicht, Klasse, Milieu, Mobilität).
- Aspekte des Familien- und Jugendrechts
- Sozialmedizinische Aspekte (psychosomatische Krankheitsbilder, epidemologische Trends, Streßerscheinungen).
- Medienpädagogische Aspekte (Einsatz von kreativen Medien, Kreativitätsprozesse, kreative Produkte in Text, Musik, Video, bildnerisches Schaffen).
- Ökonomische und staatliche Rahmenbedingungen der Arbeit (neue Armutstrends, Ausländerfeindlichkeit, Stigmatisierungstendenzen Marginalisierung, Multikulturelarität).

6. Ideen für die Diplomarbeit, angeregt durch die Praxis
- Bereich: Theorie der sozialen Arbeit
- Bereich: Analyse von Institutionen der sozialen Arbeit
- Bereich: Lebensweltprobleme von Klienten und Studenten
- Praxisprobleme sozialer Arbeit
- Selbsterfahrungsprobleme des/der Praktikanten/in

C. Schluß:
- Ergebnisse des Praktikums
- Defizite der eigenen Praxis
- Perspektiven des Projektpraktikums
- Schlußbemerkungen über das Wissenschafts-Praxis-Verhältnis im Projektpraktikum

Der Praxisbericht sollte nicht nur auf dem Journal fußen und auf wissenschaftlichen Basiskenntnissen, sondern auch auf Texten, die die Praxiserfahrungen kreativ verarbeiten. Dafür gibt es folgende Schreibübungen, deren Texte in den Praxisbericht als dritte Quelle eingehen können.

Schreibübungen zum Praxisbericht:

Schreibtechnik	Thema
Brainstorming	Ideen fürs Praktikum, Feststellung von Schwerpunkten
Reih-um-Text: Jeder einen Satz	Körpererfahrungen im Praktikum
nur in Farben nur in Gefühlen	Meine Praxisstelle
Portrait	Mein/e Anleiter/in
Tageslauf in der Praxis	Ein ganz alltäglicher Tag in der Praxis-stelle
Fiktiver Dialog	Anleiter/Praktikant oder Praktikant/Kli-ent
Werbezettel, Anzeige	Die Leistungen meiner Praxisstelle für ihre Zielgruppe
Gedicht/Cluster	Geschichte meiner Praxisstelle
Szene	Dienstbesprechung mit dem Amtsleiter
Innerer Monolog	Ein Klient erlebt die Hilfe zur Selbsthilfe
Fallgeschichte	Das Problem des/der A.
deduktive Leiter	Eine Sozialisationhypothese über den Kli-enten
induktive Leiter	Ein Klient sieht schlecht aus
Mind-Map	Rahmenbedingungen meines Praxis-platzes
Automatisches Schreiben	Die Rechte meiner Klienten
Aktive Imagination	Ein brennendes Problem der Praxis
Meditation	Mein schönstes Praxiserlebnis
Serielle Prosa	Mein Praktikum.:„Ich erinnere mich, daß...“

3. Seminararbeiten, Referate und Klausuren: Der wissenschaftliche Aufsatz

Die Beziehung zwischen Schreiben und Denken

Der Weg des Schreibens verschiedener Textsorten von der dramatischen Szene zur logischen Argumentation erweist sich zugleich als Weg der Entwicklung wissenschaftlicher Diskursqualitäten. Dazu eine kleine Graphik:

Schreiben	*Textsorte*	*Denkqualität*
wiedergeben, was passiert	*dramatische Szene*	*fortlaufendes Wahrnehmen und chronologisches Auswählen*
berichten, was geschieht	*Erzählung*	*Erinnerungen chronologisch strukturieren*
verallgemeinern, was sich ereignet	*Erläuterungen und Erklärungen*	*strukturieren und klassifizieren von Ereignissen*
verständlich machen, was möglich und was wirklich ist	*logische Argumentation*	*verstehen von Prozessen und Umbrüchen*

(Thesen der englischen Schreibforschung um James Britton dargelegt in: „The Development of Writing Abilities 11-18. London 1975).

3.1. Vom Konkreten zum Abstrakten

Dieses Schreibmodell basiert auf der Forschung von Piaget und Wygotski über die Entwicklung des Denkens und Schreibens als eine Entwicklung vom Konkreten zum Abstrakten (J. Moffett: Aktive Voice, A Writing Program across the Curriculum. Portsmouth 1991, S. 145).
Dieses Programm will den Studenten von persönlichen Einsichten über Dialoge und Monologe zum Erzählen und dann zum Schreiben von wissenschaftlichen Aufsätzen führen. Es zielt auf die folgenden Lernschritte des teilnehmenden Studenten. Der Student soll:

- vom privaten zum öffentlichen Schreiben
- von der Erzählung in der Ich-Form zur Erzählung in der Er-Form
- von einem privaten Zuhörerkreis zu einem anonymen Zuhörerkreis

- von alltäglicher Sprachimprovisation zur literarischen Komposition
- vom Berichten zum Theoretisieren, geführt werden (J. MOFFETT, a.a.O.).

Dieses Modell gliedert sich in drei Abschnitte:

1. Die Revision der privaten Sprache
2. Dialoge und Monologe
3. Von der Erzählung zum Aufsatz

3.1.1. Die Revision der privaten Sprache

Der Bewußtseinsstrom

Schreiben Sie fünf Minuten lang alles nieder, was Ihnen spontan einfällt. Achten Sie nicht auf die formalen Seiten des Schreibens. Schaffen Sie sich nur einen Fundus an Material.

Monolog der Sinne

- Wählen Sie einen Platz in der Nähe der Hochschule, gehen Sie dorthin mit Papier und Bleistift, und schreiben Sie der Reihe nach auf, was Sie erst mit den Augen, dann mit den Ohren, dann mit der Nase, dann mit dem Mund, dann mit den Händen von diesem Platz wahrnehmen.
- Schreiben Sie nun einen Text über den Platz. Benutzen Sie dabei Ihre Notizen. Gestalten Sie den Text aber so, daß andere Studenten mit dem Text etwas anfangen können.

Erinnerung

- Sehen Sie sich im Raum um, und achten Sie auf Erinnerungen, die der Sie umgebende Raum in Ihnen auslöst. Schreiben Sie dann schnell alle Erinnerungen auf, die sich einstellen. Gehen Sie auch den assoziativen Netzen Ihrer Erinnerungen nach. Nach 15 Minuten stellen Sie Schreiben ein.
- Überarbeiten Sie Ihre Erinnerungen dann so, daß Sie nun in einem studentischen Publikum vorgelesen werden können.

Erster Aufsatz

- Entspannen Sie sich. Schließen Sie die Augen. Warten Sie, bis sich ein Thema einstellt. Schreiben Sie dann schnell und spontan alle Einfälle nieder, die Sie zu Ihrem Thema haben. Wenn Sie abschweifen, kommen Sie zum Thema zurück. Je mehr Sie schreiben, um so besser.
- Schreiben Sie dann Ihre Einfälle in einem neuen Text so um, daß Sie den Text gerne Studenten vorlesen. Der Text kann durchaus die Gestalt eines Aufsatzes annehmen.

3.1.2. Dialoge und Monologe

Mündliche Literatur

Legen Sie sich eine Sammlung von Geschichten an, die Sie im Alltag erzählt bekommen.

Interview

Wählen Sie ein Thema, führen Sie ein Interview, und verschriftlichen Sie dann das Gespräch.

Gruppendiskussion

Führen Sie eine Gruppendiskussion. Nehmen Sie diese Diskussion auf Tonband auf. Schreiben Sie dann eine Zusammenfassung der Diskussion.

Dialog

Erfinden Sie einen Dialog zwischen zwei Personen. Spielen Sie dann den Dialog im Rollenspiel.

Charakter

Erfinden Sie einen Charakter. Beschreiben Sie ihn. Geben Sie ihm die ihm eigene Stimme, indem Sie seine spezifischen Redewendungen sammeln. Lassen Sie diesen Charakter dann einen Dialog führen.

Innerer Monolog

Erfinden Sie einen zweiten Charakter. Beschreiben Sie ihn. Geben Sie ihm die ihm eigene Stimme. Legen Sie seine Lebenssituation fest, und schreiben Sie dann einen inneren Monolog dieses Charakters, in dem seine spezifischen Redewendungen auftauchen sollten.

Szene

Wählen Sie aus Ihrem Alltag vier Personen, und schreiben Sie eine Szene, in der alle vier Personen auftreten und eine Entscheidung fällen.

Ideen-Dialog

Wählen Sie ein für Sie wichtiges Thema, und lassen Sie zwei Personen (A + B) über dieses Thema sprechen. Wählen Sie als Dialogform entweder einen Dialog, in dem A oder in dem B obsiegt, oder die Dialogform, bei dem am Ende alles offen bleibt.

Zweiter Aufsatz

Schreiben Sie Ihren Dialog neund Fassen Sie beide Personen in eine, und lassen Sie diese einen Aufsatz schreiben, der alle Ideen des Dialogs und einige mehr festhält. Geben Sie diesem Aufsatz drei Teile: Einleitung, Hauptteil und Schluß.

3.1.3. Von der Erzählung zum Aufsatz

Erster Satz

Nehmen Sie sich einen Satz vor, z. B.: „Die Sonne schien den ganzen Tag..." Ergänzen Sie diesen Satz, und entwickeln Sie eine Geschichte, die Ihnen zu diesem Satz einfällt.

Rollenprosa

Wählen Sie sich eine Rolle: ein Tier, eine Pflanze, einen Stein. Schreiben Sie eine Geschichte aus der Perspektive der gewählten Rolle.

Fotogeschichte

Wählen Sie einige Bilder aus einer Illustrierten, und erfinden Sie die Geschichte, die alle Bilder verbindet.

Träume

Sammeln Sie längere Zeit eigene und fremde Träume, und schreiben Sie dann eine Traumgeschichte, die Ihren besten Traum breit ausgestaltet erzählt.

Briefwechsel

Erfinden Sie zwei Personen, und lassen Sie sie einen Briefwechsel führen. Am Schluß sollte jede Person wenigstens zwei Briefe geschrieben haben.

Tagebuch

Führen Sie fünf Tage lang ein Tagebuch, in das Sie jeden Tag eine Eintragung machen. Schreiben Sie am sechsten Tag eine Zusammenfassung Ihrer Tagebucheintragungen. Überlegen Sie aber, was Sie privat für sich behalten wollen und was Sie anderen zugänglich machen können.

Ein Erlebnis

Stellen Sie sich Ihre Jugend vor. Beschreiben Sie ein Ereignis, das Ihren weiteren Lebensweg bestimmte. Erfinden Sie dann eine Person, und lassen Sie dann diese Person Ihr Erlebnis erzählen. Lassen Sie dann dieselbe Person Ihr Erlebnis als inneren Monolog darstellen.

Eine Lebensphase

Stellen Sie sich Ihre wichtigsten Lebensphasen vor. Beschreiben Sie diese Phasen. Erfinden Sie dann eine Person, die diese Phase aus Ihrer Sicht darstellt und dann diese Phase in einem inneren Monolog gestaltet.

Beschreibung (1)

Wählen Sie eine Person, die Sie im Café in der U-Bahn, in der Uni beobachten, und fertigen Sie eine genaue Beschreibung dieser Person mit allen fünf Sinnen an.

Beschreibung (2)

Wählen Sie ein Naturobjekt (Stein, Baum, Quelle, Pflanze), und beschreiben Sie dieses Objekt möglichst objektiv.

Reporter

Spielen Sie Reporter. Wählen Sie ein Thema, und interviewen Sie Personen, die über das Thema etwas wissen. Stellen Sie dann Ihre Interview-Ergebnisse in einem Bericht zusammen.

Chronik

Schreiben Sie für einen Tag eine Weltchronik, die alle wichtigen Ereignisse enthält, die auf der Welt passiert sind. Benutzen Sie für die Erstellung der Chronik eine überregionale Zeitung. Schreiben Sie dann die Geschichte eines Welttages, indem Sie die vielen Ereignisse des Tages auf die wichtigsten reduzieren und Ursache und Wirkungszusammenhänge entwickeln, die zwischen Politik, Ökonomie und Kultur eines Welttages bestehen.

Kurznovelle

Wählen Sie aus der Zeitung ein Ereignis, das allgemein menschliche Bedeutung hat, das also ein existentielles Problem enthält. Erzählen Sie dieses Ereignis dann in Form einer Kurznovelle.

Verallgemeinerung

Untersuchen Sie Ihren Alltag, und entdecken Sie dort Trendentwicklungen, z.B. die wachsende Tendenz zur frühen Eheschließung, die zunehmende Verbreitung des Studienabbruches, die gehäuften Anzeichen von Wiedervereinigungsneurosen, die wachsende Kriminalität usw. Entwickeln Sie eine Ursachenhypothese über den gewählten Trend, und sammeln und ordnen Sie dann viele Beispiele so, daß Sie Ihre Hypothese gut belegen können. Schreiben Sie dann eine Verallgemeinerung.

Dritter Aufsatz

Wählen Sie ein Thema, das Sie nicht aus Ihrem Kopf bearbeiten können. Gehen Sie in die Bibliothek, und suchen Sie sich Literatur zu dem Thema. Lesen Sie die Literatur. Machen Sie sich Notizen. Entwickeln Sie eine Hypothese, eine Gliederung. Schreiben Sie einen Forschungsaufsatz, der Ihre Forschungsergebnisse im Kontext Ihrer Forschunghypothesen darstellt. Denken Sie beim Schreiben daran, daß Sie Ihre Mitstudenten für das Thema interessieren müssen.

Vierter Aufsatz

Versuchen Sie Ihre Hypothesen aus der Übung „Geschichte eines Welttages", „Verallgemeinerung" und „Forschungsaufsatz" so zusammenzustellen, daß eine ganze Reihe von logisch zusammenhängenden Hypothesen entstehen. Die Hypothesen versuchen Sie in Hinblick auf die möglichen Grundlagen und Folgen zu erweitern. Sie erfassen damit ein Stück Theorie, denn: Wissenschaftliche Theorie ist die systematische Zusammenfassung von Erfahrungen oder Beobachtungen in ein System von Sätzen, die sich nicht widersprechen.

Free-Writing

„Free-Writing ist eine alte Sache, ein lockeres Wort, das viele Bedeutungen hat. In meinen Schreibgruppen entstand es langsam und nebenbei, ohne daß ich es merkte. Die französischen Surrealisten benutzten es in den zwanziger Jahren. Dorothea Brand im Jahr 1934, June D. Ferebee und ihre Mitarbeiter in ihrem Buch „They All Want to Write" 1934 und S. I. Hayakawa, der Semantiker, in der Zeit um 1960. Ich gehe davon aus, daß die nordamerikanischen Indianer es um 1200 benutzten, als sie ihre Schriftzeichen in die Felsen in der Nähe des Pueblo San Juan in New Mexico kratzten. Es ist ein Weg, um uns selbst zu finden und zu erklären. Ich denke, man sollte es praktizieren, bevor man wissenschaftliche Aufsätze schreibt" (K. Macorie: The Free-Writing Relationsship. In: P. Belanoff u.a. (Hg): Nothing Begins with N. New Investigations of Free-Writing. Carbondale 1991, S. 173).

„Ich fasse zusammen, daß Free-Writing mir, mit aller Vorsicht, eine völlig neue Beziehung zum Schreiben vermittelt hat... und immer dann, wenn ich irgendwelche höhere Fortschritte im Schreiben mache - in Richtung auf Klarheit im Denken oder im Hinblick auf die Expressivität der Sprache oder in Richtung auf höhere Formen des Bewußtseins - bin ich mir ganz sicher, daß dieser Fortschritt im Free-Writing seinen Ursprung hat, der niedrigsten und verachtesten Schreibtechnik" (P Elbow: Towards a Phenomenology of Free-Writing. In: B. Belanoff u.a.O., S. 212 ff.)

3.2. Forschungskurzgeschichten

Das Wichtigste an der wissenschaftlichen Forschung ist der Forschungsprozeß. Wer Studenten zu Forschern ausbilden will, muß sie in den Forschungsprozeß einführen. In den meisten wissenschaftlichen Büchern werden nur Resultate vorgestellt, die den Studenten selten für den Weg begeistern, der gegangen werden muß, um zu solchen Ergebnissen zu kommen. Die Experten, die ihre Forschungswege nicht offenlegen, erscheinen den Studenten wie höhere Wesen, die den Studenten keine Chancen geben, die Methoden zu erkennen, wie man in den höheren Bereich wissenschaftlicher Forschung gelangen kann. Wenn die wissenschaftlichen Experten die verzweigten Szenarien ihrer wissenschaftlichen Suche erzählen würden, dann würden die Studenten *„die wirkliche Natur kreativer Männer und Frauen verstehen und auch den Glauben entwickeln können, daß sie durch wissenschaftliches Lernen auch solche Personen werden können*" (K. Macrorie: The I-Search-Paper. Portsmouth 1988, Einleitung S. 6). Es geht im folgenden also darum, die Technik des Schreibens von Kurzgeschichten über den wissenschaftlichen Forschungsprozeß, sei es nun in den Natur-, Sozial- oder Geisteswissenschaften, in vier Abschnitten darzustellen und mit Übungen für Einzelne und für Schreibgruppen praktikabel zu machen. Bei den

Übungen für einzelne und für Schreibgruppen praktikabel zu machen. Dann kann man Techniken praktizieren, wie man eine Forschungskurzgeschichte schreiben kann. Anschließend werden die Leser in die Möglichkeiten der Überarbeitung ihrer Forschungskurzgeschichte eingeführt und schließlich wird auch darauf eingegangen, welche Hilfsmittel benutzt werden können, um die eigene Forschungskurzgeschichte abzurunden. Wie sagte doch Ken MACRORIE, der diese Form des kreativen Schreibens in den Wissenschaften erfunden hat: „*Nicht Research-Papers lehren Wissenschaft, sondern I-Search-Papers.*" Nur Geschichten, nur die narrativen Muster über den wissenschaftlichen Prozeß, die sich sehr gut mit den narrativen Alltagsmustern der Studenten verbinden können, animieren Studenten zum Eintreten in den Prozeß wissenschaftlicher Arbeit.

Der große Romanautor und Linguist Umberto Eco hat eine witzige Einführung in das wissenschaftliche Schreiben unter dem Titel: „*Wie man eine wissenschaftliche Abschlußarbeit schreibt*", Heidelberg 1991, veröffentlicht. In diesem Buch und in seiner „Nachschrift zum Namen der Rose", München 1990, lassen sich viele Beispiele für gute Forschungskurzgeschichten finden. Hier soll nur ein Paradebeispiel Ecos, seine Geschichte „Die Bibliothek von Alessandria" (U. Eco, a.a.O, S. 109-136) vorgestellt werden. In dieser Erzählung beschreibt Eco seine bibliographischen Forschungen zum Thema „Der Begriff der Metapher bei den Theoretikern des italienischen Barock" in der Provinzbibliothek von Allesandria, die an drei Tagen insgesamt neun Stunden umfaßten. Eco beginnt beim Schlagwortkatalog, er findet ein Buch, das im Literaturverzeichnis 50 Titel auflistet. Danach informiert Eco sich in den vorhandenen Enzyklopädien über „Barocke Kunst", geht zu einer „Geschichte der italienischen Literatur" über, die über 100 einschlägige Titel nachweist. Dann läßt er sich ausgewählte Titel aus dem Archiv bringen und stellt fest: „Ich habe von 38 Büchern, die ich in meine Kartei aufgenommen habe, 25 gefunden. Das sind fast 70 %" (U. Eco, a.a.O., S. 119) Er konsultiert dann eine weitere Literaturgeschichte, einen Sammelband über „Aspekte und Probleme der Ästhetiker" und findet dort einen Aufsatz mit 250 Titeln im Literaturverzeichnis. Eco kann nun einen Überblick über die wichtigsten Autoren gewinnen, die zu seinem Thema immer wieder gearbeitet haben. Er wird sich klar, daß er nun sehen muß, was die Bibliothek an Originaltexten von Barock-Autoren bereithält, stößt dann aber auf die Idee, „Die Poetica" von Aristoteles lesen zu müssen und findet in der kleinen Bibliothek 15 antike Ausgaben dieser Schrift. Am Schluß seiner Arbeit hat Eco eine Bibliographie von 300 erarbeitet. „*Von diesen Titel habe ich letztlich in Allesandria 30 gefunden... Nicht schlecht für eine Provinzstadt*" (U. Eco, a.a.O., S. 133). Eco kann zeigen daß „*man in eine Provinzbibliothek gehen... und nach drei Nachmittagen vom Thema eine hinreichend klare und vollständige Vorstellung haben kann*" (U. Eco, a.a.O., S. 135). Er schränkt aber ein: „*Natürlich muß man ein Thema wählen, das sich für dieses Spiel eignet*" (U. Eco. a.a.O., S. 135).

Aber auch in Ken MACORIES „The I-Search Paper" finden sich viele Beispiele für Forschungskurzgeschichten. MACORIES Lieblingsgeschichte stammt von einem Studenten, der über Wölfe forschen wollte und in seiner Kurzgeschichte die Odyssee seiner Interviews über Wölfe vorstellt. Der Student beginnt bei den Tierwärtern im Zoo von Detroit, fragt dann bei seiner alten Biologielehrerin an, interviewt Professoren an einer Universität, die alle aber wenig Ahnung über das Verhalten von Wölfen hatten. *„Über 50 Leute mußte ich fragen und alle sagten nein"* (K. MACORIE, a.a.O., S. 17). Schließlich lernte der Student eine Frau kennen, die zwei Wölfe hielt und viel über die emotionellen Beziehungen zwischen Menschen und Wölfen wußte. Sie verwies auf einen Polizisten, der auch zwei Wölfe besaß. Dieser Sheriff erzählt viel über die Kindheit von Wölfen: *„Wann sie ihre Augen öffnen und an welchem Tag sie zuerst feste Nahrung zu sich nehmen. Was die Ernährung von Wölfen pro Woche kostet."* Durch seine Feldforschung gewann der Student Kenntnisse, die nicht in Büchern stehen. Das Resultat seiner Forschung. *„Das Leben mit Wölfen ist sehr spannend. Der Wolf wird Dir Dinge beibringen, die Du vorher niemals bemerkt hast"* (K. MACORIE, a.a.O., S. 20).

Eine andere Kurzgeschichte bei K. MACORIE handelt vom Leben an Küsten. Sie stammt von einer Studentin, die ihre Kindheit am Meer verbracht hat und sich für die Probleme interessiert, die Menschen, die am Meer leben, haben. Sie benutzt für ihre Forschung drei Methoden: Bücherstudium, Interviews, Selbsterfahrung. Sie besorgt sich erst aus der öffentlichen Bücherei Bücher über das Leben an Küsten. Sie liest Reisebeschreibungen von Leuten, die Küsten bereist haben. Sie studiert die Untersuchung von Henry THOREAU über die Einsamkeit des Lebens an der Küste. Dann findet sie ein Buch eines Einsiedlers, der ein Jahr in Klausur an einer Küste gelebt hat. Und sie liest ein Buch über einen Forscher, der mit einem kleinen Boot lange Zeit Küsten erforscht hat. Sie studiert Bücher über die Geräusche an Küsten und über die Gewalt von Stürmen. *„Als ich genug über die Schönheit und Gefahren des Lebens an Küsten gelernt hatte, beschloß ich Interviews mit Küstenbewohnern zu machen"* (K. MACORIE, a.a.O., S. 195). Sie erfährt in Interviews, daß die Freude, an der Küste zu leben, die Gefahren überwiegen. Die Bewohner fühlen sich mit dem Meer verwandt. Sie glauben: „Wenn wir das Meer zerstören, zerstören wir uns selbst." Sie haben ein ganz natürliches ökologisches Bewußtsein, auch wenn sie die Fenster ihrer Häuser wegen der salzigen Seeluft mehrmals im Jahr streichen müssen. Die Studentin wird bei den Gesprächen mit einem Buch vertraut gemacht mit dem Titel „Ein Wind, der die Welt erschüttert". Das war ein Buch, das nach der Interviewmethode die Wirkung eines Hurrikans im Jahr 1938 rekonstruierte. Aus diesem Buch lernt sie genau die Folgen eines Hurrikans für Küstenbewohner kennen. Sie beschließt nun, in eine einsame Hütte direkt an der Küste zu ziehen, um das Meer hautnah erleben zu können. Sie beobachtet Ebbe und Flut, die Erosion der Küste durch das Meer, das Leben der Tiere an der Küste. Sie studiert die Meeresgeräusche bei Tag und Nacht, bei klarem Wetter und bei Nebel. Sie schließt ihre Geschichte mit dem Lob der Forschungsmethode der beteiligten Beobachtung: *„Es war sicher der beste Weg, über das Leben an der Küste etwas zu erfahren, und ich* *glaube, mein eigenes einsames Leben an der Küste war auch der einzige Weg*“ (K. MACORIE, a.a.O., S. 196).

Forschungskurzgeschichten zeigen, wie der Alltag des wissenschaftlichen Forschens aussieht, der zum wissenschaftlichen Schreiben führt und mit dem wissenschaftlichen Schreiben einhergeht. Weil derartige Kurzgeschichten alle Forschungs- und Schreibmethoden thematisieren, eignen sie sich auch gut zur Einführung in das wissenschaftliche Schreiben als Prozeß.

3.2.1. Versuche, sich schriftlich auszudrücken

Die Wissenschaft weiß heute noch nicht genau, wie Worte entstehen, sich in Sätze verwandeln und auf dem Papier erscheinen. Aber seit Sigmund Freud ist bekannt, daß das freie assoziative Schreiben sehr schnell wichtige Einsichten zu Tage fördern kann. Auch das Lernen des Schreibens von Forschungskurzgeschichten sollte mit der Übung des „Free-Writing“ beginnen. Der Beginn mit dem Free-Writing ist keine Willkür. Die amerikanische Forschung hat den Wert dieser Schreibmethode für die Erforschung der subjektiven Themenstrukturen vielfach belegt (vgl. P. BELANOFF u.a.: Nothing Begins with N. New Investigations of Free-Writing. Carbondal 1991, besonders S. 132 ff., 161 ff., 170 ff).

Free-Writing

Schreiben Sie fünf Minuten, so schnell Sie können, alles auf, was Ihnen ins Bewußtsein tritt. Kümmern Sie sich dabei nicht um Zeichensetzung und Orthographie. Lassen Sie erst das Unbewußte seine spontane Arbeit tun, und gehen Sie dann mit Ihrem rationalen Bewußtsein an Ihre spontan entstandenen Texte heran.

Hier und jetzt schreiben

Schreiben Sie fünf Minuten lang alles auf, was Sie um sich sehen: Wände, Fenster, Stühle, Personen, Bücher usw.

Eine Bezugsperson

Schreiben Sie über eine für Sie wichtige Person fünf Minuten ohne Rücksicht auf die Vorschriften der Duden-Redaktion. Lesen Sie Ihren entstandenen Text ruhig in einer Schreibgruppe vor, und tauschen Sie dort Ihre Eindrücke über Ihre so entstandenen Texte aus.

Mit diesen Übungen lernen Sie sich als Schreiber kennen, der Texte produziert, die aus ihm selbst kommen, nicht aus Büchern oder aus dem Mund von Autoritäten. Mit der Technik des Free-Writing können wir Texte produzieren, die Ausdruck unserer eigenen Erfahrungen sind und die durch den Ausdruck dieser Erfahrungen sich als wahr autorisieren. Wenn also in einem Seminar Texte entstehen, die für alle durch echte Erfahrungen autorisiert sind, können sich die Studenten gegenseitig darin bestärken, daß Schreiben eine wichtige Sache ist und wissenschaftliches Schreiben ein sehr guter Weg.

Erste Büchererfahrung

Schreiben Sie fünf Minuten automatisch über Ihre Lesebiographie, Ihre Leseerfahrungen oder über Ihr Verhältnis zu Büchern und gedruckten Worten. Überlegen Sie dann, wie diese Erfahrungen Ihr Verhältnis zum wissenschaftlichen Schreiben beeinflußt haben.

Der beste Text

Aus allen Free-Writing-Texten sollten Sie nun Ihren besten heraussuchen. Sie sollten ihn ausbauen, korrigieren und umschreiben. In einer Schreibgruppe könnten dann alle überarbeiteten Texte vorgestellt werden, und man könnte dort überprüfen, wie weit sich Ihre Schreibfähigkeit schon entwickelt hat.
Wissenschaftliches Schreiben soll der Wahrheitsfindung dienen. Um einen Begriff von der Bedeutung des Schreibens der Wahrheit zu bekommen, sollten die Studenten es erst einmal mit dem Schreiben der autobiographischen Wahrheit versuchen.

Kindheitserlebnis

Schreiben Sie in der Methode des Free-Writing fünf Minuten über ein Sie stark beeindruckendes Kindheitserlebnis. Lesen Sie dann in der Schreibgruppe alle Texte vor, und prüfen Sie gemeinsam, ob diese Texte die Wahrheit sagen oder ob Deckerinnerungen und Idealisierungen vor die Realität gestellt worden sind. In der Auseinandersetzung mit der persönlichen Wahrheit werden Sie einen Begriff von der wissenschaftlichen Wahrheit entwickeln können. Denn was subjektiv überzeugend ist, muß schließlich so ausgedrückt werden, daß es auch objektiv überzeugt. Der biographisch einleuchtende Text muß deshalb so geschrieben werden, daß er den Weg vom Einzelnen zu anderen finden kann.

Das gleiche Kindheitserlebnis

Schreiben Sie eine Woche später erneut über dasselbe Kindheitserlebnis, und überprüfen Sie gemeinsam in der Gruppe, wie sich nun Ihre Texte verändert haben und ob Sie sich mit diesen Veränderungen auf dem Weg der Annäherung an die Wahrheit befinden. Wissenschaftliches Schreiben kommt **mit einem Minimum** exakter Worte aus. Versuchen Sie nun, Ihre Texte so zu gestalten, daß nur die absolut nötigen Worte im Text stehen bleiben. Unnötige Wiederholungen von Worten sollten nun nicht mehr zugelassen werden.

Bereinigter Text 1

Nehmen Sie Ihren besten Free-Writingtext, kürzen Sie ihn, streichen Sie alle überflüssigen Worte weg. Lesen Sie dann die erste und zweite überarbeitete Fassung vor, und lassen Sie die Gruppe feststellen, welche Veränderungen zwischen erster und zweiter Fassung stattgefunden haben.

Bereinigter Text 2

Nehmen Sie Ihren schlechtesten Free-Writingtext, und streichen Sie nicht nur Worte, sondern ganze Sätze und ganze Absätze so, daß der Text schließlich nur noch den halben Seitenumfang hat. Versuchen Sie dann den Text noch einmal um die Hälfte zu kürzen. Wie sieht nun der Erfolg aus?

3.2.2. Die Forschungskurzgeschichte

Der Forschungsprozeß läßt sich nicht als eine Arbeit beschreiben, bei der aus fünf gelesenen Aufsätzen ein sechster fabriziert wird. Eine solche Vorstellung verspricht keine Schreibanregung. Deshalb ist es für eine richtige Schreibanimation wichtig, vom Forschungsprozeß selbst und von seinen Phasen auszugehen. Diese Phasen heißen:

a) Die Entstehung erster Ideen
b) Die Wahl des Themas
c) Das Aufspüren von Quellen
d) Wissenschaftsjournal
e) Dialoge statt Dialektik
f) Die Kunst des Interviews

a) Die Entstehung erster Ideen

Gruppenratschlag

Wenn Ihnen eine Forschungsidee kommt, reden Sie mit Ihren Kommilitonen über Ihre Idee. Lassen Sie sich von ihnen beraten und Hinweise auf Informationen zum Thema geben.

Expertengespräche

Suchen Sie sich Experten zum Thema, und lassen Sie sich von ihnen Bücher, Zeitschriften, Filme, Tonbänder und andere Experten nennen, mit denen Sie reden können.

Ideen verarbeiten

Verarbeiten Sie die Ideen, die Ihnen die Experten gegeben haben, indem Sie sie in Form von Notizen und kleinen Texten zusammenfassen.

Interviews

Wenn Sie besser in Ihr Thema eingearbeitet sind, bereiten Sie Forschungsinterviews vor. Überlegen Sie, wie Sie am besten Ihre Interviews durchführen können. Legen Sie sich einen kleinen Fragebogen zurecht. Viele Experten sind für Interviews offen, weil Sie gerne ihr Wissen mit anderen teilen wollen. Sollten angesprochene Experten ein Interview ablehnen, dann lassen Sie sich von Ihnen an weitere Fachkollegen verweisen.

Erneute Ideenverarbeitung

Vergleichen Sie die Informationen der Experten. Versuchen Sie die Qualifikation der Experten zu bewerten. Machen Sie sich auch Gedanken über die Hintergründe ihrer Aussagen. Versuchen Sie in einem kleinen Text die Kontroversen der Experten zu Ihrem Thema zu verarbeiten.

Weitere Informationsquellen benutzen

Berücksichtigen Sie bei Ihrer Forschung aber auch eigene Beobachtungen, Einfälle in Ihren Träumen und Lesefrüchte aus Büchern, Zeitungen, Zeitschriften und Berichte von Alltagsmenschen, die oft gute Erfahrungen beisteuern können. Fassen Sie diese neuen Informationen in einem kleinen Text zusammen. Diese neuen Resultate eines derartigen Forschungsprozesses sollten dann in der Form einer Kurzgeschichte dargestellt werden. Die Kurzgeschichte hat die Aufgabe, zu erzählen, was und in welcher Reihenfolge beim Forschungsprozeß passiert ist. Die Forschungskurzgeschichte kann fünf Abschnitte haben:

1. Das Wissen und das Nichtwissen des Studenten beim Beginn seiner Forschung
2. Die Gründe des Studenten für das Erzählen der Forschungsgeschichte
3. Die Forschungskurzgeschichte in ihren Etappen als Geschichte einer Jagd nach neuem Wissen
4. Die Lernresultate des Forschungsprozesses für den Studenten
5. Eine Literaturliste mit dem Verzeichnis aller Interviews, aller Bücher und aller anderen Quellen, die beim Abfassen der Forschungskurzgeschichte benutzt wurden.

Kurzgeschichten-Cluster

Jede Kurzgeschichte gliedert sich in drei Abschnitte: erster Abschnitt Anfang, zweiter Abschnitt Suche, dritter Abschnitt Lösung. Zum Anfang gehören das Wissen und Nichtwissen beim Beginn der Forschung und die Gründe für das Erzählen der Geschichte. Zur Suche gehört der Kampf um neues Wissen und die Lösung der Forschungsfragen. Zur Lösung gehören die Lernresultate. Zu jedem der drei Abschnitte wird nun geclustert. Das ist eine Methode gezielter und gelenkter freier Assoziation, die auf der Mitte eines Blattes von einem Kernwort ausgeht. Aus unseren drei Teiltexten zum Anfang, zur Suche und zur Lösung kann dann abschließend ein Kurzgeschichtentext gefertigt werden. Sie haben nun die Möglichkeit, erstmal eine fiktive und dann eine reale Forschungskurzgeschichte mit Hilfe des Kurzgeschichtenclusters zu schreiben.

Kurzgeschichten-Cluster

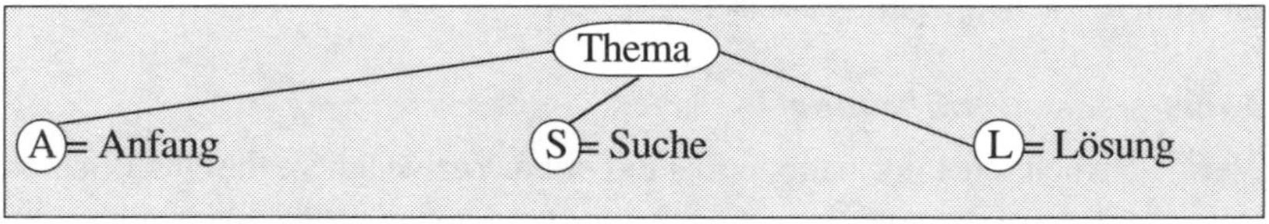

b) Die Wahl des Themas

Um eine reale Forschungskurzgeschichte schreiben zu können, muß der Student von einem Thema ergriffen werden. Er sollte sein Thema finden und nicht ein fremdes Thema zu seiner Sache machen. Da jeder Student bei der Wahl seines Studienfaches bestimmte Interessen mitgebracht hat, kann es nicht schwierig sein, auf irgendein für ihn interessantes Thema zu stoßen, das die Fülle seines Faches auf einen überschaubaren Abschnitt fokussiert.

Erste Skizze

Legen Sie eine Liste mit möglichen Themen für Ihre erste Forschungsgeschichte an. Wählen Sie dann ein Thema aus. Schreiben Sie zu diesem Thema fünf Minuten schnell und ohne Hemmungen, um zu erkennen, wohin das Thema Sie führt. Wenn wir nun schrittweise bei der Entstehung der Forschungskurzgeschichte weitergehen, stoßen wir dann auf das Problem der Aufspürung von Quellen.

c) Das Aufspüren von Quellen

„Der schlechteste Startbeginn der Forschung ist der Schlagwortkatalog einer Bibliothek. Gehen Sie lieber zu lebendigen Menschen“ (K. MACORIE: The I-Search-Paper. Portsmouth 1988, S. 89). Überwinden Sie Ihre Hemmungen von, lebendigen Begegnungen. Sie sind der Kern jeder Forschungskurzgeschichte. In jeder Universitätsstadt wimmelt es von Experten für alle wichtigen Forschungsfragen.

Quellensuche

Nehmen Sie das Vorlesungsverzeichnis Ihrer Universität. Suchen Sie sich die Fachleute raus, die Sie brauchen. Informieren Sie sich über ihre Publikationen, besuchen Sie ihre Institute, lassen Sie sich von ihnen Literatur- und Praxisorte in der Stadt nennen, die Sie dann zu weiteren Informationen zu Ihrem Thema führen werden.

Besuch der Bibliothek

Besuchen Sie dann eine Bibliothek, und lassen Sie sich zwei Stunden durch alle Räume der Bibliothek treiben. Schauen Sie mal in Nachschlagewerken, in Karteien, in die Mikrofilmmonitore, in die Videothek. Wenn Sie etwas finden,

was zu Ihrem Thema paßt, fassen Sie zund Aber bleiben Sie während der ganzen Zeit ganz locker.
Prüfen Sie Periodika und Bibliographien. Zeitschriften sind der Sammelplatz der aktuellen Diskussionen der Wissenschaft. Bestimmt wird auch Ihr Forschungskurzgeschichtenthema gerade in einer Zeitschrift diskutiert. Damit Sie sich schnell über die Zeitschriftenliteratur orientieren können, schauen Sie mal in Dietrichs Internationale Bibliographie der Zeitschriftenliteratur (vgl. Lehrbuch S. 83). Oder prüfen Sie mal, ob jemand gerade über Ihr Thema promoviert hat. Dafür sehen Sie mal in die Deutsche Bibliographie, Reihe A, Hochschulschriftenverzeichnis, wo alle **laufend erscheinenden** Dissertationen verzeichnet werden. Machen Sie dafür eine bibliographische Reise in den Lesesaal einer großen Bibliothek (vgl. Kap. A. 3.3).

Lesen in Nachschlagewerken

Die neueste Literatur wird auch in Nachschlagewerken, in Enzyklopädien, Fach- und Konversationslexika verschiedener Fächer aufbereitet. Sehen Sie auch hier mal zu Ihrem Thema nach, und schreiben Sie eine Zusammenfassung Ihrer Eindrücke.

Historische Wörterbücher

Ihr Thema umfaßt Schlüsselwörter, deren Geschichte in Wörterbüchern entschlüsselt werden. Suchen Sie Ihr Schlüsselwort einmal im Grimm'schen Wörterbuch auf, und stellen Sie die Geschichte Ihres Schlüsselwortes zusammen. Sie können auch mal die Geschichte der Lieblingsbegriffe Ihres Professors in einem historischen Wörterbuch rekonstruieren, oder machen Sie „Buchstechen", und lesen Sie die Geschichte eines Wortes, das Sie so nach dem Zufallsprinzip ausgewählt haben.

Einführungen in verschiedene Wissenschaften

Einen guten Überblick über den Stand der Forschung in einem Fachgebiet bieten „Einführungstexte". Sie sollten in den folgenden Einführungen in wissenschaftliche Fachgebiete über die Inhaltsverzeichnisse und Register dieser Bücher prüfen, ob Sie Hinweise zu dem Thema finden, das Sie gerade erforschen wollen. Hier eine Auswahl von Einführungen in bunter Reihenfolge:

Bätschmann, O.: Einführung in die kunstgeschichtliche Hermeneutik. Die Auslegung von Bildern. Darmstadt 1992
Berg, J.: Einführung in die Theaterwissenschaft. Darmstadt 1993
Braun, H.: Einführung in die musikalische Volkskunde. Darmstadt 1985
Buchkremer, H.: Einführung in die Sozialpädagogik. Darmstadt 1993
Frank, A.P.: Einführung in die britische und amerikanische Literaturkritik und -theorie. Darmstadt 1983
Frentzel-Beyme, R.: Einführung in die Epidemologie. Darmstadt 1985

Fuchs, R.: Einführung in die Lernpsychologie. Darmstadt 1991
Gerner, B.: Einführung in die pädagogische Anthropologie. Darmstadt 1993
Grondin, J.: Einführung in die philosophische Hermeneutik. Darmstadt 1991
Gwinner, M.P.: Einführung in die Geologie. Darmstadt 1979
Hedinger, H.-W.: Einführung in die Theorie der Geschichtswissenschaft. Darmstadt 1993
Holz, H.: Einführung in die Transzendentalphilosophie. Darmstadt 1991
Kehrer, G.: Einführung in die Religionssoziologie, Darmstadt 1988
Kluge, N.: Einführung in die systematische Pädagogik. Darmstadt 1983
Koopmann, H.: Deutsche Literaturtheorien der Moderne. Eine Einführung. Darmstadt 1993
Kuhlmann, D., Straub, H.: Einführung in die Endokrinologie. Die chemische Signalsprache des Körpers. Darmstadt 1986
Lanczkowski, G.: Einführung in die Religionswissenschaft. Darmstadt 1991
Lende, O.: Einführung in die griechische Geschichtsschreibung. Darmstadt 1992
Locher, F.: Einführung in die numerische Mathematik. Darmstadt 1978
Mag, W.: Einführung in die betriebliche Personalplanung. Darmstadt 1986
Müller-Hagedorn, C.: Einführung in das Marketing. Darmstadt 1990
Niemeyer, H.G.: Einführung in die Archäologie. Darmstadt 1983
Prauss, G.: Einführung in die Erkenntnistheorie. Darmstadt 1988
Rottleuthner, H.: Einführung in die Rechtssoziologie. Darmstadt 1987
Scheuringer, B.: Einführung in die Berufssoziologie. Darmstadt 1993
Schneider, K.: Einführung in den Buddhismus. Darmstadt 1992
Speckmann, E.-J.: Einführung in die Neurophysiologie. Darmstadt 1991
Stückelberger, A.: Einführung in die antiken Naturwissenschaften. Darmstadt 1988

d) Wissenschaft lernen

Wissenschaft zeigt sich als objektives Gesetz, als logisches System, als geprüfte Beobachtung. Das Produkt steht im Vordergrund, nicht der Prozeß. Aber gerade das Lernen vom Forschungsprozeß ist der Königsweg des studentischen Lernens. Das Konzept Forschungskurzgeschichten zu schreiben fordert den Studenten auf, sich auf eine nicht alltägliche Odyssee zu begeben, die ihn schließlich nach Hause bringt. Dort soll er dann die Geschichte seiner Suchbewegung, genauso wie es die Helden Homers taten, als Erzählung vorstellen. Beginnen Sie Ihre Forschungsgeschichte deshalb nicht mit Thesen und Erklärungen, sondern erzählen Sie die Geschichte, wie Ihre Forschung tatsächlich anfängt. Jede gute Erzählung packt den Zuhörer auch und gerade in der Wissenschaft.

Das liegt am Ursprung der Wissenschaft aus dem Mythos. Viele der alten Mythen geben auch heute noch letzte Erklärungen für das Unerklärbare und zeigen so, wie auch die Wissenschaft von ihren Anfängen und Grenzen sprechen kann. Gestalten Sie den Anfang Ihrer Forschungsgeschichte als Geschichte, wie Ihr Thema von Ihrem Bewußtsein Besitz ergriff.

Der Anfang

Erzählen Sie auf zwei Seiten den Beginn Ihrer Forschung zu einem gewählten Thema. Beschreiben Sie, wie Sie zu dem Thema kamen, was Sie an dem Thema reizte, was Sie vom Thema wußten und was Sie nicht wußten. Schreiben Sie dann bitte auch, was Sie bei Ihrem Thema herausfinden wollten.

e) Dialoge statt Dialektik

Die Forschungskurzgeschichte gewinnt mehr Leben, wenn Sie Dialoge benutzen. In jeder Wissenschaft gibt es Kontroversen. Alle Hypothesen liegen miteinander im Streit. Auch bei Ihrem Thema wird die Auseinandersetzung mit Kontroversen nicht ausbleiben. Stellen Sie deshalb diese Kontroversen als Dialog dar.

Dialoge

Schreiben Sie einen einseitigen Dialog zweier Wissenschaftler, wie er sich im Alltag darstellen würde. Greifen Sie auf Ihre Kenntnisse von der wissenschaftlichen Sprechweise zurück, und deuten Sie im Dialog auch die Grenzen der wissenschaftlichen Kommunikation an, die oft von Bluff- und Fremdwortgeklingel verzerrt wird.

f) Die Kunst des Interviews

Wichtige Teile der Forschungsgeschichte sollten echten Interviews entnommen werden. Allerdings sind nicht alle Teile Ihrer geführten Interviews für Ihre Forschungsgeschichte wichtig. Sie sollten deshalb keinen Tonbandmitschnitt für die Forschungsgeschichte transkribieren, sondern die wichtigsten Zitate des Interviews schon beim Interview schriftlich festhalten. Gute Zitate bekommt man vom Gesprächspartner, wenn man ein **narratives** Interview führt. Narrative Interviews lassen den Interviewten alle Freiheiten weit auszuholen und zielen auf die Erhebung ohne Schlüsselgeschichten ab. Gerade gute Schlüsselgeschichten brauchen Sie aber für die spannende Ausgestaltung Ihrer Forschungskurzgeschichte.

Kurzinterviews

Machen Sie ein Interview mit einem Hochschullehrer über seine Forschungserfahrungen. Fragen Sie mal nach seiner Inspiration, seinen Arbeitsschritten, seiner Schreibarbeit über ein Thema, das Sie selbst interessiert. Anschließend geben Sie dieses Interview als verdichteten Dialog zwischen Ihnen und dem Wissenschaftler wieder.

3.2.3. Die Überarbeitung der Forschungskurzgeschichte

a) Vorlesen und diskutieren

Meistens lernen wir allein. Wenn wir aber in einer Gruppe lernen, in denen alle Äußerungen solidarisch diskutiert werden, wird sowohl das Bewußte als auch das Unbewußte in jedem Teilnehmer kreativ über das Übliche hinaus stimuliert. Das Vorlesen der Forschungskurzgeschichte und die anschließende Diskussion dieser Texte eröffnet eine ideale Form kollektiver Textüberarbeitung und Textrevision. Allerdings darf es nicht zu einer „Abschlachtung" der Texte und ihrer Autoren kommen. Folgende Regeln sollten in den Diskussionsrunden über Forschungskurzgeschichten gelten:

1. Neben Kritik muß immer das Positive an jeder Geschichte genügend gewürdigt werden.
2. Der jeweilige Autor sollte sich alle Kommentare anhören und nur Entgegnungen und Verteidigungen versuchen, wenn er das Gefühl hat, komplett falsch verstanden worden zu sein.
3. Ein Tag nach der Diskussion sollte der kritisierte Autor in aller Ruhe noch einmal die Kommentare zu seiner Kurzgeschichte analysieren und Verbesserungsvorschläge aufgreifen, soweit sie in seinen Text hineinpassen.

Schwachstellen

Suchen Sie Schwachstellen aus Ihrer Forschungsgeschichte, und schreiben Sie selbst eine eigene Kritik von einer Seite. Lesen Sie beide Texte, Ihre Kurzgeschichte und Ihre Kritik dieser Kurzgeschichte in der Gruppe vor, und berücksichtigen Sie dann die Verbesserungsvorschläge, die die Gruppe zu machen hat.

b) Objektivität und Subjektivität

Viele Forschungsberichte bringen nicht viel. Sie fassen eine Masse Zitate zusammen, garnieren sie mit einer langweiligen Einleitung und beenden sie mit einem nichtssagenden Schluß. Dabei können sich solche Forschungsberichte auf die Einhaltung von wissenschaftlichen Formalitäten berufen: auf richtiges Zitieren, auf korrekte Fußnoten, auf eine umfängliche Bibliographie. Aber sie haben einen entscheidenden Fehler: ihnen fehlt das Leben.

Wissenschaft hat sich seit ihrer Emanzipation von der mittelalterlichen Theologie als objektive Wissenschaft der Maße und Experimente etabliert. Die Subjektivität der Gefühle und Empfindungen wurde systematisch ausgeschlossen. Allerdings hat der Ausschluß der Subjektivität heute einen Grad erreicht, daß die Gefahr besteht, zwischen Subjekt und Objekt einen Abgrund zu sehen. Die neueste Atomphysik bringt die Umkehr. Materie ist im Grunde abhängig vom Betrachter: einmal Energiewelle, zum anderen Energiekorpuskel. Albert Einstein meinte: „*Der Beobachter ist immer Teil des Beobachteten.*" Diese Wende sollte sich auch in unserem Ansatz, Forschungskurzgeschichten zu schreiben, niederschlagen. Diese Geschichten sind keine langweiligen Forschungsberichte, sondern sie sind Kurzgeschichten, die objektive Fakten und subjektive Erfahrungen miteinander verbinden.

c) Gefühle suchen

Gehen Sie Ihre Forschungsgeschichte einmal durch, und markieren Sie, wo Ihre subjektiven Gefühle sitzen und wo in Ihrer Kurzgeschichte objektive Erkenntnisse dargestellt werden. Stellen Sie dann den Wert Ihres subjektiven Engagements für das Finden objektiver Erkenntnisse fest.

d) Das Objektive suchen

Prüfen Sie in Ihrer fertigen Forschungskurzgeschichte noch einmal intensiv den Stand der dort mitgeteilten objektiven Kenntnisse, und vergleichen Sie sie mit Ihren Forschungsergebnissen im Kontext Ihrer Quellenarbeit. Wenn Sie den Eindruck haben, daß Sie den objektiven Gehalt Ihrer Forschungsgeschichte noch verbessern können, dann tun Sie es jetzt. Achten Sie dabei aber darauf, daß Sie den narrativen Diskurs nicht unnötig zerstören. Vom narrativen Diskurs hängt ein Teil der Faszinosität von Forschungskurzgeschichten ab (MACRORIE, K.: The I-Search Paper. Portsmouth 1988. BURNHAM, C.C.: Writing from the Inside Out. San Diego 1989).

Sprachverstopfung

Die heutige wissenschaftliche Schriftsprache ist ein Abbild des Straßenverkehrs. Sie leidet unter Wortverstopfung. Da wimmelt es von Nebensätzen, Hauptwörtern, Wortkollagen mit -ung, -heit und -keit am Schluß. Die besten Mittel gegen Sprachverstopfung sind kurze Sätze, kurze Wörter, Verben an der Stelle von Substantiven. Ein Beispiel:
Der Satz: „Die gegenwärtige, gewichtige Determinante für die Richtung des Krankheitsverständnisses bei Laien sind die in den Bestimmungen der obligatorischen Krankenversicherungen angelegten Rechte und Pflichten der Versicherten, die auch fast Fast-Krankheiten und bedingt den Anspruch auf Krankheitsverhütung einschließen", kann besser heißen: „Heute bedeutet krank für viele Menschen das gleiche wie anspruchsberechtigt."

„In der heutigen Wissenschaft ist das Aufmotzen von Texten sehr beliebt, weil man damit viele Konkurrenten blenden kann. Kritik wird so gelähmt, geistige Tiefe vorgegaukelt. Schreibblöcke und Schreibstörungen werden auch durch Wissenschaftsjargon und Diskurs-Chinesisch verursacht" (Aus einem Referat auf der 1. Deutschen Tagung zum „Kreativen Schreiben in den Wissenschaften" an der FU Berlin, Februar 1992).

3.3. Von innen nach außen schreiben

Der russische Sprachforscher L. S. Wygotski hat in seinem Buch „Denken und Sprechen", Frankfurt 1969, die These aufgestellt, daß das Kind nicht nur erst spricht, bevor es schreibt, sondern daß es eine innere Sprache entwickelt, bevor es eine Schriftsprache beherrscht. Zwischen innerer Sprache und Schriftsprache, die dann auch den erwachsenen Menschen als unterschiedliche Qualifikation auszeichnen, bestehen nach Wygotski wichtige Analogien, die wir in folgender Graphik darstellen wollen:

Innere Sprache	Äußere Sprache
- maximal zusammengedrängt - verkürzt „stenographisch" - überreich an Ellipsen - faßt ausschließlich prädikativ, da Subjekt dem denkenden Menschen bekannt - voller idiomatischer Wendungen: Wörter als Sinnkonzentrate	- maximal entfaltet - formal entwickelter - keine Ellipsen - Situation ist in allen Einzelheiten zu reproduzieren, da auf maximale Verständlichkeit gerichtet - erfordert komplizierte Operationen beim Aufbau von objektiv verständlichen Sinneinheiten

(Vgl. L. S. Wygotski: Denken und Sprechen. Frankfurt 1969, S. 227 ff.).

Für die Entwicklung des wissenschaftlichen Schreibens ergibt sich aus diesen Analogien, die auf der Schule vom Schüler meist nicht oder nur ungenügend bewältigt werden, daß an der Universität der Spannungsbogen der maximal zusammmengedrängten inneren Sprache als Sprache für den Sprechenden selbst zu einer maximal entfalteten Sprache als Schreibsprache für andere Personen intensiv ausgebaut werden muß. Der Übergang von der inneren Sprache zur äußeren Schreibsprache ist *„eine Umstrukturierung der Sprache, die Umwandlung einer völlig eigenständigen Syntax der semantischen und lautlichen Struktur der inneren Sprache in eine andere Strukturform*". (L. S. WYGOTSKI, a.a.O., S. 349 ff.). Der beste Weg der Transformation der inneren in die äußere Sprache ist das wissenschaftliche Schreiben selbst. *„Schreiben führt daher auch vom unbewußten selbstverständlichen Gebrauch der Sprache zu bewußten absichtlichen Handlungen. Dies ist ein lang andauernder, fortschreitender Prozeß*" (E. WILD: Inneres Sprechen - äußere Sprache, Stuttgart 1980, S. 85).

Ein weiteres Stück dieses Weges wollen wir mit dem folgenden Schreibmodell vorstellen, das mit Schreibübungen zur inneren privaten Sprache beginnt und sich dann auf das Üben des wissenschaftlichen Schreibens für andere, in der Öffentlichkeit, konzentriert. Unser Modell gliedert sich in drei Stufen. Es beginnt mit Übungen zum Schreiben eines persönlichen akademischen Journals, schreitet dann fort mit Übungen zum Schreiben von wissenschaftlichen Aufsätzen, in denen erzählt, beschrieben, interpretiert, analysiert, argumentiert und überzeugt werden soll. Am Schluß stehen Übungen, die innere und äußere Sprache verbinden. Diese Übungen sollen lehren, wie man persönlich brisante Themen in wissenschaftlich angemessene Texte verwandelt (vgl. C.. C. BURNHAM: „Writing from the Inside Out". San Diego 1989).

3.3.1. Die innere private Sprache

a) Das persönliche Journal

Mit Hilfe des persönlichen Journals machen wir uns die Einflüsse bewußt, die uns bestimmen. Das persönliche Journal gibt uns Hinweise auf innere Unstimmigkeiten und hilft uns unser Gleichgewicht wiederzufinden. Es motiviert uns zur Selbstanalyse und Selbstreflexion. Im persönlichen Journal sollen vier Übungssorten zum Zuge kommen:

- Übung zur Selbstzentrierung in der Gegenwart
- Übung zur Erinnerung an die Vergangenheit
- Übung zur Antizipation der Zukunft
- Übung zur Reflexion des eigenen Journalschreibens

Die Texte des persönlichen Journals schreibt jeder erstmal für sich selbst. Sobald der Schreiber Zutrauen hat, kann er seine Eintragungen auch im Seminar oder in der Schreibgruppe vortragen. Ein Vortrag in der Schreibgruppe kann etwas von der Einsamkeit vertreiben, die das heutige Massenstudium jedem/r Studenten/ Studentin aufzwängt.

1. Übung: Erste Selbstzentrierung

Legen Sie eine Brainstorming-Liste in zwei Spalten an:

1. Spalte: aktuelle Gefühle
2. Spalte: Ursachen für diese Gefühle

Wählen Sie dann das für Sie wichtigste Gefühl aus, und schreiben Sie über dieses Gefühl schnell einen kleinen Text.

2. Übung: Erstes Erinnern an einen wichtigen Platz

Stellen Sie sich Plätze in Ihrem Leben vor, deren Geschmack, Geräusch und Stimmung. Beschreiben Sie erst diesen Platz, und entwickeln Sie dann erste Sätze darüber, warum dieser Platz eine so große Bedeutung für Sie hatte.

3. Übung: Erste Zukunftsantizipation über das Lebensziel

Imaginieren Sie das Ziel Ihres Lebens. Malen Sie sich Ihre ideale Zukunft im Beruf und im Privaten aus. Schreiben Sie dann einen kleinen Kommentar zu Ihrem Zukunftsbild.

4. Übung: Zweite Selbstzentrierung

Legen Sie eine neue Brainstorming-Liste an, über die Gefühle, die Sie jetzt haben, und kommentieren Sie dann schriftlich Ihr vorherrschendes Gefühl.

5. Übung: Zweite Erinnerung an eine wichtige Person

Stellen Sie sich eine wichtige Person Ihres Lebens vor, und sammeln Sie alle freien Assoziationen zu dieser Person, die Ihnen spontan einfallen. Schreiben Sie dann eine kleine Bewertung dieser Person.

6. Übung: Zweite Zukunftsantizipation

Imaginieren Sie die Situation, in der Sie sich ein Jahr später befinden könnten. Schreiben Sie dann eine Tageslaufgeschichte über diesen Tag in einem Jahr. Gehen Sie den Text durch, und kommentieren Sie ihn.

7. Übung: Dritte Selbstzentrierung

Konzentrieren Sie sich auf Ihr augenblickliches Gefühl, beschreiben und kommentieren Sie es.

8. Übung: Dritte Erinnerung: Dialog mit einer Person

Wählen Sie eine Person, und führen Sie ein imaginäres Gespräch mit dieser Person über Ihr Leben und Ihre Lebenschance. Schreiben Sie dann eine freie Assoziation über dieses Gespräch, und fixieren Sie ein Urteil.

9. Übung: Dritte Zukunftsantizipation: Eine Rede

Stellen Sie sich den wertvollsten Preis vor, den Sie im Leben gewinnen wollen, stellen Sie sich dann vor, wie Sie diesen Preis erhalten, und schreiben Sie dann eine Rede, die Sie aus Anlaß der Preisverleihung halten wollen. Schreiben Sie dann auf, was Sie über sich selbst in Ihrer Rede erfahren haben.

10. Übung: Vierte Selbstzentrierung

Stellen Sie sich wieder Ihrem aktuellen Gefühl, beschreiben und kommentieren Sie es.

11. Übung: Vierte Erinnerung - ein Mythos Ihrer Ahnen

Stellen Sie sich den Charakter Ihrer Familie vor. Assoziieren Sie zu den wichtigsten Eigenschaften Ihrer Vorfahren. Wenn Sie einen Vorfahren genauer gefaßt haben, schreiben Sie die mythische Geschichte dieses Vorfahren mit Geburt, großen Taten und Lebensende. Schreiben Sie dann einen Kommentar zur Ihrem Familienmythos, und stellen Sie dar, wie weit dieser Mythos Einfluß auf Ihr Leben hat.

12. Übung: Vierte Zukunftsantizipation - mein Alter

Stellen Sie sich Ihr Alter vor, Ihr Leben von 60 bis 70 Jahren. Schreiben Sie einen Tageslauf aus Ihrem 70. Lebensjahr. Kommentieren Sie dann diesen Tageslauf.

13. Übung: Fünfte Selbstzentrierung

Stellen Sie sich Ihrem aktuellen Gefühl, beschreiben und kommentieren Sie es.

14. Übung: Abschließende Selbstreflexion

Stellen Sie sich die Entwicklung Ihrer Gefühle und Ideen während der letzten 13 Übungen vor. Sammeln Sie freie Assoziationen zu diesen Gefühlen und Ideen, und verfassen Sie dann einen bewertenden Text über Ihre Journalarbeit. Sie können sich dann eine Liste mit zwei Spalten anlegen:

> 1. Spalte neue Erkenntnisse, 2. Spalte alte Erkenntnisse. Mit dieser Liste werten Sie Ihr Journal aus. Das Resultat dieser Auswertung sollte dann in drei neuen Haupteinsichten über Ihre Vergangenheit, Gegenwart und Zukunft, die sich aus dem persönlichen Journal ergeben, niederschlagen.

Mit diesen 14 Übungen haben Sie die Grundtechnik des Schreibens eines persönlichen Journals kennengelernt. (vgl. aber auch Kapitel B, Kapitel 1.1 Journalschreiben).

Sie können diese Technik im Studium immer dann anwenden, wenn ein aufkommender Leidensdruck Sie dazu zwingt.

b) Das akademische Journal

Das akademische Journal sammelt Ihre Auseinandersetzung nicht mit Ihnen selbst, sondern mit der Wissenschaft, meist mit wissenschaftlichen Texten.

Übung

Führen Sie in den nächsten vierzehn Tagen ein akademisches Journal, indem Sie alle Spuren Ihrer Arbeit in wissenschaftlichen Texten niederlegen. Legen Sie bei jedem wissenschaftlichen Text, den Sie in den nächsten vierzehn Tagen lesen, sieben Schritte zurück:

1. Lesen Sie den Text schnell
2. Lesen Sie den Text langsam, und machen Sie Unterstreichungen
3. Legen Sie fest, wie Sie den Text verstehen
4. Stellen Sie die Schlüsselgedanken des Textes zusammen
5. Überprüfen Sie Ihre Schlüsselgedanken am Text auf Stimmigkeit
6. Stellen Sie Fragen an den Autor, die für Sie im Text offen geblieben sind, und versuchen Sie, sie zu beantworten
7. Beschreiben Sie den Wert, den der Hauptgedanke des Textes, den Sie gelesen haben, für Sie selbst hat

3.3.2. Die äußere öffentliche Sprache

Die Benutzung der öffentlichen Sprache gelingt nur, wenn man Ideen soweit entwickelt, strukturiert und überzeugend vorträgt, daß sie bei dem spezifischen Publikum der Universität verstanden werden können. Um den Unterschied zwischen privatem und öffentlichen Schreibens zu erfahren, stellen wir folgende Übungen vor:

Ein persönlicher und ein öffentlicher Brief

Suchen Sie sich aus der Presse oder aus den Radionachrichten ein brennendes Thema, und schreiben Sie zwei Stellungnahmen zu diesem Thema: einmal an einen Freund, zum anderen an einen Politiker. Vergleichen Sie dann beide Briefe. Stellen Sie dazu folgende Fragen: Welcher Brief war leichter zu schreiben? Welcher Brief erforderte mehr Vorbereitung? Welche Quellen habe ich beim Briefschreiben benutzt? Welche Sprachunterschiede zeigen beide Briefe? Welche Unterschiede in der Schreibabsicht zeigen sich?

Wenn Sie diese Fragen beantwortet haben, werden Sie folgende Unterschiede zwischen privater und öffentlicher Schreiben erkennen:

	Privates Schreiben	**Öffentliches Schreiben**
Vorbereitung	keine Vorbereitung	systematische Vorbereitung in Bibliotheken und durch Fachliteratur
Struktur	einfach und direkt	klare Gliederung besondere Anrede Achtung auf Titel, wichtige Argumente und Grußformeln
Sprache	familiäre Umgangssprache	öffentliche, klare, überzeugende Sprache
Absicht	Information	argumentierender Appell zum Handeln

Wissenschaftliches öffentliches Schreiben ist kein linearer, sondern ein diskursiver, zyklischer und sich ständig korrigierender Prozeß. Denken, Schreiben, Forschen, Lesen, Überdenken, Überarbeiten, Neuschreiben lösen sich in diesem Prozeß ständig ab. Allerdings gibt es gewisse modellhafte Strukturen z.B. für spezifische Textsorten, mit denen Studenten sich in öffentlicher Schreibe üben, z.B. Hausarbeiten und Referate. Auf jeden Fall lassen sich drei Phasen des Schreibprozesses unterscheiden: Forschen, Schreiben, Überarbeiten. Innerhalb dieser Phasen treten zusätzliche charakteristische Tätigkeiten auf, die wir nun in einer weiteren Graphik auf der folgenden Seite zum Schreibprozeß darstellen wollen.

Nach diesem Modell wollen wir nun verschiedene Sorten von Hausarbeiten und Referaten üben. Die folgenden Texttypen sind dabei so gewählt, daß der Übergang von der privaten zur öffentlichen Schreibe schrittweise erfolgt und die verschiedenen Schreibaufgaben in unterschiedlichen Wissenschaften vom Laborbericht in den Naturwissenschaften über die persönliche Interpretation in den Geisteswissenschaften bis zum Feldforschungsbericht in den Sozialwissenschaften abgedeckt wird. Wir werden also die wissenschaftliche Erzählung, die Beschreibung, die Interpretation, die Argumentation und die Überzeugung (vgl. Lehrbuch Teil A, Kapitel 3) in einem spezifisch neuem Modellzusammenhang behandeln.

Modell des Schreibprozesses

	1. Forschen
Absichten	- Finden und Wahl des Themas - Entwicklung von Thesen - Entwurf eines Schreibplans
Techniken	- Stimulieren für die Aufgabe - Entwicklung von Aufmerksamkeit - Schreiben im Journal - Gespräche mit Kollegen und Mitstudenten - Finden und Befragen von Experten - Forschungsmethoden einsetzen - Probleme eingrenzen - Rohzusammenfassung schreiben - Feingliederung entwickeln
	2. Schreiben
Absichten	- die Idee strukturieren und entwickeln - ein Textmodell entwerfen
Techniken	- Zitate sammeln und ordnen - erste Fassung schreiben - erste Überarbeitung
	3. Überarbeitung
Absichten	- Bewertung - umformulieren - Herstellung der Endfassung
Techniken	- Lesekommentare von Bekannten - Selbstprüfung - Revision und umschreiben - bibliographische Zutaten - Abschlußkontrollesung

a) Textsorte: Erzählung

Wählen Sie aus Ihrem Journal eine wichtige persönliche Erfahrung, und versuchen Sie sie in einer Erzählung so darzustellen, daß die Ereignisse dieser Erzählung öffentlich verstanden werden können. Dieses öffentliche Verständnis wird angebahnt, wenn Sie sich vornehmen, daß die Erzählung folgende Kennzeichen hat: eine chronologische Ordnung, Benutzung spezifischer Details, Überzeugungskraft und Engagement des Schreibers.

Der Prozeß des Schreibens der Erzählung wird in den drei Arbeitsabschnitten folgende Aufgaben zu lösen haben:

1. Abschnitt: Forschen

- freies Schreiben im Journal, um das gewählte Thema zu erforschen
- Gespräch mit Freunden über das Thema
- Anlage einer Liste von Ideen zum Thema
- Erkennen der ersten Umrisse eines Textmodells der persönlichen Erzählung

2. Abschnitt: Schreiben

- schnelles Schreiben, das neue und überraschende Aspekte der Geschichte aufdeckt
- Benutzung von Details, Überzeugungskraft und Engagement

3. Abschnitt: Überarbeiten

- Bewertung durch kritisches Lesen von Mitstudenten
- Selbstkritik des Textes
- Umformulieren der Schwachstellen des Textes: Beseitigung von zu langen Sätzen, Wiederholungen und Unklarheiten

b) Textsorte: Beschreibung

Bei einer Beschreibung kann man zwischen der objektiven und der impressionistischen Beschreibung unterscheiden. Die objektive Beschreibung zentriert sich auf die Reproduktion der Realität, der Fakten, unter Absehung subjektiver Zusätze, während die impressionistische Beschreibung die Realität kreativ entstehen läßt und den Beschreiber mit seinen Gefühlen stärker hervortreten läßt. Die objektive Beschreibung hat ihr Gewicht in den Natur- und Wirtschaftswissenschaften, während die impressionistische Beschreibung durchaus in den Geistes- und Sozialwissenschaften verbreitet ist.

Eine objektive Beschreibung

Wählen Sie sich als Thema eine Person oder einen Platz,die oder den Sie in Ihrem Journal schon benannt haben. Orientieren Sie sich beim Schreibprozeß an unserem früher gegebenen Modell mit drei Abschnitten: Forschen, Schreiben, Überarbeiten.

Eine impressionistische Beschreibung

Wählen Sie als Thema ein Charakterportrait oder eine Reportage, eine Begebenheit aus der Gegenwart. Nutzen Sie dabei das Material aus Ihrem Journal. Berücksichtigen Sie dabei die drei Schreibphasen Forschen, Schreiben, Überarbeiten.

c) Textsorte: Interpretation

In allen Wissenschaften werden Interpretationen geschrieben. Durch Interpretation wollen wir die Oberflächen unserer Erfahrung durchleuchten, um die tieferliegenden Strukturen zu erkennen. Die Ursachen und ihre Konsequenzen wollen wir interpretativ dort erschließen, wo die Oberfläche des Lebens Chaos und Zufall erscheinen läßt. Unsere Interpretationsarbeit im Alltag, die wir ständig vollziehen, ist uns meistens nicht bewußt. Mit der Interpretation leuchten wir tiefer in die Realität hinein als mit einer bloßen Beschreibung.

Übung: Suchen Sie sich aus Ihrem Journal ein wichtiges Erlebnis Ihres Lebens. Beschreiben Sie dieses Erlebnis noch einmal mit eigenen Worten, und liefern Sie dann eine Interpretation dieses Erlebnisses. Unterscheiden Sie bei dieser Interpretation Ursachen und Konsequenzen Ihres Erlebnisses. Um beide Teile des Textes (die Beschreibung und die Interpretation) zu verbinden, ist es nötig, durch eine These oder durch Fragen und Antworten eine Überleitung zu finden. Berücksichtigen Sie beim Schreiben unsere drei Schreibphasen.

d) Textsorte: Argumentation

Eine Argumentation muß eine Position einnehmen und verteidigen. Diese Position muß argumentativ ausgebaut werden und eine Struktur enthalten, so daß die Leser von der vorgetragenen Position auch überzeugt werden. Die Argumentation kann in drei Teilen aufgebaut werden:

1. Einleitung und Grundthese
2. Hauptteil in argumentativer Struktur
3. Schluß mit zusammenfassenden Argumenten

Die Argumentation hat folgende Textstruktur:

Einleitung	- einführende Gedanken - Grundthesen Überleitung
Hauptteil	- Argument 1 - Verteidigung Überleitung - Argument 2 - Verteidigung Überleitung
Schluß	- Wiederholung und Bekräftigung des Hauptarguments

(Vgl. C. C. Burnham: Writing from the Inside Out. San Diego 1989, S. 146).

In der Universität wird die Form der Argumentation bei Hausarbeiten und Referaten, aber auch in Klausuren benutzt.

Übung:

Stellen Sie sich erstmal durch freie Assoziation eine Liste möglicher Themen zusammen. Denken Sie dabei auch an: Bücher, Gedichte, Filme, politische Probleme oder soziale Konflikte. Wählen Sie ein Thema aus. Benutzen Sie zur Entfaltung des Themas entweder Methoden des Clusterings und Mind-Mappings oder rhetorische Methoden. Die Rhetorik unterscheidet Themen als Partikel, als Welle und als Feld. Bei der „Partikelmethode" betrachten Sie Ihr Thema als einzelnen Gegenstand, bei der „Welle" als Teil eines Prozesses und beim „Feld" als Punkt in einem Netzwerk von Beziehungen (vgl. A. YOUNG u.a.: Rhetoric: Discovers and Chances. New York 1970). Sie können aber auch die fünf W-Fragen an Ihr Thema stellen: Was, wer, wo, wann, warum oder nach der Handlung, dem Handelnden, der Situation, der Bedeutung und der Absicht Ihres Themas fragen. Schreiben Sie dann eine dreiteilige Argumentation, wie sie die letzte Graphik vorgestellt hat.

Übung:

Bei einer Argumentation kommt es besonders auf die Einleitung und den Schluß an. Eine Einleitung sollte drei Funktionen erfüllen:

- Sie sollte in das Thema einführen.
- Sie sollte das Thema begründen.
- Sie sollte das Thema für den Leser interessant machen.

Schreiben Sie mal zu Ihrer obigen Argumentation zwei neue, in sich verschiedene Einleitungen und prüfen Sie, wie weit diese Einleitungen, Ihre Funktion erfüllt haben.

Der Schluß einer Argumentation sollte folgende Aspekte umfassen:

- eine Erneuerung der Grundthese
- die Herausstellung der persönlichen Bedeutung dieser Grundthese
- oder die Einordnung der Grundthese in einen größeren Kontext
- eine Einschätzung des Wertes der Argumentation

Schreiben Sie nun zu Ihrer Argumentation zwei neue, in sich verschiedene Schlußvarianten, und überprüfen Sie ihre Wirkung.

Der Argumentationstexttyp ist nicht sehr elegant, aber er ist wie ein Jeep, er bewährt sich im schwierigen Terrain und läßt einen meist nicht im Stich.

e) Textsorte: Überzeugung

Bisher haben wir akademische Textsorten geübt, die schon auf Zuhörer angelegt waren. Mit der Textsorte Überzeugung wird nun der Leserbezug ganz extrem, denn eine Überzeugung soll den Leser nicht nur informieren und beeinflussen, sondern zum Handeln motivieren. Die Hervorrufung einer Überzeugung bei einem Leser erfordert, daß die Textsorte „Überzeugung" logische, ethische und pathetische Aspekte besitzt. Logischen Anschein erweckt die Überzeugung, wenn sie mit Argumenten der Forschung und der Experten arbeitet. Ethische Qualität hat Ihre „Überzeugung", wenn sie an verbindliche Normen und Werte des Alltages und des Mannes auf der Straße appelliert. Pathetischen Charme hat Ihre „Überzeugung", wenn Sie tiefe Emotionen wie: Angst, Lust oder Begeisterung anspricht.

Übung:

Sehen Sie sich mehrere Werbespots im Fernsehen an, und analysieren Sie mal, welche Überzeugungstechniken sie anwenden. Lesen Sie mal den Leitartikel Ihrer Zeitung, und achten Sie auf seine rhetorischen Qualitäten.

Die Wahl eines Themas zum Schreiben einer „Überzeugung" muß sich auf kontroverse und zugleich hochaffektive Themen beziehen. Ihre Themenliste, die Sie durch freien Einfall produzieren, könnte folgende Pro- und Contra-Themen umfassen: Wirtschaftskriminalität, Ausländerhaß, neuer Nationalismus, Atomkrieg, Fundamentalismus, Freigabe von Drogen.

Bei der Auswahl des Themas sollten Sie sich folgende Fragen stellen:

1. Bin ich am Thema richtig interessiert?
2. Habe ich gute Argumente für das Thema?
3. Weiß ich genug über das Thema?
4. Wie sehen meine Leser bzw. Hörer das Thema, und wie kann ich sie beeinflussen?
5. Welche Lösung kann ich zum Thema bieten?

Übung:

Schreiben Sie einen kleinen Text, der diese fünf Fragen zu Ihrem gewählten Thema beantwortet.

Das Wichtigste für einen Erfolg bei einer „Überzeugung" ist die Kenntnis des Publikums, des Lesers oder der Hörer des Textes.

Übung:

Stellen Sie sich Ihr Publikum vor, für das Sie schreiben wollen. Berücksichtigen Sie dabei folgende Aspekte des Publikums: Alter, Geschlecht, Weltanschauung, Bildungsniveau, Lebens- und Problemerfahrung.

Übung:

Wenden Sie sich nun Ihrem Thema zu, und legen Sie eine Liste der Pro- und Contra-Argumente Ihres Themas an.

Die Textstruktur einer „Überzeugung" muß den dynamischen Pro- und Contra-Charakter des heißen Themas abbilden, das sie bearbeiten will. Der Hauptteil Ihres dreiteiligen Textes muß so strukturiert werden, daß Sie erst die Argumente des Gegners und dann die eigenen Argumente vortragen und gestalten.

Eine „Überzeugung" hat folgende Text- und Gliederungsstruktur:

Einleitung	einführende Gedanken: - Hintergründe - historische Ableitung - Anekdote - Grundthesen Überleitung
Hauptteil	Argumente des Gegners - Eigene Gegenargumente Überleitung
Schluß	grundsätzliche Verstärkung der eigenen Position

(Vgl. C. C. BURNHAM a.a.O., S. 186).

Übung:

Schreiben Sie nun nach diesem Textsortenmuster Ihren Überzeugungstext für das Thema, daß Sie früher schon gewählt haben.

Übung:

Um später Ihren Text in seiner Struktur richtig kontrollieren und überarbeiten zu können, verwandeln Sie Ihren Text in ein Mindmap, in eine Landkarte: Teilen Sie dafür Ihren Text in kleine Teile, übertragen Sie diese Teile, übersetzt in Begriffe, im Uhrzeigersinn um Ihr Themenkernwort. Diese Visualisierung in einem Mindmap kann Ihnen zeigen, ob die Pro- und Contra-Spannung im Text richtig stimmt (vgl. C. C. BURNHAM a.a.O., S. 192).

3.3.3. Die innere Sprache in äußere Sprache verwandeln - das ideale Referat

Gutes wissenschaftliches Schreiben für ein Referat sollte tiefe Überzeugungen und Forschungserkenntnisse in eine derartige Sprache übersetzen, daß der Leser oder Hörer vom Text ergriffen, überzeugt und beeindruckt wird. Diese Art zu schreiben bringt innere und äußere Sprache zusammen. Die wichtigsten wissenschaftlichen Texte nähern sich der Textsorte „Bekenntnis" an. Nachdem Sie sich in verschiedenen wissenschaftlichen Textsorten geübt haben, sind Sie nun richtig vorbereitet, für das wissenschaftliche „Bekenntnis", das zugleich die ideale Form des Referats darstellt.

Die Geschichte der wissenschaftlichen Literatur kennt hervorragende Beispiele für wissenschaftliche „Bekenntnisse". Dazu gehören die „Essays" von Michael MONTAIGNE, das persönliche Journal von Henry David THOREAU, „Walden", die „Pensées" von Blaise PASCAL oder die „Sudelbücher" von Georg Christoph LICHTENBERG, vielleicht auch die „Prosagedichte" von Charles BAUDELAIRE.

Vorbilder

Suchen Sie sich einen Text dieser Autoren heraus, und analysieren Sie es nach folgenden Gesichtspunkten:

Gegenstand

Fassen Sie den Text in zwei kurzen Abschnitten zusammen.

Publikum

Sehen Sie, ob der Autor in seinem Text sein Publikum als öffentliche oder private Hörer betrachtet. Wie weit kann der Autor die Erfahrungen seiner Hörer teilen?

Struktur

Wie ist der Text gegliedert? Welche Ordnung haben seine Argumente? Welche Formen des wissenschaftlichen Schreibens, welche Techniken des wissenschaftlichen Schreibens, Erzählens, Beschreibens, Interpretierens, Argumentierens, Überzeugens benutzt der Autor?

Sprache

Wieweit verwendet die Sprache des Textes öffentliche oder private Kommunikationsformen? Wieweit ist die Sprache persönlich, bildlich, emotionell? Wieweit ist die Sprache förmlich, abstrakt und glatt?

Wissenschaftliche Bekenntnisse sollen mehrere Anforderungen erfüllen: Sie sollen ehrlich, persönlich und authentisch sein. Sie sollen den Leser mobilisieren und engagieren. Sie sollen aber über das private Journalschreiben hinaus gehen und die Potenzen der öffentlichen Sprache im umfassenden Sinne nutzen.

Ein Bekenntnis

Sehen Sie nochmal in Ihrem Journal nach, ob Sie dort Themen finden, die zugleich von privatem und von öffentlichem Interesse sind, z.B. Eltern-Kind-Beziehung, Schulprobleme, die Wirkung der Massenmedien oder spirituelle

Krisen. Erforschen Sie dann mit kreativen Schreibmethoden, was Sie über Ihr Thema denken, und sichern Sie sich durch Einbeziehung der Bibliothek Kenntnisse über die öffentliche Meinung zum Problem. Besprechen Sie diese öffentliche Meinung auch mit Freunden, um Ihren eigenen Standpunkt zu erhärten. Lesen Sie sich in Teile der schönen Literatur ein, in der oft die existentiellem Probleme eine große Rolle spielen. In der Bibliothek arbeiten Sie an Katalogen, lesen und exzerpieren Sie Bücher, bilden Sie Forschungssynthesen, gliedern und bibliographieren Sie die Basisliteratur.

Bei der Literatursuche können Sie sich an folgendem Diagramm orientieren:

Überblick über Literatursuche:

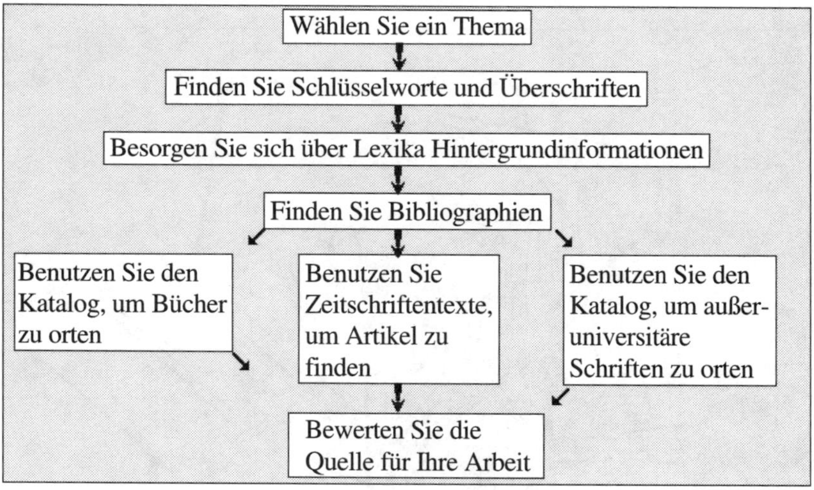

(R. Axelrod, C. R. Cooper: The St. Martin's Guide to Writing. New York 1988, S. 534).

Beim Schreiben des wissenschaftlichen Bekenntnisses sollten Sie mit allen wissenschaftlichen Schreibtechniken experimentieren: mit erzählerischen, beschreibenden, interpretierenden, argumentierenden und überzeugenden Elementen. Eine gute Gliederungsform Ihres dreiteiligen Bekenntnisses erreichen Sie durch den Einsatz der Mindmap-Methode, mit der Sie gegliedert nach Einleitung, Hauptteil, Schluß, alle Kerngedanken Ihres Bekenntnisses für den Schreibprozeß leicht bereitstellen können. Dazu im folgenden die Graphik:

Mind-Map eines Bekenntnisses

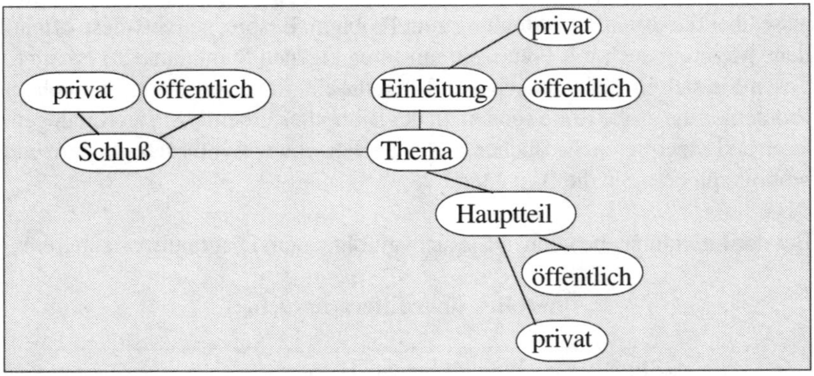

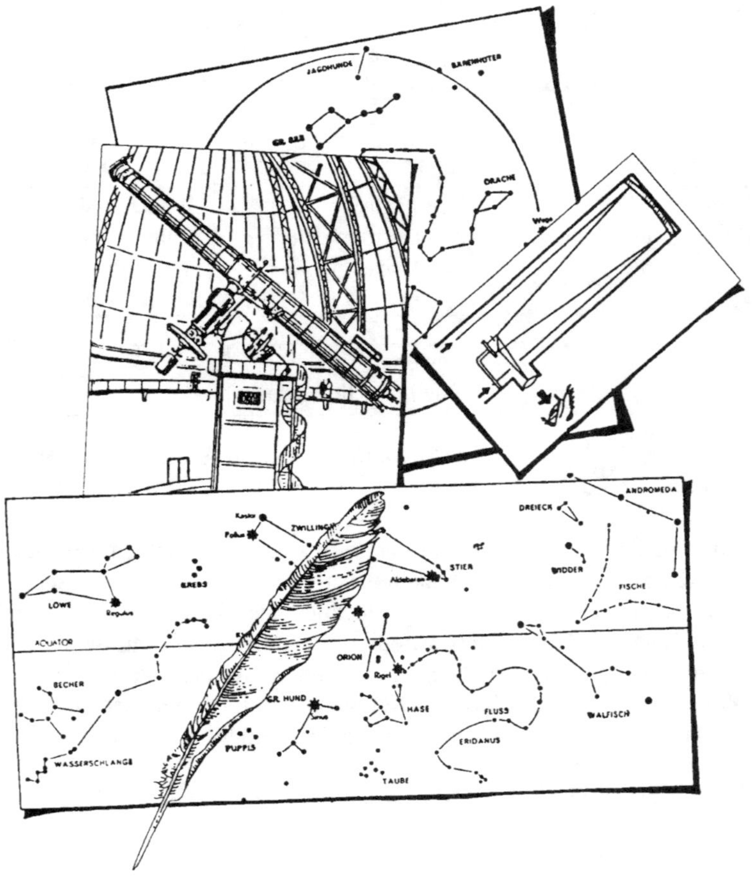

Was die Studienberatung bei Schreibwiderständen rät:

- *Betrachten Sie Ihr Thema mal mit allen fünf Sinnen.*
- *Nehmen Sie gegenüber dem Satz, bei dem der Schreibwiderstand auftrat, eine andere Perspektive ein. Sehen Sie ihn aus der Warte eines Malers, Hausmanns oder Arbeitslosen.*
- *Schreiben Sie zu dem Satz, der den Schreibblock einleitete, einen Gegensatz.*
- *Denken Sie sich mal eine Analogie zu dem Gedanken aus, der Sie dann nicht weiterführte.*
- *Betrachten Sie sich als Reporter, und stellen Sie Fragen zu Ihrem letzten geschriebenen Satz.*
- *Lösen Sie alle Stereotypen auf, die sich in den Sätzen der Arbeit, die nicht fertig wird, verstecken.*
- *Suchen Sie möglichst viele illustrative Beispiele für die Ideen, die sich nicht von der Stelle bewegen.*

(Vorschläge einer Studienberaterin an der FHSS Berlin).

3.4. Der wissenschaftliche Aufsatz

Wir erarbeiten uns Kenntnisse im wissenschaftlichen Aufsatzschreiben, die bei der Abfassung von Hausarbeiten und Referaten nützlich sein können, in drei Stufen, wobei wir das Aufsatzschreiben mit dem Schreiben von persönlichen Erfahrungen beginnen. Wir stellen dann im zweiten Teil die Bedingungen vor, die wissenschaftliches Schreiben von Aufsätzen erfüllen muß, wenn es die Leser erreichen will. Im dritten Teil thematisieren wir den Zusammenhang von Schreiben und Forschen als Kern des Schreibens von wissenschaftlichen Aufsätzen. Wiederholungen früher im Lehrbuch entwickelter Kenntnisse sind beabsichtigt!

3.4.1. Schreiben, um Wissenschaft kennenzulernen

Schreibbiographie

Beschreibe Deine Schreibbiographie während der Schul- und der Hochschulzeit. Versuche zu erklären, welche Entwicklungsphasen und welche Wendeursachen Deine Biographie prägten.

Regeln der Gesellschaft der Wissenschaftler

Nenne zuerst die wichtigsten Regeln, nach denen die Gesellschaft der Wissenschaftler sich organisieren. Begründe dann, welche Regeln Du ablehnst und welche Du akzeptierst.

Eine neue Wissenschaftsdisziplin

Entwirf eine neue Wissenschaft, und lege die Regeln fest, nach der diese Wissenschaft arbeiten soll.

Drei Schreibweisen

Nenne eine wissenschaftliche Hypothese Deines Faches. Verfasse drei Texte über diese Hypothese: 1) in der Form eines Briefes an einen Freund, 2) in der Form eines Gedichtes und 3) in der Form einer persönlichen Tagebuchnotiz. Stelle dann die Unterschiede in der Darstellung der Hypothese in diesen drei verschiedenen Textsorten fest.

Thesen über das wissenschaftliche Schreiben

Es gibt folgende Thesen über das wissenschaftliche Schreiben:

1. Wissenschaftliches Schreiben soll der Kommunikation dienen.
2. Es entspringt der Imagination.
3. Es unterstützt den Forschungsprozeß.
4. Es hilft beim wissenschaftlichen Lernen.

Wählen Sie nun eine These aus, und schreiben Sie einen Kommentar zu der ausgewählten These.

Methoden der Erforschung Ihres Themas

Für die Findung und Gliederung der Elemente eines wissenschaftlichen Aufsatzes hat das kreative Schreiben folgende Methoden entwickelt:

- **Fragen zum Thema stellen:** wer, was, wo, wie, warum
- **Free Writing:** freies, assoziatives und schnelles Schreiben
- **Mind-Mapping:** Visualisierung Ihrer Einfälle zum Thema
- **Listen anlegen:** Sammeln Sie Einfälle in Form einer Liste. Legen Sie auch Pro- und Contra-Listen zum Thema an oder Listen mit Beispielen für Ihr Thema.
- **Gliederungen:** Versuchen Sie grobe Gliederungen Ihres Themas mit römischen oder arabischen Ziffern.
- **Brainstorming:** Lassen Sie eine Gruppe Einfälle zu Ihrem Thema sammeln, und werten Sie diese Einfälle dann aus.
- **Rollenprosa:** Gehen Sie Ihr Thema in einer gewählten Rolle an. Schreiben Sie einen Brief, einen Dialog, ein Porträt, ein Gedicht, z.B. aus der Sicht eines Wissenschaftlers, einer Hausfrau, eines Arbeiters zu Ihrem Thema.

Suchen Sie sich nun mehrere Methoden zur Themenerforschung heraus, und bearbeiten Sie ein Thema damit. Beginnen Sie vielleicht mit einem Problem aus Ihrem Studium, oder bearbeiten Sie eine Fragestellung, die Ihr Hobby aufwirft.

Die Hilfe des Journal-Schreibens

Ein Journal ist ein Notizbuch, ein Tagebuch, ein Ort für Exzerpte. Es sammelt Beobachtungen, Zustände der Verwirrung und des Zweifels, Spekulationen, Zusammenhänge, Antworten auf Gelesenes, Reaktionen auf Diskussionen im Seminar, Selbsterkenntnisse, Gespräche, Reflektionen, Zitate und Evaluationen der eigenen Notizen.

- Führen Sie also zwei Wochen lang ein Journal über die Einfälle, die sich zu Ihrem Thema einstellen.
- Lesen Sie ein wichtiges Grundlagenwerk zu Ihrem Thema, und tragen Sie alle Lese- und Reflektionsfrüchte Ihrer Lesereise in Ihr Journal ein. Fassen Sie am Schluß die Früchte Ihres Lesejournals in einem kurzen Text zusammen.
- Schreiben Sie ein Journal für die Dauer eines Referats oder eines Praxisprojekts. Am Ende des Projekts schreiben Sie zu Ihren Journaleintragungen eine Zusammenfassung über die Bedeutung des Journals bei der Bewältigung des Schreibens von wissenschaftlichen Aufsätzen.

Weitere Vorschläge für das Journal-Schreiben

- Teilen Sie Ihr Journal in zwei Spalten. Die erste Spalte soll persönliche Eintragungen, die zweite Spalte wissenschaftliche Notizen aufnehmen.
- Schreiben Sie in Ihrer natürlichen Alltagssprache.
- Machen Sie so oft wie möglich Eintragungen in Ihr Journal
- Geben Sie in gewissen Abständen jeder Eintragung im Journal eine Überschrift, legen Sie dann ein Inhaltsverzeichnis an und prüfen Sie wie sich im Laufe der Zeit Ihre Themenschwerpunkte verändern und vertiefen.

Aufgabe:

Führen Sie in einem Seminar ein Journal, fassen Sie Ihre Journal-Erkenntnisse in einem Aufsatz zusammen, und stellen Sie diesen Aufsatz im Seminar zur Diskussion.

3.4.2. Wissenschaftliches Schreiben, um Leser zu erreichen

a) Wissenschaftliche Kurzprosa als Teilstück von Aufsätzen

Wissenschaftliches Schreiben von Aufsätzen führt über das Schreiben von Kurzprosa wie z.B. informative Papiere, Zusammenfassungen, Buchbesprechungen, Literaturübersichten, Arbeitsberichte, Leitsätze und wissenschaftliche Thesen. Diese Kurzprosa ist stark formalisiert, auf präzise Klarheit angelegt und bietet kreativen Innovationen nur begrenzten Spielraum. Wir wollen hier nur einige innovative Übungen vorstellen (weitere Anleitungen zur Verfassung von Kurzprosa in: WERDER, Kreatives Schreiben in den Wissenschaften. Berlin 1992).

Leitsätze

Schreiben Sie für Ihren Aufsatz einen Leitsatz. Schreiben Sie einen zweiten Satz, der den ersten ausführt, dann einen dritten, der den zweiten ergänzt. Der vierte Satz sollte ein Beispiel umfassen, das alle vorhergehenden Sätze erläutert. Der fünfte Satz sollte eine Zusammenfassung der vorgehenden Ausführungen bieten.

Aufsatz mit fünf Abschnitten

Gliedern Sie Ihren Aufsatz in fünf Abschnitte. Der erste Abschnitt umfaßt Ihre Hauptthese zum Thema, der zweite bis vierte Abschnitt diskutiert die Hauptthesen und der fünfte Abschnitt faßt zusammen und eröffnet Fragen für die weitere Arbeit.

b) Aufsatzschreiben nach Erfahrungen

- Entwickeln Sie aus einer interessanten Passage Ihres Journals einen erzählenden Aufsatz von drei Seiten, lesen Sie ihn vielleicht in einer Schreibgruppe vor, und nehmen Sie die Reaktionen der Schreibgruppe zum Anlaß, den Aufsatz auf seine Leserbezogenheit zu überprüfen.
- Schreiben Sie dann eine zweite Fassung Ihres Aufsatzes, indem Sie Ihr Thema zeitlich so stark eingrenzen wie nur möglich. Sie werden dann erfahren, daß die Eingrenzung des Themas eine Fülle neuer Details zum Thema hervorbringt.
- Schreiben Sie dann eine dritte Fassung Ihres Aufsatzes aus der Sicht einer erfundenen dritten Person. Sie werden sehen, wie sich so neue Themen Ihres Aufsatzthemas erschließen können.
- Wechseln Sie nun die Form: Aus der bisherigen Erzählung machen Sie nun entweder einen Dialog, einen Brief oder eine Reihe von Hypothesen.
- Vergleichen Sie nun alle vorgelegten Fassungen Ihres Themas, und entscheiden Sie dann, welche Endfassung Ihr Aufsatz erhalten soll.

c) Aufsatzschreiben mit einem Ziel

Ein wissenschaftlicher Aufsatz zielt häufig auf eine klare Aussage. Um diesen Zweck zu erreichen, muß der Schreiber

1. sein Thema gut kennen,
2. seine Ausführungen klar gliedern (z.B. historisch, Ursache/Wirkung, Vergleich und Gegensatz),
3. eine Sprache benutzen, die die einschlägigen Fachbegriffe kompetent verwendet.

Aufgabe

- Stellen Sie sich zuerst zwei oder drei Fächer vor, die Sie beim Studium zur Auswahl hatten. Definieren, beschreiben und analysieren Sie diese Fächer. Begründen Sie dann Ihre Auswahl:

- Ihr Interesse
- den angestrebten Arbeitsplatz
- Ihren Lebensplan

Schreiben Sie nun einen Aufsatz, der Ihre Zuhörer davon überzeugen kann, daß Sie Ihr Studium richtig gewählt haben.

- Schreiben Sie nun einen Aufsatz über die Wahl Ihres Studienfaches in einer kleinen Gruppe, und tauschen Sie zur Textarbeit Ihre Arbeiten mit den Texten einer anderen kleinen Gruppe aus.
- Wählen Sie ein Thema aus dem Bereich Sport, Politik, Philosophie, Kunst, Kultur usw., und schreiben Sie einmal einen Aufsatz aus einer positiven, dann aus einer kritischen Position.

d) Aufsätze schreiben, um zu interpretieren und zu deuten

Besonders in den geisteswissenschaftlichen Fächern zielen wissenschaftliche Aufsätze auf Deutung und Interpretation. Der Schreiber solcher Aufsätze muß **folgende Techniken** beherrschen:
Er muß für sein Thema inhaltliche **Synthesen finden**, d.h. Teile und Teilerkenntnisse zu einem Ganzen zusammenfügen. Er muß **interpretieren**, eine Meinung deuten, die Bedeutung einer Quelle herausfinden. Und er muß schließlich **bewerten**, beurteilen und einordnen, was er gelesen und was er untersucht hat.

Aufgaben

- Wählen Sie ein Aufsatzthema, das Sie schon lange beschäftigt. Schreiben Sie einen Aufsatz, der am Anfang Ihre Leser in Erstaunen versetzt und am Ende Fragen aufwirft, die Ihre Leser selbst noch nicht beantworten können.
- Besuchen Sie ein Theaterstück, eine Lesung, eine Ausstellung, und schreiben Sie dann einen wissenschaftlichen Aufsatz als Interpretation Ihrer Beobachtungserfahrung.
- Schreiben Sie einen kollektiven Aufsatz in einer kleinen Gruppe über ein gemeinsames Thema. Versuchen Sie dann diesen Aufsatz in der Studentenzeitung Ihrer Hochschule zu publizieren. Zu diesem Zweck ist es ratsam, den Aufsatz gemeinsam noch einmal gründlich zu überarbeiten.

e) Imagination und Aufsatzschreiben

Auch wenn kreatives Schreiben auf Spaß und Lockerung angelegt ist, sollte es beim wissenschaftlichen Schreiben von Aufsätzen so benutzt werden, daß wissenschaftliche Aufsätze klare, gut begründete Ideen vorstellen, die sich im wissenschaftlichen Diskurs behaupten können. Einige Ideen, wie Klarheit und Spaß sich verbinden lassen, sollen hier folgen:
Rollenspiel: Schreiben Sie einen Aufsatz aus der Sicht verschiedener Beteiligter.

Dialoge: Lassen Sie zwei Wissenschaftler über Ihr Aufsatzthema diskutieren, und erfinden Sie dafür einen fiktiven Dialog.
Imitation: Versuchen Sie, eine der Hauptquellen zu Ihrem Aufsatz in Stil und Inhalt perfekt zu imitieren.
Umdichten: Nehmen Sie ein Hauptwerk Ihres Faches, und schreiben Sie bei diesem Werk die letzten zehn Zeilen neund
Rollenprosa: Stellen Sie sich die praktische Anwendung Ihres Aufsatzthemas in einer Institution vor, und schreiben Sie ein kleines Gutachten an den Direktor Ihrer gewählten Einrichtung über die praktische Bedeutung Ihres Themas.
Parodie: Versuchen Sie einmal, Ihr Aufsatzthema zu parodieren.

f) Der Schreibprozeß beim Schreiben von wissenschaftlichen Aufsätzen

Der Schreibprozeß von Aufsätzen wird in diesem Modell in drei Phasen gegliedert:
1. Themen entwerfen
2. Aufsatzrohentwürfe grob überarbeiten
3. Endfassungen fein überarbeiten

Für diese drei Phasen gibt es folgende Übungen:

Themenentwürfe

Bei der Entfaltung eines Themas kann der Student sich an der Toposlehre der Rhetorik orientieren. Die Toposlehre gibt Anweisungen zum gezielten Suchen von Argumenten. Sie ist die Lehre von den Fundstätten der richtigen und überzeugenden Argumente. Sie wurde von ARISTOTELES begründet, von CICERO und QUINTILLIAN ausgebaut und im 20. Jahrhundert von LAUSBERG und CURTIUS modernisiert.(BORSCHEUER, L.: Topik. Frankfurt 1976) Die Toposlehre hat ausgehend von der Literaturwissenschaft auch auf alle anderen Wissenschaften und deren Textsorten Einfluß genommen. (KOPPERSCHMIDT J.: Allgemeine Rhetorik. Stuttgart 1976, S. 136). Die rhetorische Topik, die als Fundgrube für den Gang der richtigen Argumentation betrachtet wird, unterscheidet sich nach den Suchkategorien hinsichtlich einer Person und hinsichtlich einer Sache. So schreibt schon CICERO: *„Jede Sache erhält durch die Beweisführung ihre Bestätigung, entweder aus dem, was den Personen oder aus dem, was den Geschäften zukommt“* (CICERO, M.T.: Rhetorik oder von der rhetorischen Erfindungskunst. Stuttgart 1952, S. 37).
Bei der Person ist immer nach der Abstammung, der Nationalität, dem Geschlecht, dem Alter, der Erziehung und Ausbildung, der Körperbeschaffenheit, dem Schicksal, der sozialen Stellung, der Wesensart, dem Beruf, der Neigung, der Vorgeschichte, dem Wesen des Familiennamens zu fragen. Die Suchkategorien hinsichtlich einer Sache heißen: Beweggrund oder Ursache, Ort, Zeit, Art und Weise, Möglichkeiten, Definition, Ähnlichkeit, Vergleich, fingierte

Annahme und Umstände (vgl. UEDING, G.: Rhetorik des Schreibens. Königsstein 1985 S. 37-55).

Diese Topoi „*sind Strukturmuster möglicher Argumente ... insofern diese Strukturmuster problemspezifischer Natur sind, verdanken sie sich selbst einer systematischen Analyse entsprechender Problemstellung; daher sind sie geeignet, konkrete Probleme jeweils in den ihnen gemäßen Problemhorizont so zu strukturieren, daß alle für eine argumentative Problemerörterung relevanten Problemaspekte deutlich werden ... Sie gewährleisten so eine umfassende und erschöpfende argumentative Problemerörterung*“ (J. KOPPERSCHMIDT, a.a.O., S. 142).

Die Topoi sind Orte, die „*ein problembezogenes Denken ... durchlaufen muß, um die eine bestimmte Problemlösung stützenden Argumente zu finden*“ (KOPPERSCHMIDT, J. a.a.O., S. 145). Für wissenschaftliches Schreiben bietet die Toposlehre gerade bei der Entfaltung einer Problemstellung eine wichtige Hilfe.

In der Grafik lassen sich die Suchkategorien, die ein wissenschaftliches Thema erschließen können, folgendermaßen auflisten:

Topoi

der Person	der Sache
Abstammung	Beweggrund und Ursache
Nationalität	Ort
Geschlecht	Zeit
Alter	Art und Weise
Erziehung, Ausbildung	Möglichkeit
Körperbeschaffenheit	Definition
Schicksal	Ähnlichkeit
soziale Stellung	Vergleich
Wesensart	fingierte Annahme
Beruf	Umstände
Neigung	
Vorgeschichte	
Wesen des Familiennamens	

Diese Topoi-Liste kann dem Studenten bei der Bewältigung des Aufsatzthemas von Nutzen sein. Sollte der wissenschaftliche Aufsatz über einen Wissenschaftler gehen, so kann er mit den Topoi zur Person wichtige Aspekte für das Finden von Gedanken über den Wissenschaftler erschließen.

Topoi über einen Wissenschaftler

Wählen Sie aus der Reihe folgender Wissenschaftler einen aus, und versuchen Sie mit dem Personentopoi einige Stichworte über den Wissenschaftler zu entwickeln. Schreiben Sie dann einen Topoi-geleiteten Kurztext über den Wissenschaftler. Als Wissenschaftler stehen Ihnen z. B. folgende Namen zur Verfügung:

EINSTEIN, DARWIN, FREUD, HEIDEGGER, PLANCK, NIETZSCHE, BACHOFEN usw.

Bei der Arbeit an einem Sachthema sind die Topoi zur Sache zu benutzen.

Topoi über eine Sache

Wählen Sie aus der Reihe folgender Sachthemen eins aus, und versuchen Sie mit Hilfe der Sachtopoi einige Stichworte über das Sachthema zu entwickeln. Schreiben Sie dann einen Topoi-geleiteten Kurztext über Ihr Sachthema. Folgende Sachthemen stehen Ihnen zur Verfügung:

- *Die Bedeutung der Psychoanalyse*
- *Der Ursprung der Computerwissenschaft*
- *Künstliche Intelligenz und menschliches Gehirn*
- *Die Chancen der Gen-Technologie*
- *Die Herkunft des Menschen*
- *Die Krise der Religion und das Ende der Metaphysik*
- *Die Unterdrückung der Frau*
- *Aspekte weiblicher Sozialisation*
- *Die Zukunft des Sozialismus*
- *Gefahren der New-Age-Bewegung*
- *Die Entdeckung des Evolutionsprozesses*
- *Ursprung und Ziel der Geschichte usw.*

Gliederung

Machen Sie eine Grob- oder Feingliederung Ihres Aufsatzthemas, aber seien Sie nicht dogmatisch. Die Gliederung ist nur eine Leiter, wenn sie nicht weiterführt, werfen Sie sie weg, und bauen Sie sich eine neue. Der beste Weg des Aufsatzschreibens kann der Wechsel von Gliederungmachen und Textschreiben, neue Gliederungen und mehr schreiben, dritte Gliederungen verfassen und die Rohfassung des Textes schreiben, sein. Sie können eine Gliederung auch so benutzen, daß Sie erst die Abschnitte schreiben, die Ihnen Spaß machen und dann die Abschnitte, die Ihnen schwerfallen.

Die erste Seite wegwerfen

Wenn Sie Startschwierigkeiten beim Schreiben haben, dann versprechen Sie sich, immer die erste Seite Ihres Aufsatzes wegzuwerfen. Sie werden merken, daß dieser Vorsatz Sie entlastet und das Schreiben im Fluß immer besser wird als das Schreiben am Anfang.

Grobe Überarbeitungen

Neuschreiben

Schreiben Sie Ihren Aufsatz so oft neu, wie es nur geht. Wissenschaftliches Schreiben ist in vieler Hinsicht neu- und umschreiben.

Die Einleitung am Schluß

Die Einleitung zum Aufsatz kann erst geschrieben werden, wenn der ganze Text steht. Schreiben Sie eine Einleitung am Ende einer längeren Textarbeit.

Gute Überschriften

Prüfen Sie bei einem fertigen Text alle Überschriften und Zwischenüberschriften. Sehen Sie, ob Überschriften Ihr Thema genau treffen, gliedern und spannend für den Leser machen. Schreiben Sie einmal zwei alternative Überschriftensysteme für ein Thema.

Feine Überarbeitungen

Streichen

Versuchen Sie einmal in einem Aufsatz alle überflüssigen Worte zu streichen. Lesen Sie sich für diesen Zweck Ihren Text laut vor, und prüfen Sie, was nicht richtig klingt und stimmig erscheint.

Das Original heranziehen

Vergleichen Sie referierte Teile Ihres Aufsatzes mit dem entsprechenden Originaltext, und versuchen Sie, Ihre Fassung in Ihrem Text im Blick auf diesen Originaltext zu verbessern.

3.4.3. Aufsatzschreiben, um Schreiben und Forschen zu verbinden

a) Forschungsprozeß

Forschung scheint für viele Studenten eine schwere Aufgabe zu sein. Die formalen Hinweise, wie man für einen Forschungsaufsatz schreiben soll, erwekken meistens keine große Begeisterung. Sie lassen sich in folgenden Hinweisen zusammenfassen:

1) Gehen Sie in eine Bibliothek, und suchen Sie im Schlagwortkatalog die richtigen Bücher für Ihre Arbeit.
2) Konsultieren Sie einschlägige Bibliographien und Handbücher, um weitere Bücher für Ihre Arbeit zu finden.
3) Legen Sie sich eine Kartei Ihrer wichtigen Bücher und eine Kartei mit den wichtigen Exzerpten und Lesefrüchten an.

4) Schreiben Sie dann Thesen und Hypothesen zu Ihrem Aufsatz nieder.
5) Schreiben Sie eine Gliederung und eine Kurzfassung Ihres Aufsatzes.
6) Tippen Sie den Aufsatz.
7) Verfassen Sie die nötigen Fußnoten und ein Literaturverzeichnis.
8) Kontrollieren Sie die Orthographie, die Zitate, die Gliederung und den Gesamteindruck Ihres Aufsatzes.

So muß es nicht sein! Wissenschaftliche Aufsätze schreiben macht Spaß, wenn man von einem Bild des alltäglichen Forschungsprozesses ausgeht. Am Anfang, das ist besonders wichtig, jeder Forschung und jedes Forschungsaufsatzes steht ein brennendes Interesse an einem Thema. Wenn ein Thema auftaucht, dann kommt es auf die Bewältigung folgender Schritte an, um in einen Forschungsprozeß hineinzukommen, der dann zu einem wissenschaftlichen Aufsatz führen kann:

1. Gespräche mit Freunden, Kollegen, Professoren über das aufgetauchte Thema.
2. Erforschung des Themas und der eigenen Interessen an diesem Thema mit Hilfe expressiver Schreibmethoden (Free-Writing, Clustering, Mind-Mapping, Zeichnen von Graphiken usw).
3. Suchen Sie danach geeignete Literatur für Ihr Thema. Beginnen Sie damit zu Hause, fragen Sie bei Freunden nach einschlägigen Büchern, besuchen Sie auch eine Buchhandlung, und schließlich und endlich gehen Sie auch in eine Universitäts- oder Institutsbibliothek.

b) Der Anfang

Phasen des Forschungsprozesses

Beschreiben Sie die Phasen eines Ihrer Forschungsprozesse an der Universität oder auch in Ihrem studentischen Alltag. Stellen Sie typische Phasen dieses Prozesses fest. Vergessen Sie dabei nicht, auf das sehr interessante Problem der Erstinspiration einzugehen.

Früherer Forschungprozeß

- Nehmen Sie sich einen eigenen früheren Forschungsaufsatz vor, und überprüfen Sie, welche Schritte Sie vollzogen haben, um diesen Aufsatz zu schreiben.

Journal befragen

- Stellen Sie Informationen aus Ihrem Journal zusammen, die Sie dort über Ihre bisherige Forschung notiert haben, und versuchen Sie, aus diesem Material die Ihnen eigenen Strukturen des Forschungsprozesses zu erschließen.

Das Forschungsjournal

Das wichtigste am Forschungsprozeß ist die Motivation und die richtige Arbeitsweise des Forschers. Das beste Instrument zur Selbststeuerung und

Selbstevaluation der Forschungsarbeit ist ein Forschungsjournal, das alle Ideen, Erfahrungen, Einsichten und Erkenntnisse des Forschungprozesses sammelt. Das Forschungsjournal vereinigt die „ersten Eindrücke", die ersten Annahmen, alle allgemeinen und speziellen Fragen zum Thema, Forschungsbemühungen, die gelungen sind und die scheiterten, Planungen, Kontrollen, Umschreibungen erster Entwürfe, das Entdecken neuer Forschungsergebnisse, die eingearbeitet werden müssen und Ideen für die endgültige Gestaltung des Aufsatzes.

Fünf Startfragen

Am Beginn des Forschungsjournals für einen Aufsatz sollen fünf Fragen beantwortet werden:

- Für welches Aufsatzthema will ich forschen?
- Was weiß ich schon über das Thema?
- Welche Fragen will ich im Aufsatz stellen und beantworten?
- Kann ich meine generellen Fragen schon konkretisieren?
- Kann ich mit jemandem reden, der gerade über die speziellen Seiten meines Themas etwas weiß?

Forschungsaufsatz

Fertigen Sie aus Ihren Journaleintragungen zu einem Forschungsprojekt einen separaten Forschungsaufsatz an, d.h. schreiben Sie einen Aufsatz über das Thema „Wie ich forsche" (vgl. Teil B, Kap. 3.2. unseres Lehrbuches).

c) Die Forschung

Hilfsmittel für den Aufsatz: Personen und Orte

Wichtige Hilfsmittel für einen wissenschaftlichen Aufsatz sind informative Personen und Orte. Um Informationen von Personen zu bekommen, müssen Sie sich mal in einen Reporter verwandeln. In der Rolle des Reporters können Sie folgende Übungen praktizieren:

Die richtigen Fragen

Machen Sie sich erst mit Ihrem Aufsatzthema vertraut, bevor Sie Leute befragen. Entwickeln Sie erst die fünf wichtigsten Fragen zu Ihrem Thema, ehe Sie losziehen. Stellen Sie sich auch auf freies Fragen ein, wenn, durch Ihre Fragen angeregt, sich neue Aspekte ergeben. Erfragen Sie im Interview auch Schweigeminuten. Sie können durchaus neue Aspekte bringen. Notieren Sie sich während und nach dem Interview die wichtigsten Einsichten für Ihren Aufsatz, auch wenn Sie ein Tonband mitlaufen lassen. Die ausschließliche Benutzung des Tonbandes ohne eigene Notizen ist meist eine sehr aufwendige Angelegenheit. Schreiben Sie nach dem Interview kleine Porträts der wichtigsten Interviewpartner, die sich vielleicht gut im Aufsatz einbauen lassen.

Die richtigen Orte
Besuchen Sie die Orte, an dem Ihr Aufsatzthema sich praktisch ereignet: Straßen, Plätze, Institutionen, Treffpunkte. Beschreiben Sie Ihre Betrachtungen an diesen Orten mit allen fünf Sinnen, hören Sie an den richtigen Orten auf alle informellen Gespräche. Legen Sie sich aber zuerst eine Liste der richtigen Orte an, ehe Sie sie besuchen.

Bücher und Zeitschriften als Hilfsmittel

Bisher haben wir das eigene Schreiben, eigene Beobachtung und Einfälle als Quelle für einen wissenschaftlichen Aufsatz benutzt, nun gehen wir zur Ausbeutung des Schreibens anderer über. Dazu einige Übungen:

Die eigene Bibliothek
Die leichteste Informationsquelle ist die eigene Bibliothek. Stellen Sie mal eine Liste der wichtigsten Nachschlagewerke und Grundlagenwerke Ihres Faches zusammen, die Sie schon selbst besitzen. Beschreiben Sie kurz die interessantesten Leseerfahrungen, die Sie mit Literatur, die Sie selbst besitzen, schon gemacht haben.

Die Universitäts- bzw. Institutsbibliothek
Stellen Sie sich Fragen zu Ihren Aufsatz, und gehen Sie dann in eine Bibliothek. Sammeln Sie dort Informationen zu Ihren Fragen an folgenden Orten:

Sach- oder Stichwortkatalog
Hier finden Sie reiche Nachweise zu einschlägigen Büchern für Ihr Aufsatzthema.

Bibliographischer Lesesaal
Hier können Sie die neuesten Lexika, Enzyklopädien, Nachschlagewerke zu Ihrem Thema finden.

Bibliothekar/in
Sprechen Sie mit einer bibliothekarischen Fachkraft über Ihr Thema, und äußern Sie Ihre Bitte um Hilfe bei der Suche nach weiterer Literatur: Fragen Sie nach Zeitschriften, nach Buchbesprechungen der wichtigsten Bücher Ihres Themas und auch nach Sondersammelgebieten, die sich vielleicht speziell mit Ihrem Thema in dieser Bibliothek befassen.

Buchausleihe
Leihen Sie sich einige Bücher aus, setzen Sie sich in den Lesesaal, und arbeiten Sie diese Bücher nach folgenden Kriterien durch:

- Ist der Autor und sein Buch wichtig für mein Thema?
- Wie alt ist sein Buch?
- Wie gut sein Literaturverzeichnis?
- Wie liest sich die erste Buchseite seines Buches?

- Wie ist das Buch gegliedert?
- Verweist das Sachregister des Buches auf mein Thema, sind Unterabschnitte der Buchgliederung direkt mit meinem Thema befaßt?
- Was kann ich für wichtige Thesen der gelesenen Literatur exzipieren, ehe ich die Bücher wieder zurückgebe?
- Welche Bücher sind so wichtig, daß ich sie für meine Arbeit zu Hause ausleihen sollte?

d) Das Schreiben

Autoritäten als Helfer

Ein wissenschaftlicher Aufsatz will überzeugen, dafür reicht die Beglaubigung durch persönliche Erfahrungen bei weitem nicht aus. Sie müssen wichtige Ideen, gutes Wissen und neue Forschungsergebnisse anderer Wissenschaftler zitieren, um Zustimmung für die Argumentation Ihres Aufsatzes zu erreichen. Ohne das Zitieren von Autoritäten stehen Sie mit den Argumentationen Ihres Aufsatzes sehr ungeschützt da. Wenn man Autoritäten zitiert, dokumentiert man nicht seinen autoritären Charakter, wie manche meinen mögen, sondern man zeigt, daß man im wissenschaftlichen Diskurs mitsprechen kann, weil man die wichtigsten Argumente dieses Diskurses beherrscht.

Zitate

Ziehen Sie aus einer wichtigen Quelle für Ihren Aufsatz zwei Zitate heraus, und bauen Sie sie in einen Text zu Ihrem Thema von nicht mehr als einer Seite ein. Es ist immer sinnvoll, benutzte Zitate zu interpretieren und ihre Aussagen im Text weiterzuführen.

Zitieren

Nach Umberto Eco kann der Student das Zitieren nach acht Regeln steuern:

1. Jene Stellen, die analysiert und interpretiert werden sollen, werden zitiert.
2. Textstellen aus der Sekundärliteratur werden nur zitiert, wenn sie wegen ihres Gewichtes unsere Auffassung unterstützen oder bestätigen.
3. Wer zitiert, zeigt, daß er die Ansicht des zitierten Autors teilt, es sei denn, er bringt im Zusammenhang mit dem Zitat etwas anderes zum Ausdruck.
4. Die Primärquellen werden nach der anerkanntesten Ausgabe zitiert.
5. Ein fremdsprachiger Autor wird in der Originalsprache zitiert.
6. Kurzzitate werden im Satz in Anführungszeichen eingebaut. Langzitate werden engzeilig und eingerückt im Text abgesetzt.
7. Die Zitate müssen wortgetreu sein.
8. Zitieren bedeutet Beweise vorlegen. Deshalb muß jedes Zitat genau identifizierbar und kontrollierbar sein.
(U. Eco: Wie man eine wissenschaftliche Abschlußarbeit schreibt. Heidelberg 1992, S. 197-206, G. Rückriem, J. Stary. N. Franck: Technik des wissenschaftlichen Arbeitens. München 1992, S. 170-172).

Beim Zitieren sind aber auch die speziellen Regeln der Identifikation von Zitaten zu berücksichtigen.
Die einfachste Zitierweise, die wir auch in diesem Buch benutzen, besteht darin, die Quellen folgendermaßen anzuführen:
Geburtsname des Autoren, verkürzter Vorname, Titel des Werkes, Ort, Jahr und Seitenzahl. Beispiel:
Scheidt, J. vom: Kreatives Schreiben. Frankfurt 1989, S. 22
Angstmann, G.: Schreiben hilft leben. Freiburg 1989, S. 18

Quellenbelege (Autor, Jahr, Seitenzahl, d.h. SCHEIDT, J. v., 1989, S. 18) können im Zusammenhang mit einem alphabetisch geordneten Literaturverzeichnis am Schluß der Arbeit, das dem Leser alle bibliographischen Informationen vermittelt, eine knappe und technisch einfach handhabende Zitierweise eröffnen. Nicht ausreichend ist dieser Kurzbeleg dann, wenn von den zitierten Verfasser mehrerer Werke aus dem gleichen Jahr zitiert werden müssen. Ist das der Fall, dann muß der Kurzbeleg jeweils durch den Zusatz eines Buchstabens unterschieden werden. (Beispiel: SCHEIDT, J. v. 1989 b. S. 35).

Beim Zitieren sind folgende Zitierformen zu unterscheiden:
- direktes Zitat
- fremdsprachiges Zitat
- indirektes Zitat
- Sekundärzitat
- Zitat im Zitat
- Zitat aus Spezialliteratur

Ein **direktes Zitat** liegt vor, wenn Sätze eines fremden Autors wörtlich in den eigenen Text übernommen werden. Ein direktes Zitat muß im Text in Anführungsstriche gesetzt werden. Danach folgt der Quellenbeleg in der Klammer.

Beispiel: „*Schreiben ist - auch - Tagträumen. Der Schreibende wird dies aus seiner Erfahrung bestätigen*“ (ANGSTMANN, G., 1989 S. 28).

Auslassungen werden in einem direkten Zitat durch zwei Punkte (bei einem Wort) und durch drei Punkte (bei mehreren Worten oder Sätzen) angedeutet.

Beispiel: „*Auf dieselbe Frage: Was bedeutet Schreiben für Sie wird jeder Leser eine andere .. Antwort geben,*“ (ANGSTMANN, G., 1989, S. 26). Oder: „*Im Tagtraum, den Ernst Bloch genial im „Prinzip Hoffnung“ beschreibt, find ich mein Verständnis von ... Schreiben wieder*“ (ANGSTMANN, G., 1989, S. 27).

Eigene Hervorhebungen, z.B. Zusätze müssen in eckigen Klammern als eigener Zusatz im direkten Zitat kenntlich gemacht werden.

Beispiel: „*Schreiben vereint Selbsterfahrung mit Selbstdarstellung und wirkt im zwanglosen Schreiben [Vgl. Free-Writing] als persönlichkeitsstärkende Selbstentfaltung*“ (ANGSTMANN, G., 1989, S. 28).

Fremdsprachige Zitate können im Original zitiert werden, soweit es sich um eine Schulsprache handelt (Es kann unter zusätzlicher Angabe des Übersetzers eine deutsche Übersetzung angeboten werden).

Beispiel: „*With the method of sharing we are trying to emphasize writing as communication rather then as performing for judgement*" [Mit der Methode des Sharings machen wir den Versuch, Schreiben in nachdrücklicher Weise als Kommunikationsakt vorstellen und nicht als Prozeß der Ver- und Beurteilung. Eigene Übersetzung]" (ELBOW, P., BELANOFF, P.: Sharing and Responding. New York 1989, S. 9).

Das **indirekte Zitat** besteht in der sinngemäßen Wiedergabe fremder Gedanken und Ausführungen. Indirekte Zitate werden mit einem Quellenbeleg in Klammer, der mit einem Vgl. (d.h. Vergleiche) beginnt, gekennzeichnet.

Beispiel: Originaltext: „*Der Schreibende ist immer mit dem widersprüchlich stärkenden oder schwächenden Kräften seiner Persönlichkeit beschäftigt, wenn er schreibt*" (ANGSTMANN, G. 1989, S. 37).
Indirektes Zitat: „*Beim Schreiben sieht sich der Schreiber mit progressiven und regressiven Persönlichkeitsanteilen konfrontiert*" (vgl. ANGSTMANN, G. 1989, S. 37).

Sekundärzitat: Jedes Zutat, das ich nicht in der Originalquelle identifiziert habe, sondern von einem dritten Autor übernehme, ist ein Sekundärzitat. Dieses Sekundärzitat ist mit zit. n. (d.h. zitiert nach) zu kennzeichnen.

Beispiel: „*Auch der Tag hat dämmernde Ränder, auch dort sättigen sich Wünsche. Anders als der nächtliche Traum zeichnet der des Tages freiwählbare und wiederholbare Gestalten in die Luft*" (BLOCH, E.: Das Prinzip Hoffnung. Frankfurt 1977, Bd. 1, S. 96 zit. n. ANGSTMANN, G. 1989, S. 27).

Zitat im Zitat: Im direkten Zitat werden wörtliche Fremdzitate, die sich bei dem angeführten Autor finden, in einfache Anführungsstriche gesetzt („ ..."), um sie als Zitat im Zitat kenntlich zu machen. Im Quellenbeleg in unserer Klammer sollte dann auf die indirekt zitierte Quelle folgendermaßen hingewiesen werden: (mit einem Zitat von ..).

Beispiel: „*In Ergänzung zum wichtigen Nachttraum weist Bloch den zukunfts-offenen Tagtraum, „der Inhalt des Nachttraums ist versteckt und verstellt, der Inhalt des Tagtraums ist offen, ausfabulierend, antizipierend'- hin-*'(ANGSTMANN, G. 1989, S. 28 mit einem Zitat von BLOCH, E.: Das Prinzip Hoffnung. Frankfurt 1989, Bd. 1, S. 111).

Zitat aus Spezialliteratur: Gesetzestexte aus dem Bereich der rechtswissenschaftlichen Literatur werden, soweit sie in direkter Form verwandt werden, wie direkte Literaturzitate behandelt.

Beispiel: „Das Einkommensteuergesetz (EStG) definiert Gewerbetreibende als solche Personen, die „*aufgrund gesetzlicher Vorschriften verpflichtet sind,*

Bücher zu führen und regelmäßige Abschlüsse zu machen oder die ohne eine solche Verpflichtung Bücher führen und regelmäßige Abschlüsse machen" (§ 5 Abs. 1, Satz 1, EStG).

Zitieren von Büchern

Entwickeln Sie für Ihren Aufsatz eine Literaturliste, und berücksichtigen Sie folgende Unterschiede in der Zitierweise von Büchern. Führen Sie in Ihrem Aufsatz einen Einzelautor auf, führen Sie zwei Bücher eines Autors auf, ein Buch mit zwei Autoren, ein Buch mit mehr als zwei Autoren, einen anonymen Autor, ein Buch, das ein oder zwei Herausgeber hat, ein Buch mit zwei Teilbänden, eine Übersetzung, ein Kapitel in einer Anthologie, einen unsignierten Artikel in einer Enzyklopädie oder ein Nachschlagewerk, eine unveröffentlichte Dissertation, einen Aufsatz in einer professionellen Zeitschrift, einen Aufsatz in einer monatlich erscheinenden Zeitschrift, einen Artikel aus einer täglichen Tageszeitung, einen Film, ein Tonband, ein Videoband und schließlich führen Sie auch mal die genaue Benennung eines persönlichen Interviews auf. Wenn Sie sich bei der unterschiedlichen Nachweisung von Publikationen noch nicht auskennen, dann orientieren Sie sich bitte an folgenden Beispielen:

Einzelautor
J.vom Scheidt: Kreatives Schreiben. Frankfurt. 1989

Zwei Bücher vom gleichen Autor
P. Elbow: Schreiben ohne Lehrer. New York. 1973
ders.: Schreiben mit großer Kraft. New York. 1981

Zwei Autoren
K. Daniels, I. Mehn: Konzepte emotionellen Lernens in der Deutschdidaktik. Bonn. 1985

Mehr als zwei Autoren
O. Schumann u.a.: Grundlagen und Technik der Schreibkunst. Wilhelmshaven. 1983

Ein anonymer Autor
Die Beichte eines Unbekannten. Leipzig 1796

Ein oder zwei Herausgeber
E. Blöchl, C. Mischon (Hrsg): „... sich in die Worte zu verwandeln." Therapeutische und pädagogische Beiträge zum kreativen Schreiben. Berlin 1990

Mehr als ein Band
H.F. Ellenberger: Die Entdeckung des Unbewußten. Band 1-2, Zürich 1973

Eine Übersetzung
A. Camus: Der Fremde. Übers. H. Meier. Reinbek 1962

Ein Kapitel aus einer Anthologie
J. Fröchling: Kreatives Schreiben und Individuum. In: K. Ermert, T. Bütow(Hrsg): Was bewegt die Schreibbewegung? Kreatives Schreiben - Selbstversuche mit Literatur. Rehburg-Loccum 1990

Ein unsignierter Artikel in einem Nachschlagewerk
„Personalisation" in: Wörterbuch der Symbolik. Stuttgart 1985

Eine unpublizierte Dissertation
L. von Werder: Die Geschichte der antiautoritären Kinderläden in Berlin. Phil. Diss., Freie Universität 1972

Eine professionelle Zeitschrift
J. Sieper: Kreativitätstraining in der Erwachsenenbildung. In: Volkshochschule im Westen, 4 (1971), S. 28 ff.

Eine monatliche Zeitschrift
M. Anft: Flow. In: psychomed 4. (1992) H. 2, S. 128-131

Eine Nachricht aus der Tagespresse
Praktische Pannenhilfe für nervöse Studenten. In: Berliner Zeitung v. 25.6.1992, S. 12

Film
Freud. Regisseur: J. Houston, Hollywood 1961

Schallplatte
U. Jürgens: Immer nur Du allein. Ariola N 8375, 1965

Tonband
E. Blöchl: Was macht das Institut für kreatives Schreiben. In: Radio for you 13. April 1992

Persönliches Interview
C. Mischon: Telefoninterview. Berlin, 20. Mai 1990

Literaturliste

Am Ende jedes Aufsatzes muß eine komplette Literaturliste zusammengestellt werden. Bei der Aufführung der Literatur müssen z.B. bei Büchern Aufsätzen in Zeitschriften oder Abhandlungen aus Sammelwerken folgende Angaben gemacht werden:

Bücher

1. Name, abgekürzter Vorname des Verfassers
2. Titel und Untertitel des Werkes
3. Verlagsort. Eine fehlende Ortsangabe bezeichnet man mit o.O. (ohne Ortsangabe).
4. Erscheinungsjahr. Eine fehlende Zeitangabe bezeichnet man mit o.J. (ohne Jahresangabe).
5. Auflage (wenn es mehrere gibt)

Aufsätze in Zeitschriften

1. Name, abgekürzter Vorname des Verfassers
2. Titel des Aufsatzes
3. Titel der Zeitschrift eingeleitet mit „In:“
4. Band und Nummer des Heftes
5. Jahrgang des Heftes
6. Angabe der Seiten, auf denen der Aufsatz steht

Abhandlungen aus Sammelwerken

1. Name, abgekürzter Vorname des Verfassers
2. Titel der Abhandlung
3. In:
4. Name des Herausgebers des Sammelbandes, gekennzeicnet mit (Hg) (Hrsg) d.h. (Herausgeber)
5. Titel des Sammelwerkes
6. Ort, Erscheinungsjahr
7. Angabe der Seiten, auf dem die Abhandlung steht

(Vgl. U. Eco a.a.O., S. 84-108, G. Rückriem, J. Stary, N. Franck, a.a.O., S. 178-179).

Entwerfen Sie nun eine Literaturliste Ihres Aufsatzes.

e) Den eigenen Schreibstil finden

Eine wissenschaftliche Ausbildung dient auch dazu, den eigenen Schreibstil zu finden. Innerhalb des Studiums wird sich der eigene Stil ändern. Wenn der Stil am Anfang noch unbeholfen war, so sollte er am Studienende fließend und klar sein.

Stiluntersuchung

Stellen Sie alle Texte zusammen, die Sie bisher im Laufe des Studiums geschrieben haben. Untersuchen Sie die stilistischen Veränderungen Ihrer Schreibkünste im Laufe der Semester, indem Sie die Veränderung der Schlüsselbegriffe, der Länge der Sätze, der Gliederungsformen betrachten.

Schreibkarriere

Suchen Sie alle Texte, die aus Ihrer Schulzeit existieren. Vergleichen Sie die Entwicklung Ihres Schreibstils in der Schule mit Ihrer Schreibstilentwicklung auf der Universität.

Die schlechteste wissenschaftliche Arbeit

Um Ihre bisherigen Schreibqualifikationen zu überprüfen, schreiben Sie mal ein extrem schlechtes Referat. Halten Sie sich dabei an folgende Anti-Regeln:

- Bereiten Sie nichts vor.
- Besuchen Sie keine Bibliothek.
- Bibliographieren Sie nicht.
- Lesen Sie keine Literatur.
- Ordnen Sie Ihre Einfälle und Ideen nicht.
- Kümmern Sie sich nicht um irgendeine Gliederung.
- Schreiben Sie einfach drauf los: nachlässig, ungenau, unpräzise und schwammig.
- Zitieren Sie nur Allerweltsphrasen.
- Mißachten Sie jede Zitierregel.
- Überarbeiten Sie Ihr Referat auf gar keinen Fall.

Wenn nun das schlechteste Referat aller Zeiten vor Ihnen liegt, überlegen Sie sich, wie es zu verbessern ist. Entwickeln Sie dann für sich die Regeln der Abfassung eines guten Referats.

Eine große Hilfe zur Entwicklung eines eigenen Stils im wissenschaftlichen Schreiben bietet die Lehre von den rhetorischen Satz- und Gedankenfiguren. Folgende wichtige rhetorische Figuren sollte der Student beim Schreiben berücksichtigen:

Vergleich und Gleichnis

Der Vergleich ist eine der wichtigsten Formen der Veranschaulichung. Ein abstrakter Sachverhalt wird durch ein einleuchtendes Bild erhellt. So benutzt z.B. GOETHE in dem Roman „Die Wahlverwandschaften" chemische Verbindungen, um menschliche Beziehungen zu spiegeln.

Allegorie

Wenn mehrere Metaphern zu einer komplexen Gedankenfigur verdichtet werden, spricht man von einer Allegorie. „*Auch sie gehört zu den bedeutendsten Mitteln rhetorischer Wirkung und vermag selbst differenzierte Gedanken und Tatbestände einleuchtend zu machen*" (G. UEDING: Rhetorik des Schreibens. Königstein 1992, S. 70).

Beispiel

Das Beispiel hat Beweis und Belegfunktion. Es schmückt und erhellt und entwickelt emotionelle Wirkung. Man kann Beispiele aus dem Leben, der Geschichte, der Wissenschaft oder der Poesie wählen.

Vergrößerung oder Verkleinerung

Um die Bedeutung einer Sache hervorzuheben, sollte sie in ihrer ganzen Fülle dargestellt werden. Das Verkleinern läßt wichtige Details weg, zeigt nur Randerscheinungen und wertet so die Sache ab.

Evidenz

Evidenz wird erzeugt durch die Darstellung konkreter Einzelheiten, die den Leser zum Augenzeugen machen und eine besonders eindringliche Vergegenwärtigung der Sache erzeugen.

Schreibaufgabe

Arbeiten Sie den in der letzten Übung geschriebenen schlechtesten aller Aufsätze mit Hilfe dieser rhetorischen Figuren zu einem gut vorlesbaren Aufsatz um.

3.5. Aufsatzgliederungen: Die Hilfe der Rhetorik

Das Gliedern von wissenschaftlichen Gedanken und Aussagen macht oft den Studenten die größten Probleme. Folgende Gliederungsmethoden sollten Sie bei der Abfassung einer wissenschaftlichen Arbeit ausprobieren:

Thema zerfragen

- Das Thema ist Ihnen vom Prüfer vorgegeben worden, oder Sie haben es sich im Seminar ausgewählt.
- Stellen Sie sich nun alle Fragen (auch die mit „W“), die es aus den Worten des Themas ersichtlich, gibt.
- Ordnen Sie dann die Fragen in eine dem Thema angemessene Reihenfolge.
- Formulieren Sie die geordneten Fragen in Kapitel bzw. auch Unterkapitel und Überschriften einer Gliederung um.

Thema erschreiben

- Denken Sie über Ihr Thema nach, und schreiben Sie dann schnell soviel über Ihr Thema, wie Sie können.
- Lesen Sie zum Thema und bauen Sie Zitate und Paraphrasen des gelesenen in Ihren Free-Writing-Text ein.
- Suchen Sie dann die immanente Gliederung Ihres so entstandenen Textes.
- Bauen Sie diese immanente Gliederung dann systematisch aus oder um.

Modelling

- Finden Sie die fünf wichtigsten Aufsätze bzw. Bücher zu Ihrem Thema.
- Analysieren Sie die Gliederungsstrukturen dieser gefundenen Quellen.
- Vergleichen Sie diese Gliederungen, indem Sie sie in fünf Spalten nebeneinander stellen.
- Synthetisieren Sie dann aus den fünf Gliederungen durch Streichen, Zusammenziehen und Umstellen Ihre eigene neue Gliederung.

Mind-Mapping

- Suchen Sie sich fünf wichtige Texte zu Ihrem Thema.
- Lesen Sie dann diese Texte, und sammeln Sie Schlagworte aus den gelesenen Texten.
- Gruppieren Sie diese Schlagworte zu sechs bis acht Sinngruppen.
- Bringen Sie dann diese Schlagwortgruppen in ein Mind-Map als schönstem Gliederungsbild unter.

Einfache rhetorische Gliederungsmuster

Die Rhetorik hat viele einfache Gliederungsmuster wirkungsvollen wissenschaftlichen Schreibens erarbeitet, an denen der Student sich orientieren kann. Aus der Rhetorik stammt einmal die dreiteilige Grundgliederung der wissenschaftlichen Arbeit in Einleitung, Hauptteil und Schluß.
Die **Einleitung** soll den Leser auf das Thema einstimmen.
Der **Hauptteil** dient der Fülle der Argumentation.
Der **Schluß** ist die *„letzte und nachhaltigste Gelegenheit, die eigenen Ansichten wirkungskräftig durchzusetzen“* (G. UEDING: Rhetorik des Schreibens. Königstein 1985, S. 56).
Schon bei ARISTOTELES läßt sich folgendes einfaches vierteiliges Gliederungsmuster finden: *„Man muß nämlich den Sachverhalt, um den es sich handelt, darlegen und schließlich den Beweis zu dem Gesagten antreten“* (ARISTOTELES: Rhetorik. München 1980, S. 202 ff.). Die gesamte Gliederung zerfällt nach ARISTOTELES dann in vier Abschnitte: *„Eingang, Darlegung des Sachverhalts, Glaubhaftmachung, und Schluß“* (ARISTOTELES, a.a.O., S. 203 ff.).

Die antike Rhetorik hat in ihren modernen Vertretern weitere einfache Gliederungsformen erarbeitet.

Die antithetische vierteilige Gliederung

Die Gliederung orientiert sich an dem Thema entsprechend an einer Pro- und einer Contra-Position. *„Diese polare Auseinandersetzung der Gedanken hat den Vorteil der Klarheit und Übersichtlichkeit und ist durch die Spannung der Gegensätze auch sehr publikumswirksam“* (G. UEDING, a.a.O., S. 57) Im Schema sieht diese Gliederung folgendermaßen aus:

Einleitung	Erste Gedanken
Hauptteil	Position A (Pro).
	Position B (Contra).
Schluß	Ausblick

Die fünfteilige dialektische Gliederung

Eine Erweiterung dieser Gliederung ist die hegelsche dialektische Gliederung des Hauptteils in These - Antithese - Synthese. Im Schema:

Einleitung	Erste Gedanken
Hauptteil	Position A (These)
	Position B (Anti-These)
	Position C (Synthese)
Schluß	Ausblick

(Vgl. zu diesen Gliederungsformen: A. BINDER: Einführung in Metrik und Rhetorik. Königsstein 1980, H. F. PLETT: Einführung in die rhetorische Textanalyse. Hamburg 1979, H. LAUSBERG: Handbuch der literarischen Rhetorik. München 1973).

Aufgabe

Spielen Sie Ihr Thema nach den vier rhetorischen Grundmustern einmal durch.

Komplexe rhetorische Gliederungsmuster

Die moderne amerikanische Rhetorik hat acht rhetorische Gliederungsmuster für den Hauptteil entdeckt. Wir bilden diese Muster in der Fassung ab, die Ihnen das Autorenteam um J. BLUM: A Guide to the Whole Writing Process. Chicago 1988, S. 53-67 gegeben hat:

Rhetorische Gliederungsprinzipien	Ordungsprinzipien
1. Vom Allgemeinen zum Besonderen	Ordnen Sie Ihre Gliederung von einem allgemeinen Gesichtspunkt, dem Sie alles Besondere subsummieren.
2. Vom Besonderen zum Allgemeinen	Ordnen Sie besondere Details, Fakten, und Beispiele Ihres Themas auf einen allgemeinen Gesichtspunkt.
3. Nach dem Gefühl	Beginnen Sie mit dem weniger Wichtigen, und steigern Sie sich bis zum Wichtigsten.
4. Nach der Zeit	Beginnen Sie mit dem frühesten und schließen Sie mit dem neuesten Ereignis.
5. Ursachen/Wirkungen	Beginnen Sie mit den Ursachen, und kommen Sie dann zu den Wirkungen (und umgekehrt).
6. Gleichheit/Unterschiede	Ordnen Sie nach Gleichheit und Unterschieden.
7. Wechsel	Ordnen Sie, indem Sie Wandel aufzeigen.
8. Ganzes und Teile	Ordnen Sie nach den Beziehungen der Teile zum Ganzen.

Aufgabe

- Praktizieren Sie Free-Writing zu Ihrem Thema, so lange bis sich der Fokus des Themas zeigt.
- Lesen Sie zu Ihrem Thema, und bauen Sie Ihre Lesefrüchte in Ihr Thema ein.
- Probieren Sie dann die acht rhetorischen Gliederungsmuster aus, ob eine der Gliederungen genau für die Gestaltung Ihres Stoffes paßt.

Um Ihre Gliederungsarbeit zu unterstützen, wollen wir nun die vorgestellten rhetorischen Gliederungsmuster konkretisieren und erweitern.

Rhetorische Grundmuster	**Gliederungsabschnitte der Hauptteile wissenschaftlicher Texte**
1. Vom Allgemeinen zum Besonderen: Deduktive Ordnung	Allgemeine These Konkretisierung 1 Konkretisierung 2 ...
2. Vom Besonderen zum Allgemeinen Induktive Ordnung	Konkretisierung 1 Konkretisierung 2 ... Allgemeine These
3. Nach dem Gefühl: Gefühlsordnung Ganz Wichtiges	Wichtiges Besonders Wichtiges
4. Nach der Zeit: Chronologische Ordnung	Lang Vergangenes Gerade Vergangenes Gegenwärtiges
5. Ursachen/Wirkungen: Kausale Ordnung Ursache 2 Wirkung 2	Ursache 1 Wirkung 1
6. Gleichheit/Unterschiede: Relationsordnung Differenzen/Identitäten	Fall A Fall B ...
7. Wechsel: Ordnung der Wende Phase 2	Phase 1 Wende
8. Ganzes/Teile: Ganzheitliche Ordnung Wechsel	Allgemeine Erkenntnisse und spezielle Erkenntnisse im

Außer diesen klassischen rhetorischen Grundmustern lassen sich noch folgende Gliederungsmuster für die Hauptteile wissenschaftlicher Texte charakterisieren:

Rhetorische Grundmuster	**Gliederungsabschnitte der Hauptteile wissenschaftlicher Texte**
9. Analytisch/kritisch: Interpretative Ordnung	Vorstellung eines Textes Interpretation des Textes
10. Pro/Contra/Synthese: Dialektische Ordnung Synthese C	These A Antithese B
11. Sachliche: Systematische Ordnung Element 3 des Themas Element 4 des Themas	Element 1 des Themas Element 2 des Themas

Geben wir für die wichtigsten rhetorischen Ordnungsmuster wissenschaftlicher Texte nun einige Beispiele (vgl. J. Blum u.a., a.a.O., S. 52-63).

Vom Allgemeinen zum Besonderen: Deduktive Ordnung

Bei der deduktiven Ordnung entwickelt sich der Text von der allgemeinen Leitidee des Themas zu besonderen Themenaspekten, die die Leitidee unterstützen können. Wenn Sie diese Ordnung benutzen, stellen Sie folgende Fragen an Ihr Thema:

- Welche Details, Fakten, Teilhypothesen kann ich benutzen, um meine Leitidee zu unterstützen?
- Welche Beispiele kann ich wählen, um zu illustrieren, was ich mit meiner Leitidee ausdrücken möchte (vgl. W.H. Peterssen: Wissenschaftliches Arbeiten. München 1991, S. 44-49).

Sie werden bald merken, daß die deduktive Ordnungsstrategie andere Ordnungsstrategien gut ergänzen kann.

Stellen wir nun die deduktive Gliederung an einem Beispiel vor. Das Thema lautet:

Thema: Die Problematik von Wahlprogrammen:

Leitidee	Wahlprogramme stellen oft unrealistische Ziele auf.
↓	
1. konkretes Argument	1. Wahlprogramme versprechen, daß ideale Ziele innerhalb der nächsten Wahlperiode erreicht werden können.
↓	
2. konkretes Argument	2. Wahlprogramme geben konkrete Versprechen, die kurz nach der Wahl schon überholt sind.
↓	
3. konkretes Argument	3. Wahlprogramme werben um emotionelle Begeisterung, nicht um rationales Kalkül.
↓	
4. konkretes Argument	4. Wahlprogramme appellieren an eine Gesellschaftsutopie, die möglichst große Wählergruppen auf die entsprechende Partei fixiert.

Vom Besonderen zum Allgemeinen: Induktive Ordnung

Wenn Sie diese Ordnung benutzen, führen Sie Ihren Text durch eine Serie konkreter Argumente, um schließlich Ihre Leitideen darzustellen. Stellen Sie zu Ihrem Thema folgende Fragen:

- Welche konkreten Argumente und Teilideen unterstützen das Thema?
- Welches Gewicht haben sie für die Präzisierung der Leitidee?

In unserem folgenden Beispiel lautet das **Thema**:

Die Gefährdung der Fischbestände durch die Verschmutzung des Rheins:

1. konkretes Argument ↓	1. Der Rhein ist ein Abwasserkanal für viele chemische Betriebe.
2. konkretes Argument ↓	2. Während schwerer Regenfälle werden auch die Abfälle anderer Industriebetriebe in den Rhein gespült.
3. konkretes Argument ↓	3. Schiffe, Öltanker, Freizeitkapitäne lassen ihr Altöl in den Rhein fließen.
Leitidee	Der verschmutzte Rhein ist eine ernsthafte Gefährdung für die Fischbestände.

Nach dem Gefühl: Gefühlsordnung

Wenn Sie die Gefühlsordnung benutzen, sollten Sie Ihre Ideen in eine Reihenfolge bringen, die mit den weniger wichtigen Ideen beginnt und mit den ganz wichtigen Ideen aufhört. Indem Sie mit Ihren stärksten Argument enden, haben Sie gute Chancen, den Leser besonders zu beeindrucken. Wenn Sie die Gefühlsordnung benutzen, stellen Sie an Ihr Thema folgende Fragen:

- Welches Argument ist für mich am wichtigsten?
- Welche Idee wird meine Leser am meisten beeindrucken?

Unser folgendes Beispiel bietet eine Gefühlsordnung für das **Thema**:

Die Chancen der Atomkraft

Leitidee ↓	Die Probleme der Entsorgung von Atomkraftwerken werden in jüngster Zeit wieder unterschätzt.
spezielles Argument ↓	1. In der Presse ist wenig über Störfälle zu lesen.
stärkeres Argument ↓	2. Über die Masse der gesamten Entsorgungsaufgaben in der Welt gibt es keine Forschung.
noch stärkeres Argument ↓	3. Der Umfang der Entsorgungsmasse verdoppelt sich weltweit innerhalb von fünf Jahren.
das stärkste Argument	4. Allein Deutschland bräuchte drei neue Endlager, um den Atommüll bis zum Jahre 2010 entsorgen zu können.

Nach der Zeit: Chronologische Ordnung

Die chronologische Ordnung gliedert Texte nach Zeitabschnitten oder vom Beginn bis zum Ende eines Zeitabschnittes. Wenn Sie diese Ordnung benutzen, beantworten Sie erst zu Ihrem Thema folgende Fragen:

- Was ist vom Zeitpunkt x bis zum Zeitpunkt y passiert?
- Welche Abschnitte umfaßt die Entwicklung in diesem Zeitraum?
- Was sind die Umstände der Entwicklung in diesem Zeitraum?

Thema: Die Wahl des Berufs des Altenpflegers

Leitidee ↓	Innerhalb der mittleren Lebensphase bildet sich beim Sozialarbeiter die Idee heraus, im Altenpflegebereich zu arbeiten.
1. Ereignis ↓	1. Der Kontakt mit dem Alter der eigenen Eltern gibt einen ersten Impuls.
2. Ereignis ↓	2. Weiterbildungsangebote im Altenbereich werden nun besser wahrgenommen.
3. Ereignis ↓	3. Kontakte mit Altenheimen, in die die eigenen Eltern kamen, zeigen, daß die Arbeit interessant ist.
4. Ereignis ↓	4. Wenn die Eltern gestorben sind, verstärkt sich der Wunsch, in diesem Bereich beruflich tätig zu werden.
5. Ereignis	5. Mit etwa 45 wird dann das Arbeitsfeld der Altenpflege gewählt.

Ursache/Wirkung: Die kausale Ordnung

Wenn Sie zeigen wollen, daß viele Ursachen zu einer entscheidenden Wirkung führen, sollten Sie sich zu Ihrem Thema erstmal folgende Fragen stellen:

- Wenn xy geschieht, was wird dann das Resultat sein?
- Was waren die Ursachen für die xyz-Wirkungsfaktoren?
- Wie konnten diese Ursachen ein solches Resultat hervorrufen?
- Was wird das Endresultat der weiteren Wirkung von xyz sein?

Unser Thema: Die Entstehung der bürgerlichen Gesellschaft

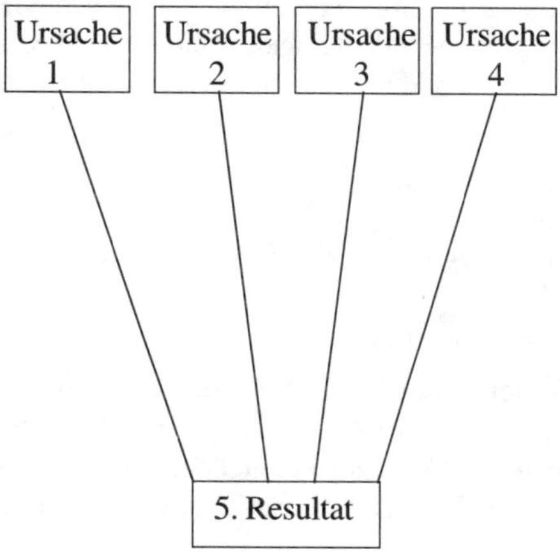

1. Verarmung der Bauern und Vertreibung von Grund und Boden
2. Anwachsen der Städte
3. Entwicklung von Handwerk und Fernhandel
4. Entdeckung Amerikas und des Seeweges nach Indien
5. Beginn der ursprünglichen Akkumulation von Kapital

Diese Gliederung läßt sich auch umdrehen, wenn Sie zeigen wollen, daß eine Ursache viele Wirkungen hervorrufen kann. Stellen Sie sich zu Ihrem Thema dann folgende Fragen:

- Was ist die Ursache?
- Welche Folgen hat die Ursache?

Unser Thema: Die Folgen des Atomkrieges

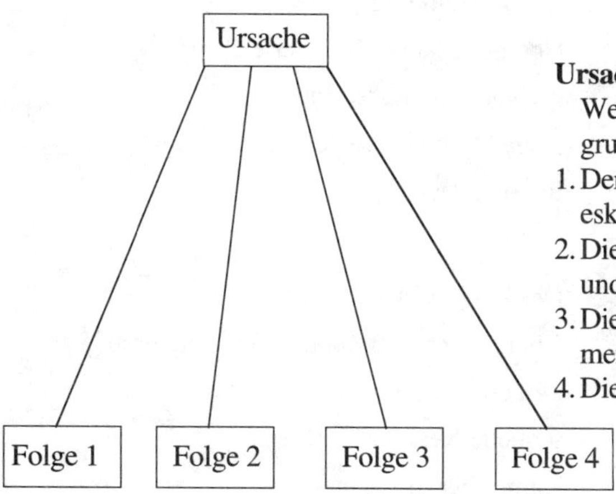

Ursache: Ein großer atomarer Weltkrieg zerstört die Lebensgrundlagen der Menschheit.
1. Der Einsatz von Atomwaffen eskaliert.
2. Die Böden werden verseucht und verbrannt.
3. Die Städte brechen zusammen.
4. Die Staaten lösen sich auf.

Vergleich/Unterschiede: Relationsordnung

Wenn Sie Ihren wissenschaftlichen Text nach einer Relationsordnung schreiben wollen, achten Sie bei Ihrem Thema auf Ähnlichkeiten und Unterschiede zwischen Dingen, Ideen, Theorien, Personen, Entdeckungen, Fällen usw. Wenn Sie Beziehungen in Ihrem Thema erfassen wollen, stellen Sie sich z.B. folgende Fragen:

- Wieso ist x so ähnlich wie y?
- Wie weit ist x von y unterschieden?
- Welche Aspekte von x und y können verglichen und unterschieden werden?

Es gibt nun zwei Möglichkeiten für Relationsordnungen:

Die Blockordnung: Beim Block diskutieren Sie erst alle Aspekte von x und dann alle Aspekte von y. Dabei entwickeln Sie für beide Objekte die gleichen Aspekte.
Die abwechselnde Ordnung: Bei dieser Ordnung entwickeln Sie erst die wichtigsten Vergleichsaspekte und vergleichen dann die Forschung von x und y zu diesem Aspekt.

Thema: Der 1. und der 2. Weltkrieg

Beispiel: Blockordnung

Leitidee	Der 1. Weltkrieg entwickelte den Stellungskrieg, der 2. den Blitzkrieg.
Objekt 1	1. Der 1. Weltkrieg
Vergleichspunkt 1	Übergewicht der Infanterie
Vergleichspunkt 2	geringe Bodengewinne
Vergleichspunkt 3	lange Stellungskriege
Vergleichspunkt 4	Revolte der Truppen
Objekt 2	2. Der 2. Weltkrieg
Vergleichspunkt 1	Übergewicht von Panzern, Flugzeugen und Raketen
Vergleichspunkt 2	große Bodengewinne
Vergleichspunkt 3	schnelle Kesselschlachten
Vergleichspunkt 4	Kampf bis zum Untergang

Beispiel: Abwechselnde Ordnung

Leitidee	Der 1. Weltkrieg entwickelte den Stellungskrieg, der 2. den Blitzkrieg.
Vergleichspunkt 1 Aspekt 1 Aspekt 2	1. Bewaffnung: W 1: Infanterie W 2: Panzer, Flugzeuge, Raketen
Vergleichspunkt 2 Aspekt 1 Aspekt 2	2. Raumordnung: W 1: geringer Bodengewinn W 2: große Bodengewinne
Vergleichspunkt 3 Aspekt 1 Aspekt 2	3. Strategie - Taktik: W 1: Stellungskriege W 2: Kesselschlachten
Vergleichspunkt 4 Aspekt 1 Aspekt 2	4. Innere Führung: W 1: Revolte W 2: Kampf bis zum Untergang

Wechsel: Ordnung der Wende

Wenn Sie diese Ordnung wählen, müssen Sie zeigen, wie sich etwas entwickelt, wächst, sich wandelt und umbricht. Sie sollten deshalb folgende Fragen an Ihr Thema stellen:

- Wie ereignet sich die Veränderung?
- Warum kam es zur Veränderung?
- Was hat sich bei der Wende verändert?

Thema: Die Wiedervereinigung Deutschlands

Leitidee	Die Wiedervereinigung beider deutscher Staaten war unausweichlich.
Faktoren des Wandels	1. Entwicklung beider Staaten bis 1989
Faktor 1	1.1 Wirtschaftlicher Aufschwung im Westen, wirtschaftliche Stagnation im Osten.
Faktor 2	1.2 Demokratisierung im Westen, Bürokratisierung im Osten.
Faktor 3	1.3 Vertreibung der Intellektuellen von Ost nach West.
Faktor 4	1.4 Sieg des Westens im Medienkrieg.
bewirken den Wechsel und seine Faktoren	2. Deutschland seit 1989
Faktor 1	2.1 Ökonomische Krise in beiden Teilen.
Faktor 2	2.2 Wachstum autoritärer Tendenzen
Faktor 3	2.3 Ohnmacht der Intellektuellen
Faktor 4	2.4 Ausbau der Bewußtseinsindustrie

Das Ganze und die Teile: Ganzheitliche Ordnung

Bei dieser Ordnung entwickeln sich alle Teilaspekte unter der Perspektive herauszufinden, wie alle Teile sich zum Ganzen verhalten. Stellen Sie für die Entwicklung der ganzheitlichen Ordnung Ihres Themas folgende Fragen:

- Was sind die Teile von xyz?
- Wie verhält sich jedes Teil zum Ganzen von xyz?
- Wie funktionieren die Teile zusammen?

Thema: Das ganzheitliche Gesundheitskonzept

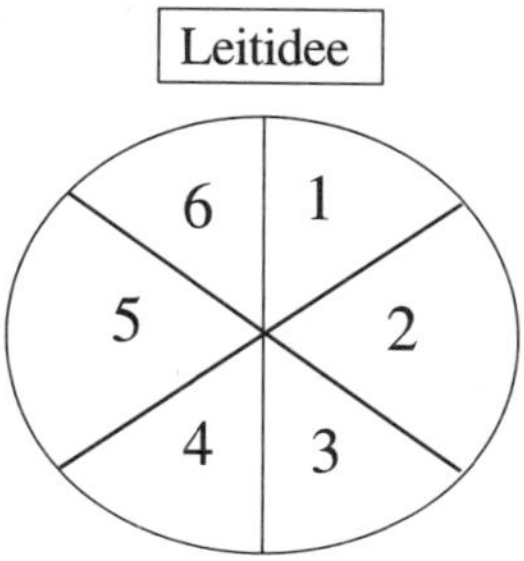

Gesundbleiben hängt nicht von einzelnen, sondern von vielen Faktoren ab.

1. Gute Selbstreflexion und aktive Selbstverantwortung
2. Ausreichende Ferien, Entspannung und Abwechslung
3. Ausgeglichenes Essen
4. Aktive Stressbekämpfung
5. Auseinandersetzung mit Lebensproblemen statt Flucht
6. Suche nach professioneller Hilfe im Krisenfall

Analyse - Kritik: Interpretative Ordnung

Bei dieser Ordnung sind Texte vorgegeben, deren Sinn zu entschlüsseln ist. Für diese Textanalyse und Textkritik (in Literaturwissenschaft, Germanistik, Geschichte, Psychologie usw) sind folgende Fragen wichtig:

- Wer hat den Text verfaßt?
- Auf welches Publikum zielt der Text?
- Welche Botschaft transportiert der Text?

Thema: Nietzsches „Also sprach Zarathustra“

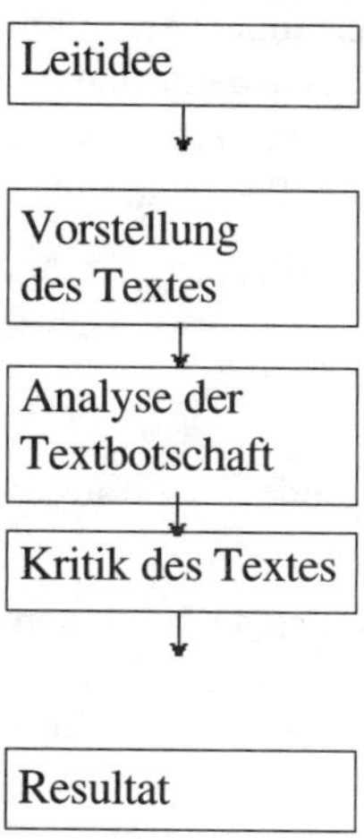

Nietzsche entwickelt eine Kulturkritik auf der Basis der Lehre vom Übermenschen

1. Stellung des „Zarathustra“ in Nietzsches Werk
2. Entwicklung der Ideen vom Übermenschen im Zarathustra
3. Der Übermensch als Selbststilisierung Nietzsches und als Fortführung einer romantischen Evaluationstheorie
4. Der Zarathustra als Modell eines elitären Lebensphilosophen

Pro/Contra/Synthese: Dialektische Ordnung

Diese Ordnung soll das Thema im Rahmen der dreigliedrigen Dialektik von Hegel präsentieren. Für diese Ordnung sind folgende Fragen an das Thema wichtig:

- Was spricht für xyz?
- Was spricht gegen xyz?
- Wie lassen sich die Widersprüche aufheben?

Thema: Der emotionelle und der kognitive Aspekt im wissenschaftlichen Schreiben

Leitidee ↓	Beide Aspekte spielen in unterschiedlichen Phasen des Schreibprozesses eine Rolle
These ↓	1. Der Schreibprozeß wird von kognitiven Strukturen geprägt.
Anti-These ↓	2. Der Schreibprozeß wird von emotionellen Faktoren geprägt.
Synthese	3. Der Schreibprozeß läßt sich nur in einem kognitiv-emotionellen Modell abbilden.

Sachlich: Systematische Ordnung

Die systematische Ordnung eines Themas will die dem Thema immanente Logik darstellen. Diese Logik kann einmal durch die rhetorischen Suchkategorien zur Person erschlossen werden, wenn das wissenschaftliche Thema eine Person behandeln soll. In diesem Fall werden folgende Fragen an das Thema gestellt:

- Welche Aspekte der Abstammung, Nation, Geschlecht, Alter, Erziehung, Ausbildung, Körperform, Schicksal, soziale Stellung, Wesensart, Beruf, Vorgeschichte können im Personenthema behandelt werden?

Wenn es sich bei dem Thema um eine Sache handelt, sind folgende Fragen an das Thema sinnvoll:

- Welche Ursachen, Orte, Zeiten, Art und Weise, Möglichkeiten, Definitionen, Ähnlichkeiten, Vergleiche, fingierte Annahmen, Umstände und Folgen könnten im gegebenen Thema zu bearbeiten sein? (vgl. G. UEDING: Rhetorik des Schreibens. Königstein 1985, S. 37-55).

Geben wir nun für beide Thementypen ein Beispiel.

Beispiel Personenthema: Der Philosoph Arthur Schopenhauer

Kindheit/Jugend ↓	1. Frühe Reife
Abstammung ↓	1.1 Schwierige Eltern
Nation ↓	1.2 Die Suche nach der deutschen Einheit
Geschlecht ↓	1.3 Tiefe Sinnlichkeit
Ausbildung ↓	1.4 Philosophische Studien
Erwachsenenalter ↓	2. Lange Einsamkeit
Beruf ↓	2.1 Die Hauptwerke und die vielen Kommentare
Soziale Stellung ↓	2.2 Der Rentnerphilosoph
Wesensart ↓	2.3 Abkehr von den Frauen
Alter ↓	3. Später Ruhm
Schicksal ↓	3.1 Erste Anhänger, Verehrer, Vorkämpfer
Vor- und Nachgeschichte	3.2 Einfluß auf Nietzsche

Beispiel Sachthema: Die Existenzphilosophie

Definition ↓	1. Die existentielle Erfahrung und ihr Begriff
Ursache ↓	2. Die Krise der bürgerlichen Gesellschaft
Ort/Zeit ↓	3. Die drei Phasen der Existenzphilosophie: 20er Jahre, 50er Jahre, 90er Jahre
Art und Weise ↓	4. Die Methoden der Existenzanalyse: Weltanalyse, Existenzerhellung, Metaphysik/Ontologie
Möglichkeit ↓	5. Der Einfluß der Existenzphilosophie auf die französischen Denker Sartre und Camus
Ähnlichkeit ↓	6. Verhältnis der Existenzphilosophie zu christlichen und asiatischen Denkern
Umstände ↓	7. Das Wirken von Heidegger in Freiburg und von Jaspers in Basel
Folgen	8. Der Einfluß der Existenzphilosophie auf die Literatur und Kultur

Die rhetorischen Gliederungsmuster in wissenschaftlichen Büchern

Die rhetorischen Gliederungsmuster steuern aber nicht nur die inneren Strukturen von Aufsätzen, sondern auch die Struktur großer wissenschaftlicher Bücher. Wir wollen dafür einige exemplarische Beispiele geben.

Die deduktive Gliederung

Robert ALEXY hat eine „Theorie der juristischen Argumentation", Frankfurt 1978, vorgelegt. Diese Theorie gliedert sich in drei große Teile:

A. Einige Theorien des praktischen Diskurses
B. Entwurf einer Theorie des allgemeinen rationalen praktischen Diskurses
C. Eine Theorie der juristischen Argumentation

Im Teil A. entwickelt der Autor alle Diskurstheorien von WITTGENSTEIN bis HABERMAS, die er im Teil B. zu einem System allgemeiner Regeln des Diskurses zusammenfaßt, um im Teil C. die Diskursregeln für den juristischen Diskurs zu konkretisieren. Die 3 Teile zeigen also die Bewegung der Argumentation vom Allgemeinen (Teil A. und B) zum Besonderen (Teil C).

Die chronologische Gliederung

Hier ließen sich natürlich viele Beispiele aus der Geschichtswissenschaft anführen. Wir stellen aber ein Beispiel aus der Soziologie vor. David J. de LEVITA veröffentlichte 1971 das Buch „Der Begriff der Identität" Frankfurt. LEVITA untersuchte in seinem Buch die Entwicklung des Identitätsbegriffes durch den Sozialpsychologen E. H. ERIKSON. LEVITAS Untersuchung konzentriert sich auf drei große Abschnitte:

I. Dogmengeschichte bis Erikson
II. Erikson
III. Literatur nach Erikson

Dieses Buch zeigt damit deutlich die Aufgliederung des Stoffes in historische Abschnitte, wie sie bei der chronologischen Gliederungen üblich ist.

Die ganzheitliche Gliederung

Die ganzheitliche Gliederung findet sich keineswegs nur in der New-Age-Literatur. Wir bringen hier vielmehr ein Beispiel aus der Volkswirtschaft. Das Buch heißt: „ Im Kreislauf der Wirtschaft" und wurde von W. W. LIPPES und F. SCHMITZ-OHLSTEDT in Köln 1988 verlegt. Es gliedert sich in zwei große Teile:

1. Teil: Aufbau und Wirkungsweise des Wirtschaftskreislaufes
2. Teil: Im Auf und Ab der Volkswirtschaft.

Der 1. Teil stellt alle Faktoren des wirtschaftliche Kreislaufschemas zusammen. Im 2. Teil wird die zyklische Dynamik der Faktoren im wirtschaftlichen Kreislauf behandelt. Der Stoff des Buches weist damit eine Gliederung auf, in der alle Teilaspekte der Wirtschaft im ganzen des wirtschaftlichen Kreislaufes vorgestellt werden.

Auch für alle anderen rhetorischen Gliederungen lassen sich leicht Beispiele aus der wissenschaftliche Literatur finden. Allerdings stößt man in der wissenschaftlichen Buchliteratur auch auf Gliederungen, in denen sich die rhetorischen Muster mischen. Wir wollen diese Gliederungen sehr komplexe Gliederungen nennen.

Die sehr komplexe Gliederung

Unser Beispiel für eine komplexe Gliederung entnehmen wir der Politologie. Das Buch von W.-D. NARR: „CDU - SPD", Stuttgart 1966, entwickelt sich in drei Teilen:

Der 1. Teil gibt eine analytische Gliederung der Parteitheorie.
Der 2. Teil umfaßt eine chronologische Gliederung in zwei Unterabschnitten:
Unterabschnitt A behandelt die Geschichte der von CDU und SPD von 1945 bis 1949.
Unterabschnitt B behandelt die Geschichte von CDU und SPD seit Gründung der Bundesrepublik im Jahre 1949.
Der 3. Teil stellt eine systematische Zusammenfassung der Ergebnisse der Untersuchung dar. Diese komplexe Gliederung mischt also systematische und chronologische Gliederungselemente.

Ein weiteres gutes Beispiel einer komplexen Gliederung bietet auch das zentrale Werk von Hanna ARENDT: „Elemente und Ursprung totalitärer Herrschaft", Frankfurt 1965. Es gliedert sich in 3 Teile:

I. Antisemitismus
II. Imperialismus
III. Totalitäre Bewegungen und totale Herrschaft

Der 1. Teil bietet in deduktiver Gliederung die Entfaltung des Antisemitismusproblems.
Der 2. Teil stellt in ganzheitlicher Gliederung das System des Imperialismus vor.
Der 3. Teil bietet in induktiver Ordnung die Faktoren der Entstehung des totalitären Staates und der totalen Herrschaft.

Aufgabe

Wählen Sie aus Ihrer Bibliothek einige Bücher aus. untersuchen Sie die Gliederung dieser Bücher. Stellen Sie fest, nach welchen rhetorischen Mustern sie aufgebaut sind.

Ausschlachtungen / Umformungen

Man hat nachzuweisen versucht, daß Hölderlin Wendungen aus Schleiermachers „Über die Religion. Reden an die Gebildeten unter ihren Verächtern (1799) in Brot und Wein" verwendet hat" (M. Frank: Der kommende Gott. Frankfurt 1982, S. 272).

„Ähnlich steht es um die vielen zitathaltigen Entlehnungen (T. Manns) aus mittelhochdeutschen Literaturquellen (Hartmann, Gottfried, Nibelungenlied, Wolfram, Freidank usw.), die zusammen mit altfranzösischen, niederdeutschen, englischen und amerikanischen Brocken das Sprachgewand des Gregorius-Romans" Der Erwählte" bilden" (H. Meyer: Das Zitat in der Erzählung. Frankfurt 1988, S. 229).

3.6. Modelling: Mit wissenschaftlichen Modell-Texten kreativ arbeiten

Wichtige Anregungen für das Schreiben vermittelt die Arbeit an wissenschaftlichen Texten. Durch gute Textbeispiele wird die wissenschaftliche Schreibphantasie und Schreiblogik beflügelt.

Den Umgang mit Modelltexten, deren Suche und Identifikation Teil des Hochschulstudiums sein sollte, nennt man „Modelling" (d.h. Arbeit nach Modellen).

Wir wollen im folgenden die Methode des Modelling an zehn verschiedenen wissenschaftlichen Textelementen vorstellen und mit praktischen Übungen erschließen.

Vorworte

Vorworte für wissenschaftliche Bücher sprechen einige Geheimnisse des wissenschaftlichen Schreibens aus. Lesen Sie folgendes Vorwort von Klaus THEWELEIT:

Männerphantasien. Reinbek 1987, Bd. 1, S. 7-10

Über den Hindenburgdamm, der auf dem Umschlagbild nicht zu sehen ist, fahren die Züge von der Insel Sylt zum schleswig-holsteinischen Festland, und umgekehrt.

Das Postkartenfoto vom Zug auf dem Damm bei Hochwasser habe ich beim Ansehen von Fotoalben meiner Mutter gefunden, im Frühjahr dieses Jahres. Sie war von einem Schlaganfall bewußtlos und schon auf der Reise, die keine ist. Wenn jemand gestorben ist, schaut man seine Fotoalben an und hört die Stimmen, die zu den Bildern gehörten.

Käte, geb. Minuth, elftes Kind eines Schneiders aus Cranz, wohin die Leute aus Königsberg an die Ostsee kamen, 1901-1977, hätte gern noch den Abschluß dieser (mit einem Promotionsdiplom verbundenen) Arbeit erlebt und ihren

Wunsch, hundert Jahre alt zu werden, erfüllt gesehen, den sie allerdings in ihren letzten Jahren seltener äußerte.

Die Postkarte mit dem Foto lag lose im Album mit den Bildern der engsten Familie. Hindenburg, einer der Helden meiner frühesten Jugend, hatte über dem Schreibtisch meines Vaters, des Eisenbahners, gehangen, versehen mit einer faksimilierten Unterschrift, die ich lange für echt gehalten habe. Paul von Hindenburg, der Generalfeldmarschall, hat für meinen Vater ein Bild unterschrieben, das gefiel mir. Außer Hindenburg (der selber ein Damm war, Soldatendamm von Reich zu Reich durch die roten Fluten der ‚Republik' von Weimar) hingen Bismarck und Friedrich der Große da (wo vorher das Führerbild gehangen haben muß).

Es war 1954, als mein Vater meiner Schwester Helga und mir stolz den Hindenburgdamm vorführte. Nicht, als wäre er sein Eigentum, aber als wäre er selber die EISENBAHN, in der wir saßen und unter die der Damm gehörte. Ich war dreizehn, und es war das einzige Mal, daß ich mich erinnere, mit meinem Vater am Meer gewesen zu sein. Ins Wasser auf Sylt ging er nicht. Es war ihm zu stürmisch, und er war auch ‚kein großer Freund davon'.

Als der unlegalisierte Sohn eines ostpreußischen Hofbesitzers von einer Tante aufgezogen, war mein Vater als Vater immer sehr für eine richtige Familie. Aber zu allererst war er Eisenbahner, mit Leib und Seele, wie er sagte, und dann erst Mensch. Er war auch ein guter Mensch und ein ziemlich guter Faschist. Die Schläge, die er reichlich und brutal verteilte im Rahmen des Üblichen und in der guten Absicht des Affekts, waren die ersten Belehrungen, die mir eines Tages als Belehrungen über den Faschismus bewußt aufgegangen sind. Die Zwiespältigkeit meiner Mutter, die fand, daß so etwas sein mußte, es aber milderte, die zweiten.

Er, der ehrliche Beamte, schummelte nicht einmal beim Kartenspielen (Doppelkopf und Skat), wie sie es tat (oft zu meinen Gunsten, und ich ließ es mir gefallen), und er ging, ein schließlich enttäuschter Beamter (denn wer lohnte den lebenslangen Dienst, nicht einmal sein letzter Chef), ‚am Alkoho' zu Grunde und an der deutschen Geschichte. Bruno, 1901-1966.

Keiner von uns Söhnen wollte Eisenbahner werden. Der jüngste meiner drei älteren Brüder wurde es schließlich doch. Molkereimeister, was er gelernt hatte, war ein Beruf ‚ohne Zukunft', also ohne Gegenwart, geworden. Eisenbahner mit Leib und Seele ist er nicht.

Sie sind für das kommende Reich, das irgendwie nicht kam, geboren worden, meine älteren Geschwister. Reinhold - Siegfried - Brunhilde - Günter... Nibelungen, 1929-1935. Die beiden Nachkömmlinge bekamen die Namen der Niederlage: Klaus und Helga, 1942-1944 ... Stalingradkinder.

Aus Stalingrad kam Elvis, das Kino und das übrige Amerika von Leinwänden und aus Lautsprechern über den großen Teich.

Über den Damm, der auf dem Bild nicht zu sehen ist, ist auch Monika Kubale an Land gekommen, als sie von der Insel, auf der sie achtzehn Jahre gelebt hatte, in *die Stadt fuhr, in die auch mich die Universität gelockt hatte: Kiel, wie das, was die Schiffe unten haben.*

* * *

Für Spellbound *versicherte sich Hitchcock der Mitarbeit Dalís, der ihm die Träume machen sollte; spitz, zackig, hart sollten sie eindringen in die alltägliche Welt. So sind in diesem Film die Berge - festgefügt -, an denen der Zug vorbeigleitet. Ein dynamisierter Raum, der sich durch einen anderen bewegt. Die Eisenbahn und das Kino haben bestimmt gemeinsame Wurzeln. Freud hat leider nur über die Eisenbahn geschrieben. Und darüber, wie das Unbewußte die mühsam zusammengebrachten Vorstellungen von der eigenen Person belagert. Iris Henderson trägt auf Taschen und Schals und Tüchern ihr Monogramm, als könnten sie ihr helfen, ihre Identität zu schützen. (..).*
Sollte die Wahrscheinlichkeit wagen, ihr häßliches Haupt zu heben, sollten Sie meine Sicht von diesem Film „als phantastisch zurückweisen, dann bin ich natürlich wehrlos".
- Frieda Grafe *zu ,The* Lady Vanishes*' in Filmkritik 12/1971*

Jimi:...After you've gone thru all of the hell of dying, you've got to find out - and face - the facts to start a nationwide rebirth. But I'm not a politician, you see. All I can say is what I've been seeing: common sense.
But the masses are saying just the opposite.
You know who is REALLY living in fantasy land? It's the damned masses. The masses. The point is, WHO is wrong and WHO is right? That's what the point is - not how many people... What I'm trying to say is that somebody has got to make a move. The others are just waiting around until you run to jelly. Then, they tick you off.
- Jimi Hendrix in einem Interview in Circus, März 1969

* * *

Wenn ich Monika aus der Klinik erzählen höre, kommen mir nicht nur die universitären Faschismus-Theorien albern vor, auch schon der Versuch sie zu kritisieren, erscheint dann banal. Wie überflüssig wäre das alles, wenn es eine Konvention des Verstehens und Verhaltens gäbe, eine Art des Zuhörens, in der ein Gefühl davon existierte, was dies für unsere theoretisierende, aufklärerische Rede bedeutet: eingelieferte Kinder, die in ihrer ,auffällig' gewordenen oder verstummten Rede das ganze System von Behinderungen, das das Leben hier ist, zur Sprache bringen, es in ihrem hilflos-revoltierenden Körper herumtragen, es in Bilder bringen, bei deren Ansehen den Betrachter die Krankheit überfällt als eine überlegene Form des Unversehrtseins - und doch sind ihre Träger ,kaputt'; - wenn ich erzählen höre, wie sich ein Kontakt herstellt (wirklicher Kontakt mit Funkenschlag und Blitzen), wie eine Nähe hergestellt wird, indem man Distanzen erfühlt und ausprobiert, eine Nähe, die nicht verschlingend, eine Distanz, die nicht fern ist; wo Vorsicht ein schönes Wort wird und mit Voraussicht zusammenhängt, mit einem Gefühl für die Wirklichkeit des Leidens, das seinen Zustand verändern möchte, aber in Sackgassen und double-binds steckt; - und mir dann die sorgenvolle oder hektische Unbekümmertheit so vieler (und auch die eigene) einfällt, die hier den Faschismus bekämpfen wollen, aber selber stumpf sind für die Erfahrung des Nicht-Faschistischen; - dann, so würde der Satz sich fortsetzen wollen, ,könnte man verzweifeln'...(Realität einer erstarrten Semantik, aber dann doch nicht die eines Gefühls, das ich hätte).

Monika hat mich ständig konfrontiert mit ihrer anderen Art zu lesen. Wenn ich ihr Zitate, halbfertige Teile, Überarbeitetes oder auch Fertiges zu lesen gab und sie selten so reagierte, wie ich es mir gedacht oder auch gewünscht habe. Gerade solche Züge der Texte, die ich übergangen hatte, sagten ihr oft am meisten, und ungerührt sagte sie ‚Ambivalenz', wo ich schöne Eindeutigkeiten entdecken wollte, die zu glänzenden Formulierungen geführt hatten, die dann fallengelassen wurden (so daß ich jetzt ein ganz ambivalentes Verhältnis zu diesem Wort habe).
Monika und Margret Berger, beide im klinischen Umgang mit Kindern erfahren (Der Zustand einiger dieser Kinder hat eine Menge mit dem erwachsener Faschisten zu tun, wie gezeigt werden wird),haben mir auch den stärksten Rückhalt gegeben, wenn ich, ohne eigene klinische Arbeit, mich getraut habe, einige der verbreiteten psycho-analytischen Ansichten über den faschistischen Typ umzuformulieren. Ich hatte nur Krankenberichte: die Form, die soldatische Männer ihren Lebenserzählungen gegeben haben, ohne es zu wissen, und ihren Terror. Besonders die Überlegungen zur Ich-Struktur des Nicht-zu-Ende-Geborenen, die im 2. Band stehen, verdanken sehr viel der generellen Zustimmung Margret Bergers, aber auch ihren Literaturhinweisen.
Ab und zu lag im Briefkasten ein DIN-A 4-Umschlag mit einem oder zwei Stenorettenbändern, auf denen Erhard Lucas, präzise und freundlich, wie es seine Art ist, und scharf, wenn ihm etwas mißfiel, mir erzählte, was er an den Manuskripten gefunden hatte, die ich ihm, immer wenn ein Packen fertig war, nach Oldenburg geschickt habe. Dies Buch hat angefangen als ein Kapitel zum ‚Weißen Terror' für seine ‚Märzrevolution 1920'; als es mehr wurde, hat er sein weiteres Wachstum ungefähr so begleitet, wie ich es mir von einem Leser/ Kritiker/Helfer gewünscht hätte, hätte ich einen Wunsch frei gehabt. Erhard, ohne den sie nicht entstanden wäre, ist diese Arbeit gewidmet.

Aufgabe

Untersteichen Sie alle Aussagen zum Schreibprozeß, und verfassen Sie mit den unterstrichenen Elementen einen kleinen Text zum Thema: „Männerphantasien schreiben"

Anfänge und Schlußsätze von Aufsätzen

Anfänge und Schlüsse sind meist die rhetorischen Perlen von wissenschaftlichen Aufsätzen. Außerdem verraten sie auch viel über die Problemformulierung und die Forschungsergebnisse eines wissenschaftlichen Aufsatzes.
Lesen Sie den Anfang und den Schluß von Max WEBERS „Die soziologischen Gründe des Unterganges der antiken Kultur" (Aus: Max WEBER: Soziologie, Universalgeschichte, Politik. Stuttgart 1973, S. 1 und S. 24-25).

DIE SOZIALEN GRÜNDE DES UNTERGANGS DER ANTIKEN KULTUR

I.

Das römische Reich wurde nicht von außen her zerstört, etwa infolge zahlenmäßiger Überlegenheit seiner Gegner oder der Unfähigkeit seiner politischen Leiter. Im letzten Jahrhundert seines Bestehens hatte Rom seine eisernen Kanzler: Heldengestalten wie Stilicho, germanische Kühnheit mit raffinierter diplomatischer Kunst vereinigend, standen an seiner Spitze. Warum gelang ihnen nicht, was die Analphabeten aus dem Merowinger-, Karolinger- und Sachsenstamme erreichten und gegen Sarazenen und Hunnen behaupteten? - Das Reich war längst nicht mehr es selbst; als es zerfiel, brach es nicht plötzlich unter einem gewaltigen Stoß zusammen. Die Völkerwanderung zog vielmehr nur das Fazit einer längst im Fluß befindlichen Entwicklung.(...)

Der Kreislauf der ökonomischen Entwicklung des Altertums hat sich vollendet. Scheinbar völlig vernichtet ist seine Geistesarbeit. Versunken ist mit dem Verkehr die Marmorpracht der antiken Städte und damit alles das, was von geistigen Gütern auf ihnen ruhte: Kunst und Literatur, die Wissenschaft und die feinen Formen des antiken Verkehrsrechts. Und an den Gutshöfen der Possessoren und Senioren ertönt noch nicht der Minnesang. Unwillkürlich wehmütig berührt uns das Schauspiel, wie eine scheinbar dem Höchsten zustrebende Entwicklung ihre materielle Unterlage verliert und in sich selbst zusammenbricht. Allein was ist es denn, was wir in diesem gewaltigen Vorgang vor uns sehen? In den Tiefen der Gesellschaft vollzogen sich und mußten sich vollziehen organische Strukturänderungen, die im ganzen doch einen gewaltigen Gesundungsprozeß bedeuteten. Die Einzelfamilie und der Privatbesitz wurden den Massen der Unfreien zurückgegeben; diese selbst aus der Situation des „sprechenden Inventars" langsam wieder in den Kreis der Menschen hinaufgehoben, deren Familienexistenz das emporwachsende Christentum dann mit zähen moralischen Garantien umgab: schon die spätkaiserlichen Bauernschutzgesetze erkennen den Zusammenhalt der unfreien Familie in einem vorher nicht gekannten Maße an. Freilich sank zugleich ein Teil der freien Bevölkerung zu faktischer Hörigkeit und die raffiniert gebildete Aristokratie des Altertums zur Barbarei herab. Der naturalwirtschaftliche Untergrund, den das Anschwellen der unfreien Arbeit der antiken Kulturentwicklung untergeschoben hatten, war zunächst immer weiter gewuchert, je mehr der Sklavenbesitz die Vermögen differenzierte, und hatte nach dem Übergang des politischen Schwergewichts von der Küste auf das Binnenland und nach dem Versiegen der Menschenzufuhr seine zum Feudalismus drängende Struktur auch dem ursprünglich verkehrswirtschaftlichen Oberbau aufgezwungen. So schwand die dünn gewordene Hülle der antiken Kultur, und das Geistesleben der okzidentalen Menschheit sank in lange Nacht. Sein Niedersingen gemahnt aber an jenen Riesen der hellenischen Mythe, der neue Kraft gewann, wenn er am Busen der Mutter Erde ruhte. Fremdartig wäre freilich den alten Klassikern ihre Umgebung erschienen, wäre etwa einer von ihnen in der Karolingerzeit in seinen Pergamenten erwacht und hätte er die Welt aus seiner Klosterzelle gemustert: die Düngerluft des Fronhofes hätte ihn angeweht. Allein sie schliefen nun den Winterschlaf, wie die Kultur überhaupt, im Schoße des wieder ländlich gewordenen Wirtschaftslebens. Und es weckte sie auch nicht Minnesang und Turnier der feudalen Gesellschaft. Erst als auf der Grundlage der freien Arbeitsteilung und des Verkehrs die Stadt im Mittelalter wieder erstanden war, als dann der Übergang zur Volkswirtschaft die bürgerliche Freiheit vorbereitete und die Gebundenheit unter den äußeren und inneren Autoritäten des Feudalzeitalters sprengte, da erhob sich der alte Riese in neuer Kraft und hob auch das geistige Vermächtnis des Altertums empor an das Licht der modernen bürgerlichen Kultur.

Aufgabe

Identifizieren Sie in WEBERS Text die Formulierung des Problems des Aufsatzes, und geben Sie dann in eigenen Worten seine Ergebnisse wieder.

Der Umgang mit Hypothesen

Jeder wissenschaftliche Aufsatz entwickelt Hypothesen, Kernaussagen über seinen Forschungsgegenstand. Diese Hypothesen müssen legitimiert und gegen Kritik immunisiert werden. Lesen Sie folgenden Abschnitt aus:
Emil SCHMALOHR: Frühe Mutterentbehrung bei Mensch und Tier. München 1980, S. 12-14.

I. Körperliche und seelische Gesundheit unserser Kinder

In den letzten Jahren findet die Sorge um eine gesunde Entwicklung unserer Kinder in der Öffentlichkeit zunehmend das ihr gebührende Interesse.
Hier sind besonders die Bemühungen um die behinderten Kinder mit körperlichen und geistigen Schäden hervorzuheben, deren Rehabilitation in der Nachkriegszeit als eine große Aufgabe der Sozial- und Jugendhilfe erkannt wurde. Aufrüttelnde Appelle gingen z.B. von dem Holländer Tom Mutters aus, der über die Vereinigung „Lebenshilfe" Anstrengungen für die circa 50 000 „geistig behinderten" Kinder in der Bundesrepublik anregte, die heute im Bundessozialhilfegesetz berücksichtigt sind und deren „lebenspraktische Bildbarkeit" in den seit 1960 gegründeten Sonderschulen und Beschützenden Werkstätten gefördert wird. In der Sozialhilfe früh erfaßt wurden auch die tragischen Fälle der etwa 3000 „contergangeschädigten" Kinder, deren Eingliederung in die Gemeinschaft viele Aktionen gelten, die von der Konstruktion eigens entwickelter kunstvoller Prothesen bis zu einer besonderen schulischen Betreuung reichen. Ein eindrucksvolles Zeitdokument hat der amerikanische Präsident Kennedy mit seiner Kongreßbotschaft aus dem Jahre 1963 hinterlassen, in der er die Nation auffordert, nach dem Rückgang der körperlichen Erkrankungen dem viel zu

lange geduldeten Rückstand in der Behandlung und Vorbeugung der Geisteskrankheiten und Geistesschwächen den Kampf anzusagen: „Es gibt keine andere Behinderung, die häufiger auftritt, mehr Menschen behindert, länger fortgesetzte Behandlung erfordert, mehr Leiden in den Familien der Betroffenen verursacht, mehr an unseren menschlichen Kraftquellen zehrt und stärker die öffentlichen Finanzen sowie auch die Mittel der einzelnen Familien beansprucht als Geisteskrankheiten und Geistesschwächen".

Nicht zuletzt das vertiefte Verständnis für die Not der behinderten Menschen hat die Aufmerksamkeit auf die Aufgabe gelenkt, die Gesundheit der gesamten heranwachsenden Generation in jeder erdenklichen Hinsicht vorbeugend zu schützen und zu fördern. So hat z.B. die Tatsache, daß in der Bundesrepublik während des 1. Lebensjahres doppelt so viele Säuglinge (23 von jeweils 1000) wie in Schweden (zwölf von 1000) sterben, zu einer neuen Diskussion von Reformen in der medizinischen Schwangeren- und Neugeborenen-Fürsorge geführt.

Die Presse machte unter der Frage „Lieben die Deutschen ihre Autos mehr als ihre Kinder?" auf die Gefährdung durch den Straßenverkehr aufmerksam. 10 000 Kinder unter 15 Jahren fielen in den letzten zehn Jahren in der Bundesrepublik Verkehrsunfällen zum Opfer, 300 000 wurden verletzt. 1965 war der Jahresanteil um über 50 Prozent auf 1612 getötete und 54 471 verletzte, davon 19 167 schwer verletzte Kinder, angestiegen. Da morgens gegen 7.45 Uhr vor Schulbeginn gleichzeitig acht Millionen Kinder und 13 Millionen Kraftfahrzeuge unterwegs sind, sucht man hier durch Verkehrserziehung, Schülerlotsendienste und Ausgabe von leuchtenden Mützen für Schulanfänger Abhilfe zu schaffen. Weitere Maßnahmen, wie z.B. eine Verschiebung des Schulanfangs, werden diskutiert.

Öffentlich wird auch angeprangert, daß noch immer 85 Prozent der Erziehungsberechtigten die Prügelstrafe für ein geeignetes Erziehungsmittel halten. 1964 sind in der Bundesrepublik 90 Kinder von Eltern zu Tode geprügelt worden, sechsmal so viel, wie von Sittlichkeitsverbrechern getötet wurden; womit sicherlich diese letzte Gefahr nicht verharmlost werden soll. Die Ärzte überlegen, was ihre Schweigepflicht zu tun gebietet, wenn sie jährlich tausenden mißhandelten Kindern mit gebrochenen Gliedmaßen und Gehirnerschütterungen begegnen.

Durch die Berichte in Presse, Funk und Fernsehen fühlen wir uns in besonderer Weise mitverantwortlich, daß jährlich fast 100 Kinder unter 14 Jahren Selbstmord verüben, 6000 bevorzugt zwei bis dreijährige sich überwiegend durch die Nachlässigkeit der Eltern im Haushalt vergiften, 100 davon tödlich, und 18 000 unzüchtige Handlungen an Kindern angezeigt werden, wobei mit einer noch größeren Dunkelziffer zu rechnen ist. Durch Aufklärungsaktionen, durch Sozialhilfe und Gesundheitsfürsorge sucht man entsprechende Gegengewichte zu schaffen, um zum Wohle der heranwachsenden Jugend beizutragen.

Auf diesen und anderen Wegen wird in unserer Gesellschaft viel dafür getan, unsere Kinder und Jugendlichen vor körperlichen Schäden und Mißhandlungen

zu bewahren. Es ist aber zu fragen, ob die Aufgabe, sie auch vor seelischen Mißhandlungen zu schützen, in der gleichen Klarheit gesehen wird. Seelische Schäden drohen vor allem den Kindern in den ersten Lebensjahren, die uns ihren Zustand nicht deutlich zu melden vermögen und bei denen die Folgen unseres Handelns meistens auch gar nicht unmittelbar sichtbar werden.
Daß dabei besonders der Faktor der Trennung eines kleinen Kindes von der Mutter Beachtung verdient, legt der 6. Leitsatz der „Erklärung der Rechte des Kindes" in der UNO-Vollversammlung vom 20.9.1959 nahe, in dem es heißt:

„Das Kind bedarf zur vollen und harmonischen Entwicklung seiner Persönlichkeit der Liebe und des Verständnisses. Es muß möglichst in der Obhut und unter der Verantwortung seiner Eltern, immer aber in einer liebevollen, moralische und materielle Sicherheit bietenden Umgebung aufwachsen. Im zarten Alter darf das Kind nicht von seiner Mutter getrennt werden, außer durch ungewöhnliche Umstände..."

Aber wer denkt schon daran, in einer frühen Muttertrennung und einem entsprechenden Gefühlsentzug einen massiven seelischen Eingriff zu sehen? Auf diesem Gebiet brauchen wir dringend ein genaues Wissen, damit wir nicht Gefahr laufen, in unseren gutgemeinten Sozialhilfeeinrichtungen gerade die Schäden herbeizuführen, die wir verhüten möchten.

Aufgabe

Formulieren Sie Schmalohrs zentrale Hypothese, und stellen Sie seine Methoden der Legitimation und Immunisierung seiner Grundannahme zusammen.

Der Umgang mit dem wissenschaftlichen Gegner

Wissenschaftliche Texte arbeiten sich immer an Positionen der wissenschaftlichen Konkurrenz ab. Wissenschaft selbst ist ein endloses Streitgespräch, ein Austauschen von Streittexten. Lesen Sie die Auseinandersetzung Arnold GEHLENS mit Konrad LORENZ in dem Buch: A. GEHLEN: der Mensch. Frankfurt 1962, S. 30-31.

Konrad Lorenz hat in der Arbeit „Psychologie und Stammesgeschichte" (p. 122 f) gegen meine Unterscheidungen mit dem Argument polemisiert, daß gewisse „Neugiertiere", wie Raben, aktiv Lernsituationen aufsuchen, daß sie „sozusagen die Forschung um ihrer selbst willen betreiben", und also „in ihrer Methode der Umweltbeherrschung dem Menschen sehr viel näher stehen als etwa der Schimpanse als Kletterspezialist". Daß solche Tiere sich unbekannten Außenreizen positiv zuwenden, um „durch systematische (!) Untersuchung schlechterdings aller Reize allmählich die biologisch relevanten herauszugreifen", schließt die ungeheuere Kluft zwischen Mensch und Tier ebensowenig wie das Wort „Neugierde" oder wie die passionierte Zuneigung dieses ausgezeichneten Forschers zu seinen Versuchstieren. Auf diesen Wegen kommt Lorenz schließlich zu der immensen These, daß die wesentlichen Kulturleistungen des Menschen „ausschließlich auf Forschungsleistungen aufgebaut sind, die ganz wie (!) beim neugierig-spielenden Jungtier ausschließlich um ihrer selbst willen zustande gekommen sind". Bei diesen tierischen Forschungsleistungen ist nun allerdings nicht viel an Erkenntnis herausgekommen. Wenn ein Rabe einen zugeworfenen Lappen „untersucht" und ihn sogar später verwendet, um das instinktmäßig angeborene Verstecken von Nahrungsresten auszuführen, so scheint uns das außerordentlich intelligent, und man vermißt eigentlich nur noch die Worte „na, nehmen wir mal einstweilen das". Dabei verdanken wir Lorenz selbst den Hinweis an anderer Stelle (Bildg. d. Inst. Begr., p. 311), daß sich „nachweisen läßt, daß der Rabe keinerlei Einsicht in das Wesen des 'versteckens' im Sinne des Unsichtbarmachens des Versteckten besitzt". Unter menschlicher Neugier verstehe ich, und würde vorschlagen zu verstehen, die ihrer Struktur nach außerordentlich hoch intellektuelle Fähigkeit, ein durchaus instinktiv verwurzeltes Interesse an einem Sachverhalt als bloß gewußtem abzusättigen. Die noch höhere intellektuelle Neigung der eigentlichen Forschung besteht dagegen darin, irgendwelche objektiven Tatsachen nach ihrer eigenen Sachgesetzlichkeit abzufragen, um sie mit anderen Tatsachen in einem verstehbaren Zusammenhang zu bringen. Die Bedingung dazu ist die, daß die instinktiven first-hand-Einstellungen zu den ersten Tatsachen entweder eingeklammert (wie die Furcht vor der Leiche beim Anatomen) oder so weit sublimiert sind, daß sie den Zutritt rein rationaler Einstellungen vertragen, ohne diese triebhaft abzudecken. Die Geschichte der Wissenschaft ist eine Geschichte sehr mühsamer innerer Askesen, sehr künstlich gezüchteter Verzichtsakte auf instinktiv bedingte „Vorurteile". Ich würde dieses Forschungsinteresse nicht Neugier nennen und beide wieder von dem von Lorenz gemeinten aktiven Appetenzverhalten gegenüber unspezifischen neuen Reizen begrifflich durchaus unterscheiden.

Aufgabe

Präparieren Sie mit Hilfe eines Doppelclusters die Kernpunkte des Streits zwischen GEHLEN und LORENZ heraus. Bewerten Sie dann die Worte mit denen sich GEHLEN von LORENZ absetzt. Wählen Sie dann einen wissenschaftlichen Gegner, und setzen Sie sich mit den Worten von GEHLEN von diesem Gegner ab.

Gliederung

Die Gliederung ist eine wichtige Einstiegstreppe in einen wissenschaftlichen Text. Jede Gliederung verrät die Kernaussage des folgenden Textes. Lesen Sie die Gliederung des Buches: Volker E. PILGRIM: Der Untergang des Mannes. Reinbek 1986, S. 7-8.

Aufgabe

Schreiben Sie über PILGRIMS Gliederung fünf Minuten einen Free-Writing-Text. Fassen Sie die Ergebnisse Ihres Free-Writing-Textes dann in Thesen zusammen.

Wissenschaftliche Sätze

Wissenschaftliche Sätze haben im Deutschen oft eine komplizierte Satzstruktur. Sie benutzen mit Vorliebe viele Fremdworte und bewegen sich in einem speziellen Fachdiskurs.

Aufgabe

Um den Unterschied zwischen wissenschaftlichen und Alltagssätzen herauszuarbeiten, übersetzen Sie folgende Wissenschaftsätze in die Umgangssprache.

Kennern der Theorieentwicklung des Frankfurter Kreises hätte sich gelegentlich die Frage stellen müssen, woran sich eigentlich Identität und Kontinuität einer Theoriebildung festmachen lassen, die inhaltlich derart gravierende Unterschiede aufweist wie die zwischen dem „Materialismus" der frühen dreißiger Jahre, den Programmtexten der „Kritischen Theorie" von 1937 und der „Dialektik der Aufklärung" von 1944: ob an ihrem sozialen Substrat, dem Frankfurter Kreis, und speziell an dessen Zentralfigur Max Horkheimer, ob an einzelnen Etappen der Theorieentwicklung, die man gegen andere normativ ausspielt, oder an einer authentischen Intention, die man einer einzelnen Person oder einem einzelnen Text unterstellt? (...)

Eine theoretische Orientierung wie die des „Materialismus" des frühen Horkheimer, die in kritischer Absetzung von den zeitgenössischen antihistoristischen Philosophien nicht nur ihre empirischen Problembezüge, sondern auch ihre Konzepte und Begriffe aus der akut erfahrenen historischen Konstellation entnehmen wollte, eine solche Theorie dürfte sich nicht abgedichtet haben von der historischen Erfahrung, wie sie von ihren empirischen Subjekten leibhaftig gemacht wurde.

(H. DUBIEL: Wissenschaftsorganisation und politische Erfahrung. Frankfurt 1978, S. 17).

Sätze der wissenschaftlichen Fachsprachen

Jede Wissenschaft entwickelt eine Fachsprache, die sich durch eigene Begriffe, Forschungsmethoden, Umrisse ihres Gegenstandes und ihre Wissenschaftsethik unterscheidet.

Aufgabe

Lesen Sie folgende Kurztexte aus verschiedenen Wissenschaften, und stellen Sie fest, aus welcher Wissenschaft der Kurztext stammt. Begründen Sie dann Ihre Entscheidung.

Im April 1774 schreibt der 25-jährige Hölty an seinen Freund Johann Heinrich Voss: „Den größten Hang habe ich zur ländlichen Poesie, und zu süßen melancholischen Schwärmereien in Gedichten. An diesen nimt mein Herz den meisten Antheil" (2,198f). Was Anton Reiser sich aus verschiedenen inneren und äußeren Gründen versagen muß, hier ist es zum Zentrum lyrischer Existenz gemacht: die Hingabe an die „süße melancholische Schwärmerei", an den poetisch-empfindsamen Genuß der „süßen Schwermuth" (1,90), an eine Form der Melancholie, in der alles aufs Sanfte, Weiche, Elegische abgestimmt ist und die darum auch keinen Gegensatz, sondern nur eine andere Spielart zur „Freude" bildet. Als „Mutter der Betrachtung" (1,40) eröffnet diese Melancholie Räume der Phantasie und der Reflexion, in denen das empfindsame Ich sich entfalten kann. Medium und Vehikel solcher Selbstentfaltung ist das Gedicht.

Bismarcks Lösung der deutschen Frage wird immer bei denen Bewunderung erregen, welche begriffen haben, daß Mäßigung und Beschränkung auf das unter gegebenem historischem Traditionsdruck Mögliche die höchste Tugend eines Staatsmanns ist. Solange dieser Traditionsdruck, den die Begriffe Preußen, Österreich, Deutschland verkörpern, in den Ansatz einer Lösung der deutschen Frage übernommen wird, gibt es keinen Weg zum großdeutschen Einheitsstaat. Den Druck bestimmt die Spannung zwischen Reichsgedanken und Staatsgedanken, welche allererst in einer neuen Einheit gegeneinander ausgeglichen werden müßten, um Wien und Berlin restlos zu verbinden.

Solchem Ausgleich im Gesichtskreis eines Staates stehen, wie auch die Nachkriegsgeschichte gelehrt hat, grundsätzliche Schwierigkeiten entgegen. Wien müßte sein Wesentliches aufgeben, wenn es sich Berlin unterstellte. Die katholische Vormacht und Hüterin des Römischen Reiches deutscher Nation bis 1806, Sitz der apostolischen Majestät und Mittelpunkt eines ausgesprochen übernationalen Völkerverbandes von universaler Prägung kann in einem von protestantischem Geist geformten, auf preußische Überlieferung gegründeten Nationalstaat, der als dieser Staat den Anspruch auf das Reich erhebt, nicht ohne weiteres aufgehen.

In der ersten Phase besteht das Ziel darin, die Schüler in die „denkende und sprechende Bearbeitung des Wirklichkeitsbereiches zwischenmenschlichen Handelns" einzuführen. Dazu werden Fallstudien und Materialien, in denen Interaktions- und Kommunikationsprobleme dargestellt werden, mit den Schülern durchgearbeitet. Als Einstieg können Situationsschilderungen dienen, in denen gezeigt wird, wie z.B. Minderwertigkeitsgefühle zustande kommen, Ausstoßungsprozesse in Gruppen erfolgen oder autoritäres bzw. demokratisches Verhalten wirkt. Zur Verdeutlichung soll hier eine Unterrichtsfolge über Minderwertigkeitsgefühle, wie sie von Grundke *entwickelt worden ist, in Ausschnitten dargestellt werden.*

Überleitungen

Jeder Autor muß in seinen Texten zwischen den Abschnitten, Kapiteln oder Teilen Überleitungen finden. Lesen Sie die folgenden Überleitungen zwischen Teil 1, 2, 3 des Buches von Arnold GEHLEN: Der Mensch. Frankfurt 1962, S. 86, 131, 327.

I. Teil

Die morphologische Sonderstellung des Menschen

Die nächste uns obliegende Aufgabe ist nun, die Sonderstellung des Menschen in morphologischer Hinsicht, also in der Betrachtung „von außen" nachzuweisen. Diese Besonderheit besteht, wie schon angedeutet, in einem...

II. Teil

Wahrnehmung, Bewegung, Sprache

Nachdem wir nunmehr die morphologische Sonderstellung des Menschen am Nachweis der „Primitivität", der Unspezialisiertheit seiner Physis dargestellt haben, ergibt sich die Folgerung, daß der Mensch die Bedingungen seiner Lebensfristung selbst zu erzeugen hat; denn die Unspezialisiertheit bedeutet ja den Mangel einer ihm natürlich angepaßten Umwelt, mit der er im biologischen Gleichgewicht lebt, und sie enthält zweitens die Notwendigkeit, die ganze exponierte, organisch hilflose und ungedeckte Verfassung durch Selbsttätigkeit durchsetzungsfähig zu machen, also in erfahrenen und kontrollierten Handlungen die physische Existenz überhaupt erst zu ermöglichen.

III. Teil

Antriebsgesetze. Charakter. Das Geistproblem

Die letzte uns noch obliegende Aufgabe besteht in der Darstellung des Charakteraufbaus, bei der zu zeigen ist, wie von unserer Gesamtansicht des Menschen als eines handelnden Wesens her sich auch hier eine tiefere Ordnung der Tatsachen ergibt.

Aufgabe

Identifizieren Sie die Schlüsselworte mit denen GEHLEN die Überleitung bewerkstelligt, und formulieren Sie dann für die drei Teile eigene Überleitungsvorschläge.

Abbildungen

Die wichtigsten Erkenntnisse wissenschaftlicher Forschung werden oft in Grafiken dargestellt. Lesen Sie folgenden Text von Norbert ELIAS: Was ist Soziologie? München 1986, S. 10-12.

Das gedankliche Modell, das Menschen vor Augen haben, wenn sie über das Verhältnis ihrer selbst zu der „Gesellschaft" nachdenken, entspricht oft der folgenden Figur:

Figur 1: Grundschema des egozentrischen Gesellschaftsbildes

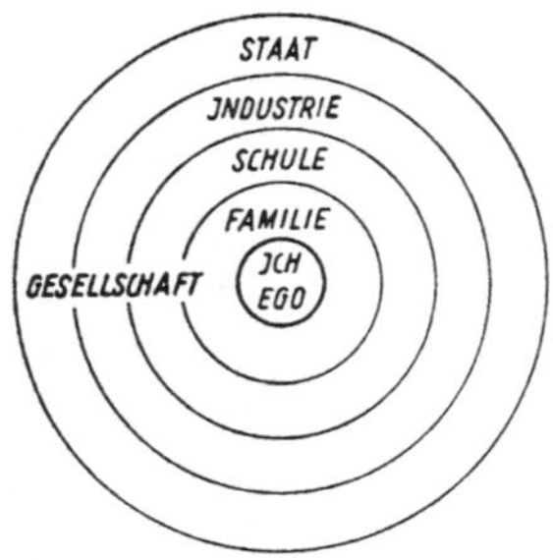

An die Stelle von „Familie", „Schule", „Industrie" oder „Staat" können Figurationen wie „Universität", „Stadt", „System" und zahllose andere treten. Was sie auch sein mögen, das typische Grundschema der vorherrschenden Verbegrifflichung solcher gesellschaftlicher Gruppierungen und der Selbsterfahrung, die in ihr zum Ausdruck kommt, entspricht weitgehend der angegebenen Figur, die den einzelnen Menschen, das einzelne „Ich" umgeben von „sozialen Gebilden" zeigt, die begrifflich so erfaßt sind, als ob es sich um Gegenstände jenseits und außerhalb des einzelnen „Ich" handele. Zu diesen Begriffen gehört gegenwärtig auch der Begriff der „Gesellschaft".
Es erleichtert das Verständnis für die Aufgaben der Soziologie, für das, was man gewöhnlich als ihren „Gegenstand" bezeichnet, wenn man die eigene Vorstellung von dem, worauf der Begriff „Gesellschaft" hinzielt, und von dem eigenen Verhältnis zu der „Gesellschaft", im Sinne der folgenden Figur umorientiert:

*Figur 2: Eine Figuration interdependenter Individuen**
(»Familie«, »Staat«, »Gruppe«, »Gesellschaft« usw.)

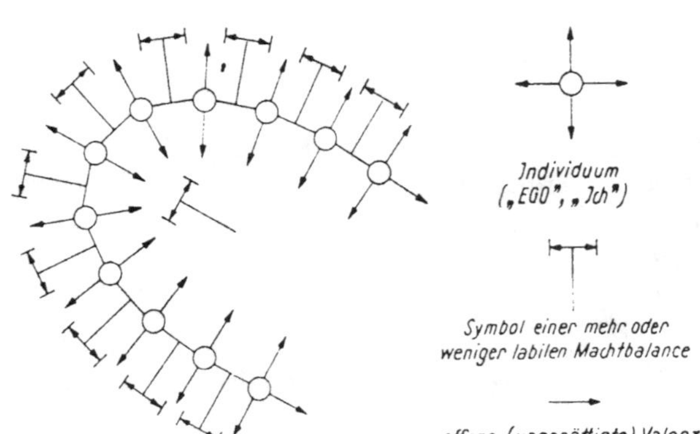

Die Figur dient dazu, dem Leser zu helfen, in Gedanken die harte Fassade der verdinglichenden Begriffe zu durchbrechen, die den Menschen gegenwärtig den Zugang zum klaren Verständnis ihres eigenen gesellschaftlichen Lebens weitgehend verstellen und die immer von neuem dem Eindruck Vorschub leisten, daß die „Gesellschaft“ aus Gebilden außerhalb des „Ich“, des einzelnen Individuums bestehe und daß das einzelne Individuum zugleich von der „Gesellschaft“ umgeben und von ihr durch eine unsichtbare Wand getrennt sei. An die Stelle dieser herkömmlichen Vorstellungen tritt, wie man sieht, das Bild vieler einzelner Menschen, die kraft ihrer elementaren Ausgerichtetheit, ihrer Angewiesenheit aufeinander und ihrer Abhängigkeit voneinander auf die verschiedenste Weise aneinander gebunden sind und demgemäß miteinander Interdependenzgeflechte oder Figurationen mit mehr oder weniger labilen Machtbalancen verschiedenster Art bilden, z.B. Familien, Schulen, Städte, Sozialschichten oder Staaten. Jeder dieser Menschen ist, wie man es objektivierend ausdrückt, ein „Ego“ oder „Ich“. Zu diesen Menschen gehört man auch selbst.

Aufgabe

Untersuchen Sie das Verhältnis von Bild und Text im Beispiel von N. ELIAS. Entwickeln Sie dann eine eigene Grafik, in der Sie das Verhältnis von Individuum und Gesellschaft fassen.

Modelltexte ausschlachten

Die Schlüsseltexte der großen Wissenschaftler haben ihre Nachfolger immer wieder zu weiteren wichtigen Texten animiert. MARX las FEUERBACH und entwikkelte in den Feuerbach-Thesen den dialektischen Materialismus. FREUD fand bei SCHOPENHAUER die Idee des Unbewußten. JASPERS wurde durch KIERKEGAARDS Texte zu seinen existenzialistischen Texten animiert. HEIDEGGER fand in den Fragmenten der Vorsokratiker die Spuren der Seinsgeschichte. Norbert ELIAS entdeckte in den Anstandsbüchern des Adels und der Bürger den Zivilisationsprozeß. Lesen Sie den folgenden Schlüsseltext des frühen S. FREUD, in der er seine Entdeckung der Heilung von Hysterien mitteilt:

Es erscheint zunächst wunderlich, daß längst vergangene Erlebnisse so intensiv wirken sollen; daß die Erinnerungen an sie nicht der Usur unterliegen sollen, der wir doch alle unsere Erinnerungen verfallen sehen. Vielleicht gewinnen wir durch folgende Erwägungen einiges Verständnis für diese Tatsachen.
Das Verblassen oder Affektloswerden einer Erinnerung hängt von mehreren Faktoren ab. Vor allem ist dafür von Wichtigkeit, ob auf das affizierende Ereignis energisch reagiert wurde oder nicht. Wir verstehen hier unter Reaktion die ganze Reihe willkürlicher und unwillkürlicher Reflexe, in denen sich erfahrungsgemäß die Affekte entladen: vom Weinen bis zum Racheakt. Erfolgt diese Reaktion in genügendem Ausmaße, so schwindet dadurch ein großer Teil des Affektes;

unsere Sprache bezeugt diese Tatsache der täglichen Beobachtung durch die Ausdrücke „sich austoben, ausweinen" und dgl. Wird die Reaktion unterdrückt, so bleibt der Affekt mit der Erinnerung verbunden. Eine Beleidigung, die vergolten ist, wenn auch nur durch Worte, wird anders erinnert, als eine, die hingenommen werden mußte. Die Sprache anerkennt auch diesen Unterschied in den psychischen und körperlichen Folgen und bezeichnet höchst charakteristischerweise eben das schweigend erduldete Leiden als „Kränkung".
- Die Reaktion des Geschädigten auf das Trauma hat eigentlich nur dann eine völlig „kathartische" Wirkung, wenn sie eine adäquate Reaktion ist, wie die Rache. Aber in der Sprache findet der Mensch ein Surrogat für die Tat, mit dessen Hilfe der Affekt nahezu ebenso „abreagiert" werden kann. In anderen Fällen ist das Reden eben selbst der adäquate Reflex, als Klage und als Aussprache für die Pein eines Geheimnisses (Beichte!). Wenn solche Reaktion durch Tat, Worte, in leichtesten Fällen durch Weinen nicht erfolgt, so behält die Erinnerung an den Vorfall zunächst die affektive Betonung.
Das „Abreagieren" ist indes nicht die einzige Art der Erledigung, welche dem normalen psychischen Mechanismus des Gesunden zur Verfügung steht, wenn er ein psychisches Trauma erfahren hat. Die Erinnerung daran tritt, auch wenn sie nicht abreagiert wurde, in den großen Komplex der Assoziation ein, sie rangiert dann neben anderen, vielleicht ihr widersprechenden Erlebnissen, erleidet eine Korrektur durch andere Vorstellungen. Nach einem Unfalle z.B. gesellt sich zu der Erinnerung an die Gefahr und zu der (abgeschwächten) Wiederholung des Schreckens die Erinnerung des weiteren Verlaufes, der Rettung, das Bewußtsein der jetzigen Sicherheit. Die Erinnerung an eine Kränkung wird korrigiert durch Richtigstellung der Tatsachen, durch Erwägungen der eigenen Würde und dgl., und so gelingt es dem normalen Menschen, durch Leistungen der Assoziation den begleitenden Affekt zum Verschwinden zu bringen.
Dazu tritt dann jenes allgemeine Verwischen der Eindrücke, jenes Abblassen der Erinnerungen, welches wir „vergessen" nennen, und das vor allem die affektiv nicht mehr wirksamen Vorstellungen usuriert.
Aus unseren Beobachtungen geht nun hervor, daß jene Erinnerungen, welche zu Veranlassungen hysterischer Phänomene geworden sind, sich in wunderbarer Frische und mit ihrer vollen Affektbetonung durch lange Zeit erhalten haben. Wir müssen aber als eine weitere auffällige und späterhin verwertbare Tatsache erwähnen, daß die Kranken nicht etwa über diese Erinnerungen wie über andere ihres Lebens verfügen. Im Gegenteil, diese Erlebnisse fehlen dem Gedächtnisse der Kranken in ihrem gewöhnlichen psychischen Zustande völlig oder sind nur höchst summarisch darin vorhanden. Erst wenn man die Kranken in der Hypnose befragt, stellen sich diese Erinnerungen mit der unverminderten Lebhaftigkeit frischer Geschehnisse ein.
So reproduzierte eine unserer Kranken in der Hypnose ein halbes Jahr hindurch mit halluzinatorischer Lebhaftigkeit alles, was sie an denselben Tagen des vorhergegangenen Jahres (während einer akuten Hysterie) erregt hatte; ein ihr

unbekanntes Tagebuch der Mutter bezeugte die tadellose Richtigkeit der Reproduktion. Eine andere Kranke durchlebte teils in der Hypnose, teils in spontanen Anfällen mit halluzinatorischer Deutlichkeit alle Ereignisse einer vor zehn Jahren durchgemachten hysterischen Psychose, für welche sie bis zum Momente des Wiederauftauchens größtenteils amnestisch gewesen war. Auch einzelne ätiologisch wichtige Erinnerungen von fünfzehn- bis fünfundzwanzigjährigem Bestand erwiesen sich bei ihr von erstaunlicher Intaktheit und sinnlicher Stärke und wirkten bei ihrer Wiederkehr mit der vollen Affektkraft neuer Erlebnisse.

Den Grund hierfür können wir nur darin suchen, daß diese Erinnerungen in allen oben erörterten Beziehungen zur Usur eine Ausnahmestellung einnehmen. Es zeigt sich nämlich, daß diese Erinnerungen Traumen entsprechen, welche nicht genügend „abreagiert" worden sind, und bei näherem Eingehen auf die Gründe, welche dieses verhindert haben, können wir mindestens zwei Reihen von Bedingungen auffinden, unter denen die Reaktion auf das Trauma unterblieben ist.

Zur ersten Gruppe rechnen wir jene Fälle, in denen die Kranken auf psychische Traumen nicht reagiert haben, weil die Natur des Traumas eine Reaktion ausschloß, wie beim unersetzlich erscheinenden Verlust einer geliebten Person, oder weil die sozialen Verhältnisse eine Reaktion unmöglich machten, oder weil es sich um Dinge handelte, die der Kranke vergessen wollte, die er darum absichtlich aus seinem bewußten Denken verdrängte, hemmte und unterdrückte. Gerade solche peinliche Dinge findet man dann in der Hypnose als Grundlage hysterischer Phänomene (hysterische Delirien der Heiligen und Nonnen, der enthaltsamen Frauen, der wohlerzogenen Kinder).

Die zweite Reihe von Bedingungen wird nicht durch den Inhalt der Erinnerungen, sondern durch die psychischen Zustände bestimmt, mit welchen die entsprechenden Erlebnisse beim Kranken zusammengetroffen haben. Als Veranlassung hysterischer Symptome findet man nämlich in der Hypnose auch Vorstellungen, welche, an sich nicht bedeutungsvoll, ihre Erhaltung dem Umstande danken, daß sie in schweren lähmenden Affekten, wie z.b. Schreck, entstanden sind, oder direkt in abnormen psychischen Zuständen, wie im halbhypnotischen Dämmerzustande des Wachträumens, in Autohypnosen und dgl. Hier ist es die Natur dieser Zustände, welche eine Reaktion auf das Geschehnis unmöglich machte.

Beiderlei Bedingungen können natürlich auch zusammentreffen und treffen in der Tat oftmals zusammen. Dies ist der Fall, wenn ein an sich wirksames Trauma in einen Zustand von schwerem, lähmendem Affekt oder von verändertem Bewußtsein fällt, es scheint aber auch so zuzugehen, daß durch das psychische Trauma bei vielen Personen einer jener abnormen Zustände hervorgerufen wird, welcher dann seinerseits die Reaktion unmöglich macht.

Beiden Gruppen von Bedingungen ist aber gemeinsam, daß die nicht durch Reaktion erledigten psychischen Traumen auch der Erledigung durch assoziative Verarbeitung entbehren müssen. In der ersten Gruppe ist es der Vorsatz des Kranken, welcher die peinlichen Erlebnisse vergessen will und dieselben somit

möglichst von der Assoziation ausschließt, in der zweiten Gruppe gelingt diese assoziative Verarbeitung darum nicht, weil zwischen dem normalen Bewußtseinszustand und den pathologischen, in denen diese Vorstellungen entstanden sind, eine ausgiebige assoziative Verknüpfung nicht besteht. Wir werden sofort Anlaß haben, auf diese Verhältnisse weiter einzugehen.
Man darf also sagen, daß die pathogen gewordenen Vorstellungen sich darum so frisch und affektkräftig erhalten, weil ihnen die normale Usur durch Abreagieren und durch Reproduktion in Zuständen ungehemmter Assoziation versagt ist.

(Aus: S. Freud: Studien über Hysterie. Frankfurt 1970, S. 11-13).

Aufgabe

Ziehen Sie die wichtigsten Thesen aus diesem Text, und bilden Sie dann Antithesen.
Identifizieren Sie die wichtigste Idee des Textes, und fassen Sie in fünf Minuten Free-Writing Ihr Wissen zu dieser Idee zusammen.
Lassen Sie sich durch diesen Text zu einem eigenen Text über Hysterie animieren.
Entwerfen Sie im Blick auf den Freud-Text eine Geschichte der Hysterie.
Entdecken Sie in dem Freud-Text die Spuren der Psychoanalyse, und formulieren Sie den psychoanalytischen Ansatz.

Anleitungen zum wissenschaftlichen Arbeiten:

Es gibt in Deutschland fächerübergreifende und fachspezifische Anleitung zum Schreiben einer wissenschaftlichen Arbeit. Sie bieten viele Hinweise zu folgenden Aspekten:
Planung, Vorarbeiten, Materialübersicht und Themenabgrenzung, Materialauswertung, Manuskript- und Ergebnisgestaltung, Veröffentlichung.
Sie schweigen aber alle über den Prozeß des Schreibens wissenschaftlicher Texte. Sie sind durchaus hilfreich, haben aber an der entscheidenden Stelle des kreativen Prozesses von Wissenschaft ein deftiges Loch!
Im folgenden können Sie sich über diese Anleitungen auf dem Weg zu einer großen wissenschaftlichen Arbeit einen Überblick verschaffen.

Fächerübergreifende Anleitungen:

Bänsch, A.: Wissenschaftliches Arbeiten. München 1992
Gehards, G.: Seminar-, Diplom- und Doktorarbeiten. Bern/Stuttgart 1991 [7]
Heyde, J.E.: Technik des wissenschaftlichen Arbeitens. Berlin 1979 [10]
Höge, H.: Zur Abfassung schriftlicher Arbeiten. Oldenburg 1991
Kliemann, H.: Anleitungen zum wissenschaftlichen Arbeiten. Freiburg 1973 [8]
Krämer, W.: Wie schreibe ich eine Seminar-, Examens- und Doktorarbeit. Stuttgart 1992
Kröber, W.: Kunst und Technik der geistigen Arbeit. Heidelberg 1971 [7]
Lück, W.: Technik des wissenschaftlichen Arbeitens. Marburg 1990
Petersen, W.H.: Wissenschaftliches Arbeiten. München 1990 [3]
Pönicke, K.: Wie verfaßt man wissenschaftliche Arbeiten. Mannheim 1988
Rösner, H.J.: Die Seminar- und Diplomarbeit. München 1991 [6]
Rückriem, G. u.a.: Die Technik wissenschaftlichen Arbeitens. Paderborn 1990 [6]
Seidenspinner, G.: Wissenschaftliches Arbeiten. Kleve/München 1976 [8]
Seiffert, H.: Einführung in das wissenschaftliche Arbeiten. Braunschweig 1976 [2]
Sesink, W.: Einführung in das wissenschaftliche Arbeiten ohne und mit PC. München 1990
Spandl, O.P.:Methodik und Praxis der geistigen Arbeit. München 1977 [4]
Standop, E.: Die Form der wissenschaftlichen Arbeit. Braunschweig 1980 [13]
Theisen, M.R.: Wissenschaftliches Arbeiten. Müchen 1992 [6]
Wichern, H., Jensen, P.: Anleitung für die Erstellung und Publikation wissenschaftlicher Arbeiten. Ammersbek 1990

Fachspezifische Anleitungen:

Bangen, G.: Die schriftliche Form germanischer Arbeiten. Stuttgart 1990 [9]
Binder, A. u.a.: Einführung in die Technik literaturwissenschaftlicen Arbeitens. Königsstein 1991
Borchardt, K: Vademecum für den Volkswirt. Stuttgart 1973
Brühl, R.: Die juristische Fallbearbeitungs, Klausur, Hausarbeit, Vortrag. Köln 1989 [2]

Eco, U.: Wie schreibt man eine wissenschaftliche Arbeit. Heidelberg 1992
Ebel, H., Bliefert, C.: Das naturwissenschaftliche Manuskript. Weinheim 1991 [2]
Ebel, H., Bliefert, C.: Schreiben und Publizieren in den Naturwissenschaften. Weinheim 1990
Grieb, W.: Schreibtips für Diplomanden und Doktoranden in den Ingenieur- und Naturwissenschaften. Berlin 1991
Kerschner, F.: Wissenschaftliche Arbeitstechnik und -methodik für Juristen. Wien 1987
Weber, W., Kolb, M.: Einführung in das Studium der Betriebswirtschaftslehre. Stuttgart 1977

4. Der große Forschungsbericht in den wichtigsten Fachgebieten

Lesebiographie

„Ich habe mich beim Lesen immer an die grundlegende Literatur gehalten.
In der Jugend las ich Karl May, alle erhältlichen Bände. Ich kannte mich im Wilden Westen gut aus.
Als junge Studentin las ich den Philosophen Karl Jaspers. Ich entwickelte nach seinem Vorbild eine Analyse der Weltauslegungen. Ich übte mich in Existenzerhellung. Ich spürte den Formen der Metaphysik nach.
In meiner ersten Zeit als Privatdozentin las ich nur Karl Marx. Seine Hauptwerke ackerten wir in Lesezirkeln durch. Danach studierten wir Mao-Tse-Tung.
Seit meiner professionellen Lehrtätigkeit habe ich alles vom Soziologen Norbert Elias gelesen.
So hat sich in meinem Hinterkopf ein Netzwerk von Deutungen gebildet, die, seit ‚dem ich Sigmund Freud lese, mich selbst und die Welt verständlich machen.
Ich weiß, auf welchen Planeten mich meine Reise geführt hat.“
(Text einer Hochschullehrerin aus der Arbeitsgruppe „Schreib- und Leseautobiographie“, Mai 1988).

4.1. Zum Verhältnis von Lesen und Schreiben

Wissenschaftliches Schreiben ist immer die Fortsetzung eines Textes, der von anderen schon begonnen wurde. Jeder Wissenschaftler ist ein Zwerg auf den Schultern von Riesen. Das Lesen ist die Brücke zwischen den Texten der anderen und meinem Text.

4.1.1. Zur Strategie des wissenschaftlichen Lesens

Das Lesenlernen von wissenschaftlichen Texten dauert das ganze Leben lang. Die Schule und die Universität geben beim Lernen des wissenschaftlichen Lesens kaum Hilfestellung: „*Wenn einmal die elementare Technik des Lesens auf der Schule gemeistert ist, geschieht die Leseerziehung nur noch im Fach Deutsch und ... nur noch aus schöngeistigen bis ästhetisierendem Interesse an literarischen Textsorten ..., und auch an der Universität gibt es wenige Professoren, die es als ihre Aufgabe ansehen, dem Studenten beizubringen, wie man aus wissenschaftlichen Büchern lernt. Häufig steht im Unterricht der Lehrvortrag im Zentrum. Es bleibt dem Studenten überlassen ..., ... mit den abweichenden Aussagen in der wissenschaftlichen Literatur zu Rande zu kommen*“ (H. AEBLI: Zwölf Grundformen des Lehrens. Stuttgart 1983, S. 113).

Das Lesen ist mit dem Schreiben verwandt. Während das Schreiben sich als Umsetzung der inneren Sprache in die äußere Schriftsprache unter Beihilfe von Auge und Hand charakterisieren läßt, ist das Lesen die Umsetzung der äußeren Schriftsprache in die innere Sprache und da mit Hilfe des Auges. Wie beim Schreiben spielt das innere Sprechen eine wichtige Rolle auch beim Lesen. „*Soweit es mir bekannt ist*“ sagt der Leseforscher E.B. HUEY,“ *ist die Tatsache des inneren Sprechens als Teil des stummen Lesens von niemanden, der sich experimentell mit dem Leseprozess befaßt hat, bestritten worden*“(E.B. HUEY: The Psychology and Pedagogy of Reading. Cambridge, Mass. 1968 S. 117). Das innere Sprechen beim Lesen hat bestimmte Charakteristika. Es gibt ein Verwischen der Wörter, nur die Wortanfänge werden ausgesprochen und beim schnellen Lesen werden gewisse Wörter nicht artikuliert. (E.J. GIBSON, H. LEVIN: Die Psychologie des Lesens. Frankfurt 1989 S. 178). Es ist eine allgemein verbreitete Kenntnis, daß das innere Sprechen zunimmt, wenn „*der Text schwierig wird*“ (E.J. GIBSON, H. LEVIN a.a.O., S. 182).

Das innere Sprechen zeigt an, daß der Leser während des Lesens über den Inhalt des Gelesenen nachdenkt. Während beim Schreiben die Schnelligkeit der Schriftproduktion eine besondere Bedeutung hat, gilt beim Lesen die Schnelligkeit der Augenbewegung als „*Schlüssel zur Welt der individuellen Leseerfahrung*“ (E. J. GIBSON, H. LEVIN a.a.O., S. 188). Gute Leser lassen sich von schlechten Lesern an der Schnelligkeit der Augenbewegung erkennen. Während beim Schreiben eine Distanz zwischen innerem Sprechen äußerem Schreiben auftritt, läßt sich beim Lesen eine Distanz zwischen äußeren Lesen und inneren Sprechen erkennen. Die guten Leser haben dabei eine größere Spanne zwischen Augenbewegung und innerer Stimme als die schlechteren Leser, die so langsam sind, daß die Distanz von Augenbewegung und innerer Stimme sich einebnet. Allerdings ist bei sehr schwierigen Texten die Distanz zwischen der Wahrnehmung des Textes durch die Augen und der Umsetzung des Gelesenen in die innere Stimme meist sehr kurz (E.J. GIBSON, H. LEVIN a.a.O., S. 199). Während beim wissenschaftlichen Schreiben die Schreibprobleme bei der Umsetzung von innerer Sprache in äußere Schrift auftreten, so können beim wissenschaftliche Lesen bei der Umsetzung der äußeren Schrift in die innere Sprache sich Leseprobleme zeigen.

Das wissenschaftliche Lesen ist sehr komplex. Die Leseforschung nimmt an, daß es so viele Leseprozesse wie Leser, Textsorten und Leseziele gibt. Das läßt sich durch Fallstudien belegen. Im folgenden weist ein junger Wissenschaftler auf unterschiedliche Lesestrategien bei unterschiedlichen Textsorten hin. Er schreibt: „*Science-Fiction“ liest sich natürlich am leichtesten, ich lese so etwas wie einen Roman von Anfang bis Schluß ... bei der Fachliteratur überfliege ich vor allem ... in Fachzeitschriften beginnt meine Auswahl mit dem Lesen der Abstracts ... (Das Lesen der Fachliteratur von Anfang bis Ende) ist eine überaus Zeit raubende Methode ... ich verfing mich dabei auch schrecklich in den Einzelheiten. (Wenn ich Texte überfliege) ... versuche ich große Wortklumpen zu assimilieren, so daß ich eine ungefähre Idee bekomme, was der Autor grundsätzlich in jedem Text zu sagen versucht ... Bei Fachliteratur schaue ich auch nach hervorgehobenen Wörtern oder Phrasen, um zu sehen, was der Autor für wichtig hielt*“ (E.J. Gibson, H. Levin a.a.O., S 308 ff.).

Die wissenschaftliche Leseforschung hat zur Erklärung wichtiger Zusammenhänge beim Lesen zwei Modelle zur Erfassung des Lesevorgangs entwikkelt: das **Informationsverarbeitungsmodell** und das **Analyse-durch-Synthese-Lesemodell**. „*Die Informationsverarbeitungsmodelle sind typische Stufenmodelle mit einer Folge von Ereignis- oder Kodierungsprozessen, die vom Stimulusinput zum Beginn bis zum Reaktionsoutput am Schluß fortschreiten*“ (E.J. Gibson, H. Levin a.a.O., S 339). Das Analyse-durch-Synthese-Lesemodell unterstellt, daß das Lesen durch eine leitende Idee strukturiert wird. „*Der Leser konstruiert die Bedeutung (des zu lesenden Textes) während er die Augen über die Seiten bewegt, formuliert Hypothese über das, was folgt und hält gelegentlich für eine Fixierung inne, um zu bestätigen, was er vorausgesagt hat*“ (E.J. Gibson, H. Levin a.a.O., S 339).

Das Informationsmodell umfaßt folgende Stufen:

Text stimuliert Augenbewegung.
↓
Text wird decodiert.
↓
Rückkoppelung — Kurzzeitgedächtnis wird aktiviert.
↓
Langzeitgedächtnis wird aktiv.
↓
Festlegung der Bedeutung des Gelesenen in der inneren Sprache

(Vgl. E.J. Gibson, H. Levin a.a.O., S. 291).

Das Analyse-durch-Synthese-Modell des Lesens läßt sich folgendermaßen formalisieren:

Der Leser wählt selektiv aus Texten aus.
↓
Sprachliche Hinweisreize werden ausgewertet.
↓
Rückkoppelung — Auf der Basis der Leseerwartung des Lesers werden Hypothesen über den Fortgang des Textes entworfen.
↓
Im Laufe des Lesens werden diese Hypothesen in der inneren Sprache überprüft.

(E.J. Gibson, H. Levin a.a.O., S. 304).

Beiden Lesemodellen ist gemeinsam, daß sie als Anstoß für den Leseprozeß einen Stimulus-Input oder eine leitende Idee voraussetzen. W. James, der große Psychologe, hat diese leitende Idee folgendermaßen formuliert: „*Jetzt glaube ich, daß in allen Fällen, wo Wörter verstanden werden, die Gesamtidee gewöhnlich da sein kann, und da ist ... sie ist nie abwesend ..., wir fühlen ihre Bedeutung, ... das Bewußtsein der Idee und dasjenige der Wörter sind damit gleichermaßen substantiell. Sie sind aus demselben Geist-Stoff und bilden einen ununterbrochenen Strom*“ (W. James: Principles of Psychology. New York 1890, Bd. 1, S. 281 ff.).

Falls diese Leseidee nicht da ist, kommt es zu Leseblöcken oder Lesekrisen. „*Besonders bei schwierigen Texten wird die Lesepause immer größer. Das Denken wird durch das Lesen nicht mehr stimuliert und kommt im Krisenfall zum erliegen*“ (E.J. Gibson, H. Levin a.a.O., S 191 ff.). Die Leseidee schöpft der Leser aus seinem Wissensbestand. „*Der Leser, darüber ist man sich einig, benutzt sein Wissen über die Welt, seine Konzepte, um zu verstehen, was er liest*“ (E.J. Gibson, H. Levin a.a.O., S 337)

Um die eigenen Leseideen für die Lesereise zu klären, ist es notwendig, seine leitende Leseidee in Leitfragen zu fassen, „*ausgewählte Fragen, die das Verstehen beim Durchgehen der Texte fortwährend überprüfen*“ (E.J. Gibson, H. Levin a.a.O., S. 260, 273, 277).

Allerdings reicht für das wissenschaftliche Lesen die leitende Leseidee nicht aus. „*Das Lesen eines wissenschaftlichen Textes ist ja kein bloßes Kopieren im Geiste. Es ist vielmehr ein aktives Nachkonstruieren des Inhaltes mit Hilfe der geistigen Werkzeuge, die der Leser mitbringt*“ (H. Aebli: Zwölf Grundformen des Lehrens. Stuttgart 1983, S. 131).

Die Nachkonstruktion erfordert die Abbildung des Textsinnes mit Hilfe der Elemente des eigenen Wissens und Erlebens. Der Leser muß die Lücken des gelesenen Textes ausfüllen: Er muß aus den verstandenen Elementen der manifesten Textoberfläche den Sinn der Texttiefenstruktur erschließen. Er wird dabei im Rückgriff auf sein wissenschaftliches Wissen immer über die im Text gegebenen Informationen hinausgehen, indem er die aufgenommenen Textinformationen in sein schon vorhandenes wissenschaftliches Wissen integriert und damit erweitert (vgl. H. AEBLI a.a.O., S 123). Für den wissenschaftlichen Leser sind deshalb Techniken der Beherrschung des Leseprozesses erforderlich, die sich alle auf zwei Grundregeln zurückführen lassen.

Flexibilität der Lesestrategien

Es geht darum, sich beim Lesen dem jeweiligen Text, unterschiedlichen Textsorten und unterschiedlichen Textverarbeitungstechniken flexibel anzupassen, also zum Beispiel spezielle Schlüsselworte zu suchen, thematisch wichtige und zusammenfassende Sätze zu unterstreichen, Anmerkungen am Rand zu machen, Textpassagen zusammenzufassen oder Notizen zu machen (E.J. GIBSON, H. LEVIN a.a.O., S. 281).

Ökonomie des Lesens

Es geht bei der Entwicklung der eigenen wissenschaftlichen Lesequalifikation um den Ausbau einer zunehmenden Ökonomie des Lesens. Ökonomisches Lesen heißt immer Reduktion des Lesestoffs. Diese Reduktion wird durch Auswahl der relevanten Informationen und durch das Übergehen der nichtrelevanten Informationen, durch Reduktion der größeren Texteinheiten auf die kleinste Menge an Informationen, die für die Befriedigung der leitenden Textideen nötig sind, erreicht. Man kann die zu lesende Textmasse auch dadurch reduzieren, daß man alternative Textinterpretationen einschränkt, indem man häufiger ältere und bekannte Informations- und Deutungsmuster zur Erarbeitung des Verständnisses von gelesenen Texten verwendet (vgl. E.J. GIBSON, H. LEVIN a.a.O., S. 341).

Aufgabe

Versuchen Sie nun, einige Ihrer leitenden Leseideen zu formulieren. Beschreiben Sie kurz Ihre Leseblöcke oder Lesekrisen. Listen Sie Ihre Lesetechniken auf. Beschreiben Sie kurz Ihre Techniken, mit denen Sie das Lesen von Texten reduzieren.

Die Überlegung zur richtigen Strategie des wissenschaftlichen Lesens muß allerdings die Erkenntnisse der weiblichen Leseforschung berücksichtigen. Beide Geschlechter haben ja eine sehr unterschiedliche Lesekarriere. „*Die Befreiung der Jungen im 19. Jahrhundert in die Bücherwelt der Seeleute und Piraten, der Wälder und Kriege, ließ ihre Schwester zurück in der Welt der Kindheit - das war die Welt der Familie und der privaten Wohnung*“ (E.A. FLYNN, P.P. SCHWEICKART (Hrsg): Gender and Reading. Baltimore 1986, S. 171). Heute hat sich die Lesekarriere von Jungen und Mädchen verändert. Viele Mädchen lesen heute in der Kindheit Bücher, in denen die Jungen die Verlierer sind. Deshalb gibt es die Hypothese, „*daß viele Jungen heute eines der größten Geschenke der Phantasie entbehren, die Chance, das Leben einmal aus einer anderen Perspektive zu erfahren als in der, in die sie geboren sind - in diesem Fall in der weiblichen Lebenssicht*" (E.A. FLYNN, P.P. SCHWEICKART, a.a.O., S. 183). Heute scheinen Frauen einen eher bikulturellen oder androgynen Lesestrategie zu folgen. Allerdings kann sich der Nutzen dieser komplexen Lesestrategie an der Universität selten äußern. Studentinnen haben besonders an der Universität geringere Sprechchancen als die Studenten, weil sie dort vorsichtig und einfühlsam argumentieren, wenn Studenten autoritär und direkt in den Diskurs einsteigen. Aber beim Lesen verschieben sich offensichtlich die Gewichte zwischen den Geschlechtern. „*Lesen ist eine stille, private Aktivität und gibt auch den Frauen eine Sicherheit, die sie in der öffentlichen Rede nicht haben. Es ist deshalb gut möglich, daß die Sensibilität weiblicher Rede sich in einer sehr nützlichen Lesestrategie umsetzen kann. Eine Fähigkeit zuzuhören, eine Sensibilität für emotionelle Nuancen, eine Fähigkeit zu emphatischer Einfühlung und Bewertung ist vielleicht beim öffentlichen Reden hinderlich aber beim privaten Lesen sicherlich ein Vorteil. Wir können also erkennen, daß Studenten eine Interpretationskraft beim Lesen entwickeln, die bisher noch nicht genügend erkannt worden ist*" (E.A. FLYNN, P.P. SCHWEICKART, a.a.O., S. 286).

Die richtige Stragie des wissenschaftlichen Lesens muß also um den geschlechtsspezifischen Aspekt erweitert werden. Beim wissenschaftlichen Lesen geht es deshalb drittens um eine wachsende **Sensibilität für den geschlechtsspezifischen Leseprozeß**:

Das wissenschaftliche Lesen von Studentinnen muß besonders bei der Umsetzung reicher Interpretationserkenntnisse in die wissenschaftliche Schriftsprache unterstützt werden.

4.1.2. Methoden des kreativen Lesens

Wissenschaftliches Lesen ist ein sehr komplizierter Vorgang. Er umfaßt folgende Tätigkeiten:

- Kenntnisse des Sprachalphabets, des Fachdiskurses und seiner Anwendung
- visuelle Wahrnehmung des Geschriebenen
- Verstehen des Gelesenen
- Bewerten, Beurteilen, Einordnen des Gelesenen auf dem Hintergrund eigener Deutungs- und Ordnungsmuster
- Behalten des Gelesenen durch Notieren, Exzerpieren, Paraphrasieren usw.
- Benutzung des Gelesenen beim eigenen Schreiben

Die in der Schule gelernten Lesemethoden des kursorischen, selektiven und vergleichenden Lesens haben den Studenten meistens nur die ersten der drei bis vier Lesefähigkeiten vermittelt. Völlig unbekannt bleiben Schülern und Studenten auch die emotionalen Probleme und die therapeutischen Heilkräfte des Lesens, wie sie die amerikanische **Bibliotherapie** erarbeitet hat. Die Bibliotherapie zeigt, daß beim Lesen folgende psychische Prozesse ablaufen:

Identifikation

Der Leser identifiziert sich mit dem Textinhalt.

Projektion

Gefühle, Antriebe, Phantasien, Hypothesen, Argumente, Einstellungen und wissenschaftliche Theorien werden auf den gelesenen Text projiziert.

Abreaktion und Katharsis

Beim Lesen von wissenschaftlichen Texten kann es durchaus zu Gefühlsentladungen kommen.

Einsicht

Wo die gefühlsbetonten Auseinandersetzungen mit dem wissenschaftlichen Text kognitiv durchgearbeitet werden, entstehen oft überraschende Einsichten in den gelesenen Text (vgl. R. RUBIN: Using Bibliotherapy. Phoenix 1978, MCCHARTY-HYNES, A., HYNES-BERRY, M.: Bibliotherapy. Boulder 1986).

Heute sind an den deutschen Universitäten meist die Methoden des **rationellen oder Schnell-Lesens** verbreitet (W. ZIELKE: Schneller lesen. München 1988, W. Zielke: Schneller Lesen selbst trainiert. München 1990, W. ZIELKE: Handbuch der Lern-, Denk- und Arbeitstechniken. Bindlach 1991, S. 161 ff.). Diese Lesemethoden gehen von folgenden Prämissen aus:

- Das konventionelle Lesen fixiert sich zu sehr auf das Nebensächliche und zu wenig auf das Wesentliche. Es nimmt weniger Text in den Blick, als dem Auge möglich ist.
- Es schweift zu oft zu bereits gelesenen Textstellen zurück. Das konventionelle Lesen bewältigt auf diese Art etwa 200 Wörter pro Minute.

Bei der Verwendung des rationellen Lesens kann der Leser 400 bis 500 Wörter in der Minute erfassen und verarbeiten. Dafür sind allerdings folgende Leseveränderungen nötig:

- Unterlassen des Zurückspringens auf bereits Gelesenes.
- nicht zu lange an einzelnen Wörtern kleben.
- Textpartien, die keinen Informationswert besitzen oder keine neuen Informationen enthalten sollen übersprungen werden.
- Sie können üben, schneller zu lesen, indem Sie Ihr Lesen mit einem vorauseilenden Lesefinger beschleunigen, indem Sie quer oder diagonal lesen, und indem Sie schneller umblättern.

Das Schnell-Lesen ist bei wissenschaftlichen Texten sehr gut als Lesestarttechnik geeignet. Für die Bewältigung aller Leseleistungen bei wissenschaftlichen Texten sind folgende kreative Lesetechniken entwickelt worden:

Die SQ3R-Methode

SQ3R ist ein Kürzel für fünf Schritte einer ganzheitlichen Lesemethode, die F.P. Robinson 1970 entwickelt hat.

Schritt 1 (Survey = S): Verschaffen Sie sich einen Überblick über den Text, indem Sie durch schnelles Lesen das Inhaltsverzeichnis, die Einleitung, die Überschriften, die Zusammenfassungen erfassen und deren Informationswert klären.

Schritt 2 (Question = Q): Bevor Sie einen Text genauer studieren, sind Fragen an den Text zu stellen, die Ihnen bei der Absolvierung von Schritt 1 aufgegangen sind. Beliebt ist hier die Arbeit mit den fünf W-Fragen:

Wer	ist der Autor?
Was	versteht der Autor unter seinen Hauptbegriffen?
Wozu	schreibt der Autor den Artikel?
Warum	kommt der Autor zu seinen Ergebnissen?
Wie	war die Wirkung seines Artikels in der Wissenschaft?

(Vgl. G. Rückriem u.a.: Die Technik des wissenschaftlichen Arbeitens. Paderborn 1990, S. 133).

Schritt 3 (Read = 1. R): Lesen Sie nur den Text mit den gewonnenen Fragen im Hinterkopf. Lesen Sie den Text so oft, bis Sie die gestellten Fragen beantworten können.

Schritt 4 (Recite = 2. R): Formulieren Sie nun die Antworten auf die Fragen in eigenen Worten. Dies ermöglicht Ihnen das Verstehen der wichtigsten Ideen und verbessert Ihre Gedächtnisleistung.

Schritt 5 (Review = 3. R): Verschaffen Sie sich nach dem Lesen aller Abschnitte eines wissenschaftlichen Textes einen Überblick über alle Hauptideen des Textes, die Sie durch Ihre Fragen erschlossen haben.

Lesen mit Mind-Map

Die Technik der geistigen Landkarte ist von Tony BUZAN: Kopftraining. München 1984 als Visualisierungstechnik von Ideen entwickelt worden. Das Mind-Map hat als Kernwort die Hauptidee. Die gegliederten Nebenideen sind im Uhrzeigersinn um das Kernwort herum geordnet. Zusätze zu den Nebenideen werden von den Nebenästen ergänzt. Das Lesen mit Hilfe des Mind-Maps entwickelt sich in vier Schritten:

1. Schritt: Lesen Sie den Text.
2. Schritt: Entwickeln Sie ein Fragen-Mind-Map zum wissenschaftlichen Text.
3. Schritt: Entwickeln Sie ein Antworten-Mind-Map zum wissenschaftlichen Text.
4. Schritt: Entwickeln Sie aus den Fragen- und Antworten-Mind-Map einen Sachtext, der eigene Gedanken und die Inhalte des Gelesenen miteinander verbindet.

Intuitives Lesen (TLP-Methode).

Wenn der Student einen wissenschaftlichen Text gefunden hat, der zu seinem Thema paßt, wird er ihn zuerst einmal lesen. Beim Lesen macht er sich dann Textstellen kenntlich, die ihm gefallen bzw. die ihm nicht gefallen haben. Danach faßt er die guten und kritischen Stellen in eigenen Worten zusammen und ergänzt die Paraphrasierung durch eine kurze Begründung für seine Bewertung. Diese Methode umfaßt folgende Schritte:

- Text auswählen (T).
- lesen und bewertendes Markieren (L).
- paraphrasieren und begründen (P).

Nach diesen kürzeren Lese-Schreibmethoden wollen wir nun ein größeres Lese-Schreib-Trainingsprogramm vorstellen, das auch die wissenschaftliche Verarbeitung vieler Texte zum Thema berücksichtigt.

4.1.3. Ergebnisse der amerikanischen Lese-Schreibforschung

Die amerikanische Lese-Schreibforschung gliedert den Lese-Schreibprozeß von wissenschaftlichen Texten in vier Phasen:

1. Lesevorbereitung
2. Lesebegleitung
3. Lesenachbereitung
4. Verwertung des gelesenen Textes in eigenen Texten

(Vgl. u.a. M.L. KENNEDY: Writing in the Disciplines. A Reader for Writers. Englewood Cliffs 1990, S. 2-56, L. BEHRENS, L.J. ROSEN: Writing and Reading across the curriculum. New York 1991, S. 30-38, C.S. Clegg: Critical Reading and Writing across the Disciplines. New York 1988, S. 38-70, L.Z. Bloom: The Essay Connection. Lexington 1988, E.C. Bowen, B.R. Schneller: Writing about Science. New York 1991).

Lesevorbereitung

Weil die Leseforschung gezeigt hat, daß der Leser den zu lesenden Text neu erfinden und ergänzen muß, legt die Leseforschung großen Wert auf die Entwicklung von kreativen Techniken, mit denen sich der Leser auf den Text richtig vorbereiten kann. Zur kreativen Lesevorbereitung werden folgende Techniken vorgeschlagen:

- fünf Minuten Brainstorming, Brainfloating, Free-Writing zum Thema des zu lesenden Textes
- kurzes Free-Writing über den ersten und den letzten Satz oder über den ersten Absatz des zu lesenden Artikels
- Bevor Sie den Artikel lesen, schlagen Sie erstmal im Fachlexikon alle Begriffe nach, die in der Überschrift des Artikels auftauchen.
- Legen Sie sich eine Liste aller Probleme an, die Ihnen zum Titel des Artikels einfallen.
- Schreiben Sie alle Lügen und alle Wahrheiten auf, die Ihnen zum Thema des Artikels einfallen.
- Versuchen Sie, sich an die Situation zu erinnern, in der Ihnen das Thema des Artikels zum ersten Mal bewußt wurde. Schreiben Sie eine kleine Skizze dieser Situation.
- Listen Sie alle Texte auf, die Sie zum Thema des Artikels schon gelesen haben.
- Setzen Sie literarische Methoden ein, um sich dem Thema des Artikels zu nähern. Schreiben Sie ein Gedicht oder einen Dialog über das Thema des Artikels.
- Entwickeln Sie intuitive Zugänge zum Thema des Artikels. Machen Sie z.B. eine Phantasiereise an den Ort des Themas des Artikels, oder fragen Sie einen imaginierten Weisen über das Thema aus.
- Zeichnen Sie alle wissenschaftlichen Modelle auf, die Ihnen zum Thema des zu lesenden Artikels einfallen.
- Malen Sie z.B. das Sozialstrukturmodell einer Gesellschaft, wenn Sie vermuten, daß dieses in dem zu lesenden Artikel eine Rolle spielt. Oder zeichnen Sie ein Strukturmodell der menschlichen Psyche, wenn der zu lesende Artikel vielleicht auf innerpsychische Probleme eingehen wird.

Lesebegleitung

Während des Lesens eines wissenschaftlichen Artikels werden Sie ihn in Ihrer inneren Sprache reproduzieren. Damit diese innere Sprache sich mit der äußeren

Sprache des Artikels gut durchdringt, werden folgende Methoden des kreativen Lesens angewandt:

- Überfliegen Sie den Artikel und schreiben Sie alles auf, was Sie an ihm interessant finden: Überschriften, Thesen, Begriffe.
- Versuchen Sie, die Thesen des Artikels mit Ihrer eigenen Meinung zum Thema zu konfrontieren.
- Stellen Sie im Fortgang des Lesens immer spontan Fragen, auf deren Antworten Sie dann warten.
- Stellen Sie auch analytische und synthetische Fragen während des Lesens: analytische Fragen nach Widersprüchen, der Legitimationsbasis des Autoren, synthetische Fragen nach der Übereinstimmung der Thesen des Artikels mit Ihren anderen wissenschaftlichen Kenntnissen.
- Identifizieren und markieren Sie wichtige Kernsätze und Aussagen im Artikel. Setzen Sie dabei Ihr eigenes Markierungssystem (bestehend aus Kürzeln, Ausrufezeichen, Fragezeichen usw) ein.
- Achten Sie beim Lesen auf rhetorische Muster und Topoi.
- Stellen Sie fest, welche Teile des Artikels auf Fakten basieren und welche Teile die Interpretation des Autoren sind.
- Versehen Sie alle Textabschnitte mit Zwischenüberschriften. Schreiben Sie Stich- und Schlagworte an den Textrand, kreisen Sie sie ein, und verbinden sie miteinander. Damit wird Ihnen die Binnenstruktur des Artikels verständlicher.
- Definieren Sie alle unbekannten Begriffe und Fremdwörter des Textes am Textrand. (Natürlich nur dann, wenn Ihnen das Buch gehört oder Sie mit einer eigenen Kopie arbeiten.)

Lesenachbereitung

Die meisten Leseerfahrungen sind so flüchtig, daß sie ohne Lesenachbereitung in Kürze vergessen sind. Damit der Lesereindruck haftet, sollten Sie sich nach dem Lesen Notizen machen und die gewonnenen Ideen strukturieren. Für diesen Arbeitsschritt werden folgende Techniken eingesetzt:

- Vergleichen Sie Ihre Meinung mit der Meinung des Autoren des gelesenen Textes. Legen Sie dafür zwei Tabellen an.
- Stellen Sie den gelesenen Text in einen größeren wissenschaftlichen Kontext.
- Fassen Sie die Grundideen des Textes in einem Diagramm zusammen.
- Fassen Sie den Text erst in einem, dann in zwei, dann in drei und schließlich in vier Sätzen zusammen.
- Fassen Sie Ihre Kritik an dem Text erst in einem, dann in zwei, schließlich in drei und endlich in vier Sätzen zusammen.
- Listen Sie die Pro- und Contra-Argumente zum Thema auf, die der Artikel vorstellt.
- Stellen Sie kurz dar, wie der Autor zitierte Autoren bewertet. Welche Argumente anderer Autoren übernimmt er, und welche verwirft er?

- Rekonstruieren Sie die Gliederung des gelesenen Textes in Form von Listen, die alle Abschnitte des gelesenen Textes verzeichnen. Berücksichtigen Sie dabei die rhetorischen Topoi und Gliederungsstrukturen.

Verwertung des gelesenen Textes in eigenen Texten

Erst wenn Sie Ihre Lesefrüchte in einem eigenen Text verwandt haben, ist das Ziel des wissenschaftlichen Lesens erreicht. Für die Umsetzung des Gelesenen in einen eigenen Text gibt es folgende kreative Vorschläge:

- Lassen Sie sich vom gelesenen Text zu einem eigenen Thema anregen, und schreiben Sie einen kurzen Essay, der das Gelesene, eigene Erfahrungen und andere Lesefrüchte berücksichtigt.
- Schreiben Sie mit Hilfe des Free-Writing einen zwei-bis-drei-Seitentext, der den gelesenen Text verteidigt oder kritisiert.
- Stellen Sie alle wissenschaftlichen Kontroversen dar, die der gelesene Text aufwarf, und beziehen Sie zu diesen Kontroversen Stellung.
- Definieren Sie alle wichtigen Begriffe im Text erneut, und vergleichen Sie Ihre Fortschritte gegenüber Ihren Definitionsversuchen am Anfang.
- Informieren Sie sich in einer Zeitschriftenbibliographie über Artikel, die den gerade gelesenen Artikel ergänzen kann. Lesen Sie einen so gefundenen neuen Artikel, und fassen Sie die Erkenntnisse beider Artikel zusammen.
- Legen Sie auf jeden Fall das aus dem Artikel gewonnene Material in Lesejournalen und Schlagwort-, Sach- und Verfasserkatalogen ab, die Ihr wissenschaftliches Lesen begleiten sollten. Die Arbeit kann auch in einer Computerdatenbank erfolgen (W.H. Peterßen, a.a.O., S. 86-92).

Ergebnisse der Lese-Schreibforschung

Zwischen 1900 und 1984 sind in den USA 273 Arbeiten über das Verhältnis des Lese- zum Schreibprozeß, auch bei Studenten, erschienen. In der Phase von 1929 bis 1971 wurden solche Untersuchungen von Pädagogen vorgelegt, von 1972 bis 1980 arbeiteten hauptsächlich Psychologen an diesem Problem, und seit 1982 dominiert der interdisziplinäre Forschungsansatz in diesem Bereich (Irwin, J.W., Doyle, M.A.: Reading-Writing Connections. Learning from Researche. New York 1992, S. 262 ff).
Die Untersuchung der Beziehung zwischen dem Lesen und Schreiben der Studenten hat bisher drei unterschiedliche Hypothesen erarbeitet:

- Der Zusammenhang zwischen wissenschaftlichem Lesen und Schreiben ist ein ganz individuelles Problem.
- Die Vermittlung vom wissenschaftlichen Lesen und Schreiben hängt primär vom Sprechvermögen der Studenten ab.
- Lesen und Schreiben ist bei den Studenten besonders gut vermittelt, die über gute Kompetenzen im öffentlichen wissenschaftlichen Diskurs verfügen (Irwin, J.W. , Doyle M.A. a.a.O., S. 25).

Die Erforschung des Lese-Schreibverhältnisses von Studenten hat die Bedingungen der guten Beziehung zwischen Lesen und Schreiben bei Studenten konkretisieren können. Es wurde folgendes herausgefunden:

Die Beziehung vom wissenschaftlichen Lesen und Schreiben hängt besonders von der Kenntnis der Gliederungsstrukturen der zu lesenden und zu schreibenden Texte ab (IRWIN, J.W., DOYLE, M.A., a.a.O., S. 51-53).

Studenten, die das Lesen von wissenschaftlichen Modelltexten mit dem kreativen Schreiben von Modelltexten verbanden, machten die besten Schreibfortschritte (IRWIN, J.W., DOYLE, M.A., a.a.O., S. 171).

Die Grundkenntnisse der Aufbaustrukturen wissenschaftlicher Diskurse und Texte werden schon in der Schule vermittelt. Die schulische Arbeit mit den Textsorten „Beschreibung und Kommentar", „Problembeschreibung und Problemlösung", „Darstellung eines eigenen Standpunktes", entscheiden über die spätere Fähigkeit der Studenten, akademische Diskurse lesen und schreiben zu können (IRWIN, J.W., DOYLE, M.A., a.a.O., S. 51-53).

Schon auf der Schule zeigt sich, daß diejenigen Schüler, die mehr Texte lesen, auch bessere Texte schreiben können. Der Einfluß der Familie auf die Fähigkeit viel zu lesen und gut zu schreiben, steht für viele amerikanische Untersuchungen außer Frage (HELLER, M. F.: Reading-Writing Connections. From Theory to Practice. New York 1991, S. 13 ff., 20 ff.).

Die Forschungen zum Verhältnis zum wissenschaftlichen Lesen und Schreiben hat außerdem ergeben, daß die Lese- und Schreibprozesse ähnlicher sind, als es zuerst den Anschein hat. Wie das Schreiben braucht auch das Lesen beim Produzenten die Fähigkeit, Sinnstrukturen zu produzieren. *„Leser reproduzieren nicht bloß das, was sie gelesen haben, sie brauchen Schlüsselkenntnisse von Texten, wenn sie den Sinn von Texten erschließen wollen. Und ebenso brauchen Schreiber beim Schreiben eine Sammlung von Schreibstrategien und Methoden der Sinnerzeugung"* (IRWIN, J.W., DOYLE, M.A., a.a.O., S. 194).

Das Wichtigste beim Lesen und Schreiben ist die Produktion von Sinn. Lesen und Schreiben bedeutet nicht diesen Sinn zu finden, sondern Sinn zu produzieren (ELBOW, P., BELANOFF, P.: A Commnunity of Writers. A Workshop Course in Writing. New York 1989, S. 427).

Die Motivation der Studenten für die Verbindung von Lesen und Schreiben erfordert eine Balance zwischen kreativer Motivation und kognitiver Hilfe bei der Strukturierung von Lese- und Schreibprozesssen (IRWIN, J. W., DOYLE, M.A. a.a.O., S. 194).

Aus diesen Forschungsergebnissen haben sich interessante Veränderungen für die Vermittlung von wissenschaftlichem Lesen und Schreiben von Studenten im Zeitraum von 1970 bis 1990 an amerikanischen Universitäten ergeben. Sehen wir uns diese Veränderungen in der folgenden Graphik an:

1970	1990
Wissenschaftliches Lesen und Schreiben werden getrennt gelehrt.	Lesen und Schreiben werden zusammen gelehrt.
Schreiben ist vom Lesen getrennt und Lesen vom Schreiben.	Lesen und Schreiben werden in kooperativer Weise vermittelt.
Einzelne Texte werden entweder gelesen oder geschrieben	Verschiedene Textsorten werden zusammen gelesen und geschrieben.
Das wissenschaftliche Lesen wird mit dem Lesen von Texten begonnen.	Das wissenschaftliche Lesen wird sofort mit dem wissenschaftlichen Schreiben kombiniert.
Am Anfang des wissenschaftlichen Schreibens steht die Imitation von Modelltexten.	Die Studenten beginnen heute gleich am Anfang ihres Studiums wissenschaftliche Texte kreativ zu lesen und kreativ zu schreiben.

(Vgl. IRWIN, J.W., DOYLE, M.A., a.a.O., S. 249).

Um Lesen und Schreiben besser zu verbinden, schlagen amerikanische Schreib- und Leseforscher die extensive Nutzung der Führung eines wissenschaftlichen Journals während es ganzen Studiums vor. „*Um besser lesen und schreiben zu können, bedarf es einer größeren Aufmerksamkeit für den Prozeß, in dem wir den Sinn in den Worten anderer Menschen identifizieren und verständliche Worte für andere produzieren. Ein Journal, das dialektisch die eigene Lese- und Schreibaktivität vermittelt, kann uns bei dieser Prozeßsensibilisierung helfen*" (ELBOW, P., BELANOFF, P., a.a.O., S. 428).

Um die Brücke zwischen Lesen und Schreiben gründlich zu nutzen, ist es wichtig, einen Zusammenhang herzustellen zwischen den Ideen, die man liest und den Einfällen, die einem beim Lesen dieser Ideen kommen. Weil aber die eigenen Einfälle beim Lesen so schnell wieder verschwinden, ist es gut, sie in Worten festzuhalten. Die Techniken, die für das Festhalten der Einfälle beim Lesen von wissenschaftlichen Texten nützlich sind, und die Techniken, die das Lesen vertiefen, und Lesen und Schreiben in den wichtigsten Disziplinen besser vermitteln können, sollen im folgenden vorgestellt werden (C. BAZERMANN: The Informed Writer. Using Sources in the Disciplines. Boston 1992).

4.1.4. Kreatives Lesen, um wissenschaftliche Texte zu verstehen

Kreatives Lesen

Informieren Sie sich zuerst über Ihre Techniken des Lesens von wissenschaftlichen Texten. Beantworten Sie dazu folgenden kleinen Fragebogen.

Selbstüberprüfung

	immer	manchmal	zufällig	niemals
Ich suche aktiv nach dem Sinn, wenn ich lese.				
Mein Ziel beim Lesen ist es, Ideen zu verstehen, nicht bloß Worte auszusprechen.				
Ich stelle Fragen, wenn ich lese: suche aktiv nach Antworten.				
Sogar, wenn der Autor sich nicht ganz klar ausdrückt, versuche ich hinter den Sinn zu kommen.				
Ich lasse mich vom Lesen anstecken: ich mache Notizen, Diagramme, ich diskutiere die gelesenen Ideen.				
Ich mache Unterschiede zwischen dem wissenschaftlichen Lesen und dem Lesen von Unterhaltungsliteratur.				
Ich verbinde das Gelesene mit meinem Wissen und meiner Erfahrung.				
Ich lese oft, am liebsten jeden Tag.				

Sehen Sie sich Ihre Antworten an, und schätzen Sie selbst ein, ob Sie das kreative Schreiben, das folgende Merkmale besitzt, schon beherrschen:

- Der kreative Schreiber orientiert sich an der Erfassung des Sinns des Gelesenen.
- Er drückt seine Sinnsuche vor dem Lesebeginn in Fragen aus.
- Er stellt Fragen während des Lesens.
- Er überprüft die Antworten auf die Fragen nach dem Lesen.
- Die kreativen Leser gehen mit dem Gelesenen auch kreativ um:
- Der kreative Leser bespricht mit Freunden und Bekannten das Gelesene. Er macht Mind-Maps und Graphiken vom Gelesenen. Er studiert besonders kritisch Graphiken und Bilder, die der gelesene Text anbietet. Er imaginiert den gelesenen Text in einer Metapher.
- Der kreative Leser unterscheidet wissenschaftliches und unterhaltendes Lesen. Wissenschaftliches Lesen ist langsam und sorgfältig, unterhaltendes Lesen locker und schnell.
- Der kreative Leser verbindet das Gelesene mit den Bildern des eigenen Alltag, mit seiner Erfahrung und seinem wissenschaftlichen Wissen.
- Der wissenschaftliche Leser eignet sich das kreative Lesen durch häufiges Lesen (möglichst jeden Tag eine Seite) an.

Fremdworte

Das Lesen von wissenschaftlichen Texten konfrontiert ständig mit Fremdwörtern. Sie stammen oft aus dem Griechischen und Lateinischen. Damit Sie sich diese Fremdworte schnell aneignen, legen Sie sich ein kleines Fremdwörterheft Ihrer Fachsprache an.

Übung

Schreiben Sie mal zehn wichtige Fremdwörter Ihrer Fachsprache auf, und nennen Sie ihre deutsche Bedeutung.
Benutzen Sie so häufig, wie Sie können, Lexika. Lexika sind der schnellste Weg, um die Fremdwörter Ihrer Wissenschaftssprache zu lernen.

Übung

Schreiben Sie mal alle Lexika auf, die Sie beim Lesen wissenschaftlicher Texte üblicherweise benutzen.

Haupt- und Nebenideen

Wissenschaftliche Texte bauen sich aus Haupt- und Nebenideen auf. Kreatives Lesen sucht nach der Erfassung der Hauptideen eines Textes. Es denkt voraus und versucht, die Hauptideen des Textes während des Lesens zu erfassen. Kreatives Lesen versteht, wie die Hauptideen die Nebenideen steuern. Es begreift, wie die Details des Textes durch Nebenideen bestimmt werden. Nach dem Lesen eines

Textes kann das kreative Lesen das Ideennetzwerk eines Textes in Form einer Liste, oder eines Mind-Maps darstellen.

Aufgabe für Partner

Schreiben Sie einen Text mit einem Thema Ihrer Wahl, der über eine Hauptidee verfügt, von der Nebenideen und Detailaussagen bestimmt werden. Tauschen Sie einen solchen Text mit einem Partner aus, der einen gleichen Test geschrieben hat. Rekonstruieren Sie dann beide das Ideennetzwerk des erhaltenen Textes in einem Mind-Map.

Rhetorische Gliederungsmuster

Kreatives Lesen ist Denken mit Gefühl. Deshalb ist es gut, wenn der Leser in die Gedanken des zu lesenden Autoren eindringt. Diese Aufgabe ist leichter zu bewältigen, wenn der Leser weiß, welche rhetorischen Gliederungsmuster der Autor bei der Gestaltung seines Textes benutzt hat. Beim kreativen Lesen von wissenschaftlichen Texten ist also darauf zu achten, ob der zu lesende Text deduktiv, induktiv, emotional, chronologisch, nach Ursache und Wirkung, nach Vergleich und Verschiedenheit, als Darstellung eines Wechsels, ganzheitlich, systematisch oder analytisch-kritisch aufgebaut ist. (Zu diesen rhetorischen Grundmustern der Gliederung vgl. Kapitel B 3.4). Um das rhetorische Gliederungsmuster zu finden, sind zwei Strategien nützlich:

- Suchen Sie die Hauptidee im Text. Sie gibt oft Hinweise, welche Ordnung die Gliederung der Ideen im Text nehmen wird.
- Suchen Sie auch nach spezifischen Signalwörtern im Text, die auf die Art der Gliederung des Textes schließen lassen.

Zur Illustration von Signalwörtern geben wir nun einige Beispiele:

- **Gleichheit/Verschiedenheit:** wie, ähnlich, einerseits/andererseits, unterschieden von, im Gegensatz zu, aber, jedoch, im Vergleich zund
- **Ursache/Wirkung:** weil, bewirken, als Resultat von, Ergebnisse, Gründe, Ursachen, deshalb, wegen.
- **Wechsel:** zuerst, dann... und dann..., wenn man dieser Entwicklung folgt..., nächstens, plötzlich, überraschend, der Trend ist...
- **analytisch-kritische Ordnung:** verschiedene Aspekte, Teile, Arten, Elemente, Charakteristika, Typen, Dimensionen, Beziehungen.

Aufgabe für Partner

Wählen Sie ein Thema und eine rhetorische Gliederung, die zum Thema paßt. Schreiben Sie einen Text, der gemäß der Gliederung auch die entsprechenden Signalwörter berücksichtigt. Tauschen Sie diesen Text mit einem Partner aus, und analysieren Sie gegenseitig die Gliederungsmuster Ihrer Texte.

Kreatives Lesen von wissenschaftlichen Büchern

Die Küflna-Methode

Wissenschaftliche Bücher zu lesen ist eine große Herausforderung. Es macht einen großen Unterschied, ob der Student Unterhaltungsliteratur oder einen systematisch-wissenschaftlichen Text liest. Der Unterschied liegt darin, daß beim wissenschaftlichen Text Konzentration und eine Auswertung des Gelesenen nötig ist. Wer z.B. einen historischen Unterhaltungsroman liest, braucht weder Konzentration noch eine Auswertung. Überprüfen Sie deshalb zuerst die Qualität Ihres Konzentrationsvermögens. Welche Konzentrations- und Lesestörungen haben Sie schon erlebt, und was haben Sie gegen derartige Störungen unternommen?

Erscheinungsweisen von Lesestörungen	**Ihre Lösungen**
Ich habe Hunger.	
Ich bin so müde.	
Ich muß immer an etwas anderes denken.	
Ich habe kein Interesse an diesem Buch.	
Es ist zu laut.	
Das Buch hat überhaupt keinen praktischen Nutzen.	
Ich glaube, das Buch ist bloßer akademischer Mist.	
Das Lesen dieses Buches lohnt sich nicht.	
Ich habe keine Lust zu wissenschaftlicher Arbeit. Sie ist mir viel zu abstrakt.	

Um größere wissenschaftliche Texte zu lesen, ist aber mehr nötig als Konzentration. Der Student muß kreative Strategien besitzen, die ihn anleiten, Texte zu verstehen, Hauptideen zu erfassen, das Netzwerk von Haupt- und Nebenideen zu entschlüsseln. Diese Strategien wurden schon angesprochen, sie sollen aber nun im Rahmen der Küflna-Methode für das Lesen wissenschaftlicher Bücher konkretisiert werden. Das kreative Lesen umfaßt die Abschnitte Konzentration wie K, Überblick wie Ü, Fragen wie F, lesen wie L, notieren wie N und aneignen wie A. Wir nennen deshalb im Sinne eines Akrastichons diese Methode des kreativen Lesens die Küflna-Methode und stellen sie neben andere kreative Lesemethoden wie die SQ3R-Methode oder die 3L- und 1V-Methode, die wir später entwickeln werden.

Nach unserer Küflna-Methode umfaßt das kreative Lesen folgende Abschnitte:

Konzentrieren Sie sich auf das ausgewählte Buch. Stellen Sie sich z.B. den Inhalt des Buches als Bild vor, und zeichnen Sie es.

Verschaffen Sie sich einen **Überblick** über das Buch: Lesen Sie das Inhaltsverzeichnis, die Einleitung, die Zusammenfassung.

Stellen Sie **Fragen**, die Ihnen das Buch beantworten soll. Diese Fragen können Sie finden, indem Sie z.B. die wichtigsten Kapitelüberschriften des Buches in Fragen übersetzen. Dazu ein Beispiel:

Inhalt des Buches G. Angstmann: Schreiben hilft leben, Freiburg 1989	**Fragen zum Buch**
1. Für sich selbst schreiben	
1.1 Ich schreibe, weil ich muß	Welche Gründe motivieren zum Schreiben?
1.2 Schreiben als Selbsterfahrung	Was erfährt man beim Schreiben?
1.3 Schreib- und Poesietherapie	Was ist Schreibtherapie?
2. Wege zum zwanglosen Schreiben	
2.1 Freies Schreiben	Wie kann man „frei schreiben?“
2.2 Schreiben mit Stil	Wie ist der Schreibstil zu entwickeln?
2.3 Clustering	Was ist Clustering?
2.4 Meditatives Schreiben	Wie ist schreiben mit Meditation zu verbinden?
3. Die Gruppe als Autor	
3.1 Die soziale Wirkung des Schreibens	Welche soziale Wirkung hat das Schreiben?
3.2 Die narzistische Lust am Schreiben	Warum ist Schreiben narzistisch besetzt?

Lesen Sie das Buch. Lesen Sie in drei unterschiedlichen Geschwindigkeiten. Lesen Sie schnell, um die Hauptideen zu erfassen. Lesen Sie mittelschnell, um die wichtigsten Fremdwörter zu erkennen und zu übersetzen. Lesen Sie langsam, um die rhetorische Ordnung des Buches zu begreifen.

Notieren Sie sich während des Lesens die Hauptideen, die Fremdwörter und ihre Übersetzung, das rhetorische Muster. Übertragen Sie die Antworten auf Ihre Fragen in ein Mind-Map. Sammeln Sie wichtige Zitate. Legen Sie Exzerpte an. Geben Sie interessante Thesen und Sätze in eigenen Worten wieder. Unterstreichen Sie im gelesenen Text wichtige Stellen, und kreisen Sie die wichtigsten Worte ein.

Eignen Sie sich den Inhalt des gelesenen Buches **an**, in dem Sie die Antworten auf Ihre Fragen schriftlich festhalten, indem Sie neue Fragen aus Ihren Notizen zum Buch gewinnen und beantworten, indem Sie schließlich die Hauptfragen des Buches in Reime fassen, in ein Elfchen, in ein Haiku oder ABCdarium. Durch die Umformung von wissenschaftlicher Prosa in Lyrik erhöht sich die Erinnerungsqualität von erarbeiteten Texten. Ein Beispiel für diese kreative Aneignung z.B. von Philosophie gibt Wilhelm WEISCHÄDEL in seinem Buch „Auch eine Philosophiegeschichte". Darmstadt 1974. Er schreibt dort als Ergebnis des langen Studiums der Werke des griechischen Philosophen Demokrit folgenden Reim:

„Demokrit

Indes das frühe Denken dunkel kreist,
ist klar und nüchtern Demokrit von Geist.
Er machte sich zum ersten Axiome:
Der Dinge Urbestandteil sind Atome.
Sie trennen sich, und sie verbinden sich
im leeren Raum; draus wird die Welt, das Ich."
(S. 11).

Aufgabe

Lesen Sie ein Buch, und verfassen Sie aus der Grundthese des Buches einen lyrischen Text.

Kreatives Lesen und kritisches Lesen

Kreatives Lesen ist kritisches Lesen, wenn es die Leseergebnisse hinterfragt und analysiert. Der kreative Leser stellt sich deshalb die Fragen:

- Was war das Problem des gelesenen Textes? Und was war die, im Text angebotene Lösung?
- Bei der Identifikation von Lösungen sollte der kreative Leser wieder auf spezifische Signalwörter achten.

Lösungen werden eingeleitet mit Worten wie:
Nach meiner Meinung..., die Wahrheit ist..., wir können glauben, daß zusammengefaßt..., es zeigt sich..., deshalb..., wir können also zusammenfassen...
Der kreative Leser fragt weiter: „Welche guten und welche schlechten Argumente führt der Text bei seinen Lösungen ins Feld?“ Dabei achtet der kreative Leser auf typische schlechte Argumente z.B.:
Der Autor appeliert an unser Mitleid, um unsere Vernunft einzuschläfern.
Der Autor macht uns apokalyptische Ängste, so daß wir eine Rettung nur in seinen Lösungen sehen sollen.
Der Autor baut einen Gegner auf, den wir nun in Solidarität mit dem Autor bekämpfen sollen.
Der Autor blendet uns mit so vielen Statistiken und Fakten, daß wir kaum wagen, an seinen Aussagen zu zweifeln.

Der kreative Leser fragt auch: „Wie verteilen sich im Text Fakten und Meinungen?“

Aufgabe

Unterscheiden Sie, was in den folgenden Sätzen Fakten und was Meinungen sind. Zwei Beispielssätze:
- Willy Brandt war der beste Kanzler, den die Deutschen je hatten.
- Deutschland hätte nie den 2. Weltkrieg eröffnen sollen, ein Krieg, der so viele Opfer gefordert hat.

Aufgabe

Wählen Sie einen wissenschaftlichen Aufsatz, lesen Sie ihn. Legen Sie dann zweiSpalten an:
1. Spalte: Fakten, 2. Spalte: Meinungen. Bewerten Sie dann das Verhältnis beider Spalten.

Aufgabe

Lesen Sie nun den Evaluationsbogen vom Anfang unseres Kapitels, und überprüfen Sie, ob Ihnen das Konzept des kreativen Lesens klarer geworden ist.

4.1.5. Schreiben, um das Lesen wissenschaftlicher Bücher zu vertiefen

Bei der Förderung des Lesens von wissenschaftlichen Büchern sind folgende kreative Techniken nützlich: das Verfertigen von Notizen, das Führen von Notizbüchern und Lesejournalen, Fremdes mit eigenen Worten wiederzugeben (paraphrasieren), zusammenfassen, Antworttexte schreiben, Buchbesprechungen verfassen. Die folgende Grafik stellt alle wichtigen Lesetechniken noch einmal dar.Nun zu den Techniken im einzelnen:

Lesetechniken im wissenschaftlichen Schreiben

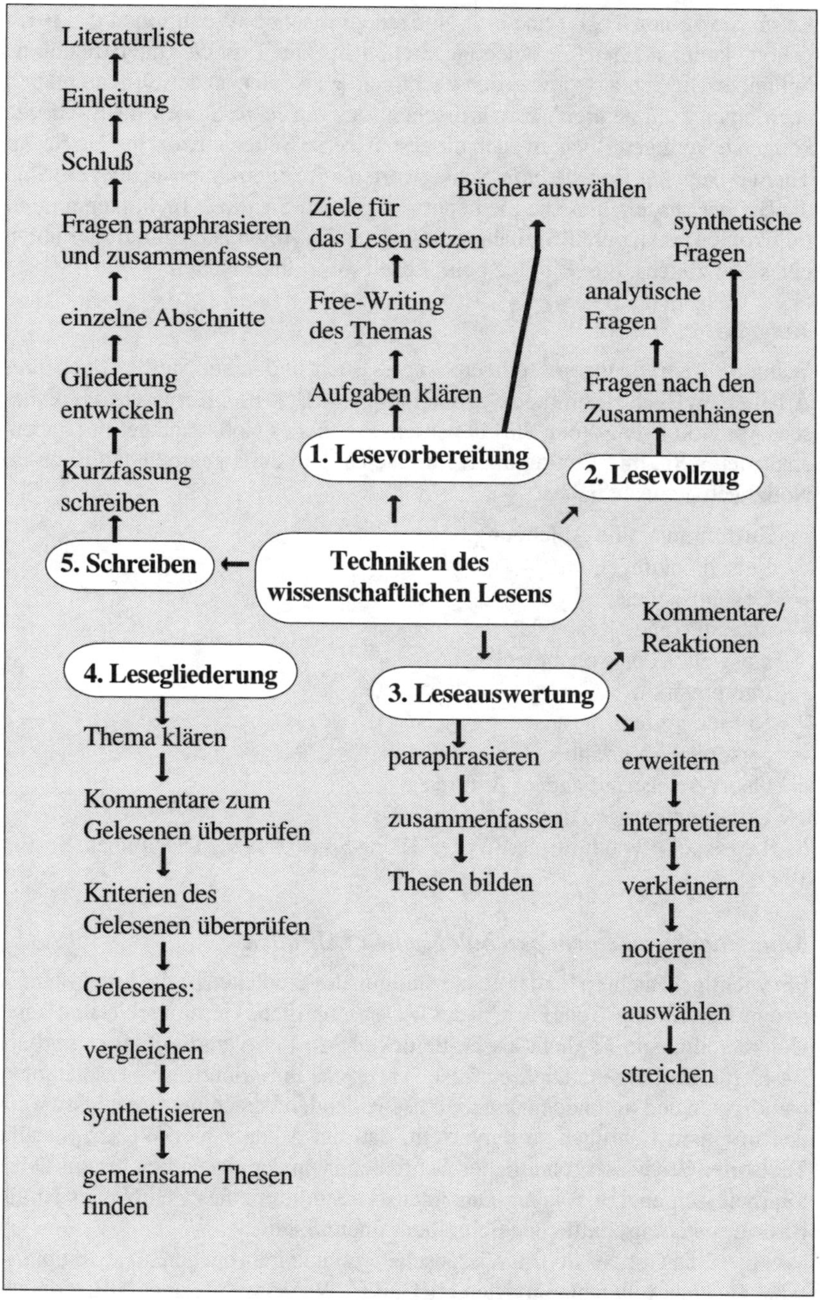

Lesenotizen machen

Lesen Sie keinen Text, ohne sich Notizen zu machen. Wenn Ihnen das Buch gehört, kennzeichnen Sie wichtige Stellen im Buch durch Unterstreichung. Schreiben Sie Schlagworte zu den wichtigen Textstellen an den Seitenrand und auch einen kommentierenden, kritischen Satz auf leere Stellen im Buch. Sie können bei einigen Büchern auch die ersten leeren Seiten nutzen, um ein für Ihr Thema spezielles Register von Schlagworten mit Seitenzahlen anzulegen. Sind die Bücher ausgeliehen, die Sie benutzen, können Sie diese Techniken nur auf Fotokopien praktizieren. Sie haben aber immer die Möglichkeit durch das Führen eines Notizbuchs, Ihre Einfälle beim Lesen sofort festzuhalten.

Aufgabe

Wählen Sie ein von Ihnen durchgearbeitetes Buch, und stellen Sie die Typen Ihrer Arbeiten im Buch zusammen wie unterstrichene Begriffe, Kernsätze, Hypothesen, Anmerkungen. Wenn Sie ein wissenschaftliches Notizbuch geführt haben, analysieren Sie Ihre Eintragungen, die Sie zu dem durchgearbeiteten Buch im Notizbuch gemacht haben:

- Zustimmung und Ablehnung
- Einschränkungen
- Gegenbeispiele
- unterstützende Beispiele
- Ausweiten der Annahmen
- Interpretation
- Konsequenzen
- persönliche Einfälle
- Querverweise auf andere Autoren
- Differenzierungen usw.

(C BAZERMANN: The Informed Writer. Using Sources in the Disciplines. Boston 1992, S. 22).

Annotationen zu einem psychologischen Lehrbuch

Ein wichtiger Buchtyp für das ganze Studium des Studenten ist das Lehrbuch. Es ist eine Einführung in das Fach, in das wissenschaftliche Gesamtgebiet und seine Unterabteilungen. Es dient als Begleitlektüre zu Lehrveranstaltungen und als Basis für Prüfungen. Die zentralen Theorien, die wichtigsten Forschungsparadigmen und -methoden und die entscheidenden Forschungsergebnisse werden in einem Lehrbuch so dargestellt, daß der Student hier Wissen für alle Textsorten des wissenschaftlichen Schreibens von der Hausarbeit bis zur Doktorarbeit sich aneignen kann. Das intensive Studium eines Lehrbuches ist als Basis des wissenschaftlichen Schreibens unerläßlich.

Allerdings gibt es in den Wissenschaften viele Lehrbücher. Als exemplarisches Beispiel sollen hier im Rückgriff auf H. WILHELM: Informationshandbuch

Psychologie. Frankfurt 1987, die wichtigsten Lehrbücher aus dem Bereich Psychologie genannt werden.

Bibliographie von Lehrbüchern der Psychologie:

Baumann, U., Perrez, M. (Hrsg): Lehrbuch der klinischen Psychologie. Frankfurt 1983 Bd. 1 ff

Bleuler, E.: Lehrbuch der Psychiatrie. Bern 1983

Brown, R., Herrnstein, R.: Grundriß der Psychologie. Berlin 1984

Dörner, D., Selg, H. (Hrsg): Psychologie. Stuttgart 1985

Herkner, W.: Lehrbuch zur Sozialpsychologie. Heidelberg 1991

Howe, J. u.a. (Hrsg): Lehrbuch der psychologischen und sozialen Alterswissenschaften. Heidelberg 1988 - 1992 Bd. 1-4

Krech, D., Crutchfield, R. S. u.a.: Grundlagen der Psychologie, Weinheim 1985, Bd. 1-8

Leuner, H:: Lehrbuch des katathymen Bilderlebens. Bern 1987

Schönpflug, W., Schönpflug, U.: Psychologie. München 1984

Spado, H. (Hrsg): Lehrbuch der allgemeinen Psychologie. Bern 1990

Trautner, A. M.: Lehrbuch der Entwicklungspsychologie. Göttingen 1991 Bd. 1-12

Uexküll, T. v. (Hrsg): Lehrbuch der psychosomatischen Medizin. Göttingen 1990

Zimbardo, P. G.: Psychologie. Berlin 1983

Wer sich für Psychologie interessiert, kann sich ein Lehrbuch auswählen und zu der **Einleitung** des gewählten Lehrbuches Lesenotizen anfertigen.
Bei der Sondierung der Einleitung sollte er auf folgende wichtige Aspekte einer Einleitung zu einem wissenschaftlichen Buch achten:

- Thema und Stil des Lehrbuches
- Darstellung von Fragestellungen und Hypothesen
- Abgrenzung des Gegenstandes
- Definition von Begriffen, die den Untersuchungsgegenstand des Lehrbuches umschreiben
- Stand der Forschung
- Einordnung des Lehrbuches in das Fachgebiet
- Aufweisen von Verbindungslinien zu anderen Forschungsgebieten
- methodische Hinweise
- Erläuterung und Abwendung der im Lehrbuch vorgestellten Untersuchungsmethoden
- Aufbau der Arbeit
- Darstellung und Begründung der Kapitelabfolge

(Vgl. H. J. Rösner: Die Seminar- und Diplomarbeit. München 1991, S. 15).

Lesejournal führen

Das Lesejournal ist ein Tagebuch Ihrer Denkprozesse. Nach jeder Lesephase können Sie sich Eintragungen in Ihr Lesejournal machen. Der Prozeß der

Verschriftlichung der Lesefrüchte bedeutet eine enorme Vertiefung des Lese- und Schreibprozesses gleichermaßen. Oft entdecken Sie erst beim Schreiben, was Sie eigentlich gelesen haben. Lesejournale haben folgende Funktionen: Sie machen den individuellen Lernfortschritt des Lesers sichtbar. Sie erforschen die Reaktionen des Schreibers auf wissenschaftliche Herausforderung. Sie fördern das selbständige Lesen. Sie unterstützen wissenschaftliche Gespräche mit anderen Studenten und Dozenten. Sie schaffen dem Schreiber einen Fundus an eigenen wissenschaftlichen Ideen für Referate, Hausarbeiten und Diplomarbeiten (L. PARSONS: Response Journal, a.a.O., S. 6 ff.). Da das Journal nur für Sie ist, brauchen Sie keine Angst zu haben, wenn Ihnen Ihre Eintragungsergebnisse nicht gleich gefallen. Die Unterschiede zwischen den ersten und viel späteren Eintragungen werden immer sehr erfreulich sein. EineLesejournal ersetzt weitgehend die sonst üblichen Zettel- und Karteikästen (vgl. G. RÜCKRIEM, u.a., a.a.O., S. 145-165).

Aufgaben:

- Beginnen Sie Ihr Lesejournal dann, wenn Sie durch das Lesen eines Buches positiv oder negativ berührt wurden. Schreiben Sie dann auch gleich etwas über die Gründe Ihrer Eindrücke nieder
- Wenn Ihnen eine Journaleintragung schwerfällt, weil der gelesene Text Sie nicht berührt, schreiben Sie eine Notiz, warum Sie dieser Text kalt läßt.
- Beschreiben Sie mal Ihre Leseeindrücke: Bilder, Gefühle, Erinnerungen, Ideen, Fragen, die beim Lesen wissenschaftlicher Bücher in Ihrem Kopf entstehen.
- Kontrollieren Sie von Zeit zu Zeit Ihre Eintragungen im Journal. Es könnte sein, daß Sie auf eine Idee stoßen, die wie ein roter Faden Ihre Eintragungen motiviert hat. Diese Idee sollte zum Thema eines längeren Textes gemacht werden.
- Führen Sie für fünf Wochen ein Journal, und werten Sie es aus, indem Sie ein Inhaltsverzeichnis aller Ideen anlegen, die Sie im Journal aufgespießt haben (PARSONS, L.: Response Journal, a.a.O, S. 61-70).

Etwas in eigenen Worten ausdrücken

Wichtig ist es, Lesefrüchte dadurch zu gewinnen, daß man die Worte des gelesenen Autors in eigenen Worten ausdrückt. Beim Paraphrasieren behält man die Worte des Autors im Gedächtnis, drückt sie aber mit den eigenen Worten aus. Das ist möglich, wenn man wichtige Begriffe des Autors in eigenen Begriffe übersetzt und dabei die Satzstruktur des gelesenen Autors in einer eigenen Satzstruktur wiedergibt.

Aufgabe

Versuchen Sie mal folgende Sätze zu paraphrasieren (in eigenen Worten wiederzugeben):

- „Seit der industriellen Revolution kann sich die westliche Wirtschaft gewaltiger Erfolge rühmen.“
- „Eine radikal neue Theorie ist lediglich ein Zusatz zu bestehendem Wissen.“

Das Paraphrasieren sollte nur dort benutzt werden, wenn Sie in einem Text „ganz wichtige Stellen“ sehr genau ausdrücken wollen. Beim Paraphrasieren können Sie diese Stellen „vereinfachen“, „interpretieren“ und „erweitern“.
Vereinfachen, interpretieren oder erweitern Sie folgende Sätze:

- „*Nichts kann einen guten Menschen berühren, weder im Leben noch im Tod*“ (SOKRATRES).
- „*Glück ist kurz, wie ein Sonnenstrahl, wie ein Regenfall im Frühling, es existiert nur einen Augenblick*“ (BUDDHA).

Zusammenfassen

Eine Zusammenfassung erlaubt es dem Leser, die Gedanken eines gelesenen Autors zu komprimieren und in stark gekürzter Form vorzustellen. Beim Abfassen einer Zusammenfassung konzentrieren Sie sich auf die wichtigsten Ideen des Autoren und lassen alles Beiwerk, alle Zusätze und Nebenideen weg. Es gibt vier Techniken, mit deren Hilfe Sie Zusammenfassungen erarbeiten können:

- Streichen
- auswählen
- Notizen machen
- verkleinern

Aufgabe:

- Wählen Sie eine Seite eines wissenschaftlichen Textes, und streichen Sie alle überflüssigen Worte, alle Wiederholungen und alle Nebensächlichkeiten weg. Sie werden dann das Wichtigste behalten.
- Nehmen Sie den gleichen Text (in einer neuen Kopie), unterstreichen Sie nur die Schlüsselworte und fassen Sie diese Worte in wenigen Sätzen zusammen.
- Nehmen Sie den Text noch einmal (in einer neuen Kopie), und machen Sie sich ein paar Notizen. Fassen Sie diese Notizen am Schluß zusammen.
- Nehmen Sie diesen Text zum vierten Mal vor. Rekonstruieren Sie mit eigenen Worten die Argumentationsstruktur des Textes, und fertigen Sie dann eine Miniversion des Textes so an, daß er dem Original möglichst ähnlich ist.

Zusammenfassungen dürfen den eigenen Text nicht überwuchern. Sie werden nur dort im eigenen Text benutzt, wo sie eine besondere Funktion für den eigenen Text haben.

Antworttexte schreiben

Um herauszufinden, wie weit die Idee eines gelesenen Textes der eigenen Meinung entspricht oder widerstreitet, ist es nötig, einen Antworttext zu schreiben. Ein Antworttext drückt in eigenen Worten das aus, was der gelesene Text in Ihnen angestoßen hat. Der Antworttext sollte klare Argumente vortragen, die sich auf die Argumente des Anstoßtextes beziehen. Er sollte ethisch und pathetisch argumentieren. Die Argumente sollten angemessen geordnet, entwickelt und vorgestellt werden.

Aufgabe:

Stellen Sie der Rede Zarathustras „Von den Verächtern des Leibes" (in: F. NIETZSCHE: Werke. München 1960, Bd. II, S. 300 ff.) einen eigenen Antworttext gegenüber. Lesen Sie dazu erst mal diesen Text und machen Sie dabei Anmerkungen und Notizen. Entscheiden Sie sich, wo Sie den Schwerpunkt Ihrer Antwort legen wollen. Formulieren Sie die Zustimmung oder Ablehnung des Textes dann in einem Satz. Entwickeln Sie nun Argumente, um Ihre eigene These zu unterstützen. Vergleichen Sie NIETZSCHES Text und Ihre eigenen Argumente und schreiben Sie dann Ihren Antworttext.

Ein Antworttext kann auch direkt die eigenen Erfahrungen und Beobachtungen zur Sprache bringen.

Aufgabe:

Schreiben Sie einen Antworttext auf die obige Zarathustra-Rede nur auf der Basis eigener Erfahrung. Wählen Sie dabei zwischen vier Formen von Antworttexten aus.

1. Stellen Sie Ihre Erfahrungen des Leibes vor.
2. Vergleichen Sie Ihre Leibeserfahrung mit der NIETZSCHES.
3. Arbeiten Sie die Unterschiede zwischen beiden Leibeserfahrungen heraus.
4. Entwerfen Sie eine Gegenrede zu NIETZSCHE.

Buchbesprechung

Eine Buchbesprechung sollte nicht nur den Inhalt eines gelesenen Buches wiedergeben, sondern auch die Reaktion, die das Buch auslöst, und den Nutzen, den das Buch für andere haben kann. Für das Schreiben von Buchbesprechungen kann der Student viele Schreibqualifikationen entwickeln, die er besonders beim Erfassen großer Arbeiten dringend benötigt. Stellen Sie sich folgende Fragen, bevor Sie eine Buchbesprechung machen:

- Was ist das Thema des Buches?
- Welche Zielgruppe will der Autor mit seinem Buch erreichen?
- Welche Informationen bietet das Buch?
- Welche persönliche Hilfe bietet es?
- Wie seriös sind die Grundlagen des Buches?

Jede Buchbesprechung umfaßt folgende Textstruktur:

Einleitung	1.	Bibliographische Angaben zum Buch
Hauptteil	2. 3. 4. 5.	Art und Thema des Buches Hintergründe des Buches Zusammenfassung der Hauptinhalte des Buches Kritik des Buches
Schluß	6.	Abschließender Kommentar

Aufgabe:

Entwickeln Sie mal eine Buchbesprechung Ihres „Lieblingsbuches".

Aufgabe: Grundlagenwerk

In jeder Wissenschaft gibt es Grundlagenwerke, die die Wissenschaft prägen und die Sie als Student unbedingt gelesen haben sollten. Wählen Sie aus den folgenden grundlegenden Werken verschiedener Fächer nach fachlichen Interessen eines aus, und wählen Sie dann zwischen folgenden Schreibaufgaben:

- Schreiben Sie eine Buchkurzbesprechung auf der Basis des Inhaltsverzeichnisses des gewählten Buches.
- Fassen Sie die Einleitung des gewählten Buches zusammen.
- Suchen Sie sich im Register des Buches oder in den Überschriften des Inhaltsverzeichnisses einen Aspekt heraus, der Sie interessiert. Lesen Sie dann in dem Buch die Textpassagen zu diesem Teilaspekt, und fertigen Sie nun ein Exzerpt dieser Aspekte an.
- Lesen Sie das zusammenfassende Schlußkapitel des gewählten Buches, und fassen Sie es in Thesen zusammen. Schreiben Sie dann zu diesen Thesen Gegenthesen.
- Unternehmen Sie Nachforschungen in bibliographischen Quellen, mit welchen Schreib- und Forschungstechniken das gewählte Buch vom Autor produziert worden ist.
- Recherchieren Sie die Wirkungsgeschichte des gewählten Buches in der entsprechenden Wissenschaft, und geben Sie einen kurzen Bericht.

Nun zu den vorgeschlagenen Grundlagenwerken:

Philosophie

Heidegger, M.: Sein und Zeit. Tübingen 1990.
Jaspers, K.: Philosophie. Heidelberg 1989, Bd. 1-3

Soziologie

Elias, N.: Über den Prozeß der Zivilisation. Frankfurt 1989. Bd. 1 und 2
Habermas, J.: Die Theorie des kommunikativen Handelns. Frankfurt 1986, Bd. 1-2
Weber, M.: Die protestantische Ethik. München 1965

Pädagogik
Bernfeld, S.: Sisyphos oder die Grenzen der Erziehung. Frankfurt 1987

Wissenschaftstheorie
Kuhn, T.S.: Die Struktur wissenschaftlicher Revolution. Frankfurt 1988

Psychologie
Erikson, E.H.: Der vollständige Lebenszyklus. Frankfurt 1988
Freud, S.: Traumdeutung. In: GW II, Frankfurt 1982

Biologie
Darwin, C.: Die Entstehung der Arten durch natürliche Zuchtwahl. Leipzig 1990

Religionswissenschaft
Eliade, M.: Die Religion und das Heilige. Frankfurt 1987

Physik
Kopernikus, N.: Erster Entwurf seines Weltsystems. Darmstadt 1986

Medizin
Uexküll, T.v., Weslack, W.: Theorie der Humanmedizin. München 1991

Geisteswissenschaft
Dilthey, W.: Der Aufbau der geschichtlichen Welt in den Geisteswissenschaften. Frankfurt 1974

Widersprüchliche Leseerfahrungen verarbeiten

Wer liest, merkt bald, daß er sich in Widersprüche verfängt. Bücher können zwar das gleiche Thema behandeln, aber sie tun es oft mit unterschiedlichen Begriffen, verschiedenen wissenschaftlichen Grundlagen und sich widersprechenden Resultaten. Um zu einem eigenen Urteil über sein eigenes Thema zu kommen, muß man erst mal das Gelesene unterscheiden lernen. Sie müssen herausfinden, was bei verschiedenen Autoren gleich ist, was durch unterschiedliche Forschungsmethoden bestätigt worden ist, und Sie müssen lernen, Synthesen zu entwickeln. Durch die Methode der Synthese und der Unterscheidung kommen Sie zu einem eigenen Bild Ihres Themas, das sich nun selbst wieder von den veröffentlichten Meinungen zu Ihrem Thema in vielen anderen Büchern unterscheiden wird. Um das Ziel zu erreichen, widersprüchliche Leseerfahrungen zu unterscheiden und zu synthetisieren, ist oft ein längerer Lese- und Schreibweg nötig.

Aufgabe: Synthesen versuchen

Synthesen werden in folgenden Schritten entwickelt:

1. Suchen Sie sich ein Thema.
2. Sammeln Sie unterschiedliche, wissenschaftliche Quellen zum Thema.
3. Stellen Sie beim Lesen gleiche Aspekte (in den theoretischen Grundlagen, statistischen Belegen, in den Fallgeschichten usw) verschiedener Quellen fest.

4. Entwickeln Sie eine Gliederung, mit deren Hilfe Sie Ihre Synthese und deren Konsequenzen vorstellen.
5. Achten Sie auf den einheitlichen Sprach- und Begriffsgebrauch Ihres Textes.

Folgende Themen, die oft in verschiedenen Quellen belegt sind, lassen sich stellen, um die Kunst des Synthesenbildens zu versuchen:

- Wendetage der Zeitgeschichte
- Krisenperioden im Leben eines großen Wissenschaftlers
- kommunale Konflikte

Aufgabe: Unterschiede benennen

Unterschiede in der wissenschaftlichen Diskussion klar zu benennen, ist eine anstrengende Sache. Methodisch ist sie aber folgendermaßen zu lösen:

1. Suchen Sie sich ein Thema.
2. Sammeln Sie unterschiedliches Material.
3. Stellen Sie beim Lesen die Unterschiede Ihrer Quellen fest. Dabei achten Sie auf:
   - Adressatengruppen der Quellen
   - Themenausschnitte
   - Schreibinteressen
   - theoretische Ansätze
   - wissenschaftliche Belege
   - Fakten
4. Entwickeln Sie eine Gliederung, die die Unterschiede klar präsentiert.
5. Achten Sie auf eine einheitliche Entwicklung Ihrer Sprache.

Suchen Sie sich nun zwei Autoren, die über das gleiche Thema geschrieben haben, (z.B. einen Text von Karl Marx und Max Weber über Klassen), und schreiben Sie eine Analyse ihrer Unterschiede. Vergleichen Sie z.B. auch zwei Zeitungsartikel zum gleichen zeitgeschichtlichen Problem, und stellen Sie deren Unterschiede heraus.

Aufgabe: Einführungen

Wählen Sie je nach Fachgebiet ein Buch aus dem folgenden Verzeichnis von Einführungen in eine Wissenschaft aus. Lesen Sie es durch, und machen Sie sich dabei Lesenotizen.

Geschichte

Boelcke, W.A.: Wirtschafts- und Sozialgeschichte. Einführung, Bibliographie, Methoden, Problemfelder. Darmstadt 1987

Hedinger, H.-W.: Einführung in die Theorie der Geschichtswissenschaft. Darmstadt 1983

Jarausch, K.H. u.a.: Quantitative Methoden in der Geschichtswissenschaft. Eine Einführung in die Forschung, Datenverarbeitung und Statistik. Darmstadt 1985
Schulz, G.: Einführung in die Zeitgeschichte. Darmstadt 1992

Sozialwissenschaft
Berger, P.: Einladung in die Soziologie. Berlin 1986
Elias, N.: Was ist Soziologie? München 1992
Käsler, D.: Wege in die soziologische Theorie. München 1984
Kiss, G.: Einführung in die soziologischen Theorien. Opladen 1982, Bd. 1-2

Naturwissenschaft
Drieschner, M.: Einführung in die Naturphilosophie. Darmstadt 1991
Giese, R.-H.: Einführung in die Astronomie. Darmstadt 1981
Meurers, J.: Kosmologie heute. Eine Einführung in ihre philosophischen und naturwissenschaftlichen Problemkreise. Darmstadt 1984
Stork, H.: Einführung in die Philosophie der Technik. Darmstadt 1991

Experimentelle Wissenschaft
Bethge, K., Schröder, U.E.: Elementarteilchen und ihre Wechselwirkungen. Eine Einführung. Darmstadt 1991
Geyh, M.A.: Einführung in die Methoden der physikalischen und chemischen Altersbestimmung. Darmstadt 1993
Heber, G.: Einführung in die Theorie des Magnetismus. Wiesbaden 1983
Speckmann, E.-J.: Experimentelle Epilepsieforschung. Darmstadt 1986

Theoretische Grundlagenwissenschaften
Grassi, E.: Einführung in die humanistische Philosophie. Darmstadt 1991
Jamme, C.: Einführung in die Philosophie des Mythos. Darmstadt 1991
Kaulbach, F.: Einführung in die Metaphysik. Darmstadt 1991
Menne, A.: Einführung in die Methodologie. Elementare allgemeine Wissenschaftliche Denkmethoden im Überblick. Darmstadt 1992
Prauss, G.: Einführung in die Erkenntnistheorie. Darmstadt 1988
Schwarz, W.: Einführung in die Zahlentheorie. Darmstadt 1987
Ströcker, E.: Einführung in die Wissenschaftstheorie. Darmstadt 1992

4.1.6. Lesen und Schreiben in verschiedenen Disziplinen

Der Zusammenhang von Lesen und Schreiben in den Wissenschaften läßt sich bei professionellen Wissenschaftlern an einem Modell verdeutlichen, das S.P. Ballstedt und a. erarbeitet haben. Das Modell geht davon aus, daß den Stufen des Lesens eines wissenschaftlichen Textes die Stufen des Schreibens eines wissenschaftlichen Textes entsprechen. Allerdings bleiben gewisse Unterschiede. Das Lesen beginnt mit der elementaren Verarbeitung des Textes auf Wort- und Satzebene, führt dann zum Dekodieren des Textes, faßt zusammen und interpretiert. Das Schreiben beginnt mit einem globalen Textentwurf, entfaltet und konkretisiert die Ideen, führt dann zum detaillierten Textentwurf, der schließlich ausformuliert wird. Die Umsetzung von Gelesenem in Geschriebenes wird dabei in vorhandenes Wissen integriert. Diese Integration hängt im Besonderen davon ab, wie stark die Dialektik von äußerer und innerer Sprache beim Lesen und von innerer Sprache und äußerer Schrift beim Schreiben beim jeweiligen Wissenschaftler entwickelt ist.

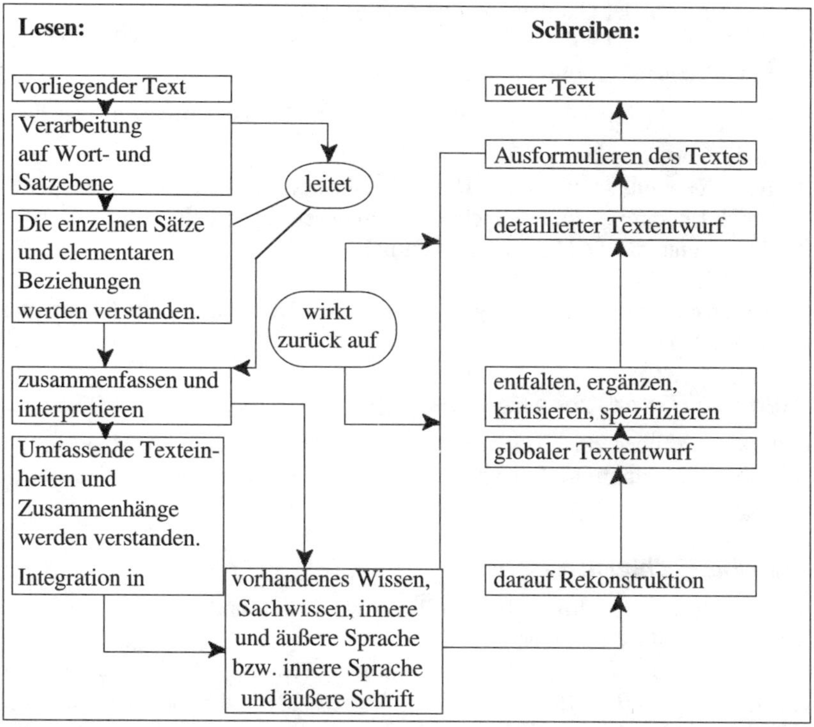

(Vgl. Ballstaedt S.P, Mandl, H. u.a.: Texte verstehen, Texte gestalten. München 1982).

Das Verhältnis von Lesen und Schreiben ist in den wissenschaftlichen Disziplinen unterschiedlich. Die Unterschiede hängen sowohl von den unterschiedlichen Forschungsmethoden ab als auch von den unterschiedlichen Textsorten, die jede Wissenschaft hervorbringt. Die Historiker erforschen und erzählen Geschichten. Die Sozial- und Naturwissenschaftler erforschen und schreiben über Natur- und Gesellschaftsbeobachtung. Die experimentellen Wissenschaftler organisieren Experimente und verfassen Laborberichte. Die theoretischen Grundlagenwissenschaftler produzieren Theorien. Wir wollen im folgenden für alle vier Wissenschaftssektionen das Verhältnis von Lesen und Schreiben beleuchten.

Geschichte

Die Geschichtswissenschaft umfaßt als Textsorten Originalquellen und Versuche, Geschichte in Geschichten darzustellen. Wer Geschichtstexte liest, muß auf folgende Aspekte achten:

- die Vollständigkeit der berichteten Ereignisse
- die Ideen, die das Erzählen strukturieren
- die Auswahl der Quellen und ihre Aussagekraft
- das Verhältnis des jeweiligen Textes zu den gleichen Texten anderer Historiker des gleichen Ereignisses

Wer eine geschichtliche Arbeit schreiben will, muß folgendermaßen vorgehen:

1. klären, warum man ein Thema wählt
2. das allgemeine Interesse am Thema in eine spezifische Frage fassen
3. durch Literaturstudium Forschungshypothesen entwickeln
4. Argumente für die Hypothesen sammeln
5. Quellenanalysen und Belege finden
6. Arbeitsplan für die Erstellung des historischen Textes schreiben, Gliederung entwerfen und Text verfassen

Aufgabe: Historisches Ereignis

Forschen Sie über ein historisches Ereignis (z.B. den Fall der Mauer), und schreiben Sie dann eine Forschungsgeschichte über Ihre Lese- und Schreiberfahrungen mit dem gewählten Thema.

Aufgabe: Fachbuch Geschichte

Wählen Sie eines der folgenden Geschichtswerke aus, und entleihen Sie es aus Ihrer Universitätsbibliothek. Entscheiden Sie dann, ob Sie die Einleitung exzerpieren, die Buchgliederung kommentieren, ein Registerschlagwort exzerpieren, den Begriff der Geschichte oder der Methode der geschichtlichen Forschung anhand dieses Buches analysieren wollen:

Bleicken, J.: Geschichte der römischen Republik. München 1988
Finley, M.J.: Die Griechen. Eine Einführung in ihre Geschichte und Zivilisation. München 1983
Gehrke, H.-J.: Geschichte des Hellenismus. München 1990
Martin, J.: Spätantike und Völkerwanderung. München 1990
Schnitzer, F.: Griechische Sozialgeschichte. Wiesbaden 1981
Schuller, W.: Griechische Geschichte. München 1991

Sozial- und Naturwissenschaft

In den Sozial- und Naturwissenschaften gibt es viele Feldforschungsberichte, die direkte Beobachtung vor Ort verarbeiten. Beim Lesen dieser Berichte sind folgende Aspekte wichtig:

- der Ursprung des beobachteten Problems
- die angewandten Forschungsmethoden
- die Fragen, die während der Forschung auftauchen
- die Ergebnisse der Forschung und ihre Bedeutung für das Eingangsproblem

Das Schreiben von Natur- und Sozialwissenschaften in Feldforschungstexten muß folgende Schritte bewältigen:

1. Ein generelles Problem muß durch Literaturstudium soweit konkretisiert werden, daß es empirisch beobachtet werden kann.
2. Ein Beobachtungsort muß gesucht werden, wo die Beobachtungen Erfolg haben können.
3. Die Art der Beobachtungsdaten ist zu klären, und ihre Angemessenheit zur Überprüfung des Startproblems ist klar vor Augen zu stellen.
4. Die Untersuchungsmethode ist so zu wählen, daß die angestrebten Daten auch entstehen, z.B. durch Tiefeninterviews, beteiligte Beobachtung, Fallgeschichten, Umfragen, statistische Analysen und das Studium der Verhältnisse.
5. Die Daten sind vor Ort so objektiv wie möglich zu sammeln.
6. Der Feldforschungsbericht ist zu planen und zu schreiben.

Aufgabe: Stadtsoziologie

Wählen Sie sich ein Thema aus dem Bereich der Stadtsoziologie (z.B. das Leben rumänischer Bettler auf der Straße, die Abgrenzungsversuche von „Wessis" gegenüber „Ossis"). Schreiben Sie dann eine Forschungskurzgeschichte über Ihre Lese- und Schreiberfahrung in der stadtsoziologischen Feldforschung zu einem derartigen Thema.

Aufgabe: Fachbuch Geschichte der Psychologie

Wählen Sie zwei der folgenden Geschichten der Psychologie aus, und stellen Sie durch Analyse der Vorworte zweier dieser Bücher die dort entwickelten qualitativen Methoden wisenschaftlichen Experimentierens dar. Analysieren Sie dann die Gliederung dieser Bücher, und kommentieren Sie Ihre Forschungsergebnisse.

Argelander, H.: Das Erstinterview in der Psychotherapie. Darmstadt 1992
Doucet, F.: Geschichte der Psychologie. München 1971
Ellenberger, H.F.: Die Entdeckung des Unbewußten. Bern 1973
Lorenzer, A.: Intimität und soziales Leid. Archäologie der Psychoanalyse. Frankfurt 1984
Wehner, E.G. (Hrsg): Geschichte der Psychologie. Darmstadt 1990

Experimentelle Wissenschaften

Experimentelle Forschungen werden in vielen Wissenschaften von der Psychologie bis zur Physik angewandt. Die angewandten Forschungsmethoden sind deshalb sehr vielfältig. Jeder Forschungsbericht in der experimentellen Wissenschaft muß aber Aspekte berücksichtigen, die auch für den Leser dieser Berichte von Wichtigkeit sind. Diese Aspekte heißen:

- Art und Weise der Ausschaltung subjektiver Verzerrungen der Beobachtung
- Präzision der Messungen
- Kontrolle externer Beeinflussungsfaktoren
- Evidenz der Textergebnisse

Beim Schreiben eines experimentellen Forschungsberichtes sind folgende Schritte zu beachten:

1. Entwicklung der Forschungshypothese durch Literaturstudium
2. Organisation des Experiments
3. Beobachtung, Durchführung und Protokollieren des Experiments
4. Verfassen eines Forschungsberichtes, der folgende Abschnitte enthalten sollte:

   - Zusammenfassung
   - Einleitung
   - Methoden
   - Resultate
   - Diskussion der Resultate
   - Zusammenfassung

Aufgabe: Verhaltenspsychologie

Wählen Sie ein Experiment in der Verhaltenspsychologie (z.B. aus dem Leben der Graugänse oder der Ratten im Lernkäfig). Schreiben Sie dann eine Forschungskurzgeschiche, die über Ihre Lese- und Schreiberfahrung bei der Arbeit am Experiment berichtet.

Aufgabe: Fachbuch Soziale Feldforschung

Wählen Sie eines der folgenden Werke der empirischen Sozial- und Feldforschung aus. Besorgen Sie sich es in der Bibliothek. Entscheiden Sie sich dann zwischen folgenden Aufgaben:

- Analyse der im Buch angewandten Forschungsmethoden
- Darstellung der Erfahrungen des Forschers im Forschungsprozeß, soweit im Buch dargestellt
- Kommentierung der Forschungsergebnisse
- Analyse der Inhalte und des Aufbaus der Einleitung

- Untersuchung des in dem gewählten Buch vertretenen Begriffes von Sozialwissenschaft

Becker, H.S.: Außenseiter. Zur Soziologie abweichenden Verhaltens. Frankfurt 1981
Elias, N., Scotson, J.L.: Etablierte und Außenseiter. Frankfurt 1990
Hess, H., Mechler, A.: Ghetto ohne Mauern. Frankfurt 1973
Köhler, J.: Klettern in der Großstadt. Berlin 1979
Lazarsfeld, P.F. u.a.: Die Arbeitslosen von Marienthal. Frankfurt 1976
Lehmann, A.: Das Leben in einem Arbeiterdorf. Stuttgart 1976
Maccoby, M.: Die neuen Chefs. Reinbek 1979
Mead, M.: Kindheit und Gesellschaft in Neu-Guinea. München 1970

Theoretische Grundlagenwissenschaften

Theorie entspringt der Spekulation, der Verarbeitung von Erfahrung oder der Interpretation einer Vielzahl empirischer Erhebungen. Beim Entstehen von Theorie sind viele Methoden beteiligt: Analyse, Synthese, Spekulation, Phantasie, Imagination, Konstruktion. Der theoretische Text kann viele Formen haben. Beim Lesen derartiger Texte ist auf folgende Aspekte zu achten:

- Identifikation der Absicht des Ziels der Theorie
- Rekonstruktion der Ideenstrukturen und ihre Abfolge
- Analyse der Gliederung der Theorie
- Analyse der Ergebnisse der Theorie
- Überprüfung der Schlüssigkeit der Argumentation der Theorie

Beim Verfassen einer Theorie sind folgende Schritte zu bewältigen:

1. Entscheidung über Sinn und Zweck der Theorie
2. nachdenken, welche Ideen die Theorie enthalten muß
3. durch Literaturstudium klären, wieweit die Theorie mit anderen Theorien oder mit bestimmten Realitäten zusammenhängt
4. klare Gliederung der Ideen
5. durch Literaturstudium Sammlung der wichtigsten Argumente, um die Ideen überzeugend darstellen zu können
6. Abfassen der Theorie, die nur als geschlossen und logisch dargestellt auch überzeugt

Aufgabe: Theorie des Urknalls

Schreiben Sie Ihre Weltanschauung in einem Satz nieder, oder bilden Sie eine These über die Ursache des „Urknalls“. Entwickeln Sie aus diesem Satz zwanzig ergänzende und erweiternde Sätze. Beschreiben Sie dann Ihre Schreiberfahrungen mit diesem Stück Theorie.

Aufgabe: Theoretisches Grundlagenwerk

Wählen Sie aus den folgenden theoretischen Grundlagenbüchern, eines aus und entleihen Sie es aus Ihrer Bibliothek. Analysieren Sie dann den Aufbau der Ideen im ersten Kapitel Ihres ausgewählten Buches:

Duerr, H.P.: Traumzeit. Über die Grenze zwischen Wildnis und Zivilisation. Frankfurt 1989

Elias, N.: Über den Prozeß der Zivilisation. Frankfurt 1976, Bd. 1

Habermas, J.: Theorie des kommunikativen Handelns. Frankfurt 1990, Bd. 1

James, W.: Die Vielfalt der religiösen Erfahrungen. Zürich 1982

Sloterdijk, P.: Kritik der zynischen Vernunft. Frankfurt 1983, Bd. 1

Theweleit, K.: Buch der Könige. Orpheus und Eurydike. Frankfurt 1989

4.1.7. Der Wert des Lesens für das Schreiben

Das Lesen ist ein wichtiger Motor wissenschaftlichen Schreibens. Damit das Lesen aber diese Funktion erfüllt, muß Lesen und Schreiben in der Wissenschaft eng verzahnt werden. Die Verzahnung gelingt nur, wenn der Student vor dem Beginn seines Studiums über gute und praktikable Schreibtechniken verfügt, mit denen er sein wissenschaftliches Lesen steuern, strukturieren und das Verfassen eigener Texte auswerten kann. Höhere Semester müssen allerdings fachspezifische Lese- und Schreibqualifikationen entwickeln. Erst durch die Aneignung der Fachsprache, Fachmethodologie sowie eigener Forschungsfragen und Forschungsinteressen kann der Student die spezifische Logik des Lesens und Schreibens seines Fachdiskurses beherrschen lernen. Wenn der Student allerdings interdisziplinär arbeiten will, muß er die Hauptlogiken wissenschaftlichen Lesens und Schreibens verschiedener oder zumindestens mehrerer Fächer beherrschen. Es ist ziemlich sicher, daß er folgende Textsorten im Lesen und Schreiben qualifiziert durcharbeiten muß: Geschichten, Beobachtungen, Berichte und Theorien.

Forschungsbiographie

„Die ersten Forschungsfragen bekam ich aus der Vorlesung eines Philosophieprofessors. Ich fragte: „Was ist das Sein"? Zur Beantwortung dieser Frage las ich Martin Heidegger. Es entstand während des Heideggerstudiums ein Notizbuch. Die wichtigste Frage meiner Diplomarbeit hieß: „Was bleibt im Tod?" Ich las mich durch die Geschichte der Todesphilosophie - mit Gewinn.

Vom Lesen als Forschungsmethode kam ich zum Beobachten. Wir machten Stadtteilarbeit. Ich begann die Personen, mit denen ich arbeitete, zu beschreiben. Ich machte Interviews, soziale Experimente, Handlungs- und Aktionsforschung. Wir veröffentlichten Dokumentationen über „Die sozialen Folgen der Sanierung im Neubaublock."

Auf vielen Reisen in die Dritte Welt untersuchte ich die Wirkung schamanistischer Heilkunst. Ich wurde Teilnehmer an spirituellen Kulturen. Ich stand in Gefahr, Europa aus dem Blick zu verlieren. Ich schrieb Erlebnisberichte. Als ich sie später mit anderen Initiationsgeschichten verglich, erkannte ich Ähnlichkeiten und Strukturmerkmale. Ich schrieb einen biographischen Essay: „Über die Bedeutung schamanistischer Reisen für Europäer." Dieser Essay kam an. Viele junge Leute schrieben mir. Über meine Mail-Box unterhalte ich nun ein Kommunikations- und Beratungssystem für spirituelle Turbulenzen."
(Bericht eines Doktoranden der Ethnologie in der Schreibgruppe „Forschungserlebnisse" vom Dezember 1992).

4.2. Das Verhältnis von Forschungs- und Schreibprozeß

4.2.1. Das Schreiben in den wissenschaftlichen Disziplinen

a) Prinzipien des wissenschaftlichen Schreibens

Schreiben ist eine Form systematischer Kommunikation, ein Weg des Lernens und der Teilnahme an Ideen. Schreiben spielt eine entscheidende Rolle in der wissenschaftlichen Karriere. Je höher der berufliche Status, um so mehr basiert die Arbeit auf qualifizierter Schreibfähigkeit. Während dieser qualifizierten Arbeit wird das Schreiben eingesetzt, um Probleme zu lösen, um im Team arbeiten zu können, um Ideen zu entdecken und um mit Kunden und Klienten in Kommunikation zu treten. Schreiben ist damit ein sozialer, ein kognitiver und ein emotioneller Prozeß (vgl. A.G. Brand: Psychology of Writing, New York 1989).

Auch für den alphabetisierten Absolventen der allgemeinbildenden Schulen ist es nötig, sich für die speziellen Textsorten der Wissenschaft und der Technik im Studium neu zu qualifizieren. Das schulische Textsortenwissen über den Aufsatz reicht in der Berufs- und in der Wissenschaftswelt bei weitem nicht aus.

Für die Entwicklung der sekundären Schreibqualifikation für spezielle Textsorten gibt es folgende Vorschläge:

- Es geht darum, bewußte Techniken zur Gestaltung des Schreibprozesses sich anzueignen.
- Es ist wichtig, die eigenen Schreibqualifikationen während der Schreibkarriere ständig weiter zu entwickeln.
- Man muß in der Lage sein, neue Schreibanforderungen zu erkennen und den eigenen Schreibprozeß den neuen Anforderungen anzupassen.
- In der sekundären Schreibqualifikation geht es darum, sein eigenes Schreibvermögen ständig auf neue Lesergruppen und neue Textsorten flexibel anpassen zu können (vgl. D. ZIMMERMANN/D. RODRIGUES: Research and Writing in the Disciplines. Fort Worth 1992, S. 7-8).

Die Vorstellung, für das wissenschaftliche Schreiben benötige man nur ein Handbuch des guten Schreibstils, ist ganz falsch. Jede wissenschaftliche Disziplin hat ihre eigenen Vorstellungen von den angemessenen Textsorten ihrer Wissenschaft. „*Während ein historischer Forschungsbericht chronologisch zu strukturieren ist, ein wirtschaftswissenschaftlicher Bericht die Entwicklung der Konjunktur spiegelt, sollte ein biologischer Forschungsaufsatz spezifische Details und genaue Prozeßbeobachtungen bieten, während man sich in der Mathematik zum Beispiel oft mit der Darstellung mathematischer Resultate begnügt*" (D. ZIMMERMANN, D. RODRIGUES, a.a.O., S. 8).

Die Maßstäbe für gutes wissenschaftliches Schreiben gewinnt der Student nur durch das Schreiben in der eigenen wissenschaftlichen Fachkultur und durch die Aneignung fachübergreifender Schreibkriterien, die sich aus der optimalen Gestaltung des Schreibprozesses ergeben. Die wichtigsten Kriterien für einen gut gestalteten Schreibprozeß bestehen darin, daß der Schreiber das Thema beherrscht, seine Leser gut kennt und ein angemessenes Wissen von der Textsorte hat, die er bewältigen muß, um mit seinem Thema die Leser zu überzeugen. Um dieses Ziel zu erreichen, braucht er ein flexibles Spezialwissen über die wichtigsten Themen, die angemessene Wortwahl, die Spracheigentümlichkeiten dieser Strukturen und die Methoden der Bewahrheitung seiner Aussagen in der entsprechenden wissenschaftlichen Disziplin.

Aufgabe

Versuchen Sie, ein paar Zeilen in verschiedenen Wissenschaften zu schreiben. Schreiben Sie mal natur-, sozial-, geistes- oder wirtschaftswissenschaftlich. Analysieren Sie dann die Unterschiede Ihrer Sätze in den verschiedenen Disziplinen.

b) Forschungsberichte in unterschiedlichen wissenschaftlichen Disziplinen

Forschungsaufsätze stellen die Ergebnisse realer Forschung dar. Sie beginnen mit einer Frage oder einem Problem, stellen dann die Versuche der Lösung, der Frage oder des Problems dar und schließen mit der Darstellung der Forschungsergebnisse. Die Grobgliederung eines Forschungsaufsatzes könnte also folgende Form haben:

Einleitung:
- Klärung der eigenen Absichten
- Überblick über wichtige Literatur
- Darstellung der Forschungsfragen

Hauptteil:
- Forschungsmethoden
- Forschungsresultate

Schluß:
- Zusammenfassung der Forschung
- Darstellung der Grenzen und Konsequenzen der Forschungsresultate

Graphisch läßt sich ein derartiger Forschungsaufsatz folgendermaßen darstellen:

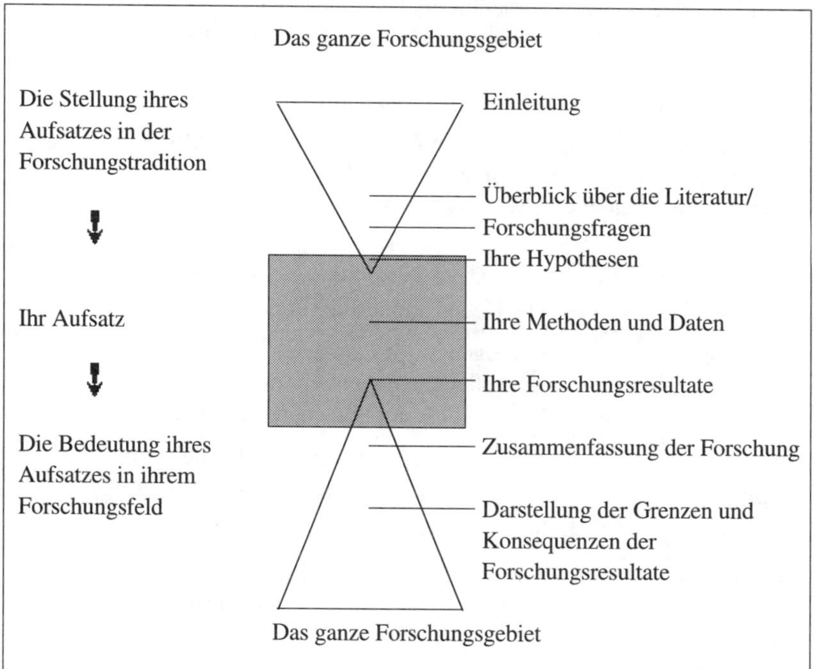

(S.M. Hubbuch: Writing Research Papers across the Curriculum. Fort Worth 1989, S. 123).

Allerdings ist die Abfassung eines Forschungsaufsatzes an die jeweils unterschiedlichen Schreibtraditionen und Textideen der verschiedenen Diskursgemeinschaften der wissenschaftlichen Disziplinen gebunden. Stellen wir einmal die groben Unterschiede der Forschungsaufsätze in den großen Disziplinen Geistes-, Sozial-, Natur- und Technikwissenschaften vor.

Forschungsbericht in der Geisteswissenschaft

Wissen in den Geisteswissenschaften wird durch Reflexion, Beobachtung, Analyse und Intuition des menschlichen Lebens gewonnen. Methodisch erlangt man dieses Wissen durch die Suche und Auswertung von Büchern, Zeitschriften und anderen Dokumenten. Die Untersuchungsergebnisse lassen sich dann in einem Aufsatz von drei Teilen darstellen:

Einleitung:	- Die eigenen Absichten - Überblick über wichtige Literatur - Darstellung der Forschungshypothese
Hauptteil:	- Entfaltung der Forschungshypothese - Belege für die Richtigkeit der Hypothese
Schluß:	- Zusammenfassung der Forschungsergebnisse - Darstellung der Grenzen der eigenen Forschung

Forschungsbericht in den Sozialwissenschaften:

Sozialwissenschaftler erforschen die Gesellschaft mit spezifischen Methoden wie Interviews, Gruppenexperimenten, beteiligter Beobachtung, Befragungen, Laborexperimenten und Feldforschungen.

Der soziologische Forschungsbericht hat häufig fünf Abschnitte:

Kurzfassung:	- Die Hauptresultate der Forschung
Einleitung:	- Die eigenen Absichten - Überblick über wichtige Literatur - Entwicklung der Forschungshypothesen
Methoden:	- Darstellung aller benutzten Forschungsmethoden
Resultate:	- Präsentation aller Daten und ihre angemessene Interpretation
Zusammenfassung:	- Zusammenfassung der Forschungsergebnisse - Darstellung der Grenzen der eigenen Forschung

Forschungsbericht in den Naturwissenschaften:

Naturwissenschaftler suchen nach Fakten, die die Beherrschung der Naturprozesse ermöglichen. Sie benutzen für diesen Zweck die Methoden der direkten oder indirekten Naturbeobachtung im Labor oder im Untersuchungsfeld.

Der naturwissenschaftliche Forschungsaufsatz kann formal dem soziologischen Aufsatz ähneln. Er hat dann folgende Abschnitte:

Kurzfassung:	- Hauptresultate der Forschung
Einleitung:	- Problembeschreibung - Überblick über den Forschungsstand zum Problem - Forschungsfragen und Forschungshypothesen
Methoden:	- Klärung des Forschungsumfanges - Darstellung der Forschungsmethoden - Überblick über den Forschungsprozeß
Resultate:	- Klärung der Resultate und Konsequenzen
Diskussion:	- Überprüfung und Bewertung der Resultate
Zusammenfassung:	- Zusammenfassung der Forschungsergebnisse

Forschungsbericht in den Technikwissenschaften:

Die Technikwissenschaften versuchen, naturwissenschaftliche Kenntnisse technisch umzusetzen. Sie sind angewandte Wissenschaft. Die Struktur des Forschungsaufsatzes wird zumeist von der die Forschung tragenden Firma vorgegeben. Beim Vergleich verschiedener Firmenvorgaben hat sich folgende Grundstruktur des technischen Forschungsberichts herausgebildet:

Problem:	- Einleitung - Hintergrund - objektive Gründe - Umfang der Forschung - Forschungsstrategie
Methode:	- Forschungsmethoden - Anwendbarkeit
Durchführung:	- erforderliches Personal und sein Qualifikationsprofil - Dauer - Kosten - Zusammenfassung

Aufgabe:

Versuchen Sie, für ein Sie interessierendes Thema eine Grobgliederung eines Forschungsaufsatzes zu entwickeln, und berücksichtigen Sie dabei die wesentlichsten Aspekte des Forschungsaufsatzes in Ihrer Disziplin.

Die Disziplinen unterscheiden sich nicht nur formal, sondern auch inhaltlich im Aufbau ihrer Forschungsaufsätze. Es besteht in jeder Disziplin ein enger Zusammenhang zwischen den Forschungsfragen, den Forschungsmethoden und den Forschungsresultaten. Jede Disziplin hat hier ihre paradigmatischen Vorgaben, die ihr Verhältnis zur Realität und zu den Riten ihres Faches spiegelt. Um also in jeder Disziplin wissenschaftlich schreiben zu können, sind nicht nur Formalitäten und stilistische Finessen zu erfüllen, sondern es ist auch eine genaue Kenntnis der Forschungsparadigmen der jeweiligen wissenschaftlichen Gemeinschaft nötig.

Aufgabe:

Erforschen Sie die Schreibkonvention Ihres Fachgebietes, in dem Sie folgende Fragen beantworten:

- Welche Forschungsmethoden werden in Ihrem Fach bevorzugt?
- Welche Textsorten werden in Ihrem Fach geschrieben?
- Welche Gliederungstypen werden bei wissenschaftlichen Aufsätzen in Ihrem Fach benutzt?
- Welche Schlüsselworte benutzt Ihre Disziplin?
- Welche Methoden der Bewahrheitung benutzt Ihre Disziplin? (z.B. experimentelle Daten, Beobachtungsdaten, Zitate von Autoritäten usw).
- Versuchen Sie mal, ein vorbildliches Beispiel für einen gelungenen wissenschaftlichen Aufsatz in Ihrem Fach herauszufinden, und begründen Sie die hervorragende Bedeutung Ihres Beispiels.

4.2.2. Der Prozeß des wissenschaftlichen Schreibens von Forschungsberichten

Halten wir noch einmal fest: Gute Forschungsberichte stellen vorliegende Forschungsergebnisse zusammen, erforschen spezielle Forschungsfragen, greifen einen kritischen Punkt in der bisherigen Forschung heraus, präsentieren ihre Ergebnisse in klarer und überzeugender Ordnung und definieren Fragen, die neue Forschungen anregen sollen. Damit diese Anforderungen eines Forschungsberichtes erfüllt werden, reicht es nicht nur aus, ein grobes Gliederungswissen über den angestrebten Forschungsbericht zu haben. Es ist vielmehr nötig, genauere Kenntnisse über den gesamten Forschungs- und Schreibprozeß des Forschungsberichtes zu besitzen und eine enge Verzahnung von Forschen und Schreiben während der gesamten Forschungsarbeit zu entwickeln.

a) Ein Modell des ganzen Schreibprozesses

Obwohl jede Schreibsituation verschieden ist, zeigt der Schreibprozeß strukturelle Ähnlichkeiten. Jeder Schreiber muß seine Schreibideen entwickeln, seine Forschungsstrategie entwerfen, die Forschung durchführen, den Forschungsreport schreiben und überarbeiten und schließlich seinen Aufsatz zum Druck vorbereiten.

Aufgabe:

Entwerfen Sie nun ein eigenes Modell Ihres Schreibprozesses, und deuten Sie dabei die verschiedenen Phasen an, die Sie in Ihrem Schreibprozeß zu bewältigen gedenken.

Blicken wir nun auf ein neues **komplexeres wissenschaftliches Modell des Schreibprozesses**. Dieses Modell hat folgende Aspekte:

1. Ideen entwickeln	- Startideen suchen - Startinformationen sammeln - Informationen interpretieren - Thema eingrenzen
2. Thema definieren und Forschungsplan entwerfen	- Problem definieren - Forschungsfragen entwickeln - Forschungsplan entwerfen - Forschungsvorschlag schreiben
3. Forschung durchführen	- Bibliothek benutzen - Exzerpte erstellen - Briefe schreiben - Umfragen durchführen - Interviews machen - beobachten
4. Forschungsaufsatz schreiben	- Informationen strukturieren - Illustrationen anfertigen - Forschungsgeschichte schreiben - Forschungsideen neu schreiben - Urfassung des Forschungsaufsatzes schreiben
5. Aufsatz überarbeiten	- Stil - Grammatik, Zeichensetzung - Gesamtaufbau
6. Zur Veröffentlichung vorbereiten	- formatieren - Fußnoten prüfen - Bibliographie erstellen - Korrekturlesen der Druckfahnen

Das bisher entwickelte Modell gibt einen chronologischen Querschnitt durch den Forschungs- und Schreibprozeß. Allerdings gehen in den Schreibprozeß noch andere Aspekte ein. Es sind einmal die Kenntnisse zu berücksichtigen, die jeder Schreiber besitzt, bevor er seinen Schreibprozeß beginnt. Zum anderen spielen rhetorische Qualitäten und seine generellen Schreiberfahrungen eine wichtige

Rolle. Schließlich wirken auf den Schreibprozeß natürlich auch unbewußte Impulse ein. Alle diese Faktoren wollen wir nun im folgenden Modell darstellen:

Ein Modell des wissenschaftlichen Schreibprozesses

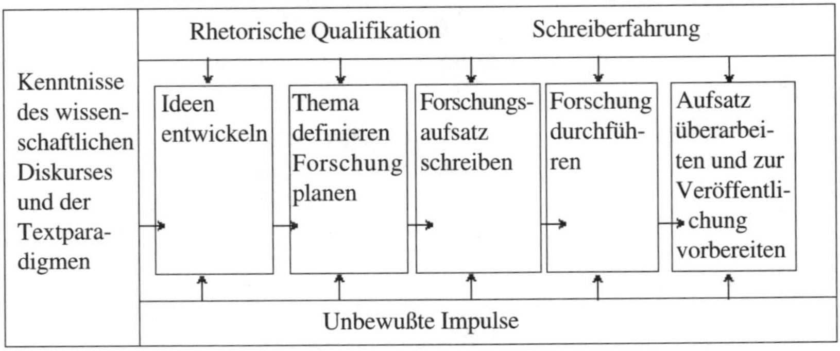

Bei der Gestaltung des gesamten Schreibprozesses sind folgende Grunderkenntnisse zu berücksichtigen:

1. Schreiben Sie während des gesamten Forschungsprozesses. Wenn Sie erst forschen und dann schreiben wollen, produzieren Sie oft einen Schreibblock.
2. Machen Sie sich ständig Notizen, so oft Sie Einfälle haben.
3. Erlauben Sie sich, daß Ihre Forschung und Ihr Aufsatz sich Schritt für Schritt entwickelt. Wissenschaftliches Schreiben ist ein ständiges Entwerfen und zugleich auch ein ständiges Revidieren der Entwürfe.
4. Entwickeln Sie eine kritische und reflektierte Haltung gegenüber ihren wissenschaftlichen Quellen, und halten Sie Ihre Kritik auch ständig schriftlich fest.
5. Diskutieren Sie Ihre Forschung und Ihren Forschungsaufsatz mit Studienkollegen und Dozenten, damit Sie Ihre eigenen Fortschritte objektiver bewerten lernen.
6. Schreiben Sie hin und wieder eine Kurzfassung Ihres Forschungsaufsatzes für ihren Prüfungsdozenten.
7. Fixieren Sie sich bei Ihrer Forschung nicht auf Höchstleistungen und Perfektion, sondern auf gute Qualität, sonst werden Sie leicht ein Opfer von Schreibwiderständen und Schreibkrisen.

Aufgabe:

Ergänzen Sie diese Schreibprinzipien durch eine Auflistung eigener Schreiberfahrungen und dabei gewonnener Schreibhilfen.

b) Ideen entwickeln

Am Anfang jedes wissenschaftlichen Schreibprozesses muß die Klärung der Schreibaufgabe stehen.

Aufgabenanalyse

Schreiben Sie fünf Minuten alle Einfälle auf, die Ihnen zur Frage: „Was ist meine Aufgabe?“ einfallen.

Es muß weiter geklärt werden, wer die Leser des zu schreibenden Aufsatzes sein werden.

Leseranalyse

Imaginieren Sie ihre potentiellen Leser, und führen Sie einen Dialog mit ihnen, indem Sie folgende Fragen stellen und beantworten: Wer sind meine Leser? Wie sehen sie aus? Was für Interessen haben sie? Welche Fragen werden sie von mir beantwortet haben wollen?

Am schwersten fällt vielen Schreibern, ihr Thema konkret zu fassen und einzugrenzen.

Liste

Legen Sie entweder eine Liste aller Themen an, die Sie interessieren oder eine Liste aller thematischen Varianten, die Ihnen zu dem vorgegebenen Thema einfallen.

Erforschen Sie dann einmal, was Sie zu dem gewählten Thema schon wissen.

Schnellschreiben

Schreiben Sie schnell, ohne große Kontrolle, alles nieder, was Ihnen zu Ihrem Thema einfällt, und überprüfen Sie dann Ihren Kenntnisstand. Wenn Sie nur vage und abstrakte Einfälle haben und keine konkreten Beispiele nennen können, sollten Sie das Thema schnell fallen lassen.

Wenn Sie sich mit Ihrem gewählten Thema näher befassen, werden Sie vieles gleichzeitig tun. Sie werden lesen, sprechen, notieren oder folgende Techniken ausprobieren und zugleich versuchen, die mit diesen Techniken gewonnenen Ergebnisse in einer Gliederung des Aufsatzes zu ordnen:

Free-Writing

Schreiben Sie ohne Plan drauflos. Stellen Sie Ihr wissenschaftliches Über-Ich ab. Lassen Sie sich von Ihren Einfällen überraschen.

Brainstorming

Lassen Sie eine Gruppe Einfälle zu Ihrem Thema produzieren.

Clustering

Schreiben Sie Ihr Thema in die Mitte eines weißen Blattes, und entwickeln Sie alle Assoziationsbahnen sternförmig um Ihr thematisches Kernwort.

Baumdiagramm

Schreiben Sie Ihr Thema oben auf ein Blatt, und entwickeln Sie alle Äste von Aspekten, die sich aus Ihrem Thema ergeben. Es entsteht dabei die Silhouette einer Baumkrone.

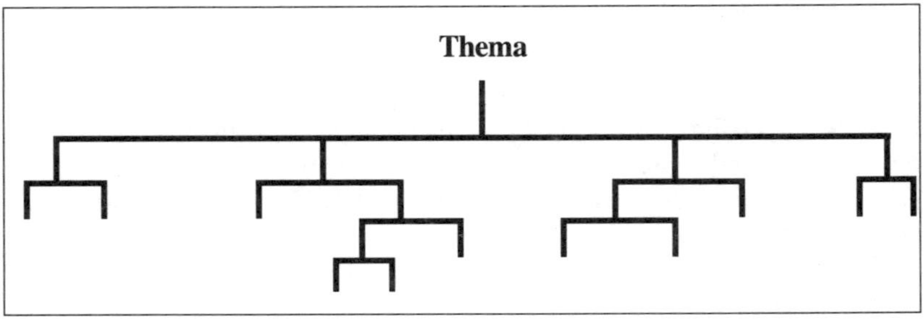

Focussieren

Versuchen Sie Ihr Thema als Bild darzustellen, und suchen Sie dann den Kern dieses Bildes heraus.

Sammeln von Informationen

Lesen Sie in wissenschaftlichen Zeitschriften, und beschreiben Sie, wie andere Autoren Ihr Thema eingrenzen. Entwickeln Sie Fragen zu Ihrem Thema. Nehmen Sie Kontakt zu Fachleuten auf, und unterhalten Sie sich mit ihnen über Ihr Thema. Achten Sie dabei auf die wichtigsten Begriffe, die zu Ihrem Thema geäußert werden. In bezug auf die Begriffe könnten Sie schon Hinweise auf Gliederungsschwerpunkte zu Ihrem Thema finden.

Interpretation der ersten Informationen

Ohne Interpretation der Informationen geraten Sie bald in die Gefahr, in einem Datenberg zu ersticken. Benutzen Sie deshalb folgende Techniken der Interpretation von ersten Informationen:

- Identifizieren Sie Geschichten in der Presse, die über Ihr Thema kursieren.
- Stellen Sie die 6 W-Fragen (wer, was, wann, wo, warum und wie) zu ihrem Thema.
- Betrachten Sie Ihr Thema aus verschiedenen Perspektiven (ökonomisch, philosophisch, technisch, medizinisch, physikalisch, musikalisch, künstlerisch usw).

Kreative Methoden der Problemlösung

Setzen Sie zur Erweiterung der Themengliederung kreative Methoden ein:

- **Ideenveränderung:** verändern, erweitern, verkleinern, ersetzen, ordnen Sie neu, kombinieren Sie Ihre Ideen mit anderen Ideen.
- **Journal:** Sammeln Sie ihre Ideen in Ihrem Forschungsjournal, notieren Sie dort auch die Fortschritte Ihrer Kenntnisse.

Je erfahrener Sie im wissenschaftlichen Schreiben werden, um so mehr werden Sie diese ersten Techniken ganz automatisch anwenden.

c) Problemdefinition und Forschungsplanung

Um die näheren Bedingungen der Forschungsplanung zu klären, müssen sie ihren Forschungsgegenstand genauer bestimmen.

Fragen und Thesen

Entwickeln Sie die wichtigsten Fragen und thesenmäßigen Antworten zu Ihrem Thema. Verändern Sie dann die wichtigsten Schlüsselworte in Ihren Thesen, und achten Sie darauf, wie sich Ihr Thema ändert. Versuchen Sie dann, die Thesen schärfer zu formulieren. Diskutieren Sie Ihre verschärften Thesen mit Freunden, Kollegen und Ihren Dozenten.

Forschungsplan

Entwerfen Sie einen Zeitplan für Ihre wissenschaftliche Aufgabe. Der Zeitplan muß fließen, Abschnitte des Forschungs- und Schreibprozesses enthalten, und kann bei zwölf Wochen Zeitvolumen folgende Struktur haben:

Arbeitsschritte	**Zeitraum**
Ideen entwickeln	1 Woche
Themen definieren und Forschungsplanung	2 Wochen
Forschung durchführen	4 Wochen
Forschungsaufsatz schreiben	2 Wochen
Forschungsaufsatz überarbeiten	2 Wochen
Veröffentlichung vorbereiten	1 Woche

Kurzkonzept

Ehe Sie in den konkreten Forschungsprozeß eintreten, ist es sinnvoll, ein Kurzkonzept Ihres Forschungsaufsatzes zu schreiben. Dabei können Sie zwischen zwei Typen von Kurzkonzepten wählen: dem Problemlösungskonzept und dem Forschungskonzept. Diese beiden Konzepte haben folgende Struktur:

Problemlösungskonzept	Forschungskonzept
- Titel - Problemaufriß - Wichtigkeit der Problembearbeitung - Umfang des Projekts - Zeitgrenzen des Projekts - Methodeneinsatz - persönliche Qualifikation - Bitte um Unterstützung	- Titel - Problemaufriß - Literaturauswertung - Methodeneinsatz - Literaturnachweis - Zeitplan - Kostenplan

Wenn Sie ein derartiges Konzept geschrieben haben, lassen Sie es mehrere Tage liegen, kühlen Sie sich ab und kontrollieren Sie das Konzept dann mit einem klaren Kopf erneut.

d) Durchführung der Forschung

Beim Forschen und Schreiben sollten folgende Teilaktivitäten unterschieden werden: Literatursuche innerhalb und außerhalb der Bibliothek, Briefschreiben, Umfragen, Interviews und Beobachtungen. Gehen wir nun auf diese Aktivitäten besonders ein:

Literatursuche

Literatursuche und Aufarbeitung ist ein Herzstück des wissenschaftlichen Schreibens. Die Literatursuche zerfällt in folgende Abschnitte:

- Kenntnis der Quellen einer wissenschaftlichen Bibliothek
- Entwicklung einer Strategie der Literatursuche
- kritisches Lesen und Finden von Zitaten und Argumenten

Überblick über Fachbibliothek

Verschaffen Sie sich wieder einen Überblick über den Aufbau einer wissenschaftlichen Fachbibliothek: über ihre Kataloge, bibliographische Lesesäle, Zeitschriftenmagazine, Informationsmöglichkeiten für Leser, Computer-Bibliographien, kommerzielle Computerinformation usw. Notieren Sie sich in Ihrem Journal wichtige Literatur, die Sie sich bei einem Bibliotheksbesuch verschafft haben.

Im bibliographischen Lesesaal der Fachbibliothek informieren Sie sich zu Ihrem Thema in folgenden Bibliographien (vgl. auch Teil A, Kap. 3.3. dieses Buches):

Bibliographien der Bibliographien, die viele Bücherverzeichnisse vorstellen:

Allischewski, H.: Bibliographiekunde. Wiesbaden 1986, 2. Auflage
Bestermann, T.: A World Bibliography of Bibliographies and of Bibliographical Catalogues. Lausanne 1965-1966, Bd. 1-5

Bibliographic Index: A. Cumulative Bibliography of Bibliographies. New York, 1. Jg. 1938 ff.
Bibliographische Berichte. Frankfurt 1.-28. Jg. 1959-1987
Domay, F.: Bibliographie der nationalen Bibliographien. Stuttgart 1987
Toomey, A. F.: A World Bibliography of Bibliographies 1964-1974. Totowa 1977, Bd. 1-2
Totok, W., Weitzel, R: Handbuch der bibliographischen Nachschlagewerke (Hrsg) von H.-J. und D. Kernchen. Frankfurt 1984-1985, 6. Auflage, Bd. 1: Allgemeinbibliographien und allgemeine Nachschlagewerke. Bd. 2: Fachbiographien und fachbezogene Nachschlagewerke

Internationale Bibliothekskataloge

British Museum. General Catalogue of Printed Books. London 1959-1966, Bd. 1-263
Library of Congress Catalogues. Subject Index. Washington 1950 ff.

Deutsche Nationalbiographie

Deutsche Bibliographie. Bearb. und hrsg. von der Deutschen Bibliothek Frankfurt am Main. Frankfurt 1947, 1. Jh. ff.
Reihe A: Erscheinungen des Verlagsbuchhandels
Reihe B: Erscheinungen außerhalb des Verlagsbuchhandels
Reihe C: Karten
Reihe H: Hochschulschriften
Gesamtverzeichnis des deutschsprachigen Schrifttums (GV) 1700-1910. Bearb. von H. Schmuck u.a., München 1979-1986, Bd. 1-160
Gesamtverzeichnis des deutschsprachigen Schrifttums (GV) 1911-1965. Hrsg. von R. Oberschelp. München 1976-1983, Bd. 1-150
Gesamtverzeichnis des deutschsprachigen Schrifttums außerhalb des Buchhandels 1966-1980 (GVB) München 1988 ff.

Verzeichnis lieferbarer Bücher des Buchhandels

Verzeichnis lieferbarer Bücher (VLB). Frankfurt am Main, Ausgabe 1, 1971 ff.
Verzeichnis lieferbarer Bücher. Schlagwortverzeichnis. Frankfurt am Main, Ausgabe 1, 1978 ff.

Hochschulschriftenverzeichnis

Comprehensive Dissertations Index 1861-1972. Ann Arbor Michigan, 1973 ff.
Deutsche Bibliographie. Reihe H: Hochschulschriftenverzeichnis. Bearb. und hrsg. von der Deutschen Bibliothek Frankfurt am Main. Frankfurt 1972 ff.
Dissertation Abstracts International. Ann Arbor Michigan, 1938 ff.
Gesamtverzeichnis deutschsprachiger Hochschulschriften (GVH) 1966-1980. Hrsg. v. W. Gorzny. München 1983-1988, Bd. 1-40.

Mundt, H.: Bibliographisches Verzeichnis von Universitäts- und Hochschuldrucken (Dissertationen vom Ausgang des 16. bis Ende des 19. Jahrhunderts). Leipzig 1936-1980, Bd. 1-4

Zeitschriftenbibliographien

Internationale Bibliographie der Rezensionen von wissenschaftlicher Literatur (IBR). Hrsg. von O. Zeller: Osnabrück 1971 ff.

Internationale Bibliographie der Zeitschriftenliteratur (IBZ) begr. von Felix Dietrich Leipzig (1948 ff. Osnabrück) 1897-1964
Teil A: Verzeichnis der ausgewählten Zeitschriften
Teil B: Verzeichnis der Zeitschriftenartikel nach Schlagwörtern
Teil C: Verzeichnis der Zeitschriftenartikel nach Verfassern
Teil D: Systematisches Verzeichnis der Schlagwörter

Zeitschriftendatenbank (ZDB) erarb. und hrsg. vom Deutschen Bibliotheksinstitut und der Staatsbibliothek Preußischer Kulturbesitz. Wiesbaden 1978 ff.

Zeitungsindex. Verzeichnis wichtiger Aufsätze aus deutschsprachigen Zeitungen. München 1974, 1. Jg. ff.

Fachbibliographien

Da in der Welt heute über 2.500 Fachdatenbanken existieren, ist das Feld der Fachbibliographien schwer darzustellen. Die in Abschnitt „Bibliographien der Bibliographien" genannten Bücher geben aber Hinweise auf Fachbibliographien aller wissenschaftlicher Disziplinen (K. Poenicke: Wie verfaßt man wissenschaftliche Arbeiten. Mannheim 1988, S. 64-80, M.R. Theisen: Wissenschaftliches Arbeiten. München 1992, S. 39-71).
Wenn Sie auch Literatur außerhalb der Universitätsbibliotheken suchen, benutzen Sie einige von den 2.500 Datenbanken in Deutschland. Verzeichnisse dieser Datenbanken finden sich in folgenden Büchern:

Gesellschaft für Mathematik und Datenverarbeitung (Hrsg): Verzeichnis deutscher Datenbanken. BRD und Berlin. München 1988

Kunz, A.: Der Weg zum erfolgreichen Studium: Studenten lernen studieren - Organisation und Methoden geistiger Arbeit. Heidelberg 1986, S. 199-218

Plagemann, S., Strauch, D., Gokl, R.: Online-Datenbanken. In: W.K.M. Dieterle, E. Winckler (Hrsg): Unternehmensgründung. Frankfurt 1990, S. 167-186

Außeruniversitäre wissenschaftliche Informationsinstitute werden nachgewiesen durch:

Arbeitsgemeinschaft deutscher wissenschaftlicher Forschungsinstitute e.V., Poschingstr. 5, 8000 München 80. Tel.: 089/9224-288/9, FAX: 089/985369

Viele Kontaktadressen wissenschaftlicher Forschungsinstitute verzeichnet:
Oeckl, A. (Hrsg): Taschenbuch des öffentlichen Lebens. Bonn 1992 (jährlich neu).

Strategie der Literatursuche

Lassen sie sich bei der Literatursuche von folgendem Wegweiser leiten. Bei dieser Leitung könnte Ihnen folgende Graphik der Literatursuche von Nutzen sein:

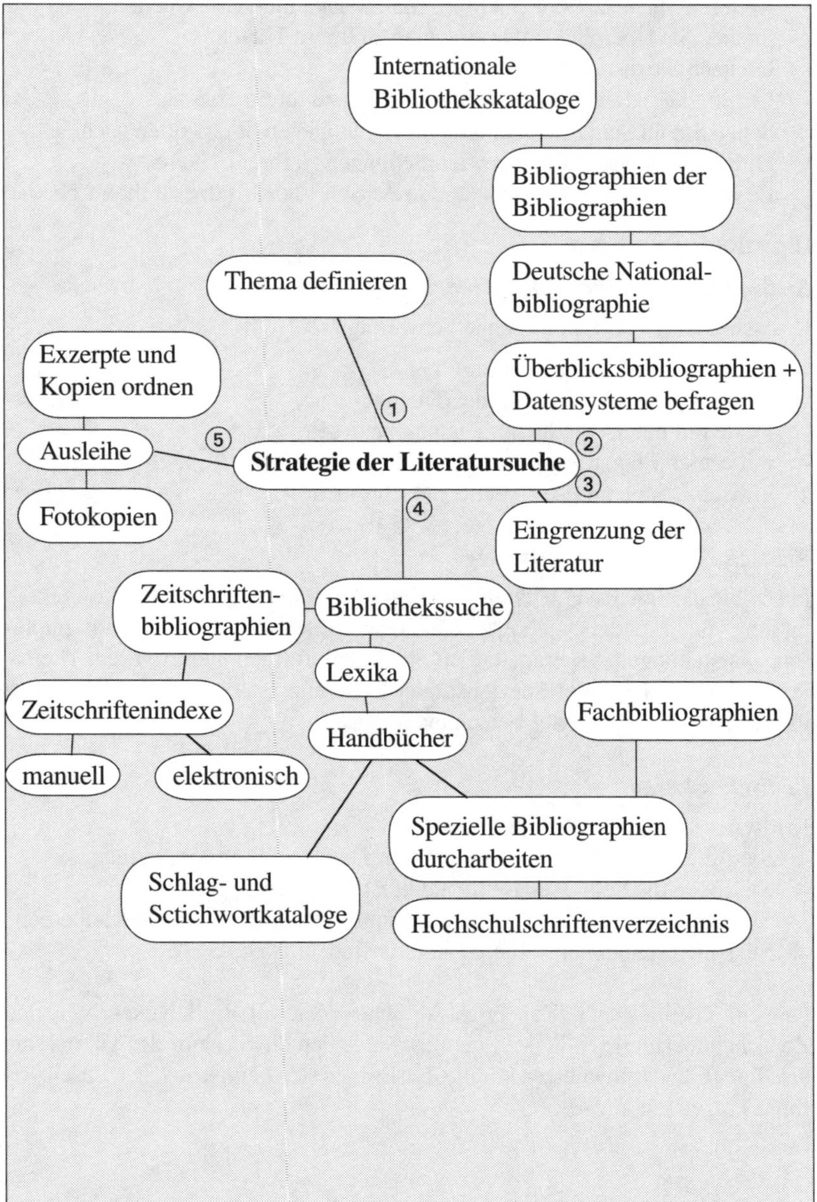

Nach einem derartigen Leitfaden können Sie nun folgendermaßen vorgehen:

- Definieren Sie Ihr Thema: erst sehr breit, dann sehr eng. Entwickeln Sie Ihr Thema erst in weiten und dann in engen Stichworten. Nutzen Sie bei der weiteren Suche sowohl elektronische als auch manuelle Quellen.
- Suchen Sie Überblicksbibliographien zu Ihrem Thema.
- Grenzen Sie die Literatursuche ein.
- Identifizieren Sie spezielle Bibliographien zu Ihrem Thema.
- Sehen Sie im Schlagwortkatalog unter geeigneten Stichworten nach.
- Ordnen Sie Zeitschriftenveröffentlichungen zu Ihrem Thema.
- Bestellen und lesen Sie die neuesten Zeitschriftenaufsätze zu Ihrem Thema.

Literaturauswertung

Kritisches Lesen und Notizen machen

Kritisches Lesen umfaßt folgende Schwerpunkte:

- kritische Prüfung der Literatur
- Lesen für mehrere Aspekte des Themas
- Texte mit unterschiedlicher Perspektive lesen
- mit echten Fragen lesen
- kritische Zitate und Argumente aufschreiben

Kritische Literaturüberprüfung

Lesen Sie das Inhaltsverzeichnis, die Kapiteleinführungen und die Zusammenfassung von besonders wichtig zu erachtender Literatur. Achten Sie auf graphische Darstellungen. Sie enthalten oft Schlüsselinformationen zu Ihrem Thema. Prüfen Sie, ob der Autor Spezialist oder Generalist ist, ob Ihr gewähltes Buch Informationen aus neuester Forschung anbietet.

Kritisches Lesen

Kritisches Lesen hat folgenden Sinn:
- Sie sollen einen generellen Begriff vom eigenen Thema gewinnen.
- Sie sollen die Schlüsselargumente des Themas entdecken.
- Sie sollen die speziellen Argumentationsketten zum Thema kennenlernen.
- Sie sollen schließlich weitere Literatur finden.

Um ein Thema generell zu erfassen, achten Sie auf die Überschriften und Zwischenüberschriften in der Literatur. Sie geben die Struktur des Themas an, was Ihrer Gliederung nützen könnte. Lassen Sie sich beim kritischen Lesen von Ihren Fragen leiten.

Neue Perspektiven

Jeder wissenschaftliche Text hat einen bestimmten Aufbau: Einleitung, Literaturübersicht, Forschungsfragen, Methoden, Ergebnisse, Diskussionen. Wenn Sie einen Quellentext für Ihr Thema nur flüchtig prüfen wollen, dann lesen Sie doch nur die Ergebnisse am Ende des gewählten wissenschaftlichen Aufsatzes durch. Wenn Sie die Methoden interessieren, dann lesen Sie vielleicht nur den Abschnitt Methoden. Wenn Sie sehen wollen, wie weit ein Text Literatur anbietet, dann lesen Sie nur den Abschnitt Literaturübersicht. Bei ganz wichtigen Texten ist es natürlich unerläßlich, daß Sie den gesamten Text genauestens und häufiger mehrmals lesen.

Echte Leitfragen

Um den Wert einer Literaturquelle einschätzen zu können, müssen Sie folgende Fragen stellen: Fragen Sie nach dem Urheber des Textes und seiner Qualität, fragen Sie nach der Seriosität seiner Quellen, und das wichtigste, fragen Sie nach Beweisen für seine Behauptungen. Prüfen Sie besonders intensiv den Wert seiner Beweise und stellen Sie fest, aus welchen Quellen und welcher Art von Quellen seine Beweise stammen. Arbeitet der Autor mit repräsentativen Untersuchungen, zitiert er die Fachautoritäten, bringt er schlagende Beispiele, setzt er sich auch mit den Kritikern seiner Forschung auseinander? Diese Fragen sollten Sie während der gesamten Arbeit bei der Literatursuche nicht aus den Augen verlieren.

Zitate gewinnen

Suchen Sie bei Ihrer Literaturdurcharbeitung nach wichtigen Textstellen, die Sie notieren können. Wenn der gesamte Text wichtig erscheint, ziehen Sie eine Fotokopie, und gewinnen Sie dann Zitate durch ein zweites genaueres Lesen und Unterstreichen. Benutzen Sie beim Zitategewinnen das Paraphrasieren und das Zusammenfassen. Paraphrasieren heißt: kurze Textstellen in eigenen Worten wiederholen. Zusammenfassen heißt: ganze Texte kurz in eigenen Worten wiedergeben. Originalzitate sind bei beiden Arbeitsverfahren mit entsprechenden Fundorten zu kennzeichnen. In den Geisteswissenschaften werden oft längere Zitate benötigt, wohingegen in den Naturwissenschaften meistens nur auf komplette Quellen verwiesen wird.

Umfragen

Umfragen ergeben oft wichtige Basisinformationen für wissenschaftliche Aufsätze. Deshalb sollten Sie prüfen, ob Sie eine Umfrage zu Ihrem Thema planen, durchführen und die Umfragedaten auswerten sollten.

Entscheidung

Um zu klären, ob Sie eine Umfrage durchführen müssen, sollten Sie folgende Fragen beantworten:

- Welche Art Umfrage (Gruppengespräche, Telefonumfrage, Interviews usw) ist für mein Thema sinnvoll?
- Welches Resultat könnte sie erbringen?
- Wie sollen die Daten interpretiert werden?
- Welchen Umfang sollte die Umfrage haben?
- Mit welchem Mittel und welchem Zeitrahmen kann ich bei meiner Umfrage rechnen?

Durchführung

Bei der Durchführung der Umfrage ist meistens ein Fragebogen und der Begleitbrief zum Fragebogen zu entwickeln. Mit Hilfe eines Vortestes ist die Qualität des Fragebogens zu überprüfen.

Datenanalyse

Bei der quantitativen oder qualitativen Analyse der Umfragedaten dürfen Sie Ihre Daten nicht überinterpretieren. Bleiben Sie bei der Dateninterpretation immer ganz nahe an Ihren Forschungshypothesen.

Interviews

Durch Interviews kann der Forscher Informationen gewinnen, die nicht in der Literatur oder in der beobachtenden Feldforschung zu finden sind. Er kann die Kraft, das Wissen, den Witz wichtiger Informanten anzapfen. Es gibt unterschiedliche Gruppen von Interviewpartnern: die bedeutende Persönlichkeit, den Experten, den Jungwissenschaftler, das Volk. Der bedeutenden Person sind generelle Fragen, dem Experten und Jungwissenschaftler spezielle Fragen und dem Volk persönliche Fragen wichtig. Diese Fragentypen sind bei der Entwicklung von Interviews zu beachten. Weiterhin müssen Sie sich entscheiden, ob Sie ein persönliches Interview führen wollen, oder ob Sie das Telefon-Interview bevorzugen.

Das persönliche Interview

Dieses Interview erfordert eine gute Vorbereitung, Durchführung und Auswertung. Bei der Vorbereitung kommt es darauf an, ein klares Thema zu entwickeln, hinter dem man voll und ganz steht, das Interview zu organisieren und die speziellen und generellen Fragen des Interviews vorzubereiten. Entwickeln Sie also zu Ihrem Thema einen Interviewplan, der diese Aspekte berücksichtigt. Bei der Durchführung des Interviews sollten Sie kein Tonband mit nachfolgenden Transkriptionsproblemen laufen lassen, sondern nur Notizen mitschreiben. Nach dem Ende des Interviews sind diese Notizen gleich zu überarbeiten. Führen Sie mal einige Versuchsinterviews zu Ihrem Thema durch, und stellen Sie dann die Ergebnisse aus Ihren Interviewnotizen zusammen.

Telefoninterview

Bei dieser Interviewform sind zuerst die richtigen Telefonnummern der Interviewpartner zu suchen und zu finden. Entwickeln Sie dann fünf Fragen für eine Interviewdauer von 15 Minuten, und legen Sie sich einen guten Grund für Ihren Anruf und einen ausreichenden Dank nach Abschluß des Interviews zurecht. Führen Sie mal drei Versuchstelefoninterviews zu Ihrem Thema durch.

Auswertung der Interviews

Überprüfen Sie die Ergebnisse der Interviews. Stellen Sie sich dabei folgende Fragen: Welche Qualität besitzen die Antworten der Partner? Was habe ich Neues und was habe ich Kritisches durch die Interviews über mein Thema erfahren? Welche wichtige neue Literatur wurde mir durch das Interview bekannt?

Beobachten

Die Technik der Beobachtung ist in jeder wissenschaftlichen Disziplin von besonderer Bedeutung. Beobachten beinhaltet die Aspekte: „*Sehen, Beschreiben, was man sieht und Interpretation der Beschreibung*" (D. ZIMMERMANN, D. RODRIGUES, a.a.O., S. 135). Jede Beobachtung ist selektiv. Sie wählt aus. Erfahrungen und fachspezifische Normen legen die Inhalte der Beobachtung fest. Generell lassen sich in einer Graphik folgende Formen der Beobachtung unterscheiden:

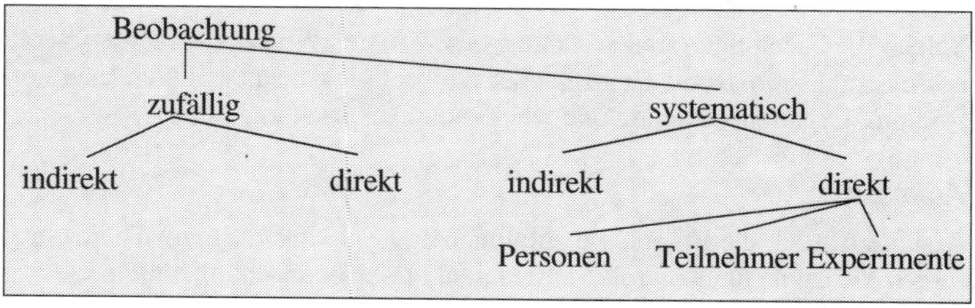

Systematische Beobachtung

Diese Beobachtung baut auf verschiedenen Vorarbeiten auf:

1) Um den Untersuchungsgegenstand zu verstehen, ist ein systematisches Literaturstudium nötig, das ihnen zeigt, welche Untersuchungsmethode mit welchen Resultaten bei Ihrem Untersuchungsobjekt schon angewandt worden ist. Dieses Literaturstudium verschafft ihnen auch Erkenntnisse über Ihr Untersuchungsobjekt, die es ihnen ermöglicht, die richtigen Untersuchungsfragen zu formulieren.

2) Diese Fragen ermöglichen ihnen in einem nächsten Schritt die Formulierung von Beobachtungshypothesen.
3) Sie entfalten dann alle Faktoren, die Sie bei Ihrem Untersuchungsgegenstand beobachten wollen.
4) Sie entwickeln Methoden der Messung der Faktoren Ihres Untersuchungsgegenstandes.
5) Sie wählen eine Methode aus, um Ihre Beobachtungen schriftlich zu fixieren.

Bei der systematischen Beobachtung können folgende Schreibmethoden zum Einsatz kommen: Feld- und Laborjournale, Notizbücher und Beobachtungsnotizen. Es können auch Beobachtungsbögen eingesetzt werden, die die wichtigsten Beobachtungsaspekte benennen. Auch Tonbänder, Videokameras, Fotoapparate können die Beobachtungen im einen oder anderen Falle sinnvoll unterstützen. Um die Qualität der Beobachtung zu verbessern, werden oft verschiedene systematische Methoden kombiniert, um dann Ihre Forschungsergebnisse auch vergleichen zu können: Es werden mehrere Beobachter eingesetzt, vergleichende Gruppen, unterschiedliche Tests. Die Daten der Beobachtung werden quantitativ und qualitativ interpretiert und die Beobachter durch Supervisionsinterviews kontrolliert und überprüft.

Aufgabe

Entwickeln Sie für Ihr Thema ein Szenario für eine systematische Beobachtung. Berücksichtigen Sie dabei das Literaturstudium, die Hypothesenbildung, die Methoden der Datengewinnung, die Methoden der Kontrolle der Beobachtungsresultate.

Zufällige Beobachtung

Solche Beobachtungen finden ständig statt. Um den Wert der zufälligen Beobachtung zu klären, ist die Kontrolle der Beobachtungsresultate durch Literaturstudium, Expertenbefragung und wiederholte Beobachtung nötig.

Aufgabe

Beschreiben Sie die Ergebnisse zufälliger Beobachtung zu Ihrem Thema, und führen Sie dann eine Kontrolle der Qualität dieser Beobachtung durch.

4.2.3. Den Forschungsbericht schreiben

Das Entstehen des Forschungsberichts wird Sie während des gesamten Forschungsprozesses begleiten. Je größer das Forschungsprojekt ist, um so länger wird damit auch der Schreibprozeß. Schreiben Sie so oft im Forschungsprozeß, wie Sie können, und Sie werden erleben, daß die Entstehung der Rohfassung dann nur noch ein Sortieren und Verbinden vieler kleiner textlicher Vorarbeiten ist. „*Ein akzeptierbarer Forschungsaufsatz kann niemals in einem Stück runtergeschrieben werden*“ (D. Zimmermann, D. Rodrigues, a.a.O., S. 152).

Der Start

Ordnen Sie zuerst alle Vorarbeiten nach folgender Gliederung in einen Aktenordner:

1. Einleitung
2. Methoden
3. Resultate
4. Diskussionen
5. Zusammenfassung

Schreiben Sie dann an dem Abschnitt, der ihnen jeweils gerade Spaß macht.

Die Benutzung von graphischen Darstellungen

Bedenken Sie: ein Bild kann oft mehr aussagen als viele Worte. In den verschiedenen Disziplinen werden viele Formen von bildlicher Illustration benutzt: Tabellen, Graphiken, Schemata, Fotos, Karten usw. Diese bildlichen Darstellungen können eine große Hilfe bei der Strukturierung des Forschungsaufsatzes bieten. Geübte Schreiber entwerfen deshalb erst die entsprechenden Graphiken, ehe Sie einen Abschnitt des Aufsatzes schreiben. Eine sorgfältige Prüfung aller Graphiken, die Sie während des Literaturstudiums gefunden haben, kann ihnen bei der Visualisierung Ihrer Ergebnisse bedeutend helfen. Ihre Graphiken sollten dabei drei Aufgaben erfüllen: Sie sollten die Schlüsselinformationen zusammenfassen, das graphische Erscheinungsbild Ihres Aufsatzes verbessern helfen und die Grundaussagen Ihres Aufsatzes klarer herausstellen. Versuchen Sie nun einmal, die wichtigsten Graphiken Ihres Aufsatzes zusammenzustellen!

Zwischenberichte

Schreiben Sie so oft wie möglich während des Forschungsprozesses Zwischenberichte, entweder einmal die Woche oder alle zwei Wochen. Berücksichtigen Sie bei der Abfassung dieser Zwischenpapiere folgende Tips:

- Halten Sie die Zwischenberichte kurz, nicht mehr als zwei Seiten.
- Auch bei den Zwischenberichten sind folgende Abschnitte jeweils zu berücksichtigen: die Fortschritte der Forschung, Ihre nächsten Schritte, Lücken in der Forschung und Möglichkeiten ihrer Abhilfe.
- Sammeln Sie ständig Fragen, die Ihre Forschung aufwirft.
- Entwerfen Sie von Teilergebnissen graphische Bilder, an denen Sie sich beim weiteren Forschungsprozeß orientieren können.
- Überarbeiten Sie Ihren Forschungsbericht, lassen Sie ihn abkühlen, und bauen Sie aus der Summe Ihrer Zwischenforschungsberichte Ihren Rohentwurf.

4.2.4. Den Forschungsbericht revidieren

Schreiben heißt mehrmals schreiben und mehrmals umschreiben. Für diesen wichtigen Aspekt des wissenschaftlichen Schreibens gibt es folgende Leitlinien der Kontrolle:
- die Gesamtstruktur des Aufsatzes
- den Aufbau: die Hauptabschnitte, die Unterabschnitte, die Überschriften und die Graphiken
- die logische Schlüssigkeit: die Reihung der Argumente und Ihre Logik
- die Klarheit des Ausdrucks und Stils
- die Richtigkeit der Grammatik und der Zeichensetzung.

Bei der abschließenden Kontrolle des Aufsatzes sind folgende Aufgaben zu lösen:
- das Schreiben der Kurzfassung
- Kontrolle der Zitate und Anlage der Bibliographie
- Überprüfung der Nachweise aller sonstigen Quellen
- die Überprüfung der Richtigkeit der Form Ihres Forschungsberichtes

Kurzfassung

Die Kurzfassung, die Sie nach Überarbeitung Ihres Forschungsberichtes schreiben sollten, muß die Hauptergebnisse Ihrer Forschung vorstellen. Diese Kurzfassung sollte so geschrieben werden, daß Sie auch ohne den Forschungsbericht abgedruckt werden kann. Die Kurzfassung sollte den Autor, den Titel der Arbeit, die Zusammenfassung ebenso enthalten wie die Schlüsselworte für die Verschlagwortung Ihres Aufsatzes in bibliographischen Nachschlagewerken. Die Kurzfassung kann eher informativ oder eher beschreibend ausfallen. Schreiben Sie nun die Kurzfassung Ihres Forschungsberichts!

Anlage der Bibliographie

Bei der Literaturliste sollten Sie die Unterschiede beim Zitieren folgender Quellen berücksichtigen (vgl. Teil B, Kapitel 3.4.3., Abschnitt a):

- Zeitschriftenartikel
- Bücher
- Zeitungen
- Dissertationen
- elektronische Medien
- Vorlesungen
- Interviewnotizen
- Konferenzberichte
- Journaleintragungen

(Hinweis: Nähere Anleitung zu allen Aspekten der Textrevision enthält das Kapitel 5 des Teils B dieses Buches).

4.2.5. Unterschiedliche Typen von Forschungsberichten

Bei den Forschungsberichten lassen sich vier Typen unterscheiden:

- Literaturbericht
- Original-Forschungsbericht
- Bericht über die eigene Forschungsposition
- Bericht über wissenschaftliche Probleme

Da wir den Original-Forschungsbericht im vorhergehenden Kapitel genauer vorgestellt haben, wollen wir hier nur die drei verbleibenden Forschungsberichtstypen genauer betrachten.

a) Literaturbericht

In allen Disziplinen ist der Literaturbericht die häufigste Textsorte. Um einen Literaturbericht schreiben zu können, sind folgende Aufgaben zu erfüllen:

- Identifikation des Themas
- Entwicklung genereller Forschungsfragen
- Sammeln und Auswerten von Literatur
- Konkretisierung der Forschungsfragen und Entwicklung von Hypothesen für den Forschungsreport
- Abfassung und Überprüfung des Literaturreports

Der Literaturbericht kann wichtige Qualifikationen des wissenschaftlichen Schreibens vermitteln. Er kann den Schreiber tiefer in den wissenschaftlichen Diskurs einführen, ihn in der Methode der Literatursuche qualifizieren, seine Schreibqualifikation stärken, die analytische Fähigkeit und das kritische Denken über ein neues Thema aneignen helfen.

Argumentationsmuster

Der Literaturbericht kann sich im Hauptteil nach elf verschiedenen Argumentationsmustern aufbauen:

- vom Ganzen zu den Teilen
- von den Teilen zum Ganzen
- nach geographischen Orten
- funktional oder prozessual
- nach der Wichtigkeit
- chronologisch und historisch
- nach der Qualität der Lösungsvorschläge für ein Problem
- vom Einfachen zum Schwierigen
- nach Für und Wider
- Ursachen und Wirkungen

- Kombination verschiedener vorher genannter Argumentationsstrategien (erst geographisch und dann chronologisch usw) (vgl. zu den Argumentationsstrategien auch Teil B, Kapitel 3.5. dieses Buches).

Wissenschaftliche Argumentationsmuster

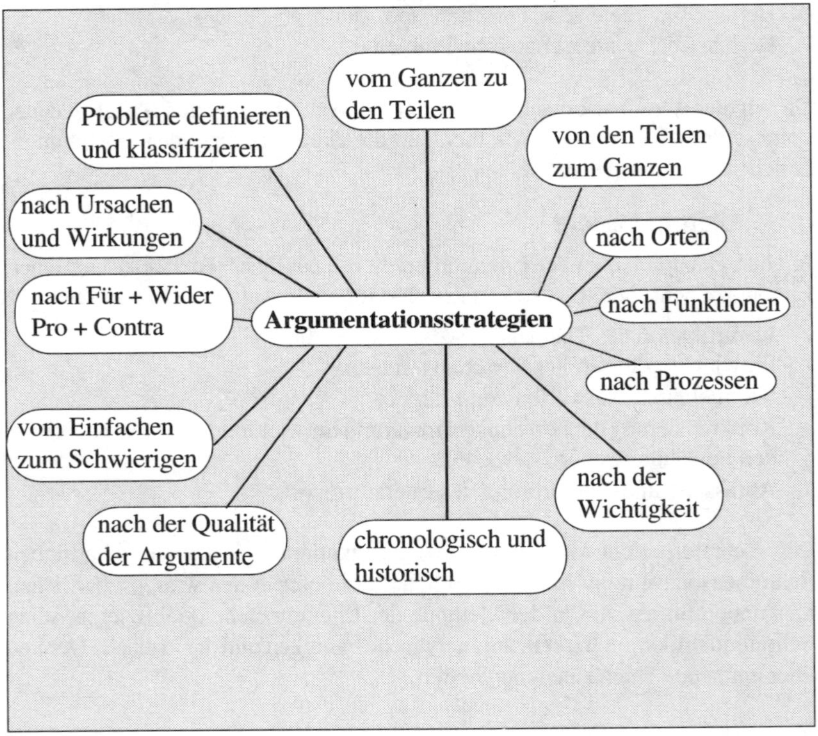

Aufgabe

Erinnern Sie sich an ein eigenes Forschungsgebiet, und skizzieren Sie dann alle möglichen Argumentationsmuster für den Hauptteil eines fiktiven Literaturreports.

Die wichtigsten Forschungsergebnisse werden einmal in den einschlägigen Fachzeitschriften publiziert. Ein weiterer Schritt der umfassenden Forschungsrepräsentationen ist die Zusammenstellung wichtiger Forschungsberichte in Aufsatzsammelbänden: sogenannten Readern. Solche Aufsatzbände haben die wichtigsten Aufsätze über entscheidende Forschungsprobleme in einer Wissenschaft versammelt und damit wichtige Vorarbeiten für einen Literaturbericht schon geleistet. Sie erlauben einen schnellen Einblick in die grundlegenden Forschungsfragen, in die wichtigsten Forschungstrends und in die Summe der gewonnenen Forschungsergebnisse. Damit regen sie das kreative Schreiben eines Literaturberichtes besonders gut an.

Innerhalb der deutschen Wissenschaft haben die **Forschungsreader** der „wissenschaftlichen Buchgesellschaft“, Darmstadt, einen guten Namen. Auf sie greifen wir bei unseren folgenden Vorschlägen hauptsächlich zurück.

Aufgaben

- Wählen Sie einen der folgenden Forschungsreader aus, und verfassen Sie über ihn - je nach der eigenen Fachrichtung - einen Literaturbericht.
- Fassen Sie nur die Einleitung eines gewählten Readers kritisch zusammen.
- Entwickeln Sie einen Vergleich zum Fortschritt der Forschung zwischen dem frühesten und dem neuesten Artikel in dem gewählten Reader.
- Vergleichen Sie die Ergebnisse der Artikel der bekanntesten mit den Ergebnissen der Artikel der unbekanntesten Autoren in diesem Reader.
- Lesen Sie nur die Artikel in dem Reader, die Sie interessieren, und referieren Sie die Erkenntnisse, die für Sie am wichtigsten sind.

Psychologie:

Kutter, P., Roskamp, H. (Hrsg): Psychologie des Ichs. Darmstadt 1974
Langen, D. (Hrsg): Der Weg des autogenen Trainings. Darmstadt 1976
Sborowitz, A. (Hrsg): Der leidende Mensch. Personale Psychotherapie in anthropologischer Sicht. Darmstadt 1979
Toma, W., Egg, R. (Hrsg): Psychotherapeutische Verfahren. Darmstadt 1988

Altertumswissenschaft:

Alonso-Nunez, J.M. (Hrsg): Geschichtsbild und Geschichtsdenken im Altertum. Darmstadt 1991
Christ, K. (Hrsg): Sparta. Darmstadt 1986
Huß, W. (Hrsg): Karthago. Darmstadt 1992
Latacz, J. (Hrsg): Homer. Darmstadt 1991
Wagner-Hasel, B. (Hrsg): Matriarchatstheorien der Altertumswissenschaft. Darmstadt 1992

Erziehungswissenschaft:

Lenzen, D. (Hrsg): Kunst und Pädagogik. Darmstadt 1990
Rodax, K. (Hrsg): Strukturwandel der Bildungsbeteiligung 1950-1985. Darmstadt 1989

Geographie:

Eriksen, W. (Hrsg): Klimageographie. Darmstadt 1985
Liedtke, H. (Hrsg): Eiszeitforschung. Darmstadt 1990

Germanistik:

Koepke, W., Winkler, M. (Hrsg): Exilliteratur 1933-1945. Darmstadt 1989
Marsch, E. (Hrsg): Über Literturgeschichtsschreibung. Darmstadt 1986

Geschichte:

Langewiesche, D. (Hrsg): Die deutsche Revolution von 1848/49. Darmstadt 1983

Niedhart, G. (Hrsg): Kriegsbeginn 1939. Darmstadt 1976

Literaturwissenschaft:

Allemann, B. (Hrsg): Ars Poetica. Darmstadt 1971

Karlinger, F. (Hrsg): Wege der Märchenforschung. Darmstadt 1985

Niggl, G. (Hrsg): Die Autobiographie. Darmstadt 1989

Mathematik:

Becker, O. (Hrsg): Zur Geschichte der griechischen Mathematik. Darmstadt 1965

Medizin:

Flasher, H. (Hrsg): Antike Medizin. Darmstadt 1971

Oepen, J., Prokop, O. (Hrsg): Außenseitermethoden in der Medizin. Darmstadt 1986

Politik:

Mikat, P. (Hrsg): Kirche und Staat in der neueren Entwicklung. Darmstadt 1980

Steinberg, R. (Hrsg): Staat und Verbände. Darmstadt 1985

Soziologie:

Albert, H., Topitsch, F. (Hrsg): Der Werturteilsstreit. Darmstadt 1990

Papcke, S. (Hrsg): Ordnung und Theorie. Beiträge zur Geschichte der Soziologie in Deutschland. Darmstadt 1986

Sprachwissenschaft:

Batz, R., Bufe, W. (Hrsg): Moderne Sprachlernmethoden. Darmstadt 1991

b) Bericht über die eigene Forschungsposition

Jeder Student und jeder Forscher gewinnt Einsichten, die er gerne veröffentlichen möchte. Zu diesem Zweck sollte er einen Text verfassen, in dem er seine Forschungsbehauptungen vorstellt und begründet. Um die eigenen Behauptungen zu unterstützen, sind folgende Kategorien von Argumenten von Nutzen: - Fakten - Erklärungen - Beispiele - Zitate - graphische Darstellungen.

Der eigene Forschungsstandpunkt wird überzeugender, wenn er faktische Argumente mit emotionellem Schwung vorstellt. Allerdings darf die emotionelle Beteiligung nicht zur Verzerrung der Fakten führen. Es gibt drei Wege, den eigenen Standpunkt im Text zu präsentieren:

- selektiv nur die Daten zu präsentieren, die die eigene Position unterstützen
- die Daten, die den eigenen Standpunkt in Frage stellen, selbst zu kritisieren, um dann die eigenen Argumente damit zu profilieren
- die allgemein gültige Meinung zum Problem vorzustellen und dann die eigene kritische Position mit vielen Argumenten zu präsentieren

Welchen Textaufbau Sie auch wählen, bei der Anordnung ihrer Argumente könnten drei Strategien für Sie von Interesse sein:

- vom weniger Wichtigen zum Wichtigsten
- vom Wichtigsten zum weniger Wichtigen
- eine Vielzahl ausgewogener Argumente

Aufgabe

Wählen Sie ein Problem Ihres Forschungsinteresses, und schreiben Sie ein Positionspapier. Gehen Sie dabei folgendermaßen vor:

- Sammeln Sie erst die Fakten, Beispiele, Erklärungen, Zitate und graphische Darstellungen zu Ihrem Problem.
- Wählen Sie dann den für sie richtigen Weg, Ihr Problem zu profilieren.
- Klären Sie dann die Struktur ihrer Argumentation, und schreiben und revidieren Sie dann Ihr Positionspapier.

c) Berichte über wissenschaftliche Probleme

Die Textsorte des Forschungsberichts dient dazu, eine wissenschaftliche Frage zu beantworten oder ein wissenschaftliches Problem zu lösen. Der Forschungsprozeß, der auch bei diesem Forschungstyp zugleich Schreibprozeß ist, wird vier Schritte umfassen:

1. Identifikation des Problems
2. Sammlung von Informationen zum Problem durch die verschiedensten Methoden (Briefschreiben, Interview usw).
3. Entwicklung, Abwägung und Hierarchisierung von Problemlösungen
4. Abfassung des Berichts unter Berücksichtigung der drei vorherigen Aspekte

Bei der Entwicklung von Problemlösungen sollten Sie einmal versuchen, Ihr Problem z.B. „Wie ist Gewalt gegen Kinder zu verhindern?", aus verschiedenen wissenschaftlichen Blickwinkeln zu betrachten. Bei diesen Blickwinkeln ergeben sich folgende interessante Möglichkeiten:

1. **Technik**: Welche Technik kann Gewalt gegen Kinder verhindern?
2. **Sozialpädagogik**: Wie kann Gemeinwesenarbeit Gewalt gegen Kinder einschränken?
3. **Medizinische Programme**: Welche Form der Gesundheitserziehung mildert die Gewalt in der Familie?

4. **Öffentlichkeitsarbeit:** Welche Kampagnen dienen der Verbesserung der Rechte der Kinder?
5. **Management**: Wie ist eine bessere Welt für Kinder, durch Mittel von Großunternehmen zu entwickeln?
6. **Ökologische Wirtschaftsformen**: Welche Umweltverbesserungen senken die Gewaltbereitschaft?
7. **Alternative Landwirtschaft:** Wieweit können Kinderbauernhöfe eine Alternative zur Familie bieten? (D. ZIMMERMANN, D. RODRIGUES, a.a.O., S. 313).

Aufgabe

Identifizieren Sie ein wichtiges Problem, das sich in Ihrer Wissenschaft stellt und schreiben Sie dann einen problemlösenden Forschungsbericht, der erst das Problem vorstellt, die Problemlösung diskutiert und Ihr Votum für die wichtigste Problemlösung präsentiert. Dabei sollten Sie auch einmal den interdisziplinären Blick auf die Lösung Ihres Problemes ausprobieren.

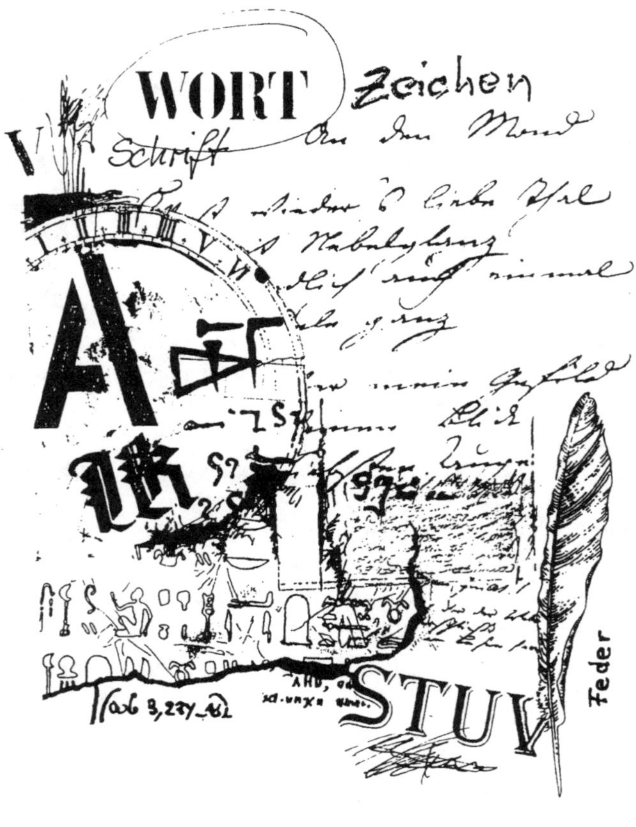

Wie finde ich wissenschaftliche Literatur?

Diese Frage begleitet das wissenschaftliche Schreiben, soweit es die Umwandlung von fremden Texten in einen eigenen sein muß. Dabei wird allgemein folgender Umfang der „verarbeiteten Literatur" angenommen:

pro Seminararbeit	*mindestens*	*10-15 Titel*
Hauptseminararbeit	*„*	*15-20 Titel*
Diplomarbeit	*„*	*25-30 Titel*
Doktorarbeit	*„*	*50-100 Titel*

(A. Bänsch: Wissenschaftliches Arbeiten, München 1992, S. 5).

Innerhalb der Erarbeitung eines wissenschaftlichen Textes ergeben sich folgende Arbeits- und Zeitanteile:

Ideen finden	*14 %*
Literatur suchen, lesen und verarbeiten	*13 %*
Gliederung entwickeln	*13 %*
schreiben	*32 %*
Textrevision	*15 %*
Text für den Druck einrichten	*13 %*
Summe	*100 %*

(A. Lunsford, L. Ede: Singular Text /Plural Authors. Carbondale 1990, S. 47).

4.3. Wissenschaftliches Fachgebiet und fachspezifisches Schreiben

4.3.1. Forschung an der Universität

a) Forschungsprozeß und Forschungsgebiet

Projektbeschreibung

Beschreiben Sie ein Forschungsprojekt, an dem Sie beteiligt waren. Worum ging es? War es ein Erfolg? Was lernten Sie dabei?

Die vier Phasen des Forschungsprozesses

Der Forschungsprozeß läßt sich in **4 Phasen** gliedern. In der Phase der Inspiration wird dem Forscher ein Problem bewußt, die Inkubationsphase umfaßt meist unbewußte Prozesse der Auseinandersetzung mit diesem Problem. Die Phase der Illumination ist von der Entwicklung der Lösung des Problems erfüllt. Während der vierten Phase, der Verifikation, wird die gewonnene Erkenntnis überprüft, kontrolliert und erhärtet. Gemäß diesen vier Phasen läßt sich der Forschungsprozeß in folgender Graphik darstellen:

Graphik des Forschungsprozesses

Problemwahl
↓
Sammlung von Daten
↓
Analyse der Daten und
Formulierung von Hypothesen
↓
Überprüfung der Hypothesen

Versuchen Sie, diese vier Phasen in eigenen früheren Forschungsaktivitäten wiederzuerkennen. Geben Sie dafür ein schriftliches Beispiel.

Fachgebiete

Nennen Sie die großen wissenschaftlichen Fachgebiete, und versuchen Sie, die Unterschiede dieser Fachgebiete zu definieren.

VierHauptfächer

Beschreiben Sie in einem kleinen Text, wodurch sich die Natur-, Sozial-, Geistes- und Wirtschaftswissenschaften voneinander unterscheiden und worin sie sich gleichen.

Lexika

Prüfen Sie die Stichworte Natur-, Sozial-, Geistes- und Wirtschaftswissenschaften in einem Fachlexikon, und arbeiten Sie die Unterschiede und Gleichheiten dieser wissenschaftlichen Disziplinen heraus.

Interview

Fragen Sie einen Bekannten, der in einem für Sie fremden wissenschaftlichen Gebiet arbeitet, nach seinen Forschungsmethoden. Geben Sie dann einen kurzen Bericht über die Forschungsmethoden, über die Sie etwas in Erfahrung gebracht haben.

b) Die wichtigsten Forschungsmethoden

Wir wollen nun einen kleinen Überblick über die unterschiedlichen Forschungsmethoden in den großen wissenschaftlichen Disziplinen geben.

Naturwissenschaften

In den Naturwissenschaften stellt der Forscher Fragen an die Natur und bemüht sich um Antworten auf diese Fragen. Der Naturwissenschaftler arbeitet dabei mit Experimenten im Labor oder mit Beobachtungen in der natürlichen Realität. Bei jedem dieser Schritte seiner Forschung spielt das Schreiben eine große Rolle. Der Forschungsprozeß umfaßt nach den folgenden Ergebnissen der Kreativitätsforschung von Dewey, Poincaré und Walles, Skinner und Preiser vier Phasen.

Die Phasen des kreativen Prozesses im Vergleich

Dewey 1910	**Poincare/Wallas 1913-1926**	**Skinner 1966**	**Preiser 1976**
Bemerkung einer Schwierigkeit	Präparation	Beobachtung	Inspiration
Abgrenzung der Schwierigkeit	Inkubation Deduktion	Induktion	Inkubation
Lösungs-vorschlag	Illumination	Produktion	Illumination
Akzeptierung der Lösung	Verifikation	Evaluation	Verifikation

Vergleichen Sie folgende Literatur:

Dewey, J.: How We Think (1910). Deutsch in: J. Dewey: Analyse eines vollständigen Denkaktes. In: C.F. Graumann (Hrsg): Denken. Köln 1965, S. 116-123

Poincare, H.: Wissenschaft und Methode (1914). Deutsch: H. Poincare: Die mathematische Erfindung. In: G. Ulmann (Hrsg): Kreativitätsforschung. Köln 1973, S. 219-229

Preiser, S.: Kreativitätsforschung. Darmstadt 1976, S. 42 ff.

Skinner, B.F.: An Operant Analysis of Problem Solving. In: B. Kleinmutz (Hrsg): Problem Solving. New York 1966, S. 225-257

Der naturwissenschaftliche Forschungsprozeß läßt sich nach den vier Phasen der Kreativität folgendermaßen formulieren:

Inspiration: Identifikation und Definition des Problems in der Natur, Definition eines Bereiches, in dem das Problem gelöst werden soll

Inkubation: Sammlung von Informationen zum Problem aus allen Quellen: Bücher, Laboruntersuchungen, Beobachtungen, Informanden

Illumination:
- Definition der Grenzen der Erkenntnis ihres Problems
- Formulierung von Hypothesen zu ihrem Problem

Verifikation:
- Überprüfung und Kontrolle der Hypothesen
- Verfassung eines Berichts, der das Problem, die Forschungsmethoden, die Forschungshypothesen und die Überprüfung der Hypothesen samt Forschungsresultaten beschreibt

Aufgabe

Wählen Sie sich aus den Naturwissenschaften ein Problem, und entwerfen Sie einen vierphasigen Forschungsplan zu Ihrem gewählten Thema.

Sozialwissenschaften

Die Soziologie studiert das Verhalten der Menschen im Kontext der Gesellschaft. Zu Ihren Forschungsmethoden gehören Experimente, Umfragen, Interviews, Fallstudien und Beobachtungen. Nach vier Forschungsphasen der Kreativitätsforschung ergibt sich für den soziologischen Forschungsprozeß folgendes Bild:

Inspiration:
- Wahl des Forschungsproblems aus dem Bereich sozialen Verhaltens und Entwicklung einer Hypothese
- Formulierung des Forschungsfeldes und der Methoden der Datensammlung

Inkubation:
- Sammlung der Daten

Illumination:
- Analyse der Daten

Verifikation:
- Interpretation der Daten, um die Forschungshypothese zu überprüfen.

Aufgabe

Wählen Sie ein soziologisches Problem, und entwerfen Sie einen vierphasigen Forschungsplan.

Soziologisches Projekt

Um die Methode der soziologischen Beobachtung zu praktizieren, wählen Sie z.B. das Thema: „Gespräche am Zeitungskiosk“. Gehen Sie bei der Beobachtung dann folgendermaßen vor:

- Wählen Sie einen Zeitungskiosk, und machen Sie sich mit der Methode der beteiligten Beobachtung vertraut.
- Führen Sie Ihre Beobachtung durch, und machen Sie sich Notizen.
- Entwickeln Sie Kommunikationstypen über Ihr Beobachtungsfeld auf der Basis Ihrer Notizen.
- Fassen Sie Hypothesen über das Verhalten der typischen Personen in Ihrem Untersuchungsfeld.
- Schreiben Sie dann einen kleinen Forschungsbericht.

Geisteswissenschaften

Die Geisteswissenschaften wollen menschliche Erfahrungen erforschen und erklären. Sie nutzen dafür extensiv schriftliche Darstellungen der menschlichen Erfahrung wie z.B. literarische Texte, Sachtexte und historische Quellen.

Der Sinn von Texten wird dadurch erschlossen, daß über den gewählten Text eine Hypothese entwickelt und die Richtigkeit der Hypothese durch möglichst viele Belege im Text zu erhärten versucht wird. Durch dieses Verfahren wird die These erweitert und die Textinterpretation dringt (im hermeneutischen Zirkel) tiefer in die Textstrukturen ein. Sehen wir uns den geisteswissenschaftlichen Forschungsprozeß in seinen vier Phasen genauer an:

Inspiration:	Auffinden eines Schlüsseltextes menschlicher Erfahrungen
Inkubation:	Studium des Textes
Illumination:	Formulierung einer Hypothese
Verifikation:	Erweiterung der Hypothese durch vertieftes Studium des Schlüsseltextes

Aufgabe

Wählen Sie ein Problem der menschlichen Erfahrung, z.B. „Lebenskrisen und ihre Bewältigung", „Der Ursprung des Fremdenhasses", „Das Erlebnis des Krieges", „Folgen der Arbeitslosigkeit". Suchen Sie zu diesem Problem einen Schlüsseltext, und entwickeln Sie dann einen vierstufigen geisteswissenschaftlichen Forschungsplan zur hermeneutischen Erschließung des gewählten Textes.

Geisteswissenschaftliches Projekt

- Suchen Sie sich als Schlüsseltext eine Zeitung, die am Tag Ihrer Geburt erschienen ist.
- Studieren und exzerpieren Sie diese Zeitung.
- Entwickeln Sie eine Hypothese über die prägenden zeitgeschichtlichen Determinanten Ihrer Geburt.
- Schreiben Sie einen kurzen Text über den Zusammenhang von der Zeitgeschichte und Ihrer Geburt.

Wirtschaftswissenschaften

Die Wirtschaftswissenschaften untersuchen die Probleme der Produktion und des Vertriebs von Waren. Sie sind an mathematischen und statistischen Grundlagen für die richtigen wirtschaftlichen Entscheidungen interessiert. Der wirtschaftswissenschaftliche Forschungsprozeß gliedert sich in vier Schritte:

Inspiration: - Definition des Problems und Bildung einer Hypothese aus dem Bereich Produktion

Inkubation: - Wahl einer Forschungsmethode und Sammlung von Daten

Illumination: - Analyse der Daten

Verifikation: - Interpretation der Ergebnisse und Abfassung eines Forschungsberichtes

Aufgabe

Wählen Sie ein wirtschaftswissenschaftliches Problem, und entwickeln Sie einen Forschungsplan.

Wirtschaftswissenschaftliches Projekt

- Wählen Sie einen kleinen Wirtschaftsbetrieb, vielleicht ein Fast -Food-Restaurant.
- Identifizieren Sie die Streßsituation des Arbeitspersonals.
- Finden Sie dann Gründe für diesen Streß heraus.
- Machen Sie abschließend schriftliche Vorschläge, wie der Streß abgebaut werden kann.

c) Die Suche nach Literatur

Bei der Literatursuche, eine der wichtigen Methoden im wissenschaftlichen Schreiben, ist die Arbeit in allgemeinen und speziellen Bibliotheken zu unterscheiden.

Allgemeine Bibliotheken

Die Literatursuche beginnt immer im bibliographischen Lesesaal (vgl. Teil A, Kapitel 3.3. und Teil B, Kap. 4.2. dieses Buches). Dort werden folgende Nachschlagewerke zur Identifikation einschlägiger Literatur zum gewünschten Thema angeboten:

Almanache:	Eine Sammlung von Fakten und Informationen zu einem Thema
Atlanten:	Sammlungen von Karten und Bildern zu einem Thema
Bibliographien:	Bücherlisten zum Thema
Biographien:	Lebensbeschreibungen wichtiger Forscher zum Thema

Enzyklopädien:	Nachschlagewerke zu allen Aspekten der Wissenschaft
Handbücher:	Grundlagenbücher für ein Forschungsgebiet
Zeitschriftenbibliographien:	Verzeichnisse von Zeitschriftenaufsätzen zum Thema
Wichtige Zeitschriften:	Fachzeitschriften zum Thema
Wörterbücher:	Nachschlagebücher zu Schlüsselwörtern der Wissenschaft

Aufgabe

Wählen Sie sich ein Thema, und prüfen Sie in Ihrer Universitätsbibliothek alle eben angegebenen Quellentypen auf Hinweise zu Ihrem Thema. Geben Sie dann einen Bericht über Ihre Forschungsergebnisse.

Aufgabe

Benutzen Sie den Schlagwort- und den alphabetischen Katalog. Suchen Sie sich zu Ihrem Thema erst Buchtitel aus dem Schlagwort- und dann aus dem alphabetischen Katalog. Geben Sie einen kleinen Bericht über Ihre Funde.

Aufgabe

Finden Sie Zeitschriftenbibliographien. Identifizieren Sie die Fachbibliographien, und suchen Sie dort Literatur zu Ihrem Thema. Geben Sie auch hier einen kleinen Bericht.

Fachbibliotheken

Wählen Sie dann eine Fach- und Institutsbibliothek aus, und legen Sie dort eine Liste der wichtigsten Bibliographien, Biographien, Handbücher, Zeitschriften zu Ihrem Thema an. Benennen Sie abschließend die Unterschiede in den Ergebnissen Ihrer Recherchen im allgemeinen und in Fachbibliotheken.

d) Forschungsmethoden für die Durcharbeitung wichtiger Literatur

Die Suche nach der richtigen Literatur zum Thema läßt sich wieder in die vierPhasen des kreativen Forschungsprozesses gliedern. Eine Gliederung des Forschungsprozesses nach einschlägiger Literatur weist folgende Aspekte auf:

Literatursuche und Auswertung

Inspiration:
- Finden eines Themas
- Anlage eines Forschungsnotizbuches
- Anlage einer Bibliographie
- Entwicklung einer Forschungsstrategie und eines Forschungszeitplanes

Inkubation:	-	Identifikation von Bibliotheksressourcen zum Thema
	-	Lesen von wichtiger Literatur
	-	Exzerpieren von Büchern
	-	Kurzzusammenfassung von Büchern und Artikeln
Illumination:	-	Prüfung der Wichtigkeit der erarbeiteten Materialien
Verifikation:	-	Erweiterung der Texte: Zusammenfassung, Synthesen und Kritik

Klärung des Themas

Gehen Sie bei der Klärung ihres Themas in folgenden Schritten vor:

- Grenzen Sie das Thema ein.
- Schreiben Sie Ihre Leitfragen zum Thema auf.
- Beschaffen Sie sich ein Notizbuch und Karteikarten für die Aufnahme von Notizen.
- Legen Sie in Ihrem Notizbuch folgende Abteilungen an:
  - Exzerpte, Kommentare, Kritik und bibliographische Notizen.
- Entwickeln Sie eine Forschungsstrategie, indem Sie Ihr Forschungsprojekt in vier Schritte einteilen und indem Sie dann eine spezielle Strategie für die Literatursuche in der Bibliothek entwickeln:
  - Aufstellung eines Forschungszeitplanes.

Einen **Forschungszeitplan** von z.B. neun Wochen, der nur Literaturanalyse enthält, kann folgende Gestalt haben:

Zeitraum	Arbeitsschritte
Inspiration	
1. Woche	Findung des Themas, Festlegung der Hauptfragen, Anlage eines Forschungsnotizbuches, einer Forschungsstrategie und eines Zeitplanes
2. Woche	Anlage einer Bibliographie, Lokalisierung von Literatur in der Bibliothek
Inkubation	
3. Woche	Literatur lesen und auswerten, Notizen machen und kommentieren
4. Woche	Zusammenfassung der wichtigsten Leseresultate, Festlegung der Forschungsschwerpunkte
5. Woche	kritische Synthese der Ergebnisse, Beantwortung der Leitfragen
Illumination	
6. Woche	Verfassung eines Thesenpapiers, einer Gliederung des Forschungsberichts
7. Woche	Erstellung der Rohfassung, Einbeziehung der wichtigsten Zitate

Verifikation	
8. Woche	Überarbeitung des Forschungsberichts, Überprüfung der Zitate
9. Woche	Einsatz von Kontrollesern, Maschinenfassung des Forschungsberichtes

Aufgabe

- Entwerfen Sie einen Zeitplan für einen Forschungsbericht, der sich an den Zeitvorgaben Ihres Studienganges orientiert.
- Entwerfen Sie einen Zeitplan, der auch Interviews, Beobachtungen und Experimente enthält.

Lesen wichtiger Literatur

Richtiges, mehrfaches Lesen besteht in einem ständigen Dialog mit dem Autor. Zuerst muß verstanden werden, was der Autor sagt, ehe die eigene Kritik zum Zuge kommen kann. Leitfragen beim ersten Lesen zielen auf die Qualität des Autors, seines Buches und auf die Gliederung seines Werkes. Beim zweiten Lesen sollten die Schlüsselideen unterstrichen, das Gelesene sollte interpretiert und zusammengefaßt werden. Die Zusammenfassung beim zweiten Lesen sollte folgende Gesichtspunkte berücksichtigen, damit nicht der Vorwurf des geistigen Diebstahls erhoben werden kann:

- Geben Sie den gewonnenen Informationen eine eigene Ordnung.
- Gliedern Sie die Ideen in ihrer Feinstruktur.
- Benutzen Sie Ihre eigene konkrete Sprache.
- Verändern Sie den Satzaufbau des Originals.
- Benutzen Sie neue passende Schlüsselworte für Ihren eigenen Text.

Aufgabe: Das Lesen eines Schlüsseltextes

Wählen Sie sich einen wichtigen Text zu Ihrem Thema, und arbeiten Sie ihn in folgender Weise durch:

- Unterstreichen Sie die Kernideen.
- Kommentieren Sie die Ergebnisse des Textes.
- Fassen Sie diesen Text zusammen.
- Geben Sie eine kritische Interpretation des Textes.

Überprüfen der Literatur

Um die gefundene und ausgewählte Literatur richtig bewerten zu können, müssen Sie überprüfen, welche Ihrer Grundfragen diese Literatur beantwortet, welches Gewicht das Buch in der Wissenschaft hat, welche Widersprüche die Argumentation des Buches aufweist und welche Quellen das Buch benutzt.

Aufgabe

Analysieren Sie bei einem Schlüsseltext folgende Aspekte: Grundfragen, Wert, Widersprüche, Quellen

Auswerten der Literatur

Drei Techniken der Literaturauswertung sollen hier geübt werden:
1) Zusammenfassung eines Textes
2) mehrere Texte in ihren Erkenntnissen synthetisieren
3) Textkritik mehrerer Quellen

Zusammenfassung

Nach dem ersten Durchlesen eines Textes schreiben Sie die Grobgliederung des Textes. Wählen Sie dann aus dieser Gliederung die Schlüsselidee des Textes, und fassen Sie diese Ideen in einer These zusammen. Schreiben Sie dann einen kurzen Text, der sich an der Grobgliederung orientiert und die Schlüsselidee entsprechend herausstellt.

Synthese

Stellen Sie zuerst die Identität und die Unterschiede verschiedener ausgewählter Texte zu Ihrem Thema fest. Achten Sie dabei auf Beispiele und Gegenbeispiele für Ihr Thema und auf die Definition ihres Gegenstandes. Schreiben Sie dann eine Zusammenfassung der Texte, die folgende Punkte berücksichtigt:
- Einleitung zu der Qualität der Quellen
- Darstellung der Hauptideen
- Beschreibung der Beispiele und Gegenbeispiele
- Zusammenfassung der Ergebnisse

Kritik

Wenn Sie einen Text genau gelesen haben und seine Hauptideen identifiziert haben, können Sie ihn kritisieren. Die Kritik sollte folgende Schwerpunkte besitzen:
- Bedeutung der Hauptideen
- Belege und Beweise für die Bedeutung der Hauptideen
- Defizite der Beweise
- Schlüssigkeit und Logik der Belege
- Angemessenheit des Schreibstils des Textes

Diese Kritik kann dann in folgender Textstruktur ausformuliert werden:
- Einleitung und Vorstellung der kritischen Texte
- Darstellung der Grundlagen ihrer Kritik
- Ausformulierung der Kritik im Detail
- Zusammenfassung der Ergebnisse

e) Einen Forschungsaufsatz schreiben

Der Schreibprozeß eines Forschungsaufsatzes, der alle vorgenannten Teilarbeiten zusammenfassen kann, umfaßt folgende Phasen: Planung - Roh- und Endfassung - Textrevision.

Planung

Bevor mit dem Schreiben des Aufsatzes begonnen werden kann, sollte das Ziel des Aufsatzes, die Schreibhaltung des Autoren, das Publikum, der Inhalt und der Stil des Aufsatzes geklärt werden.

Aufgabe: Die Bedeutung der Zielgruppe

Schreiben Sie einen kurzen Text über das Phänomen des Studienabbruchs einmal für Studenten, zum zweiten für Arbeiter und zum dritten für Ihre eigenen Eltern, und sehen Sie dann, wie unterschiedlich der Text verfaßt wird.

Wichtiger ist bei der Planung aber die Klärung der Gliederung des angestrebten Textes. Folgende Argumentationsmuster können dabei eine Rolle spielen:

Argumentationsformen in wissenschaftlichen Aufsätzen

1. Ursachen und Wirkungen von Beziehungen
2. Vergleich und Gegensatz
3. Klassifikation und Definition
4. Fragen und Antworten
5. Probleme und Lösungen
6. Erzählungen und Beschreibungen
7. Analyse von kleineren und größeren Entwicklungen

(vgl. Teil 3.5. dieses Buches).

„*Jeder Forschungsaufsatz wird wahrscheinlich verschiedene dieser Muster kombinieren, vielleicht wird auch ein Muster als Leitfigur der Argumentation benutzt werden*“ (C.A. Hult: Researching and Writing Across the Curriculum. Belmont 1990, S. 148).

Aufgabe

Versuchen Sie, Ihren Aufsatz nach den sieben Argumentationsmustern zu strukturieren. Stellen Sie fest, welches Muster die argumentative Leitfigur Ihres Aufsatzes werden könnte.

Gliederung entwerfen

Jede Gliederung sollte flexibel gehalten werden. Sie wird im Schreibprozeß öfter zu ändern sein. Berücksichtigen Sie bei der Gliederung wenigstens eine **Drei-**

teilung: Einleitung, Hauptteil, Schluß. Achten Sie aber auch auf historische, systematische und illustrative Aspekte ihres Themas, die Sie in der Gliederung unterbringen müssen.

Aufgabe

Entwerfen Sie zuerst eine ganz grobe und dann zwei Detailgliederungen Ihres Themas.

Aufsatz schreiben

Der Schreibprozeß sollte schnell, ohne große formale Kontrolle, mit einem Minimum an Zitatverweisen vollzogen werden. Erst wenn die Rohfassung, die sich von der Gliederung her strukturieren läßt, steht, ist die Kontrolle des Produkts sinnvoll (vgl. Teil B, Kap. 3.4.).

Aufsatzrevision

Der Rohentwurf sollte viermal gelesen werden:

1. Lesung: Kontrolle des Aufbaus und des Stils
2. Lesung: Kontrolle von Grammatik und Zeichensetzung
3. Lesung: Kontrolle formaler Aspekte und Überprüfung von Zitaten und bibliographischen Angaben
4. Lesung: Kontrollesung durch Freunde und Bekannte

Aufgabe

Überprüfen Sie ihren Aufsatz nach folgenden Aspekten:

- Was ist zu streichen?
- Wo muß ich ergänzen?
- Was ist neu zu gliedern?
- Was ist zu ersetzen?

Legen Sie folgende Checkliste an Ihren Text an:
- Ist die Einleitung interessant?
- Ist der Grundgedanke klar?
- Ist der Aufbau logisch?
- Sind die Abschnitte gut verbunden?
- Sind die Zusammenfassungen angemessen?

4.3.2. Modelle des wissenschaftlichen Schreibens in Natur-, Sozial-, Geistes- und Wirtschaftswissenschaften

Den Forschungs- und Schreibprozeß in den folgenden vier großen wissenschaftlichen Disziplinen stellen wir bei unseren Beispielen in den vier Phasen der Kreativität vor. Wir gehen also auf die Themenfindung, auf die Entwicklung einer Forschungsstrategie, auf die Eingrenzung des Forschungsprojektes und auf die Planung und Verfassung des Forschungstextes ein.

a) Der Literaturreport in den Naturwissenschaften

Um einen Literaturreport schreiben zu können, müssen Sie mit folgenden Techniken der Erforschung der Literatur vertraut sein:

- bibliographieren
- Daten identifizieren
- Daten zusammenfassen
- Daten synthetisieren und interpretieren
- Formalitäten des Literaturreports erfüllen

Themenfindung und Forschungsstrategie

Woher Sie auch Ihr Thema haben, Sie sollten mit der Entwicklung einer Forschungsstrategie beginnen.

Aufgabe

Suchen und studieren Sie vielleicht einige der folgenden bibliographischen Quellen zur Naturwissenschaft in der Bibliothek:

Naturwissenschaften

Bibliographische Einführungen:

Chen, Ching-Chih: Scientific and Technical Information Sources. Cambridge Mass., 1977

Grogan, D.: Science and Technology. London 1982

Zeitschriftenbibliographien:

World List of Scientific Periodicals, published in the years 1900-1960. Hrsg.: P. Brown und G.B. Stratton. London 1963-1965, Bd. 1-3

Laufende Bibliographien:

Science Citation Index. Philadelphia 1961 ff. (jeden 2. Monat).

Science Abstracts. London 1898 ff.

Lexika:

Asimov, J.: Biographische Enzyklopädie der Natrwissenschaften und Technik. Freiburg 1973

Brockhaus ABC. Naturwissenschaft und Technik. Leipzig 1980

Enzyklopädie Naturwissenschaft und Technik, Medizin und Biologie. Redaktion: F. Schuh. München 1979-1981, Bd. 1-5

Lexikon der Geschichte der Naturwissenschaften. Begr. J. Mayerhöfer. Wien 1970, ff.

McGraw-Hill Encyclopedia of Science and Technology. New York 1982, Bd. 1-15

Meyers Lexikon der Technik und exakten Naturwissenschaften. Red.: J. Kunsemüller. Mannheim 1969-70, Bd. 1-3

Mathematik:

Use of Mathematical Literature. Ed. A.R. Darling. London 1977

Astronomie:

Seal, R.A.: A Guide to the Literature of Astronomy. Littleton, Col. 1977

Physik:

Wehefritz, V.: Physikalische Fachliteratur. Mannheim 1969

Chemie:

Chemisches Zentralblatt. Berlin 1830-1969, Bd. 1-140
Mück, M.: Die chemische Literatur. Weinheim 1982

Biologie:

Biological Abstracts. Philadelphia 1926, Bd. 1 ff.
Biologie-Dokumentation. Bibliographie der deutschen biologischen Zeitschriftenliteratur 1796-1965. München 1981-82, Bd. 1-24
Ewald, G.: Biologische Fachliteratur. Stuttgart 1983

Geowissenschaften:

Krzon Kalla, P.: Wie finde ich Literatur zu den Geowissenschaften. Berlin 1979
Use of Earth Science Literature. Hrsg.: P.N. Wood. London 1973

Aufgabe:

Entwerfen Sie jetzt einen Zeitplan für Ihre Forschung.

Eingrenzung des Forschungsschwerpunktes

Forschungsfragen

Grenzen Sie Ihre Forschung ein, indem Sie die Forschungsfragen aufschreiben, die Sie in Ihrem Literaturreport beantworten wollen.

Literaturstudium

Lesen Sie als Resultat Ihrer Literatursuche geeignete Forschungsberichte zu Ihrem Thema.

Auswertung der Literatur

Lesen und prüfen Sie die Forschungsberichte, und machen Sie sich Notizen in Ihrem Journal. Notieren Sie sich bei Zitaten die genauen Fundorte.

Planen und Schreiben des Literaturreports

Thesen

Schreiben Sie zusammenfassende Thesen über die Ergebnisse Ihres Literaturstudiums.

Gliederung

Entwerfen Sie eine Gliederung mit den wichtigsten Aspekten Ihres Forschungsberichts. Berücksichtigen Sie dabei die verschiedenen Argumentationsstrukturen.

Rohfassung

Schreiben Sie nach Ihrer Gliederung die Rohfassung Ihres Berichts. Überarbeiten Sie die Rohfassung unter Einbeziehung von Kontrollfragen, und überprüfen Sie die Zitate und bibliographischen Angaben.

Kurzfassung

Schreiben Sie eine Kurzfassung Ihres Berichts, der nicht länger als 100 Worte umfassen soll.

b) Der Forschungsaufsatz in den Sozialwissenschaften

Der Soziologe benutzt folgende Forschungsmethoden, um einen Forschungsaufsatz zu schreiben:
- Feldforschungsmethoden (Interviews, Umfragen, Beobachtungen).
- bibliographieren von Literatur
- Daten zusammenfassen und überprüfen
- Bildung von Hypothesen
- Kenntnisse über formale Aspekte des Forschungsaufsatzes

Themenfindung und Forschungsstrategie

Themen für einen Forschungsaufsatz in Soziologie können Sie den laufenden Zeitschriftenveröffentlichungen, der Diskussion unter Studenten oder Vorschlägen Ihrer Dozenten entnehmen. Entwickeln Sie zuerst eine Forschungsstrategie.

Aufgabe

Suchen Sie Informationen zu Ihrem Thema in folgenden bibliographischen Quellen:

Soziologie

Bibliographische Einführungen:
Heidtmann, F.: Wie finde ich soziologische Literatur? Berlin 1976

Abgeschlossene Bibliographien:
Schoeck, H.: Geschichte der Soziologie. Freiburg 1974

Laufende Bibliographien:
Soziologische Revue. Besprechungen neuer Literatur. München 1978 ff.

Referateblätter:
Sociological Abstracts. San Diego 1952 ff.

Lexika:
Hartfeel, G. (Hrsg): Wörterbuch der Soziologie. Stuttgart 1983
Fuchs, W. (Hrsg): Lexikon zur Soziologie. Opladen 1978

Handbücher:
Ziegenfuß, W. (Hrsg): Handbuch der Soziologie. Stuttgart 1955
König, R. (Hrsg): Handbuch der empirischen Sozialforschung. Stuttgart 1973-1979, Bd. 1-14
Hurrelmann, K., Ulich, D. (Hrsg): Handbuch der Sozialisationsforschung. Weinheim 1980

Wenn Sie z. B. im Fach Psychologie Informationen zu einem Thema suchen, können Sie sich an folgender Überblicksbibliographie dieses Faches orientieren:

Psychologie

Suchen Sie mal für ein anderes Fach, das Sie besonders interessiert, Informationen zu den 14 bibliographischen Orten, wie das folgende Beispiel Psychologie sie vorstellt.

Allgemeine psychologische Fachbibliographien:
Psychological Index. Vol. 1, 1984-Vol. 41, 1935 Princeton 1942
Psychological Abstracts. 1927 ff.
Psychological Documents. Vol. 1, 1971 ff.

Spezielle Fachbibliographien:
Bibliographie zum Autogenen Training. Trier 1985
Bibliographie zur Ehescheidung. Trier 1984
Bibliographie zur Familientherapie. Trier 1985
Bibliographie zur Kinderpsychotherapie. Trier 1985
Bibliographie zur Legasthenie. Trier 1985
Bibliographie zu Selbsthilfegruppen. Trier 1985
Grinstein, A.: Index of Psychoanalytic Writings. Vol. 1-14, New York 1956-1978

Nationale psychologische Bibliographien:
Bibliographie der deutschsprachigen psychologischen Literatur. Hrsg. J.von Dambauer Frankfurt 1971-1986, Bd. 1-16
Bibliographie deutschsprachiger psychologischer Dissertationen. Göttingen 1968 ff., Bd. 1 ff.

Psychologische Personalbibliographien:

Diese Spezialbibliographien über das Werk von wichtigen Psychologen gibt es zu:

A. Adler, J. Breuer, M. Erickson, S. Freud, W. James, C. G. Jung, L. Klages, K. Lewin, J. L. Moreno, J. Piaget, (vgl. H. Wilhelm: Informationshandbuch Psychologie. Frankfurt 1987, S. 202-204).

Gesamtdarstellungen:
Die Psychologie des 20. Jahrhunderts. Zürich 1976-1982, Bd. 1-15
Graumann, C. F., u.a. (Hrsg): Enzyklopädie der Psychologie, Göttingen 1982 ff., Bd. 1 ff.

Einführungen in das Fach:
Krech, D. Crutchfield, R.S. u.a.: Grundlagen der Psychologie. Weinheim 1985, Bd. 1-8
Schönpflug, W., Schönpflug, U.: Psychologie. München 1984
Zimbardo, P. G.: Psychologie. Berlin 1983

Geschichte der Psychologie:
Lück, H.E., u.a. (Hrsg): Geschichte der Psychologie. München 1984
Pongratz, L. J.: Problemgeschichte der Psychologie. Stuttgart 1984
Wyss, D.: Die tiefenpsychologischen Schulen von den Anfängen bis zur Gegenwart. Göttingen 1989

Handbücher zu Teilgebieten der Psychologie:
Bruhn, H. u.a. (Hrsg): Musikpsychologie. München 1985
Corsini, R. (Hrsg): Handbuch der Psychotherapie. Weinheim 1988, Bd. 1-2
Herrmann, T., Lautermann, E. W. (Hrsg): Persönlichkeitspsychologie. München 1985
Hörmann, H.: Psychologie der Sprache. Berlin 1977
Kriz, J. : Grundkonzepte der Psychotherapie, München 1985
Silbereisen, R. K. Montada, L. (Hrsg): Entwicklungspsychologie. München 1983
Sunden, H.: Religionspsychologie, Stuttgart 1982
Wittling, W. (Hrsg): Handbuch der klinischen Psychologie. Hamburg 1980, Bd. 1-6

Einführung in die Teilgebiete des Faches:
Beaumont, G. J.: Einführung in die Neuropsychologie. Weinheim 1986
Edelmann, W.: Einführung in die Lernpsychologie. München 1986
Herkner, W.: Einführung in die Sozialpsychologie. Bern 1983
Popp, M.: Einführung in die Grundbegriffe der allgemeinen Psychologie. Stuttgart 1983

Nachschlagewerke:
Brunner, R. u.a. (Hrsg): Wörterbuch der Individualpsychologie. München 1985
Dorsch, F.: Psychologisches Wörterbuch. Bern 1982
Hehlmann, W.: Wörterbuch der Psychologie. Stuttgart 1985
Krege, W.: Begriffe der Gruppendynamik. Stuttgart 1977
Laplanche, J., Pontales, J.B.: Das Vokabular der Psychoanalyse. Frankfurt 1990
Nagora, H. (Hrsg): Psychoanalytische Grundbegriffe. Frankfurt 1989
Peters, U. H.: Wörterbuch der Psychiatrie. München 1984

Zeitschriftenverzeichnisse:

Bestandsverzeichnis der psychologischen Zeitschriften der Universitätsbibliothek Saarbrücken. Saarbrücken 1970 ff.

Allgemeine deutsche psychologische Zeitschriften:

Psychologie heute. Weinheim 1974 ff.

Psychologische Rundschau. Göttingen 1950 ff.

Psyche. Frankfurt 1947 ff.

Deutsche Fachzeitschriften:

Archiv für Psychologie. Bonn 1903 ff.

Forum der Psychoanalyse. Berlin 1985 ff.

Gruppendynamik. Leverkusen 1970 ff.

Zeitschrift für Parapsychologie und Grenzgebiete der Psychologie. Freiburg 1957 ff.

Zeitschrift für Entwicklungspsychologie und pädagogische Psychologie. Göttingen 1964 ff.

Zeitschrift für Sozialpsychologie. Bern 1970 ff.

Psychologische Archive:

Es gibt im deutschsprachigem Raum Archive mit Material zu dem Werk folgender Psychologen:

C.G. JUNG, A. ADLER, M. BOSS, P. BRÜCKNER, CH. BÜHLER, P. FERDERN, V. FRÄNKEL, S. FREUD, E. FROMM, F.A. MESSMER, L. KLAGES, O. KÜLPE, K. LEWIN, A. MITSCHERLICH, O. PFISTER, J. PIAGET, W. WUNDT (vgl. H. WILHELM: Informationshandbuch Psychologie. Frankfurt 1987, S. 281-316, 325-328).

Psychologische Datenbanken:

Psyinfo, Psyfile, Psyndex, Medlaers, Social Scisearch, Embase, IRCS, Testinform, Biblio-Data, Comp. DISS ABS, Info-Data, Dokpaed, Isas-Litdok, Foris, Eric

In der folgenden Graphik stellen wir Ihnen einen Leitfaden für die Suche nach wissenschaftlicher Literatur zusammen.

Aufgabe:

Klären Sie einmal für Ihr Thema alle zwölf Stationen der Literatursuche in dem folgenden Mind-Map

Komplexer Leitfaden für die Suche wissenschaftlicher Literatur

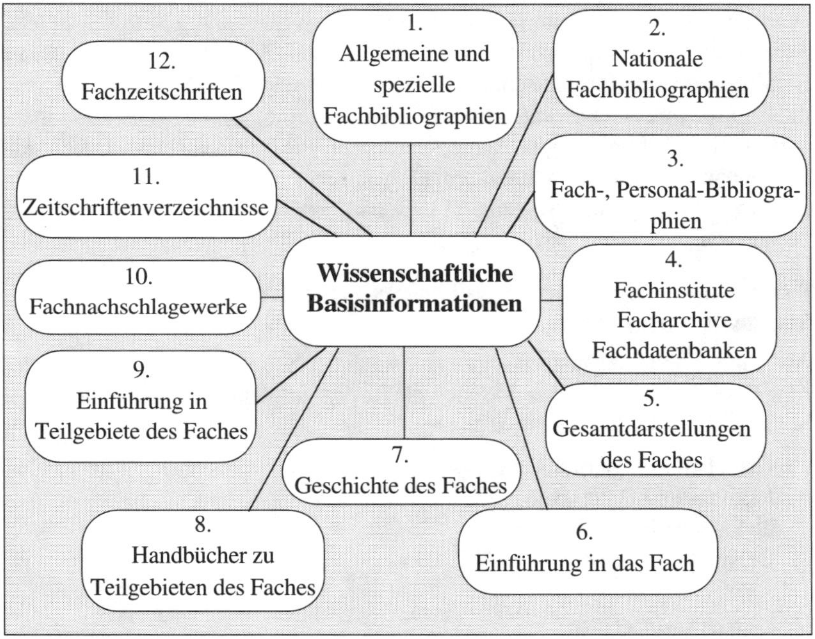

Aufgabe

Entwickeln Sie einen Forschungsplan, der auch den Einsatz von Interviews und Beobachtungen enthält.

Eingrenzung des Forschungsschwerpunktes

Forschungsfragen

Es gibt keine eindeutig richtigen Forschungsfragen. Suchen Sie deshalb nach solchen, die Sie selbst brennend interessieren. Legen Sie sich zuerst einen Katalog von Forschungsfragen zurecht.

Literaturstudium

Studieren Sie die gefundenen Forschungsberichte zu Ihrem Thema. Notieren Sie Zitate und Ergebnisse in Ihrem Journal.

Feldforschung

Entwickeln Sie Interviews und Beobachtungsleitfäden zu Ihrem Thema. Führen Sie die Untersuchung durch, analysieren Sie die Resultate und entscheiden Sie, welche Statistiken, Graphiken oder Fallgeschichten Sie benutzen wollen, um Ihre Feldforschungsergebnisse in Ihrem Aufsatz angemessen präsentieren zu können.

Auswertung der Literatur

Während der Durcharbeitung der Literatur führen Sie ständig Selbstgespräche über Ihren Forschungsprozeß. Nehmen Sie sich Zeit, die Resultate dieser Selbstgespräche in Ihrem Journal zu notieren. Nehmen Sie sich auch Zeit, um auf die Einfälle Ihres Unbewußten zu achten, auf Träume, spontane Assoziationen, evtl. auch auf Fehlleistungen. Achten Sie darauf, wie Ihre Forschungsfragen sich immer dann ändern, wenn Ihnen „ein Licht aufgeht". Fassen Sie ihre Ergebnisse in Form von Forschungsfragen und thesenartigen Antworten auf diese Fragen zusammen.

Planen und Schreiben eines Forschungsaufsatzes in den Sozialwissenschaften

Aus Ihren Forschungsthesen ergibt sich auch der Schreibplan. Bei der Gliederung Ihres Aufsatzes können Sie auch die Basisargumentationsstrukturen in den Sozialwissenschaften berücksichtigen:

- Ursachen und Wirkungen
- Identität und Unterschiede
- historische Entwicklung
- Beispiele

Ordnen des Materials

Schreiben Sie kurze Zusammenfassungen aller Informationen, die Sie in Ihrem Journal gesammelt haben. Ordnen Sie diese Zusammenfassungen nach den Vorschlägen Ihrer Gliederung.

Entwicklung der Gliederung

Vergleichen Sie ständig Ihren Schreibprozeß und die Entwicklung Ihrer Gliederung, und nehmen Sie nötige Revision der Gliederung dann vor, wenn Sie der Schreibprozeß zu neuen Informationen geführt hat.

Rohfassung

Die Entstehung der Rohfassung hängt von der Qualität Ihrer Fragen, Ihrer Thesenantworten, Ihrer Gliederung und Ihrer Sammlung von Kurzzusammenfassungen ab. Sie sollten alle diese Vorarbeiten im Schreibprozeß voll nutzen.

Manuskriptrevision

Schreiben Sie zuerst eine Kurzfassung Ihres Aufsatzes in 100 Worten. Überprüfen Sie dann die Zitate Ihres Aufsatzes, die bibliographischen Angaben und den logischen Aufbau Ihres Textes. Achten Sie auch auf Stil, Grammatik und Zeichensetzung.

c) Der Forschungsaufsatz in den Geisteswissenschaften

Der Geisteswissenschaftler konzentriert seine Forschung auf die Auslegung von Texten. Er muß den gewählten Text genau studieren, systematisch Literatur über den Text suchen, auswerten und sie in seine Textinterpretation einbeziehen. Er muß außerdem die formalen Aspekte der Abfassung eines geisteswissenschaftlichen Textes beherrschen.

Themenfindung und Forschungsstrategie

Die Themen für eine geisteswissenschaftliche Textinterpretation ergeben sich aus der eigenen Lesepraxis, aus den Vorschlägen von Dozenten oder aus der laufenden geisteswissenschaftlichen Diskussion.

Aufgabe

Lesen Sie sorgfältig den gewählten Text zum Thema. Notieren Sie Ihre Leseresultate in zwei Spalten Ihres Journals. Die Originalzitate des Textes schreiben Sie in die linke Spalte, Ihre eigenen Kommentare zu diesen Zitaten in die rechte Spaltenseite. Formulieren Sie anschließend eigene generelle Eindrücke, die Ihnen der Text vermittelt hat. Lassen Sie sich bei der Formulierung von Fragen- und Antwortthesen Zeit. Beziehen Sie auch Ihre bewußten und unbewußten Kräfte in die Arbeit an der Erschließung des Textes mit ein.

Forschungsplan

Entwickeln Sie Ihren Forschungsplan, in dem Sie folgende bibliographische Hilfsmittel für Ihre Textinterpretation heranziehen:

- Enzyklopädien, Wörterbücher und Biographien zur Klärung des Hintergrundes Ihres zu interpretierenden Textes
- kritische Besprechung Ihres gewählten Textes aus Rezensionszeitschriften
- Bibliographien zum Werk des Autors, dessen Text interpretiert werden soll
- wichtige neue Zeitschriftenaufsätze zum Autor und dem gewählten Text aus Zeitschriftenindexen
- Literaturhinweise aus Stich- und Schlagwortkatalogen einer einschlägigen Bibliothek.

Hier ein Beispiel für das bibliographische Vorgehen bei der Interpretation eines philosophischen Textes:

Enzyklopädien: nützlich zur Klärung des Hintergrundes Ihres zu interpretierenden Textes.

Ritter, J., Gründer, K. (Hrsg.): Historisches Wörterbuch der Philosophie. Basel 1971, Bd. 1 ff.

Brugger, W.: Philosophisches Wörterbuch. Freiburg 1981

Schmidt, H.: Philosophisches Wörterbuch. Stuttgart 1982
Hoffmeister, J.: Wörterbuch der philosophischen Begriffe. Hamburg 1955
Mittelstraß, J. (Hrsg.): Enzyklopädie. Philosophie und Wissenschaftstheorie. Mannheim 1980

Biographien: um das Leben des Autoren Ihres Textes kennenzulernen.

Eisler, R.: Philosophenlexikon. Leben, Werke und Lehren der Denker. Berlin 1912
Ziegenfuß, W.: Philosophenlexikon. Berlin 1949-50

Handbücher: um die wichtigsten Begriffe in Ihrem Text zu verstehen.

Krings, H., Baumgartner, H.M., Wild, C. (Hrsg.): Handbuch philosophischer Grundbegriffe. München 1973-74, Bd. 1-3
Ströker, E., Wieland, W. (Hrsg.): Handbuch Philosophie. Freiburg 1981-93, Bd. 1-18
Ueberweg, F.: Grundriß der Geschichte der Philosophie. Berlin 1923-28, Bd. 1-5
Windelband, W.: Lehrbuch der Geschichte der Philosophie. Tübingen 1976
Röd, W. (Hrsg.): Geschichte der Philosophie. München 1976-90, Bd. 1-12
Stegmüller, W.: Hauptströmungen der Gegenwartsphilosophie. Stuttgart 1978-79, Bd. 1-5

Abgeschlossene Bibliographien: um zu sehen, was für ältere Interpretationen zu Ihrem Text schon vorliegen können.

Totok, W.: Handbuch der Geschichte der Philosophie. Frankfurt 1964-84, Bd. 1-5

Laufende Bibliographien: um aktuelle Interpretationen Ihres Textes zu erschließen.

The Philosophers Index. An International Index to Philosophical Periodicals. Bowling Green, Ohio 1967 ff.
Bibliographie Philosophie. Berlin 1967 ff., Jg. 1 ff.
Philosophischer Literaturanzeiger. Ein Referateorgan für die Neuerscheinungen der Philosophie und ihrer Grenzgebiete. Meisenheim am Glan 1949 ff., Bd. 1 ff.
Philosophische Rundschau. Eine Vierteljahresschrift für philosophische Kritik. Hrsg.: H.-G. Gadamer und H. Kuhn. Tübingen 1953 ff., Jg. 1 ff.
Philosophical Books. Leicester 1960 ff.

Bibliographien zum Werk des Autoren, dessen Text Sie besprechen. Diese Bibliographien verzeichnen alle Interpretationen der Texte des jeweiligen Philosophen. Hier finden Sie also die Interpretationstraditionen vor, in die Sie sich mit Ihrer Textinterpretation einreihen müssen. Hier geben wir aber nur eine kleine Auswahl wichtiger Philosophen, in der Hoffnung, daß Sie einen Ihrer Texte zu interpretieren haben.

Baumgartner, H.M., Jacobs, W.G.: J.G. Fichte - Bibliographie. Stuttgart 1968
Gabel, G.U.: Immanuel Kant. Eine Bibliographie der Dissertation aus den deutschsprachigen Ländern. 1900-1975. Hamburg 1980
Steinhauer, K.: Hegel bibliography. München 1980
Reichert, H.W., Schlechta, K.: International Nietzsche Bibliography. Chapel Hill, N.C.: 1968
McKirahan, R.D.: Plato and Socrates. New York 1978
Hübscher, A.: Schopenhauer-Bibliographie. Stuttgart 1981

Bibliographie einzelner philosophischer Strömungen und Disziplinen sollten schließlich von Ihnen konsultiert werden, wenn Ihr Text einer besonderen Philosophieschule, Strömung oder philosophischen Disziplin angehört. Wir verzeichnen hier nur exemplarisch Bibliographien zur Logik und zur Philosophie der Wissenschaften.

Risse, W.: Bibliographica logica. Hildesheim 1965-79, Bd. 1-4
Henrichs, V.: Bibliographie der Hermeneutik und ihrer Anwendungsbereiche seit Schleiermacher. Düsseldorf 1972
Blackwell, R.J.: A Bibliography of the Philosophy of Science 1945-81. Westport, Conn., 1983

Aufgabe

Formulieren Sie erst Forschungsfragen an ihren Text, gliedern Sie dann die Forschungsaspekte, und geben Sie dann einen Zeitplan für Ihre Arbeit an.

Eingrenzung des Forschungsschwerpunktes

Forschungsfragen

Die weiteren Forschungsfragen ergeben sich durch die Probleme, die der Text in Ihnen anstößt. Gute Forschungsfragen sollten auf die Erhellung der Tiefenstruktur des Textes zielen. Solche Fragen können Free-Writing, Clustern, Mind-Mapping, aber auch das Deuten von Träumen nach dem Lesen des Textes anstoßen. Schlechte Forschungsfragen erkennt man daran, daß Sie an den Fakten der Textoberfläche hängen bleiben. Versuchen Sie einmal gute Fragen, z.B. nach der Psychologie der im Text handelnden Personen, nach der Qualität der Sprache, der Stellung des Textes im Gesamtwerk des Autoren zu entwickeln.

Literaturstudium

Studieren Sie die durch die Literatursuchegefundenen Interpretationen Ihres Textes. Notieren und kommentieren Sie die Ergebnisse dieses Studiums in Ihrem Journal.

Auswertung der Literatur

Entwickeln Sie während des Studiums der primären Texte und der Sekundärliteratur ein System von sich erweiternden Fragen und Antworten. Fassen Sie diese Antworten zu einer systematischen Thesenreihe zusammen, die sowohl Ihre eigene Textrezeption als auch die Früchte der Textkritik aus der Sekundärliteratur enthalten sollte.

Planen und Schreiben des Forschungsaufsatzes in den Geisteswissenschaften

Ihre Forschungsthesen umreißen schon Ihren Schreibplan. Klären Sie aber noch einmal, welche Argumentationsform Sie für Ihren Text wählen wollen. Wollen Sie Ursachen und Wirkungen, Gleichheiten und Unterschiede, Entwicklungen und Beispiele darstellen? Fragen Sie sich auch, wie sich in Ihrer Gliederung der systematische zum historischen Aspekt der Darstellung verhält.

Entwicklung einer Gliederung

Die Gliederung ist flexibel zu halten, da im Schreibprozeß neue Einsichten über ihren zu interpretierenden Text auftauchen könnten.

Rohfassung

Behalten Sie beim Schreiben der Rohfassung Ihre Forschungsfragen im Auge, und versuchen Sie Ihre Antworten Ihrem Publikum angemessen klar zu präsentieren. Achten Sie auf die Trennung von Fremdzitaten und eigenen Kommentaren (vgl. Teil B, Kap. 3.4.3. dieses Buches).

Manuskriptrevision

Schreiben Sie eine Kurzfassung Ihres Aufsatzes in 100 Worten, und prüfen Sie dann, ob Ihre Forschungsergebnisse Sie zufriedenstellen.

d) Der Forschungsaufsatz in den Wirtschaftswissenschaften

Der wirtschaftswissenschaftliche Forschungsaufsatz will dem Leser die Situation von volkswirtschaftlichen Problem oder Marktsituationen vor Augen führen. Der Aufsatz sollte sich an objektiven Fakten orientieren und eine übermäßige Parteinahme für die eine oder andere Wirtschaftstheorie vermeiden. Dabei sollten folgende Quellen benutzt werden:

- Empirie von Märkten
- technische Studien
- Computerdaten

Aber es sollten auch bibliographische Mittel zur Erschließung von Literatur aus der Bibliothek mit einbezogen werden.

Der wirtschaftswissenschaftliche Aufsatz sollte Daten aus verschiedenen Quellen präsentieren, interpretieren und analysieren. Er sollte auch widersprechende Daten unterschiedlicher Quellen kreativ verarbeiten können.

Themenfindung und Forschungsstrategie

Die Themen für eine wirtschaftswissenschaftliche Forschung stammen oft aus der laufenden Diskussion in wirtschaftswissenschaftlichen Zeitschriften und Zeitungen. Entwickeln Sie einen Forschungsplan, der das Erschließen folgender bibliographischer Quellen berücksichtigt:

Wirtschaftswissenschaften

1. Wörterbücher/Enzyklopädien:

Creifelds, C. (Hrsg.): Rechtswörterbuch. München 1992[11]

Dietl, C.-E., Lorenz, E.: Wörterbuch für Recht, Wirtschaft und Politik. Englisch/Deutsch - Deutsch/Englisch. München 1990[5]

Enzyklopädie der Betriebswirtschaftslehre. Stuttgart 1987 ff., Bd. 1-12

Kommission der Europäischen Gemeinschaften (Hrsg.): Wörterbuch zur Europäischen Vertragssprache in sechs Sprachen. Köln 1985[3]

Kunst, H. (Hrsg.): Evangelisches Staatslexikon. Stuttgart 1987[3]

Management-Enzyklopädie in 10 Bänden. Landsberg 1980-1984

Recktenwald, H.C.: Wörterbuch der Wirtschaft. Stuttgart 1990[11]

Schäfer, W.: Wirtschaftswörterbuch. Englisch/Deutsch - Deutsch/Englisch. München 1991[3]

Staatslexikon: Recht/Wirtschaft/Gesellschaft. 5 Bde. Hrsg.: Görres-Gesellschaft. Freiburg 1985-1989[7]

2. Fachlexika:

Banklexikon. Wiesbaden 1988[10]

Bestmann, U. (Hrsg.): Finanzlexikon. München 1989[2]

Gabler Wirtschaftslexikon. Wiesbaden 1988[12]*, Bd. 1-2*

Geigant, F. u.a. (Hrsg): Lexikon der Volkswirtschaft. Landsberg 1987[5]

Lück, W. (Hrsg.): Investitionslexikon. München 1991[2]

Lück, W. (Hrsg.): Lexikon der Betriebswirtschaft. Landsberg 1990[4]

Woll, A. (Hrsg.): Wirtschaftslexikon. München 1992[6]

3. Fachhandwörterbücher:

Albers, W. (Hrsg.): Handwörterbuch der Wirtschaftswissenschaften. Stuttgart 1977-1983, Bd. 1-10

Beckerath, P.v., Sauermann, P., Wiswede, G. (Hrsg.): Handwörterbuch der Betriebspsychologie und Betriebssoziologie. Stuttgart 1981

Beckmann, M., Menges, G., Selten, R. (Hrsg.): Handwörterbuch der mathematischen Wirtschaftswissenschaften. Wiesbaden 1979, Bd. 1-3

Neumark, F. (Hrsg.): Handbuch der Finanzwissenschaften. Tübingen 1977-1983[3]*, Bd. 1-4*

Wittmann, W. (Hrsg.): Handwörterbuch der Betriebswirtschaft. München 1992, Bd. 1-4

4. Bibliographien:

Bellmann, R.: Bibliographische Handels-, Gesellschafts- und wirtschaftsrechtlicher Dissertationen von 1950-1980. Heidelberg 1986

Bibliothek des Instituts für Weltwirtschaft Kiel (Hrsg.): Bibliographie der Wirtschaftswissenschaften. Göttingen (2 x jährl).

Business Periodicals Index. New York. Englische Literatur (mtl).

Gesellschaft für betriebswirtschaftliche Information (Hrsg.): Betriebswirtschaftliche Zeitschriftendokumentation. München (zweimonatlich).

HWWA - Institut für Wirtschaftsforschung (Hrsg.): Bibliographie der Wirtschaftspresse. Hamburg (monatlich).

Kirchner, H. (Hrsg.): Karlsruher Juristische Bibliographie. München/Frankfurt (monatlich).

5. Jahrbücher:

Böhm, F. u.a. (Hrsg.): Ordo-Jahrbuch für die Ordnung von Wirtschaft und Gesellschaft. Stuttgart (jährlich).

Gutowski, A., Molitor, B. (Hrsg.): Hamburger Jahrbuch für Wirtschafts- und Gesellschaftspolitik. Tübingen (jährlich).

6. Fachzeitschriften:

Die Aktiengesellschaft. Köln (monatlich).

Die Wirtschaftsprüfung. Düsseldorf (14tägig).

7. Zeitungen und Magazine:

Capital monatlich

Financial Times börsentäglich

Frankfurter Allgemeine Zeitung (FAZ) werktäglich

Handelsblatt (HB) börsentäglich

Manager-Magazin monatlich

Süddeutsche Zeitung (SZ) werktäglich

The Wallstreet Journal börsentäglich

Wirtschaftswoche wöchentlich

8. Datenbanken:

Bliss: On-Line-Version der betriebswirtschaftlichen Zeitschriftendokumentation. Wertet 200 deutsche und 100 englische betriebswirtschaftliche Fachzeitschriften aus

VLB-Aktuell: On-Line Version des „Verzeichnisses lieferbarer Bücher der Buchhändler-Vereinigung-GmbH in Frankfurt/M.

Eingrenzung des Forschungsschwerpunktes

Forschungsfragen

Die Fülle verschiedener Quellen in der Wirtschaftswissenschaft zwingt Sie zur Definition klarer Forschungsfragen. Ohne diese Fragen geraten Sie schnell in Gefahr, in der Fülle der Daten zu ertrinken.

Literaturstudium

Studieren Sie die bibliographierte Literatur.

Auswertung der Literatur

Notieren Sie Zitate und Kommentare zu gelesener Literatur in Ihrem Forschungsjournal.

Feldforschung

Aus dem Literaturstudium ergibt sich oft die Erstellung eines Fragebogens und die Durchführung von Interviews mit Wirtschaftswissenschaftlern oder Ökonomen in der Industrie. Werten Sie die Interviews sorgfältig aus, indem Sie die Interviewergebnisse in Thesen zu Ihrem Thema umformen.

Planen und Schreiben des Forschungsaufsatzes in den Wirtschaftswissenschaften

Ihr Thesenpapier gibt wichtige Hinweise zur Entwicklung der Gliederung Ihres Aufsatzes.

Entwicklung der Gliederung

Entwickeln Sie eine Gliederung, in der alle Ihre Vorarbeiten Platz finden.

Rohfassung

Schreiben Sie die Rohfassung schnell, und benutzen Sie dabei eine einfache und konkrete Sprache. Achten Sie auch auf die konkrete Angabe der Fundorte von Zitaten.

Manuskriptrevision

Prüfen Sie bei der Manuskriptrevision die Korrektheit Ihrer Zitierweise. Achten Sie auf eine komplette Bibliographie der benutzten Quellen, bei der Sie Bücher-artikel und andere Quellen wie Dissertationen, interne Wirtschaftspapiere, Kongreß- und Tagungsberichte sowie Interviews, entsprechend angemessen aufführen sollten.

Kriterien zur Beurteilung wissenschaftlicher Arbeiten

Wer sich vor der Überarbeitung seiner wissenschaftlichen Texte scheut, sollte sich klarmachen, welche Kriterien der Prüfer bei seiner Bewertung an die Arbeit anlegt. Hier einige Beurteilungskriterien eines Hamburger Professors:

Ist die Fragestellung klar formuliert?
Schöpft sie das Thema gemäß der Textsorte aus?
Wird die Fragestellung richtig bearbeitet?
Sind die Ergebnisse klar formuliert?
Sind alle benutzten Begriffe richtig definiert?
Ist die Sprache der Arbeit angemessen?
Wurde qualitativ angemessene Literatur in gebührendem Umfang herangezogen?
Wurde die Literatur korrekt ausgewertet?
Ist die Zitierweise korrekt?
Ist die Gliederung dem Thema formal und inhaltlich angemessen?
Zeigt die Arbeit Eigenständigkeit?
Sind Abbildungen, Tabellen, Literaturverzeichnisse korrekt angelegt und richtig plaziert?
Entsprechen Deckblatt, Textvorlaufseiten und Textnachlaufseiten den Vorschriften?
(A. Bänsch: Wissenschaftliches Arbeiten, a.a.O., S. 71-74).

5. Die prozeßorientierte Textrevision beim wissenschaftlichen Schreiben

5.1. Der Wert der Textrevision

Zuerst denkt man, der erste Text ist der beste, später erkennt man, welche Kraft die Textrevision besitzt, um Texte optimal zu verbessern. Das gelungene Revidieren von Texten ist das große Geheimnis guter Textproduktion. Durch das Revidieren werden die Probleme im Text gelöst. Das Thema wird tiefer erforscht. Die Erinnerung an bisher im Text nicht berücksichtigte Aspekte wird erheblich erweitert. Textrevision erhöht die Aufmerksamkeit des Schreibers, erweitert den Blick auf Zusammenhänge, entlarvt Klischees und schiefe Wortwendungen. Sie macht aufmerksam auf die eigene Textmusik, stiftet erste Kommunikation mit kritischen Lesern, die den Prozeß der Textrevision unterstützen konnten. Sie fördert schließlich das Denken und die Freude am Spiel mit der Sprache. Der Prozeß der Textrevision integriert die Textkritik in einen kreativen Zusammenhang und unterstützt so den Prozeß des Neu- und Weiterschreibens.

5.2. Der Prozeß der Textrevision

Die Textrevision zerfällt als Prozeß in sechs Abschnitte. Diese Abschnitte lassen sich in einer kleinen Grafik darstellen:

Prozeß der Textrevision	**Ebenen der Revision**
1. Kritisches Lesen	Gesamttext
2. Aussagen	Worte
3. Publikum	Sätze
4. Form	Abschnitte
5. Überzeugung	

Diese Aspekte lassen sich folgendermaßen umschreiben:

- Textrevision heißt **Lesen,** um den geschriebenen Text zu erforschen.
- Textrevision heißt, die getroffenen Aussagen und Bilder zu überprüfen, um die Aussagequalität des Textes zu verbessern.
- Textrevision heißt klären, ob die Zielgruppe mit dem Text erreicht werden kann.
- Textrevision heißt prüfen, ob die Form des Textes seinem Inhalt entspricht, ob die Botschaft des Textes die richtige Struktur hat.
- Textrevision heißt, zu sehen, ob der Text gute Überzeugungen vorträgt und angemessene Beweise anbietet.
- Textrevision heißt, zu spüren, ob der Stil des Textes stimmt.

Der Prozeß der Textrevision umschreibt einen hermeneutischen Zirkel. Es geht bei der Revision immer darum, den Gesamttext in sein Verhältnis zu seinen verschiedenen Teilen zu sehen und die Stimmigkeit von Teil und Ganzem, vom Ganzen und Teilen zu überprüfen. Insoweit umfaßt der Prozeß der Textrevision ein Oszillieren zwischen dem Gesamttext, den einzelnen Worten, den einzelnen Sätzen und den einzelnen Abschnitten des Textes.

Fünf verschiedene Versionen

Schreiben Sie einen kleinen Text, z.B. über den Tag Ihrer Einschulung, und schreiben Sie dann diesen Text fünfmal um: einmal, nachdem Sie ihn erforscht haben, zum zweiten Mal, um die Aussagen in diesem Text zu verbessern, ein drittes Mal, um den Adressatenbezug zu prüfen, ein viertes Mal, um die Textform kritisch zu betrachten und ein fünftes Mal, um durch Kürzung und Straffung des Textes den eigenen Stil für diesen Text besser finden zu können (vgl. D.M. MURRAY: The Craft of Revision. Forth Worth 1991, S. 17-22).

5.3. Die Abschnitte der Textrevision

5.3.1. Lesen, um einen Text zu erforschen

Um den Wert des kritischen Lesens eines Textes zu erfahren, werden nun einige Schreibspiele vorgeschlagen:

Schreiben Sie schnell einen Text über Ihre Kindheit. Lesen Sie ihn durch, und schreiben Sie ihn dann noch einmal. Überprüfen Sie danach die Unterschiede zwischen der ersten und zweiten Fassung.

Schreiben mit Pause

Schreiben Sie einen Text über Ihren Hochschullehrer. Machen Sie dann eine kleine Pause. Sammeln Sie dann fünf Minuten lang freie Assoziationen zu Ihrem Hochschullehrertext, und schreiben Sie dann den Text unter Verwendung Ihrer freien Assoziationen neund

Schneller Rollenwechsel

Lesen Sie einen Text in der Rolle eines Arbeiters, einer Hausfrau, eines Professors und schreiben Sie den Text je nach den Rolleneindrücken um.

Klischee-Suche

Lesen Sie einen von Ihnen verfaßten Text nur auf den Gebrauch von Klischees hin, und streichen Sie alle Klischees in der zweiten Fassung.

5.3.2. Die Aussagen verbessern

Ein Satz

Schreiben Sie über einen Ihrer nicht korrigierten Texte einen Satz mit dem Ziel, festzustellen, was Ihr Text aussagen soll. Dann lesen Sie Ihren Text noch einmal, und schauen Sie nach, ob er diese Aussage erfüllt. Revidieren Sie dann in einer zweiten Fassung Ihren Text so, daß er die getroffene Aussage in einem Satz besser trifft.

Ein Bild

Zeichnen Sie nun ein Bild von dem, was ein von Ihnen vorgelegter Text aussagen soll. Vergleichen Sie Bild und Text, und revidieren Sie dann den Text nach den Aspekten, die das Bild Ihnen nahe legt.

Ein Ausschnitt

Nehmen Sie aus einem Text einen Ausschnitt heraus, und schreiben Sie die Sätze des Ausschnittes neund Bauen Sie dann Ihren ganzen Text so um, daß der alte Text sich den neuen Sätzen anpaßt.

5.3.3. Das Publikum besser erreichen

Langsamer Rollenwechsel

Verwandeln Sie sich in die Rolle eines Lesers. Lesen Sie Ihren noch nicht korrigierten Text als Kritiker, als Fachmann oder als Student. Schreiben Sie dann in Ihrer gewählten Rolle eine kurze Zusammenfassung Ihres Textes. Vergleichen Sie dann, was Sie in den verschiedenen Leserrollen an Ihrem Text gut und was Sie schlecht fanden.

Fragen

Schreiben Sie drei bis fünf Fragen nieder, die der Leser an Ihren noch nicht korrigierten Text stellen wird. Schreiben Sie dann den Text, und überprüfen Sie danach, wie gut in Ihrem Text Ihre Antworten ausgefallen sind.

Testleser

Schreiben Sie drei bis fünf Fragen nieder, die der Leser an Ihren Text stellen soll. Geben Sie dann den Text und Ihre Frage an Ihre Testleser, und passen Sie bei den Kommentaren Ihrer Leser auf, wie sich der Leser zu den Fragen und zu dem Text, der die Fragen beantworten sollte, verhält. Überlegen Sie: Wie gut sind die Antworten auf Ihre Fragen bewertet worden im Blick des Testlesers und welche neuen Fragen hat der Testleser bezogen auf Ihren Text aufgeworfen.

5.3.4. Revision der Textform

Jeder Texttyp hat eine Form. Eine Geschichte hat einen Anfang, einen Höhepunkt und ein Ende, das von den Aktionen der handelnden Personen bestimmt wird. Ein Essay transportiert eine wichtige Information und Ihren Kommentar zu dieser Information. Ein Gedicht stellt eine Wahrheit in Bildern und Rhythmen vor. Ein Bericht gibt eine wichtige Beschreibung. Auf diese Textformen ist bei diesem Schritt der Revision zu achten.

Dichte Kommentare

Nehmen Sie einen eigenen zur Überarbeitung bestimmten Text, sehen Sie, in welche Abschnitte er zerfällt, und schreiben Sie zu jedem Abschnitt einen kritischen Kommentar. Sehen Sie am Schluß, ob Sie die richtige Form Ihres Textes getroffen haben, und berücksichtigen Sie dabei die verschiedenen Formen von Textsorten.

Formenanalyse

Beschreiben Sie zu einem vorliegenden Text die Textform, die Sie angestrebt haben. Schreiben Sie dann auf, welche Erwartungen die Leser an die von Ihnen gewählte Textform haben könnten, und überprüfen Sie, wieweit Sie diese Erwartungen durch Ihre Textform abgedeckt oder verfehlt haben.

Neue Formen erforschen

Nehmen Sie einen eigenen unbearbeiteten Text, und gliedern Sie die Inhalte dieses Textes in zwei Spalten auf: 1. Spalte: Die Botschaft Ihres Textes, 2. Spalte: Die Form Ihres Textes.

Botschaft Ihres Textes	Form Ihres Textes

Überlegen Sie nun, welche Form Ihr Text zur Verbesserung der Übermittlung der Botschaft noch haben könnte: Brief, Kurzgeschichte, Essay, Szene, Tagebuch, wissenschaftliche Abhandlung, Reportage? Entscheiden Sie sich für eine neue Form, und schreiben Sie Ihren Text so um, daß er sich in einer neuen Form besser ausdrücken kann.

Verdichten

Lesen Sie einen unkorrigierten Text durch, und markieren Sie, was überflüssig ist. Streichen Sie das Überflüssige, und vergleichen Sie dann die erste und die bereinigte zweite Fassung. Legen Sie sich dann eine Liste der Verbesserungen zwischen der ersten und zweiten Fassung an.

Textstruktur erforschen

Nehmen Sie sich einen unbearbeiteten Text, und finden Sie für die wichtigsten Abschnitte kleine Überschriften. Lesen Sie dann die Überschriften durch, und prüfen Sie, ob die Hauptabschnitte des erforschten Textes sich in einer angemessenen Form des Textes zusammenfinden.

Umdichten

Nehmen Sie einen unbearbeiteten Text, und probieren Sie mit diesem Textmaterial verschiedene Formen so aus, daß Sie zwischen fiktionalen und nichtfiktionalen Textsorten wechseln. Haben Sie einen poetischen Text vorliegen, dann schreiben Sie ihn doch mal in Prosa um, vielleicht in eine Kurzgeschichte, eine Reportage oder ähnliches. Handelt es sich bei Ihrem Text um ein Stück Prosa, dann versuchen Sie ihn doch mal in Poesie zu verwandeln, und machen Sie aus Ihrem Text ein Sonett, ein Haiku oder einen Schüttelreim. Auch ein wissenschaftlicher Text läßt sich verwandeln. Ein wissenschaftlicher Text kann umgedichtet werden in Aphorismen, in einen Dialog oder in eine Erzählung.

Neue Formen finden

Nehmen Sie einen unbearbeiteten Text, und formulieren Sie in einem Satz, was dieser Text mitteilen soll. Machen Sie dann aus diesem Satz eine neue Textform.

Und achten Sie dabei auf folgende Merkmale einer guten Prosa: Zuerst bemühen Sie sich um einen besseren Anfang, dann um die Verbesserung der folgenden Höhepunkte, und schließlich zielen Sie ein überzeugendes Ende des Textes an.

5.3.5. Die Überzeugungskraft des Textes steigern

Detail und Beispiele überprüfen

Ein Text ist überzeugend, wenn er im Detail überzeugt. Überprüfen Sie alle Detailaspekte Ihres unüberarbeiteten Textes. Reichern Sie alle allgemeinen Aussagen durch konkrete Beispiele an.

Personaldetails

Ein unüberarbeiteter Text stellt z.B. eine Person vor. Erweitern Sie nun die Detailkenntnisse über diese Person, indem Sie zwanzig positive und zwanzig negative Details über diese Person finden. Bauen Sie dann die passendsten Details über diese Person in Ihren Text neu ein.

Glaubwürdigkeit

Nehmen Sie einen unüberarbeiteten Text, und markieren Sie mit plus alle bewiesenen Inhalte und mit minus alle unbewiesenen. Lesen Sie dann Ihren Text erneut durch, und überlegen Sie, wie Sie Ihre unbelegten Behauptungen beseitigen können oder wie Sie neue Belege für Ihre unbewiesenen Behauptungen finden.

Basisinformation

Es gibt verschiedene Sorten von Informationen: Fakten, statistische Daten, Anekdoten, beschriebene Details, beglaubigte Nachrichten, Beweise, unwiderlegte Hypothesen, Kenntnisse des gesunden Menschenverstandes usw. Suchen Sie in einem unüberarbeiteten Text die Basisinformationen heraus, und prüfen Sie, ob der Text durch bisher nicht benutzte Formen von Basisinformationen verbessert werden kann.

Weitere Informationen suchen

Die Informationen in einem Text können aus der Erinnerung stammen, aus Beobachtungen, Interviews, aus Funden in einer Bibliothek, aus Bibliographien, Nachschlagewerken, Standardwerken, Zeitschriftenartikeln, Notizen, Exzerpten. Überprüfen Sie in einem unüberarbeiteten Text die Quellen Ihrer Informationen, machen Sie dann eine Liste, wo Sie für Ihren Text noch neue Informationen finden können. Bauen Sie dann die neuen Informationen in Ihren Text ein.

Die richtige Auswahl

Ihr Text soll nicht überladen und nicht durch zu viele Informationen verstopft sein. Statt zu vieler allgemeiner Aussagen verwenden Sie lieber ein griffiges Beispiel. Überprüfen Sie Ihren Text auf die Genauigkeit der Fakten, die Qualität der Zitate, die Schärfe der Bilder, die Vermeidung von Phrasen und Platitüden. Sie werden sehen, daß durch diese Revision Ihr Text überzeugender und lebendiger wirkt.

5.3.6. Den Stil verbessern

Nachdem ein Text durch kritisches Lesen, durch die Überprüfung der Aussagen, durch die Klärung seiner Adressaten, durch die Formkritik und die Überprüfung seiner Überzeugungen fünffach durchgearbeitet wurde, geht es nun abschließend um die Verbesserung des Stils Ihres Textes.

Der eigene Stil

In unseren Schreibstil gehen viele Stimmen ein: die Sprache des Landes, unserer Heimatregion, unserer Familie, der Schule, der Freunde, der Massenmedien, unserer Lieblingsautoren und unserer Lese- und Schreibbiographie. Aus diesen Einflüssen müssen wir unseren eigenen Stil entwickeln. Prüfen Sie in Ihrem unüberarbeiteten Text nach fünf Kriterien die Präsens Ihres eigenen Stils: Hört sich der Text bemerkenswert an? Hat Ihr Text einen eigenen Stilcharakter? Überzeugt der Text? Hat der Text Rhythmus und Klang, und stiftet er zur Auseinandersetzung an?

Der öffentliche Stil

Jeder öffentliche Text unterliegt Normen der Rezeption und wird an diesen Rezeptionsnormen gemessen. Man weiß innerhalb der wissenschaftlichen Gemeinschaft, was ein Aufsatz, ein Essay, ein Vortrag, eine Hausarbeit, eine Diplomarbeit oder eine Doktorarbeit ist. Überprüfen Sie nun Ihren unüberarbeiteten Text, ob sein Stil den Traditionen und Normen der angestrebten Textsorte genügt (vgl. Teil A, Kap. 3.1. dieses Lehrbuchs). Durchbrechen Sie aber auch diese Normen, wenn Ihr Text dabei gewinnen kann.

Der Stil Ihres Textes

Jeder geschriebene Text hat seinen eigenen Stil. Erforschen Sie diesen Stil, indem Sie Ihren Text laut lesen, und spüren Sie einmal nach, wie der Rhythmus, der Ton, die Melodie Ihres Textes klingt. Ein zweites Lesen kann Ihnen dann zeigen, ob und wo Störungen im Rhythmus, Ton und in der Melodie Ihres Textes sich befinden und wie die zu korrigieren sind.

5.4. Die Kontrolliste

Die Textrevision ist ein Prozeß, der sich zwischen dem Textganzen und den Textteilen bewegt. Er läßt sich nicht völlig formalisieren. Dieser Prozeß besitzt Spontaneität und Überraschungen. Die Textrevision muß dabei nicht allein vollzogen werden, es läßt sich auch gut denken, daß die Textrevision Aufgabe einer Gruppe des kreativen Schreibens in den Wissenschaften ist. Die angegebenen Schreibspiele eröffnen damit auch die Möglichkeit, eine Schreibgruppe über längere Zeit spielerisch und kreativ mit den Problemen gemeinsamer Textrevision zu unterhalten und zu trainieren.

Ein gutes Hilfsmittel der prozeßorientierten Textrevision im kreativen Schreiben in den Wissenschaften ist die Benutzung einer Kontrolliste. Die generelle Kontrolliste für die Textrevision umfaßt einfacherweise sechs Fragen, mit denen Sie alle wichtigen Aspekte des Revisionsprozesses erfassen können. Diese Kontrollfragen lauten:

1. Ist der Text seiner spezifischen Sache angemessen?
2. Transportiert er wahre Aussagen?
3. Kann ihn der Leser mit Gewinn lesen, und erreicht er sein Publikum?
4. Hat Ihr Text die richtige Form?
5. Kann der Text mit seinen vorgetragenen Argumenten und seinem logischen Aufbau überzeugen?
6. Hat Ihr Text einen flüssigen Stil?

Diese Kontrolliste mit ihren sechs Fragen läßt sich mit den gleichen Fragen für jedes Detail Ihres Textes benutzen:
- für die Worte
- für die Sätze
- für die Textabschnitte

Bei einer intensiven Textrevision sollten Sie diese sechs Fragen nochmal genauer auf diese drei verschiedenen Textelemente beziehen. Mit Hilfe dieser Kontrolliste kann dann nochmal etwas strukturierter und formalisierter der hermeneutische Wechsel zwischen Textganzem und Textteilen vollzogen werden, um eine bessere, überzeugendere und stilistisch gelungenere Form des Textes zustande zu bringen. Textrevision ist eine der großen Hebammenkünste bei der Produktion von wissenschaftlichen Texten.

5.5. Der Computereinsatz

Bei der Revision stellt sich spätestens auch die Frage des Einsatzes eines PC's. „*Nach eigenen Erfahrungen werden heute bereits zwischen einem und zwei Drittel der Seminar- und Diplomarbeiten zumindest über einen PC ausgedruckt*" (M.R. THEISSEN: Wissenschaftliches Arbeiten. München 1992, S. 32).

Bei der Erstellung und Revision der Arbeit am PC sind einige Erfahrungen zu berücksichtigen:

- Zur Texterstellung am PC sind Soft- und Hardware-Kenntnisse erforderlich: „*Das Textverarbeitungssystem ... leidlich zu erlenen, kostete mich einen Tag und in den folgenden Wochen mehrere in der Steckdose verschwundene Textpassagen*" (BECK, D.: Wenn die Diss. verpufft - Computer im Studium. In: Frontal. Computerjournal. 1988, H. 5, Beilage S. 3).
- Größere Kapitel sollten als eigene Datei angelegt werden, damit die Texte für Korrekturen schnell wieder aufgefunden werden können. Weitere Hinweise zu den besonderen Bedingungen des wissenschaftlichen Schreibens am Computer finden sich bei:

Blum, J.: Desktop Publishing: Schreiben wie gedruckt. München 1990
Ebel, H.F., Bliefert, C.: Schreiben und Publizieren in den Naturwissenschaften. Weinheim 1991, S. 141-160
Eggler, A.: Verfassen von wissenschaftlichen Arbeiten am Computer - eine integrierte Arbeitsmethodik. In: Wirtschaftswissenschaftliches Studium. 21 (1992), S. 139-142
Franke, B.: Desktop Publishing mit Microcomputern. Düsseldorf 1988
Hauptmann, P.-H.: Juristische Arbeiten auf dem PC. In: Jura 11 (1989), S. 291-294
Kredel, L.: Grundlagen des Desktop Publishing. München 1988
Kynast, F., Kleinert, H.: Gestalten lernen mit Desktop Publishing. Wiesbaden 1988
Welchering, P.: Wer braucht welchen Computer? In: Unicum 6 (1988)H. 6, S. 22-24
Zischke, J.: Das Desktop Publishing Buch. München 1987

- Die Arbeit am PC erfordert große Sorgfalt. „*Der am Bildschirm gefertigte Text bedarf in der Regel dringend einer Qualitätskontrolle ... weil der Computer insoweit - leider - zu oberflächlichem Arbeiten verleitet*" (DÖRNER, H.: Computereinsatz bei der Anfertigung von Hausarbeiten. In: Juristische Arbeitsblätter. 21 (1989), S. 154).
- Für den Enddruck des Textes kann man zwischen folgenden Computerdruckern wählen, die durchaus unterschiedliche Leistungen bieten:
  - Typenraddrucker: langsam, laut, keine Grafiken und Bilder
  - Nadel- oder Matrixdrucker: laut, Grafiken können angefertigt werden

- Laserdrucker: leise, schnell, sämtliche Grafiken möglich, alles dokumentenecht
- Tintenstrahldrucker: schnell, leise, leider nicht dokumentenecht
- Thermodrucker: leise, schnell, sehr teuer.

(Zum Computereinsatz im wissenschaftlichen Schreiben vgl. auch Teil A, Kapitel 4.4. dieses Lehrbuches).

Teil C
Aspekte einer Pädagogik des wissenschaftlichen Schreibens

Kooperatives Schreiben am Computer

„In der Zukunft wird kein Computer eine Insel sein... Die meisten Arbeiten in Wissenschaft und Industrie sind schon heute kooperativ... Es ist ein Fehler, Hunderte von Computern in einer Firma zu haben, ohne sie zu vernetzen... Das wird nicht mehr lange dauern. Software wird bald Groupware sein. Groupware wird dann erlauben, daß die Mitarbeiter aller Abteilungen eines Betriebes - vielleicht auch einer Universität - miteinander über PC schriftlich kooperieren“ (A. Lunsford, Ede, C.: Singular Texts - Plural Authors. Perspectives on Collaborative Writing, Carbondale 1990, S. 19)

„Die elektronischen Medien zerbrechen die Barrieren zwischen Schreiber und Leser. Wenn der Leser ein fester Mitarbeiter des Schreibers wird, löst sich er exklusive Status des Schreibers auf. Jeder kann heute Autor werden und seine Texte über Hunderte von Mail-Boxen und Fax-Systemen an unbekannte Leser schicken, um ihre Antworten dann in seinen Text einzuarbeiten.“
(A. Lunsford, Ede, C.: a.a.O., S. 68)

Einleitung

Schreibpädagogik, die es als Begleitung des Lernens des wissenschaftlichen Schreibens in Deutschland bisher nicht gibt, ist sowohl Gruppen- als auch Einzelpädagogik. Im Vordergrund steht allerdings die Gruppenpädagogik, die der Förderung des kommunikativen Elements des Schreibens besonders gut entspricht.

Allerdings wertet das Schreiben in Gruppen das einsame Schreiben überhaupt nicht ab. Die Mitarbeit in einer Schreibgruppe fördert zwar das wissenschaftliche Schreiben des Einzelnen, aber die meisten Schreibleistungen muß der Student für Prüfungen und Klausuren allein erbringen. Neben der Schreibgruppenpädagogik steht deshalb die Einzelschreibpädagogik. Einzelschreibpädagogik passiert immer dort, wo der Einzelne sich das wissenschaftliche Schreiben selbst beibringt und dabei in Schreibkrisen und Schreibstörungen gerät, in denen individuelle Hilfe oder Selbsthilfe erforderlich ist.

Im folgenden können wir keine umfassende Pädagogik des wissenschaftlichen Schreibens entwerfen. Allerdings sollen, im Rückgriff auf amerikanische Forschungen, einige wichtige Aspekte einer derartigen Pädagogik entwickelt werden.

Kooperatives Schreiben

„Im Film, Theater, Tanz, beim Sachbuch und in der Wissenschaft ist Teamwork immer mehr an der Tagesordnung...

Moderne Wissenschaft ist zu umfassend und komplex geworden, als daß man das Abenteuer allein bestehen könnte. Wissenschaftler brauchen immer eine Gruppe von Wissenschaftlern...

Allerdings gibt es im 20. Jahrhundert auch die wachsende Angst unter Wissenschaftlern, daß kooperatives Schreiben ihrer Originalität schadet. Dennoch kann man sich nicht vorstellen, daß Flugblätter, politische Positionspapiere, große Forschungsanträge und geniale Forschungsideen allein erfunden und geschrieben werden" (Aus einem studentischen Referat über „Kooperatives Schreiben", FHSS 1992)

1. Wissenschaftliches Schreiben in Gruppen

Wissenschaftliche Schreibqualifikationen entwickeln sich besser in Schreibgruppen als das vereinzelte Schreiben zu Hause am einsamen Schreibtisch. Das wissenschaftliche Schreiben in der Gruppe vereinigt Schreiben, Vorlesen und Textrevision. Wissenschaftliches Schreiben ist auf Kommunikation angelegt, deshalb ist es förderlich, wenn jeder Student möglichst oft Antworten auf seine Versuche erhält, wissenschaftliche Ideen in Texten auszudrücken. Wissenschaftliche Schreibgruppen unterscheiden sich von Seminaren, in denen fertige Referate vorgelesen und mühsam „diskutiert" werden indem sie die Schreibenden begleiten und Unterstützung bei Störungen des Schreibprozesses geben. Sie legen die Geheimnisse des Forschungsprozesses offen und verschaffen Sicherheit in der Koordination von Forschungs- und Schreibprozeß.

Die Praxis des wissenschaftlichen Schreibens in Gruppen bedeutet einen Bruch in der landläufigen Hochschuldidaktik, die nur an der Verbesserung der Leistung des Einzelnen, des Hochschullehrers oder des Studenten orientiert ist. Wissenschaftliche Schreibgruppen entwickeln eine produzentenzentrierte Didaktik, meistens als Gruppendidaktik. So sehr sich auch die einzelnen wissenschaftlichen Schreibgruppen voneinander unterscheiden können und einmal als „helfende Zirkel", als „kollektives Schreiben", als „Teamschreiben", als „Gruppen mit intensiver Arbeit an selbstentwickelten Produkten" erscheinen mögen, so gibt es doch allgemeine Charakteristika für Gruppen des wissenschaftlichen Schreibens. Diese Charakteristika wollen wir im folgenden aufzählen:

- Gruppen des wissenschaftlichen Schreibens arbeiten innerhalb und außerhalb von Universitäten und Hochschulen.
- Sie können als Kleingruppen zwischen sechs bis zehn Mitglieder umfassen, die sich mehrere Male bis hin zu mehreren Jahren in festen Intervallen zur Arbeit treffen. Es gibt aber auch Schreibgroßgruppen, wenn alle Studenten einer Vorlesung kürzere Schreibübungen machen, die dann ausgewertet werden.
- Schreibgruppen können lehrerzentriert oder selbstgesteuert sein.
- Schreibgruppen umfassen das Schreiben, Vorlesen und Revidieren von wissenschaftlichen Texten. Die Revision kann dabei entweder mündlich oder schriftlich in der Gruppe geschehen.
- Bei der Schreibanregung, beim Schreiben und bei der Textrevision verwenden Schreibgruppen viele kreative Techniken, die aus dem kreativen Schreiben oder aus den speziellen Techniken des wissenschaftlichen Schreibens stammen.
- Schreibgruppen reduzieren die Distanz zwischen Schreiber einerseits und den Lesern und Hörern andererseits. Sie arbeiten besonders an der sozialen Dimension des wissenschaftlichen Schreibens.
- Schreibgruppen sind die idealen Institutionen, um die zweite Schreibsozialisation, die Sozialisation in die wissenschaftlichen Fachdiskurse und Fachbegriffe, zu absolvieren.
- Schreibgruppen sind Initationsinstitutionen, die die von der Schule geprägte Schreibqualifikation erheblich erweitern und der bewußten wissenschaftlichen Reflexion zugänglich machen.

Streit

Professor 1: In der Wissenschaft schreibt jeder für sich allein.

Professor 2: Ideen findet man kollektiv. Gliederungen strukturiert man kooperativ. Den Rohentwurf schreibt man vielleicht allein. Bei der Überarbeitung kann eine Gruppe wieder viel Spaß haben.

Professor 3: Eine über lange Zeit arbeitende Gruppe kann sich so organisieren, daß sie alle Schritte der wissenschaftlichen Textproduktion kooperativ, ja kollektiv gestaltet.

(Aus einem Werkstattgespräch anläßlich der 22. Jahrestagung der Arbeitsgemeinschaft Hochschuldidaktik, Berlin, Oktober 1992)

2. Theoretische Grundlagen des wissenschaftlichen Schreibens in Gruppen

2.1. Das neue Paradigma vom wissenschaftlichen Schreiben

Schreibgruppen, die die Aufgabe haben, wissenschaftliches Schreiben zu lehren, und Individuen bei der Entwicklung ihrer Schreibqualifikation zu helfen, praktizieren im Kern die Methode des **kooperativen Lernens**. Die wenigen empirischen Untersuchungen, die es zum kooperativen Lernen in Gruppen gibt, zeigen allerdings die hohen Lerneffekte dieser kollektiven Lernszenarien (K. BRUFFEE: Collaborative Learning, Some Practical Models, in: College English 34 1973, S. 579-586. K. BRUFFEE: Short-Cours in Writing, Boston 1985, E. MASON: Colloborative Learning. London 1970). Diese kooperative Dimension des Schreibens in Gruppen stößt allerdings auf erhebliche Vorbehalte. Heute stellt sich jeder einen Schreiber als Solist vor, der sich von der Gesellschaft isolieren muß, um schreiben zu können. Auch die Prüfungsordnungen der Schulen und Hochschulen bestehen beim Schreiben auf individuellen Leistungen. Die Schreibforschung selber ist noch äußerst selten. Da, wo sie sich entwickelt, interessiert sie sich für fertige Texte, nicht für die Entstehungsprozesse von Texten. Die soziale Dimension des Schreibens als Prozeß wird bisher, besonders in der deutschen Forschung, völlig ausgeblendet.

Die klassische Poetik sowie der traditionelle Wissenschaftsbegriff tragen zur Fixierung auf den Schreiber als Solisten bei. Die Poetik erkennt im Schreiben die Folge eines Musenkusses für individuell Auserwählte, die unhinterfragbare Tat von einzelnen Genies oder die Folge besonderer Begabungen und schulischer Anstrengungen. Diese Ideen finden Rückhalt beim traditionellen Wissenschaftsbegriff. Dieser traditionelle Wissenschaftsbegriff, der besonders von René

DESCARTES begründet worden ist, geht von fixen Naturgesetzen aus, die jeder Einzelne nur zu reproduzieren braucht. Da die Gesetze feststehen, ist nur noch das Produkt ihrer Anwendung und nicht der Prozeß ihrer Entdeckung von Bedeutung. Die Neuzeit ist außerdem geprägt von der Durchsetzung des individuellen Rechts an kreativen Produkten, sei es im Kontext der Copyright-Gesetze oder der individuellen Anerkennung von Rechten an Patenten und Erfindungen. Schreiben erscheint im Rahmen dieser Paradigmen als naturwüchsig-individueller Akt und Schreibgruppen als bloß marginale Erscheinungen ohne Bedeutung.

Allerdings wird diese individualistische Sicht des Schreibens im 19. Jahrhundert durch die Entwicklung der Soziologie in Frage gestellt. Emil DURKHEIMS Sozialisationstheorie und Ferdinand TÖNNIES' Vergesellschaftungstheorie als Entgemeinschaftungsprozeß (E. DURKHEIM: Sociology and Philosophie. London 1953, F. TÖNNIES: Gemeinschaft und Gesellschaft, Darmstadt 1976) zeigen, daß das Entstehen von wissenschaftlichen Ideen und deren Entwicklung nur sozialstrukturell und sozialisationsgeschichtlich erklärt werden kann. Die spätere Forschung von S. FREUD, G.H. MEAD, T. PARSONS, N. ELIAS bestätigen den Verdacht, daß jede Form menschlicher Tätigkeit, und damit auch das Schreiben, sozial geprägt und bestimmt ist. Alle modernen Soziologien kritisieren die Individualisierungstendenzen der Moderne und bestehen auf der Entfaltung von sozialer Nähe, Gemeinschaftlichkeit und Solidarität als zentrale Bedingungen der Entfaltung von Kreativität und Individualität. Die soziale Dimension des Schreibens eröffnet deshalb erst den Blick für die Bedeutung des Schreibens in Gruppen. Erst in der Gruppe wird die Distanz von Schreiber und Leser, die durch den Buchmarkt sich maßlos entfernt haben, wieder aufgehoben. Erst im direkten Kontakt von Leser und Schreiber, durch Fragen, Kommentare, Kritik, Analyse wird die Kommunikativität des Schreibens voll gefordert und zugleich entfaltet.

Die individualistische Sicht des Schreibens wird außerdem durch die moderne Wissenssoziologie erheblich relativiert. Die Arbeiten von Max SCHELER (ders.: Die Wissensformen und die Gesellschaft. Bern 1980, Alfred SCHÜTZ: Aufsätze. Amsterdam 1976, Bd. 1-3, P. BERGER, T. H. LUCKMANN: Die gesellschaftliche Konstruktion der Wirklichkeit. Frankfurt 1982) und schließlich die „ Paradigmatheorie" von T.S. KUHN (ders.: Die Struktur wissenschaftlicher Revolutionen. Frankfurt 1973) belegen mehrere Tatsachen:

- Wissenschaft ist eine Geschichte von Paradigmen.
- Träger der Wissenschaft ist ein primär schriftlicher Diskurs.
- Der Wechsel von Paradigmen eröffnet Schübe von Schreibprozessen, die auf die Fixierung des neuen und die Bekämpfung des alten Wissenschaftsparadigmas orientiert sind.
- Die Teilhabe an einer wissenschaftlichen Wahrheit ist immer die Teilhabe an einer Diskursgemeinschaft. Diese Teilhabe beinhaltet auch immer eine Beteiligung am Prozeß der schriftlichen Fixierung des Paradigmas.
- Träger der wissenschaftlichen Wahrheit ist immer eine forschende, schreibende und ihre Schriften der wissenschaftlichen Kritik aussetzende Gruppe.

- Große Forscher sind deshalb Teil eines schreibenden und kommunizierenden sozialen Netzwerks und einer schriftlichen Paradigmengemeinschaft.
- Die Initiation neuer Generationen in die wissenschaftliche Wahrheit besteht im Grunde in der Integration des Nachwuchses in die wissenschaftliche Texte formulierende Wissenschaftsgruppen.

Mit T.S. KUHN wird die individualistische Sicht des wissenschaftlichen Schreibens durch kollaborative und kooperative Sicht ersetzt. Die Schreibgruppe erscheint nach T.S. KUHN als der ideale Ort der Arbeit an wissenschaftlichen Paradigmen, weil sie die Schreibziele hinterfragt, die geäußerten Ideen ständig kritisiert, den Diskurs am Schreibprozeß festmacht und im Prozeß der Verbesserung der schriftlichen Ausdrücke verbleibt.

Die moderne Gesellschaftstheorie und die neue Wissens- und Wissenschaftssoziologie entwertet die Idee des schreibenden Solisten und eröffnet (jenseits der Verteidigung nötige Individualrechte an Arbeitsprodukten) einen neuen Blick auf die kooperative Basis wissenschaftlicher Schreibqualifikationen. Sie zeigt auch, daß die individualistische schulische Alphabetisierung nicht ausreicht, um in wissenschaftliche Fachdiskurse einzudringen. Sie betont schließlich, daß die Vernachlässigung der wissenschaftlichen Schreibqualifikationen an den Universitäten und die Behauptung der Möglichkeit der Aneignung wissenschaftlicher Diskurse als Solist schon lange überholt sind (vgl. A. LIMSFORD, L. EDE: Singular Texts /Plural Authors. Perspectives on Collaborative Writing. Carbondale 1990, S. 72-126).

2.2. Theorien der Aneignung von wissenschaftlichen Schreibqualifikationen

Im Kern bestehen die Leistungen von Schreibgruppen in der Vermittlung der Aneignung von wissenschaftlichen Schreibqualifkationen. Diese Leistung wird bisher von individualistischen Theorien des Schreibenlernens verdeckt. So stellt die weit verbreitete Psychologie von Jean PIAGET die Grundform der Sprachentwicklung des Kindes als Entwicklung des egozentrischen Sprechens dar, das aus dem Individuum selbst stammt und nichts mit sozialer Interaktion zu tun hat. Erst die spätere Überwindung des sprachlichen Egozentrismus versteht PIAGET als soziales Produkt. Spätere soziale Interaktionen verwandeln den sprachlichen Egozentrismus in die Fähigkeit der sprachlichen und schriftlichen Selbstdistanzierung (J. PIAGET: Sprechen und Denken beim Kind. Stuttgart 1976). PIAGETS individualistische Schreiblerntheorie hatte großen Einfluß. So beschreiben auch viele amerikanische Schreibforscher die Aneignung der Schreibqualifikation nicht aus gesellschaftlicher Sicht sondern von der Entwicklung des Individuums aus. James MOFFETT und Janet EMIG gehen beide von der Vorstellung aus, daß „*die Schreibqualifikation sich erst im Schreiber entwickelt und dann durch Schreiben im Text ausdrückt*" (A. R. GERE: Writing Groups. Carbondale 1987, S. 79). Diese individualistische Konzeption trennt die Schreiber als Individuen in ihrer Schreibentwicklung vom sozialen Kontext. Das hat dann Modelle des Schreibenlernens zur Folge, die sich nur auf die Qualifikation des individuellen Schreibers beziehen und Schreibgruppen als Qualifikationsmedien primär marginalisieren.

Allerdings hat L.S. WYGOTSKI ein alternatives Modell der Entwicklung von Schreibqualifikationen entwickelt (vgl. E. WILD: Inneres Sprechen - Äußere Sprache. Stuttgart 1980). WYGOTSKI stimmt mit PIAGET darin überein, daß das Kind eine innere Sprache als Vorstufe zum äußeren Schreiben entwickelt. Diese innere Sprache ist für WYGOTSKI aber Produkt der Aneignung sozialer Sprachformen. Die innere Sprache, schreibt WYGOTSKI, entsteht erst, wenn das Kind soziale Sprachformen im Rahmen der sprachlichen Selbstkonstitution verwendet. Die private Sprache auch des Erwachsenen entstammt der öffentlichen Sprache und ist Reflex des öffentlichen Diskurses. Zwischen innerer und äußerer Sprache, zwischen innerem Sprechen und äußerem Schreiben besteht nicht nur für das Kind, sondern auch für den Studenten eine Wechselwirkung, bei der die äußere Sprache und die äußere Schrift die beherrschende Rolle spielt. Die universitäre Schreibgruppe erweist sich eher von WYGOTSKI her als in der Sicht PIAGETS als ein zentrales Szenarium der Entwicklung der Kompetenz zu äußeren wissenschaftlichen Fachdiskursen. Die Schreibgruppe hat aus WYGOTSKIS Sicht folgende Funktionen bei der Entwicklung der Schreibqualifikationen:

- Die Schreibgruppe vermittelt das positive Gefühl, beim Hineinwachsen in wissenschaftliche Fachdiskurse begleitet zu werden.
- Schreibmotivationen bauen sich in der Gruppe viel schneller auf als in der Einsamkeit. Auch Schreibängste können in Gruppen viel schneller abgebaut werden als im Einzelsetting.
- Die Produktion und der Austausch von Texten stabilisiert die Wechselwirkung von äußerer und innerer Sprache, von äußerem Schreiben und inneren Sprechen.
- Die Schwierigkeit der Vermittlung von innerer Sprache und äußerem Schreiben werden in der Schreibgruppe zum Inhalt von Metakommunikationen. Diese reflexive Thematisierung des Schreibprozesses in Gruppen schränkt die Ursache aller Schreibängste, die Distanz zwischen innerer und äußerer Sprache und zwischen Schreiber und Zuhörer bzw. Leser erheblich ein.
- Schreibgruppen machen Schreiber und Zuhörer zum Mitglied des gleichen wissenschaftlichen Fachdiskurses, und sie etablieren zugleich eine ständige Interpretationsgemeinschaft des Geschriebenen.
- Der wissenschaftliche Fachdiskurs entstammt häufig in äußerer Sprache kodierten Erfahrungen. Diese äußere sinnliche Erfahrung ist von Anfang an sozial geprägt und organisiert. Als gesprochene Erfahrung setzt sie immer Sprecher und Hörer als einzelne oder als Gruppe voraus. Der wissenschaftliche Fachdiskurs entspringt wissenschaftlichen Dialogen und nicht inneren

Lexika. Die Schreibgruppe kann deshalb mit ihren Schreibszenarien die äußeren Fachdiskurse zu einem inneren Erlebnis machen. Durch die Internalisierung der äußeren Diskurse hilft die Schreibgruppe den Einzelnen beim Aufbau seiner wissenschaftlichen Identität und bei der Vermittlung zwischen innerem Sprechen und äußerer Sprache bzw. äußerer Schrift.

- Die individualistische Schreiblerntheorie neigt außerdem dazu, Sprechen und Schreiben voneinander zu trennen. Sie setzt für Sprechen und Schreiben durchaus unterschiedliche Vorstellungen in die Welt. Sprechen soll sich am Hörer orientieren, ist kurzlebig, flüchtig, direkt und von natürlicher Qualität. Schreiben orientiert sich an sichtbaren Zeichen, hat Dauer, kann über Zeit und Raum hinweg verstanden werden und bedarf besonderer Instruktionen (vgl. A.G. GERE, a.a.O., S. 90). Unter dieser individualistischen Perspektive, die Schreiben und Sprechen strikt voneinander trennt, läßt sich die gegenseitige Stimulierung von Sprechen und Schreiben nicht begreifen. Wenn man aber mit WYGOTSKI von der Wechselwirkung von innerer und äußerer Sprache, Sprechen und Schreiben ausgeht, dann verschwindet der Gegensatz von Sprechen und Schreiben. Die Schreibgruppen werden dann als besonders geeignetes Szenario sichtbar, die auch eine angemessene Sprache über Geschriebenes produzieren können. Demokratische Schreibkommunikation ist in Schreibgruppen möglich, weil der Sprech-Schreib-Dialog eher unter Gleichaltrigen und weniger unter älteren Professoren und jüngeren Studenten, wie im Uniseminar, stattfindet.

Ein weiteres Argument kommt hinzu. Dem englischen Schreibforscher James BRITTON ist die Erkenntnis zu danken, daß wichtige Lernergebnisse nur in narrativen Modellen vom Alltagsbewußtsein aufgenommen werden. Wissenschaftliches Lernen als abstraktes begriffliches Lernen muß deshalb immer wieder an die narrativen Strukturen der Alltagssprache rückvermittelt werden. Schreibgruppen stellen ein Szenario dar, das durch die Einbeziehung narrativer Textsorten das Wachstum der wissenschaftlichen Sprache in den teilnehmenden Studenten und damit des wissenschaftlichen Lernens ermöglicht.

So sehr sich PIAGET und WYGOTSKI beim Ursprung des Sprechens und Schreibens unterscheiden, so sind sich doch beide in der Idee einig, daß Lernen primär vom Gebrauch der Sprache und besonders vom Gebrauch der Schriftsprache abhängt. Schreibgruppen eröffnen damit ein Feld, auf dem sich Schreiben und wissenschaftliches Lernen engstens verzahnt. Durch Verschriftlichung der wissenschaftlichen Erfahrungen an der Universität und durch die schriftliche Lösung wissenschaftlicher Probleme geben Schreibgruppen zentrale Impulse für die wissenschaftliche Lernkarriere von Studenten. Durch die in Schreibgruppen mögliche Metakommunikation über Schreiben wird ein zentrales universitäres Lernziel: die kritische Sprachfähigkeit und die Fähigkeit zur Kritik der wissenschaftlichen Sprache. Die Untersuchung von K. BRUFFEE zeigt, daß: *„Studenten, die an Schreibgruppen teilgenommen haben, gegen über Studenten, die Schreib-*

gruppen nicht kennen, ein höheres Niveau des kritischen Denkens und ein fundierteres wissenschaftliches Urteil entwickeln konnten" (K. BRUFFEE: The Brooklyn-Plan: Attaining Intellectual Growth trough Peer-Group Tutoring. In: Liberal Education 64, 1978, S. 447-468, A. LIMSFORT, L. EDE, a.a.O., S. 121-124).

Aus der Sicht individualistischer Schreibforscher bleiben also Schreibgruppen in ihrer Qualifikationspotenz für wissenschaftliches Schreiben marginal. Aus der Sicht soziologischer Schreibtheorien zeigen Schreibgruppen ihre zentralen Potenzen für die Aneignung der wissenschaftlichen Fachdiskurse und Fachschreiben.

2.3. Umrisse einer Gruppenpädagogik des wissenschaftlichen Schreibens

Bisher gibt es keine entwickelte Gruppenpädagogik des wissenschaftlichen Schreibens. Aus der amerikanischen Literatur, in der sich Schreibgruppenanalysen seit 1890 (!) finden lassen, kann man aber wichtige Umrisse einer Schreibgruppenpädagogik ableiten (vgl. die umfangreiche Bibliographie zur Schreibgruppenforschung bei a. R. GERE, a.a.O., S. 126-165).

Obwohl die Schreibgruppen sehr unterschiedlich sind, lassen sich zwei Typen leicht unterscheiden: die leitungszentrierten Schreibgruppen, und die selbstorganisierten Schreibgruppen.

Leitungszentrierte Gruppen entstehen meistens in der Universität, während selbstorganisierte Schreibgruppen sich oft außerhalb der Universität entwickeln. Für beide Gruppentypen gibt es unterschiedliche Gesichtspunkte in Bezug auf Verbreitung, Durchführung und Auswertung von Schreibprozessen. Diese Unterschiede wollen wir nun vorstellen:

Leitungszentrierte Gruppen des wissenschaftlichen Schreibens

Bei diesem Gruppentyp hängt die Gruppenarbeit entscheidend von den Interventionen der Gruppenleitung ab. Deshalb ergeben sich zuerst gewisse Anforderungen an die Leitung. Die Gruppenleitung sollte am besten Erfahrungen mit Schreibgruppen haben, vom eigenem Schreiben überzeugt sein und sich für das kooperative Lernen von wissenschaftlichen Sprachdiskursen engagieren können. Die erste Aufgabe der Schreibleitung besteht darin, die Voraussetzung zu schaffen, damit eine Schreibgruppe entstehen kann, die besonders für Studentinnen gute Möglichkeiten der Verbesserung ihrer gegenüber den Studenten benachteiligten Schreibqualifikation bietet (C. GANNETT: Gender and the Journal. New York 1992, S. 191 ff.). Der Hochschullehrer kann die Entstehung der Schreibgruppe im Rahmen seiner Lehrverpflichtungen abwickeln. Die Anleitung sollte das Thema für die Schreibgruppe klar benennen, Ziele und Entwicklungsetappen der Gruppe zugleich vorplanen. Bei der Planung des Gruppenprogramms kann sich die Gruppenleitung an den Schreibmodellen in diesem Lehrbuch orientieren (vgl. auch Teil C, Kapitel 4). Bei Anfängergruppen sollten für die Planung von Schreibgruppenprogrammen folgende didaktische Prinzipien gelten:

- von innen nach außen schreiben
- sich von der privaten Sprache in die öffentliche Sprache und Schrift entwickeln,
- vom einfachen erzählenden Text zum komplizierten wissenschaftlichen Text fortschreiten

Bei fortgeschrittenen Gruppen gelten folgende didaktische Prinzipien:

- Lesen und Schreiben von wissenschaftlichen Texten methodisch verzahnen
- das Verhältnis von Forschungs- und Schreibprozeß bewußt machen
- auf den Zusammenhang von Fachsprache und fachspezifischem Schreiben achten
- Unterschiede des wissenschaftlichen Schreibens in verschiedenen Fächern herausarbeiten

In der Startphase der Schreibgruppe kommt es darauf an, daß dem Teilnehmer der Aufbau und die Arbeitsweise der Schreibgruppe verständlich wird. Die Schreibanleitung könnte zu diesem Zweck folgende Arbeitshinweise geben:

Arbeitsregeln für leiterzentrierte Gruppen des wissenschaftlichen Schreibens

1. Schreibgruppen funktionieren nur, wenn sich Vertrauen und Achtung unter den Teilnehmern entwickeln. Jeder Schreiber betrachtet seinen Text als Teil seines Selbst und reagiert schnell narzistisch gekränkt, wenn die Gruppenarbeit an seinem Text ihn zu sehr verletzt. Bis sich das Vertrauen des Einzelnen in die Gruppe entwickelt hat, ist deshalb harte Kritik an Textprodukten nicht sehr sinnvoll. Schreiber sind erst bereit, Kritik an eigenen Texten zu verkraften, wenn sie das Gefühl haben, daß ihre Texte im Begriff sind, an Qualität zuzunehmen.
2. Jede Gruppensitzung umfaßt folgende Abschnitt:
   - Vorstellung der Schreibaufgabe
   - Schreiben
   - Vorlesen mehrerer Texte
   - Textdiskussion
   - Zusammenfassung der Ergebnisse der Sitzung

   Der Gruppenleiter hat jeweils für die Einhaltung dieser Struktur zu sorgen.
3. Die Gruppenleitung und die Teilnehmer sollten sich als kooperative Lernende verstehen. Das bedeutet für die Leitung, daß sie jede autoritäre Kontrolle über die Gruppe aufgibt und die Gruppe begleitend berät. Die Gruppenteilnehmer sind als Leser verpflichtet, laut und deutlich zu lesen und sich der Reaktion der Hörer auf ihren Text zu stellen. Mehr zuzuhören als zu reden ist

die Grunddevise jedes Teilnehmers. Die Zuhörer sollten genau auf den vorgelesenen Text achten, möglichst sehr konkrete Fragen zum Text stellen und auch die Gefühle zeigen, die der Text in ihnen auslöst.

4. Der Gruppenleiter hat die Aufgabe, den Schreibprozeß einzuleiten und zu begleiten. Dabei kann er unter wechselnden Schwerpunkten folgende Aufgaben erfüllen:
   - den Schreibprozeß erklären
   - studentisches Engagement beim Schreiben fördern
   - Studenten im Schreibprozeß halten
   - Schreibaufgaben analysieren
   - die Abhängigkeit des Schreibens vom Zuhörer, dem Thema und der Textsorte bewußt machen
   - Studenten helfen, Ideen zu entwickeln und den zu schreibenden Text einzugrenzen
   - Informationen über Bibliotheksbenutzung geben
   - Hilfen zur Durchführung von Interviews vermitteln
   - Beobachtungen und Experimente begleiten
   - Revisionsvorschläge für den Text machen
   - visuelle Hilfen zum besseren Verständnis des Schreibprozesses anbieten
   - Schreibstilhilfen für das Schreiben geben und bei Grammatik und Orthographie beraten
   - den gesamten Schreibprozeß fördernd und stützend begleiten

   Der Schreibgruppenleiter muß außerdem die Diskussion der gelesenen Texte anleiten. Dabei wird er auf folgende Dinge achten:
   - Schreiblücke, Schreibstörung
   - Absichten des Schreibers
   - Lob
   - Bewertungskriterien von Kritik
   - konkrete Arbeit am Text
   - Themeneingrenzung
   - erstes und letztes Kapitel des Textes
   - Gliederungstypen von Texten
   - Stil
   - Grammatik, Zeichensetzung, Aussprache
   - Ziele der Textverbesserung

   (B. E. FASSLER WALVOORD: Helping Students Write Well. A Guide for Teachers in All Disciplines. New York 1986)

5. An die Stelle formaler Kriterien der Gruppenführung können (wenn die Leitung und die Teilnehmer zustimmen und entsprechend qualifiziert sind) auch Kriterien der Gruppenpsychotherapie treten. Eine Gruppe des wissenschaftlichen Schreibens kann nach Prinzipien der Gesprächspsychotherapie, der Transaktionsanalyse oder der Psychoanalyse geführt werden (vgl. C. M. ANSON (Hrsg.): Writing and Response. Urbana 1989, S. 68 ff. und 114 ff.)

Erste größere empirische Untersuchungen haben ergeben, daß die Hilfe der Schreibgruppenleitung besonders wichtig bei der Startphase des Schreibens ist. Auf diese Phase hat die Schreibleitung besonderes Augenmerk zu richten (vgl. S. W. FREEDMAN: Response to Student Writing. Urbana 1987, S. 157).

Selbstorganisierte Gruppen des wissenschaftlichen Schreibens

Selbstorganisierte Gruppen nehmen die Planung, Durchführung und Auswertung ihrer Gruppenarbeit in eigene Regie (vgl. P. ELBOW: Writing without Teachers. New York 1973). Derartige Gruppen kommen durch Zufälle oder durch Absprachen in der studentischen Kultur zustande. Mit dem vorliegenden Lehrbuch haben sie eine gewisse Arbeitshilfe besonders in Bezug auf die konkreten Schreibgruppeninhalte, wo sie zwischen leichteren und schwereren Schreibmodellen wählen können. Am Anfang der Gruppenarbeit sollten sie sich auch Arbeitsregeln setzen. Diese Arbeitsregeln könnten folgende Aspekte beinhalten:

Arbeitsregeln für selbstorganisierte Gruppen des wissenschaftlichen Schreibens

1. Wir müssen zuerst Zutrauen zueinander entwickeln, damit wir zur Schreibkritik fähig werden.
2. Jede unserer Gruppensitzungen umfaßt folgende Abschnitte:
   - Vorstellen der Schreibaufgabe
   - Schreiben
   - Vorlesen mehrerer Texte
   - Textdiskussion
   - Zusammenfassung der Ergebnisse
3. Leser und Hörer hängen voneinander ab. Die Leser lesen laut und fordern die Zuhörer zu Fragen auf. Sie bitten um emotionelle und kognitive Antworten und lassen sich die analytische, argumentative und diskursive Seiten ihrer Arbeit bewerten. Sie bitten auch um tieferes Feedback, indem sie nach den Bildern im Kopf der Zuhörer, die Ihr Text auslöst und nach den Eindrücken, die Ihr Stil auf die Zuhörer macht (vgl. P. ELBOW: Writing with Power, New York 1981, S. 237-278). Die Zuhörer sagen immer etwas Neues zu jedem Text, stellen Fragen, teilen ihre emotionellen und kognitiven Reaktionen mit, sind konkret in bezug auf Stilaufbau und Argumentation der gehörten Texte (T. FULWILER: College Writing, a.a.O., S. 194-197).
4. Am Ende jeder Sitzung wird der Erfolg der Sitzung überprüft. Jeder Teilnehmer fällt ein Urteil. Die nächste Sitzung wird dann gemeinsam vorausgeplant.
5. Eine selbstorganisierte Schreibgruppe kann auch nach den Prinzipien der Selbstanalyse geführt werden. Diese Zielsetzung setzt aber die Zustimmung aller Beteiligten voraus (vgl. L. v. WERDER (Hrsg.): Alltägliche Selbstanalyse. Weinheim 1990, L. v. WERDER, J. PETER (Hrsg.): Selbstanalyse in Therapie und Selbsthilfe. Weinheim 1992).

Neuere amerikanische Schreibgruppenforschungen zeigen, daß die Arbeit von kooperativen wissenschaftlichen Schreibgruppen die Grenzen der Universität längst überschritten haben. Wissenschaftliche Schreibgruppen arbeiten in den USA heute beim Staat, in Verbänden und Vereinen, aber auch in freien Berufen, in der Frauenbewegung und in den Chefetagen der großen Konzerne (J. FORMAN: New Visions of Collaberative Writing. Portmouth 1992, A. LUNSFORD, L. EDE: Singular Text/Plural Autors, a.a.O. 177-186, C.B. MATALENE (Hrsg.): Worlds of Writing. New York 1989, M.E.A. SIEGEL, T. OLSON (Hrsg.): Writing Talks. Upper Montclair 1983).

Schreibgruppen des wissenschaftlichen Schreibens werden in Deutschland Neuland betreten. Sie werden am Anfang öfter scheitern. Soviel ist sicher. Sie werden aber gelingen, wenn „*die Gruppen gut vorbereitet, gut geführt oder gut selbstorganisiert sich entwickeln können.*" Wenn die Ziele und Methoden klar sind und die Erfolgskontrolle am Ende stattfindet, haben Gruppen des wissenschaftlichen Schreibens eine sehr gute Chance (A. R. GERE, a.a.O, S. 112).

2.4. 14 Methoden der Textarbeit

Nach dem Schreiben von Texten werden die Texte in der Gruppe vorgelesen und die Zuhörer zu einer Reaktion der Texte aufgefordert. Diese Reaktion nennt man Textarbeit.

Der Schreibgruppenleiter sollte mit folgenden Methoden der Textarbeit vertraut sein und den Einsatz dieser Methoden nach dem Vorlesen der Texte steuern können.

Die Methoden der Textarbeit zerfallen in fünf große Gruppen:

1. Emphatisches Feedback
2. Beschreibendes Feedback
3. Analytisch-kritisches Feedback
4. Feedback für den Schreiber
5. Feedback auf der Basis für wissenschaftliche Kriterien und Maßstäbe.

Dazu ein Mind-Map:

Formen der Textarbeit

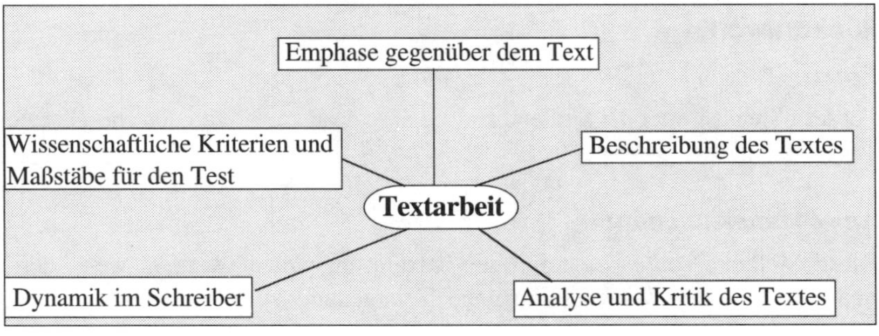

Innerhalb dieser Gruppen stehen dem Leiter insgesamt 14 Methoden der Textarbeit zur Verfügung. Verschaffen wir uns über diese vielen Methoden einen Überblick.

a) Emphatische Einfühlung der Hörer in den vorgelesenen Text

Praxis

Der Leiter fordert den Studenten auf, seinen Text laut vorzulesen und dabei darauf zu achten, wie er klingt. Der Student wird schon viel vom Akt des Vorlesens in einer Gruppe gespannter Zuhörer lernen können. Die Zuhörer werden aufgefordert, nach dem Vorlesen ihre Gefühle zu artikulieren, die der Text bei ihnen ausgelöst hat.

Anwendungssituation

Wenn der Student und die Gruppe nicht viel Zeit haben, oder wenn der lesende Student noch einen sehr unsicheren Eindruck macht und große Angst vor Kritik signalisiert, ist die emphatische Resonanz angemessen. Ihre Anwendung ist besonders in den Anfangsphasen von Schreibgruppen sehr hilfreich. Auch wenn ein Text einen perfekten Eindruck macht, läßt sich mit dieser Methode viel von der Qualität des Textes bei den Zuhörern verdeutlichen.

b) Beschreibendes Feedback der Hörer auf den vorgelesene Text

Hier sind sieben unterschiedliche Sorten des Feedbacks zu unterscheiden, die die meisten Textdiskussionen gut gestalten lassen:

- Rückantwort
- Betonung
- Zusammenfassung
- Klischee
- Emotionelles Zentrum
- Struktur
- Metaphorische Beschreibung

Rückantwort

Praxis

Fordern Sie als Leiter die Studenten auf, kurz zu sagen, wovon der vorgelesene Text handelt.

Anwendungssituation

Diese Methode sollte bei unfertigen Texten angewandt werden, wenn dem Schreiber geholfen werden soll, seinen Text genauer zu formulieren

Betonung

Praxis

Der Leiter fragt bei dieser Methode: „Welche Worte und Sätze gefallen Ihnen beim vorgelesenen Text am besten? Nennen Sie nur diese Worte und Sätze, ohne dabei Ihr Urteil zu begründen."

Anwendungssituation

Diese Methode eignet sich dann, wenn dem Leser ein Eindruck vermittelt werden soll, welche Teile seines Textes bei den Zuhörern besonders gut ankommen.

Zusammenfassung

Praxis

Der Leiter fragt die Studenten: „Was sind die wichtigsten Thesen im eben gehörten Text?"

Anwendungssituation

Diese Methode kann dem Vorleser einen Eindruck vermitteln, welche Textpartien bei den Zuhörern ankommen und welche Textpartien zu verändern sind.

Klischee

Praxis

Der Leiter stellt die Frage: „Was kommt Ihnen bei diesem vorgelesenen Text sehr bekannt vor? Was sollte genauer ausgeführt werden?"

Anwendungssituation

Diese Methode drängt sich auf, wenn der vorgelesene Text sich zu stark an sattsam bekannte Ideen klammert und eine originelle Fassung unbedingt nötig hat.

Emotionelles Zentrum

Praxis

Der Leiter fragt: „Was halten Sie für das Herzstück des gehörten Textes? Wo schlägt das Herz des Schreibers im vorgelesenen Text?"

Anwendungssituation

Diese Methode empfiehlt sich dann, wenn der vorgelesene Text entweder völlig kognitiv oder völlig emotional geschrieben ist. Die Anwendung dieser Methode kann bei einer Umarbeitung des Textes und beim Ausbau seiner wissenschaftlichen Überzeugungskraft erhebliche Hilfe leisten.

Struktur

Praxis

Der Leiter soll bei dieser Methode den Zuhörern folgende Fragen stellen:
- „Wie ist der gehörte Text gegliedert?
- Welche Haltung nimmt der Text gegenüber dem Hörer und Leser ein?
- Welche Forschungsmethoden benutzt der Text?
- Wie überzeugend sind die Belege für die aufgestellten Behauptungen?
- Wie klingt die Sprache des Textes?"

Anwendungssituation

Diese Methode sollte bei einiger Erfahrung der Vorleser frühestens ab der dritten Schreibgruppensitzung so oft wie möglich angewandt werden.

Metaphorische Beschreibung

Praxis

Der Leiter wird die Zuhörer auffordern, den Eindruck des gehörten Textes in Gestalt eines Bildes auszudrücken. Er fordert die Zuhörer auf: „Beschreiben Sie den gehörten Text in Bildern des Wetters, der Bekleidung, der Farben, der Geräusche oder in Gestalt eines Tieres."

Anwendungssituation

Bei jungen Studenten, die keine großen Erfahrungen mit wissenschaftlichen Texten haben, kann diese Methode eine schnelle Reaktion auf Texte auslösen. Die Studenten werden dadurch angeregt, die Texte besser wahrzunehmen und sich auch komplexere Methoden der Textarbeit anzueignen.

c) Analytisch-kritisches Feedback der Hörer auf den vorgelesenen Test

Dieses Feedback läßt sich in drei Arten entwickeln:
- Die Ordnung des Diskurses
- Überzeugungen und Zweifel
- Der rote Faden

Die Ordnung des Diskurses

Praxis

Der Leiter sollte bei dieser Methode die Zuhörer fragen:
- „Was sind die Haupt- und die Nebenargumente des gehörten Textes?
- Was ist eigene Meinung des Schreibers, und was sind übernommene wissenschaftliche Argumente in dem gehörten Text?
- Wie versucht der Text, die Hörer für sich zu gewinnen?"

Anwendungssituation

Diese Methode sollte eingesetzt werden, wenn der Schreiber noch stark mit der logischen Ordnung seines Textes zu kämpfen hat. Sie eignet sich aber auch bei gelungenen Texten, die als Modelle der richtigen Diskursordnung den Studenten vorgestellt werden können.

Überzeugungen und Zweifel

Praxis

Der Leiter sollt die Zuhörer zuerst auffordern, alle Elemente zu benennen, die sie am gehörten Text voll unterstützen, dann sollten von den Hörern alle zweifelhaften Elemente benannt werden.

Anwendungssituation

Diese Methode hilft bei Texten, die noch keine klare Argumentationstruktur haben. Die Methode zwingt den Schreiber seinem Text mehr Glaubwürdigkeit und Überzeugungskraft zu geben. Sie fördert aber auch die Herausarbeitung einer klaren Perspektive und Gliederung des Textes.

Der rote Faden

Praxis

Der Leiter sollte die Hörer auffordern, vom gehörten Text ein Mind-Map anzufertigen.

Anwendungssituation

Diese Methode ist nur einsetzbar, wenn jeder Hörer den gelesenen Text in Kopie vor sich hat. Außerdem muß auch genügend Zeit für die sehr langwierige nachfolgende Textarbeit zur Verfügung stehen, wenn die einzelnen Mind-Maps vorgestellt und kommentiert werden.

d) Feedback für die inneren Bilder des Schreibers

Dieses Feedback soll dem Schreiber die Möglichkeit geben, sich die Bilder bewußt zu machen, die er beim Vorlesen seines Textes in der Gruppe in seinem Kopf erlebt.

Praxis

Der Leiter sollte den Vorleser auffordern, die Bilder zu benennen, die ihn beim Lesen seines Textes in der Gruppe begleiten. Für diesen Zweck verfügt der Leiter über folgende Mittel:

- Der Leiter fordert den Vorleser auf, seine Lesung zu unterbrechen und die Bilder zu benennen, die er gerade beim Vorlesen hatte.

- Der Vorleser wird aufgefordert, nach seiner Lesung seine inneren Lesebilder als Geschichte zu erzählen.
- Wenn der Leser keinen Zugang zu seinen inneren Bildern hat, sollte der Leiter mit Fragen arbeiten, die den Vorleser animieren, seine Weg zu verdeutlichen, den er beim Lesen gegangen ist.

Anwendungssituation

Diese Methode kann nur angewandt werden, wenn das Vertrauensklima in der Schreibgruppe sehr gut entwickelt ist, denn sie führt sonst leicht zu heftigen kritischen Auseinandersetzungen. Bei langen wissenschaftlichen Schreiblernprozessen besitzt diese Methode eine große Kraft den Zusammenhang zwischen der inneren Sprache des Vorlesers und seiner geschriebenen Sprache zu erhellen.

Sie verhilft damit, Barrieren bei der Umsetzung von inneren Bildern in wissenschaftliche Sprache abzubauen. Sie hat damit eine besonders große Bedeutung für weibliche Schreiberinnen.

e) Feedback auf der Basis wissenschaftlicher Kriterien und Maßstäbe

Alle Formen der Textarbeit sollten schließlich zur Textarbeit auf der Basis wissenschaftlicher Kriterien und Maßstäbe führen. Dabei ist das Feedback bei nichtwissenschaftlichen und wissenschaftlichen Texten zu unterscheiden.

Nichtwissenschaftliche Texte

Praxis

Der Leiter kann die Textdiskussion bei nichtwissenschaftlichen Texten an folgenden Kriterien festmachen:

- Lebendigkeit der Darstellung: „Erleben wir als Zuhörer, was in der Geschichte passiert“
- Charakter: „Finden Sie die dargestellten Figuren überzeugend und interessant?“
- Erzählstruktur: „Ist der Aufbau des Textes spannend?“
- Sprache: „Besitzt die Sprache des Textes die erforderliche Expressivität?“

Anwendungssituation

Diese Textarbeit sollte nur bei erfahrenen Schreibern angewendet werden und auch das nur stets in kleinen Dosierungen.

Wissenschaftliche Texte

Praxis

Der Leiter sollte die Textarbeit bei wissenschaftlichen Texten an folgenden Kriterien orientieren:

- Klarheit der Fragestellung des Textes
- Aufbau von Ideen, Einsatz von Beispielen
- Grad der Selbstreflexion des Schreibers
- Klarheit der Darstellung der wissenschaftlichen Forschungsmethode und ihrer Grenzen
- sprachlicher Ausdruck
- Grad der Beherrschung aller Techniken des wissenschaftlichen Arbeitens

Anwendung

Diese Textarbeit hat für Schreibgruppen im Hauptstudium einen großen Stellenwert, wenn die Gruppenmitglieder schon sehr schreiberfahren sind (vgl. P. Elbow, P. Belanoff: Sharing and Responding. New York, 1989 S. 62-69).

2.5. Wissenschaftliches Schreiben für Studentinnen

Überlegungen zur Arbeit in Schreibgruppen müssen auf jeden Fall geschlechtsspezifische Aspekte beleuchten. Viele Studentinnen haben heute noch ein Selbstverständnis, das Wendy GOULSTON folgendermaßen beschreibt: Studentinnen „*verstehen sich auf private Gespräche, besonders, wenn es sich um Einfühlung, Anerkennung und gute Reaktionen auf die Gefühle anderer geht. Das kommt daher, daß Studentinnen in der Vorstellung erzogen worden sind, daß sie mehr von Beziehungen als von Logik verstehen. Sie sind sozialisiert worden mit dem Ziel eher Leuten zu gefallen als ihnen zu widersprechen. Sie wurden ermuntert, in der Privatsphäre zu agieren und nicht in der Öffentlichkeit zu denken und zu handeln*“ (W. GOULSTON: Womens Writing. In: C.L. CAYWOOD, G.R. OVERING (Hrsg.): Teaching Writing. Pedagogy, Gender and Equity. New York 1987, S. 19). Es ist deshalb naheliegend, daß das Erlernen des wissenschaftlichen Schreibens in öffentlicher Sprache für Studentinnen mit der Aufarbeitung ihrer inneren Sprache und deren Verschriftlichung beginnen muß. Das passiert am besten in rein weiblichen Gruppen des wissenschaftlichen Schreibens.

Die Arbeit an der inneren Sprache ist das, was „*Frauen über lange Jahrhunderte in Briefen, Journalen und Gesprächen mit anderen Frauen gepflegt haben, dazu gehörte auch Free-Writing, Brainstorming, Meditation und die Auseinandersetzung mit überfließenden, unzensierten Gefühlen und Ideen*“ (W. GOULSTON, a.a.O., S. 25). Wenn die Universität in ihren Schreibkursen die Methoden des expressiven Schreibens benutzt, um Studentinnen in den akademischen Diskurs der öffentlichen Fachsprache einzuführen, können die Studentinnen ihr Lernen des wissenschaftlichen Schreibens mit der Verschriftlichung des eigenes Denkens und Fühlens beginnen. Ausgehend von der eigenen Welt entwickeln sie dann am leichtesten ihre rhetorischen Kompetenzen und die Logik der wissenschaftlichen Sprache. Für diesen Lernprozeß ist nicht der autoritäre, repressive Schreiblehrer erforderlich, sondern eine einfühlsame Beraterin des Schreibprozesses, die den Studentinnen hilft, ihre eigenen Erfahrungen wertzuschätzen und sie dabei ermutigt, ihr eigenes Leben in ein produktives Verhältnis zu den wissenschaftlichen Ideen zu setzen. „*Die Schreiblehrerin ist eine Führerin, die zu Sprachexperimenten und zur Schreibforschung ermutigt und keine Richterin, die der Konventionalität der Sprache huldigt*“ (C. L. CAYWOOD, OVERING, a.a.O., S. 101).

Die weibliche Schreibgruppenpädagogik geht von der Erforschung professioneller Schreiber und Schreiberinnen aus. „*Erfahrene Schreiber erwarten, daß sie viele Schreibversuche machen können, ehe sie ihr Thema genau erfassen. Unerfahrene Schreiber lassen sich davon leiten, daß ein gelungener Text plötzlich da steht und sie betrachten alle Schreibversuche, die nicht gleich zu diesem Erfolg führen, als Fehlschläge. Solche Schreiber denken, daß gute Schreiber gute Texte schnell und völlig problemlos produzieren*“ (CAYWOOD, G.R. OVERING, a.a.O., S. 24). Die Arbeit in Frauenschreibgruppen erfordert viel Spielraum für sprachliches Experimentieren und zur Entwicklung eines authentischen Schreibstils.

Um die Diskriminierung der Frau in der Männergesellschaft auch sprachlich zu unterlaufen, hat die weibliche Schreibgruppenpädagogik folgende Sprachregelungen in Schreibgruppen entwickelt:

- Sprechen Sie immer von ‚ihr‘ oder von ‚ihm‘, nicht von ‚man‘
- Vermeiden Sie Sex-Stereotypen wie ‚Mann und Frau‘, ‚Vater und Sohn‘, ‚blondes Dummchen‘, ‚starker Mann‘ usw.
- Meiden Sie Männerwitze über Frauen
- Untersuchen Sie das sexuelle Rollenverständnis aller Texte die Sie lesen und die Sie schreiben.

(C.L. CAYWOOD, G.R. OVERING, a.a.O., S. 86 ff., vgl. auch F.W. FRANK, P.A. TREICHLER: Language, Gender and Professional Writing: Theoretical Approaches and Guidelines for Non-Sexist Usage. New York 1989, S. 137-280)

In Schreibgruppen von Studentinnen sollten sich männlich dominierte Kommunikationsformen nicht einschleichen. In geschlechtsgemischten Schreibgruppen wird sich eher zeigen, daß „*Geschlechtsunterschiede auch in den Kommunikationsmustern vorhanden sind ... Diese Kommunikationsmuster reflektieren und befestigen den niedrigeren sozialen Status der Frauen in unserer Gesellschaft ... So geschieht es, daß wenn Männer und Frauen reden, sich in ihren Redeformen die Struktur der sexuellen Arbeitsteilung reproduzieren*“ (C.L. CAYWOOD, G.R. OVERING, a.a.O., S. 139). Deshalb ist es wichtig, daß in weiblichen Schreibgruppen ein Klima herrscht, in dem die Studentinnen Vertrauen in sich selbst, ihre Zuhörer und ihre subjektiven Interessen entwickeln können. Es sollte ihnen die Möglichkeit eröffnet werden, aus kreativer Unordnung ihre eigene Ordnung und Logik zu entwickeln. James MOFFET, der große amerikanische Schreibforscher, schreibt: „*Erst die Erfahrung der Unordnung vermittelt die Kunst der Ordnung des wissenschaftlichen Schreibens. Klarheit und Objektivität lernt die Schreiberin, nicht wenn Ordnung und Form vorgegeben sind, sondern erst, wenn die Schreiberinnen die Ordnung aus der langsamen Entwicklung ihres eigenen Denkens entfalten können*" (J. MOFFET: Writing, Inner Speech and Meditation. In: Ders.: Rhetoric and Composition. Upper Moutclair 1984, S. 67). James MOFFET schreibt weiter: „*Schreiben kann nur beginnen als ein Prozeß der Einkreisung, des langsamen Annäherns, des Erforschens und des Durchstreifens des großen inneren Panoramas, das William JAMES „The Stream of Consciouness*" genannt hat. (J. MOFFET, a.a.O., S. 231) Pat BELANOFF, die die amerikanische Schreibforschung untersuchte z.B. Ann BERTHOFF, Janet EMIG, Peter ELBOW kommt dabei zu folgendem Ergebnis: „*Alle diese Theoretiker halfen mir zu verstehen, daß tatsächlich eine kausale Ursache zwischen chaotischem Free-Writing und effektiv gelungenem Schreiben besteht. Sie schätzen den Wert desanfänglichen chaotischen Denkens und sie demonstrierten die Beziehung zwischen dem Schreiben und der Entdeckung von Ideen, die man vorher noch nicht besaß. Gutes Schreiben ist jedoch mehr als nur gute Ideen haben: Gutes Schreiben ist strukturiertes Schreiben. ... Zu dieser Form führt uns die Sprache, denn Sprache zu benutzen ist gleichbedeutend mit Form zu kreieren*" (P. BELANOFF: Free-Writing: An Aid to Rereading Theories. In: P. BELANOFF, u.a. (Hrsg.): Nothing Begins with N. New investigations of Free-Writing. Carbondale 1991, S. 25). Studentinnen sollten deshalb ermutigt werden, mit kreativen Methoden nicht alltägliche Themen in Schreibgruppen zu bearbeiten. Sie sollten sich selbst und ihre Schreibkarriere zum Thema des Schreibens machen. „*Ein Weg, um Studentinnen zu helfen, sich als Schreiberin zu erfahren, ist die Durcharbeitung ihrer Vergangenheit als Schreiberin*" (C.L. CAYWOOD, G.R. OVERING, a.a.O., S. 141). Es ist deshalb naheliegend, daß das Journalschreiben eine wichtige Rolle in einem Curriculum des wissenschaftlichen Schreibens für Studentinnen spielt: „*Die meisten Studentinnen mögen das Journalschreiben ... die traditionelle autoritäre Ordnung zwischen Hochschullehrern und Studentinnen bricht beim Journalschreiben zusammen, wenn alle in sehr persönlicher Weise über die Inhalte ihrer Journale sprechen. Das Journalschreiben selber eröffnet einen Raum, in dem auch weibliche Tabu-Themen bearbeitet werden können (Homosexualität, Abtreibung usw.)*" C.L. CAYWOOD, G.R. OVERING, a.a.O., S. 152) Das Journalschreiben soll die Studentinnen von der privaten in die öffentliche Welt führen, indem sie ihre Sprache vom inneren Sprechen zum öffentlichen und wissenschaftlichen Diskurs entwickeln. Die Journale der Studentinnen behandeln die Rolle, die sie im privaten und im öffentlichen Leben spielen. Nachdem sie im Journal ihre private Welt zu Hause, die ihrer Freunde, der Nachbarschaft, der Hochschule, der Stadt, des Landes und der Welt bearbeitet haben, sollten sie die Lebensgeschichte der Menschen in der Öffentlichkeit und in der Welt der Medien schreibend erforschen. Auch in einzelnen Themen kann im wissenschaftlichen weiblichen Schreiben die Brücke von der privaten zur wissenschaftlichen Sprache geschlagen werden. So eröffnet z.B. die Thematisierung des Problems der Familie als Teil eines weiblichen

Schreibcurriculums einen umfassenden Brückenschlag von der Beschreibung bis zum Forschungsbericht. Dazu ein kleines Schreibprogramm:

*„**Beschreibung:** Beschreibe Deinen Bezirk.*
***Erzählung:** Erzähle aus dem Leben einer typischen Bewohnerin Deines Stadtteils.*
***Definition:** Definiere Dich selbst als Mitglied Deiner Familie.*
***Gliederung:** Interviewe ein Mitglied Deiner Familie, und entwickle einen strukturierten Text seiner Weltanschauung.*
***Vergleiche:** Arbeite die Unterschiede zweier Mitglieder Deiner Familie heraus.*
***Argumentation:** Entwickle die heutige Kontroverse über die Zukunft der Kleinfamilie, wie sie in der Presse geführt wird.*
***Forschungsbericht:** Erforsche Deine Familiengeschichte oder die Geschichte Deines Bezirks, benutze dabei schriftliche Quellen, führe Interviews, und fasse Deine Ergebnisse in einer angemessenen Struktur zusammen"* (C.L. Caywood, G.R. Overing, a.a.O., S. 163 ff.).

Die Studentinnen-Schreibgruppen in Deutschland können sich wie in anderen Ländern als Teil der Bewegung „des kreativen Schreibens in den Wissenschaften" betrachten (vgl. L.v. Werder: Kreatives Schreiben in den Wissenschaften. Berlin 1992, S. 163-177). Der Schreibansatz für Studentinnen bei weiblichen Erfahrungen wird im Studium der Geschichte, der Psychologie, der Naturwissenschaft, ebenso Bedeutung gewinnen wie in den Geistes- und Sozialwissenschaften. Die internationale Schreibforschung ist sich sicher, daß beim Lernen des wissenschaftlichen Schreibens *„die studentische Erfahrung, als Individuum und Person, in komplexer Weise interagieren muß mit den wissenschaftlichen Fachsprachen"* (D.R. Russell: Writing in the Academic disziplines 1870-1990. Carbondale 1991, S. 294). Die internationale Schreibforschung hat erkannt: *„Wir müssen nicht nur verstehen, wie ein wissenschaftliches Fachgebiet seinen Fachdiskurs etabliert, sondern auch, wie die Studenten ihren Fachdiskurs lernen und wie das Schreiben seine wichtige Rolle im Prozeß der Initiation der Studenten in ihre Fachgemeinschaft spielt"* (D.R. Russell, a.a.O., S. 301). Kreatives Schreiben in den Wissenschaften ermöglicht Studentinnen in größerer Zahl Wissenschaftlerinnen zu werden, indem sie Wissenschaft als wissenschaftliches Schreiben praktizieren.

Der Aufbau dieses Lehrbuchs des wissenschaftlichen Schreibens basiert auf der Grundhypothese wissenschaftliches Schreiben von der inneren Sprache zum wissenschaftlichen Fachdiskurs zu entwickeln. Der Weg dieses Lehrbuchs ist deshalb besonders für Studentinnen geeignet, die Wissenschaft praktizieren wollen.

Selbsthilfen beim wissenschaftlichen Schreiben

„Ich benutze Schreibstimuli, um überhaupt mit dem Schreiben zu beginnen. Ich suche nach geeigneten Schreiborten, ziehe Bilder heran, probiere Gerüche, achte auf emotionelle Erlebnisse, um ins Schreiben zu kommen.
Ich lese viele wissenschaftliche Texte nebeneinander, bis mein Gehirn den Befehl bekommt, Synthesen zu bilden. Dann geht es los.
Manchmal muß ich Startschreibtechniken einsetzen: freies Schreiben, freie Assoziation, automatisches Schreiben, wildes Drauflosschreiben, um dem inneren Zensor zu entkommen, der alles leicht niedermacht, was auf dem Papier erscheint. Für den Schreibprozeß selber brauche ich die Mitarbeit des Unbewußten. Ich muß warten, daß meine Ideen ausreifen. Dieses Reifen unterstütze ich mit vielen Mind-Maps, die ich auf Tapetenreste gemalt an die Wände meines Arbeitszimmers hänge. So entstehen immer sorgfältige Gliederungen.
Um mich bei der Literatursuche zu beruhigen, konsultiere ich erst den Totok-Weitzel, rufe Fachmenschen an, nerve meine Freundin, sitze lange an verschiedenen Katalogen. Dabei entstehen dann Zettelkästen mit Exzerpten. Journale werden von mir gefüllt. Es geht um die Bändigung der Gedankenflut. Ich sehe bei vorbildlichen Texten nach, ob sich in ihnen eine Gliederung verbirgt, die auch meinen Text strukturieren kann.
Beim Schreiben läuft bei mir immer Barockmusik, das beruhigt mich. Wenn ich vor einem neuen Kapitel einer Arbeit stehe, fertige ich erst einmal eine Graphik von diesem Kapitel an. Das hilft und schafft Ordnung.
Steht ein Text, spreche ich ihn auf Band und höre ihn mir an. Wie er so klingt. Ob ich meine eigene Stimme gefunden habe. Dann kommen die Fremdleser. An meinem Computer werden alle Korrekturen sorgfältig verarbeitet, bis alles stimmt" (Wissenschaftlicher Assistent aus dem Workshop „Kreatives Schreiben in den Wissenschaften", November 1990)

3. Aspekte der Selbstinstruktion für das wissenschaftliche Schreiben am einsamen Schreibtisch

3.1. Richtige und falsche Schreibvorstellungen

Der einzelne Student kann seine Selbstinstruktionen für sein einsames Schreiben beginnen, indem er sich über verfehlte und realistische Vorstellungen vom wissenschaftlichen Schreiben Klarheit verschafft. Zu den falschen Vorstellungen wissenschaftlichen Schreibens gehören folgende Ideen:

- Das wissenschaftliche Schreiben wird direkt durch spontane Inspiration gesteuert.
- Das wissenschaftliche Schreiben läßt sich leicht und unkompliziert praktizieren.
- Der erste Entwurf einer wissenschaftlichen Arbeit ist meist schon perfekt.

- Wissenschaftliche Schreiber werden geboren. Sie brauchen die Fähigkeit zum wissenschaftlichen Schreiben nicht in einem langen Lernprozeß zu erwerben.
- Jeder Schreiber arbeitet in gleicher Weise - nur dieser Weg ist der richtige.
- Viele Menschen sind zum wissenschaftlichen Schreiben einfach zu dumm.

Wer solche Vorstellungen vom wissenschaftlichen Schreiben hat, wird sich über häufige Schreibstörungen bis hin zu Schreibblockaden nicht zu beklagen haben. Die Normen des wissenschaftlichen Schreibens werden bei solchen Anschauungen erheblich zu hoch angesetzt, so daß sie mit den normalen Schreibmitteln gar nicht erfüllt werden können. Schreibvorstellungen, die das wissenschaftliche Schreiben fördern, gehen davon aus, daß Schreiben vom Einzelnen Zeit und Disziplin erfordert. *„Wenn ein Autor behauptet, er habe im Rausch der Inspiration geschrieben, lügt er. Genie ist 10 % Inspiration und 90 % Transpiration*" (U. Eco: Nachschrift zum Namen der Rose. München 1990, S. 18). Zum Schreiben gehört ein angemessener Schreibplatz, kontinuierliche Arbeitszeiten, ein Arbeits- und Zeitplan. Vgl. G. Rückriem, J. Stary, N. Franck a.a.O., S. 13-29). Die Orientierung an den Schreibgeheimnissen großer Wissenschaftler, wie das Schreibtrainingsprogramm dieses Lehrbuchs, können Hilfestellungen bei der Entwicklung guter Schreibqualifikationen geben. Eine weitere wichtige Grundlage des wissenschaftlichen Schreibens ist das wissenschaftliche Lesen. Das Lesen von wissenschaftlicher Literatur muß den wissenschaftlichen Schreibprozeß begleiten. Durch Buchrezensionen, Zusammenfassungen, Textkritiken werden gelesene Texte zum Ursprung von geschriebenen Texten. Das Lesen wissenschaftlicher Literatur setzt die Aneignung wissenschaftlicher Begriffe voraus. Wissenschaftliche Begriffe sind das Gerüst der wissenschaftlichen Diskurse. Wissenschaftliche Begriffe erfordern oft die Benutzung eines Wörterbuches, um ihren Sinn zu verstehen. Um wissenschaftliches Lesen fruchtbar werden zu lassen muß es sich daran orientieren, die wichtigsten Ideen der gelesenen Texte zusammenzufassen, die gelesenen Texte zu exzerpieren und zu kritisieren. Die Bereitschaft zu einer aktiven und produktiven Beziehung zwischen Lesen und Schreiben ist ein wichtiger Bestandteil einer richtigen Vorstellung vom wissenschaftlichen Arbeitsprozeß. Allerdings gibt es beim wissenschaftlichen Arbeitsprozeß unterschiedliche Typen: *„Da gibt es monochrome und polychrome Typen. Die monochromen können immer nur eine Sache beginnen und müssen sie auch abschließen. Sie können nicht lesen und Musik dabei hören, sie können nicht einen Roman unterbrechen, um einen anderen zu lesen, sie verlieren sonst den Faden, im extremen Fall können sie nicht antworten, wenn sie sich rasieren oder schminken.*

Bei den polychromen ist es genau umgekehrt. Sie müssen immer mehrere Arbeiten auf einmal vorantreiben, und wenn sie nur eine Sache machen, langweilen sie sich furchtbar. Die monochromen sind methodischer und haben oft wenig Phantasie. Die polychromen scheinen kreativer, aber bringen oft alles durcheinander und sind unberechenbar. Und wenn man sich die Biographien der großen Köpfe ansieht, dann sieht man daß eindimensionale und mehrdimensionale darunter waren" (U. ECO: Wie man eine wissenschaftliche Abschlußarbeit schreibt. Heidelberg 1992, S. 139).

3.2. Zur Psychologie des wissenschaftlichen Schreibens

Der einzelne Schreiber kann den wissenschaftlichen Schreibprozeß auch besser bewältigen, wenn er etwas von der Psychologie des wissenschaftlichen Schreibprozesses versteht.

Die neurologische Basis des Schreibprozesses wird von vielen Autoren heute in den beiden Gehirnhälften gesehen. Frühe Untersuchungen ergaben einen eindeutigen Unterschied zwischen den beiden Gehirnhälften. Ganz vereinfacht ausgedrückt: „*Die linke Gehirnhälfte beinhaltet das Sprach- und Logikzentrum, wohingegen die rechte Gehirnhälfte Bilder, räumliche Beziehungen und ganzheitliche Vorstellungen verarbeitet*" (B.J. BRUEGGEMANN: Whole Brains, Half Brains and Writing. In: Rhetoric Review, Vol. 8, Nr. 1, 1989, S. 127). Der Schreiber, der die linke Gehirnhälfte dominieren läßt, entwirft beim wissenschaftlichen Schreiben Pläne und Gliederungen und sammelt Argumente. Der rechtsdominante Schreiber verfügt über viele Einfälle, Bilder und überschießende Ideen. Letzterer wird aber Schwierigkeiten haben, seinem Text die notwendige logische und argumentative Ordnung zu verleihen. Leidenschaftliches Schreiben kann nach den Erkenntnissen der Doppelhirnforschung entweder an einer forcierten Logik oder an einer entfesselten Emotionalität scheitern (vgl. A. ARDIKE, F. OSTROSKI-SALES (Hrsg.): The Right Hemisphere: Neurologie and Neuropsychology. New York 1984, C. CODE: Language Aphasia In The Right Hemisphere. New York 1987, J. EHRENWALD: Anatomie of Genius: Split Brains and Global Minds. New York 1984, M.S. GAZZINGA, G.F. LEDUX: The Integrated Mind. New York 1978 und J.Z. JOUNG: Programs of the Brain. London 1978.) Gerade die inspirativen Phasen im wissenschaftlichen Schreibprozeß, in der die Impulse der rechten Gehirnhälfte sehr stark sind, hält für den Wissenschaftler folgende Belastungen bereit:

„*1. Ideenfluß, auf den Träger einstürzend*
2. Imaginationen, beherrscht von anschaulichen Bildern gegenüber formalbegrifflichen Denkformen
3. Emotionelle Erregungen, die mit der Problemlösung auch eine emotionelle Lösung bringen ...
4. Gefühle des Unbeteiligtseins, der Passivität, der Ich-Ferne bei dem Zustandekommen des Einfalls
5. Inspirationserlebnis, das Gefühl einer von außen kommenden Eingebung
6. Neuheitserlebnis, das Gefühl einer Neuschöpfung, des revolutionären „Noch-nie-Dagewesenen" (S. PREISER: Kreativitätsforschung. Darmstadt 1976, S. 44).

Der wissenschaftliche Schreiber muß diese psychischen Belastungen meistern. Er wird, wie es Umberto Eco darstellt, zwischen wissenschaftlicher Bescheidenheit, die auch noch Anregungen des völlig unbedeutenden Autors Abbé VALLET anerkennt und dem wissenschaftlichen Stolz etwas Neues für die Menschheit erarbeitet zu haben hin- und herschwanken. Um einen berechtigten Stolz auf seinen wissenschaftlichen Text entwickeln zu können, muß der Student „*so gearbeitet haben, daß er ein gutes Gewissen hat*" sagt ECO (U. ECO, a.a.O. S. 181, 229 ff.).

Ganzheitliche Methoden des wissenschaftlichen Schreibens, die sowohl die Funktion der linken als auch der rechten Gehirnhälfte, also sowohl die äußere als auch die innere Sprache benutzen, werden dem wissenschaftlichen Schreibprozeß, wie er in diesem Lehrbuch auch als Trainingsprogramm vermittelt wird, auf jeden Fall gerecht. Früh wurde aus der neurologischen Gehirn- und Schreibforschung die Empfehlung abgeleitet: Benutzen Sie beim wissenschaftlichen Schreiben die beiden Hälften Ihres Gehirns: Verstand und Gefühl (vgl. T. BUZAN: Use Both Sides of Your Brain. New York 1974, H.A. KLAUSER: Writing of Both Sides of the Brain. San Francisco 1987, G.L. RICO: Writing the Natural Way. Los Angeles 1982).

Die empirische Schreibforschung hat die Beziehungen zwischen Verstand und Gefühl beim wissenschaftlichen Schreiben weiter erhellt. Es ließ sich zeigen, daß die „*individuellen Emotionen sich erkennbar während des Schreibprozesses verändern ... Während des Schreibens wurden die positiven Emotionen stärker und die negativen Emotionen schwächer ... Am Ende des Schreibprozesses fühlten sich die meisten Schreiber beruhigt und entspannt*" (A.G. BRAND: The Psychologie Of Writing. New York 1989, S. 199). Allerdings differieren die Gefühlserfahrungen bei geübten und ungeübten Schreibern. Erfahrene Schreiber erleben beim Schreiben mehr positive Gefühle als unerfahrene Schreiber (A.G. BRAND, a.a.O., S. 100, 201). Je mehr Jahre ein Schreiber schreibt, umso mehr Fähigkeiten gewinnt er, um „*seine Gefühle beim Schreiben unter Kontrolle zu bekommen*" (A.G. BRAND, a.a.O., S. 202). Besonders die unqualifizierten Schreiber, die einsam zu Hause schreiben, erleben vielfältige negative Schreiberfahrungen. „*Verglichen mit dem Schreiben in der Gruppe, fühlten sich die Studenten zu Hause beim Schreiben ängstlicher und frustrierter*" (A.G. BRAND, a.a.O., S. 203). Die Idee, daß wissenschaftliches Schreiben in Gruppen für ungeübte wissenschaftliche Schreiber besser ist als das einsame Schreiben zu Hause, läßt sich damit empirisch erhärten.

Das folgende Modell des wissenschaftlichen Schreibprozesses, bei dem der Einsatz des Computers berücksichtigt ist, kann den von Schreibproblemen belasteten einsamen Schreiber eine gewisse Hilfe geben, seine potentiellen kognitiven und emotionellen Probleme während seiner Hauptschreibphasen beobachten und bearbeiten zu können.

Modell des wissenschaftlichen Schreibprozesses mit Computereinsatz

Organisationsphasen	Kognitive Probleme	Emotionelle Probleme
1. Entwicklung eines groben Schreibkonzeptes: Ideen zum Thema suchen, Ziele und Mittel der Kreation und Inspiration klären. Free-Writing, Rapid-Writing, Cluster und Mind-Map einsetzen. → Mit dem Computer kreativ spielen	Ideen bleiben unklar, Fragestellung zerdehnt sich, Zeitplanung ist unrealistisch, Themenstruktur zeigt sich nicht. → Defizite in der Computeranwendung.	Schreibimpuls bleibt aus, Emotionen stören den Einsatz von kreativen Methoden, die kein Ergebnis bringen. Das Denken greift nicht, es versinkt in Skrupeln. → Computersog
2. Schaffung von Schreibstimuli am Material: Recherchieren: Wissenserwerb, Materialbeschaffung, Bibliographien, Exzerpieren, Telephonieren. → EDV-Banken anzapfen	Verzetteln im Material, im Bibliographieren, „Absahnen" greift nicht, Fixierung auf schwer zugängliche Quellen, fehlerhaftes Exzerpieren, ungenügende Dokumentation des Materials. → Fehlende Computerordnung	Gegenstand des Themas wird überbewertet, Emotionalisierung der Materialsuche, große Angst als Fragesteller aufzutreten und Hilfen anzunehmen, skrupolöse Belastung durch Betrugszwänge. → Fehlende Computerdistanz
3. Entwicklung eines differenzierten Schreibkonzepts: Roter Faden Strukturieren: Struktur ausbauen, innere Logik vertiefen, Gliederungsmuster klären, Neues einordnen, Beobachten, Lesen, Kommunizieren, Fragen. → eigene Datenbank anlegen	Fehlende Eingrenzung der Fragestellung, der Schwerpunkte, Defizite der Feingliederung, zu kurzer, zu brüchiger, zu untheoretischer roter Faden. Fehlendes Textmusterwissen, Theorie- und Basiswissendefizite, ungenügende Praxisdokumentation. → Gliederungshilfen durch Computereinsatz.	Emotionalisierung der Schreiberfahrung (Rausch und Wüste). Entgrenzungslust und Begrenzungsschuldgefühle gegenüber dem Thema. Das wissenschaftliche Selbst zeigt sich nicht. Vorbehalte gegen imaginären Leser der Arbeit, Scham vor Selbstenthüllung. → Haß auf den Computer
4. Schreiben und Überarbeiten: Texten. Prüferbezug, Stil, formale Standards prüfen. Fußnoten, Zitate, Tabellen. Suche nach Sprach- und Inhaltsfehlern. → Texten am Computer, Textüberprüfung am Computer	Gestelzter Stil, extravagante Begriffe, fehlender wissenschaftlicher Diskurs, unklarer Leser, Textbrüche, unklare wissenschaftliche Maßstäbe, fehlende Zeit. → ungenügender Umbruch → ungenügende Computerkorrektur	Überanspruch an Stiul führt zu ästhetischem Ekel. Rigides wissenschaftliches Über-Ich schädigt Selbst- und Arbeitswert. Angst vor Studienende verhindert Schluß. Rigidität führt zu Kontrollzwang. → emotioneller Computerblock

3.3. Zum Umgang mit Schreibstörungen und Schreiblockaden

3.3.1. Schreibstörungen

Schreibstörungen sind die Begleitmusik für den komplexen und damit für Störungen anfälligen Schreibprozeß. Kein Schreiber kann Schreibstörungen entgehen. „Die Worte erscheinen nicht auf dem Papier. Wir starren vor uns hin, dann auf die Wand, dann aus dem Fenster. Wir trinken dauernd Kaffee, aber die Worte haben uns verlassen.“ Das wäre ein richtiger Schreibblock. Aber es lassen sich auch oft Schreibstörungen geringer Art finden wie:

- Schreiben, ohne auf den Punkt zu kommen
- Schreiben ohne Struktur
- Schreiben unter großer Anstrengung und mit immer langsamerer Geschwindigkeit
- Schreiben mit großer Angst
- Unfähigkeit zur Korrektur des Geschriebenen
- viele Fluchtarten, um dem wissenschaftlichen Schreiben aus dem Wege zu gehen

Um mit solchen Erfahrungen fertig zu werden, gibt es eine Vielzahl von Tips, von denen wir hier einige mitteilen wollen:

- Wenn ich beim ersten Kapitel meiner Arbeit blockiere, sollte ich mir einen Schreibabschnitt suchen, der mir Spaß macht und den ich gut bewältigen kann.
- Ich höre erstmal auf zu schreiben und mache etwas, was ebenso wichtig ist.
- Ich ändere die Zielgruppe meines Schreibens. Ich schreibe meine Arbeit erstmal für meine Kommilitonen und nicht für meinen Professor.
- Wenn die Studentenfassung steht, mache ich mich an die Professorenfassung.
- Ich schreibe ohne alle Rücksicht auf die Anforderungen der Dudenredaktion. Auf diese Art entsteht viel Rohmaterial, das, intensiv überarbeitet, die Grundlagen für einen guten wissenschaftlichen Text bieten kann.
- Ich wechsel mein Schreibwerkzeug. Wenn ich Schreibprobleme am Computer habe, greife ich mal wieder zum Kugelschreiber.
- Ich beginne erstmal wieder Literatur zu lesen. Wenn ich dann viele neue Ideen gesammelt und geordnet habe, versuche ich es weiter mit dem Schreiben.
- Ich höre auf zu schreiben und führe erstmal mit wichtigen Leuten Gespräche über mein Thema, damit es mir klarer wird und ich die Struktur der Textargumentation besser kennenlerne und damit besser aufschreiben kann.
- Wenn die Rohfassung eines Textes steht, aber die Überarbeitung nicht gelingt, sollte der Student längere Zeit ein Journal über seinen Text führen, neue Ideen wachsen lassen und dann den alten Text mit den neuen Ideen aufbessern.

- Ich wechsele den Schreibort, die Schreibzeit, das Thema, die kreativen Schreibtechniken, bis das Schreiben wieder Spaß macht.
- Ich wechsele aber während einer großen Schreibarbeit nicht die Bezugspersonen, sonst wird mich die vereinte Schreib- und Beziehungsaufregung total blockieren (vgl. C.S. Clegg, M.M. Wheeler: Students Writing Across the Disciplines: Fort Worth 1991, S. 6-8).

Schauen wir uns Schreibstörungen und Hilfen bei Schreibproblemen noch einmal systematisch in einer Graphik an:

Hilfen bei Schreibproblemen, die jeder hat

Probleme	Ursachen	Hilfen	Lehrbuch
Ich weiß nicht, worüber ich schreiben soll	- fehlende Klarheit über das Thema und über die Adressaten	- Thema mit Cluster und Mind-Map tiefer erforschen	Teil A, Kap. 3.2.1.
Ich kann nicht mit dem Schreiben beginnen.	- keine oder nur vage Schreibideen - unklarer Einstieg - unsicheres Denken - Angst vor dem Risiko - Machen Sie sich Ihre eigene Botschaft klar.	- Benutze Startschreibtechniken: automatisches Schreiben, schnelles Schreiben - Beginnen Sie mit - Ihrer Hauptidee	Teil B, Kap. 1.1.
Ich beginne und komme dann nicht weiter.	- Ideen sind chaotisch und unvollständig. - ungenügende Schreibvorbereitung	- Einsatz von Mind-Maps und Clustern - mehr lesen und exzerpieren	Teil B, Kap. 4.1.
Ich bekomme in meine Ideen und Notizen keine Ordnung.	- Die organisierende Zentralidee fehlt Ihnen.	- Achten Sie auf Ihre Träume oder benutzen Sie mal die zehn verschiedenen Gliederungsordnungen	Teil B, Kap. 3.5.
Ich schreibe, komme aber nicht auf den Punkt.	- zu viel Abstraktion und zu wenig Konkretion und Beispiele - Es fehlen die Detailkenntnisse.	- mehr Interviews mit Fachleuten - auf Hauptideen konzentrieren	Teil B, Kap. 2.1.

Probleme	Ursachen	Hilfen	Lehrbuch
Ich schreibe und schreibe und finde kein Ende.	- Das Thema ist unscharf oder viel zu breit gefaßt.	- Thema verkürzen - Themenzentrum schärfer fassen	Teil B, Kap. 3.1.
Mein Schreiben kommt nur langsam voran. Ich bin völlig genervt.	- Ihre Schreibideen zünden nicht. - Ihre Details sind nicht überzeugend. - Stellen Sie sich Ihre Themenabschnitte immer mit allen fünf Sinnen vor.	- Befreien Sie sich von Stereotypen und Platitüden mit Hilfe von Clustern und Mind-Maps	Teil A, Kap. 3.2.
Mein Schreibstil ist öde.	- ewige Wiederholungen	- Streichen Sie. - Gebrauchen Sie mehr Metaphern, Beschreibung, Beispiele, Fallgeschichten oder Statistiken	Teil B, Kap. 5.
Mein fertiger Text liest sich sehr unfertig.	- Die Abschnitte haben keinen Zusammenhang. - Die Gliederung stimmt noch nicht. - Die Argumente sind brüchig. - Der Stil, die Zitate und die Anmerkungen reichen nicht aus. - Schreiben Sie die wichtigsten Passagen Ihrer Arbeit ein zweites Mal.	- Entwickeln Sie Überleitungen . - Gliedern Sie Ihr Thema noch einmal nach den zehn Gliederungsmethoden, und versuchen Sie Ihren Text entsprechend umzustellen, - Stellen Sie die Argumente zusammen, die passen	Teil B, Kap. 3.5.

3.3.2. Mentale Schreibhilfen

Wenn die obigen Schreibtips für Sie nichts bringen, dann sollten Sie es bei Ihren Schreibschwierigkeiten mit Konzentrationstechniken oder bewußtseinserweiternden Methoden versuchen.

Die bekannteste Konzentrationstechnik ist das **„autogene Training“ (AT)**, das auch als psychosomatische Entspannung oder als „Yoga des Westens“ bezeichnet wird. Das AT führt durch bewußte Muskelentspannung und bewußte Autosuggestion von Wohlbefinden in einen Zustand, in dem man sich in kurzer Zeit intensiv erholen, entspannen und auf schwierige Aufgaben vorbereiten kann. Durch bewußte Vorsatzbildung im Zustand der Entspannung lassen sich im AT Motivations- und Konzentrationsprobleme überwinden. Es lassen sich damit auch für das Schreiben schlechte Gewohnheiten ab- und gute Gewohnheiten antrainieren.

Das autogene Training bietet dem Studenten, der die Unterstufe des autogenen Trainings beherrscht, Hilfen für die Stabilisierung des wissenschaftlichen Schreibens und Schreibprozesses in Form von Vorsatzbildungen. Diese Vorsätze *„sollen möglichst kurz, eventuell klangvoll, formelhaft, einprägsam und eventuell reimend lauten*" (K.R. ROSE: Das ist autogenes Training. Frankfurt 1983, S. 92). Die Literatur zum autogenen Training bietet viele Vorschläge, wie solche Vorsätze für die Verbesserung des wissenschaftlichen Lernens und bei Examensvorbereitungen aussehen könnten. Vorsätze zur Unterstützung des wissenschaftlichen Arbeitens heißen:

Lernen gelingt leicht.
Arbeiten fällt leicht.
Erst arbeiten, dann vergnügen

Bei Examensvorbereitungen und Lernstörungen könnten folgende Vorsätze helfen:

Ich behalte mühelos.
Alles prägt sich von selbst ein.

Gut Ding will Weile haben.
Arbeit läuft mühelos.
Eine Sache nach der anderen
Die Arbeit fließt ruhig und gleichmäßig.

(B. HOFFMANN: Handbuch des autogenen Trainings. München 1983, S. 185)

Zur Verbesserung des Schreibflusses und der Verhinderung von Schreibkrämpfen empfiehlt Klaus THOMAS folgende Formel:

„Der Arm ist entspannt."
„Das Schreiben fällt leicht."
„Das Schreiben geht von selbst."
„Die Feder fließt ganz frei und leicht."
„Rechte Hand und rechter Arm
bleiben ruhig, schwer und warm."
„Jegliches Schreiben
heißt ruhig zu bleiben."
„Ich schreibe und bleibe ganz ruhig, locker und frei."
„Ich bleibe ganz ruhig, sicher und frei.
das Schreiben fließt völlig von selber dabei.."
„Ich schreibe und lebe ganz sicher und frei."

„Ich schreibe ganz ruhig, gesammelt und frei
und fühle mich leicht und gelassen dabei."
„Ich schreibe und bleibe ganz locker und frei,
Spannung und Ängste sind nicht mehr dabei."
„Der Daumen bleibt entspannt und frei,
die Hand schreibt ganz von selbst dabei."
„Der Arm und die Hand
sind warm und entspannt,
und soll ich was schreiben,
dann werden sie's bleiben."
„Ich schreibe ganz ruhig, fließend und schnell."
(oder: ... locker und leicht)
„Ich schreibe meine Arbeit
gelassen, ruhig, frei."
(ganz gründlich, pünktlich, gut)

(K. THOMAS: Praxis der Selbsthypnose des autogenen Trainings. Stuttgart 1983, S. 56)

Gerade die Vorsätze zum ruhigen Fluß des Schreibens können die Idee einer kreativen Praxis des wissenschaftlichen Schreibens wirkungsvoll unterstützen.

Andere Techniken erreichen den Entspannungszustand auf anderen Wegen. Eine zweite wichtige Methode ist das „**biologische Feedback**" von JACOBSON. Dieses Training soll durch konkrete einzelne Muskelentspannungen Erregungszustände bewußt abbauen.

Die Meditationstechnik des **Verhaltenstherapeuten** J. DUA schreibt für den Entspannungsprozeß das Üben von 5 Schritten vor:

Schritt 1	Bequeme Sitzhaltung
Schritt 2	Gedankenbeobachtung
Schritt 3	Gedankenentfernung
Schritt 4	Konzentration auf die Atmung
Schritt 5	Ingnorieren aller Gedanken und Ablenkungen

(J. DUA: Meditation und kognitive Verhaltenstherapie. In: Report Psychologie, Februar 1990)

Bei der Behebung von Schreibproblemen ist auch auf die **Suggestion** hinzuweisen. Die Autosuggestionsmethode wurde von Emile CUÉ (1857-1926) entwickelt und hat sowohl auf das autogene Training wie auf das positive Denken Einfluß genommen. Die Autosuggestion umfaßt folgende neun Regeln:

1. Ihre verbalen Selbstsuggestionen müssen Ihrer Leistungskraft angemessen sein.
2. Jede Autosuggestion muß mehrfach wiederholt werden.

3. Der Student sollte sich auf eine generelle Autosuggestion beschränken und nicht mehrere gleichzeitig benutzen.
   Nicht gut: „Ich lese, schreibe, korrigiere."
   Gut: „Ich schreibe jeden Tag besser und besser."
4. Ihre Autosuggestion sollte in der Gegenwartsform formuliert sein.
   Nicht gut: „Ich werde gut schreiben."
   Gut: „Ich kann gut schreiben."
5. Die Autosuggestion sollte persönlich formuliert sein.
   Nicht gut: „Das Schreiben kann fließen."
   Gut: „Mein Schreiben fließt und fließt."
6. Die Autosuggestion sollte so konkret wie möglich sein.
7. Die Autosuggestion sollte kurz sein.
8. Die Autosuggestion sollte positiv formuliert sein.
9. Die Autosuggestionen sollten im neutralen Tonfall, in entspannter Haltung und bei geschlossenen Augen gesprochen oder gedacht werden.

Allerdings ist bei diesen Methoden auch auf ihre Grenzen hinzuweisen. Sie erfordern vom Studenten:

- Eine aktive zielbewußte Arbeit am eigenen Ich.
- Eine positive Einstellung gegenüber der jeweiligen Technik.
- Die Fähigkeit, mit Umstellungen des eigenen Kreislaufes und des Herzrhythmusses umgehen zu können.
- Eine sachgerechte Einübung unter Anleitung eines Fachmanns oder einer Fachfrau.

Bewußtseinserweiternde Methoden gehen über den Entspannungszustand hinaus. Sie wollen das beschränkte Ich überwinden und das „höhere Selbst" entwickeln. Zu diesen Methoden gehören die „transzendentale Meditation", verschiedene Schulen des Yoga und die Zen-Meditation. Diese Meditationsmethoden wollen die wirkliche Quelle des Denkens dem Einzelnen eröffnen und das Denken des Studenten von der Abhängigkeit durch Alltag und Ich befreien. Allerdings greift die Arbeit mit Mantras und längeren Sitzübungen, die bei diesen Meditationen üblich sind, tief in das Alltagsbewußtsein ein und erfordert noch mehr Aufwand als die Entspannungstechniken. Bei der Arbeit an Schreibblöcken ist deshalb der Einsatz des autogenen Trainings unter Anleitung am ehesten zu empfehlen (vgl. W. WENDLANDT: Entspannung im Alltag. Weinheim 1992, B. SCHULTE-STEINECKE: Lernen in Trance. Berlin 1993). Zwischendurch sollten Sie sich schon mal dadurch entspannen, indem Sie folgenden Text von Heiner MÜLLER lesen.

Ein Meer von Scheiße

„Ich glaube, ein Hauptimpuls zum Schreiben - jedenfalls für mich - ist schon Rache. Und dann das Nachholen von Dingen, die ich in meiner Geschichte von

Begegnungen mit Gewalt unterlassen habe. Das wird im Schreiben dann kompensiert - deswegen auch das dauernde Interesse daran. Mein Lieblingssatz von Goethe ist eigentlich: „Gott bewahre mich davor, mich selbst zu erkennen." Das ist ein schöner Satz.

Einen anderen Lieblingssatz habe ich jetzt bei Flaubert gefunden. Den muß ich Ihnen vorlesen. Aus einem Brief an Turgenjew von 1872: „Ich habe immer versucht, in einem Elfenbeinturm zu leben; aber ein Meer von Scheiße schlägt an seine Mauern..." Das ist es eigentlich.

Natürlich ist Schreiben immer auch eine Flucht aus der Wirklichkeit. Aber das ist schon eine falsche Bewertung: Es ist einfach eine andere Welt, und es wäre schön, wenn man da bleiben könnte. Aber man wird immer gestört; und dann muß man die Störung mit einarbeiten. Ja, und das Leben stört natürlich ständig, das ist wahr (Heiner MÜLLER: Ein Meer von Scheiße. In Freibeuter 43, 1986).

3.3.3. Psychotherapeutische Schreibhilfen

In der Geschichte der Psychotherapie wurden außerdem verschiedene Methoden entdeckt, die bei der Behandlung von tieferen Schreibstörungen zu Erfolgen führen können.

Im Rahmen der **dynamischen Psychiatrie** wurde in den letzten Jahrzehnten des 19. Jahrhunderts viel mit dem automatischen Schreiben experimentiert. Der französische Psychologe Pierre JANET, der zur selben Zeit wie FREUD das Unbewußte entdeckte, benutzte für die Erforschung und Therapie unbewußter Konflikte das automatische Schreiben (H. F. ELLENBERGER: Die Entdeckung des Unbewußten. Bern 1973 Bd. 1, S. 487 ff.). Der amerikanische Psychologe William JAMES praktizierte mit der Dichterin Gertrude STEIN automatisches Schreiben und half ihr damit bei ihrer Entdeckung des „Experimentellen Schreibens", das sie später weltberühmt machte. (G. STEIN, L. SOLOMONS: Normal Motoric Automatism. In: Psycological Review 3 (1866) S. 492-512). Die Pariser Surrealisten um André BRETON wurden mit Hilfe des automatischen Schreibens zu außergewöhnlich produktiven Autoren. Sie erkannten aber zugleich auch, daß *„übermäßig praktiziertes automatisches Schreiben sie in halluzinatorische Umstände versetzte"* (H. F. ELLENBERGER, a.a.O. S. 1123).

Die **Psychoanalyse** hat die Methode des automatischen Schreibens übernommen und theoretisch fundiert. Das automatische Schreiben gibt dem Schreiber die Erlaubnis, zu schreiben ohne die Verantwortung für die Schreibfehler zu übernehmen. Es macht den Schreibfluß erlebbar, und vermittelt Qualifikationen, die auch für die Verbesserung des wissenschaftlichen Schreibens benutzt werden können. Automatisches Schreiben zeigt dem Schreiber, daß er fähig ist, Schreibresultate zu erzielen (vgl. R. BUICE: Psyco-Therapies for Writing-Blocks. In: M. ROSE (Hrsg.): When a Writer can't write. Studys in Writer's Block and other Composing Process Problems. New York 1985, S. 189).

In der amerikanischen Schreibbewegung wurde von K. MACRORIE und Peter ELBOW das „Free-Writing" eingeführt (K. MACRORIE: Telling Writing. Portsmouth 1985, S. 15-27, P. ELBOW: Writing without Teachers, New York 1973, S. 3-11, P. ELBOW: Writing with Power. New York 1981, S. 13-20). Das freie Schreiben ohne Plan, ohne Anhalten und ohne Korrektur und Zensur, hat nach einer großangelegten Studie von J. W. PENNEBAKER folgende Wirkungen auf Schreibstörungen:

- Das Kommunizieren über Schreibstörungen mit Hilfe des freien Schreibens stimuliert Ordnung und Struktur.
- Die Kommunikation eröffnet erweiterte Einsichten in das Erscheinungsbild, die Genese und die Ursachen der Schreibstörungen.
- Das freie Schreiben übersetzt schreibenstörende Bilder und Gefühle in Sprache. „*Überwältigende Bilder und Gefühle wurden dadurch reduziert auf eine erstaunlich kleine Anzahl konkreter Sätze*" (J. W. PENNEBAKER: Self-Expressive Writing: Implications for Health adjucation and wellfare. In: P. BELANOFF u.a. (Hrsg.): Nothing Begins with N. New Investigations of Free-Writing. Carbondale 1991, S. 116).

Die hilfreiche Wirkung des Free-Writing bei Schreibstörungen wird einmal mit Sigmund FREUDS Katharsistheorie erklärt (FREUD fand früh heraus, daß Störungen verschwanden, „*wenn es gelungen war, die Erinnerung an den veranlassenden Vorgang zu voller Helligkeit zu erwecken und damit auch den begleitenden Affekt wachzurufen, wenn der Kranke den Vorgang in möglichst ausführlicher Weise schilderte und dem Affekt Worte gab*" (S. FREUD, J. BREUER: Studien über Hysterie. Frankfurt 1970, S. 10).

Eine zweite Theorie vermag die Wirkung des Free-Writings bei Schreibstörungen folgendermaßen zu erhellen: Die Ursachen für Schreibstörungen werden nach der modernen Gehirnforschung in der rechten Gehirnhälfte lokalisiert. Da das freie Schreiben nicht nur die kognitiven Spuren der Störungen in der linken Gehirnhälfte berührt, sondern sie mit den emotitionellen Spuren in der rechten Gehirnhälfte verbindet, wird die hilfreiche Wirkung des freien Schreibens so verstehbar (R. J. DAVIDSON: Affect, Cognition and Hemispheric Specialization. In: C. E. IZARD u.a. (Hg.): Emotion Cognition and Behavior. New York 1984).

Eine dritte Gruppe von Schreibtheoretikern wie Ann BERTHOFF, James MOFFETT, Janet EMIG und Peter ELBOW (A. BERTHOFF: The Making of Meaning. New York 1981, J. MOFFETT: Writing, Inner Speech and Meditation. In: College English 44, 1982, S. 231-246, J. EMING: The Web of Meaning. New York 1993, P. ELBOW: Embracing Contraries: Explorations in Learning and Teaching. New York 1986) gehen von der Einsicht aus, daß das Schreiben nur gelingt, wenn wichtige Inhalte des unbewußten Bewußtseinsstromes in Sprache umgeformt werden können. Dieser Prozeß der Transformation ist ein Weg vom Gefühlschaos zur sprachlichen Ordnung. Schreibstörungen entstehen, wenn dieser Weg aus Angst abgeblockt wird. Free-Writing ermöglicht die systematische und beratende Umsetzung des Chaos an Informationen, Ideen, Gedanken in die Ordnung der Sprache und der Schrift (P. BELANOFF: Free-Writing: An Aid to Re-Reading Theorists .In: P. BELANOFF u.a., a.a.O., S. 20-26).

Damit die Wirkung des Free-Writing bei Schreibstörungen sich entfalten kann, ist allerdings die Wahrung der Anomymität des Schreibers bei der Besprechung von Free-Writing-Texten unbedingt notwendig.

Die Psychoanalyse hat außerdem auch die verschiedenen Methoden des Schreibens eines Schreibblockjournals hervorgebracht. Diese Journalform soll, möglichst intuitiv verfaßt, alle Erfahrungen sammeln, die der geblockte Schreiber mit seinem Schreibprozeß hat. Das Journal eröffnet dann die Möglichkeit, den verschiedenen Ursachen der eigenen Schreibstörungen auf die Spur zu kommen. (T. RAINER: The New Diary. Los Angeles 1978).

Die **Hypnotherapie** praktiziert auch das automatische Schreiben bei Patienten mit Schreibstörungen. Milton ERICKSON und A.M. MUHL konnten zeigen, daß automatisches Schreiben in Hypnose die Patienten dazu bewegen konnten, Ideen die ihr Schreiben blockierten, zu akzeptieren. (A.M. MUHL: Automatic Writing. Dresden 1930. ders. Automatic Writing and Hypnoses. In: M. LECRON (Hrsg.): Experimental Hypnoses. New York 1956, S. 422-438). Andere Hypnotherapeuten konnten mit posthypnotischen Befehlen, die den Patienten in Trance aufgegeben wurden, die Schreibblöcke lockern (A. HELLGREEN: Hypnoses and artistic creation. In: Journal ofe the Amerikan Society of Psychosomatic, Dentistry and Medicine. 23 (1976) S. 133-135, ROSENBERG, M: Reconstructing the Creative Imagination. In: Journal of Creative Behavior 10, 1976, S. 203-209).

Die **Transaktionsanalyse** (TA) in der Schule Eric BERNES sieht Schreibstörungen durch grandiose Schreibziele verursacht. Sie propagiert das spielerische Schreiben als Weg der Lösung von überfordernden Schreibproblemen (L. SCANLON: Writingblocks in a Interdisziplinary Program. In: RTE Report, Sept. 1979, S. 1-3, A.C. JONES: Grandiosity blocks Writing Projects. Transactionall Analysis Journal, 5, 1975, S. 415 ff.).

Das spielerische Schreiben wird von J. MINNIGER fogendermaßen beschrieben: *„Während der Erforschungsphase haben die Teilnehmer die Erlaubnis, alle Verantwortung für das, was sie schreiben, aufzugeben. Die alten Pauker sind nun entmachtet. Die Teilnehmer werden dann ermutigt, ihre eigene Schreibstimme zu erforschen. Keiner hat die Erlaubnis zur Kritik. Alles ist erlaubt, in diesem Klima kann keiner beim Schreiben versagen“* (J. MENNINGER: Reteachering: Unlearning Writing-Blocks. In: Transactionell Analysis Journal 7, 1977, S. 71-77).

Die **Gestalttherapie** von Fritz PERLS führt Schreibstörungen auf zu hohe Willensanstrengungen zurück. Sie lehrt dem geblockten Schreiber die taoistische Haltung des Gelassenseins und sie fordert ihn auf, das Schreiben fließen zu lassen (B. J. KRONSKY: Freeing the Creative Process: The Relevance of Gestalt. In: Art Psychotherapy, 6, 1979, S. 233-240). Gestalttherapeuten arbeiten bei Schreibstörungen auch mit dem Mittel der paradoxen Intervention. In Texten, die die

Schreiber für völlig gescheitert betrachten, suchen sie mit dem Autor zusammen ddie Ansatzpunkte heraus, die die Basis für einen besonderen Text bieten können (L. H. HENNING: Paradox as a Treatment for Writer's Blocks. In: Personnel and Guidance Journal 60, 1981, S. 113 ff.).

Die **Verhaltenstherapie** versucht Schreibsstörungen durch Lohn und Strafe zu beheben. Gute Schreiberfolge werden belohnt. schlechte Schreibresultate werden bestraft. Wenn dem Schreiber die richtigen Belohnungen für sein Schreiben im richtigen Augenblick und in einem richtigen Umfang versprochen werden, kommt der Schreibprozeß wieder in Gang (J. T. NURNBERGER, J. ZIMMERMANN: Applid Analysis of Human Behavior. In: Behavior Therapy 1, 1970, S. 59 ff., PEAR, J.J.: Self-control Techniques of Famous Novelists. In: Journal of Applid Behavior Analysis, 10, 1977, S. 515-525). Regelmäßiges und häufiges Schreiben verbessert laufend den Schreiberfolg, weil sich die intrinsiche Belohnung für gelungenes Schreiben erhöht. (ZOELLNER, R.: Talk-Write, A Behovioral Pedagogy for Composition. In: College English 30, 1969, S. 267-320, P. N. PERKINS: The Mind's Best Work. Cambridge, 1981).

Die **Kognitive Therapie** stützt sich auf eine genaue Analyse des Schreibprozesses des gestörten Schreibers. Sie rekonstruiert den Schreibprozeß des Patienten durch Interviews, durch Beobachtungen seiner Schreibübungen und durch Tonbandaufzeichnungen des laut geäußerten Selbstgespräches des gestörten Schreibers beim Schreiben. Die Kognitive Therapie sondiert die rationalen Defizite des gestörten Schreibers bei Textsorten und bei Schreibtechniken. Die kognitiven Defizite werden dann mit dem Schreiber aufgearbeitet, und durch praktische Schreibübungen wird das neugewonnene Wissen vertieft und angewandt (M. ROSE: Writer's Block. The Cognitive Dimension. Carbondale, 1984, S. 84-99).

Die **feministische Psychotherapie** befaßt sich hauptsächlich mit den Schreibblöcken und Schreibkrisen bei Schreiberinnen. Diese Therapie geht davon aus, daß Frauen Schreibschwierigkeiten bekommen, weil sie sich an einem männlichen Schreibideal orientieren und damit ihre eigene Sprache nicht finden können.(J. RUSS: How to Suppress Womens's Writing. Austin, 1983, R. SHERRY: Studying Womens Writing. London, 1988). Da die Textideale nach männlichen Rationalitätsmustern konstruiert sind, können Frauen ihre, von Gefühlen und Erfahrungen bestimmten Erkenntnisse nicht in den vorherrschende Textsorten unterbringen. Schreibblöcke bei Frauen resultieren damit aus folgenden verinnerlichten Vorurteilen:

Schreiben ist etwas Männliches.
Das Schreibgerät ist ein männlicher Phallus.
Kopfgeburten sind männlichen Ursprungs.
Frauen, die schreiben, sind Rebellen, Verrückte oder Huren.

Frauen verarbeiten derartige Vorurteile, indem sie folgende Verhaltensweisen ausbilden:

Sie veröffentlichen weniger.
Sie wenden sich weniger bedrohten Künsten zu.
Sie veröffentlichen anonym oder pseudonym.

(Vgl. Z. LEADER: Writers's Block. Baltimore 1991, S. 232 ff.)

Die therapeutische Behebung von Schreibblockaden bei Frauen verfolgt zwei Strategien:

1. Aufklärung und Relativierung des männlich strukturierten literarischen Schreib-Überichs und
2. Unterstützung der Entwicklung eines ganzheitlichen Schreibflusses ohne sexistische Einseitigkeiten (F. W. FRANK, P. A. TREICHLER: Language, Gender and Professional Writing: Theoretical Approaches and Guidelines for Non-Sexistic Usage. New York 1989).

Eine wichtige Methode der Förderung der Schreibqualifikation und der Beseitigung von Schreibstörungen von Frauen geschieht durch das weibliche Journalschreiben, das die beste Methode ist, um den Übergang von der eigenen Stimme zum öffentlichen wissenschaftlichen Diskurs zu eröffnen (vgl. C. GANNETT: Gender and the Journal. New York 1992, S. 191-210, C.G. HEILBRUNN: Writing a Woman's Life. New York 1988).

Fassen wir nun die Ergebnisse der Schreibblocktherapien und ihre Hilfen bei Schreibstörungen in einer Graphik zusammen:

Psychotherapien	Hilfen bei Schreibstörungen
Psychoanalyse	automatisches Schreiben Journalschreiben Schreibblock-Journal schreiben
Hypnotherapie	Schreiben in Trance posthypnotischer Schreibbefehl
Transaktionsanalyse	spielerisches Schreiben
Gestalttherapie	fließendes Schreiben paradoxes Schreiben
Verhaltenstherapie	belohntes und bestraftes Schreiben
Kognitive Therapie	Beseitigung kognitiver Fehler in Schreibplanung und im Verständnis des Schreibprozesses
Feministische Therapie	Beseitigung männlicher Schreibvorurteile Anregung ganzheitlichen Schreibens Weibliches Journalschreiben

Aus diesen tiefen psychologischen Forschungen zur Bearbeitung von Schreibstörungen kann im Rahmen der Verbeserung der eigenen wissenschaftlichen Schreibqualifikation folgendes Wochenseminar entwickelt werden:

Wochenseminar gegen Schreibstörungen

Zeitpunkt	Theoretische Grundlage	Schreibpraxis
1. Tag	Dynamische Psychiatrie und Psychoanalyse	Automatisches Schreiben Schreibblock-Journal Free-Writing
2. Tag	Hypnotherapie	Schreiben in Trance postphypnotische Schreibbefehle
3. Tag	Transaktionsanalyse	spielerisches Schreiben
4. Tag	Gestalttherapie	fließendes Schreiben paradoxes Schreiben
5. Tag	Verhaltens-therapie	Schreiben mit Beloh-nung und Bestrafung
6. Tag	Kognitive Therapie des eigenen Schreib-prozesses	kognitive Evaluation
7. Tag	Feministische Therapie Weibliches Journalschreiben Relativierung des männlichen Schreib-Überichs	ganzheitliches Schreiben

Während dieses Seminars kann jeder erfahren, welche therapeutischen Methoden die für ihn geeignesten sind, um mit seinen Schreibstörungen besser umgehen zu können.

3.3.4. Hilfen durch Mind-Machines?

In jüngster Zeit wurden im Zuge der modernen Gehirnforschung Mind-Machines, Kassetten, Videos und Computerprogramme als technische Mittel zur Stimulierung der Kreativität entwickelt und zum Kauf angeboten. Wir können hier nur einen kleinen Überblick über diese neuen Kreativitätstechnologien geben, an die sich aber eine Bewertung der Bedeutung dieser Techniken für das wissenschaftliche Schreiben anschließen soll (zum Überblick vgl.: A. Wolters, J.J. Bambeck: Brainpower. Berlin 1992, S. 351-398, L. Berger, W. Pieper: Brain-Tech. Löhrbach. 1989, M. Hutchison: Megabrain. Bern 1990, J. Holler: Das neue Gehirn. Südergellersen 1989, R. Herkert (Hrsg.): Mind-Machine. Chancen und Risiken der elektronischen Gehirnstimulation. München 1990, R. Ornstein: Multimind. Paderborn 1989).

Heute gibt es folgende Gehirnstimulierungsmaschinen:

Bio-Feedback-Geräte

Diese Geräte harmonisieren die Gehirnströme der linken und rechten Gehirnhälfte und fördern dadurch besonders kreative Leistungen. Mit Hilfe des Cap Scan, der von Charles STROEBE 1983 entwickelt wurde, läßt sich der Grad der Synchronisation der Gehirnströme messen und dem Anwender vor Augen führen. Der Cap Scan begleitet den Anwender beim Meditieren, um die Fähigkeit zu entwickeln „*auch im Alltagsleben in den schwer faßbaren und so vorteilhaften Zustand der Kreativität einzutreten*“ (M. HUTCHISON, a.a.O., S. 173).
Auch der von dem Briten C. MAXWELL LACADE entwickelte Mind-Mirror soll dem Anwender helfen, in die gewünschten kreativen Bewußtseinszustände selbst hineinzukommen.

Optisch-akustische Geräte

Sie vermitteln einen leichten Trance, in dem Kreativität und Konzentration besonders aktiviert werden. Auf der Basis des Effekts, daß optische und akustische Reize das Gehirn aktivieren, baute sich der Autor William BURROUGHS seine „Dreammachine“. Durch bildliche oder akustische Stimulierung von Alpha-Gehirnwellen gelang es mit derartigen Geräten, die „*verbale Ausdrucksfähigkeit der Versuchspersonen und ihre verbalen Leistungen zu erhöhen*“ (M. HUTCHISON, a.a.O., S. 225 ff.). Die optimal akustische Mind-Machine setzt sich zusammen „*aus einer mit Lämpchen bestückten Spezialbrille und einem Kopfhörer. Lautstärke, Tonhöhe und Helligkeit werden dann individuell reguliert*“ (R. HERKERT (Hrsg.): Mind-Machines, München 1990, S. 53).
Heute werden entsprechende Geräte mit Namen wie „Mind-Xplorer“, „Innomed 1“, „Focus 101“ verkauft.

Elektrostimulationsgeräte

Diese Geräte sollen den vermuteten Zusammenhang zwischen guten Lernprozessen und der Produktion körpereigener Morphine nutzen. Derartige Maschinen mit Namen wie „Endomax“, „Ultron“, „Brain-Tuner“, „Mind-X-Pander“ müssen „als Lerngeräte betrachtet werden, durch die das Gehirn lernt, seine eigenen Drogen zu produzieren, sich seine Belohnungs- und Lusterlebnisse selbst zu verschaffen“ und damit seine Kreativität zu verbessern (L. BERGER, W. PIEPER: Brain Tech. Löhrbach 1989, S. 53 f.).

Ganzfeldgeräte

Diese Maschinen wollen mit technicher Hilfe das Gesichtsfeld erweitern und meditative Entspannung anstoßen. Solche Geräte basieren auf dem alten Meditationsprinzip „*der absichtlichen Einschränkung der Aufmerksamkeit auf einen einzelnen monotonen Vorgang, so daß sich die Aufmerksamkeit vollkom-*

men von Alltagsgedanken und Äußerlichkeiten zurückzieht" (M. HUTCHISON, a.a.O., S. 269). Die Ganzfeldgeräte, die als Brille mit Kopfhörer ein monotones blaues Gesichtsfeld und ein „rosa rauschendes" Gehörfeld erzeugen, sind unter dem Namen „Tranquilite" oder „Theta One" zu erwerben. Sie verhelfen dem Gehirn zu einem entspannten Zustand, indem es sein Potential der Informationsverarbeitung enorm erweitern können soll.

Der Graham-Potentializer

Dieses Gerät ist eine Liege, die langsam rotiert und damit die Gleichgewichtsorgane im inneren Ohr stimuliert. Diese Bewegung ist verbunden mit der Aktivierung eines elektromagnetischen Feldes. Diese Liege soll Kreativität und Problemlösungsfähigkeiten steigern können. HUTCHISON beschreibt die Wirkung des Graham-Potentializers folgendermaßen: „*Ich fühle mich nach Benutzung der Maschine mehrere Tage lang erfrischt. Anscheinend kann ich auch besser arbeiten, klarer denken, außerdem fühle ich mich überraschend energiegeladen und entspannt.*" J. HOLLER berichtet über sein Erlebnis mit dem Graham-Potentializer folgendes: „*Schlagartig beginnt sich mein Denken zu ändern. Erlebnisse der letzten Tage erscheinen vor meinem Auge. Zusammenhänge werden mir klarer*" (J. HOLLER, a.a.O., S. 214).

Der Samadhi-Tank

Dieser Tank wurde von John C. LILLY entwickelt, um den menschlichen Körper und das Gehirn von allen äußeren Reizen abzutrennen. Der Tank ist ein geschlossener Behälter von der Größe eines Kleiderschranks. Er birgt einen 25 cm tiefen Warmwasserteich, in dem etwa 350 Kilogramm Bittersalz aufgelöst wurden. Der Tank vermittelt die totale Ruheerfahrung der Symbiose im Uterus. Die Tankmeditation kann folgende Wirkungen haben: Streßreduzierung, Tiefenentspannung, leichte Euphorie durch Endorphinausschüttung, verbesserter Zugang zur rechten Gehirnhälfte, erhöhte Fähigkeit zur Visualisierung. „*Die Fähigkeit zur Erschaffung und Manipulierung innerer Bilder, auch Visualisation genannt, ist eine der wirksamsten Lerntechniken, die uns zur Verfügung stehen. Sie erhöht unsere Problemlösungsfähigkeit, indem wir die Probleme im neuen Licht sehen*" (M. HUTCHISON, a.a.O., S. 293). Weltweit wird heute der Tank an 250 Schulen und Universitäten zur Verbesserung des Lernens eingesetzt. Dabei hat man herausgefunden, daß die leichte Euphorie nach der Tankmeditation, die Stunden anhalten kann, sich besonders gut für vertiefte Kreativitätsprozesse eignet, z.B. für das Entwerfen der Gliederung einer wissenschaftlichen Arbeit oder für das Schreiben eines schwierigen Kapitels in einem Referat. Auch der Bewußtseinszustand im Tank, der halbwach und sehr intuitiv ist, kann die Inspiration bei schwierigen Schreibthemen unterstützen (J. HOLLER: Das neue Gehirn, a.a.O., S. 217). Über seine Erforschungen des Tiefenselbst durch den Isolationstank hat John C. LILLY in zwei Büchern berichtet (vgl. ders.: Das

Zentrum des Zyklons. Frankfurt 1976, ders.: Das innere Selbst. Basel 1988). Über seine Tankerlebnisse schreibt er: „*Ich ging durch traumähnliche Zustände, durch tranceähnliche Zustände, durch mystische Zustände. In allen diesen Zuständen war ich völlig in Ordnung, war gesammelt und da. Zu keiner Zeit verlor ich das Bewußtsein der Tatsache des Experiments. Ein bestimmter Teil von mir wußte immer, daß ich in einem Tank in Dunkel und Stille im Wasser trieb*“ (J.C. LILLY, a.a.O., S. 51)

Zur Entwicklung von Kreativität werden heute auch folgende Audiokassetten angeboten:

Hemi-Sync-Kassetten

Diese Kassetten mit Stereomusik bestimmter Frequenzen sollen entspannen und durch Synchronisation der Gehirnhemisphären ein Anwachsen der mentalen Kreativität eröffnen. Mit dieser Methode der akustischen Stimulation „*lassen sich nun viele unterschiedliche Bewußtseinszustände erzeugen, u.a. auch ein Zustand, der den Probanden gestattet, im Wachzustand zu träumen*“ (J. HOLLER, a.a.O., S. 151)

Farbklangtherapie-Kassetten

Diese Kassetten wollen durch gezielte Farbklänge psychische Spannungen reduzieren. Farbklang-Kassetten wollen im Kontext der Musiktherapie mit speziellen Klangstrukturen über das Ohr auf das Energiefeld des Körpers einwirken, um „*das körperliche, geistige und seelische Geschehen positiv zu beeinflussen*“ (R. HERKERT, a.a.O., S. 60). Mit entsprechenden Klängen werden Tiefenstrukturen der Psyche erreicht, in denen Bilder und Symbole stimuliert werden können und ihre Energie an die Psyche abgeben.

Hypno-Kassetten

Diese Kassetten arbeiten mit der Hypnosetechnik von Milton ERICKSON. „*Über Kopfhörer hört man vor dem Hintergrund einer sanften Synthesizermusik ruhige entspannende Stimmen. Dann teilt sich der Soundtrack, und man hört je eine andere Stimme in jedem Ohr*“ (A. WOLTERS, J.J. BAMBECK, a.a.O., S. 369). Durch die Reizüberflutung auf beiden Ohren schaltet das Gehirn ab und die „*Inhalte der hypnoiden Geschichten werden nun ohne Zensur verinnerlicht*“ (R. HERKERT, a.a.O., S. 58). Über die verinnerlichten Geschichten werden zugleich kreative Impulse transportiert.

Subliminal-Kassetten

Diese Kassetten verbreiten in Musik verpackte Lernsuggestionen. Bei diesen Kassetten ist die „*unhörbare subliminale Botschaft unter sanfter Musik oder gleichförmigen Naturgeräuschen wie Meeresrauschen versteckt*“ (A. WOLTER,

J.J. BAMBECK, a.a.O., S. 371). Die vermittelte Botschaft kann z.B. die Konzentrationsfähigkeit fördern, wenn sie heißt: „Meine Konzentrationsfähigkeit steigert sich von Tag zu Tag."

Neuerdings stehen auch Mind-Videos zur Verfügung, die entsprechende Bildfolgen (Landschaften, Meer, usw.) mit spezifischen Wachstumssuggestionen in eingeblendeter schriftlicher Form koppeln.

Computerprogramme

Es gibt schließlich auch **Computerprogramme**, besonders von T. LEARY initiiert, die die Kreativität und Denkfähigkeit des Benutzers verbessern sollen. Auch diesen Programmen wird eine große Zukunft vorausgesagt. Es soll bei einer Fortentwicklung dieser Programme schließlich möglich sein, daß jeder Mensch am Monitor jedes Buch manipulieren kann. „*Wenn Du z.B. ein Chemie-Fachbuch liest, aber schlecht in Mathematik bist, könntest Du den Computer so programmieren, daß er jeweils die mathematischen Stellen ausführlicher erklärt als den Rest des Buchinhaltes*" (BERGER, L., PIEPER, W., a.a.O., S. 124 ff.). LEARYS Zukunftscomputer könnte das wissenschaftliche Schreiben revolutionieren, wenn es den Studenten ermöglichte „*ihm wichtige Gedanken aufzuzeichnen, zu digitalisieren und sie bei Bedarf wiederzufinden*" (A. WOLTERS, J.J. BAMBECK, a.a.O., S. 377).

Eine mögliche Unterstützung des wissenschaftlichen Schreibens durch die Mind-Machines läßt sich mit der Wirkung dieser Apparate begründen. „*Diese Mind-Machines ... versetzen die meisten Anwender in tiefe Entspannung*" (M. HUTCHISON, a.a.O., S. 82). Da der Mensch unter erhöhtem psychischen Druck Dis-Streß entwickelt und Dis-Streß eine chaotisierende Wirkung auf das Denken und Schreiben hat, können diese Maschinen helfen, die Entspannungsreaktion, den Beruhigungsreflex, den Eu-Streß zu mobilisieren, der geordnetes Denken und gelungenes Schreiben unterstützt. Viele Untersuchungen zeigen, daß „*die Mindmachines Streß reduzierten und ein allgemeines körperlich-geistig-seelisches Wohlbefinden hervorrufen können*" (A. WOLTERS, J.J. BAMBECK, a.a.O., S. 384). Durch ihre entspannende Wirkungs fördern die Mind-Machines sicher die Fähigkeit der Inspiration, des Findens von Schreibideen. Sie können so den Schreibstart unterstützen. Durch ihre Entspannungswirkung können sie auch den weiteren Schreibprozeß positiv beeinflussen, wenn sie helfen, den Streß immer wieder abzubauen, den wissenschaftliches Schreiben, z.B. unter Examensdruck, jederzeit erzeugt.

Allerdings dürfen folgende Personengruppen die Mind-Machines, die seit 1988 in Deutschland auch in Brain-Studios öffentlich zugänglich sind, auf keinen Fall benutzen: körperlich und psychisch Kranke, Epileptiker und Schwangere (R. HERKERT, a.a.O., S. 112 f.) Weil Mind-Machines eine effektive Wirkung ausüben, ist im ungünstigsten Fall mit entsprechenden negativen Nebenwirkungen zu rechnen. Ihre private, unsachgemäße Anwendung erscheint deshalb nicht unproblematisch. Es gibt die kategorische Warnung: „*Solange die Wirkungsmechanismen dieser Maschinen nicht vollständig aufgeklärt sind, können die Bedenken gegen ihren Einsatz nicht ausgeräumt werden*" (C. H. BICK: Schlag ins Dunkle. In: R. HERKERT, a.a.O., S. 130). Es gibt aber auch die Antwort von Dr. R. KAPELLNER, der in Deutschland die meisten Erfahrungen mit Mind-Machines hat. Er antwortete auf die Frage: „*Gibt es ernste Nebenwirkungen? ... Es sind mir keine bekannt. Es sieht im Moment nicht so aus, als würden wir welche finden*" (J. HOLLER, a.a.O., S. 227). Die Mind-Machines sind also umstritten. Vielleicht sollte der Student mit emotionellen Problemen beim wissenschaftlichen Schreiben doch eher auf das autogene Training zurückgreifen.

LILLY setzte den Tank aber auch für die Verbesserung seiner wissenschaftlichen Arbeiten ein: „*Manchmal wache ich tatsächlich mitten in der Nacht auf und habe eine Idee, die ich sofort ausarbeiten will. Statt den Schlaf meiner Frau zu stören, gehe ich in den Tank, lasse mich treiben und feile meine Idee bis ins Feinste aus. Danach bringe ich sie zu Papier und diktiere sie am Morgen ... Man kann nachdenken, ohne von Körpermüdigkeit betroffen zu sein, die man bereits nach wenigen Minuten nicht mehr spürt*" (J.C. LILLY: Das tiefe Selbst. Basel 1988, S. 31).

Auch andere Wissenschaftler haben unter LILLYS Anleitung den Tank als Hilfe für ihre wissenschaftlichen Arbeiten benutzt. Darüber haben sie berichtet. Der Ökologe Gregory BATESON schreibt über seine Tankerfahrung: „Ich erhole mich von allem - verarbeite definitiv" (J.C. LILLY, a.a.O., S. 182).

Der Physiker Richard FEYNMAN denkt im Tank über „*Probleme der künstlichen Intelligenz nach*", wie z.B. „*das immense Gedächtnismaterial im Speicher innerhalb des menschlichen Gedächtnisses organisiert sein könnte*" (J.C. LILLY, a.a.O., S. 195).

Der Psychologe Stanislav GROF erkannte im Tank das Wesen früherer Kulturen. „*Ich erlebe die Atmosphäre des alten Ägyptens und werde mir seiner Religion, Philosophie und Kunst bewußt*" (J.C. LILLY, a.a.O., S. 206).

Der Computerfachmann Glenn A. PERRY: „*Problemlösungen und Design hatten mich schon immer fasziniert. In diesem von allen Ablenkungen und Störungen freien Umfeld war es für mich viel einfacher, mir Strukturen vorzustellen, Komponenten zu variieren und Alternativen zu finden*" (J.C. LILLY, a.a.O., S. 228).

Für LILLY wie andere vermittelte der Tank aber auch die Erfahrung der Tiefenregression, die sich der Sprache und jedem Begriff entzieht und z.B. auch unter dem Einfluß von exzessivem Free-Writing manchmal einstellen kann. In dieser Tiefenregression im Tank durchlief LILLY folgende sechs Stadien:

Alltagsbewußtsein Erfahrung körperlicher Isolation Trennung des Geistes vom Körper freie Bewegung des Geistes Transzendenzerfahrungen Beginn der Verschmelzung mit der Transzendenz vollständiges Verschmelzen und erinnerungslose Rückkehr aus diesem Stadium.

(vgl. J.C. LILLY, a.a.O., S. 265 ff.)

Der Tank bestätigt also die These, daß die wissenschaftlichen Begriffe auf älteren Sprachschichten des inneren privaten Sprechens ruhen, die sich alle über der letzten Sprachlosigkeit befinden.
Hinweis: Die einfachste Hilfe bei Schreibstörungen bietet das autogene Training, wenn Sie es sich beibringen können.

Entwicklungen der Schreibdidaktik in Schule und Hochschule in den 80er und 90er Jahren:

Schule: Im Zentrum das schreibende Kind

„Die jüngere Diskussion um den schulischen Aufsatz läßt zum einen eine tiefgreifende Skepsis gegen die in den 70er Jahren vorherrschende „kommunikative Aufsatzdidaktik“ erkennen und ist zum anderen durch eine, in dieser Entschiedenheit neue Einbeziehung der Person des schreibenden Kindes und Jugendlichen, seiner Subjektivität, in die didaktische Reflexion gekennzeichnet. Allen in diesen Zusammenhang gehörenden Arbeiten ... ist gemeinsam, daß, bei aller Unterschiedlichkeit im einzelnen, die zentrale Aufgabe des Aufsatzunterrichtes darin zu sehen ist, dem Kind und Jugendlichen Gelegenheit zu geben, sich selber in den Schreibprozeß einzubringen“ (K. Schuster: Einführung in die Fachdidaktik Deutsch. Baltmannsweiler 1992, S. 146 ff.).

Universität: Im Zentrum der Computer:

Anleitungen zum wissenschaftlichen Arbeiten konzentrierten sich in den 60er und 70er Jahren auf lernpsychologische und lerntechnische Hilfen für das wissenschaftliche Schreiben. Heute wird universitäre Schreibdidaktik häufig auf Computerdidaktik verkürzt: „Kaum eine Wissenschaft bleibt heute vom Computer unberührt. Eine empirische Arbeit aus den Wirtschafts- und Sozialwissenschaften etwa ist heute ohne Rechenzentrum bzw. PC nicht mehr vorstellbar“ (W. Krämer: Wie schreibe ich eine Seminar-, Examens- und Diplomarbeit. Stuttgart 1992, S. 8).

4. Didaktische Modelle des wissenschaftlichen Schreibens

Einleitung

Bei unseren nun folgenden Arbeitsbögen für Schreibgruppen wollen wir den Typ der kleinen, mittleren und der großen Schreibaufgaben voneinander unterscheiden. Unter **kleinen** Schreibmodellen verstehen wir Schreibpraxen mit zwei Schreibphasen:
Schreibstimuli, gefolgt vom Schreibprozeß (vgl. Lehrbuch Teil A 1.).

Unter **mittleren** Modellen verstehen wir Schreibpraxen mit drei bis vier Schreibphasen:
Schreibstimuli, Quellenerschließung, Schreiben, Überarbeiten (vgl. Lehrbuch A 1.).

Großmodelle beziehen sich auf Schreibpraxen, die das ganze Studium oder die Abfassung von Diplom- und Doktorarbeiten strukturieren. Diese verschiedenen Modelle entstehen, indem wir durch didaktische Reduktion aus der Vielzahl der Übungen in unseren zwölf Schreibszenarien im Lehrbuch Teil A und B die wichtigsten herauslösen und für jeweils besondere Zwecke didaktisch aufbereiten.

4.1. Kleine Modelle

4.1.1. Schreibtechniken großer Wissenschaftler

Um einen inneren Zugang zum wissenschaftlichen Schreibprozeß zu bekommen, eignen sich besonders gut die wichtigsten Schreibtechniken großer Wissenschaftler. In einem Tagesworkshop ließen sich folgende Schreibtechniken sehr gut einüben und experimentell überprüfen:

Tagesworkshop

1. Lektion	S.FREUD: Freies und assoziatives Schreiben
2. Lektion	C. DARWIN: Schreiben mit allen fünf Sinnen
Pause	
3. Lektion	K. MARX: Dialektisches Umschreiben
4. Lektion	M. ELIADE: In den Quellen sterben und im Text wieder auferstehen
5. Lektion	F. CAPRA: Modelle kopieren

(vgl. zu Lektion 1 bis 3 L. v. WERDER: Kreatives Schreiben in den Wissenschaften. Berlin 1992, zu den Lektionen 4 und 5 dieses Lehrbuch, Teil A 2.)

4.1.2. Der 35-Minuten-Aufsatz

Wer als Student noch keine großen wissenschaftlichen Schreiberfahrungen hat oder sich schreibend vom Streß der schulischen Aufsätze befreien möchte, sollte sich der Aufgabe, in 35 Minuten einen kleinen Aufsatz zu schreiben, unterwerfen.

Das Abfassen eines 35-Minuten-Aufsatzes erfordert maximal zwei Stunden. Diese Arbeit zerfällt in zwei Teile, die wir in der folgenden Grafik darstellen:

Zwei-Stunden-Seminar

1. Stunde:	Free-Writing und Clustern
2. Stunde:	Der 35-Minuten-Aufsatz zum Thema „Liebe“

(nähere Angaben zu diesem Aufsatztyp vgl. unser Lehrbuch Teil B, Kapitel 1.1.)

4.1.3. Referate mit Hilfe kleiner Impulse

In unserem inneren Gedächtnis haben wir viel Wissen gespeichert, z.B. auch über Gelesenes. Dieses Wissen kann man abrufen und in einen Aufsatz umwandeln. Sie können sich auch ein früher gelesenes wissenschaftliches Buch imaginativ vorstellen, das zu einem gegebenenen Seminarthema paßt. Sie sehen dann das Inhaltsverzeichnis, die wichtigsten Kapitel, Zusammenfassungen und Originalzitate vor Ihrem geistigen Auge. Aus diesen imaginierten Quellen kann dann am Leitfaden der erinnerten Gliederung des imaginierten Buches ein kleines Seminarreferat als kreative Buchbesprechung entstehen.

1. Lektion: Ein altes Buch imaginieren (Lehrbuch, Teil B, Kapitel 2.1.)
Wenn in einem Seminar Aufsätze verteilt werden, die das Seminarthema grundsätzlich besprechen, haben Sie eine Chance, über einen dieser Aufsätze zu einem guten Seminarreferat zu kommen. Sie gehen dabei folgendermaßen vor: Sie lesen den ausgewählten Modellaufsatz mehrmals durch undschreiben die wichtigsten Sätze dieses Aufsatzes auf. Diese Sätze werden dann zum Skelett eines neuen Aufsatzes, den Sie für das Seminar schreiben. Er kann viel kürzer sein als Ihr Vorbild.

2. Lektion: Modelling - Einen vorbildlichen Aufsatz ausschlachten und umschreiben (vgl. Lehrbuch, Teil B, Kapitel 2.1.)
Wenn Sie schon eine Zeit lang Material zum gegebenen Seminar gelesen haben, gibt es folgenden meditativen Weg, um ein Referat zu verfassen. Setzen Sie sich ganz ruhig hin, schließen Sie die Augen. Erinnern Sie sich genau, was Sie an den Tagen vorher zum Seminarthema gelesen haben. Machen Sie sich nun Stichpunkte zu Ihren Einfällen. Suchen Sie dann nach einer Gliederung für Ihr angestrebtes Referat, in dem alle gewonnenen Einfälle sich gut unterbringen lassen. Schreiben Sie dann Ihr Referat in einem Zug herunter.

4.1.4. Aufsätze aus dem Journal

Ihr Journal kann bei der Inspiration für die Abfassung von wissenschaftlichen Aufsätzen und Referaten helfen. Legen Sie sich eine Liste aller Seminararbeitsthemen an, über die Sie gerne schreiben würden. Wählen Sie dann ein Thema aus, und entwerfen Sie nun einen kleinen Schreibplan für das gewählte Thema.

1. Lektion: Seminararbeiten planen (vgl. Lehrbuch, Teil B, Kapitel 2.2.)
Sicherlich wird Sie ein Besuch eines Seminars zu allen möglichen Fragen angeregt haben. Listen Sie einmal alle Forschungsfragen auf, die Sie sich in einem Seminar gestellt haben. Wählen Sie eine Frage aus, und schreiben Sie alle Antworten auf, die Sie zu dieser Frage bisher gefunden haben. Die Frage wird dann zum Thema Ihrer Seminararbeit. Die Antworten werden zu Unterkapiteln dieser Arbeit.

2. Lektion: Von der Forschungsfrage zur Seminararbeit (vgl. Lehrbuch, Teil B, Kapitel 2.2.)
Oft werden in einem Seminar viele verschiedene Wissenschaftler benannt, deren unterschiedliche Meinung Sie meist in Verwirrung stürzen. Hier kommt ein Vorschlag, wie Sie dieses Chaos lichten können. Stellen Sie alle Wissenschaftler namentlich zusammen, die in einem Seminar behandelt werden. Schreiben Sie alle Hypothesen auf, die von diesen Wissenschaftlern vertreten werden. Entwikkeln Sie dann zu diesen Hypothesen Gegenhypothesen, und schreiben Sie ein Referat, das in Thesen und Gegenthesen gegliedert ist und der chaotischen Vielfalt verschiedener wissenschaftlicher Meinung eine dialektische Struktur verleiht.

3. Lektion: Thesen und Gegenthesen (vgl. Lehrbuch, Teil B, Kapitel 2.2.)

4.1.5. Seminararbeit schreiben durch Dialog und Monolog

Um im Streit der Fakultäten und der wissenschaftlichen Konkurrenz bestehen zu können, gibt es noch weitere kreative Techniken. Stellen Sie sich in Ihrem geistigen Auge das Seminarthema vor, um das besonders kontrovers gestritten wird. Versuchen Sie, aus dem Streit die Formen eines Dialoges zu entwickeln. Stellen Sie sich dann in Ihrer Imagination diesen Streit als Dialog zweier Wissenschaftler vor. Wenn Sie den gelungenen Dialog in einen dialektischen Text verwandeln, haben Sie schon den Hauptteil Ihrer Seminararbeit, die dann nur noch um eine Einleitung und einen Schluß ergänzt werden muß.

1. Arbeit: Vom Dialog zur Dialektik (vgl. Lehrbuch, Teil B, Kapitel 3.1.)
Nach einer Seminarsitzung schwirren Ihnen oft bestimmte Themenaspekte der vergangenen Sitzung im Kopf herum. Nützen Sie diese Situation. Führen Sie über das Seminarthema ein intensives Selbstgespräch. Schreiben Sie dieses Selbstgespräch mit Hilfe des „schnellen Schreibens“ auf. Sondieren Sie dann das Hypothesenskelett in Ihrem aufgeschriebenen inneren Monolog. Führen Sie dann die gefundenen Hypothesen als Seminararbeit weiter aus.

Zweite Arbeit: Monologe ausschlachten (vgl. Lehrbuch, Teil B, Kapitel 3.1.)

4.1.6. Referat als Brief

Oft haben Sie als Student ein ganz persönliches Verhältnis zum Seminarthema. Sie sollten dieses Verhältnis in einem langen Brief an den Seminarleiter umfassend artikulieren. Dieser Brief wird aber von Ihnen nicht abgeschickt. Er wird auf seine Hauptargumente hin sondiert. Diese Argumente werden in eine Struktur gebracht, die dann das Grundmuster Ihres Seminarreferats sein können.

Vier-Stunden-Seminar

Umwandlung eines Briefes in eine Argumentation (vgl. Lehrbuch, Teil B, Kapitel 3.3.)

4.1.7. Schreiben als komplexer Prozeß

Gehen Sie bei dem eintägigen Seminar zum Schreiben von Seminararbeiten zur Übung des Schreibens von Seminararbeiten von einem Drei-Phasen-Modell des Schreibprozesses aus:

Thema entwerfen
Aufsatzrohentwurf
Endfassung

Die drei Phasen lassen sich mit folgenden Übungen gestalten:

Ein-Tages-Seminar

1. Phase: Thema entwerfen	- Free-Writing - Gliederung - die erste Seite wegwerfen
2. Phase: Aufsatz entwickeln	- neu schreiben - Einleitung am Schluß - gute Überschriften
3. Phase: Endfassung	- streichen - Original heranziehen

(vgl. Lehrbuch, Teil B, Kapitel 3.4.)

4.1.8. Bibliographieren, Exzerpieren und Zitieren als Techniken des wissenschaftlichen Schreibens

Die Auswertung wissenschaftlicher Literatur erfordert mindestens die Beherrschung dreier Techniken: bibliographieren, exzerpieren und zitieren. Dieses Drei-Tage-Seminar kann an jedem Tag eine dieser Techniken vermitteln.

1. Tag: Bibliographieren in einer Bibliothek	- Literatursuchstrategie - Nachschlagewerke - Bibliographien - Spezialbibliographien - Benutzung von Datenbanken (vgl. Lehrbuch, Teil A, Kapitel 3.3.)
2. Tag: Exzerpieren	- Lesenotizen - Lesejournale - paraphrasieren - zusammenfassen - widersprüchliche Leseerfahrungen verarbeiten - Synthesen versuchen - Unterschiede benennen - Lesen in verschiedenen Disziplinen üben (vgl. Lehrbuch, Teil B, Kapitel 4.1.)
3. Tag: Zitieren	- allgemeine Regeln - spezielle Regeln - die richtige Form der Zitate (vgl. Lehrbuch Teil B, Kap. 3.4.)

4.1.9. Umgang mit Schreibstörungen

1. Tagesseminar gegen Schreibblöcke

Gegen Schreibblöcke und Schreibstörungen existiert ein breites Arsenal von Möglichkeiten. Stellen Sie in einem Tagesseminar zuerst die Schreibtips vor, dann die typischen Störungen im Schreibprozeß und ihre Abhilfen, danach ausgewählte Übungen aus tiefenpsychologischen Hilfen gegen Schreibblöcke. Am Ende kann dann eine Übung zur Schreibautobiographie stehen.

Tagesseminar

1. Abschnitt:	Schreibtips (Lehrbuch, Teil A, Kapitel 4.1.)
2. Abschnitt:	Typische Schreibstörungen und ihre Abhilfe (Lehrbuch, Teil C, Kapitel 3.3.)
3. Abschnitt:	Tiefenpsychologische Hilfen (Lehrbuch, Teil C, Kapitel 3.3.)
4. Abschnitt:	Eine Übung aus der Schreibautobiographie (vgl. Lehrbuch, Teil B, Kapitel 2.3.)

2. Die schlechteste Seminararbeit aller Zeiten

Schreiben Sie nach jeder Seminarsitzung einen kurzen Free-Writing-Text. Suchen Sie nach vier Sitzungen die besten Stellen aus diesen frei geschriebenen Texten heraus. Schreiben Sie dann bewußt die schlechteste Seminararbeit aller Zeiten. Überlegen Sie dann, wo die besonderen Fehler Ihrer Seminararbeit liegen. Verbessern Sie dann diese Fehler, und Sie werden eine recht gute Seminararbeit vor sich haben.

Aufgabe

Schreiben Sie sich von einer ganz schlechten zu einer ganz guten Seminararbeit hoch (vgl. Lehrbuch, Teil C, Kapitel 3.3.).

3. Forschungskurzgeschichte

Eine Forschungskurzgeschichte beleuchtet das Erleben des Studenten bei der Abfassung einer Seminararbeit. Verfassen Sie als Student, wenn Sie Schreibstörungen haben, eine Forschungskurzgeschichte mit folgenden Abschnitten:

- Der Beginn der Seminararbeit
- Die Suche nach Wissen und Inhalten für diese Arbeit
- Die Lernresultate dieser Suche
- Ein Verzeichnis aller Quellen, die bei dieser Suche benutzt wurden

Aufgabe

Mit dieser Gliederung schreiben Sie dann eine Forschungskurzgeschichte

Aufgabe: Für eine Schreibgruppe

Schreiben Sie nach dieser Gliederung eine Forschungskurzgeschichte, und tauschen Sie sich dann untereinander Ihre Schwierigkeiten beim Schreiben von Seminararbeiten aus.

4.2. Mittlere Modelle

4.2.1. Textsorten und Schreibstrategien

Dieses Seminar soll den Studenten ermöglichen, die wichtigsten Textsorten und Schreibstrategien kennenzulernen, die nur durch Auswertung von wissenschaftlichen Quellen bewältigt werden können (vgl. Lehrbuch, Teil A, Kapitel 3).

Am Anfang des Seminars steht die Übung von Schreibstrategien, mit der ein Thema erforscht und erkundet werden kann. Dann erfolgt eine Einführung in die Bibliotheksarbeit und die Sammlung von wissenschaftlichen Daten zum gewählten Thema. Abschließend werden folgende Textsorten am gewählten Thema erprobt: Stellungnahme, Vorschlag, Gutachten, Analyse oder Interpretation.

Beim Abfassen einer gewählten Textsorte sollten dann folgende Schreibtechniken ausprobiert werden:

definieren,
gliedern,
argumentieren.

Ein zwei-Tagekurs für Seminar-Hausarbeiten und Referate könnte folgenden Aufbau haben:

1. Tag:	Vormittag	Erforschung eines Themas durch Visualisieren, Schreiben und Lesen
	Nachmittag	Einführung in die Bibliotheksarbeit Sammlung von Kenntnissen aus wissenschaftlichen Quellen zum Thema
2. Tag:	Vormittag	Prüfung der dem Thema angemessenen Textsorten Strukturierung des Themas nach der gewählten Textsorte
	Nachmittag	Schreiben der wissenschaftlichen Arbeit unter Benutzung folgender Schreibtechniken: - gliedern - definieren - argumentieren

4.2.2. Wissenschaftliche Fachsprachen und wissenschaftliches Schreiben

Jedes wissenschaftliche Fach entwickelt eine eigene Sprache, eigene Strukturen des wissenschaftlichen Diskurses und des Schreibens. Die Besonderheiten der eigenen fachspezifischen Schreibkultur werden verständlicher, wenn man auch andere wissenschaftliche Schreibkulturen aus anderen Fächern ein wenig kennt. Dieser folgende Zwei-Tage-Workshop, der Teilnehmer aus den Geistes-, Natur-, Sozial- u. Technikwissenschaften vereinen soll, wird einige Kenntnisse von unterschiedlichen Fachdiskursen vermitteln.

Zwei-Tage-Workshop

1. Tag:	- Verfassen des gleichen Kurztextes in unterschiedlichen wissenschaftlichen Fachsprachen - Entwicklung der Grobgliederung eines Forschungsaufsatzes in unterschiedlichen Fachgebieten - Rekonstruktion des Schreibprozesses in der eigenen Wissenschaftsdisziplin
2. Tag:	- Entwurf eines Forschungsplanes für ein fachwissenschaftliches Thema - Austausch von Konzepten der Literatursuche in verschiedenen Fächern - Aufbau und Argumentationsmuster für Forschungsberichte in verschiedenen Disziplinen

(vgl. Lehrbuch, Teil B, Kapitel 4.2.)

4.2.3. Forschen und Schreiben

Das wissenschaftliche Schreiben wird nicht nur durch die Fachsprache, sondern auch durch die fachspezifischen Forschungsmethoden beeinflußt. Dieser Drei-Tage-Workshop soll den Zusammenhang von Forschen und Schreiben in verschiedenen Disziplinen klären. Er ist wieder mit Vertretern verschiedener Fächer durchzuführen:

Drei-Tage-Workshop

1. Tag:	- Modelle des wissenschaftlichen Forschungsprozesses - die unterschiedlichen Forschungsmethoden in den Natur-, Sozial-, Geistes- und Wirtschaftswissenschaften - Durchführung kleiner wissenschaftlicher Forschungsprojekte und ihre schriftliche Auswertung
2. Tag:	- Literatur suchen und Auswertung von verschiedenen Schlüsseltexten in verschiedenen Disziplinen
3. Tag:	- Verfassen von Forschungsberichten über abgeschlossene Projekte aus verschiedenen Wissenschaften

(vgl. Lehrbuch, Teil B, Kapitel 4.3.)

4.2.4. Textrevision

Der Wert der Textrevision wird bisher im wissenschaftlichen Schreiben unterschätzt. Dieser Zwei-Tage-Workshop soll in die Revision wissenschaftlicher Texte einführen.

Zwei-Tage-Workshop

1. Tag:	-	Der Wert der Revision: fünf Fassungen
	-	Bild und Text im Vergleich
	-	Testleser
	-	kritische Kommentare pro Textabschnitt
2. Tag:	-	Texte verdichten
	-	Texte umdichten
	-	neue Formen finden
	-	Glaubwürdigkeit prüfen
	-	Stilkritik
	-	Kontrolliste anlegen

(vgl. Lehrbuch, Teil B, Kapitel 5.)

4.2.5. Sommerschreibuniversität

Um das wissenschaftliche Schreiben an Universitäten und Hochschulen populär zu machen, kann man am Anfang der Sommersemesterferien eine Sommerschreibuniversität durchführen. Diese Veranstaltungen erfreuen sich an amerikanischen Universitäten großen Zulaufs und sind oft der Beginn verschiedener Schreibinitiativen im Hochschulunterricht und in der Forschung vieler Fächer.

Eine solche Sommeruniversität könnte mit folgenden Thesen werben:

- Wissenschaftliches Schreiben ist keine bloße Technik, sondern eine kreative komplexe Qualifikation und Erfahrung.
- Wissenschaftliches Schreiben ist eine neue Form des wissenschaftlichen Lernens, der Selbsterforschung und der Entdeckung des eigenen wissenschaftlichen Eros.
- Wissenschaftliches Schreiben verbindet Reden, Denken, Forschen und Lesen.
- Wissenschaftliches Schreiben wurde bisher als schulische Qualifikation betrachtet. Es kommt aber darauf an, sie als Hochschulqualifikation zu entwickeln.
- Das wissenschaftliche Schreiben wirft für alle Studenten und Professoren Probleme auf, über die, bisher, kaum gesprochen wurde (vgl. A. Joung, T. Fulwiler: Writing Across the Curriculum. Portsmouth 1986, S. 21-32).

Eine Sommerschreibuniversität geht über drei bis vier Tage und sollte Aspekte des wissenschaftlichen Schreibens in Workshops präsentieren. Dabei könnte man versuchen, das folgende ideale Programm mit parallel arbeitenden Veranstaltungen zu realisieren:

Workshop 1:	Schreibgeheimnisse großer Wissenschaftler/innen
Workshop 2:	Kleine Texte von innen schreiben
Workshop 3:	Journalschreiben in den Wissenschaften
Workshop 4:	Rollenjournale
Workshop 5:	Schreibautobiographie
Workshop 6:	Forschungskurzgeschichten in verschiedenen Disziplinen
Workshop 7:	Der wissenschaftliche Aufsatz
Workshop 8:	Wissenschaftliches Lesen und wissenschaftliches Schreiben
Workshop 9:	Der große Forschungsbericht
Workshop 10:	Kreatives Schreiben von Diplom- und Doktorarbeiten
Workshop 11:	Wissenschaftliches Schreiben für StudentInnen
Workshop 12:	Die Revision wissenschaftlicher Texte

4.3. Große Modelle

4.3.1. Zehnsemestriges Curriculum des wissenschaftlichen Schreibens

Für einen Studenten, der während der Dauer seines Studiums in jedem Semester nach einem großen Modell etwas für die Entwicklung seiner Schreibqualifikation tun will, ist folgendes Curriculum hilfreich. Es bietet zwei Lernvarianten an: Minimum und Maximum. Die Bewältigung des Minimums erfordert zwei SWS, die des Maximums vier SWS (Semesterwochenstunden). Beim jeweiligen Curriculum geht es um die praktische Bewältigung der angegebenen Schreibübungen in dem jeweilig nachgewiesenen Kapitel des Lehrbuches. Wissenschaftliches Schreiben wird praktisch gelernt. Die nötigen theoretischen Fundierungen sind allerdings auch in den angegebenen Kapiteln des Lehrbuches zu finden.

Zehnsemestriges Curriculum des wissenschaftlichen Schreibens

Semester	Maximum	Minimum
1.	kleine Texte (Lehrbuch Teil B, Kap. 1), Journal schreiben (Lehrbuch Teil B, Kap. 2)	kleine Texte
2.	Forschungskurz-geschichte, Textsorten und Schreibstrategien (Lehrbuch Teil B, Kap. 3.2.)	Textsorten Schreibstrategien
3.	Rollenjournale, von innen nach außen (Lehrbuch Teil B, Kap. 2.2.)	Rollenjournale
4.	Schreibautobio-graphie, der wissenschaftliche Aufsatz (Lehrbuch Teil B, Kap. 2.3.4 und Kap. 3.4.)	Der wissenschaftlicher Aufsatz
5.	Lesen und Schreiben (Lehrbuch Teil B, Kap. 4.1.)	Lesen und Schreiben
6.	zum Verhältnis von Forschungs- und Schreibprozeß (Lehrbuch Teil B, Kap. 4.2.)	zum Verhältnis von Forschungs- und Schreib-prozeß
7.	fachspezifisches Schreiben, Textrevision (Lehrbuch Teil B, Kap. 4.3.)	fachspezifisches Schreiben
8.	Begriff des wissenschaftlichen Schreibens, Schreibgeheimnisse großer Wissenschaftler (Lehrbuch Teil A, Kap. 2)	Schreibgeheimnisse großer Wissenschaftler
9.	Schreibanleitung für Diplomanden (Lehrbuch Teil A, Kap. 4.2.)	Teilnahme an einem Drei-Tage-Seminar: Einführung in das Schreiben einer Diplomarbeit
10.	Anleitung einer Schreibgruppe: Drei-Tage-Seminar (Lehrbuch Teil C, Kap. 1-3)	Diplomarbeit schreiben

4.3.2. Einführung in das Schreiben einer Diplomarbeit in drei Tagen

Das Seminar ist für Studenten gedacht, die eine Diplomarbeit planen. Es soll mit dem Gesamtprozeß der Abfassung einer Diplomarbeit vertraut machen und die wichtigsten Arbeits- und Schreibtechniken dafür aus allen Arbeitsphasen praktisch vermitteln.

Das Seminar orientiert sich an folgendem Bild vom Gesamtprozeß der Diplomarbeit. (Alle folgenden Arbeitsschritte und Seitenangaben entstammen folgendem Buch: L.v. WERDER: Kreatives schreiben in den Wissenschaften. Berlin 1992).

Grundtechniken des Schreibens einer Diplomarbeit

Arbeitsphase	Forschungs- und Schreibtechniken
1. Thema erforschen	Freie Assoziation Clustering, Focussierung Vorurteile (S. 31) Erste Vision (S. 31) Dialog (S. 31) Wahrheiten und Lügen (S. 31)
2. Thema strukturieren Material sammeln	Mind-Map (39-41) systematisches Mind-Map Gliederungen - Ordnungsstrategien (S. 66) Standardgliederung bibliographieren (S. 55) Kartei anlegen (S. 55) Interviews machen Netzwerke erschließen (S. 56-60) lesen und absahnen (S. 5)
3. Schreibkonzept ausbauen	roten Faden abfassen (S. 62) Schreibbilder (S. 62) Wünsche der Leser (S. 62) Lesen und Literatur auswerten (S. 59)
4. Schreiben und überarbeiten	schnell schreiben (S. 67) zuviel schreiben (S. 68) lautes Schreiben (S. 68) Schreibblöcke (S. 68-74) 3 x lesen (S. 74) Checkliste (S. 75) Test-Leser (S. 77) Textrevision (S. 76) Endfassung

Die drei Seminartage lassen sich im Blick auf diese Grafik in folgende Arbeitsschritte gliedern:

Phasen	Inhalte	Dauer
1. Tag Thema erforschen:	freie Assoziation Clusterbildung	2 Stunden
	Wahrheiten - Lügen	2 Stunden
	systematisches Mind-Map	2 Stunden
2. Tag Thema strukturieren, Material sammeln	bibliographieren (in einer Bibliothek)	2 Stunden
	Standardgliederungen - Gliederungsstrategien	2 Stunden
	lesen und exzerpieren	2 Stunden
3. Tag Schreibkonzept ausbauen,	Analyse des Leser	2 Stunden
roter Faden, Revision	roten Faden schreiben	2 Stunden
	Arbeit mit der Revisonscheckliste	2 Stunden
	Kursevaluation	1 Stunde

4.3.3. Schreibanleitung für Diplomanden und Doktoranden in neun Aufgaben

Wer eine Diplomarbeit schreiben will, hat es eilig. Er hat schon längere Erfahrung mit dem wissenschaftlichen Schreiben, weil er meist schon längere Zeit im Hauptstudium studiert. Für ihn/sie sind nicht alle Abschnitte des Lehrbuchs von Interesse. Auch der systematische Aufbau des Lehrbuchs trifft nicht seine aktuellen Nöte. Deshalb sollen im folgenden aus dem Lehrbuch Schreibaufgaben für Studenten zusammengestellt werden, die eine große wissenschaftliche Abschlußarbeit schreiben wollen und für diesen Zweck kreative Hilfe brauchen. Das Schreiben einer großen wissenschaftlichen Arbeit kann in folgende neun Abschnitte gegliedert werden.

a) Grundarbeitstechniken und Arbeitsphasen einer Diplomarbeit
b) Standardgliederungen und Standardschreibtechniken einer Diplomarbeit
c) Fachspezifische Gliederungsaspekte der Diplomarbeit
d) Gliederungsstrategien für den Hauptteil der Diplomarbeit
e) Techniken des Schreibens einer Diplomarbeit
f) Zum Zusammenhang von Forschen und Schreiben einer Diplomarbeit
g) Verbesserung der Lese-Schreib-Beziehung im Prozeß der Abfassung einer Diplomarbeit
h) Verbesserung der einzelnen Forschungsmethoden Ihrer Diplomarbeit
i) Modell der Revision und Überarbeitung des Textes Ihrer Diplomarbeit

a) Verschaffen Sie sich als Diplomand zuerst einen Überblick über die Grundarbeitstechniken, die bei der Abfassung Ihrer Diplomarbeit zum Zuge kommen sollten.

Aufgabe 1

Gehen Sie die folgende Grafik der Grundarbeitstechniken durch, und versuchen Sie die einzelnen Arbeitstechniken für Ihr Thema auszuprobieren. Entwickeln Sie dann einen Zeitplan für die Phasen Ihrer Arbeit (vgl. Lehrbuch Teil A, Kap. 4.2.)

Grundarbeitstechniken (1)

Phase	Techniken	Zeit
1. Thema erforschen	- Gespräche mit Fachleuten - Einsatz von Startschreibmethoden zur Themenerforschung (Lehrbuch Teil A, Kapitel 3, Abschnitt 2.1)	1 Woche
2. Thema strukturieren	- Startfragen, Interviews machen/Beobachtungen zum Thema und Journal auswerten - Mind-Map für Gliederung nutzen - Standardgliederungen prüfen - Gliederungstechniken einsetzen (Lehrbuch Teil A, Kapitel 3, Abschnitt 2,5) - bibliographieren mit Bibliothekbesuch - bibliographische Kartei anlegen - Bücher ausleihen, lesen und exzerpieren nach acht Fragen	8 Wochen
3. Thema roh ausararbeiten	- Begriff definieren (Lehrbuch Teil A, Kapitel 3, Abschnitt 2.4) - Argumentation entwickeln (Lehrbuch Teil A, Kapitel 3, Abschnitt 2.6) - Zitate sammeln - roten Faden schreiben - Text auf Leser orientieren	8 Wochen
4. Diplomarbeit schreiben und überarbeiten	- Rohfassung umarbeiten durch Schnellschreiben, zuviel schreiben, laut vorlesen - dreimal lesen - Textleser - Endfassung	3 Wochen
	Gesamtdauer:	**5 Monate**

b) Entscheiden Sie sich dann, welchen Typ von Diplomarbeit Sie schreiben wollen. Gehen Sie dabei in zwei Schritten vor.

Aufgabe 2

Erforschen Sie zuerst mit den Startschreibtechniken Ihr Thema (vgl. Lehrbuch Teil A, Kap. 3.2.).

Wählen Sie, nachdem Sie Ihr Thema gefunden haben, die zu diesem Thema passenden Texttyp. Benutzen Sie dafür die Ausführung im Lehrbuch Teil A 3, Kap. 3.1. und die folgende Grafik 2. Entwerfen Sie eine erste Gliederung Ihres Themas.

Standardgliederung und Standardschreibtechniken (2)

Grobgliederung	Stellungnahme	Vorschlag	Gutachten	Analyse	Interpretation
Einleitung: - Erzählen - Beschreiben	- Thema vorstellen - Hauptthema entwickeln	- Das Problem - Gründe und Folgen des Problems	- Vorstellen des Gegenstandes - Beurteilungskriterien - Urteil	- Beschreiben des Gegenstands - Interpretationstechnik - Forschungshypothesen	- Vorstellung des Textes
Hauptteil: - Starttechniken - Gliedern - Definieren - Argumentieren	- Gegenargumente vortragen - Gegenargumente widerlegen - eigene Position bekräftigen - Gründe für die Chancen der Durchsetzung - Alternative Lösungungen und ihre Grenzen	- Beschreiben der eigenen Problemlösung - Methoden der Durchsetzung der eigenen Problemlösung alternativer Gegenstandsanalysen	- Begründung 1 und Beleg - Begründung 2 und Beleg - Auseinandersetzung mit alternativen Bewertungen - Motive - Milieu - Erzählstrukturen	- Gründe für die Entwicklung des Gegenstandes und unter Zurückweisen von Gegengründen Analyse und Widerlegung	Interpretationsaspekte - Stil - Worte - Bilder - Metaphern, - Symbole - Handlung - Charaktere
Schluß: - Argumentieren	eigene Position erneuern	Bekräftigung eigenen Lösung	Abschlußurteil	Resultate	Zusammenfassung

c) Jedes Fach hat seine eigene Logik der Gliederung von Diplomarbeiten, die sich aus dem Selbstverständnis der jeweiligen Wissenschaft ableiten.

Aufgabe 3a

Prüfen Sie anhand der Graphik 3a „Standardgliederungen“, wie weit Ihre Gliederung noch nach spezifischen Gesichtspunkten verändert werden muß (vgl. Lehrbuch Teil B 4.2.).

Aufgabe 3b

Bei der Arbeit an Gliederungen durchlaufen Sie einen kreativen Prozeß, der sich in den vier Kreativitätsphasen: Inspiration, Inkubation, Illumination und Verifikation aufteilen läßt. Prüfen Sie anhand der Graphik 3b Kreativitätsprozesse und Forschungsmethoden, ob Sie den richtigen fachspezifischen Kreativitätsprozeß schon im Blick haben (vgl. Lehrbuch Teil B, 4.3.).

Standardgliederungen in verschiedenen Wissenschaften (3a)

Grobgliederung	Geisteswissenschaften	Sozialwissenschaften	Naturwissenschaften	Technik
Einleitung	- Die eigenen Absichten - Überblick über die wichtigste Literatur - Darstellung der Forschungshypothesen	- Kurzfassung - Die eigenen Absichten - Überblick über die wichtigste Literatur - Entwicklung der Forschung	- Kurzfassung - Problembeschreibung - Überblick über die wichtigste Literatur - Forschungsfragen und -hypothesen	- Einleitung - Hintergrund - Objektive Gründe - Umfang der Forschung - Forschungsstrategien
Hauptteil	- Entfaltung der Forschungshypothesen - Belege der Hypothesen - Forschungsschlüsse	- Darstellung aller Forschungsmethoden - Präsentation aller Daten und ihre Interpretation	- Klärung des Forschungsumfanges - Darstellung der Forschungsmethoden - Überblick über den Forschungsprozeß - Resultate - Diskussion der Resultate	- Forschungsmethoden - Anwendbarkeit der der Methoden - Forschungspersonal und Qualifikation - Forschungsdauer und -kosten - Forschungsresultate - Anwendungsmöglichkeiten der Forschung
Schluß	- Zusammenfassung - Grenzen der Forschung	- Zusammenfassung - Grenzen der Forschung	- Zusammenfassung	- Zusammenfassung

Kreativitätsphasen und Forschungsmethoden (3b)

Kreativitäts phasen Forschungs-methoden	Naturwissen-schaften	Sozial-wissenschaften	Geistes-wissenschaften	Wirtschafts-wissenschaften
Inspiration	Identifikation eines Problems Definition eines Bereichs in dem das Problem gelöst werden soll	Wahl eines Forschungsproblems Formulierung des Forschungsfeldes u. d. Forschungsmethoden	Auffindung eines Schlüsseltextes	Definition des Problems und einer Hypothese Wahl einer Forschungsmethode
Incubation	Sammlung von Informationen aus allen Quellen: Bücher, Beobachtungen, Laboruntersuchungen und Experimente	Sammlung der Daten: Bücher im Feld durch Experimente	Studium des Textes und alternativer Texte	Sammlung von Daten: Bücher, Statistik, Feldforschung Experimente
Illumination	Definition der Grenzen der Erkenntnisse Formulierung von Hypothesen	Analyse der Daten	Formulierung von gefundenen Hypothesen	Analyse der Daten
Verifikation	Überprüfung und Kontrolle der Hypothesen Verfassung eines Abschlußtextes	Interpretation der Daten Abfassung eines Forschungsberichtes	Erweiterung der Hypothesen durch erneutes Studium des Schlüsseltextes Abfassung eines Abschlußberichtes	Interpretation der Daten Verfassung eines Abschlußberichtes

d) Die Gliederung des Hauptteils Ihrer Arbeit muß einer Logik folgen, die den Gang der Ideen und Argumente steuert und strukturiert.

Aufgabe 4

Um die Gliederungsstruktur Ihres Themas im Hauptteil Iher Arbeit zu erforschen und in die vorher entwickelte Gesamtgliederungstruktur Ihrer Arbeit einordnen zu können, sollten Sie mal mit den neuen, schon im Alltag praktizierten Gliederungsmustern spielen. Die mit dieser Methode gewonnenen überzeugendsten Resultate wären dann in den Prozeß der Gliederung Ihrer Arbeit einzubeziehen. Orientieren Sie sich bei dieser Übung an der Graphik 4.

Gliederungsstrategien für den Hauptteil von Diplomarbeiten (4)

Vom Allgemeinen zum Besonderen	Vom Besonderen zum Allgemeinen	Nach Gefühl	Nach der Zeit	Ursachen Wirkungen	Gleichheit Ungleichheit	Wechsel	Ganzes/Teile	Systematik
Deduktive Leiter Systematisches Mind-Map Besonderes	Induktive Leiter Besonderes Mind-Map Systematisches Mind-Map	Wichtig bis weniger wichtig oder wichtig weniger wichtig besonders Wichtiges oder Unwichtiges weniger Wichtiges ganz Wichtiges	Chronologie Epoche Zeitabschnitte Perioden Stunden Tage Wochen	Ursache 1 Wirkung 1 Ursache 2 Wirkung 2 ——— Ursachen Wirkungen	Gleich 1 Gleich 2 Gleich 3 ——— Ungleich 1 Ungleich 2 Ungleich 3 ——— Gleich Ungleich	Erst so dann so schließlich so ——— Anfang Krise Krisenlösung ——— These Antithese Synthese	Ganzes Teil 1 Teil 2 Teil 3 ——— Teil 1 Teil 2 Teil 3 Ganzes	Analyse/Synthese Darstellung/Kritik Systematische Sachlogik

e) Sie sollten während der ganzen Zeit der Arbeit an Ihrer Diplomarbeit im Schreibfluß bleiben.

Aufgabe 5

Die Wissenschaft hat bestimmte Techniken entwickelt, über die Sie sich in der folgenden Graphik 5 ,Techniken des Schreibens einer Diplomarbeit', informieren können. Diese Schreibtechniken lernen Sie im Lehrbuch Teil A 3, Kap. 3.2., genauer kennen, so daß Sie sie mit Ihrem Thema gut ausprobiern können. Zur Orientierung eine Grafik:

Techniken des Schreibens einer Diplomarbeit (5)

Starttechniken	Clustering, Mindmapping, Listen machen, Dialog, W-Fragen, Fragen stellen, Interview, richtig lesen, Anmerkungen, Inhalt wiedergeben, innere Gliederung eines Textes erschließen, Umschreiben von Quellen
Schreibtechniken für lange Textteile	**Erzählen/Beschreiben:** mit allen fünf Sinnen, detailgetreu **Definieren:** - Definition in Lexika - Satzdefinition - sprachgeschichtliche Definition - Fachdefinition in Fachlexika - eigene Definition **Gliedern:** - einfache Ordnung - Themenaufgliederung - Zeitgliederung - Gefühlgliederung - Ursache/Wirkung-Gliederung - Block- oder alternierende Gliederung - deduktive oder induktive Gliederung - ganzheitliche Gliederung **Argumentieren:** - Struktur des Argumentierens - Urteile fällen - Gegenargumente berücksichtigen - Argumentationsfehler suchen

(Über diese Schreibtechniken informiert ausführlich das Lehrbuch Teil A, Kap. 3.3., Teil B, Kap. 3.5.)

f) Jede Diplomarbeit unterliegt der Forschungslogik des jeweiligen Faches.

Aufgabe 6

Prüfen Sie also nun, wie weit Ihre entstandenen Texte sich im Rahmen der Forschung- und Schreiblogik Ihrer Disziplin bewegen (vgl. Lehrbuch Teil B, Kap. 4.3.). Achten Sie dabei auf die folgende Graphik 6

Typische Forschungs- und Schreibprozesse für Diplomarbeiten in den Wissenschaften (6)

Wissen schaften	Naturwissen-wissenschaften	Sozial-wissenschaften	Geistes-wissenschaften	Wirtschafts-wissenschaften
1. Forschungs-prozesse	Themenfindung u. Forschungs-strategie Eingrenzung des Forschungs-schwerpunktes: Forschungsfra-gen u. Litera-tursuche Experimente Beobachtungen Literaturauswer-tung	Themenfin-dung, For-schungsstra-tegie Eingren-zung d.For-schungsschwer-punktes Forschungs-fragen u. Literatur-suche Auswertung der Feldforschung und Literatur	Themenfin-dung, For-schungsstra-tegie Forschungs-planung Eingrenzung des For-schungsschwer-punktes Literatur-suche und Auswertung der Literatur	Themenfin-dung, For-schungsstra-tegien Eingrenzung des Themas Forschungs-fragen Literatur-suche Auswertung der Literatur Feldforschung
2. Schreib-prozesse	Thesen Gliederung Rohfassung Kurz-, Roh-Endfassung Textrevision	Ordnen des Materials, Entwicklung der Gliede-rung Rohfassung Textrevision	Gliederung Rohfassung Schreiben der Arbeit Textrevision	Gliederung Rohfassung Schreiben der Arbeit Textrevision

g) Die entscheidende Beziehung für das Schreiben Ihrer Diplomarbeit ist das Verhältnis von Lesen und Schreiben. Auch im Lese- und Schreibverhältnis schlägt sich die Fachlogik nieder.

Aufgabe 7a

Prüfen Sie deshalb, wie weit Sie einmal mit den allgemeinen Prinzipien wissenschaftlichen Lesens und den fachspezifischen Problemen wissenschaftlichen Lesens und Schreibens vertraut sind. Entwickeln Sie dabei verbesserte Lese- und Exzerpierungsstrategien, um Ihren Diplomarbeitstext im Zuge einer Überarbeitung verbessern zu können (vgl. Lehrbuch Teil B, Kap. 4.1).

Die Schreib-Lesebeziehung (7a)

Arbeitsphasen	**Lese-Schreibbeziehung**
1. Thema erforschen und strukturiern	- von innen Schreiben - von innen nach außen Schreiben - Freie Assoziation - Clustern - Mind-Map
2. Material sammeln und durcharbeiten	
2a. Allgemeine Prinzipien der Lese-Schreib-beziehungen	- bibliographieren - Lesenotizen - Lesejournal - paraphrasieren - zusammenfassen (streichen, auswählen, notieren, verkleinern) - Antworttext - Buchbesprechung - widersprüchliche Leseerfahrungen verarbeiten

Aufgabe 7b

Auch die Prinzipien in der Auswertung von Literatur sollten Sie für diesen Überarbeitungsprozeß noch einmal geübt werden (vgl. Lehrbuch Teil B, Kap. 4.1.) Hilfreich ist vielleicht auch die Graphik 7b:

Prinzipien der Auswertung von Literatur (7b)

Lesen Exzerpieren	**Überprüfen**	**Auswerten**	**Synthese**	**Kritik**
Eigene Ordnung Feiner Gliedern Eigene Sprache benutzen Satzbau verändern Neue Schlüssel-worte einbauen	Grundfragen Wertungen Widersprüche Quellen	Zusammen-fassung eines Textes Gliederung der Ideen Schlüssel-ideen Schlüssel-these	Qualität unter-schiedlicher Texte Darstellung der Hauptideen Beispiele und Gegenbeispiele Sythese der Ideen	Beweise der Ideen Defizite der Beweise Schlüssigkeit der Beweise

h) Oft wird in Diplomarbeiten die Darstellung der benutzten Forschungsmethoden unterschlagen.

Aufgabe 8

Überprüfen Sie noch einmal, ob Sie Ihre Forschungsmethoden richtig benutzt, das Foschungsarsenal Ihres Faches ausreichend verwendet und Ihre Forschungsmethoden ausführlich dargestellt haben. Lesen Sie dazu im Lehrbuch Teil B, Kapitel 4.2. und 4.3.

i) Am Ende Ihrer Arbeit geht es um die richtige Revision Ihres Textes.

Aufgabe 9

Prüfen Sie einmal folgende Ebenen Ihres Textes durch kritisches Lesen auf ihre Qualität:

1. Aussagen
2. Publikum
3. Form
4. Überzeugung
5. Stil

Gehen Sie Ihren Text in diesen fünf Bereichen auf vier Ebenen durch:

1. Gesamttext
2. Worte
3. Sätze
4. Abschnitte

(Vgl. Lehrbuch Teil B, Kap. 5)

Prüfen Sie auch den wissenschaftlichen Apparat: die Fußnoten und das Literaturverzeichnis Ihrer Diplomarbeit.

Training von Schreibgruppenleitern

Der erste Tag des Trainings von Schreibgruppenleitern an der Universität von Missouri in St. Louis:

1. *Die Teilnehmer schreiben fünf Minuten Free-Writing über das schlechteste Schreibprogramm, von dem sie gehört haben.*
2. *Die Teilnehmer diskutieren über die Merkmale von guten und schlechten Schreibprogrammen.*
3. *Es werden Modelle gelungener Schreibprogramme verteilt und in kleinen Gruppen evaluiert.*
4. *Modelle gescheiterter Schreibprogramme werden evaluiert.*
5. *Dann werden die ersten Schreibgruppensitzungen geplant*

(T.L. Hilgers, J. Marsella: Making Your Writing Programme Work. Newbury Park 1992, S. 75)

5. Zur Organisation des wissenschaftlichen Schreibens an deutschen Hochschulen und Universitäten

5.1. Die Einführung des wissenschaftlichen Schreibens

Es wird an allen deutschen Hochschulen und Universitäten wissenschaftlich geschrieben. Es gibt aber nirgends ein Ausbildungscurriculum und Ausbildungszentrum für das wissenschaftlichen Schreiben. Nach einer Untersuchung von 1988 waren an deutschen Universitäten lediglich vierzig Schreibkurse zum kreativen Schreiben im Fach Deutsch zu finden (H.A. Rau (Hrsg.) Kreatives Schreiben an Hochschulen. Tübingen 1988).

Das ist ein gravierendes Defizit, wenn man bedenkt, daß besonders drei Gruppen von Studenten eine besondere Schreibförderung brauchen:

- Studenten, die nicht aus den Schichten des Bildungsbürgertums kommen
- Studenten, die in Sport, den Künsten oder den Wissenschaften firm, aber im Schreiben sehr schwach sind
- Studenten, die gute Redner, aber schlechte Schreiber sind
- Studentinnen, die Schwierigkeiten mit der männlichen Schreibe haben

(E.M. White: Developing Successful College Writing Programs. San Francisco, 1989, Seite 140)

Die deutsche Germanistik bzw. Literaturwissenschaft ist weder in der Lage, den eigenen Studenten noch den Studenten anderer Fachbereiche wissenschaftliches Schreiben beizubringen. Das wissenschaftliche Schreiben wird deshalb eher von folgenden universitären Instanzen in die deutschen Hochschulen einzuführen sein:

- Studienberatungsstellen, die mit Studienabbrechern wegen Schreibproblemen konfrontiert sind
- Frauenbeauftragte mit der Kompetenz, Maßnahmen zur wissenschaftlichen Förderung von Frauen an den Hochschulen einzurichten
- Hochschuldidaktische Zentren, wo erkannt wird, welche Rolle die Einführung des wisssenschaftlichen Schreibens in der Studienreform spielt
- Studentenvertretungen, die sich an der Evaluation der Studienqualität beteiligen wollen
- junge Professorinnen und Professoren, die selbst noch Spaß am Schreiben haben
- fortschrittliche Kanzler und Präsidenten an Hochschulen, die erkannt haben, daß die Berufskarriere der Hochschulabsolventen stark von ihrer Schreibqualifikation abhängt

Diese Hochschulgruppen werden für die Einführung der Lehre des wissenschaftliche Schreibens zu gewinnen sein.

Die Schritte zur Einführung des wissenschaftlichen Schreibens an Hochschulen könnten folgende Angebote umfassen:

- eine Hochschultagung zum wissenschaftlichen Schreiben, auf der die Lage des wissenschaftlichen Schreibens an der Hochschule veröffentlicht und diskutiert wird,
- einen Schreibworkshop für Mitglieder aller Fakultäten, um die Praxis des Lernens des wissenschaftlichen Schreibens vorzustellen
- eine Sommeruniversität zum kreativen Schreiben von zwei bis drei Tagen, die verschiedene Kurse im wissenschaftlichen Schreiben anbietet,
- zusätzliche Wochenendseminare im wissenschaftlichen Schreiben für Erstsemester
- Entwicklung und Durchführung eines Schreibcurriculums als Bestandteil des offiziellen Curriculums für einzelne Studienfächer
- Etablierung und Evaluation von Schreibcurricula in allen Studienfächern

5.2. Maßnahmen zur Etablierung des wissenschaftlichen Schreibens an deutschen Hochschulen

Wenn sich eine Hochschule entschließt, Kurse im wissenschaftlichen Schreiben einzuführen, soll sie zuerst die Umrisse eines Schreibprogrammes entwerfen. *„Ein zeitgemäßes Schreibcurriculum wird sich an den Ergebnissen der Schreibforschung und der Schreibpädagogik orientieren. Das Curriculum wird dabei inspiriert durch eine Philosophie des wissenschaftlichen Schreibens. Es wird außerdem eine gute Portion praktischer Vorschläge enthalten, die von den Schreiblehrern als hilfreich betrachtet werden“* (T.L. Hilgers, J. Marsella, a.a.O., S. 30). Das vorliegende Lehrbuch bietet im Teil B und Teil C ausreichendes Material für ein derartiges Curriculums des Schreibens in allen Wissenschaften.

Der nächste Schritt einer Hochschule wo das wissenschaftliche Schreiben eingeführt werden soll, ist die Anwerbung von wissenschaftlichen Schreiblehrern und -Lehrerinnen. Diese Funktion können heute Hochschullehrer und Mitglieder der deutschen Schreibbewegung ausfüllen, die über Qualifikation bei der Leitung von Schreibgruppen verfügen (vgl. L.v. WERDER: Lehrbuch des kreativen Schreibens. Berlin, Milow, 1993, S. 1-4).

Auch die Absolventen des Präsenz- und Fernstudiums des „Instituts für kreatives Schreibens" in Berlin kommen für solche Positionen in Frage. Besonders effektiv wäre es, wenn die angeworbenen Fachkräfte und die anstellende Hochschule in einigen Planungssitzungen, das angestrebte Schreibprogramm und einzelne didaktische Einheiten vorbesprechen könnten.

Es ist auch denkbar, daß in einem einwöchigen Seminar Mitglieder der Hochschule als Leiter von Schreibgruppen qualifiziert werden. Allerdings ist ein solches Seminar mit Vertretern aus verschiedenen wissenschaftlichen Fächern nur das Vorspiel für die Arbeit und das Training in fachhomogenen Schreibgruppen zur Qualifizierung von Schreibgruppenleitern.

Der Aufbau eines ersten Schreibberatungs- und Schreibtrainingzentrums, von den in den USA 1500 und in Japan ca. 1000 schon existieren (T.L. HILGERS, J. MARSELLA, a.a.O., S. 235), wäre ein weiterer Schritt zur Etablierung des wissenschaftlichen Schreibens an einer deutschen Hochschule.

Ein solches Zentrum wäre ein Forschungs- und Ausbildungslabor und zugleich ein wichtiger Faktor für die Evaluation des Hochschulunterrichts und die notwendige Curriculumreform. Das Schreibzentrum leitet nicht nur das wissenschaftliche Schreiben, sondern dokumentiert auch die Reform- und Evaluationsbemühungen aller Fachbereiche durch einen ständigen Einblick in die Entwicklung der Qualifikation im wissenschaftlichen Schreiben in allen Fachbereichen).

Vieleicht kann die Geschichte der Entwicklung des Schreibzentrums in **Hawaii** für die deutsche Hochschullandschaft ein Beispiel geben:

„1979 erkannte ein Lehrer in Hawaii, daß viele Schreibzentren in Kalifornien den dortigen Hochschulen wichtige hochschuldidaktische Impulse vermittelt hatten. Ihm gelang es, Vertreter der Hochschulen und der Wissenschaftsverwaltung an einen Tisch zu bekommen. An diesem runden Tisch wurde beschlossen, die wissenschaftlichen Schreibdeffizite und die Schreibförderungsmöglichkeiten in Hawaii empirisch und statistisch zu erforschen. Ein Jahr später war deutlich, daß Hawaii ein Schreibberatungs- und Schreibtrainingszentrum brauchte, und man schritt nun zu seiner Gründung" (T.L. HILGERS, J. MARSELLA, a.a.O., S. 260 ff.).

Die nötigen finanziellen Mittel für ein solches Zentrum könnten aus vorhandenen Geldern für den Ausbau der Hochschuldidaktik und der Curriculumreform genommen werden. Es könnten auch Anträge für die Einführung von wissenschaftlichen Schreibtrainingszentren als Modellversuche könnten gestellt werden.

Ein Schreibtrainingszentrum könnte mit seinem Service auch außeruniversitäre Institutionen bedienen: Betriebe, Verwaltung, Schulen, Volkshochschulen, Verbände usw. Gerade die Verbesserung der Schreibqualifikation der Mitarbeiter und Führungskräfte in allen Berufen wäre eine lohnende weitere Aufgabe für ein universitäres Schreibtrainigszentrum (T.L. HILGERS, J. MARSELLA, a.a.O., S.128).

5.3. Die Unterstützung der Entwicklung des wissenschaftlichen Schreibens durch Forschung und Evaluation

Das wissenschaftliche Schreiben muß durch energische Forschung und Evaluation in seiner deutschen Entwicklung gefördert werden. Diese Förderung kann in dreifacher Hinsicht geschehen:

- Aufarbeitung der internationalen Erforschung des wissenschaftlichen Schreibens und der internationalen Schreibprogramme, besonders in den USA und Japan
- Entwicklung von lokaler Schreibforschung und Schreibdidaktik für alle Hochschulfächer
- Durchführung der Evaluation laufender Schreibprogramme und Schreibgruppen an den Hochschulen
- Jährliche nationale Kongresse zum Austausch und zur förderung des wissenschaftlichen Schreibens an deutschen Hochschulen

Gerade die Schreibforschung in den USA bietet gute Beispiele für die Evaluationsforschung im wissenschaftlichen Schreiben. Im Augenblick wird in den USA in 418 Schreibforschungsprojekten die Entwicklung des wissenschaftlichen Schreibens intensiv vorangetrieben (vgl. E.M. WHITE a.a.O., S. 16-34, Seite 192-206, T.L. HILGERS, J. MARSELLA a.a.O., S. 151-201).

5.4. Die Zukunft des wissenschaftlichen Schreibens an deutschen Hochschulen

In den USA gibt man sich große Mühe, die Zukunft des wissenschaftlichen Schreibens an den amerikanischen Hochschulen zu antizipieren: man stellte fest, daß die wissenschaftlichen Schreibprogramme enorm expandieren werden. Sie werden komplexer und spezifischer werden, weil sich das multikulturelle

Element in der amerikanischen Gesellschaft erweitern wird. „*Der Schreiblehrer der Zukunft muß sensibler für andere Kulturen und ihre Sprachen werden. Im gleichen Augenblick muß der Schreiblehrer aber auch die eigene Sprache und ihre Traditionen bewahren lernen*" (G. GARRETT: The Future of Creative Writingprogramms. In: J.M. MOXLEY (Hrsg.): Creative Writing in America. Urbana 1989, S. 60).

Die Entwicklung des Computers und der elektronischen Kommunikation wird den Unterschied zwischen veröffentlichten und unveröffentlichten Texten radikal einebnen und die Zirkulation wissenschaftlicher Texte enorm beschleunigen. Da aber die Wissenschaftlerin ihre Identität durch wissenschaftliche Schriften und schriftliche Kommunikation beglaubigt, werden auch in der äußersten Zukunft Schreibprogramme nicht verschwinden, sondern viel mehr expandieren (vgl. T.L. Hilgers, J. Marsello, a.a.O., S. 291).

Wenn also in den USA und ebenso in Japan das wissenschaftliche Schreiben eine große Zukunft hat, so steht in Deutschland hinter dem wissenschaftlichen Schreiben noch ein großes Fragezeichen.

Die Frage in Deutschland lautet:
„Sind wir dabei, im wissenschaftlichen Schreiben den Anschluß an Hawaii zu verlieren.?"

Literaturverzeichnis

Aebli, H.: Zwölf Grundformen des Lehrens. Stuttgart 1983
Alexy, R.: Theorie der juristischen Argumentation. Frankfurt 1978
Anderson, J.R.: Kognitive Psychologie. Heidelberg 1988
Angstmann, G.: Schreiben hilft leben. Freiburg 1989
Anson, C.M. (Hrsg.): Writing and Response. Urbana 1989
Ardike, A., Ostroski-Sales, F. (Hrsg.): The Right Hemisphere: Neurology and Neuropsychology. New York 1984
Aristoteles: Rhetorik. München 1980
Axelrod, R.B., C.R. Cooper: The St. Martins Guide to Writing. New York 1988
Baldwin, C.: Life's Companion. New York 1991
Baldwin, C.: One to One. Selfunderstanding through Journalwriting. New York 1992
Ballanger, B., Lane, B.: Discovering the Writer Within. Cincinatti 1989
Ballstaedt, S.P., Mandl, H. u.a.: Texte verstehen, Texte gestalten. München 1981
Bangen, G.: Die schriftliche Form germanischer Arbeiten. Stuttgart 19909
Bänsch, A.: Wissenschaftliches Arbeiten. München 1992
Barth, M.E.: Horbrace-College-Workbook. San Diego 1990
Bazermann, C.: The Informed Writer. Using Sources in the Disciplines. Boston 1992
Beaugrande, R. de: Text Production: Toward a Science of Composition. Norwood 1982
Behrens, L., Rosen, L.J.: Writing and Reading across the Curriculum. New York 1991
Belanoff, P.: Freewriting: An Aid to Rereading Theorists. In: Belanoff, P. u.a.: Nothing Begins with N. a.a.O.
Berger, L., Pieper, W.: Brain-Tech. Löhrbach 1989
Bergler, E.: The Writer and Psychoanalysis. Gardon City 1950
Berlin, J.A. Rhetoric and Reality. Writing Instructions in American Colleges 1900 - 1985. Carbondale 1987
Bernfeld, S.: Vom dichterischen Schaffen der Jugend. Wien 1924
Binder, A. u.a.: Einführung in die Technik literaturwissenschaftlichen Arbeitens. Königstein 1991
Binder, A.: Einführung in Metrik und Rhetorik. Königstein 1980
Blakeslee, T.R.: Das rechte Gehirn. Freiburg 1988
Bloch, E.: Das Prinzip Hoffnung. Frankfurt 1977
Blum, A. u.a.: A Guide to the Whole Writing Process. Boston 1988
Blum, J.: Desktop Publishing: Schreiben wie gedruckt. München 1990
Bono, E. de: Chancen. Düsseldorf 1989
Bono, E. de: Laterales Denken. Reinbek 1971
Borchardt, K.: Vademecum für den Volkswirt. Stuttgart 1973
Bornscheuer, L.: Topik. Frankfurt 1976
Bowen, E.C., Schneller, B.R.: Writing about Science. New York 1991
Braem, H.: Brainfloating. München 1989
Brand, A.G.: The Psychology of Writing. New York 1989
Britton, J.: Language and Learning. Harmondsworth 1970
Britton, J.: The Development of Writing Abilities 11-18. London 1975
Brueggemann, B.J.: Whole Brains, Half Brains and Writing. In: Rhetoric Review. 8., 1989, 1
Bruffee, K.: Short Cours in Writing. Boston 1985

Brühl, R.: Die juristische Fallbearbeitung. Klausur, Hausarbeit, Vortrag, Köln 19892
Burnham, C.C.: Writing from the Inside Out. San Diego 1989
Buzan, T.: Juse Both Sides of Your Brain. New York 1974
Buzan, T.: Kopftraining. München 1984
Campbell, J.: Der Heros in 1000 Gestalten. Frankfurt 1973
Campbell, J.: Mythologie der Urvölker. Basel 1991
Capra, F.: Das neue Denken. München 1992
Carr, J.B.: Communicating with My Self. A Journal. Dubuque 1991
Caywood, C.L., Overing, G.R. (Hrsg.): Teaching Writing: Pedagogy, Gender and Equity. New York 1987
Cicero, M.T.: Rheotrik. Stuttgart 1972
Clegg, C.S., Wheeler, M.M.: Students Writing across the Disciplines. Fort Worth 1991
Clegg, C.S.: Critical Reading and Writing across the Curriculum. New York 1988
Code, C.: Language Aphasia in the Right Hemisphere. New York 1987
Coles, W.E.: Composing I: Writing as an Self-Creating Process. Rochelle Park 1974
Coles, W.E.: Composing II: Writing as an Self-Creating Process. Rochelle Park 1981
Cooper, F.W., Robins, E.J.: Term Paper - Manual and Modell. Stanford 1967
Crescenzo, L. de: Geschichte der Vorsokratik. Zürich 1988
Daniel, L.: How to Write Your Own Life Story. Chicago 1991
Dopheide, R.: Wie finde ich geschichtswissenschaftliche Literatur? Berlin 1980
Ebel, H., Bliefert, C.: Das naturwissenschaftliche Manuskript. Weinheim 19912
Ebel, H., Bliefert, C.: Schreiben und publizieren in den Naturwissenschaften. Weinheim 1990
Eco, U.: Nachschrift zum Namen der Rose. München 1990
Eco, U.: Wie man eine wissenschaftliche Abschlußarbeit schreibt. Heidelberg 1991
Ehrenwald, J.: Anatomie of Genius: Split Brains and Global Minds. New York 1984
Elbow, P., Belanoff, P.: Community of Writers. New York 1989
Elbow, P., Belanoff, P.: Sharing and Responding. New York 1989
Elbow, P.: Toward a Phenomenology of Freewriting. In: P. Belanoff u.a. (Hrsg.): Nothing Begins with N. a.a.O.
Elbow, P.: Writing with Power. New York 1981
Elbow, P.: Writing without Teachers. New York 1973
Eliade, M.: Die Sehnsucht nach dem Ursprung. Frankfurt 1981
Eliade, M.: Erinnerungen 1907 - 1937. Frankfurt 1987
Eliade, M.: Im Mittelpunkt. Bruchstücke eines Tagebuchs. Wien 1977
Eliade, M.: Kosmos und Geschichte. Frankfurt 1984
Ellenberger, H.F.: Die Entdeckung des Unbewußten. Bern 1973 Bd. 1 - 2
Fagin, L.: The List Poem. New York 1991
Farrow, E.P.: Bericht einer Selbstanalyse. Stuttgart 1984
Fassler Walfoord, B.E.: Helping Students Write Well. New York 1986
Fenza, W., Jarock, B.: The PAWP official Guide to Writing Programms. Norfolk 1991
Flower, L.: Problemsolving Strategies for Writing. San Diego 1989
Flusser, V.: Die Schrift. Frankfurt 1992
Flynn, E.A., Schweickert, P.P. (Hrsg.): Gender and Reading. Baltimore 1986
Forman, J.: New Visions of Colloborative Writing. Portsmouth 1992
Fraizer, C.L.: The Beacon-Workbook. Boston 1990
Frank, F.W., Treichler, P.A.: Language, Gender and Professional Writing. New York 1989
Fulwiler, T., Young, A. (Hrsg.): Language Connections: Writing and Reading across the Curriculum. Urbana 1982

Fulwiler, T.: College Writing. Portsmouth 1991
Fulwiler, T.: The Journal Book. Portsmouth 1987
Galton, F.: Inquiries into Human Faculty and its Development. London 1883
Gannett, S.: Gender and the Journal. New York 1992
Gazzinga, M.S., leDux, G.F.: The Integrated Mind. New York 1978
Gebhardt, R.C., Rodrigues, D.: Writing: Process and Intentions. Lexington 1989
Gehards, G.: Seminar-, Diplom- und Doktorarbeiten. Berlin/Stuttgart 19917
Gere, A.R.: Writing Groups. Carbondale 1987
Gerlach, U., Müller-Spude, G.: Mind-Machines und kreatives Chaos. Möbris 1989
Gibson, E.J., Levin, H.: Die Psychologie des Lesens. Frankfurt 1989
Giere, R.N.: Understanding Scientific Reasoning. New York 1979
Goldberg, N.: Wild Mind. Living the Writers Life. New York 1990
Goldberg, N.: Writing Down to the Bones. New York 1986
Gordon, H.H.: Developing College Writing. New York 1989
Görner, R.: Das Tagebuch. München 1986
Gould, J.: The Writer in All of Us. New York 1989
Graham, R.J.: Reading and Writing the Self. New York 1991
Graumann, C.F. (Hrsg.): Denken. Köln 1965
Gregg, E.L., Steinberg, E.: Cognitive Processes in Writing. Hillsdale 1980
Grieb, W.: Schreibtips für Diplomanden und Doktoranden in den Ingenieur- und Naturwissenschaften. Berlin 1991
Groeben, N., Vorderer, P.: Leserpsychologie: Lesemotivation - Lektürewirkung. Münster 1988
Groeben, N.: Leserpsychologie: Textverständnis - Textverständlichkeit. Münster 1982
Grof, S.: Geburt, Tod und Transzendenz. Reinbek 1992
Grof, S.: Topographie des Unbewußten. Stuttgart 1991
Havelock, E.A.: Als die Muse schreiben lernte. Meisenheim 1992
Heffermann, J.A.B., J.E. Lincoln: Writing-College-Handbook. New York 1986
Heidtmann, F., Fertig, E., Ulrich, P.: Wie finde ich Literatur zur deutschen Literatur? Berlin 1979
Heidtmann, F.: Wie finde ich film- und theaterwissenschaftliche Literatur? Berlin 1978
Heidtmann, F.: Wie finde ich Literatur zur Volkswirtschaft, Betriebswirtschaft, Psychologie, Soziologie, Politologie, Publizistik und Statistik? Berlin 1985
Heidtmann, F.: Wie finde ich pädagogische Literatur? Berlin 19782
Heller, M.F.: Reading-Writing Connections. New York 1991
Heyde, J.E.: Technik des wissenschaftlichen Arbeitens. Berlin 197910
Hilgers, T.L., Marsella, J.: Making Your Writing Programms Work. Newbury Park 1992
Hocke, G.R.: Das europäische Tagebuch. Stuttgart 1963
Hoffmann, B.: Handbuch des autogenen Trainings. München 1983
Höge, H.: Zur Abfassung schriftlicher Arbeiten. Oldenburg 1991
Holler, J.: Das neue Gehirn. Südergellersen 1989
Hubbuch, S.M.: Writing Research Papers across the Curriculum. Fort Worth 1989
Huey, E.B.: The Psychology and Pedagogy of Reading. Cambridge 1968
Hughes, E.F.: Writing from the Inner Self. New York 1991
Hult, C.A.: Researching and Writing across the Curriculum. Belmont 1990
Hutchinson, M.: Megabrain. Bern 1990
Irwin, J.W., Doyle, M.A.: Reading-Writing Connections. New York 1992

James, W.: Die Vielfalt religiöser Erfahrungen. Zürich 1982
Joung, J.Z.: Programms of the Brain. London 1978
Jung, C.: Wie finde ich medizinische und pharmazeutische Literatur? Berlin 19812
Jung, C.G.: Erinnerungen, Träume, Gedanken. Zürich 1963
Kanzog, D.: Wie finde ich Literatur in Chemie? Berlin 1978
Kennedy, M.L. u.a.: Writing in the Disciplines. Englewood Cliffs 1990
Kennedy, X.J., D.N. Kennedy: The Bedford Guide for College-Writer. New York 1990
Kerschner, F.: Wissenschaftliche Arbeitstechnik und -methodik für Juristen. Wien 1987
Kirckhoff, M.: Mind Mapping. Berlin 1988
Kirsner, L.G., Mandell, S.R.: The Writer's Sourcebook. New York 1987
Klauser, H.A.: Writing on Both Sides of the Brain. San Francisco 1987
Klauß, J.: Goethe unterwegs. Weimar 1989
Kliemann, H.: Anleitungen zum wissenschaftlichen Arbeiten. Freiburg 19738
Kopperschmidt, J.: Allgemeine Rhetorik. Stuttgart 1976
Krämer, W.: Wie schreibe ich eine Seminar-, Examens- und Diplomarbeit. Stuttgart 1992
Kröber, W.: Kunst und Technik der geistigen Arbeit. Heidelberg 19717
Krzonkolla, P.: Wie finde ich Literatur zu den Geowissenschaften? Berlin 1978
Kuhn, T.S.: Theorie der wissenschaftlichen Revolution. Frankfurt 1989
Lausberg, H.: Handbuch der literarischen Rhetorik. München 1973
Leader, Z.: Writers Block. Baltimore 1991
LeCron, L.M.: Selbsthypnose. München 1987
Lilly, J.C.: Das tiefe Selbst. Basel 1988
Locke, D.: Science as Writing. New Haven 1992
Lück, W.: Technik des wissenschaftlichen Arbeitens. Marburg 1990
Lunsford, A., Ede, L.: Singular Text/Plural Authors. Carbondale 1990
Macrorie, K.: Telling Writing. Portsmouth 1985
Macrorie, K.: The Freewriting Relationsship. In: P. Belanoff u.a. (Hrsg.): Nothing Begins with N. New Investigations of Freewriting. Carbondale 1991
Macrorie, K.: The I-Search Paper. Portsmouth 1991
Mason, E.: Colloborative Learning. London 1970
McCharty-Hynes, A., Hynes-Berry, M.: Bibliotherapy. Boulder 1986
Moffat, M.J.: The Times of our Lives. A Guide to Writing Autobiography and Memoir. Santa Barbara 1989
Moffet, J.: Rhetoric and Composition. Upper Mountclair 1984
Moffett, J. : Aktive Voice. A Writing Programm across the Curriculum. Portsmouth 1991
Moffett, J.: Teaching the Universe of Discourse. Boston 1968
Moran, M.G., Lunsford, R.F. (Hrsg.): Research in Composition and Rhetoric. Westport 1984
Moxley, J.M. (Hrsg.): Creative Writing in America. Urbana 1989
Muhl, A.M.: Automatic Writing. Dresden 1930
Murphy, J.J. (Hrsg.): A Short History of Writing Instructions. Davis 1990
Murphy, J.J.: A short History of Writing Instructions Ancient Greece to Twentith - Century Amerika. Davis 1990
Murray, D.M.: A Writer Teaches Writing. Boston 1968
Murray, D.M.: Expecting the Unexpected. Portmouth 1989
Murray, D.M.: Read to Write. Fort Worth 1990
Murray, D.M.: Shoptalk. Learning to Write with Writers. Portmouth 1990
Murray, D.M.: The Craft of Revision. Fort Worth 1991
Murray, D.M.: Write to Learn. Fort Worth 1984

Murray, D.M.: Writer Teaches Writing. Fort Worth 1968

Nelson, V.: On Writers Block. Boston 1993

Newkirk, T., Atwell, N. (Hrsg.): Understanding Writing, Learning and Teaching. Chelmsford 1982

Nicols, E., Lowenkopf, A.: Lifelines. White Hall 1989

Osborn, A.: Applied Imagination. New York 1953

Parsons, L.: Response Journal. Portsmouth 1992

Pearlman, D.D., Pearlman, P.R.: Rapid Revision. New York 1993

Pennebaker, J.W.: Self-Expressive Writing: Implications for Health, Education and Welfare. In: Belanoff, P. u.a.: Nothing Begins with N. a.a.O.

Petersen, W.H.: Wissenschaftliches Arbeiten. München 19903

Piaget, J.: Denken und Sprechen des Kindes. Düsseldorf 1975

Plett, H.F.: Einführung in die rhetorische Textanalyse. Hamburg 1974

Poenicke, K.: Wie verfaßt man wissenschaftliche Arbeiten. Mannheim 1988

Pönicke, K.: Wie verfaßt man wissenschaftliche Arbeiten. Mannheim 1988

Preiser, S.: Kreativitätsforschung. Darmstadt 1976

Progoff, J.: At a Journals Workshop. New York 1990

Progoff, J.: Life Study. New York 1983

Progoff, J.: The Practice of Process Meditation. New York 1989

Rau, H.A. (Hrsg.): Kreatives Schreiben an Hochschulen. Tübingen 1988

Rico, G.L.: Garantiert Schreiben lernen. Reinbek 1984

Rodestam, K.I., Newton, R.R.: Surviving Your Dissertation. New Delhi 1992

Rohmann, D.G., Wlecke, A.O.: Prewriting. East Lansing 1964

Rohrbach, B.: Technik als Lösung von Innovationsproblemen. Wiesbaden 1972

Rose, K.R.: Das ist autogenes Training. Frankfurt 1983

Rose, M. (Hrsg.): When an Writer Can't Write. New York 1985

Rose, M. (Hrsg.): Writing Process Problems: Writing Blocks, Writing Anxiety and Writing Apprehension. New York 1984

Rose, M.: Writers Block. The Cognitive Dimension. Carbondale 1984

Rössner, H.J.: Die Seminar- und Diplomarbeit. München 1977

Rössner, H.J.: Die Seminar- und Diplomarbeit. München 19916

Rubin, R.: Using Bibliotherapy. Phoenix 19768

Rückriem, G. u.a.: Die Technik wissenschaftlichen Arbeitens. Paderborn 1977

Rückriem, G. u.a.: Die Technik wissenschaftlichen Arbeitens. Paderborn 19906

Russ, J.: How to Supress Woman's Writing. Austin 1983

Russell, D.R.: Writing in the Academic Disciplins. Carbondale 1991

Scheidt, J.v.: Kreatives Schreiben. Frankfurt 1989

Schlaffer, H.: Poesie und Wessen. Frankfurt 1990

Schlicksupp, H.: Ideenfindung. Würzburg 1992

Schuster, K.: Einführung in die Fachdidaktik Deutsch. Baltmannsweiler 1992

Schwarz, T.: The Complete Guide to Writing Biographies. Cincinatti 1990

Schwinge, G.: Wie finde ich theologische Literatur? Berlin 1983

Seidenspinner, G.: Wissenschaftliches Arbeiten. Kleve/München 19768

Seiffert, H.: Einführung in das wissenschaftliche Arbeiten. Braunschweig 19762

Selling, B.: Writing from Within. Claremont 1990

Sesink, W.: Einführung in das wissenschaftliche Arbeiten ohne und mit PC. München 1990

Sherry, R.: Studying Woman's Writing. London 1989

Spandl, O.P.: Methodik und Praxis der geistigen Arbeit. München 19774

Spender, D.: The Writing or the Sex? New York 1989
Spender, L.: Intruders in the Rights of Men: Woman's Unpublished Heritage. London 1983
Standop, E.: Die Form der wissenschaftlichen Arbeit. Braunschweig 198013
Strube, G.: Assoziation. Berlin 1984
Taylor, G.: The Student's Writing Guide. Cambridge 1989
Theissen, M.R.: Wissenschaftliches Arbeiten. München 1984
Theissen, M.R.: Wissenschaftliches Arbeiten. München 19926
Theweleit, K.: Männerphantasien. Reinbek 1987
Thomas, F.R.: How to Write the Story of Your Life. Cincinatti 1989
Thomas, K.: Praxis der Selbsthypnose des autogenen Trainings. Stuttgart 1983
Totok, W., Weitzel, R.: Handbuch der bibliographischen Nachschlagewerke. Frankfurt 1984/856 Bd. 1 u. 2
Totok, W.: Bibliographischer Wegweiser zur philosophischen Literatur. Frankfurt 19852
Troyka, L.O.: Simon and Schuster. Handbook for Writers. Englewood Cliffs 1990
Ueding, G.: Rhetorik des Schreibens. Königstein 1985
Ulmann, G. (Hrsg.): Kreativitätsforschung. Köln 1973
Ulrich, P.: Wie finde ich anglistische Literatur? Berlin 1978
Veit, R.: Research: The Student's-Guide to Writing Research Papers. New York 1990
Vogel, L., Lehmann, J.: Fundamentals of College Reading. Englewood Cliffs 1993
Walter, R.-E., Heidtmann, F.: Wie finde ich juristische Literatur? Berlin 19842
Warren, H.L.: A History of the Association Psychology. New York 1921
Weber, W., Kolb, M.: Einführung in das Studium der Betriebswirtschaftslehre. Stuttgart 1977
Wehr, G.: C.G. Jung. München 1985
Weischädel, W.: Auch eine Philosophiegeschichte. Darmstadt 1974
Weischädel, W.: Die philosophische Hintertreppe. München 1991
Weiss, B.: Wie finde ich Literatur zur Geschichte der Naturwissenschaften und Technik? Berlin 1990
Werder, L.v. u.a.: Kreative Literaturgeschichte. Berlin 1992
Werder, L.v.: Das kreative Schreiben von Diplom- und Doktorarbeiten. Berlin 1992
Werder, L.v.: Kreatives Schreiben in den Wissenschaften. Berlin 1992
Werder, L.v.: Lehrbuch des kreativen Schreibens. Milow 19932
White, E.M.: Developing Successful College Writing Programms. San Francisco 1989
Wichern, H., Jensen, P.: Anleitung für die Erstellung und Publikation wissenschaftlicher Arbeiten. Ammersbek 1990
Wild, E.: Inneres Sprechen - äußere Sprache. Stuttgart 1980
Wilkinson, A.M.: The Scientist's Handbook for Writing Papers and Dissertations. Englewood Cliffs 1991
Wolters, A., Bambeck, J.J.: Brainpower. Berlin 1992
Wonder, J., Donovan, P.: Whole Brain-Thinking. New York 1985
Wygotski, L.S.: Denken und Sprechen. Frankfurt 1969
Young, A. u.a.: Rhetoric. New York 1970
Young, A., Fulwiler, T. (Hrsg.): Writing across the Disciplines. Portsmouth 1986
Zdenek, M.: Die Entdeckung des rechten Gehirns. Berlin 1988
Zielke, W.: Handbuch der Lern-, Denk- und Arbeitstechniken. Bindlach 1991
Zielke, W.: Schneller lesen selbst trainiert. München 1990
Zielke, W.: Schneller lesen. München 1988
Zimmermann, D., Rodrigues, D.: Research and Writing in the Disciplines. Fort Worth 1992

Index

F

G

H

I

J

K

L

T

U

V

W

Z